일본유학시험(EJU) 일본어 문법과 표현

초급에서 상급까지

A COMPREHENSIVE JAPANESE GRAMMAR FOR JLPT, EJU, AND VARIOUS JP.UNIV. ENTRANCE EXAMS

CHAPTER 1	문법의 기초	1
CHAPTER 2	명사	2
CHAPTER 3	동사	3
CHAPTER 4	형용사・형용동사	4
CHAPTER 5	부사・연체사	5
CHAPTER 6	접속사・감동사	6
CHAPTER 7	조동사	7
CHAPTER 8	조사	8
CHAPTER 9	복문	9
CHAPTER 10	문형표현	10
CHAPTER 11	경어	11
CHAPTER 12	구어	12

글로벌 인재육성, 1984년설립
(주)해외교육사업단

머리말

일본어 문법 공부를 쉽고 재미있게 해 보십시오.

일본어 학습자가 문법 공부를 하지 않고 일본어를 잘 하기는 어렵습니다. 특히 일본에서 대학, 대학원 등에 진학을 목표로 하거나 진학 후에 논문을 작성하는 경우, 나아가 일본에서 취업하거나 일본과의 비즈니스를 목표로 하는 경우에는 상급 일본어 구사를 위해 필요한 문법 지식을 갖추어야 합니다.

이 책은 일본에서 외국인들이 진학을 위해 공부하는 메코시코주쿠 입시학원에서 오랜 세월에 걸쳐 강의 노트로 사용된 문법 교재들이 연구를 거듭하면서 재구성을 거쳐 만들어진 것입니다. 학원은 교육 정책과 강의 원칙을 바탕으로 기초가 튼튼한 문법 실력을 쌓으면서 진학 준비를 하도록 진로지도를 하고 있으며 그 결과로 국공립 대학을 비롯한 초일류 사립 대학 등에 매년 다수의 합격생을 배출하고 있다는 점에서 이 책의 가치를 인정하지 않을 수 없습니다.

저희 해외교육사업단에서는 이 책에 대해 아래와 같은 특징에 착안하여 한국어판을 발행하는 라이센스 계약을 맺었습니다.

1. 국문법과 일본어 교육 문법의 병용

일본인 학생들이 중고등학교에서 배우는 문법을 「국문법」이라 하며 외국인이 일본어를 배울 때에 가르치는 문법을 「일본어 교육 문법」이라고 합니다. 두 가지는 서로 같으면서 일부 다른 점이 있으며 특히 「조동사」는 일본어 교육 문법에서는 다루어지지 않지만 이것은 일본어를 이해하는 데에 매우 중요한 요소입니다. 국문법을 이해하면 상급 일본어 레벨의 일본어 학습이 매우 용이하다고 할 수 있으므로 이 두 가지를 병용하여 편집한 방식은 매우 중요합니다.

2. 일목요연하게 시험 문법을 시각적으로 편집

이 책의 구성은 목차를 통해 보면 알 수 있습니다. 문법 초보자가 보아도 전체적인 구성이 한눈에 쏙 들어오도록 정리되었습니다. 또한 초보자를 위한 간결한 예문과 더불어 입시를 목적으로 하는 학습자에게 필요한 상급 예문까지 수록하였습니다. 이러한 내용으로 페이지 레이아웃은 박스, 컬러, 일러스트를 사용하여 시각적으로 일목요연하게 정리한 편집입니다.

3. 최종 목표는 일본에서 진학하는 레벨까지

일본어 초보자부터 상급자까지 누구나 이용할 수 있는 구성으로 편집하였습니다. 일본어를 학습하는 모든 사람이 참고할 수 있도록 상세한 해설을 곁들여 놓았습니다. 나아가 최종적으로는 일본어능력시험, 일본유학시험, 대학의 독자적인 시험에까지 대응할 수 있도록 예문을 수록하였습니다. 예문은 초급과 중상급으로 구분하였고 이 책의 자매편인 「EJU 일본어 단어·어휘 10000어」로부터도 많은 예문을 인용하여 EJU 일본어의 난이도에 대응하였습니다.

4. 보충적 해설을 상세하게 반복적으로 제시

각 문법 사항 및 예문에 대해 반복적으로 상세한 해설을 제공합니다. ADVANCED EJU etc. 코너에서는 EJU 일본어 또는 대학 독자 시험의 예문을 제시하고 POINT에서는 문법 항목의 중요한 부분과 정리 등을 제시합니다. 나아가 COLUMN에서는 문법 항목과 관련하여 보충적인 정보를 제공합니다. MORE에서는 거듭하여 문법 항목과 관련하여 보충적·발전적인 정보를 드림으로써 이해도를 높입니다. 이미 일본어 문법이 중상급 레벨에 도달하신 분도 종합적으로 문법 공부를 정리하는 데에 큰 도움이 될 것입니다.

5. 문법과 듣기 학습을 동시에 하는 음성 파일

문법 책이지만 본문에 수록된 모든 예문에 대해 메코시코주쿠의 계열 전문학교에서 가르치는 프로 아나운서와 성우들이 참가하여 녹음한 음성 파일을 PC와 모바일로 제공합니다. 보면서 듣는 동시학습의 효과는 매우 클 것으로 기대됩니다. 언제 어디서나 들을 수 있으므로 청해 연습과 문법 공부를 동시에 할 수 있다는 장점을 이용해 보시기 바랍니다.

6. 문법 공부의 단조로움을 일러스트로 분위기 일신

문법 공부는 일반적으로 단조롭고 머리가 아프다고하는 분들에게 여유로움과 시각적 즐거움을 드리기 위해 프로 만화가와 일러스트레이터에 의한 많은 일러스트 그림을 삽입하였습니다. 만화·일러스트로 문법을 표현하는 시도는 처음일 것입니다. 젊은 학생들에게 시각적으로 이해시키는 일러스트는 보는 것 만으로도 즐거울 것입니다.

7. 1200개의 연습문제를 제공하는 「확인 테스트」

PC와 모바일로 접속하여 스스로의 학습 진도에 따라 연습문제를 풀고 자신의 점수를 확인할 수 있는 파일을 제공합니다. 정답과 오답이 체크되고 틀린 문제 번호를 클릭하면 해당 문제를 다시 풀 수 있습니다. 시험 문제는 제한 없이 반복하여 풀 수 있으며 문제는 랜덤으로 추출이 됩니다. 언제 어디서나 모바일로 쉽게 접속하여 학습할 수 있는 편리함을 제공합니다.

일본어 문법 공부를 혼자서도 할 수 있다는 자신감을 안겨주는 친근한 책이 되기를 바라는 마음으로 이 책을 발행합니다. 한편, 이 책은 제1쇄에서 발생한 오자·탈자 등을 수정처리하여 제2쇄로 발행하였음을 참고바랍니다.

해외교육사업단

편저자의 말

　이 책은 장래에 일본 유학과 일본의 대학에 진학을 목표로 일본어를 공부하는 학생들에게 「진정으로 필요한 문법 지식이란 무엇인가?」라는 관점에서 탄생되었습니다.

　현재의 일본어 교육계에서 일본어 학습자가 문법을 체계적으로 배울 수 있는 기회는 많지 않습니다. 그러나 일본의 대학에 입학하는 데에는 일본유학시험(EJU), 일본어능력시험(JLPT), 나아가 대학 독자 시험이 필요하고 이 시험들은 학술적인 용어가 많을 뿐만 아니라 고도의 독해력과 청해력이 요구됩니다. 그러한 독해력과 청해력을 기르는 데에는 논리성 있는 문법 능력의 양성이 매우 중요하다고 생각합니다.

　메코시코주쿠에서는 일본어 문법 강의(기초 문법과 EJU 예비 문법)를 학원의 일본어 교육 및 대학 수험 대책 시스템의 대전제로 삼고 있습니다. 연간 4,800명의 학생이 배우고 있으며 그들은 입문 레벨에서부터 난관 국공립 대학 지망에 이르기까지, 또한 대학·대학원 지망에 관계없이 먼저 일본어 문법 강의를 수강합니다. 그리하여 문법·문형의 룰을 체계적으로 더욱 철저히 학습하고 문법 구조를 이해합니다. 이러한 문법 교육을 바탕에 둠으로써 후기에는 높은 레벨의 대학 독자 시험과 소논문에 대응할 수 있는 일본어 능력을 기를 수 있습니다.

　이 책은 메코시코주쿠의 문법 강의에 기초하여 일본어 문법을 체계화한 것입니다. 품사와 문형 표현 등의 기초를 학습한 다음 중상급의 예문과 실전적인 문법 항목을 통하여 EJU, JLPT, 대학 독자 시험 등의 난이도에 대응해 나갑니다.

　나아가 이 책에서는 통상의 외국인을 위한 일본어 교육에서의 「일본어 교육 문법」과 일본 국내에서 일본인이 공부하는 「국문법」과의 양방향에 기초하여 해설되는 점이 큰 특징입니다. 예를 들면 「조동사」는 일본어 교육 문법에서는 다루어지지 않습니다만 일본어를 이해하는데 있어서 매우 중요한 요소이므로 이 책에서는 이에 대해서도 자세하게 설명하고 있습니다.

　「국문법」은 외국인을 위한 것이 아니라고 지적되지만 확립된 체계로 한국과 중국의 학교에서는 중요시되고 있습니다. 표현과 실전에 주목한 일본어 교육 문법과 함께 공부하면 더욱 높은 레벨의 일본어를 익힐 수 있다고 기대할 수 있습니다.

　문법 책은 문자만으로 설명한다는 단조로움이 지적되므로, 이 책은 일러스트를 많이 배열하여 「문법도 재미있게 공부할 수 있다」는 점을 지향하였습니다. 또한 읽기 편하도록 큰 글자를 사용하고 박스 처리를 다수 배열하였으며, 전반적으로 올 컬러 판으로 편집하여 시각적인 학습 효과가 최대화될 수 있도록 하였습니다. 나아가 모든 예문에 대해 음성 파일을 제공하여 듣기 학습을 병행할 수 있도록 하였습니다.

　한국에서 일본어를 공부하는 여러분의 일본어 문법과 표현 공부에 이 책이 조금이나마 도움이 되기를 기대합니다.

편저자 일동

이 책의 사용법

1. 기본적인 구조

이 책은 유학·진학에 필요한 일본어 문법을 5부로 구성하고 있습니다. 명사·동사와 같은 품사부터 복문·문형 등의 문장까지, 나아가 경어와 구어와 같은 표현 등 모든 분야를 망라하고 있으므로 이 한 권으로 문법을 중상급까지 다질 수 있습니다.

PART 1 문법의 기초
일본어 문법에서 가장 먼저 이해해야 하는 기초지식과 개념을 학습합니다.

PART 2 문법
일본의 국문법을 참고로 일본어 문법의 표현 등을 추가하여 자립어와 부속어의 단어를 하나씩 살펴봅니다.

PART 3 문장의 구조
문장의 구성 방법을 복문의 구조와 문형 표현으로 자세히 배웁니다.

PART 4 경어
일본어 특유의 경어를 학습합니다.

PART 5 구어
일본어의 특유한 구어체 형태와 표현 방법을 배웁니다.

2. 지면 배치 등의 설명

(1) 첫 장	
그 챕터에서 학습할 문법 항목을 개념과 일러스트로 나타내고 있습니다.	
(2) 본문	
문법 항목의 기본적인 개념 및 관련된 다양한 관용표현 등을 설명하고 있습니다.	
(3) 예	
문법 항목을 사용한 기초 레벨의 예문입니다.	

v

(4) ADVANCED EJU etc. EJU 일본어 또는 대학 독자 시험 레벨의 예문입니다.	ADVANCED(EJU etc.) 海外旅行の面白さは、「生活や文化 해외여행의 재미는 생활과 문화의 차이에 접하는
(5) 참조 페이지 관련 사항이 게재된 페이지를 나타내고 있습니다.	보조 동사 (▶70 페이지) 가 있듯이 형용사는 「て＋보조 형용사」 의 형태가
(6) 각주 본문의 보충 설명과 주의점입니다.	사전형 ※1 ※1 동사의 사전형은 국문법의 종지형이다.
(7) POINT 문법 항목의 중요한 부분과 정리 등을 나타내고 있습니다.	POINT 「――さ」 와 「――み 형용(동)사는 「さ」 「み」 를 붙임으로써 명사로 만들 수 있다. 2 가지 형식은 차이가 있다.
(8) COLUMN 문법 항목에 관련하여 보충적인 정보입니다.	COLUMN 을 나타내는 명사가 「がする」 와 이어진다.
(9) MORE 문법 항목에 관련하여 보충적·발전적인 정보입니다.	MORE＋ 「たい」「たがる」 에 대하여 「たい」 는 주관적인 소망을 나타내는 것에 반해 「た 그렇게 보인다」 라고 하는 추측의 요소가 포함되어 있
(10) 실전 문법 항목 각 챕터에서 학습한 문법 항목이 실제 어떻게 입시 과제문 등에서 사용되는지를 나타내고 있습니다. 과거의 EJU 일본어 독해와 청해 그리고 유명 대학 필기시험의 과제문 등의 형식 문장이 있습니다. 이 소재를 통하여 진학을 위한 입시 난이도를 이해할 수 있습니다.	실전문법항목 私は早稲田大学で社会科学の学問を勉強し、ア ともなう諸問題に解決や改善の提案を出来る人材 中国のニュースでよく留守児童の報道が見られ に行くことにより、子供達は一人で、または祖父
(11) 일러스트 만화·일러스트에 의해 관련지식을 표현하고 있습니다.	

3. 음성과 확인문제

　이 책에 수록되어 있는 예문은 모두 메코시코주쿠 그룹교 관계에 있는 전문학교 애니메이션·아티스트·아카데미의 협력을 얻어 프로 현역 아나운서와 성우에 의해 녹음된 음성으로 들을 수 있습니다. 또한 포인트 별로 확인문제를 작성하여 테스트 코너를 제공합니다.

　전용 사이트에서 음성 파일의 재생 및 학습도에 맞춘 테스트를 해볼 수 있습니다. 이를 통해 보다 손쉽게 자신의 이해도를 체크할 수 있을 뿐만 아니라 반복적인 복습을 통해 보다 높은 학습효과를 기대할 수 있습니다. 전용 사이트에 관한 안내는 다음 페이지를 보시기 바랍니다.

4. 등장인물 소개

장 씨 (유학생)
유명 대학에 입학을 목표로 일본에서 유학중. 다소 덜렁거리지만 성실하고 착한 청년으로 가족에 대한 생각이 많습니다. 대학 졸업 후에는 저널리스트가 꿈.

아오이 씨 (대학생)
일본의 대학생으로 장 씨가 동경하는 여성. 국제교류 이벤트를 통해 만났습니다. 착하고 상냥한 성격이지만 동시에 활발한 행동력도 있습니다. 현재 중국어도 공부중.

미나미 선생님 (선생님)
장 씨가 다니는 일본어학교의 선생님. 일견 미덥지 않지만 굉장히 뛰어난 교육력을 갖고 수많은 학생을 일류대학 합격으로 이끌었습니다.

5. 이 책에서 사용하는 기호

명사	N	동사 た형	Vた
5단동사	V (五段)	동사 가능형	V可能
1단동사	V (一段)	동사 보통형	V普
カ변동사	V (カ)	형용사 사전형	A
サ변동사	V (サ)	형용사 어간	Aい
サ변동사의 명사부분	する動詞	형용사 어간+く	Aいく
동사 사전형	V辞	형용사 과거형	Aいかった
동사 연용형	Vます (「ます」に連なる場合)	형용사 가정형	Aいければ
동사 미연형 [否]	V否	형용동사 어간	NA
동사 의지형 [意]	V意	형용동사+な	NAな
동사 가정형	V仮	보통형	普
동사 ます형	Vます	정중형	J
동사 て형	Vて		

6. 전용 사이트 (음성 · 확인문제 · 최신정보)

전용 사이트에서는 이 책에 관한 최신 정보의 확인, 음성·확인 테스트를 이용할 수 있습니다. 이 책의 복습과 리스닝 학습에 매우 적합합니다.

www.mekodeu.com/grammar

음성과 테스트 서비스 이용 가이드

■「예문」음성 청취에 대하여

STEP1
우선 휴대 단말기 또는 컴퓨터로 www.mekoedu.com/grammar
또는 우측의 QR코드를 이용하여 전용 사이트에 접속해 주십시오.

※이 사이트는 일본의 메코시코주쿠에서 운영하는 것이므로
  모든 내용은 일본어로 되어 있는 점을 양해 바랍니다.

STEP2
접속하면 본 도서의 음성, 확인문제, 최신정보를 볼 수 있는 전용
사이트가 표시됩니다.
여기서「예문음성(例文音声)」이라고 쓰여 있는 버튼을 클릭해 주십시오.

STEP3
로그인 화면이 나옵니다. 첫회는 등록이 필요합니다.
화면 우측 하단의「등록」버튼을 눌러 필요사항을 기입하고
로그인으로 진행해 주십시오.

※국가를 한국(韓国)으로 선택한 후 자신의 핸드폰 번호를 입력합니다.
  패스워드는 영문, 숫자 혼용으로 6글자에서 16글자 사이로 정해 주십시오.
  핸드폰 번호로 전송된 SMS 인증코드를 입력하면 회원등록이 완료됩니다.
  로그인 시에는 계산식의 정답을 인증코드로 사용합니다.

STEP4
자신이 듣고 싶은 챕터의 음성을 선택하면 음성이 재생됩니다.
각 챕터에는 1개 또는 복수의 음성 파일이 있으므로 해당 파일을
선택해 주십시오.

■「확인문제」테스트에 대하여

STEP1
우선 휴대 단말기 또는 컴퓨터로 www.mekoedu.com/grammar
또는 우측의 QR코드를 이용하여 전용 사이트에 접속해 주십시오.

※ 이 사이트는 일본의 메코시코주쿠에서 운영하는 것이므로
모든 내용은 일본어로 되어 있는 점을 양해 바랍니다.

STEP2
접속하면 본 도서의 음성, 확인문제, 최신정보를 볼 수 있는 전용
사이트가 표시됩니다.
여기서 「확인문제(確認問題)」라고 쓰여 있는 버튼을 클릭해 주십시오.

STEP3
로그인 화면이 나옵니다. 첫회는 등록이 필요합니다.
화면 우측 하단의 등록 버튼을 눌러 필요사항을 기입하고
로그인으로 진행해 주십시오.

※ 국가별 번호로 한국은 82이므로 이것을 선택해 주십시오.
자신의 핸드폰 번호를 입력한 후에 패스워드는 영문, 숫자 혼용으로
6글자에서 16글자 사이로 정해 주십시오.
그리고 확인코드 란에는 우측의 계산식 합을 적어 로그인을 누르면
회원등록이 완료됩니다.

STEP4
문제와 답의 선택지가 표시됩니다.
「다음 문제(次の問題)」를 클릭하면 다음 문제가 표시됩니다.
정답이라고 생각하는 것을 선택하여 끝까지 풀고 나면
제출과 정답표 버튼을 눌러 주십시오.

총 22회, 1200개의 문제가 랜덤으로 제공됩니다.

자신의 점수, 각 문제의 정답과 오답이 한 번에 표시됩니다.
틀린 문제 번호를 클릭하면 문제를 다시 풀 수 있습니다.
테스트는 여러 차례 반복하여 할 수 있습니다.

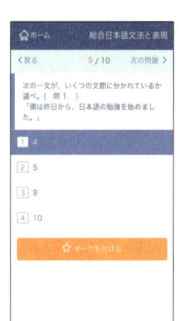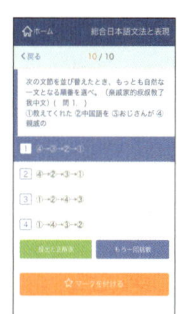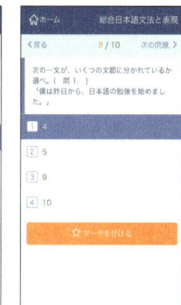

일본의 대학 합격에 필요한 일본어 레벨 일람표

목표 대학 입시 (유학생 입시)		EJU	JLPT	이 책의 문법 (※1)
국공립	사립			
東京大学・一橋大学・東北大学・名古屋大学・北海道大学・東京医科歯科大学		360+	N1+ (※2)	★
東京外国語大学・筑波大学・東京工業大学・京都大学・小樽商科大学・お茶の水女子大学	慶應義塾大学・順天堂大学	350+	N1+	★★
大阪大学・横浜国立大学・東京都立大学・千葉大学・九州大学	国際基督教大学	340+	N1+	★★★
群馬大学・信州大学・埼玉大学・佐賀大学・大阪府立大学・電気通信大学・名古屋工業大学・横浜市立大学・金沢大学	早稲田大学・上智大学・学習院大学・立教大学・青山学院大学	330+	N1	★★★
東京藝術大学・神戸大学・宇都宮大学・長崎大学・大阪教育大学・岡山大学・東京学芸大学・東京海洋大学・高知県立大学	明治大学・中央大学・法政大学・東京理科大学・同志社大学・立命館大学・関西大学・関西学院大学・東京歯科大学	320+	N2-N1	★★★
高崎経済大学・山梨大学・富山大学・室蘭工業大学・山形大学・県立広島大学・宮崎公立大学・滋賀大学・福井大学・山梨県立大学・北九州市立大学・香川大学	芝浦工業大学・専修大学・日本大学・近畿大学・工学院大学	310+	N2-N1	★★★
秋田大学・静岡大学・福岡女子大学・広島市立大学・岩手大学・弘前大学・下関市立大学・豊橋技術科学大学	東京電機大学・東洋大学・関西外国語大学・駒沢大学・国学院大学・京都外国語大学・女子美術大学	300+	N2	★★★
長野大学・宮城大学・和歌山大学・奈良教育大学・大分大学・長野県立大学	武蔵野大学・桜美林大学・京都産業大学・龍谷大学	290+	N2	★★★
愛知大学・福井県立大学・兵庫県立大学・愛知県立大学・静岡県立大学・尾道市立大学・琉球大学・長崎県立大学	大阪芸術大学・東京都市大学・中京大学・神奈川大学	280+	N2	★★★
岡山県立大学・京都府立大学・福島大学・公立鳥取環境大学・高知大学・滋賀県立大学	成城大学・国士舘大学・千葉工業大学・東海大学・千葉科学大学・桜美林大学・神奈川歯科大学・国際医療福祉大学	270+	N3-N2	★★★
	東京農業大学・関東学院大学・大東文化大学・湘南工科大学・名城大学・大阪経済大学・帝京大学・大阪産業大学・神奈川工科大学	260+	N3-N2	★★★
	多摩美術大学・武蔵野美術大学・東京造形大学・拓殖大学・亜細亜大学・東京工科大学・中央学院大学・東京情報大学	240+	N3-N2	★★★
	東京工芸大学・京都精華大学・京都芸術大学	220+	N3-N2	★★★
			N3	★★★
			N5-N4	★★★

※1 이 책이 대응하는 일본어 레벨. ★은 대응의 정도를 나타낸다.
※2 EJU 일본어와 JLPT는 엄밀하게는 대비되지 않는다. N1의 일부로서 평소 사용하지 않는 문법은 EJU에서는 거의 볼 수 없지만 EJU에서 고득점을 하기 위해 요구되는 아카데믹한 독해력·청해력이 N1을 상회하고 있다는 의미에서「N1+」로 하고 있다.
※ 이 일람표는 평소 메코시코주쿠에서 진학 지도를 할 때에 기준으로 사용한다.

목차

CONTENTS

머리말 ii
편저자의 말 iv
이 책의 사용법 v
일본의 대학 합격에 필요한 일본어 레벨 일람표 x
목차 xi

| PART 1 문법의 기초

CHAPTER 1 문법의 기초 1

1. 언어의 단위 2
    〈1〉글 2
    〈2〉단락 2
    〈3〉문장 2
    〈4〉문절 3
    〈5〉단어 4
2. 문장의 성분 5
    〈1〉문장의 성분 5
    〈2〉문장 성분의 위치 9
    〈3〉문장 성분의 도치와 생략 10
    〈4〉문장 성분의 조응 10
    〈5〉문장의 종류 11
3. 단어의 종류 12
    〈1〉자립어와 부속어 12
    〈2〉단어의 활용 13
    〈3〉품사의 분류 13
4. 지시어 15
    〈1〉지시어의 정의 15
    〈2〉지시어의 사용법 15
5. 복합어·파생어 19
    〈1〉복합어 19
    〈2〉파생어 19
6. 문체 19
    〈1〉보통체(だ・である체)의 특징 20
    〈2〉정중체(です・ます체)의 특징 20
    〈3〉「보통체・정중체」와 「보통형・정중형」의 차이 22

| PART 2 문법

CHAPTER 2 명사 25

1. 명사의 정의와 성질 26
    〈1〉명사의 정의 26

〈2〉명사의 성질 26
2. 명사의 종류 27
　　〈1〉보통명사 27
　　〈2〉고유명사 27
　　〈3〉수사 27
　　〈4〉대명사 28
　　〈5〉형식명사 29
3. 명사의 기능 40
　　〈1〉주어가 된다 40
　　〈2〉술어가 된다 40
　　〈3〉수식어가 된다 40
　　〈4〉독립어가 된다 41

CHAPTER 3 동사 43

1. 동사의 성질과 특징 44
　　〈1〉동사란? 44
　　〈2〉동사의 분류 44
　　〈3〉동사의 성질과 특징 45
　　〈4〉동사의 기능 46
2. 동사의 활용과 표현 48
　　〈1〉동사의 활용형 48
　　〈2〉동사활용의 종류 49
　　〈3〉동사의 활용형의 설명 56
　　〈4〉자타동사·가능동사·보조동사 63
　　〈5〉수수동사 71
　　〈6〉시제(Tense)·애스펙트(Aspect)·보이스(Voice) 73
　　〈7〉동사의 표현 91

CHAPTER 4 형용사·형용동사 123

1. 형용사·형용동사의 성질과 특징 124
　　〈1〉형용사·형용동사란? 124
　　〈2〉형용사·형용동사의 성질 124
　　〈3〉형용사·형용동사의 기능 125
2. 속성형용(동)사와 감정형용(동)사 127
　　〈1〉속성형용(동)사: 성질 및 상태 등의 속성을 표현한다 127
　　〈2〉감정형용(동)사 : 사람의 감정 및 감각을 표현한다 127
3. 형용사·형용동사의 활용 128
　　〈1〉형용사의 활용 128
　　〈2〉형용동사의 활용 132
　　〈3〉형용(동)사의 시제(과거형과 비과거형) 135
　　〈4〉형용(동)사의 전화 136
　　〈5〉보조형용사「ない」「いい」「ほしい」 139

〈6〉 특수한 형용동사 : 同じだ、こんなだ、そんなだ、あんなだ、どんなだ 142

〈7〉 명사+「的」 143

〈8〉 형용동사 어간으로 명사가 된다 143

〈9〉 형용사·형용동사의 표현 144

CHAPTER 5 부사・연체사 147

부사

1. 부사의 성질과 기능 148
2. 부사의 종류 148

〈1〉 상태의 부사 149

〈2〉 정도의 부사 150

〈3〉 호응의 부사 153

연체사

1. 연체사의 성질과 기능 157
2. 연체사의 종류 158

〈1〉「――る」......... 158

〈2〉「――な」......... 159

〈3〉「――の」「――が」......... 160

〈4〉「――た」「――だ」......... 161

CHAPTER 6 접속사・감동사 163

접속사

1. 접속사의 성질과 기능 164

〈1〉 접속사란? 164

〈2〉 접속사와 접속어 164

2. 접속사의 종류 165

〈1〉 순접 165

〈2〉 역접 166

〈3〉 추가 166

〈4〉 병립 167

〈5〉 대비선택 167

〈6〉 설명보충 168

〈7〉 전환 169

감동사

1. 감동사란? 171
2. 감동사의 종류 172

CHAPTER 7 조동사 174

1. 조동사의 성질 176
2. 조동사의 분류 176
3. 단정·정중을 나타내는 조동사 177

〈1〉「だ」「です」「ます」의 의미 177

〈2〉 접속과 활용 177

    〈3〉「だ」「です」「ます」가 만드는 보통과 정중표현 185
    〈4〉「のだ」「なのだ」「だろう」「なら（ば）」등의 연어표현 189
4. 과거와 완료를 나타내는 조동사 196
  「た（だ）」
    〈1〉의미 196
    〈2〉접속과 활용 196
    〈3〉구문과 표현 197
5. 보이스(수동·사역 등)에 관계하는 조동사 198
  「れる」「られる」
    〈1〉의미 198
    〈2〉접속과 활용 198
    〈3〉구문과 표현 199
  「せる」「させる」
    〈1〉의미 202
    〈2〉접속과 활용 202
6. 그 밖의 조동사 203
  「たい」「たがる」
    〈1〉의미 203
    〈2〉접속과 활용 203
  「ない」「ぬ（ん）」
    〈1〉의미 204
    〈2〉접속과 활용 205
  「う」「よう」
    〈1〉의미 206
    〈2〉접속과 활용 207
  「まい」
    〈1〉의미 208
    〈2〉접속과 활용 208
    〈3〉표현 209
  「そうだ」「そうです」
    〈1〉의미 210
    〈2〉접속과 활용 210
    〈3〉표현 212
  「ようだ」「みたいだ」
    〈1〉의미 213
    〈2〉접속과 활용 213
    〈3〉표현 214
    〈4〉추정의 「ようだ」와 양태의 「そうだ」 215
  「らしい」
    〈1〉의미 215

  〈2〉접속과 활용 216

  〈3〉표현 217

CHAPTER 8 조사 221

1. 조사의 정의 222

2. 조사의 성질 222

  〈1〉부속어 222

  〈2〉활용이 없다 222

3. 조사의 종류와 기능 223

  〈1〉격조사 225

  〈2〉접속조사 232

  〈3〉부조사 239

  〈4〉종조사 249

4. 조사의 탈락현상 253

5. 조사의 부적절한 사용 253

  〈1〉조사의 오용 254

  〈2〉조사의 과잉사용 256

PART3 문장의 구조

CHAPTER 9 복문 259

1. 문장의 성분 260

2. 문장의 구조 260

  〈1〉단문 261

  〈2〉복문 261

  〈3〉복문의 종류 262

  〈4〉연용수식절에 관계하는 다양한 표현 268

CHAPTER 10 문형표현 305

  〈1〉화제 309

  〈2〉대상 314

  〈3〉판단의 입장·근거 319

  〈4〉평가의 시점 322

  〈5〉근거·수단·매개 325

  〈6〉예시 328

  〈7〉기점·종점·한계·범위 331

  〈8〉가능성 338

  〈9〉경향·상태 343

  〈10〉감동·소망 349

  〈11〉시간·시점 353

  〈12〉진행·상관관계 363

  〈13〉결과·결론 369

  〈14〉한정·비한정·부가 373

〈15〉비교·정도 382
　〈16〉대비·대체 385
　〈17〉전문·추측 389
　〈18〉주장·단정 396
　〈19〉기준·대응 399
　〈20〉무관계·무시 408
　〈21〉역접·양보 413
　〈22〉부정·부분부정 422
　〈23〉원인·이유 428
　〈24〉조건 436
　〈25〉심리·감정 441
　〈26〉권유·주의·금지 446

PART 4 경어

CHAPTER 11 경어 451

1. 경어의 의의 452
2. 경어의 종류 452
　〈1〉존경어 452
　〈2〉겸양어 456
　〈3〉정중어 460
3. 경어를 사용할 때의 주의점 461
　〈1〉「이중경어」에 주의 461
　〈2〉「お」와 「ご」의 사용법에 주의 461
　〈3〉경어의 과잉에 주의 461

PART 5 구어

CHAPTER 12 구어 463

1. 구어의 성질 464
2. 구어의 특징 465
　〈1〉음의 변화 466
　〈2〉어순 479
　〈3〉생략 479
　〈4〉억양 481
　〈5〉남성어와 여성어 481

부록 487
색인 489

CHAPTER 1 문법의 기초

PART1 문법의 기초

언어가 의미를 갖는 것으로 성립되기 위해서는 일정한 룰·규정이 필요하다. 그 룰·규정을 문법이라고 부른다. 「문법의 기초」에서는 일본어 문법에서 가장 먼저 이해해 두었으면 하는 기초지식, 즉 기초적인 룰·규정을 일본어 학습자를 위해서 알기 쉽게 설명한다.

CHAPTER 1 문법의 기초

1 언어의 단위

「언어」의 크기를 나타내기 위해서 「**언어의 단위**」가 사용된다. 언어의 단위에는 크기 순으로 **글·단락·문장·문절·단어**의 5 가지가 있다.

글 : 여러 개의 문장이 모여 있는 가장 큰 언어의 단위

단락 : 글을 내용으로 단락지은 하나의 덩어리

문장 : 마침표 (。) 로 끝나는 정리된 하나의 의미가 있는 것

문절 : 글을 최대한 짧게 단락지은 의미가 있는 것

단어 : 언어로서 가장 작은 단위

<1> 글

글이란 **하나의 정리된 내용을 나타낸 언어의 집합체 전체**를 말한다. 글은 언어의 단위 중에서 가장 큰 것이다. 예를 들어 한 편의 논문, 한 편의 소설, 한 편의 시, 또는 EJU 독해문제 속의 하나의 독해문이 하나의 글이 된다.

<2> 단락

단락이란 **긴 글을 내용별로 구분한 한 덩어리**이다. 일본어의 문장어에서는 단락의 맨 처음을 한 글자분 띄우는 것이 보통이다.

<3> 문장

문장이란 **마침표 (。) 에 의해 구분된 하나의 이어진** 언어를 말한다. 문장의 끝에는 반드시 마침표가 찍힌다. 문장이 여러 개 모여서 단락, 또는 글이 된다.

문장의 종류	특징	예문(하나의 문장)
명사문	명사가 술어가 된다	私は**学生**です。
형용사문	형용사가 술어가 된다	先生は**優しい**です。
	형용동사가 술어가 된다	東大は**有名**です。
동사문	동사가 술어가 된다	夏が**来ました**。

<4> 문절

문장은 더 작은 부분(문절)으로 나눌 수 있다. 문절이란 **문장을 실제 언어로서 부자연스럽지 않을 정도(의미가 통하는)로 가능한 한 짧게 단락지은 것**을 말한다. 문절은 단어와 문장의 중간에 있는 단위다.

僕は昨日から日本語の勉強を始めました。(하나의 문장)

僕は①／昨日から②／日本語の③／勉強を④／始めました⑤。(5개의 문절)

저는 어제부터 일본어 공부를 시작했습니다.

「문절」을 나눌 때 한 문절 속에는 하나의 자립어만 있다는 규칙이 있다. 자립어란 「명사」, 「동사」, 「형용사」, 「형용동사」, 「부사」, 「연체사」, 「감동사」, 「접속사」의 8개이다. 즉 「조사」, 「조동사」 이외는 모두 「자립어」다. 「조사」, 「조동사」는 부속어다.

연문절:연속된 2개 이상의 문절이 서로 어우러져 하나의 성분으로 기능하는 것.

きれいな花が咲く。   예쁜 꽃이 핀다.

| 연문절 | きれいな花が | 문절 | きれいな／花が |

咲いているのは桜の花だ。   피어 있는 것은 벚꽃이다.

| 연문절 | 桜の花だ | 문절 | 桜の／花だ |

花が夏の野山に咲いている。   꽃이 여름 산과 들에 피어 있다.

| 연문절 | 夏の野山に | 문절 | 夏の／野山に |

> **ADVANCED (EJU etc.)**
>
> **貧困層の人々は、毎日の飢えを　どうにか凌いでいた。**
>
> | 연문절 | 貧困層の人々は | 문절 | 貧困層の / 人々は |
> | 연문절 | 毎日の飢えを | 문절 | 毎日の / 飢えを |
> | 연문절 | 凌いでいた | 문절 | 凌いで / いた |
>
> 빈곤층 사람들은 매일 굶주림을 간신히 견디고 있었다.
>
> **水泳や自転車などは、一度学習すれば、かなり長期間スキルが保持される。**
>
> | 연문절 | 水泳や自転車などは | 문절 | 水泳や / 自転車などは |
> | 연문절 | かなり長期間 | 문절 | かなり / 長期間 |
>
> 수영이나 자전거 등은 한 번 학습하면 꽤 오랫동안 스킬이 유지된다.

<5> 단어

단어란 문절을 더욱 나눈 그 이상 나눌 수 없는 가장 작은 언어의 단위다. 단어는 「**명사·동사·형용사·형용동사·부사·연체사·접속사·감동사·조사·조동사**」라는 10개의 품사로 분류할 수 있다.

僕①/は②/昨日③/から④/日本語⑤/の⑥/勉強⑦/を⑧/始め⑨/た⑩。
(10개의 단어)

①명사　②조사　③명사　④조사　⑤명사　⑥조사　⑦명사　⑧조사　⑨동사　⑩조동사

僕は①/昨日から②/日本語の③/勉強を④/始めた⑤。(5개의 문절)

언어의 단위	구체적인 예 『日本留学試験（EJU）　実戦問題集　記述・読解 vol 1』
글	会社にはいろいろな個性を持つ人がいて、世代も違えば物事の捉え方や感じ方にも大きな違いがある。 　しかし、それでいいのだ。それぞれの持つ個性が多様であることはむしろ大きな力となる。もちろん一人ひとりが好き勝手をやっていたら仕事にならないが、個性を生かしつつそれぞれの持つベクトルを合わせて会社全体の力としていければ、大きな成果を生む。多様な個性があるということは、それだけ可能性があるということなのだ。

단락	**단락 1**：会社にはいろいろな個性を持つ人がいて、世代も違えば物事の捉え方や感じ方にも大きな違いがある。 **단락 2**：しかし、それでいいのだ。それぞれの持つ個性が多様であることはむしろ大きな力となる。もちろん一人ひとりが好き勝手をやっていたら仕事にならないが、個性を生かしつつそれぞれの持つベクトルを合わせて会社全体の力としていければ、大きな成果を生む。多様な個性があるということは、それだけ可能性があるということなのだ。
문장	**문장 1**：会社にはいろいろな個性を持つ人がいて、世代も違えば物事の捉え方や感じ方にも大きな違いがある。 **문장 2**：しかし、それでいいのだ。 **문장 3**：それぞれの持つ個性が多様であることはむしろ大きな力となる。 **문장 4**：もちろん一人ひとりが好き勝手をやっていたら仕事にならないが、個性を生かしつつそれぞれの持つベクトルを合わせて会社全体の力としていければ、大きな成果を生む。 **문장 5**：多様な個性があるということは、それだけ可能性があるということなのだ。
문절	会社には/いろいろな/個性を/持つ人が/いて/、世代も/違えば/物事の/捉え方や/感じ方にも/大きな/違いが/ある。 　しかし/、それで/いいのだ/。それぞれの/持つ/個性が/多様で/ある/ことは/むしろ/大きな/力と/なる/。もちろん/一人ひとりが/好き勝手を/やって/いたら/仕事に/ならないが/、個性を/生かしつつ/それぞれの/持つ/ベクトルを/合わせて/会社全体の/力と/して/いければ/、きな成果を/生む。多様な/個性が/あると/いう/ことは/、それだけ/可能性が/あると/いう/ことなのだ。
단어	会社/に/は/いろいろな/個性/を/持つ/人/が/い/て/、世代/も/違え/ば/物事/の/捉え方/や/感じ方/に/も/大きな/違い/が/ある。 　しかし/、それ/で/いい/の/だ/。それぞれ/の/持つ/個性/が/多様/で/ある/こと/は/むしろ/大きな/力/と/なる/。もちろん/一人ひとり/が/好き勝手/を/やっ/て/い/たら/仕事/に/なら/ない/が/、個性/を/生かし/つつ/それぞれ/の/持つ/ベクトル/を/合わせ/て/会社/全体/の/力/と/し/て/いけれ/ば/、大きな/成果/を/生む/。多様な/個性/が/ある/と/いう/こと/は/、それだけ/可能性/が/ある/と/いう/こと/な/の/だ。

2 문장의 성분

<1> 문장의 성분

문절의 기능에 따라 문장을 다른 성분으로 나눌 수 있다. 구체적으로 **주어·술어·수식어·접속어·독립어**라는 5가지 종류가 있다.

주어와 술어는 문장의 뼈대를 이룬다.

주어 ：「何が（だれが）」に当たる文節。
　　　「무엇이 (누가)」에 해당하는 문절

술어 ：「どうする・どんなだ・何だ・ある（いる）」に当たる文節。
　　　「어떻게 하다・어떠하다・무엇이다・있다 (있다)」에 해당하는 문절

수식어 ：ほかの文節を詳しく説明する文節。
　　　다른 문절을 자세하게 설명하는 문절

접속어 ：前後の文や文節をつなぎ、関係を表す文節。
　　　앞 뒤의 문장과 문절을 이어주고 관계를 나타내는 문절

독립어 ：文中のほかの文節から独立している文節。
　　　문장 속에 다른 문절로부터 독립되어 있는 문절

문장의 성분	기능	예	
주어	문장의 주제와 동작의 주체를 나타낸다 **「誰が」「何が」**	私は　中国人だ。　나는 중국인이다. 花が　咲く。　　꽃이 핀다.	「누가」 「무엇이」
술어	주어를 자세하게 설명한다 **「どうする」「どんなだ」「何だ」「ある（いる）」**	花が　咲く。　　꽃이 핀다. 花は　きれいだ。　꽃은 예쁘다. これは　花だ。　이것은 꽃이다. 花が　ある。　꽃이 있다.	「어떻게 하다」 「어떻다」 「무엇이다」 「있다」
수식어	뒷 부분을 자세하게 설명한다 **「いつ・どこで・なにを・どのように・どうして」** 등	これは　きれいな　花だ。 이것은 예쁜 꽃이다. 花が　きれいに　咲く。 꽃이 예쁘게 핀다. 真面目に　勉強する。 성실하게 공부한다.	「어떤」 「어떻게」 「어떻게」
접속어	앞 뒤의 문장・문절을 연결하여 **順接・逆接・累加・並立** 등의 의미를 나타낸다	日本語または　英語で答える。 일본어 또는 영어로 답한다. 寝坊したから、遅刻した。 늦잠을 자서 지각했다.	병립 순접
독립어	**感動・呼びかけ・応答・提示** 등의 의미를 나타낸다	ああ、幸せだな。 아아 행복하다. 李さん、一緒に頑張ろう！ 이 씨 함께 힘내자! はい、頑張ります。 네 힘내겠습니다. 名校志向塾、夢が叶ったところだ。 메코시코주쿠, 꿈을 이룬 곳이다.	감동 호소 응답 제시

문절 상호의 관계: 하나의 문장에 몇 개의 문절이 있고 문절끼리는 다양한 관계로 연결되어 있다. 그 연결 방법(문절 상호의 관계)에는 다음과 같은 종류가 있다.

주·술 관계	雨が　降る。 주어　술어	비가 내린다.
수식·피수식 관계	強い　雨が　大量に降る。 수식어 피수식어	강한 비가 많이 내린다.
접속 관계	雨が降ったので、試合が延期された。 　　　접속어　　　　순접 관계	비가 내려서 시합이 연기되었다.
독립 관계	あら、雨が降ってきたわ。 독립어	이런, 비가 내리기 시작하는구나.
병립 관계	雨や　風が強くなりそうだ。 　　병립 관계	비와 바람이 강해질 것 같다.
보조 관계	雨が降って　いる。 　　　보조 관계	비가 내리고 있다.

COLUMN

연체수식어·연용수식어

연체수식어: 체언(명사)을 수식하는 수식어.

① 強い　雨
　연체수식어　명사
▶「雨」는 명사, 「強い」는 「雨」를 자세하게 설명하기 위한 "연체수식어"

② 雨の　日
　연체수식어　명사
▶「日」는 명사, 「雨の」는 「日」를 자세하게 설명하기 위한 "연체수식어"

연용수식어: 용언(동사·형용사·형용동사)을 수식하는 수식어

① とても　大きい
　연용수식어　형용사
▶「大きい」는 형용사, 「とても」는 「大きい」를 설명하는 "연용수식어"

② 昨日　激しく　降った
　연용수식어 연용수식어　동사
▶「降った」는 동사, 「昨日」, 「激しく」는 동작의 시간(いつ)과 상태(どのように)를 개별적으로 설명하는 "연용수식어"

연문절의 경우는 그 기능에 따라서 **주부·술부·수식부·접속부·독립부**라는 5 종류로 나눌 수 있다.

단문절	단문절	단문절	단문절
祝日なので、	商店街が	非常に	賑やかだ。
접속어	주어	수식어	술어

공휴일이어서 상점가가 매우 붐빈다.

연문절	연문절	연문절	연문절
今日は祝日なので、	駅前の商店街が	多くの人で	賑わっている。
접속어	주어	수식어	술어

오늘은 공휴일이어서 역 앞 상점가가 많은 사람으로 붐비고 있다.

ADVANCED (EJU etc.)

		술어	보조동사	
始めから	無理な目標を	立てて	しまったら、	計画の実行過程で
	접속부			수식부

無理な	目標を	立てて		計画の	実行過程で
연체수식어	연용수식어	피수식어		연체수식어	피수식어
無理な	目標を				実行過程で
연체수식어	피수식어				연용수식어

주어	술어	보조동사
モチベーションが	下がって	しまう。
주부	술부	

처음부터 무리한 목표를 세워버리면 계획 실행 과정에서 의욕이 떨어져 버린다.

	下がって
	피수식어

			주어		술어	보조동사
経済活動による	二酸化炭素の	膨大な	排出量は	自然の 吸収能力を	超えて	いる。
	주부			수식부	술부	

二酸化炭素の	膨大な	排出量は	自然の	吸収能力を	超えて
연체수식어	연체수식어	피수식어	연체수식어	피수식어	
				吸収能力を	超えて
				연용수식어	피수식어

경제활동에 의한 이산화탄소의 방대한 배출량은 자연의 흡수능력을 넘어서고 있다.

<2> 문장 성분의 위치

(1) 주어(주부)와 수식어(수식부)는 술어(술부)의 앞에 온다.

(2) 술어(술부)는 문장의 끝에 온다.

父が	飛行機で	東京に	行った。	아버지가 비행기로 도쿄에 갔다.
주어	수식어	수식어	술어	

(3) 주어(부)와 수식어(부) 또는 수식어(부)와 수식어(부)의 위치는 바꾸어도 지장이 없는 경우가 많다. 단 피수식어(부)는 반드시 수식어(부)의 뒤에 둔다.

주어	수식어1	수식어2	술어
父が	飛行機で	東京に	行った。
父が	東京に	飛行機で	行った。
飛行機で	父が	東京に	行った。
飛行機で	東京に	父が	行った。
東京に	父が	飛行機で	行った。
東京に	飛行機で	父が	行った。

위와 같이 각 성분의 역할과 의미가 명확한 문장에서 술어가 일반적으로 문장의 가장 끝에 오는 것에 비해 대부분의 경우 주어와 수식어의 나열 순서는 바뀔 수 있으며 그러한 순서에 의해 문장의 논리적인 의미가 바뀌는 일은 없다. 단 **수식어는 반드시 피수식어 앞에 올 필요가 있다.**

(4) 독립어(독립부)는 문장의 맨 앞에 오는 경우가 많다. 접속어(접속부)는 문장의 맨 앞 또는 문장의 중간에 온다.

寝坊したから、遅刻した。	李さん、一緒に頑張ろう！
접속어	독립어
늦잠을 자서 지각했다.	이 씨 같이 힘내자!

<3> 문장 성분의 도치와 생략

도치 : 일반적으로 문말에 오는 술어(술부)가 다른 성분의 앞으로 온다. (대화 속이나 강조하고 싶을 때에 사용된다)

<u>おいしいね</u>、<u>このケーキは</u>。　　맛있다 이 케이크는.
　술어　　　　　주어

생략 : 이야기하는 상황과 앞 뒤의 단어 관계로 의미를 적절히 알 수 있는 경우 문장의 일부 성분을 생략하는 경우가 있다.

今日は何曜日ですか。(今日は) 日曜日です。　　**(주어의 생략)**
오늘은 무슨 요일입니까? (오늘은) 일요일입니다.

君は何しに日本へ (来ましたか)？　　**(술어의 생략)**
당신은 무엇을 하러 일본에 (왔습니까)？

父が息子をほめ、母も (息子を) ほめた。　　**(수식어의 생략)**
아버지가 아들을 칭찬했고 어머니도 (아들을) 칭찬했다.

<4> 문장 성분의 조응

(1) 주어(주부)와 술어(술부)의 조응

문장으로서의 의미가 통하려면 주어(주부)와 술어(술부)가 제대로 조응하는 것이 중요하다.
(※조응하다 : 둘 이상의 사물이나 현상 또는 말과 글의 앞 뒤 따위가 서로 일치하게 대응하다.)

✕ <u>その理由は</u>、そもそも若者が高齢者の生活に
　　주부
　　　　　　　　　関心を持っていないと<u>思っている</u>。
그 이유는 원래 젊은이가 고령자의 생활에 관심을 갖고 있지 않다고 생각한다.　술부

위 문장의 주부와 술부는 적절히 조응하고 있지 않다. 주부가「何が」이면 술부는「どうする」가 아닌「何だ」라는 내용으로 해야 한다. 반면에 술부가「どうする」이면 주부는「誰が」로 할 필요가 있다.

〇 **その理由は**、そもそも若者が高齢者の生活に関心を持っていないという**ことだ**。
〇 **私は**、そもそも若者が高齢者の生活に関心を持っていないのが理由だと**思っている**。

(2) 문장 성분의 위치와 쉼표

문장 성분의 위치 또는 성분 사이의 쉼표 표현이 적절하지 않으면 문장의 의미가 명확하게 파악되지 않고 사람에 따라 다른 의미로 해석되는 표현이 되는 경우가 있다.

先生は**笑いながら**いたずらをしている男子学生を注意した。

선생님은 웃으면서 장난을 치고 있는 남학생을 주의시켰다.

위 문장에서는 「笑いながら」의 동작주가 선생님인지 남학생인지 확실하지 않다. 글의 의미를 확실히 하려면 문장 성분의 위치를 바꾸거나 문장 성분 사이에 쉼표를 찍는 것이 필요하다.

① 「笑いながら」의 동작주가 선생님인 경우
○先生はいたずらをしている男子学生を笑いながら注意した。　**(위치를 바꾼다)**
○先生は笑いながら、いたずらをしている男子学生を注意した。**(쉼표를 찍는다)**

② 「笑いながら」의 동작주가 학생인 경우
○笑いながらいたずらをしている男子学生を先生は注意した。　**(위치를 바꾼다)**
○先生は、笑いながらいたずらをしている男子学生を注意した。**(쉼표를 찍는다)**

<5> 문장의 종류

문장은 그 구조, 주어·술어의 관계에 의해 **단문·중문·복문**이라는 3가지 종류로 나누어진다.

(1) **단문**: 주어·술어의 관계가 하나뿐(술어가 하나만 있는)인 문장.

あの桜は毎年きれいに**咲く。**
　주어　　　　　　　　술어
저 벚꽃은 매년 예쁘게 핀다.

(2) **중문**: 주어·술어의 관계가 2개 이상이며 그것들이 병립 관계를 이루고 있는 문장.

春が	去り、	夏が	来る。	봄이 가고 여름이 온다.
주어1	술어1	주어2	술어2	

外見に無頓着な**人も**　**いれば**、おしゃれが大好きな**人も**　**いる**。
　　　　　　　　　주어1　　술어1　　　　　　　　　　　주어2　술어2

외모에 무관심한 사람도 있는가 하면 멋내기를 아주 좋아하는 사람도 있다.

(3) **복문**: 주어·술어의 관계가 2개 이상이며 그것들이 병립 관계가 아닌 문장.

(자세한 것은 「복문」▶ 261 페이지)

　　주어1　술어1　주어2　　　　　술어2
私が　書いた　小説が　有名な雑誌に載った。　내가 쓴 소설이 유명한 잡지에 실렸다.
　　　　　　주부　　　　　　　술부

「私が書いた」는 주어 2 (문장 전체의 주어)인「小説」의 수식문절이 된다.

　주어1　　술어1/주어2　　　　　　　　　　　　술어2
男性が髭を伸ばすというのは、19世紀以前はノーマルな習慣だった。
　　　　　　주부　　　　　　　　　　　술부

남성이 수염을 기른다는 것은 19세기 이전에는 노멀한 습관이었다.

「伸ばすというのは」라는 주어 2 가「習慣だった」라는 술어 2 에 관련되지만「伸ばすというのは」라는 문절은「男性が」라는 주어를 받는 술어가 되기도 한다.

3 단어의 종류

단어는 여러 가지 종류로 나눌 수 있으며 주로「**자립어와 부속어**」,「**활용하는 단어와 활용하지 않는 단어**」,「**품사의 분류**」라는 3 가지 분류 방식이 있다.

<1> 자립어와 부속어

자립어는 단독으로 문절을 만들 수 있는 단어이다.
부속어는 단독으로 문절을 만들 수 없고 항상 자립어의 뒤에 붙는 단어이다.

<2> 단어의 활용

활용이란 문장 속에서의 사용 방법에 따라 단어의 끝 부분이 변화하는 것이다.

동사의 활용		형용사의 활용		형용동사의 활용	
水を飲まない	부정형 (미연형)	寒かろう	미연형	便利だろう	미연형
水を飲もう	의향형 (미연형)	寒かった	연용형	便利だった	연용형
水を飲みます	ます형 (연용형)	寒くなる	연용형	便利でない	연용형
水を飲んだ	た형 (연용형)	寒い	사전형	便利になる	연용형
水を飲む	사전형 (종지형)	寒いとき	연체형	便利だ	사전형
水を飲む時	연체형	寒ければ	가정형	便利なとき	연체형
水を飲めば	가정형			便利なら (ば)	가정형
水を飲め	명령형				
어간 : 飲 / 활용어미 : む		어간 : 寒 / 활용어미 : い		어간 : 便利 / 활용어미 : だ	

※ 활용이 있는 단어로서 활용에 의해 변화하지 않는 부분을 어간 (■), 활용에 의해 변화하는 부분을 활용어미 (빨간 글자) 라고 한다.

자립어와 부속어 각각에 활용이 있는 단어와 활용이 없는 단어가 있다.

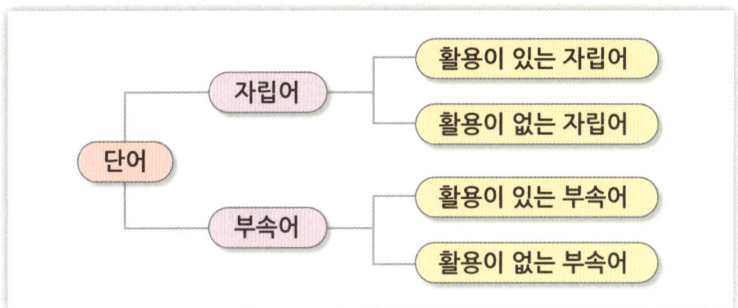

<3> 품사의 분류

품사의 분류란 단어를 성질이나 역할에 따라 세세하게 분류한 것이다. **명사・동사・형용사・형용동사・부사・연체사・접속사・감동사・조동사・조사**의 10 종류가 있다.

(품사) 종류	예	예문
명사	文章	この作家の**文章**には、何か心を引かれるものがある。 이 작가의 글에는 무언가 마음이 끌리는 것이 있다.
동사	来る	店に**来る**お客の数が多いほど、売り上げに繋がる。 가게에 오는 손님의 수가 많을수록 매상으로 이어진다.
형용사 (イ형용사)	良い	バランスの**良い**食生活を送ることが肝心だ。 균형 잡힌 식생활을 하는 것이 중요하다.
형용동사 (ナ형용사)	必要だ	成功するには粘り強い努力だけではなく、適度に諦めることも**必要だ**。 성공하려면 끈질긴 노력뿐만 아니라 적당히 포기하는 것도 필요하다.

부사	真に	真に優れた指導者は、人格も高潔である。 진정으로 뛰어난 지도자는 인격도 고결하다.
연체사	あの	あの人とは、もともと縁がなかったから、諦めた。 저 사람과는 원래 인연이 없었기 때문에 포기했다.
접속사	しかし	しかし一概にそうとも言えないのである。 그러나 일률적으로 그렇다고도 할 수 없는 것이다.
감동사	まあ	まあ、野生動物が人に慣れるまでに、時間がかかるのはしょうがない。 뭐, 야생동물이 사람에게 익숙해지기까지 시간이 걸리는 것은 어쩔 수 없다.
조동사	られる	社会の変化に伴い、求められる学生の資質も変わりつつある。 사회의 변화에 따라 요구되는 학생의 자질도 변하고 있다.
조사	を	早朝に鶏の声を聞いて、はっと目覚めた。 이른 아침에 닭 소리를 듣고 번쩍 눈을 떴다.

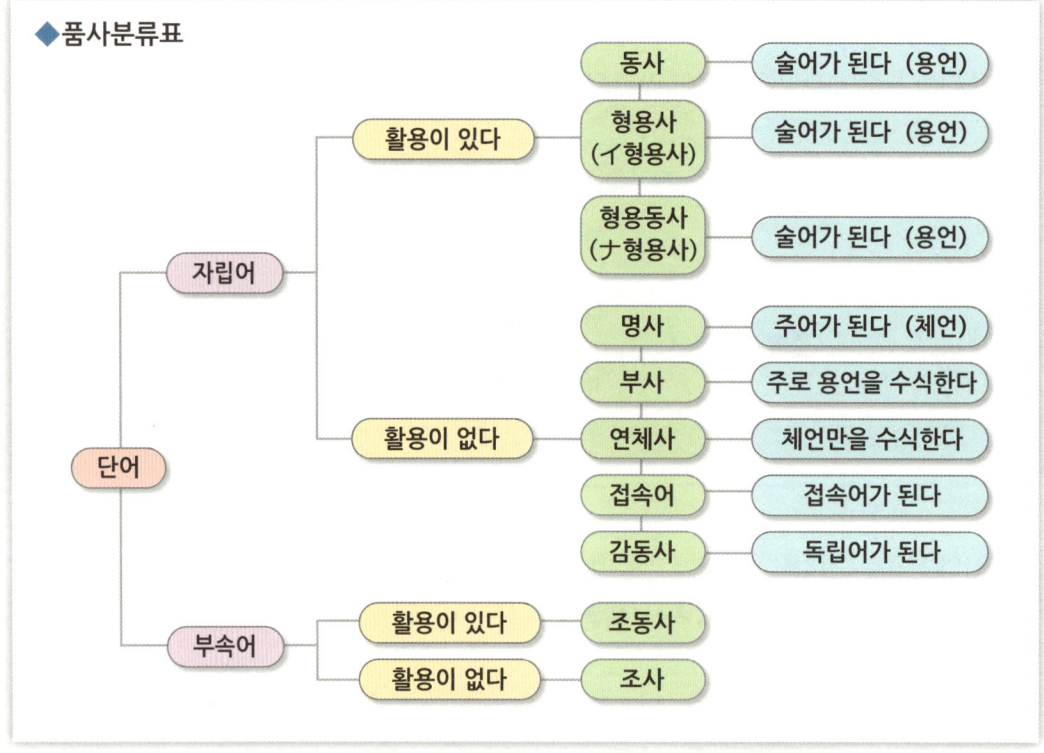

◆ 품사분류표

「명사」를 「체언」, 「동사」 「형용사」 「형용동사」를 「용언」이라고 부르는 경우가 있다.

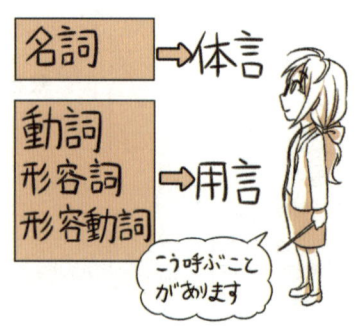

4 지시어

<1> 지시어의 정의

지시어란 화자·청자의 관계를 기준으로 **사물을 가리키는 기능을 갖는 단어다**. 「こそあど（こ とば）」라고도 부른다.

화자에게 가까운 사물을 가리키는 단어를 **근칭(コ계열)**, 청자에게 가까운 사물을 가리키는 단어를 **중칭(ソ계열)**, 양쪽 모두 먼 사물을 가리키는 단어를 **원칭(ア계열)**, 원근이 정해져 있지 않은 사물을 가리키는 단어를 **부정칭(ド계열)**이라고 부른다.

	대명사			연체사	부사	형용동사
	사물	장소	방향			
근칭（コ계열）	これ	ここ	こっち（こちら）	この	こう	こんなだ
중칭（ソ계열）	それ	そこ	そっち（そちら）	その	そう	そんなだ
원칭（ア계열）	あれ	あそこ	あっち（あちら）	あの	ああ	あんなだ
부정칭（ド계열）	どれ	どこ	どっち（どちら）	どの	どう	どんなだ

<2> 지시어의 사용법

지시어에는 **현장지시**와 **문맥지시**라는 2가지 사용법이 있다.

현장지시: 직접 눈으로 보는 「현장」에 있는 것을 가리키는 용법

문맥지시: 대화 중이나 문장 속의 화제가 되고 있는 사항을 가리키는 용법

(1) **현장지시**: 화자와 청자가 눈 앞에 있는 것을 가리켜서 사용하는 지시어의 표현은 「**현장지시**」라고 한다.

1 영역공유형—화자가 청자와 같은 영역에 있다

화자와 청자의 영역에 있는 것은 「コ」, 화자와 청자의 영역에서 다소 먼 것은 「ソ」, 양쪽 모두에서 「ソ」열로 나타내는 것보다 먼 경우는 「ア」를 사용한다.

근 ──────────────► 원

| 청자와 화자 | | |
| 그계열 | ソ계열 | ア계열 |

2 영역대립형—화자가 청자와 다른 영역에 있다

화자의 영역에 있는 것은 「こ」, 청자의 영역에 있는 것은 「そ」, 화자의 영역도 청자의 영역도 아닌 경우는 「あ」를 사용한다.

(2) 문맥지시 : 대화나 글 속에서 앞 뒤 문맥에 있는 화제나 사항을 가리키는 지시어 표현은 「문맥지시」라고 한다.

1 「コ」열의 단어를 사용하는 상황
①화자가 앞에 자신이 말했던 것을 가리킬 때

> 過疎化といえば、地方の小さな村がまず思い浮かぶと思いますが、
> **この**問題は、実は都市部でも起こっているのです。
>
> 「この」는 앞서 언급한 「過疎化」 문제를 뜻한다.
> 과소화라고하면 지방의 작은 마을이 우선 떠오르겠습니다만 이 문제는 실은 도시부에서도 일어나고 있습니다.

②화자가 앞으로 말하려는 내용을 가리킬 때

> **これ**は、まだ誰にも言っていない話だが、実は私はすでに離婚している。
>
> 「これ」는 이후의 이야기 「すでに離婚している」를 뜻한다.
> 이것은 아직 누구에게도 말하지 않은 이야기지만 실은 저는 이미 이혼했다.

2 「ソ」열의 단어를 사용하는 상황
①화자가 앞에 자신이 말했던 것을 가리킬 때

> 今通っているフランス語の教室で料理講座があるから、
> **それ**を受けてみようと思うんだ。
>
> 「それ」는 앞서 언급한 「料理講座」를 뜻한다.
> 지금 다니고 있는 프랑스어 교실에서 요리강좌가 있기 때문에 그것을 들어볼까 생각하고 있어.

> **POINT** 　　　1의 ①과 2의 ①의 구별
>
> 「こ」는 화제에 대하여 화자가 「자신이 제공한 정보」, 「중요한 것」, 「자신의 것」 등 심리적으로 가깝다고 느꼈을 때에 사용한다 .
>
> 「そ」는 화제에 대하여 화자가 「객관적으로 말하고 싶다」, 「거리를 두고 싶다」 라고 느꼈을 때에 사용한다 .

상대가 먼저 이야기한 내용을 가리킬 때

A : 今通っているフランス語の教室で料理講座が
　　あるから、それを受けてみようと思うんだ。
B : 僕の母も昔，そういう講座に通っていたよ。

A : 지금 다니고 있는 프랑스어 교실에서 요리강좌가 있기
　　때문에 그것을 들어볼까 생각하고 있어 .
B : 우리 어머니도 예전에 그런 강좌에 다녔었어 . (「そういう」
　　는 상대방이 앞서 언급한 「料理講座」를 뜻한다.)

3 「ア」열의 단어를 사용하는 상황

①화자가 청자와 함께 이해하고 있는 기존의 내용을 가리킬 때

A : 駅の向こう側に新しいカフェができたの,
　　知ってる？
B : うん。あそこのコーヒー豆は、とても
　　質がいいらしいよ。

A : 역 건너편 쪽에 새로운 카페가 생긴거 알지 ?
B : 응. 거기 커피 콩은 정말 질이 좋다고 해 .
　　(「あそこ」 쌍방이 이미 알고있는 새로 오픈한
　　카페를 뜻한다.)

회상으로 과거를 가리킬 때

> **あの**頃は楽しかったなあ。
>
> 그 시절은 즐거웠었는데 . (「あの」 는 지나간 시절을 뜻한다.)

문맥지시를 사용할 때는 화자가 말할 때에 지시하는 대상과의 심리적 거리가 지시어의 선택에 영향을 준다. 심리적으로 가깝다고 느낄 때나 화제를 가까이 두고 생각하거나 분석·평가할 때에 「こ」열의 단어를 사용한다. 심리적으로 멀다고 느낄 때나 이미 말한 내용, 청자가 이미 이해하고 있는 내용을 청자의 가까이에 두고 말하거나 분석·평가할 때에 「そ」열의 단어를 사용한다.

同僚のイギリス人と芝居のはなしをしていた。もう十数年も前のことである。いまイギリスで、悲劇と喜劇のどちらが多いだろうかときいたら、ちょっと待ってくれないか、といって、彼は立ち上った。イギリスから来ている新聞をもってきて、数えてみようか、という。なるほどこれ①は実証的で感心した。広告のページに各劇場の出しものをのせている。多くは、喜劇か悲劇であるかを明示してある。観客がそれ②を求めるのだろう。

いくつあったか忘れたが、ずいぶんの数であったように思う。喜劇の方が多かった。その③ことよりも、こんなに④たくさんの芝居が常時見られる国ということについて考えた。われわれが芝居を見たいと思っても、広告はどうだ、というようには行かない。だいいち新聞広告なんかに出ていない。

(外山滋比古『ことばの教養』)

名校教育　日本留学試験（EJU）実戦問題集　日本語記述・読解vol.1

これ①：「イギリスから来ている新聞をもってきて、数えてみよう」

それ②：「喜劇か悲劇であるかを明示してある」

その③：「喜劇の方が多かった」

こんなに④：「たくさんの芝居が常時見られる」ということに対して、作者は心理的に近いと感じているので、「こ」を使った。

これ① : 앞서 언급한 「イギリスから来ている新聞をもってきて、数えてみよう」를 뜻한다. 저자는 이 문제의 평가를 위해 자신의 입장을 되돌리고 이 접근법이 경험적인 방법이라고 생각한다.

それ② : 앞서 언급한 「喜劇か悲劇であるかを明示してある」, 이는 관객이 요구하는 것.

その③ : 앞서 언급한 「喜劇の方が多かった」를 뜻한다.

こんなに④ : 뒤에 이어지는 「たくさん」의 정도를 강조하기 위한 것. 「こ」를 사용하는 이유는 작자가 "이미 이렇게 많은 희극을 볼 수 있다" 이 문제는 스스로 "자신의 근처" (일방적으로) 평가를 하는 것. 그리고 「そ」를 사용하면 문제가 자신과 거의 관련이 없음을 보여주고 다른 사람의 사건에 대한 객관적인 설명일 뿐이다.

5 복합어・파생어

<1> 복합어

복합어란 2개 이상의 단어가 결합하여 하나가 된 단어.

종류	구조	예
복합명사	명사＋명사	春風、朝風呂、本棚、夜空
	동사＋명사	遊び場、聞き手、洗い物、入れ歯
	형용사＋명사	白うさぎ、細道、青空、甘酒
	명사・동사＋형용사	夜長、手近
	명사・동사＋동사	物語、問い合わせ、押し入れ
복합동사	명사＋동사	形作る、裏付ける、間引く、傷つける
	동사＋동사	思いやる、舞い上がる、降り出す
	형용사＋동사	近づける、遠のく、若返る
복합형용(동)사	명사＋형용사	奥深い、心強い、幅広い、手厚い
	동사＋형용(동)사	疑い深い、燃えにくい、攻め上手だ
	형용사＋형용사	長細い、重苦しい、狭苦しい、古くさい

<2> 파생어

파생어란 어떤 단어에 접사 등이 붙거나 하여 생기는 단어.

단어 앞에 붙어 의미를 이루는 단어를 「**접두어**」, 뒤에 붙어 의미를 이루는 단어를 「**접미어**」라고 부른다.

종류	예 (접두어＋α)	예 (α＋접미어)
파생어의 명사	お金、ご両親、素肌	彼ら、血だらけ、甘み、重さ
파생어의 동사	ぶっ飛ばす、ぶち壊す	秋めく、先輩ぶる、寒がる、汗ばむ
파생어의 형용사	真っ黒い、か細い、たやすい、素早い、小憎らしい	男らしい、女っぽい、信じがたい、未練がましい、後ろめたい
파생어의 형용동사	お元気だ、ご立派だ	積極的だ、意識的だ、一般的だ

6 문체

문장은 목적, 상황, 독자 등에 따라 여러 가지 다른 양식을 사용한다. **이 양식은 문장어(문장)에서는** 「문체」라고 불린다. 현대 일본어의 서식, 이른바 문체에는 크게 나누어 **보통체(상체)와 정중체(경체)**의 2 종류가 있다. 기본적으로 하나의 글 속에서는 **어느 쪽으로든 통일되게 써야 한다**. 보통체와 정중체에 우열은 없다. 각각의 글에 적합한 문체로 쓸 필요가 있다.

보통체와 정중체의 사용 구분

보통체: 「だ・である조」, 문말에 「だ」「である」 등을 사용한다.

정중체: 「です・ます조」, 문말에 「です」「ます」「でございます」 등을 사용한다.

보통체에서는 **문말에 「だ」 또는 「である」를 붙이는 형태**가 되기 때문에 **「だ・である체」**라고 불리는 경우도 있다. 그에 반해 정중체에서는 **문말에 「です」 또는 「ます」를 붙이는 형태**가 되기 때문에 **「です・ます체」**라고 불리는 경우도 있다.

<1> 보통체(だ・である체)의 특징

「だ・である체」로 쓰여진 문장의 어미는 「~だ」「~である」「~だろう」「~ではない」「~ではなかろうか」 등이 일반적이다. 단정적이고 딱딱한 인상을 준다.

사용되는 상황·매체는 신문기사, 잡지, 논문, 일기, 리포트 등이다. 예를 들어 이 책의 문체는 보통체다.

　すぐれた知能は、視覚的思考によって育まれるより、聴覚的思考力によって伸びると考えられる。

　欧米の文化はギリシャの昔から、聴覚的思考を主体として発達してきたと考えられる。この点、視覚的思考の日本文化は、まさにユニークであるといってよいが、目よりも耳、という点では一歩、不利であることを認めなくてはならないように思われる。

　ひとりではなく、仲間といっしょに、語らい合っているうちに発動する思考力というものをわれわれは、これまでほとんど問題にしたことがなかった。

　それが、日本の学術、文化のおくれにかかわっているように思われる。ひとりではなく、同志と、本を読むのではなく、談話によって、新しい文化を開発することができる。

　そういう信念をもとにして、クラブ的芸術、思考を模索していくと、乱談の思考、セレンディピティ（serendipity）に至るというわけである。

(外山滋比古『乱談のセレンディピティ』)

<2> 정중체(です・ます체)의 특징

「です・ます체」로 쓰여진 문장의 어미는 「~です」「~でしょう」「~ます」「~ましょう」「~ません」「~ではありませんか」 등이 대표적이다. 정중한 태도와 독자에 대한 경의를 나

타낸다. **정중하고 부드러운 인상**을 준다.

　사용되는 상황·매체는 편지, 해설문/설명문, 어린이 대상 문장, 발표(구어) 등이 주를 이룬다.

매우 정중한 말투 속에서는 「です」 대신에 「でございます」가 사용되는 경우가 있다.

> こちら**でございます**が、どうぞご覧（らん）ください。

　　田んぼにはさまざまな生きものの営みがあります。それでは、もっとも田んぼとかかわりのある生きものは何でしょうか？
　　それは、私たち人間です。
　　田んぼは人間が、食糧となる米を栽培するための場所です。つまり、人工的な環境なのです。
　　しかし、田んぼには、多くの生きものたちが集まってきています。そこは生きものたちにとって、かけがえのない棲みかなのです。
　　田んぼの環境は、人と自然とが長い時間をかけて創り上げてきた調和の産物です。だからこそ私たちは、人工的であるはずの田んぼに豊かな自然の風景を感じずにいられないのです。田んぼのように人の手が加わった自然環境は「二次的自然」と呼ばれています。
　　原生林の自然はとても美しいものです。しかし、人はそんな深い森に畏怖感を覚えてしまいます。
　　田んぼのようななつかしさや親しみは、そこにはありません。

　　　　　　　　　　　　　　　　　　　　　　（稲垣栄洋『田んぼの生きもの誌』）

EJU 일본어 속의 문체

　일본유학시험(일본어) 속의 문장을 분석하면 오른쪽과 같이 **보통체와 정중체의 비율**을 알 수 있다.

	보통체	정중체
EJU일본어 독해	70%	30%
EJU일본어 청독해·청해	10%	90%

　일본유학시험(일본어) 기술 문제에서는 보통체(상체)와 정중체(경체) 어느 쪽으로 써도 괜찮지만 어느 한 쪽으로 통일해야 한다. 일반적으로 논문과 리포트 등은 보통체(상체)로 작성하므로 보통체(상체)로 작성하는 것이 무난하다.

COLUMN

지망이유서는 보통체일까? 정중체일까?

대학입시의 지망이유서는 보통체와 정중체 어느 쪽이 좋을지 고민하는 학생이 많은 것 같습니다. 먼저 결론부터 말하자면 기입예와 구체적인 지시가 없다면 어느 쪽도 괜찮습니다만 보통체라면 끝까지 보통체, 정중체라면 끝까지 정중체로 작성하는 것이 기본적인 룰입니다. 하지만 지망이유서는 「대학에 들어가고 싶은 의사를 나타내는 장」이기 때문에 읽는 쪽의 입장을 생각하여 정중체, 이른바「です·ます체」통일로 작성하는 것이 무난하고 정중하다고 생각합니다.

지금 읽고 있는 이 두 단락은 정중체, 이른바「です·ます체」입니다. 정중하고 부드러운 인상을 독자에게 줍니다.

<3> 「보통체·정중체」와「보통형·정중형」의 차이

「형」은 단어 단위로 보았을 경우의 표현이고「체」란 문장 단위로의 표현이다.

「정중체」와「보통체」는「〜체」라고 불리는 것처럼 문장·글 전체에 관련되어 있다.「정중형」과 「보통형」은 단어 단위의 용언 (동사, 형용사, 형용동사)의 활용형 및 명사 술어의 활용형을 말한다.

보통체
シンプルに問題を**説明できる**人は、コミュニケーションが**上手だ**と**思われる**。 　　　　　　　　　보통형　　　　　　　　　　　　　　　보통형　　　보통형

정중체
シンプルに問題を**説明できる**人は、コミュニケーションが**上手だ**と**思われます**。 　　　　　　　　　보통형　　　　　　　　　　　　　　　보통형　　　정중형

심플하게 문제를 설명할 수 있는 사람은 커뮤니케이션을 잘한다고 여겨진다. (보통체)
심플하게 문제를 설명할 수 있는 사람은 커뮤니케이션을 잘한다고 여겨집니다. (정중체)

POINT 보통형과 정중형의 대조표

종류			정중형	보통형
명사	현재	긍정	学生です	学生だ/学生である
		부정	学生ではありません/学生ではないです	学生ではない
	과거	긍정	学生でした	学生だった/学生であった
		부정	学生ではありませんでした 学生ではなかったです	学生ではなかった
형용사 (イ형용사)	현재	긍정	大きいです	大きい
		부정	大きくありません/大きくないです	大きくない
	과거	긍정	大きかったです	大きかった
		부정	大きくありませんでした/大きくなかったです	大きくなかった
형용동사 (ナ형용사)	현재	긍정	静かです	静かだ/静かである
		부정	静かではありません/静かではないです	静かではない
	과거	긍정	静かでした	静かだった/静かであった
		부정	静かではありませんでした/ 静かではなかったです	静かではなかった
5단활용동사 (Ⅰ류 동사/ 1그룹 동사)	현재	긍정	遊びます	遊ぶ
		부정	遊びません/遊ばないです	遊ばない
	과거	긍정	遊びました	遊んだ
		부정	遊びませんでした/遊ばなかったです	遊ばなかった
1단활용동사 (Ⅱ류 동사/ 2그룹 동사)	현재	긍정	起きます	起きる
		부정	起きません/起きないです	起きない
	과거	긍정	起きました	起きた
		부정	起きませんでした/起きなかったです	起きなかった
サ변활용동사 (Ⅲ류 동사/ 3그룹 동사)	현재	긍정	勉強します	勉強する
		부정	勉強しません/勉強しないです	勉強しない
	과거	긍정	勉強しました	勉強した
		부정	勉強しませんでした/勉強しなかったです	勉強しなかった
カ변활용동사 (Ⅲ류 동사/ 3그룹 동사)	현재	긍정	来ます	来る
		부정	来ません/来ないです	来ない
	과거	긍정	来ました	来た
		부정	来ませんでした/来なかったです	来なかった
ある	현재	긍정	あります	ある
		부정	ありません/ないです	ない
	과거	긍정	ありました	あった
		부정	ありませんでした/なかったです	なかった
いる	현재	긍정	います	いる
		부정	いません/いないです	いない
	과거	긍정	いました	いた
		부정	いませんでした/いなかったです	いなかった

실전문법항목

　私は早稲田大学で社会科学の学問を勉強し、アジアの地域社会に存在する社会発展にともなう諸問題に解決や改善の提案を出来る人材になりたい。

　中国のニュースでよく留守児童の報道が見られる。両親が生活のために都会に出稼ぎに行くことにより、子供達は一人で、または祖父母と暮らさざるを得ない状況になっている。私も幼い頃、短い期間だが実家で約一年間そういう生活を送ってきた経験がある。その時期の複雑な気持ちは今でも忘れず、留守児童や地域に残された老人問題に常に関心を持っており、将来はそれらの問題の解決に役立ちたいと考える。

　だが、それらの問題は単なる一つの分野に収まるものではない。経済格差、産業や社会問題、心理、都市農村の計画という多くの領域と密接に関わっている。経済発展の遅れで、中堅労働者が都会に行かざるを得ないことになり、年寄りと児童が残され地域格差がますます広がっていく。同時に労働者不足で地域産業、特に農業の発展も妨げられ、社会全体の産業バランスへの影響が無視できない。また、それらの格差により教育や医療制度の整備、国全体としての都市と農村の計画等様々な面で一連の問題が発生している。それは単なる一国や地域単位の問題ではなく、社会の発展に伴う様々な社会が直面しなければいけない問題だと考える。そのような問題を総合的に分析し、複数の学問的なアプローチからまとめて課題をとらえ考える力を大学で身につけたいと思う。

　数多くの大学の中で、早稲田大学が学部を超えた多彩な学びが出来る特徴を有し、学問分野の枠を超えて豊かな知識力と思考力が大学の勉強を通じて身につけられることに大変魅力を感じる。特に私が最も関心を持つ社会的問題に関して、貴校の社会科学部において、学際的に一つの課題に挑戦して解明するという理念がある。そして、「学際研究入門」及び「社会科学総合研究」といった二種類の講義科目を通じて、一分野にとらわれず複数の学問領域の最先端にいらっしゃる教授達への学びと絶えぬ交流をもって、多角的な問題考察力を身につけられる。ここでしっかり勉強をすれば、将来自分の夢の実現にもつながると確信をした。

　従って、早稲田大学社会科学部を志望する。

早稲田大学社会科学部・志望理由書
名校志向塾卒業学生提出用

CHAPTER 2 명사

PART2 문법

명사는 품사의 하나로 사람, 물건, 장소 등 사물의 명칭을 나타내는 자립어다. 명사는 가장 어수가 풍부한 품사로 문장 속에서 가장 많이 나온다. 명사에 관한 학습은 문법 학습에 있어 가장 중요한 부분으로 토대가 된다. 이번 챕터는 명사의 정의, 성질, 분류와 기능에 대하여 설명한다.

CHAPTER 2 名詞

1 명사의 정의와 성질

자립어 중에서 활용이 없고 주어가 될 수 있는 것을 **명사**라고 한다. 일반적으로 **체언**이라고도 한다. 그에 비해 **동사**, **형용사**, **형용동사**를 합쳐서 **용언**이라고 부른다.

체언 : 명사

용언 : 동사, 형용사, 형용동사

<1> 명사의 정의

명사란 **물품이나 인물명 등 존재하는 사물의 명칭을 나타내는** 단어다.

文章　自分　社会　問題　言葉　名校志向塾　日本語

<2> 명사의 성질

（1） 자립어로 활용이 없다 (어미의 형태가 변하지 않는다).

（2） 주어가 될 때 주로 「が」 와 「は」 를 수반한다.

実が熟して地面に落ちた。
「実」 는 명사로 활용이 없고 「が」 를 수반하여 주어가 된다.
열매가 익어서 땅에 떨어졌다.

法律は私たちの社会で、共通のルールとして機能している。
「法律」 은 명사로 활용이 없고 「は」 를 수반하여 주어가 된다.
법률은 우리 사회에서 공통의 룰로서 기능하고 있다.

子供たちは音楽に合わせてリズミカルに踊っている。
「子供たち」 는 명사로 활용이 없고 「は」 를 수반하여 주어가 된다.
아이들은 음악에 맞추어 리드미컬하게 춤추고 있다.

生物は環境を自ら生存しやすいように変えてきた。
「生物」 은 명사로 활용이 없고 「は」 를 수반하여 주어가 된다.
생물은 환경을 자신이 생존하기 쉽도록 바꾸어 왔다.

2 명사의 종류

명사는 일반적으로 **보통명사, 고유명사, 수사, 대명사, 형식명사**라는 5개의 종류로 나눌 수 있다.

<1> 보통명사 : 일반적인 명칭을 나타낸다

> 携帯　新聞　フクロウ　水　ご飯

ADVANCED (EJU etc.)

人間(にんげん)は場合(ばあい)によって、様々な判断(はんだん)を下(くだ)している。
인간은 상황에 따라서 다양한 판단을 내리고 있다.

川(かわ)の氾濫(はんらん)を防(ふせ)ぐには、川底(かわぞこ)を平(たい)らにする工事(こうじ)が必要である。
강의 범람을 막기 위해서는 강 바닥을 평평하게 하는 공사가 필요하다.

<2> 고유명사 : 인명・지명・그룹명 등을 나타낸다

> 中華人民共和国　松下電器　東京大学　東京　ANA

ADVANCED (EJU etc.)

アメリカでは議員(ぎいん)に圧力(あつりょく)をかけるロビー活動(かつどう)が盛(さか)んです。
미국에서는 의원에게 압력을 가하는 로비활동이 활발합니다.

地球(ちきゅう)にとって水はかけがえのない資源(しげん)です。 지구에게 물은 대체할 수 없는 자원입니다.

<3> 수사 : 수・양과 순서를 나타낸다

> 2020年　5つ　10個　1番　五人

ADVANCED (EJU etc.)

二人(ふたり)が初めて出会(であ)った場所を再(ふたた)び訪(おとず)れた。 두 사람이 처음 만난 장소를 다시 찾았다.

いきなり十年ぶりの友人に出(で)くわして、びっくりした。
갑자기 10년만에 친구를 만나서 깜짝 놀랐다.

<4> **대명사** : 사람이나 사물을 본래의 명칭 대신 가리키는 단어

> わたし　彼　きみ　僕　これ　ここ　そちら　どこ

대명사에는 인칭대명사와 지시대명사의 2종류가 있다.

(1) **인칭대명사** : 사람을 가리킨다

제1인칭 (자칭) : 私、俺、僕、わし、わたくし、おいら
제2인칭 (대칭) : あなた、君、お前、あんた、おたく、貴様
제3인칭 (타칭) : 彼、彼女、あいつ、やつ、そいつ
부정칭 (의문사) : 誰、どいつ、どなた

> 彼は日曜日なら大抵(たいてい)家にいる。　　그는 일요일이면 대개 집에 있다.
>
> 私は決して同じ過(あやま)ちを繰(く)り返(かえ)すわけにはいかない。
> 나는 결코 같은 실수를 반복하지 않을 것이다.

(2) **지시대명사** : 사물・장소・방향을 가리킨다

	근칭	중칭	원칭	부정칭
사물	これ	それ	あれ	どれ
장소	ここ	そこ	あそこ	どこ
방향	こちら/こっち	そちら/そっち	あちら/あっち	どちら/どっち

> **ADVANCED (EJU etc.)**
>
> これは専門家も匙(さじ)を投(な)げるほどの難病(なんびょう)です。
> 이것은 전문가도 포기할 정도의 난치병입니다.
>
> あそこの店では、中古のゲーム機を廉価(れんか)で購入(こうにゅう)することができる。
> 저 가게에서는 중고 게임기를 염가로 구입할 수 있다.

「こちら」「そちら」「あちら」「どちら」는 방향을 나타냄으로써 간접적으로 사람을 가리키는 사용법도 있다. **정중한 표현**.

> **こちら**が田中さんです。　　**こちら**こそよろしくお願いします。
> 3인칭　이쪽이 다나카 씨입니다.　　1인칭　저야말로 잘 부탁드립니다.
>
> **そちら**の意見(いけん)を聞(き)かせてください。　　**あちら**が社長ですか。
> 2인칭　그 쪽의 의견을 들려주십시오.　　3인칭　저분이 사장님입니까?

> **POINT** 「この」「その」「あの」「どの」는 대명사가 아니다
>
> 「この」「その」「あの」「どの」는 대명사가 아닌 연체사(▶160페이지)이다.
> 대명사는 주어가 될 수 있지만 「この」「その」「あの」「どの」는 단독으로 주어가 될 수 없고 연체수식어로 사용된다.
>
> | **これ**が私の本です。 | **この**本は面白いです。 |
> |---|---|
> | 이것이 저의 책입니다. | 이 책은 재미있습니다. |

<5> **형식명사** : 실질적인 의미가 없는 형식적인 명사

「ピアノを弾くことが好きだ」의 「こと」, 「これから勉強するところだ」의 「ところ」 등 **스스로는 실질적인 의미가 없는 (또는 본래의 의미가 희미한) 형식적인 명사**는 형식명사라고 한다. 「こと」「もの」「の」「ため」「わけ」「はず」「つもり」「とき」「ところ」「ほう」「うち」 등이 자주 사용되는 형식명사이며 **보통 히라가나로 표기**된다.

(1) こと

「事」에서 왔다. **절 전체를 나타내는 사항, 행위를 명사화하고 경험, 상황, 가치 등 모든 의미를 나타낸다.** 또한 격조사 「の」를 사이에 두고 명사에 접속함으로써 심정이나 동작의 대상을 강조하거나 관련된 사항을 막연하게 가리킬 수 있다.

> 日本に留学した**こと**はありますか。
> 　　　　　　　행위의 명사화
> 일본에서 유학한 적은 있습니까?
>
> ---
>
> 彼女の**こと**が好きだ。
> 　대상의 강조
> 그녀라는 사람을 좋아한다.

MORE+ 「こと」에 관한 문형

~ことだ

의미
①조언이나 충고를 나타낸다.
②놀라움이나 감탄, 동정 등의 감정을 강조한다.

예문
①健康が心配なら、もっと体を動かす**ことだ**ね。 ①건강이 걱정이라면 더욱 몸을 움직여야 한다.
②教え子が東京大学に受かって、大変うれしい**ことだ**。 ②제자가 도쿄대학에 붙어서 매우 기쁘다.

~ことにする

의미
화자 자신의 의지와 판단에 의한 주관적인 결정을 나타낸다.
「~ことにしている」로 습관을 나타낸다.

예문
明日から、毎朝30分日本語を朗読する**ことにしました**。
내일부터 매일 아침 30분 일본어를 낭독하기로 했습니다.

~ことになる

의미
다른 사람에 의해 정해진 일이나 결과적으로 그렇게 된 것을 나타낸다.
「~ことになっている」로 「규칙·규정」을 나타낸다.

예문
来月から長期で日本で仕事をする**ことになった**。
다음 달부터 장기로 일본에서 일을 하게 되었다.

~ことがある

의미
①동사의 タ형에 이어져 「~した経験がある」의 의미를 나타낸다.
②사전형·부정형에 이어져 「たまに~する」「時々~する」라는 의미를 나타낸다.

예문
①この作家の小説を読んだ**ことがあります**。 ①이 작가의 소설을 읽은 적이 있습니다.
②日本に住んでいると、国へ帰りたいと思う**ことがある**。
②일본에 살고 있으면 고국에 돌아가고 싶다고 생각하는 경우가 있다.

~ことはない

의미
「~する必要はない」라는 의미를 나타낸다.

예문
電話で済むのだから、わざわざ行く**ことはありません**。
전화로 끝날 일이니까 일부러 갈 필요는 없습니다.

~ないことはない・ないこともない

의미
「もしかしたら~という可能性があるかもしれない」라는 의미를 나타낸다.

예문
今すぐタクシーで行けば間に合わ**ないこともない**よ。
지금 바로 택시로 가면 늦지 않을 수도 있어요.

~ことから

의미: 「~という理由で」, 「~から判断して」라는 의미를 나타낸다.

예문: 彼は歴史に非常に詳しい**ことから**、みんなから「歴史通(つう)」と呼ばれている。
그는 역사에 매우 밝아서 모두로부터 「역사통」으로 불리고 있다.

~のことだから

의미: 사람을 나타내는 명사에 붙여 「その人の性質・性癖・特徴に基づけば、そう判断できるから」라는 이유와 근거를 나타낸다.

예문: 真面目な李さん**のことだから**、宿題を忘れるなんてあり得ない。
성실한 이 씨니까 숙제를 잊는다는 건 있을 수 없다.

~ことに(は)

의미: 「とても~が」, 「非常に~が」라는 의미를 나타낸다.

예문: 残念(ざんねん)な**ことに**、日本留学試験でいい成績が取れなかった。
유감스럽게도 일본유학시험에서 좋은 성적을 얻지 못했다.

~ことだし

의미: 가벼운 이유를 나타내는 표현. 이유는 수많은 이유 중 하나로 그 이외의 이유의 존재도 암시한다.

예문: 天気もいい**ことだし**、今日は外で食べよう。
날씨도 좋고 하니 오늘은 밖에서 먹자.

~ことなしに

의미: 「~をしないで~する」의 의미를 나타낸다. 조금 딱딱한 표현.

예문: 工場でロボットは24時間休む**ことなしに**働きます。
공장에서 로봇은 24시간 쉬지 않고 일합니다.

~ないことには

의미: 전항이 성립하지 않으면 후항도 성립하지 않는 것을 나타낸다.

예문: 実際に着て(に)み**ないことには**、似合うかどうか分からないでしょう。
실제로 입어보지 않고는 어울리는지 어떨지 알 수 없어요.

(2) もの

「物」에서 왔다. **절 전체의 내용을 명사화하여 사람과 물건의 성질과 화자의 판단, 감동과 회고 등을 강조한다.**

人の性格はなかなか変わらない**もの**だ。 사람의 성격은 좀처럼 변하지 않는 법이다.
　　　　　　　　　　　　　성질

私も、学生時代はよく遊んだ**もの**です。 저도 학창시절은 자주 놀곤 했습니다.
　　　　　　　　　　회고

父はもう諦(あきら)めた**もの**と見えて、口を出してこなくなった。
　　　　　　　판단의 강조
아버지는 이미 포기한 것처럼 보였고 참견하지 않게 되었다.

MORE+ 「もの」에 관한 문형

～ものだ

의미: ①회고・그리움　②소망　③사물의 본래의 성질과 경향　④당연・의무　⑤감개

예문:
①子供の頃はよくこの店で駄菓子(だがし)を買った**ものだ**。①어릴 때는 자주 이 가게에서 막과자를 샀다.
②平和な世界になってほしい**ものだ**。②평화로운 세상이 되었으면 좋겠다.
③人は誰でも間違(まちが)いをする**ものだ**。③사람은 누구나 실수하는 법이다.
④学生はもっと勉強する**ものだ**。④학생은 더욱 공부해야 한다.
⑤ボランティア活動で色々な人と出会えるのは楽しい**ものだ**。
⑤봉사활동에서 다양한 사람을 만날 수 있는 것은 즐거운 일이다.

～ものか

의미: 문말에 덧붙여 화자의 강한 부정・거절을 나타낸다. 구어는 「もんか」.

예문: あんなにサービスが悪い店、二度(にど)と行く**ものか**。
저렇게 서비스가 나쁜 가게 두 번 다시 가지 않을 거야.

～ないものだろうか

의미: 어떤 일의 실현을 강하게 바라는 화자의 마음을 나타낸다.

예문: 仕事の量(りょう)をもう少し減らしてもらえ**ないものだろうか**。
업무량을 조금 더 줄여줄 수는 없을까?

～ものではない

의미: 사람의 행위를 나타내는 동사에 붙어 「～すべきではない」라는 의미를 나타낸다. 충고 등에 사용된다.

예문: クラスメートの悪口(わるぐち)を言う**ものではない**。
학급 친구의 험담을 하면 안된다.

~ものだから・ものですから

의미: 원인・이유를 나타내는 표현으로 개인적인 일을 말할 때 사용한다. 정중하게 말하는 경우는 「~ものですから」가 된다.

예문: 安かった**ものだから**、たくさん買ってしまいました。
쌌기 때문에 많이 사버렸습니다.

~ものなら

의미: 앞에는 동사의 가능형이 오는 경우가 많고 글 전체로는 일이 실현될 가능성이 매우 낮지만 강하게 바라는 화자의 소망과 기대를 나타낸다.

예문: 日本に住める**ものなら**一度は住んでみたい。
일본에서 살 수 있다면 한 번은 살아보고 싶다.

~(よ)うものなら

의미: 「もし~したら、大変なことが起きる」라는 뜻을 나타낸다.

예문: 試験中に一言でも喋ろ**うものなら**、不合格になります。
시험 중에 한 마디라도 말한다면 불합격이 됩니다.

~ものの

의미: 문장어적인 표현으로 역접의 뜻을 나타낸다. 뒷 건은 부정적인 사안이 되는 경우가 많다.

예문: 日本で３年間日本語を勉強した**ものの**、流暢に話すことができない。
일본에서 3년간 일본어를 공부했지만 유창하게 말할 수 없다.

~ものがある

의미: 「なんとなく~という感じがする」의 뜻을 나타낸다.

예문: 一人で火鍋を食べるのは寂しい**ものがある**。
혼자서 훠궈를 먹는 것은 쓸쓸한 느낌이 든다.

~ものを

의미: 「~していたら、~のに」와 같이 실제로 행해지지 않은 것에 대해 불만・비난・후회・유감 같은 마음을 나타낸다.

예문: 薬を飲んで休んでおけばいい**ものを**、無理して症状が悪化したんだ。
약을 먹고 쉬면 좋았을 것을 무리해서 증상이 악화되었다.

(3) の

격조사 「の」는 명사는 아니지만 연체 수식절에 접속하여 절 전체를 명사화하는 역할을 한다. 「こと」와 비슷한 기능을 하지만 사용할 수 있는 상황·사용하기 쉬운 상황은 약간 다르다.

(자세한 것은 「복문」 ▶264페이지)

今の段階では、彼と会う**の**は難しい。　　〇 彼と会うことは難しい

지금 단계에서는 그와 만나는 것은 어렵다.

あの家で、彼女が歌う**の**を聞いた。　　✗ 彼女が歌うことを聞いた

저 집에서 그녀가 노래 부르는 것을 들었다.

(4) ため

「為」(도움이 되는 일. 이익이 되는 일) 에서 왔다. **이유·원인, 목적을 나타낸다.**

風邪をひいた**ため**、今日は休みます。　　감기에 걸려서 오늘은 쉽니다.
　　　　　　이유

受験に合格する**ため**に、必死に勉強した。　　시험에 합격하기 위해 필사적으로 공부했다.
　　　　　　　목적

(5) わけ

「訳」(이유·도리) 에서 왔다. **절 전체의 사정·이유를 막연하게 가리킴으로써 그것이 당연함을 나타낸다.**

君はあの塾に通っているのか。道理で勉強ができる**わけ**だ。
　　　　　　　　　　　　　　　　　　　　　　　　　당연

너는 그 학원에 다니고 있구나. 그래서 공부를 잘 하는구나.

君のように頭のいい人間が、大学に受からない**わけ**がない。
　　　　　　　　　　　　　　　　　　　　가능성의 부정

너와 같이 머리가 좋은 사람이 대학에 떨어질리가 없다.

(6) はず

「筈」(화살의 끝에 붙이는 것) 에서 왔다. 「筈は弓の弦と当然合致する (오늬 (화살머리) 는 시위와 당연히 합치한다)」 는 점에서 **절 전체가 당연하다는 것, 가능성이 높은 추측이나 확정된 예정 등을 나타낸다.**

どうりで寒い**はず**だ。外は雪が降っている。
　　　　　　　당연
정말 추울 것이다. 밖에는 눈이 내리고 있다.

彼女はバレンタインにチョコをくれたので、
僕のことを好きな**はず**だ。
　　　　　　　추측
그녀가 발렌타인 데이에 초콜릿을 주었기 때문에 나를 좋아할 것이다.

明日は六時に東京駅に到着する**はず**だ。
　　　　　　　　とうちゃく　　　예정
내일은 여섯시에 도쿄역에 도착할 것이다.

(7) つもり

동사 「積もる」 의 연용형 「積もり」 가 명사화된 것. **화자 (주어) 의 의도와 마음가짐을 나타낸다.**

明日には家に帰る**つもり**だ。
　　　　　　　의도
내일에는 집에 돌아갈 생각이다.

死んだ**つもり**で働いていく。
し　　　　　마음가짐
죽은 셈치고 일해 나간다.

(8) とき

「時」 에서 왔다. **어떤 특정한 상황이 일어난 시간이나 상황을 나타낸다.**

テレビを見る**とき**は、部屋を明るくしよう。
　　　　　　상황　　へや　あか
텔레비전을 볼 때는 방을 밝게 하자.

君が昼食を食べていた**とき**、僕は自分の家にいた。
　　ちゅうしょく　　　시간
네가 점심을 먹고 있었을 때 나는 우리 집에 있었다.

(9) ところ

「所」에서 왔다. **시간이나 상황 그리고 추상적인 부분이나 특징 등을 나타낸다.**

> 電話が掛かってきたとき、僕はちょうど家を出ようとする**ところ**だった。
> 전화가 걸려왔을 때 나는 마침 집을 나가려고 하던 참이었다. 　　　　상황
>
> 日本語のどんな**ところ**が難しいですか。
> 　　　　　　　　부분・특징
> 일본어의 어떤 부분이 어렵습니까?

(10) ほう

「方」(=방향, 방면)에서 왔다. **2개 이상 있는 것 중 하나를 나타낸다.** 「비교구문」에서 중요한 역할을 한다. 또한 충고의 표현으로 불리는 「~ほうがいい」 등에도 사용된다.

> こっちの**ほう**がおいしいです。　　　　傘を持って行った**ほう**がいいです。
> 　　　비교　　　　　　　　　　　　　　　　　　　충고
> 이 쪽이 맛있습니다.　　　　　　　　　　우산을 가지고 가는 것이 좋습니다.

(11) うち

「内」에서 왔다. **추상적으로 설정된 시간이나 양・수의 범위 내를 나타낸다.**

> 若い**うち**に好きなことをしろ。　　젊을 때 좋아하는 것을 해라.
> 　　시간의 범위

ADVANCED (EJU etc.)

> 海外旅行の面白さは、「生活や文化の違い」に触れる**こと**だろう。
> 해외여행의 재미는 「생활이나 문화의 차이」에 접하는 것일 것이다.　절의 명사화
>
> 自分を客観的に見るというのは難しい**もの**で、自身の行動や発言の欠点にはなかなか気づかない**もの**である。　성질　자신을 객관적으로 본다는 것은
> 어려운 일로서 자신의 행동이나 발언의 결점은 좀처럼 알아챌 수 없는 것이다.

企業が新規顧客の獲得のために、大量の広告費を費やす**の**は一般的だ。
절의 명사화

기업이 신규고객의 획득을 위해 대량의 광고비를 쓰는 것은 일반적이다.

箸の先端が細くなっているのは、食べ物を取りやすくする**ため**である。
목적

젓가락 끝이 가는 것은 음식을 집기 쉽게 하기 위함이다.

ご覧の通り、酸素はあまり水に溶けないので、気泡が生じた**わけ**です。
당연

보신 바와 같이 산소는 그다지 물에 녹지 않기 때문에 기포가 생긴 것입니다.

材料は有り余るほど用意したので、恐らくこれで人数分は事足りる**はず**です。
추측

재료는 남을 정도로 준비했기 때문에 아마도 이것으로 인원수 분은 충분할 것입니다.

いくら巧妙に気持ちを隠した**つもり**でも、顔の動きから読み取れる部分は多い。
의도

아무리 교묘하게 마음을 숨겼다고 해도 얼굴의 움직임으로부터 읽어낼 수 있는 부분은 많다.

電車の中にいた**とき**、ふと見ると、向かい側の席で女性が化粧をしていた。
시간

전철 안에 있을 때 문득 보니 맞은편 자리에서 여성이 화장을 하고 있었다.

同じ化学実験を何度した**ところ**で、必ずしも同じ結果が出るとは限りません。
상황

같은 화학실험을 여러 번 해도 반드시 같은 결과가 나온다고는 할 수 없습니다.

より目立つ視覚効果を求めるなら、赤いマークを使った**ほう**がよい。
충고

보다 눈에 띄는 시각효과를 원한다면 빨간 마크를 사용하는 것이 좋다.

人々は知らず知らずの**うち**に、科学の恩恵を受けている。
시간의 범위

사람들은 알게 모르게 과학의 혜택을 받고 있다.

COLUMN

실질명사와 형식명사

若いうちに多くの**こと**①を経験して、
　　　　　　　　　실질명사

対応力を養う**こと**②は大切だ。
　　　　　　　형식명사

젊을 때 많은 것을 경험하고 대응력을 기르는 것은 중요하다.

위의 예문에 있는 「こと②」에 대하여 「こと①」은 실질적인 뜻을 갖는 명사이므로 형식명사가 아닌 실질명사라고 부른다.

실질명사 : 실질적인 뜻을 갖는 명사

昨日の授業に来なかった**わけ**を言いなさい。
　　　　　　　　　　　　실질명사

어제 수업에 오지 않았던 이유를 말하세요.

とき
時が止まったような気がする。
실질명사

시간이 멈춘듯한 느낌이 든다.

실질명사는 단독으로 주어가 될 수 있고 한자 또는 히라가나로 표기된다. 이에 반해 형식명사는 반드시 앞에 수식절이 올 필요가 있으며 단독으로 주어가 될 수 없고 일반적으로 한자가 아닌 히라가나로 표기된다.

COLUMN

전성명사

전성명사란 원래 동사나 형용사・형용동사로서 사용되고 있던 단어로부터 변하여 명사가 된 단어다.

【동사로부터의 전성명사】　(동사의 연용형➡명사)

「喜ぶ」(동사) ▶ 「喜び」(전성명사)

息子の成長を**喜ぶ**。　　活動で得られる**喜び**をみんなに伝えたい。
　　　　　　동사　　　　　　　　　　전성명사

아들의 성장을 기뻐한다.　활동으로 얻을 수 있는 기쁨을 모두에게 전하고 싶다.

「考える」(동사) ▶ 「考え」(전성명사)

地域活性化について市民とともに**考える**。　私に良い**考え**がある。

지역활성화에 대하여 시민과 함께 생각한다.　동사　　　전성명사　나에게
　　　　　　　　　　　　　　　　　　　　　　　　　　　　　좋은 생각이 있다.

【형용사・형용동사로부터의 전성명사】

① 형용사의 연용형이 명사가 된다 (형용사의 연용형➡명사)

「遠い」(형용사) ▶ 「遠く」(전성명사)

その道は駅から非常に**遠い**です。
그 길은 역에서 매우 멉니다. 형용사

視力が低下し、**遠く**がよく
見えなくなった。
전성명사
시력이 저하되어서 먼 곳이 잘 보이지 않게 되었다.

② 형용사의 어간+み (형용사 어간+み➡명사)

「重い」(형용사) ▶ 「重み」(전성명사)

このペンは**重い**ので書きづらいです。
형용사
이 펜은 무거워서 쓰기 불편합니다.

歴史を感じる**重み**のある雰囲気が素敵です。
전성명사
역사를 느끼는 무게감있는 분위기가 아주 좋습니다.

③ 형용사・형용동사의 어간+さ (형용(동)사 어간+さ➡명사)

「暑い」(형용사) ▶ 「暑さ」(전성명사)

今日は**暑い**です。 오늘은 덥습니다.
형용사

昨日は各地で記録的な**暑さ**となりました。
전성명사 어제는 각지에서 기록적인 더위였습니다.

「爽やか」(형용동사) ▶ 「爽やかさ」(전성명사)

夏にぴったりの**さわやか**な風味です。
형용동사 여름에 딱 맞는 상큼한 맛입니다.

爽やかさはモテるために必要不可欠なものともいえる。
전성명사 상쾌함은 인기를 얻기 위해 필요불가결한 것이라고도 말할 수 있다.

3 명사의 기능

명사는 문장 속에서 구체적으로 **주어, 술어, 수식어, 독립어로서의 기능**이 있다.

<1> 주어가 된다

風が吹く。
주어
바람이 분다.

東京は有名だ。 **北京**も有名だ。
주어　　　　　　주어
도쿄는 유명하다. 베이징도 유명하다.

<2> 술어가 된다

これは**電車**だ。　　　이것은 전철이다.
　　　　술어

あの人は**医者**ですか。　저 사람은 의사입니까?
　　　　　술어

<3> 수식어가 된다

연체수식어 : 체언 (명사) 문절을 수식하는 문절

연용수식어 : 용언 (동사・형용사・형용동사) 문절을 수식하는 문절

東京の面積は広い。　　　도쿄의 면적은 넓다.
「東京」: 명사, 「東京の」: 연체수식어

李さんの職業は弁護士だ。　이 씨의 직업은 변호사다.
「李さん」: 명사, 「李さんの」: 연체수식어

日本語を勉強している。　일본어를 공부하고 있다.
「日本語」: 명사, 「日本語を」: 연용수식어

上海まで**船**に乗って行く。　상하이까지 배를 타고 간다.
「上海」와 「船」: 명사, 「上海まで」와 「船に」: 연용수식어

<4> 독립어가 된다

名校志向塾、夢が叶ったところだ。
명사・독립어
메코시코주쿠, 꿈이 이루어진 곳이다.

少年よ、大志を抱け。
「少年」: 명사, 「少年よ」: 독립어
소년이여 큰 뜻을 품어라.

ADVANCED (EJU etc.)

<u>いのししが</u> <u>農作物に</u> <u>被害を及ぼしているので</u>、<u>罠を仕掛けて</u>
　주어　　　연용수식어　　연용수식어　　　　　　　　연용수식어
捕まえてやる。
멧돼지가 농작물에 피해를 입히고 있어서 덫을 놓아 잡겠다.

<u>自由と規律を</u> <u>中心テーマに</u> 据えた <u>教育方針</u>です。
　연용수식어　　　연용수식어　　　　　　　　술어
자유와 규율을 중심 테마로 삼은 교육방침입니다.

この <u>二つの</u> <u>事件には</u> 何らかの <u>つながり</u>が ある。
　　연체수식어　연용수식어　　　　　　주어
이 두 사건에는 무언가 연관성이 있다.

<u>彼</u>は この <u>情報</u>が <u>世間へ</u> 知れる <u>の</u>を 恐れた。
주어 1　　　　주어 2　　연용수식어　　　연용수식어
그는 이 정보가 세상에 알려질 것을 두려워했다.

실전문법항목

　20世紀半ばから始まった「宇宙開発」は、その動機はともあれ、宇宙についての知識や概念を大きく進展させ、そのことが哲学や文学や美術などに計り知れない影響を与えました。スペースシャトルや気象衛星、通信衛星などといったものを通じて、宇宙は私たちの生活や考え方に浸透しています。これまで民族や国家単位でものごとを考えたり、あるいはヨーロッパ、南北アメリカ、アジア、アフリカといった大陸単位からの発想がせいぜいだったところへ、「地球」という宇宙からの視点が加わったのです。これは新しい理念の創出といっていい出来事でした。

　人類は古代から天空を眺めてさまざまな疑問を発し、その謎を解くための技術を考え、理論や思想をつくり上げてきました。そして今なお人類は、宇宙の果てを探り、宇宙の成り立ちや構造や運命を探り出そうとしています。もっとも古典的学問である天文学が最先端の技術を駆使して人類誕生以来の謎を解明しようとしているのです。そのことが、これからの人類の思想や理念にどんな変化をもたらすかは、私たち天文学者がそこで何を発見し、何を伝えられるかにかかっています。宇宙の謎を解明することは、人類の新しい思想や理念を創出することだと、そんなふうに考えることもできるのではないでしょうか。

吉井譲『論争する宇宙』
独立行政法人日本学生支援機構『平成23年度日本留学試験（第2回）試験問題』凡人社

CHAPTER 3 동사

PART2 문법

　동사는 아마도 외국인이 일본어를 배울 때 가장 처음 만나는 난관일 것이다. 동사는 다양한 형태로 변화할 뿐 아니라 가능, 사역, 수동 등을 나타내는 요소와 결합해 복잡한 표현이 형성된다. 이러한 복잡한 변화와 표현에는 룰이 존재하며 그 중에서도 가장 기본적인 것은 동사의 변화(활용)이다. 초급단계에서 동사의 변화(활용)에 관한 룰을 제대로 알고 익히면 그 후의 공부도 원활해진다.

CHAPTER 3 동사

1 동사의 성질과 특징

<1> 동사란?

용언의 하나이며 사람이나 사물의 동작·변화·상태 등을 나타내는 단어.「走る」「集める」「消える」와 같이 동작·변화를 나타내는 것도 있고「ある」「いる」「違う」와 같이 존재·상태를 나타내는 것도 포함된다.

私は ご飯を **食べる**。	나는 밥을 먹는다.
동작	
客が **増える**。	손님이 늘어난다.
변화	
本が **ある**。	책이 있다.
존재·상태	
猫が **いる**。	고양이가 있다.
존재·상태	

ADVANCED (EJU etc.)

新しいプロジェクトに**備（そな）える**ため、分野の壁を**越（こ）えて**人材を**集める**。
새로운 프로젝트에 대비하기 위해 분야의 벽을 넘어 인재를 모은다.

政府は積極的に市民と**向（む）き合（あ）い**、対話を**通（とお）して**理解を**深（ふか）める**ことが大切だ。
정부는 적극적으로 시민과 소통하고 대화를 통해 이해를 증진하는 것이 중요하다.

<2> 동사의 분류

동사는 아래와 같이 분류할 수 있다.

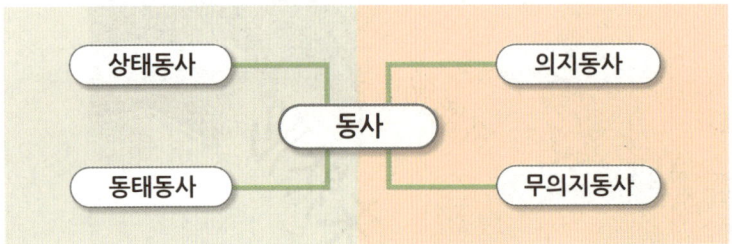

(1) 상태동사, 동태동사 (동작동사・변화동사)

상태동사 : 상태를 나타내는 동사로 한 번 시작되면 일정 기간 이어지고 갑자기 끝나지 않는 상태를 나타내는 동사를 가리킨다. 원칙적으로 「～ている」 의 형태가 되지 않는다.

いる　ある　できる (可能)　要る

동태동사 : 동작과 변화 등 동적인 움직임을 나타내는 동사 (동작동사・변화동사) 다. 대다수의 동사는 이 분류에 속해 있다.

話す　歩く　入る　書く

(2) 의지동사와 무의지동사

　동사를 사람의 의지적인 동작・행위인지 아닌지 또는 사람의 의지로 컨트롤 할 수 있는 동작・행위인지 아닌지 라는 관점에서 아래 2종류로 나눈다.

의지동사　 : 読む, 作る, やる, 食べる, 歩く　등
무의지동사 : 出会う, ある, 降る, 輝く, 転ぶ, 忘れる　등

<3> 동사의 성질과 특징

　자립어로 활용이 있으며 단독으로 술어가 된다.

(1) **동사 기본의 형태 (사전형) 는 전부 오십음도의 ウ단의 음으로 끝난다.**

落ち着く　思い出す　目立つ　考える　笑う　住む　導く

(2) 동사는 자립어이며 **문장 속에서 사용되는 방법에 따라 형태가 변화한다.** 이와 같이 형태가 변하는 것을 「활용한다」 라고 한다.

水を**飲む**。	水を**飲ま**ない。	水を**飲も**う。	水を**飲み**ます。	水を**飲め**。
물을 마신다.	물을 마시지 않는다.	물을 마시자.	물을 마십니다.	물을 마셔라.

> **ADVANCED(EJU etc.)**
>
> 失敗を<u>恐れ</u>ずに、自分を<u>信じ</u>て前に<u>進も</u>う。　실패를 두려워하지 말고 자신을 믿고
> 　　　恐れる　　　　　信じる　　　　進む　　　　　앞으로 나아가자.
>
> 子どもたちは、<u>遊び</u>ながら人との接し方を<u>学ん</u>でいる。　아이들은 놀면서 타인과
> 　　　　　　　遊ぶ　　　　　　　　　学ぶ　　　　　　　　접하는 방법을 배운다.
>
> 成績の結果が<u>出</u>て、私の期待は大きく<u>裏切</u>られた。　성적이 나왔고 나의 기대는
> 　　　　　　出る　　　　　　　　　　裏切る　　　　　　크게 배신당했다.

(3) 동사는 단독으로 술어가 된다.

> 花が　**咲く**。　꽃이 핀다.　　　本を　**読む**。　책을 읽는다.
> 주어　술어　　　　　　　　　　수식어　술어

> **ADVANCED(EJU etc.)**
>
> 私たちは、時に、自分に都合よく利用するために相手を<u>褒める</u>。
> 우리는 때때로 자신에게 유리하게 이용하기 위해서 상대를 칭찬한다.
>
> 甘いものを食べることで、体の中でのドーパミンは徐々に<u>増える</u>。
> 단 것을 먹음으로써 몸 속에서의 도파민은 서서히 늘어난다.

<4> 동사의 기능

(1) 술어가 된다

동사는 단독으로 또는 여러 부속어와 합쳐져서 술어가 된다.
동사뿐만 아니라 형용사 (イ형용사)・형용동사 (ナ형용사) 도 술어가 될 수 있다.

> 私は、毎晩　本を　**読む**。　　　綺麗な　花が　**咲いた**。　예쁜 꽃이 피었다.
> 나는 매일 밤 책을 읽는다. 단독으로 술어　　　　　　　　부속어「た」를 수반
>
> 太陽が　**沈み**、月が　**輝く**。　해가 지고 달이 빛난다.
> 　　　　중지법　　　단독으로 술어

(2) 주어가 된다

동사는 조사인「の」+「が」「は」「も」등을 수반하여 주어가 될 수 있다.
주어가 되는 경우 동사는 **연체형**이 된다.

> 本を**読むのは**、良い習慣である。　책을 읽는 것은 좋은 습관이다.

> **ADVANCED(EJU etc.)**
>
> どう褒めていいかわからない場合は、率直に感じたことを**伝えるのが**無難です。
>
> 　　　　　　　　　　　　주어 : 동사「伝える」　술어 : 형용동사「無難です」
>
> 어떻게 칭찬해야 좋을지 모를 경우에는 솔직하게 느낀 점을 전하는 것이 무난합니다.
>
> 教室の雰囲気を察知し、今**発言(はつげん)するのは**まずいと判断した子どもは黙ることが多い。
>
> 　　　　　　　주어 : 동사「発言する」　술어 : 형용사「まずい」
>
> 교실 분위기를 감지하고 지금 발언하는 것은 곤란하다고 판단한 아이는 입을 다무는 경우가 많다.

(3) 수식어가 된다

동사는 연체형이면 단독으로 연체수식어가 될 수 있다. 또한 **조사「に」「より」「さえ」와 조동사「ようだ」가 붙어서 연용수식어가 된다.**

> 本を**読む**習慣をつけるのは、良いことである。　책을 읽는 습관을 들이는
> 　　　연체수식　　　　　　　　　　　　　　　　　것은 좋은 일이다.
>
> 宿題が終わったから、**遊びに行こう**。　숙제가 끝났으니 놀러 가자.
> 　　　　　　　　　　연용수식

(4) 접속어가 된다

동사는 접속조사가 붙어서 접속어가 된다.

> 口車に**乗せられて**、ついうっかり高額の品物を買わされるところだった。
>
> 　　　　　　乗せる＋られる（수동）＋て : 확정의 순접을 나타낸다.
>
> 감언이설에 속아 그만 비싼 물건을 사게 될 뻔 했다.
>
> 中華料理店でバイトを**すると**、中国語の勉強ができるだけではなく、
>
> 　　　　　　　　　する＋と : 가정이나 조건의 순접을 나타낸다.
>
> まかないで食事代も節約できるので、まさに一石二鳥だ。
>
> 중화요리점에서 아르바이트를 하면 중국어를 공부할 수 있을 뿐만 아니라 직원용 식사로 식사비도 절약할 수 있어서 그야말로 일석이조다.

> **POINT　　　동사의 기능**
>
> - 동사＋「の」등　　　　　　　　　　　　　　　　　→ 주어
> - 동사 (＋여러 가지 부속어)　　　　　　　　　　　→ 술어
> - 동사 (연체형)　　　　　　　　　　　　　　　　　→ 연체수식어
> - 동사＋조사/조동사「に」「より」「さえ」「ようだ」→ 연용수식어
> - 동사＋접속조사　　　　　　　　　　　　　　　　→ 접속어

2 동사의 활용과 표현

<1> 동사의 활용형

문장 속에서 동사는 다양한 활용을 한다. 이 책에서는 동사의 기본 활용형은 「**사전형, 연용형, 연체형, 미연형[否]**와 **미연형[意], 가정형, 명령형**」이다. 그리고 통상의 일본어교육에서는 동사와 후속 조사나 조동사와 합쳐서 「**ます형, て형, た형, ば형, 부정형, 의향형, 가능형, 수동형, 사역형**」 등으로 부른다.

이 책에서의 활용형 분류	접속 기호	학교 문법 (일본 국문법)	일본어 문법 (외국인용 문법)
사전형 ※1	V辞	1. 종지형	사전형
연용형	V ます (「ます」に連なる場合)	2. 연용형	―
연체형 ※2	V辞	3. 연체형	―
미연형[否] 미연형[意]	V否 V意	4. 미연형	―
가정형	V仮	5. 가정형	
명령형		6. 명령형	명령형
ます형	Vます	연용형 + 조동사「ます」	ます형
て형	Vて	연용형 + 조사「て」	て형
た형	Vた	연용형 + 조동사「た / だ」	た형
ば형	Vば	가정형 + 조사「ば」	가정형 / ば형
부정형 (미연형[否] + ない)	V否 + ない	미연형 + 조동사「ない」	부정형 / ない형
의향형 (미연형[意] + (よ)う)	V意 + (よ)う	미연형 + 조동사「(よ)う」	의향형
가능형 (미연형[否] + (ら)れる)	V否 + (ら)れる	미연형 + 조동사「(ら)れる」	가능형
수동형 (미연형[否] + (ら)れる)	V否 + (ら)れる	미연형 + 조동사「(ら)れる」	수동형
사역형 (미연형[否] + (さ)せる)	V否 + (さ)せる	미연형 + 조동사「(さ)せる」	사역형

※1 동사의 사전형은 국문법의 종지형이다.
※2 동사의 연체형은 사전형과 같은 형태이므로 접속 기호를 이 책에서는 **V辞**를 사용한다.

활용어미 : 사용 방법에 따라 형태가 변하는 부분.
어간 : 항상 형태가 변하지 않는 부분.

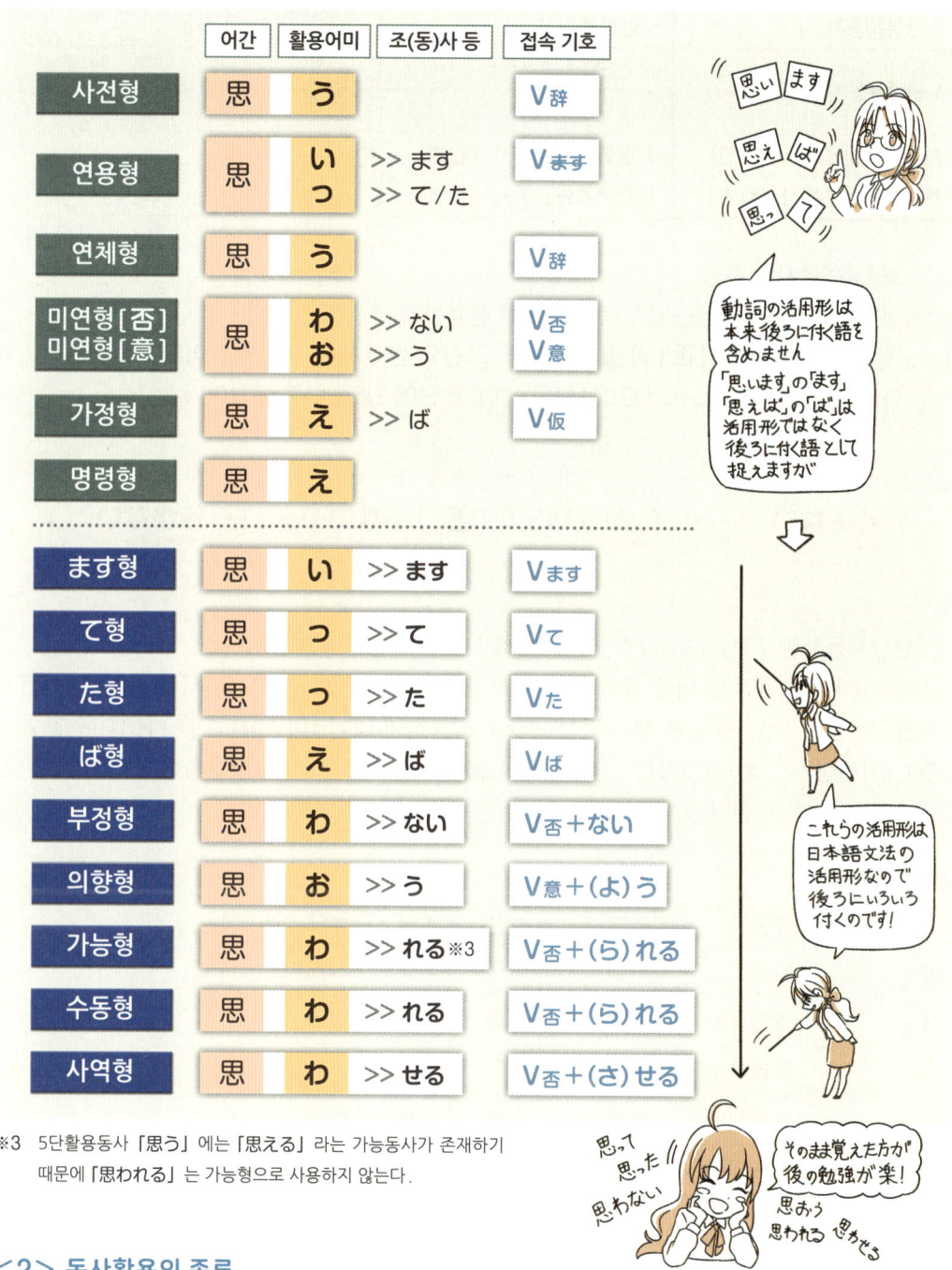

※3 5단활용동사 「思う」에는 「思える」라는 가능동사가 존재하기 때문에 「思われる」는 가능형으로 사용하지 않는다.

<2> 동사활용의 종류

동사는 5단활용동사, 1단활용동사, カ행변격활용동사, サ행변격활용동사로 나누어진다. 통상의 일본어 교육에서는 5단활용동사를 **Ⅰ류 동사 / 1그룹 동사**, 1단활용동사를 **Ⅱ류 동사 / 2그룹 동사**, カ행과 サ행변격활용동사를 **Ⅲ류 동사 / 3그룹 동사**라고 각각 부른다.

이 책에서의 명칭	학교 문법 (일본 국문법)	일본어 문법 (외국인용 문법)
5단활용동사	5단활용동사	Ⅰ류 동사 / 1그룹 동사
1단활용동사	상1단활용동사	Ⅱ류 동사 / 2그룹 동사
	하1단활용동사	
カ행변격활용동사 (カ변)	カ행변격활용동사 (カ변)	Ⅲ류 동사 / 3그룹 동사
サ행변격활용동사 (サ변)	サ행변격활용동사 (サ변)	

(1) 5단활용동사의 특징
① 동사의 활용어미가 오십음도의 다섯 단으로 활용한다.
② 5단활용동사는 미연형[否]의 활용어미가 ア단의 음이 되는 것이 특징이다. 조동사 「ない」는 미연형[否]에 붙으므로 「ない」 앞의 음이 ア단에 있으면 5단동사이다.」

行く＋ない ─→ 行か (미연형[否])＋ない ─→ 行かない

1 5단활용동사란 「ア」「イ」「ウ」「エ」「オ」단으로 활용하는 동사다
　5단활용동사의 활용은 아래 표와 같으며 사전형의 어미를 같은 행 속에서 활용시켜 나간다. 「戦う」의 어미 「う」를 같은 행의 다섯 단으로 활용하면 「わ」(미연형[否]), 「い」(연용형), 「う」(사전형), 「え」(가정형·명령형), 「お」(미연형[意]) 로 변화한다. 오십음도를 참고로 하면 이해하기 쉽다.

◆ 5단활용동사

5단	ア단	イ단	ウ단	エ단	オ단
戦う	戦わない	戦います	戦う	戦えば	戦おう
渡る	渡らない	渡ります	渡る	渡れば	渡ろう
読む	読まない	読みます	読む	読めば	読もう
学ぶ	学ばない	学びます	学ぶ	学べば	学ぼう
死ぬ	死なない	死にます	死ぬ	死ねば	死のう
打つ	打たない	打ちます	打つ	打てば	打とう
押す	押さない	押します	押す	押せば	押そう
泳ぐ	泳がない	泳ぎます	泳ぐ	泳げば	泳ごう
招く	招かない	招きます	招く	招けば	招こう
이 책의 활용형	미연형[否]	연용형	사전형	가정형	미연형[意]

◆ 「ない」「ます」「う」: 조동사, 「て」「ば」: 조사　　◆ 「あ」: 활용어미, 「あ」: 접속하는 것.

50음도	ア단	イ단	ウ단	エ단	オ단
あ行	あ(わ)	い	う	え	お
か	か	き	く	け	こ
さ	さ	し	す	せ	そ
た	た	ち	つ	て	と
な	な	に	ぬ	ね	の
は	は	ひ	ふ	へ	ほ
ま	ま	み	む	め	も
や	や		ゆ		よ
ら	ら	り	る	れ	ろ
わ	わ				を

2 5단활용동사의 음편

5단활용동사의 뒤에 조사 「て」, 조동사 「た」 등이 이어지는 경우 (て형, た형이 되는 경우), **음편**이 된다. 음편은 발음하기 쉽도록 음이 변화한 것이다.

단, 어미가 「す」인 5단활용동사에는 음편형이 없다.

書く：書いて　書いた　　叫ぶ：叫んで　叫んだ
招く：招いて　招いた　　渡る：渡って　渡った
凹む：凹んで　凹んだ　　戦う：戦って　戦った

(ⅰ) イ음편

어미가 「く」인 5단활용동사는 **て형, た형**이 될 때 또는 「たり」가 이어지는 경우, 활용어미는 「い」가 된다.

어미가 「ぐ」인 5단활용동사는 **て형, た형**이 될 때 또는 「だり」가 이어지는 경우, 활용어미는 「い」가 된다.

聞く ➡ 聞いて　　書く ➡ 書いて　　巻く ➡ 巻いた
剥ぐ ➡ 剥いで　　急ぐ ➡ 急いで　　泳ぐ ➡ 泳いだ

(ⅱ) 발음편

어미가 「ぬ」「ぶ」「む」인 5단활용동사는 **て형, た형**이 될 때 또는 「だり」가 이어지는 경우, 활용어미는 「ん」이 된다. 이 경우, 「て」「た」「たり」는 「で」「だ」「だり」가 된다.

喜ぶ ➡ 喜んで　　望む ➡ 望んだ　　学ぶ ➡ 学んだ

(iii) **촉음편**

어미가 「つ」 「る」 「う」 인 5단활용동사는 て형, た형이 될 때 또는 「たり」 가 이어지는 경우, 활용 어미는 「っ」 가 된다.

| 買う ➡ 買って | 渡る ➡ 渡って | 放つ ➡ 放って |

◆ **음편의 정리**

어미	어미▶イ단	음편	어미▶음편＋て/で
戦う	う	戦います	촉음편	戦って
渡る	る	渡ります	촉음편	渡って
打つ	つ	打ちます	촉음편	打って
読む	む	読みます	발음편	読んで
学ぶ	ぶ	学びます	발음편	学んで
死ぬ	ぬ	死にます	발음편	死んで
泳ぐ	ぐ	泳ぎます	イ음편	泳いで
招く	く	招きます	イ음편	招いて
押す	す	押します	なし	押して
		ます형		**て형**

◆ **5단활용동사의 활용 정리표**

사전형	話す	踊る	見合う	学ぶ
연용형	話します 話して	踊ります 踊って	見合います 見合って	学びます 学んで
연체형	話す	踊る	見合う	学ぶ
미연형 [否]	話さない	踊らない	見合わない	学ばない
미연형 [意]	話そう	踊ろう	見合おう	学ぼう
가정형	話せば	踊れば	見合えば	学べば
명령형	話せ	踊れ	見合え	学べ
ます형	話します	踊ります	見合います	学びます
て형	話して	踊って	見合って	学んで
た형	話した	踊った	見合った	学んだ
ば형	話せば	踊れば	見合えば	学べば
부정형	話さない	踊らない	見合わない	学ばない
의향형	話そう	踊ろう	見合おう	学ぼう
가능형	(話される)	(踊られる)	(見合われる)	(学ばれる)
수동형	話される	踊られる	見合われる	学ばれる
사역형	話させる	踊らせる	見合わせる	学ばせる

◆ 「ない」 「ます」 「う」 : 조동사, 「て」 「ば」 : 조사　　◆ 「あ」 : 활용어미, 「あ」 : 접속하는 것.
5단활용동사에는 가능동사가 존재하기 때문에 위 「話される」 등은 사용하지 않는다.

（2） 1단활용동사

1단활용동사는 「る」로 끝나며 활용 어미가 위의 1단 (イ단) 이나 아래의 1단 (エ단) 만으로 활용하는 것이 특징이다.

1 1단활용동사의 활용

1단활용동사의 활용 어미는 위의 1단 (イ단) 이나 아래 1단 (エ단) 만으로 활용한다.

◆ 1단활용동사 활용예

		ア단	イ단	ウ단	エ단	オ단
상1단활용	か 借りる		借り	借りる		
	こころ 試みる		試み	試みる		
	しん 信じる		信じ	信じる		
	す 過ぎる		過ぎ	過ぎる		
	お 起きる		起き	起きる		
	むく 報いる		報い	報いる		
하1단활용	しび 痺れる			痺れる	痺れ	
	よ 寄せる			寄せる	寄せ	
	ふせ 妨げる			妨げる	妨げ	
	う 受ける			受ける	受け	
	は 生える			生える	生え	
이 책의 활용형			미연형[否] 미연형[意] 연용형 가정형 명령형	사전형	미연형[否] 미연형[意] 연용형 가정형 명령형	

起きない / 起きる / 起きれば / 起きよう / 起きろ　↑イ段で活用

食べない / 食べる / 食べれば / 食べよう / 食べろ　↑エ段で活用

MORE +　1단활용동사의 활용 변화를 암기

1단활용동사 중에는 어간과 활용 어미를 구별할 수 없는 것이 있기 때문에 (예를 들어 「見る」「着る」) 활용 어미의 개념을 이용하여 1단의 활용을 이해하는 것은 어렵다. 암기할 때에 아래의 룰을 참고해도 된다.

① 연용형과 미연형[否][意] : 제일 끝의 가나 「る」. 「ます」「て」「た」「ない」 등의 조사나 조동사로 이어진다.
② 가정형 : 제일 끝의 가나 「る」 ➡ 「れ」. 조사 「ば」로 이어진다.
③ 명령형 : 제일 끝의 가나 「る」 ➡ 「ろ」/「よ」.

5단과 1단활용동사를 구분하려면 「부정형」 으로 만들어 「ない」 의 바로 앞의 음으로 판단한다.

① 「a」 + ない : 5단활용　　② 「i」/「e」+ ない : 1단활용
　洗う ➡ 洗わない : 5단　　　　起きる ➡ 起きない : 1단

◆ 1단활용동사의 활용 정리표

사전형	^す過**ぎる**	^き着る	^ま混**ぜる**	^ね寝る
연용형	過**ぎ**ます 過**ぎ**て	着ます 着て	混**ぜ**ます 混**ぜ**て	寝ます 寝て
연체형	過**ぎる**	着る	混**ぜる**	寝る
미연형 [否]	過**ぎ**ない	着ない	混**ぜ**ない	寝ない
미연형 [意]	過**ぎ**よう	着よう	混**ぜ**よう	寝よう
가정형	過**ぎ**れば	着れば	混**ぜ**れば	寝れば
명령형	過**ぎろ** 過**ぎよ**	着ろ 着よ	混**ぜろ** 混**ぜよ**	寝ろ 寝よ
ます형	過ぎます	着ます	混ぜます	寝ます
て형	過ぎて	着て	混ぜて	寝て
た형	過ぎた	着た	混ぜた	寝た
ば형	過ぎれば	着れば	混ぜれば	寝れば
부정형	過ぎない	着ない	混ぜない	寝ない
의향형	過ぎよう	着よう	混ぜよう	寝よう
가능형	過ぎられる	着られる	混ぜられる	寝られる
수동형	過ぎられる	着られる	混ぜられる	寝られる
사역형	過ぎさせる	着させる	混ぜさせる	寝させる

◆ 1단동사활용에 음편은 없다. 「ない」「ます」「よう」: 조동사, 「て」「ば」: 조사
◆ 「あ」: 활용어미, 「あ」: 접속하는 것.

2 1단활용동사의 특징을 가진 5단활용동사

「る」로 끝나고 「る」의 앞의 가나가 イ단 또는 エ단의 가나라는 특징을 갖는 5단동사도 있다.
1단동사와 혼동하기 쉽지만 부정형으로 만들었을 때의 「ない」 앞의 음으로 구별한다.

^{かえ}帰る	돌아가다/오다	^い煎る	볶다	^し知る	알다
^い要る	필요하다	^{すべ}滑る	미끄러지다	^{まい}参る	가다
^き切る	자르다	^ま混じる	섞이다	^ち散る	흩어지다
^{はい}入る	들어가다/오다	^ね練る	다듬다	^{あせ}焦る	초조하다
^{にぎ}握る	쥐다	^け蹴る	차다	^{しげ}茂る	우거지다
^て照る	비치다	^{しめ}湿る	축축해지다	^{あざけ}嘲る	비웃다
^{かぎ}限る	한정하다	^{ののし}罵る	욕하다	^{しゃべ}喋る	말하다
^{さえぎ}遮る	가리다	^{くつがえ}覆る	뒤집히다	^{かえ}返る	되돌아오다
^{みなぎ}漲る	넘치다	^へ減る	줄다	^{はし}走る	달리다

（3） カ行변격활용동사 「来る」

「来る」라는 동사는 カ行에 활용하지만 활용 방법이 변칙적이다.

	활용형	조(동)사 등
사전형	来る (くる)	
연용형	来 (き)	ます て
연체형	来る (くる)	
미연형 [否]	来 (こ)	ない られる
미연형 [意]	来 (こ)	よう
가정형	来れ (くれ)	ば
명령형	来い (こい)	

	활용형
ます형	来ます (きます)
て형	来て (きて)
た형	来た (きた)
ば형	来れば (くれば)
부정형	来ない (こない)
의향형	来よう (こよう)
가능형	来られる (こられる)
수동형	来られる (こられる)
사역형	来させる (こさせる)

（4） サ行변격활용동사 「する」 등

サ행변격활용동사는 「**する**」 한 단어뿐이지만 「する」와 복합된 동사도 サ행변격활용을 한다. 「**勉強する**」「**学習する**」와 같이 명사와 연결된 복합사가 매우 많다.

	활용형	조(동)사 등
사전형	する	
연용형	し	ます て
연체형	する	
미연형 [否]	し せ さ	ない ぬ / ず れる
미연형 [意]	し	よう
가정형	すれ	ば
명령형	しろ せよ	

	활용형
ます형	します
て형	して
た형	した
ば형	すれば
부정형	しない
의향형	しよう
가능형	できる
수동형	される
사역형	させる

COLUMN

명사＋がする

「〜感じる」라는 뜻을 나타낸다. 오감과 감각적인 것을 나타내는 명사가 「がする」와 이어진다.

笛(ふえ)の音(おと)がする。
피리 소리가 난다.

変(へん)な味(あじ)がする。
이상한 맛이 난다.

嫌(いや)な予感(よかん)がする。
불길한 예감이 든다.

（5） 동사의 활용표 정리

	5단	1단	1단	カ변	サ변
동사	書く	見る	受ける	来る	する
사전형	書く	見る	受ける	来る	する
연용형	書きます 書いて	見ます 見て	受けます 受けて	きます きて	します して
연체형	書く	見る	受ける	来る	する
미연형 [否]	書かない	見ない	受けない	こない	しない せぬ / せず される
미연형 [意]	書こう	見よう	受けよう	こよう	しよう
가정형	書けば	見れば	受ければ	くれば	すれば
명령형	書け	見よ 見ろ	受けよ 受けろ	こい	せよ しろ
ます형	書きます	見ます	受けます	きます	します
て형	書いて	見て	受けて	きて	して
た형	書いた	見た	受けた	きた	した
ば형	書けば	見れば	受ければ	くれば	すれば
부정형	書かない	見ない	受けない	こない	しない
의향형	書こう	見よう	受けよう	こよう	しよう
가능형	（書かれる）	見られる	受けられる	こられる	できる
수동형	書かれる	見られる	受けられる	こられる	される
사역형	書かせる	見させる	受けさせる	こさせる	させる

◆ 「ない」「ます」「（よ）う」: 조동사, 「て」「ば」: 조사
◆ あ : 활용어미, 「あ」: 접속하는 것.
5단활용동사에는 가능동사가 존재하기 때문에 위의 「書かれる」는 사용하지 않는다.

<3> 동사의 활용형 설명

（1） 사전형

단독으로 말이나 글을 마치는 형태. 동사의 기본형이며 여기서는 사전형이라고 부른다.

사전형이 사용되려면 문장을 거기에서 마치는 것 이외에 「が」「と」「けれども」「から」 등의 부속어에 이어지는 경우가 있다.

이 책에서의 접속 기호는 V辞로 한다.

ADVANCED(EJU etc.)

老後に備えてお金を**蓄える**。
　　　　　　　　　글을 마친다

노후에 대비하여 돈을 저축한다.

自分と関係が深い問題が**起こると**、冷静に判断できなくなる人が多い。
　　　　　　　　　　　　　부속어가 이어진다

자신과 관계가 깊은 문제가 일어나면 냉정하게 판단하지 못하게 되는 사람이 많다.

今日は**おごるから**、好きなものをどんどん注文してください。
　　　　부속어가 이어진다

오늘은 내가 살 테니까 좋아하는 것을 주저하지 말고 주문하세요.

(2) 연용형

조동사 「ます」에 이어지는 형태이다. 그 외에 조동사 「た/だ」「たい」 등, 조사 「て/で」「たり/だり」「ながら」 등에도 이어진다. 일본어 문법에서는 조동사「ます」를 포함한 형태를「ます형」, 조사「て/で」를 포함한 형태를「て형」, 조동사「た/だ」를 포함한 형태를「た형」이라고 정의한다. 연용형에 있어서 「雪がやみ、太陽が出た」와 같이 일단 글을 중지했다가 다시 이어지는 경우에 사용하는 방법을 중지법이라고 한다.

「ます」에 이어지는 연용형의 접속 기호는 V ます로 한다.

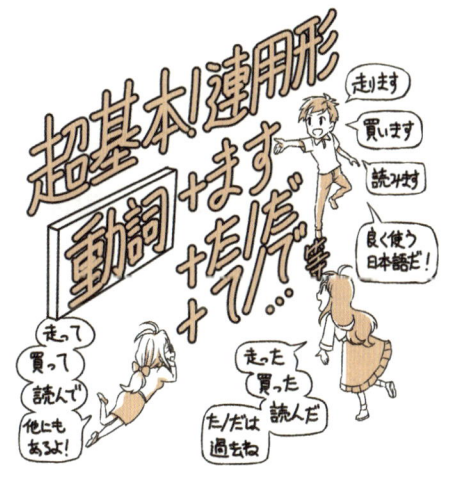

1 ます형 ← 연용형 ＋조동사「ます」

이 책에서의 접속 기호는 V ます로 한다.

飲む ⟶ 飲**みます**

飲み　　연용형　V ます
飲みます　ます형　V ます

ADVANCED(EJU etc.)

人の性格は、一人ひとりの経験や育ってきた環境で**違います**。

「違う」 연용형 + 조동사 「ます」

사람의 성격은 한 사람 한 사람의 경험과 자라온 환경에 따라 다릅니다.

まずは教授に講演していただき、その後、質疑応答の時間を設けたい**と思います**。　우선은 교수님께 강연을 듣고 그 후에 질의응답 시간을 갖도록 하겠습니다.

「思う」 연용형 + 조동사 「ます」

発射されたロケットは、第一段ロケットを**切り離し**、さらに上昇を続けていった。　　　　　　　　　　　　　　　　　　중지법

발사된 로켓은 제1단 로켓을 떼어내고 더욱 상승을 계속해 나갔다.

---

② て형 ← 연용형 + 조사 「て/で」

이 책에서의 접속 기호는 Vて로 한다.。

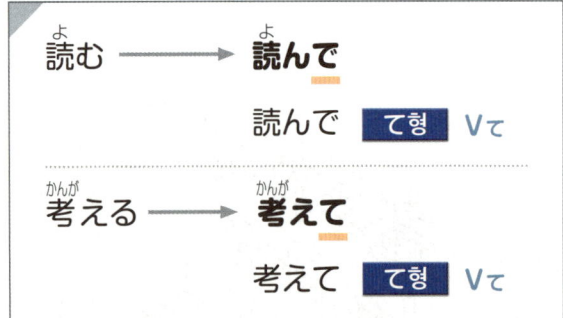

ADVANCED(EJU etc.)

エイは広い海を、のびのびと**泳いで**暮らしている。

「泳ぐ」 연용형 + 조사 「て」

가오리는 넓은 바다를 유유히 헤엄치며 살고 있다.

会議をスムーズに進行させるためにも、事前にお手元の資料を**読んで**おいてください。　　　　　　　　　　　　　「読む」 연용형 + 조사 「で」

회의를 원활하게 진행시키기 위해서도 사전에 가지고 계신 자료를 읽어 두시기 바랍니다.

選手団は胸を**張って**行進していた。　선수단은 당당하게 행진하고 있었다.

「張る」 연용형 + 조사 「て」

---

③ た형 ← 연용형 + 조동사 「た/だ」

이 책에서의 접속기호는 Vた로 한다. た형은 과거나 완료를 나타낸다.

泊まる → **泊まった**

泊まった　`た형`　Vた

学ぶ → **学んだ**

学んだ　`た형`　Vた

ADVANCED (EJU etc.)

大学での生活を如何に**過ごした**かは、将来に大きく影響を与えるでしょう。
「過ごす」 연용형 ＋ 조동사 「た」

대학에서의 생활을 어떻게 보냈는지는 장래에 큰 영향을 미칠 것입니다.

子どもを世話するのに、骨が**折れた**わ。　　아이를 돌보느라 고생했어.
「折れる」 연용형 ＋ 조동사 「た」

旅行の際に、そこでたまたま**出会った**人と、たまたま**見た**風景の記憶は、
「出会う」 연용형＋조동사 「た」　　「見る」 연용형＋조동사 「た」

旅行の醍醐味と言えるだろう。

여행 시에 그 곳에서 우연히 만난 사람과 때마침 본 풍경의 기억은 여행의 묘미라고 할 만하다.

---

(3) `연체형`

　직접, 명사나 「こと」 「とき」 「もの」 와 같은 체언에 이어지는 형태이다. 이 책에서의 접속 기호는 사전형과 같은 V辞이다. **연체형은 사전형과 같은 형태이며 「とき」 「こと」 「人」 「もの」** 등의 체언과 조동사 「ようだ」, 조사 「の」 「のに」 「ので」 「ばかり」 「ほど」 「くらい」 등에도 이어진다

ADVANCED (EJU etc.)

電子決済に対して、多くの人が個人情報が**漏れること**を心配している。
「漏れる」 연체형 ＋ 명사 「こと」

전자결제에 대해 많은 사람이 개인정보가 유출되는 것을 걱정하고 있다.

その文章は、複雑な構文に加え、難解な言葉だらけなので、**読むのに**多少てこずる。

「読む」 연용형＋조사 「の」 「に」 : 조사가 동사에 직접 접속할 경우에는 원칙적으로 연체형으로 활용한다.

그 문장은 복잡한 구문에다 난해한 단어 투성이라서 읽는 데 다소 애를 먹는다.

このままだと、二つのミーティングが**ぶつかるので**、もう一度時間を調整してくれ。
「ぶつかる」 연체형＋조사 「ので」

이대로라면 2개의 미팅이 겹치니까 다시 한 번 시간을 조정해 줘.

(4) 미연형[否]과 미연형[意]

미연형[否][意]의 뒤에 다른 조동사가 붙음으로써 부정이나 의향, 가능, 수동, 사역 등의 의미를 나타낼 수 있다.

　이 책에서는 뒤에 「ない」등을 붙이는 미연형을 「**미연형[否]**」로 정의하고 접속 기호를 V否로 한다. 또한 뒤에 「(よ)う」를 붙이는 미연형을 「**미연형[意]**」로 정의하고 접속 기호를 V意로 한다.※4

　미연형[否]가 조동사「ない」와 합쳐져 **부정형**을 만들고 부정을 나타낸다. 미연형[意]가 조동사「(よ)う」와 합쳐져 **의향형**을 만들고 호소나 제안을 나타낸다.

※4 「미연형[否]」와「미연형[意]」는 **부정형 어간**과 **의향형 어간**이라고 쓰는 경우가 있다.

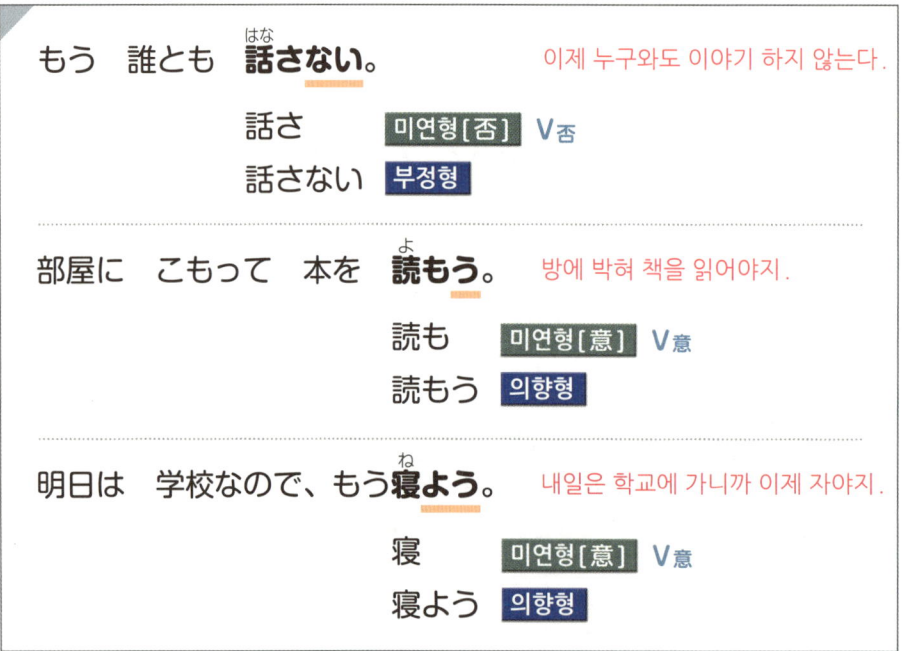

MORE+　왜「미연형」에 2개의 활용이 존재하나?

현대 일본어 속에 부정을 나타내는「書かない」와 의향을 나타내는「書こう」라는 2개의 형태는 고문에서는「書かず」와「書かむ」라고 쓰여 있었다. 양 쪽 모두「書か」의 형태로 활용하고 있다. 현대에서는「書かむ」는 사용하지 않게 되고「書こう」라는 형태로 변해버렸지만 고문의「미연형」을 그대로 계속 사용해 온 것이다.

1 부정형 ← 미연형[否] + 조동사「ない」

ADVANCED(EJU etc.)

世の中には、自分が**知らない**ことのほうが圧倒的に多い。

5단활용동사「知る」미연형[否] +「ない」

세상에는 자신이 모르는 것들이 압도적으로 많다.

いくら景色が美しい観光地でも、交通が不便だと観光客は**集まらない**。

5단활용동사「集まる」미연형[否] +「ない」

아무리 경치가 아름다운 관광지라도 교통이 불편하면 관광객은 모이지 않는다.

2 의향형 ← 미연형[意] + 조동사「(よ)う」

5단활용동사에는「う」가 붙고 그 외의 동사에는「よう」가 붙는다. **호소나 의향을 나타낸다**.

駅まで　自転車で　**行こう**。　역까지 자전거로 가야지.

帰って　ご飯　**食べよう**。　돌아가서 밥 먹어야지.

ADVANCED(EJU etc.)

いくら**覚えよう**としても、忘れるものは忘れる。　아무리 외우려고 해도 잊을 것은 잊는다.

1단활용동사「覚える」미연형[意] +「よう」

混乱しないためにも、これを仮説Aと**名付けよう**。　혼동하지 않기 위해서라도 이것을 가설 A라고 이름 붙이자.

1단활용동사「名付ける」미연형[意] +「よう」

「急がば回れ」と言われるように、急いでいるからといって、安易に慣れない近道を**行こう**とすると、かえって道に迷ってしまうのです。

5단활용동사「行く」미연형[意] +「う」

「급할수록 돌아가라」라고 말하듯이 서두른다고 해서 안이하게 익숙하지 않은 지름길을 가려고 하면 오히려 길을 잃게 됩니다.

3 수동형/가능형 ← 미연형[否] + 조동사「(ら)れる」

수동형과 가능, 존경 등을 나타내는 사용법. 5단활용동사와 サ변동사에는「れる」가 붙고 1단활용동사와 カ변동사에는「られる」가 붙는다. 또한 가능형에 있어서 이 책에서는 이 형태에 더해 가능동사(▶69페이지)도 포함하여 **「가능형」**이라고 부른다.

> **ADVANCED (EJU etc.)**
>
> 今大会での敗戦においては、選手よりも監督が**責められる**べきです。
> 1단활용동사 「責める」 미연형 [否] + られる
> 이번 대회에서의 패전에 대해서는 선수보다도 감독이 추궁받아야 합니다.
>
> データ改ざん問題の影響で、建物内部の免震ダンパーが**取り替えられる**予定だ。
> 1단활용동사 「取り替える」 미연형 [否] + られる
> 데이터 조작 문제의 영향으로 건물 내부의 면진 댐퍼가 교체될 예정이다.
>
> 学生時代の友人が、来週、テレビで**紹介される**らしいという話を聞いた。
> サ변동사 「紹介する」 미연형 [否] + れる
> 학창 시절 친구가 다음주 텔레비전에서 소개되는 것 같다는 이야기를 들었다.

[4] **사역형** ← 미연형[否] + 조동사 「(さ)せる」

　사역을 나타내는 사용법. 5단활용동사와 サ변동사에는 「せる」가 붙고 1단활용동사와 カ변동사에는 「させる」가 붙는다.

> **ADVANCED (EJU etc.)**
>
> 落語は、話を語り、演ずることで観客を**笑わせる**伝統芸能の一つです。
> 5단활용동사 「笑う」 미연형 [否] + せる
> 만담은 이야기를 하고 연기하는 것으로 관객을 웃기는 전통예능의 하나입니다.
>
> 子どもに、あまりにも残酷すぎる現実をそのまま**受け止めさせる**のはあまりよろしくない。
> 1단활용동사 「受け止める」 미연형 [否] + させる
> 아이에게 너무 잔혹한 현실을 그대로 받아들이게 하는 것은 별로 좋지 않다.

(5) **ば형** ← 가정형 + 조사 「ば」

　동사와 조사 「ば」에 이어지고 **가정과 조건을 나타낸다.**
　이 책에서는 가정형의 접속 기호를 V仮로 한다.

覚える ⟶ 覚えれば

　　　　　覚えれ　　가정형　V仮
　　　　　覚えれば　ば형

> **ADVANCED(EJU etc.)**
>
> 勉強の仕方をうまく**選べば**、第一言語より第二言語のほうがうまくなる可能性がある。　5단활용동사「選ぶ」가정형＋「ば」
>
> 공부 방법을 잘 선택하면 제1언어보다 제2언어 쪽을 잘하게 될 가능성이 있다.
>
> 車はアクセルを**踏めば**スピードが出せてしまうので、安全な運転が大切です。
> 　　　　　5단활용동사「踏む」가정형＋「ば」
>
> 자동차는 액셀을 밟으면 속도가 나기 때문에 안전한 운전이 중요합니다.
>
> 容疑者が潔く自分の罪を**認めれば**、事件の解決が簡単になる。
> 　　　　　하1단활용동사「認める」가정형＋「ば」
>
> 용의자가 깨끗하게 자신의 죄를 인정하면 사건 해결이 간단해진다.

(6) 명령형

명령의 뜻으로 마치는 형태.

早く**来い**。	これを 全部 **食べろ**。	もう 9時 だから **起きろ**。
빨리 와.	이것을 전부 먹어.	벌써 9시니까 일어나.

<4> 자타동사・가능동사・보조동사

(1) 자동사와 타동사

　주어에 대해 동작이나 작용을 나타내는 동사를 **자동사**라고 한다.

　나타내는 동작이나 작용이 주어 이외에 미치는 동사를 **타동사**라고 한다. 누군가가 의지를 갖고 하는 행동에 사용되는 경우가 많다. **통상「～を」라는 형태로 목적어를 수반하는 경우가 많다.**

동사	자동사	타동사
예	落ちる	落とす
예문	りんご**が**落ちる。 사과가 떨어진다.	りんご**を**落とす。 사과를 떨어뜨린다.

해설	누군가가 했는지 바람이 불었는지 모르지만 어쨌든 사과가 나무에서 땅으로 떨어지는 경우다. 「변화하고 있는 것」에만 초점을 맞추고 있다.	명확하게 동작을 일으킨 사람이 존재하여 땅으로 떨어지게 한 경우이다. 「누군가가 의지를 갖고 한 행동」에 초점을 맞추고 있다.

(2) 구문

<주어> が <자동사>。

(<주어> は/が) <직접 목적어> を <타동사>。

手紙 が 届く。
자동사
편지가 도착하다.

手紙 を 届ける。
타동사
편지를 보내다.

水 が 流れる。
자동사
물이 흐르다.

水 を 流す。
타동사
물을 흘리다.

お湯 が 沸いた。
「沸く」: 자동사
물이 끓었다.

李さんはお湯 を 沸かした。
「沸かす」: 타동사
이 씨가 뜨거운 물을 끓였다.

火 が 消えた。
「消える」: 자동사
불이 꺼졌다.

私は火 を 消した。
「消す」: 타동사
나는 불을 껐다.

授業 が 始まる。
「始まる」: 자동사
수업이 시작되다.

先生が授業 を 始める。
「始める」: 타동사
선생님이 수업을 시작하다.

기본적으로 「～を」를 수반하는 것은 타동사이지만 **「장소＋を＋이동 동사」** 와 같이 「～を」를 수반하는 것이 자동사인 경우도 있다. 그 경우 「を」가 기점, 경과 장소와 시간을 나타낸다.

駅 を 出た。 역을 나왔다.
「出る」: 자동사. 「を」는 기점을 나타낸다.

道 を 走る。 도로를 달리다.
「走る」: 자동사. 「を」는 경과의 장소나 시간을 나타낸다.

（3）자동사와 타동사의 짝

1 자동사와 타동사가 서로 대응하여 짝을 이루는 조합이 많다.

자동사	타동사	자동사	타동사
消える 例字が消える。 글자가 지워지다.	消す 例字を消す。 글자를 지우다.	染まる 例服が染まる。 옷이 물들다.	染める 例服を染める。 옷을 물들이다.
倒れる 例木が倒れる。 나무가 쓰러지다.	倒す 例木を倒す。 나무를 쓰러뜨리다.	閉まる 例扉が閉まる。 문이 닫히다.	閉める 例扉を閉める。 문을 닫다.
壊れる 例パソコンが壊れる。 컴퓨터가 고장나다.	壊す 例パソコンを壊す。 컴퓨터를 고장내다.	決まる 例日程が決まる。 일정이 정해지다.	決める 例日程を決める。 일정을 정하다.
離れる 例手が離れる。 손이 떨어지다.	離す 例手を離す。 손을 떼다.	集まる 例人が集まる。 사람이 모이다.	集める 例人を集める。 사람을 모으다.
汚れる 例服が汚れる。 옷이 더러워지다.	汚す 例服を汚す。 옷을 더럽히다.	始まる 例授業が始まる。 수업이 시작되다.	始める 例授業を始める。 수업을 시작하다.
現れる 例姿が現れる。 모습이 드러나다.	現す 例姿を現す。 모습을 드러내다.	温まる 例心が温まる。 마음이 따뜻해지다.	温める 例心を温める。 마음을 따뜻하게 하다.
隠れる 例犯人が隠れる。 범인이 숨다.	隠す 例犯人を隠す。 범인을 숨기다.	埋まる 例穴が埋まる。 구멍이 메워지다.	埋める 例穴を埋める。 구멍을 메우다.
崩れる 例体調が崩れる。 컨디션이 무너지다.	崩す 例体調を崩す。 컨디션을 무너뜨리다.	収まる 例怒りが収まる。 노여움이 가라앉다.	収める 例怒りを収める。 노여움을 가라앉히다.
潰れる 例顔が潰れる。 체면이 손상되다.	潰す 例顔を潰す。 체면을 손상시키다.	固まる 例土が固まる。 땅이 굳어지다.	固める 例土を固める。 땅을 굳히다.
流れる 例水が流れる。 물이 흐르다.	流す 例水を流す。 물을 흘리다.	高まる 例効果が高まる。 효과가 높아지다.	高める 例効果を高める。 효과를 높이다.
燃える 例紙が燃える。 종이가 타다.	燃やす 例紙を燃やす。 종이를 태우다.	強まる 例火力が強まる。 화력이 강해지다.	強める 例火力を強める。 화력을 강하게 하다.
冷える 例体が冷える。 몸이 차가워지다.	冷やす 例体を冷やす。 몸을 차게하다.	止まる 例車が止まる。 자동차가 멈추다.	止める 例車を止める。 자동차를 세우다.

生える 例髭が生える。 수염이 나다.	生やす 例髭を生やす。 수염을 기르다.	広まる 例知識が広まる。 지식이 넓어지다.	広める 例知識を広める。 지식을 넓히다.
増える 例利益が増える。 이익이 증가하다.	増やす 例利益を増やす。 이익을 증가시키다.	見つかる 例鍵が見つかる。 열쇠가 발견되다.	見つける 例鍵を見つける。 열쇠를 발견하다.
出る 例結果が出る。 결과가 나오다.	出す 例結果を出す。 결과를 내다.	掛かる 例鍵が掛かる。 자물쇠가 잠기다.	掛ける 例鍵を掛ける。 자물쇠를 잠그다.
逃げる 例犯人が逃げる。 범인이 도망가다.	逃がす 例犯人を逃がす。 범인을 도망가게 하다.	助かる 例自分が助かる。 자신이 도움받다.	助ける 例自分を助ける。 자신을 돕다.
溶ける 例砂糖が溶ける。 설탕이 녹다.	溶かす 例砂糖を溶かす。 설탕을 녹이다.	受かる 例試験に受かる。 시험에 합격하다.	受ける 例試験を受ける。 시험을 치르다.
枯れる 例雑草が枯れる。 잡초가 마르다.	枯らす 例雑草を枯らす。 잡초를 말리다.	曲がる 例棒が曲がる。 막대기가 휘다.	曲げる 例棒を曲げる。 막대기를 휘게하다.
揺れる 例ゆりかごが揺れる。 요람이 흔들리다.	揺らす 例ゆりかごを揺らす。 요람을 흔들다.	上がる 例予算が上がる。 예산이 오르다.	上げる 例予算を上げる。 예산을 올리다.
慣れる 例体が寒さに慣れる。 몸이 추위에 적응하다.	慣らす 例体を寒さに慣らす。 몸을 추위에 적응시키다.	下がる 例コストが下がる。 비용이 내려가다.	下げる 例コストを下げる。 비용을 내리다.
冷める 例スープが冷める。 스프가 식다.	冷ます 例スープを冷ます。 스프를 식히다.	繋がる 例電話が繋がる。 전화가 연결되다.	繋げる 例電話を繋げる。 전화를 연결하다.
伸びる 例売上が伸びる。 매상이 늘다.	伸ばす 例売上を伸ばす。 매상을 늘리다.	重なる 例紙が重なる。 종이가 겹쳐지다.	重ねる 例紙を重ねる。 종이를 겹치다.
満ちる 例容器に水が満ちる。 용기에 물이 차다.	満たす 例容器を水で満たす。 용기를 물로 채우다.	混ざる 例青に白が混ざる。 청에 백이 섞이다.	混ぜる 例青に白を混ぜる。 청에 백을 섞다.
落ちる 例リンゴが落ちる。 사과가 떨어지다.	落とす 例リンゴを落とす。 사과를 떨어뜨리다.	変わる 例名前が変わる。 이름이 바뀌다.	変える 例名前を変える。 이름을 바꾸다.
起きる 例弟が起きる。 동생이 일어나다.	起こす 例弟を起こす。 동생을 깨우다.	加わる 例新人が加わる。 신인이 더해지다.	加える 例新人を加える。 신인을 더하다.

降りる 例車から降りる。 자동차에서 내리다.	降ろす 例車から荷物を降ろす。 자동차에서 짐을 내리다.	終わる 例仕事が終わる。 일이 끝나다.	終える 例仕事を終える。 일을 끝내다.
過ぎる 例時間が過ぎる。 시간이 지나가다.	過ごす 例時間を過ごす。 시간을 보내다.	開く 例店が開く。 가게가 열리다.	開ける 例店を開ける。 가게를 열다.
沸く 例お湯が沸く。 물이 끓다.	沸かす 例お湯を沸かす。 물을 끓이다.	届く 例手紙が届く。 편지가 도착하다.	届ける 例手紙を届ける。 편지를 보내다.
乾く 例髪が乾く。 머리가 마르다.	乾かす 例髪を乾かす。 머리를 말리다.	付く 例条件が付く。 조건이 붙다.	付ける 例条件を付ける。 조건을 붙이다.
動く 例体が動く。 몸이 움직인다.	動かす 例体を動かす。 몸을 움직이다.	向く 例注意が向く。 주의가 가다.	向ける 例注意を向ける。 주의를 기울이다.
泣く 例赤ちゃんが泣く。 아기가 울다.	泣かす 例赤ちゃんを泣かす。 아기를 울리다.	育つ 例子供が育つ。 아이가 자라다.	育てる 例子供を育てる。 아이를 기르다.
減る 例人口が減る。 인구가 줄다.	減らす 例人口を減らす。 인구를 줄이다.	立つ 例看板が立つ。 간판이 서다.	立てる 例看板を立てる。 간판을 세우다.
散る 例花が散る。 꽃이 지다.	散らす 例花を散らす。 꽃을 지게하다.	入る 例空気が入る。 공기가 들어오다.	入れる 例空気を入れる。 공기를 넣다.
漏れる 例秘密が漏れる。 비밀이 유출되다.	漏らす 例秘密を漏らす。 비밀을 유출하다.	進む 例開発が進む。 개발이 진행되다.	進める 例開発を進める。 개발을 진행시키다.
喜ぶ 例子供が喜ぶ。 아이가 기뻐하다.	喜ばす 例子供を喜ばす。 아이를 기쁘게하다.	緩む 例紐が緩む。 끈이 풀리다.	緩める 例紐を緩める。 끈을 풀다.
飛ぶ 例飛行機が飛ぶ。 비행기가 날다.	飛ばす 例飛行機を飛ばす。 비행기를 날리다.	叶う 例夢が叶う。 꿈이 이루어지다.	叶える 例夢を叶える。 꿈을 이루다.
滅ぶ 例国が滅ぶ。 나라가 멸망하다.	滅ぼす 例国を滅ぼす。 나라를 멸망시키다.	揃う 例足並みが揃う。 보조가 맞다.	揃える 例足並みを揃える。 보조를 맞추다.
うつる 例風邪がうつる。 감기가 옮다.	うつす 例風邪をうつす。 감기를 옮기다.	乗る 例客が乗る。 손님이 타다.	乗せる 例客を乗せる。 손님을 태우다.

潤う 例 肌が潤う。 피부가 촉촉하다.	潤す 例 肌を潤す。 피부를 촉촉하게 하다.	寄る 例 船が岸に寄る。 배가 해안에 다가오다.	寄せる 例 船を岸に寄せる。 배를 해안으로 대다.
返る 例 ボールが返る。 공이 돌아오다.	返す 例 ボールを返す。 공을 돌려주다.	切れる 例 紙が切れる。 종이가 잘리다.	切る 例 紙を切る。 종이를 자르다.
通る 例 車が通る。 자동차가 지나가다.	通す 例 車を通す。 자동차를 통과시키다.	売れる 例 商品が売れる。 상품이 팔리다.	売る 例 商品を売る。 상품을 팔다.
回る 例 風車が回る。 풍차가 돌다.	回す 例 風車を回す。 풍차를 돌리다.	割れる 例 ガラスが割れる。 유리가 깨지다.	割る 例 ガラスを割る。 유리를 깨다.
直る 例 故障が直る。 고장이 고쳐지다.	直す 例 故障を直す。 고장을 고치다.	抜ける 例 毛が抜ける。 털이 빠지다.	抜く 例 毛を抜く。 털을 뽑다.
渡る 例 橋を渡る。 다리를 건너다.	渡す 例 本を渡す。 책을 건네다.	焼ける 例 クッキーが焼ける。 쿠키가 구워지다.	焼く 例 クッキーを焼く。 쿠키를 굽다.
治る 例 病気が治る。 병이 고쳐지다.	治す 例 病気を治す。 병을 고치다.	解ける 例 問題が解ける。 문제가 풀리다.	解く 例 問題を解く。 문제를 풀다.
残る 例 記録が残る。 기록이 남다.	残す 例 記録を残す。 기록을 남기다.	聞こえる 例 音が聞こえる。 소리가 들리다.	聞く 例 音を聞く。 소리를 듣다.
戻る 例 貸した本が戻る。 빌려준 책이 돌아오다.	戻す 例 借りた本を戻す。 빌린 책을 돌려주다.	貯まる 例 お金が貯まる。 돈이 모이다.	貯める 例 お金を貯める。 돈을 모으다.

2 하나의 동사가 자동사와 타동사 양 쪽의 특성을 갖춘것을 자타동사라고도 부른다.

吹く	風が吹く。 바람이 분다. 자동사의 역할	尺八を吹く。 피리를 분다. 타동사의 역할
笑う	人が笑う。 남이 웃는다. 자동사의 역할	人を笑う。 남을 비웃다. 타동사의 역할
開く	桜の花が開く。 벚꽃이 핀다. 자동사의 역할	お店を開く。 가게를 연다. 타동사의 역할

3 짝을 이루지 않는 자동사와 타동사가 있다.

자동사만 있는 동사 (무대 자동사)

> ある、来る、憧れる、泳ぐ、死ぬ、光る、
> 走る、座る、這う、実る、茂る…

타동사만 있는 동사 (무대 타동사)

> 読む、投げる、話す、忘れる、疑う、殴る、
> 嫌う、褒める、感じる…

MORE+ 자타동사의 대응

자타동사의 대응에서 명확한 규칙은 존재하지 않지만 아래의 표에서 대다수의 대응관계를 나타내고 있다. 예를 들면 자동사 **かかる**는 [ア]る에 속하고 대응하는 타동사 **かける**는 [エ]る에 속한다. 또한 자동사 **届く**는 [ウ]에 속하고 대응하는 타동사 **届ける**는 [エ]る에 속한다.

자동사 (〜が)	끝의 모음과 가나	타동사 (〜を)	끝의 모음과 가나
かかる	[ア]る	かける	[エ]る
変わる		変える	
決まる		決める	
入る	[イ]る	入れる	
開く	[ウ]	開ける	
付く		付ける	
消える	[エ]る	消す	す
壊れる		壊す	[ア]す
出る		出す	

(4) 가능동사와 동사의 가능형

가능동사는 5단활용에서 파생된「〜하는 것이 가능하다」라는 뜻을 갖고 있는 동사이다. 「読む」「書く」와 같은 5단활용동사가「読める」「書ける」로 형태를 바꾸어 가능의 뜻을 갖는다. 1단활용동사와 カ변동사는 조동사「られる」를 붙여 가능형을 만들 수 있다

	사전형	가능 형태	
5단활용동사	読む 話す 書く	読める 話せる 書ける	가능동사 (가능형)
1단활용동사	見る 食べる	見られる 食べられる	가능형
サ변	する	できる	가능형
カ변	来る	こられる	가능형

(「조동사」▶200페이지). 이 책에서는 가능동사와 동사의 가능형을 합쳐서 **가능형**이라고 정의한다.

(5) 보조동사 (형식동사)

　보조동사는 「ある」「いる」「いく (ゆく)」「みる」「おく」「くる」「しまう」 등과 같은 다른 단어에 대하여 보조적인 역할로 사용되는 동사이다. 보조동사는 형식동사라고도 불리며 조동사와 같은 기능을 하지만 동사이기 때문에 자립어로 취급된다.
통상 보조동사는 동사て 형에 이어지며 히라가나로 쓴다. 활용은 보통 동사와 같이 활용한다.

ADVANCED(EJU etc.)

ここに先生の名前が**書いてある**。

보조동사 「ある」: 「書く」라는 동작의 결과 상태를 나타낸다.
여기에 선생님의 이름이 쓰여 있다.

焦っている時には、人の聴覚や嗅覚は過敏になりがちだ。

보조동사 「いる」: (焦る라는 동작이) 특정 시점에서 지속・진행중인 상태를 나타낸다.
초조할 때에는 사람의 청각이나 후각이 과민해지기 쉽다.

毎年、沖縄から北海道にかけて、桜が順々に**咲いていく**。

보조동사 「いく」: (「沖縄から北海道にかけて」라는) 동작의 변화를 나타낸다.
매년 오키나와에서 홋카이도에 걸쳐 벚꽃이 차례로 피어 나간다.

実際に見知らぬ土地を**歩いてみる**と、今まで本や雑誌では知り得なかったことを感じることができる。

보조동사 「みる」: 「試しに～する」 라는 뜻을 나타낸다.
실제로 낯선 땅을 걷다 보면 지금까지 책이나 잡지에서는 알 수 없었던 것들을 느낄 수 있다.

若い頃に、貯金や保険など様々な準備を**しておく**と、老後の生活は楽々と送れるだろう。

보조동사 「おく」: 「あらかじめ～する」 라는 뜻을 나타낸다.
젊을 때에 저축이나 보험 등 다양한 준비를 해두면 노후 생활은 편하게 보낼 수 있을 것이다.

たとえ減量に成功しても、油断大敵だよ。少しでも気を抜けば、リバ**ウンドしてしまう**から。

보조동사 「しまう」: 본의 아니게 사태가 실현되는 것을 나타낸다.
비록 다이어트에 성공하여도 방심은 금물이야. 조금이라도 방심하면 되돌아 가 버리니까.

<5> 수수동사

수수동사는 수수관계를 나타내는 동사이다. **「수수(授受)」**라는 것은 주는 것과 받는 것, 주고 받는 것과 교환하는 것을 표현한다. 같은 사실을 나타내는 데도 시점이 주는 쪽인지 받는 쪽인지에 따라 표현이 다르다.

(1) 수수동사는 모두 7개

수(授)(주다)	타인 (쪽) 이 자기 (쪽) 에게	(a) **くれる　くださる**
	1) 자기 (쪽) 이 타인 (쪽) 에게 2) 타인 (쪽) 이 타인 (쪽) 에게 ※자기 (쪽)·타인 (쪽) 과는 대응적인 개념	(b) **やる　あげる 　　さしあげる**
수(受)(받다)	1) 자기 (쪽) 이 타인 (쪽) 으로부터 2) 타인 (쪽) 이 타인 (쪽) 으로부터	(c) **もらう　いただく**

(2) 수수동사의 사용법

아래 표에서는 자기 (쪽) 을 「자」, 타인 (쪽) 을 「타」로 표기한다.

	주어의 시점			
	주는 사람		표현	받는 사람
주다	아래/대등한 사람	➡	くれる ➡	자
	윗사람	➡	くださる ➡	자
	자/타	➡	やる ➡	아랫사람
	자/타	➡	あげる ➡	대등한 사람
	자/타	➡	さしあげる ➡	윗사람
	받는 사람		표현	주는 사람
받다	자/타	⬅	もらう ⬅	아래/대등한 사람
	자/타	⬅	いただく ⬅	윗사람

주고 받는 행동에 따라 주어의 시점에서 사람의 관계에 따라 주고 받는 동사가 다르게 사용된다. 예를 들어 주어가 연장자라면 나에게 주면 「くださる」 를 사용하고 주어가 나이면 「いただく」 를 사용한다.

- ●友達は　私に　プレゼントを　**くれました**。　친구가 저에게 선물을 주었습니다.
- ●課長は　私たちに　お土産を　**くださいました**。　과장님은 저희에게 선물을 주셨습니다.
- ●私は　猫に　餌を　**やりました**。　저는 고양이에게 먹이를 주었습니다.
- ●私は　友達に　プレゼントを　**あげました**。　저는 친구에게 선물을 주었습니다.
- ●私は　課長に　お土産を　**差し上げました**。　저는 과장님께 선물을 드렸습니다.
- ●私は　友達から　プレゼントを　**もらいました**。저는 친구로부터 선물을 받았습니다.
- ●私は　課長から　お土産を　**いただきました**。저는 과장님으로부터 선물을 받았습니다.
- ●彼は　先生から　小説を　**いただきました**。　그는 선생님으로부터 소설을 받았습니다.

(3) 보조동사로서의 수수동사

수수동사는 독립하여 사용되는 이외에 て형 뒤에 이어져 보조동사로서의 기능을 한다.

(a) ～(て)くれる　～(て)くださる
(b) ～(て)やる　～(て)あげる　～(て)さしあげる
(c) ～(て)もらう　～(て)いただく

(a) 母は　私に　ご飯を　**作ってくれる**。	어머니는 나에게 밥을 지어 준다.
先生は　私に　推薦状を　**書いてくださる**。	선생님은 나에게 추천장을 써주신다.
(b) 私は　弟に　おもちゃを　**買ってやった**。	나는 동생에게 장난감을 사주었다.
私は　友達の　カバンを　**持ってあげた**。	나는 친구의 가방을 들어주었다.
私は　先生に　ペンを　**貸してさしあげた**。	나는 선생님께 펜을 빌려드렸다.
(c) 私は　友達に　日本語を　**教えてもらった**。	나는 친구에게 일본어를 배웠다.
私は　先生に　願書を　**直していただいた**。	나는 선생님께 원서를 첨삭받았다.

ADVANCED (EJU etc.)

親身になって相手の話を聞くからこそ、相手も本音を**語ってくれる**のです。

くれる : 화자와 「相手」는 대등한 입장이다.

진지하게 상대의 이야기를 듣기 때문에 상대방도 속마음을 말해 주는 것입니다.

お母さんが**炊いてくれる**ご飯は美味しい。　　어머니가 해주는 밥은 맛있다.

くれる : 화자와 「お母さん」은 대등한 입장이다.

実験に**協力してくださる**方を募集しています。　실험에 협력해 주실 분을 모집하고 있습니다.

くださる : 윗사람, 부탁을 하는 상대방에게 대하는 표현.

この一撃で、とどめを**刺してやる**。　이 일격으로 결정타를 먹여 주겠다.

やる : 아래의 입장 (이 경우는 바람직하지 않은 상대) 에 대하는 표현.

子どもが何か失敗で落ち込んでいるときには、親は子どもの悔しい気持ちに共感し、**理解してやる**ことが大切だ。

やる : 아래의 입장 (부모➡아이) 에 대한 표현.

아이가 무언가 실패로 풀이 죽어 있을 때에는 부모는 아이의 분한 마음에 공감하고 이해해 주는 것이 중요하다.

海外からの留学生の相談に親身になってのってあげる。

あげる : 대등한 사람 (화자⟷유학생) 에 대하는 표현.
해외로부터의 유학생 상담에 진지하게 응해준다.

夜も深(ふか)まったことですから、そろそろ先生を家に送ってさしあげましょう。

さしあげる : 윗사람 (화자➡선생님) 에 대하는 표현.
밤도 깊었으니까 슬슬 선생님을 댁으로 모셔다 드립시다.

法律は人々にルールを守(まも)ってもらうための強力(きょうりょく)な手段である。

もらう : 대등 또는 입장의 관계가 없는 세상의 일반적인 사람들에 대한 표현.
법률은 사람들에게 규칙을 지키게 하기 위한 강력한 수단이다.

<6> 시제 (Tense)・애스펙트 (Aspect)・보이스 (Voice)　상급편

시제는 어떤 일이 어느 시점에 일어나거나 일어났거나, 어떤 상태인지/상태였는지를 나타낸다. 반면에 애스펙트는 동작과 상태의 개시, 계속, 종료 등을 나타낸다. 하지만 일본어에서는 애스펙트는 때로는 시제・보이스와 연결되어 매우 복잡해진다. 이 절에서는 시제・애스펙트의 기본을 다양한 동사표현을 통해 언급한다.

(1) 시제

시제는 **발화시 (기준시) 와 일어난 일의 시간적인 전후 관계**를 나타낸다. 일어난 일은 발화시보다 앞이면 과거, 동시라면 현재, 뒤라면 미래가 된다. 형식상 과거형과 비과거형으로 나눈다.

시제는 동사 자체가 아닌 조동사에 의해 나타나게 된다. 또한 시제는 동사 특유의 문법이 아니라 술어가 될 수 있는 **형용사 (イ형용사)・형용동사 (ナ형용사), 그리고 조동사**에도 존재한다.

동사의 시제　例 書く　　　　　◆이 책에서의 보통형의 접속 기호는 普로 한다.

동사	과거형		비과거형 (현재・미래)	
	보통형 普	정중형	보통형 普	정중형
긍정	Vた 例 書いた	Vます+ました 例 書きました	V辞 例 書く	Vます+ます 例 書きます
부정	V否+なかった 例 書かなかった	Vます+ませんでした (V否+なかったです) 例 書きませんでした (書かなかったです)	V否+ない 例 書かない	Vます+ません (V否+ないです) 例 書きません (書かないです)

1 동사 과거형의 시제 : 과거의 동작, 작용, 상태를 나타낸다.

동사 과거형	예
①과거형은 통상 **과거**를 나타낸다.	昨日の夜雨が**降った**。 어젯밤 비가 내렸다.
②과거형으로 **완료**를 나타낼 수 있다. 기준시의 앞에 동작 등이 완결된 것을 나타낸다.	昼ごはんはもう**食べた**。 점심은 이미 먹었다. 東京に**行った**とき、お土産を買った。 간다고 하는 행위는 선물을 샀다는 기준시제보다 앞. 도쿄에 갔을 때 선물을 샀다.
③또한 관용적인 표현으로서 **현재의 상태**나 화자의 마음을 나타낼 수 있다.	風邪を**ひきました**。 현재의 상태 감기에 걸렸습니다.

2 동사 비과거형의 시제 : 현재나 미래의 동작, 작용, 상태를 나타낸다.

동사 비과거형	예
모든 동사 과거・현재・미래라는 경계를 뛰어 넘는다. 습관・진리・규칙을 나타내며 항상적인 표현이라고도 한다.「いつも」「よく」와 함께 사용하는 경우가 있다.	日本人はよく寿司を**食べる**。 일본인은 자주 초밥을 먹는다. 太陽を中心に地球が**回る**。 태양을 중심으로 지구가 돈다. 毎日日記を**書く**。매일 일기를 쓴다.
상태동사 상태동사의 비과거형은 기본적으로 **현재의 상태**를 나타낸다. 例 いる、似合う、値する	庭園に大きな桜の木が**ある**。 정원에 큰 벚나무가 있다.
동태동사 (동작・변화) 동태동사의 비과거형은 **미래**를 나타낼 수 있다. 例 歩く、食べる、流れる 동태동사의 비과거형은 **현재**를 나타낼 때에「〜ている」를 사용한다. ①**현재진행중**인 것을 나타낸다. 歩い**ている**、食べ**ている**、流れ**ている** ②동작・일어난 일의 **결과가 현재에도 계속**되고 있는 상태를 나타낸다. 開い**ている**、着**ている**	明日雨が**降る**。 내일 비가 온다. 貯金して家を**購入する**。 저축해서 집을 구입한다. 彼は図書館で勉強を**している**。 그는 도서관에서 공부를 하고 있다.

ADVANCED (EJU etc.)

引退(いんたい)した先輩に対し、皆は立ち上がって、長い間拍手を**送った**。

은퇴한 선배에게 모두 일어서서 오랫동안 박수를 보냈다.   과거를 나타낸다

物体(ぶったい)に複数(ふくすう)の力が作用しているのに、物体が動かない場合、これらの力はつり合っていると**いう**。

동태동사「いう」비과거형 : 글의 내용이 정의인 것을 나타낸다.
물체에 복수의 힘이 작용하고 있는데 물체가 움직이지 않는 경우 이 힘들은 균형을 이루고 있다고 한다.

図書館の有能な司書(ししょ)は、**いつも**趣味に合う本を薦めて**くれる**。

동태동사「くれる」비과거형 : 글의 내용이「いつも」의 습관인 것을 나타낸다.
도서관의 유능한 사서는 항상 취미에 맞는 책을 추천해 준다.

早慶戦(そうけいせん)、どちらにも友達が**いる**ので肩(かた)を入れることができない。

상태동사「いる」비과거형 : 현재의 상태를 나타낸다.
와세다게이오전, 양쪽 모두 친구가 있어서 편을 들 수 없다.

多くの応募の中から、優秀な作品のみを取り出して、二次選考を行い、その中でも特に優れた作品を一等賞と**する**。

동태동사「する」비과거형 : 글의 내용이 정해진 규칙인 것을 나타낸다.   많은 응모 중에서
우수한 작품만을 뽑아 2차 선고를 실시하고 그 중에서도 특히 뛰어난 작품을 1등상으로 한다.

東京オリンピックは、ボランティアの応募を**受け付けている**。

동태동사「受け付ける」+「ている」: 현재의 동작을 나타낸다.
도쿄올림픽은 자원봉사자 응모를 접수하고 있다.

古い写真に**写っている**若々しい母の姿は、とても懐(なつ)かしい。

동태동사「写る」+「ている」: 찍는다는 동작의 결과의 지속을 나타낸다.
옛 사진에 찍혀 있는 젊으신 어머니의 모습은 매우 그립다.

POINT 동사의 시제와 의미

- 동사 (과거형)
  - 과거를 나타낸다
  - 완료를 나타낸다
  - 현재의 상태를 나타낸다 (관용표현)

- 동사 (비과거형) 〈현재·미래〉
  - 습관·진리·규칙을 나타낸다 — 모든 동사
  - 현재의 상태를 나타낸다 — 상태동사
  - 미래를 나타낸다 — 동태동사
  - 진행중 or 결과가 현재도 계속 — 동태동사

（2）절대시제와 상대시제

발화시를 기준으로 한 사태가 그것보다 앞인지 동시인지 뒤인지라는 시간적인 관계를 **절대시제**라고 한다. 발화시보다 앞이라면 「**과거형**」, 발화시와 동시거나 발화시보다 뒤라면 「**비과거형**」을 사용한다.

1) 先週、お母さんと京都に**行った**。
   지난 주에 어머니와 교토에 갔다.
2) 庭に砂が**ある**。 정원에 모래가 있다.
3) 来週、お母さんと京都に**行く**。 다음주에 어머니와 교토에 간다.

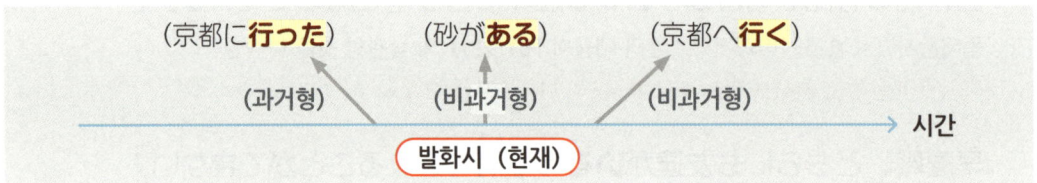

복문에 있어서 **종속절**（▶261페이지）의 시제가 발화시를 기준으로 하지 않고 주절과의 시간적인 관계로 나타내는 것을 **상대시제**라고 한다. 기본적으로 종속절의 시제는 상대시제가 되고 주절은 발화시를 기준으로 시간적인 앞 뒤 관계를 결정해 가기 때문에 절대시제가 된다. 다만 종속절이 주절과 동시거나 시간적으로 겹칠 경우에는 종속절도 절대시제가 되는 경우가 있다.

1️⃣ 앞 뒤의 시간 관계를 나타내는 복문의 상대시제 (「～전」「～후」 등의 표현이 있는 경우)

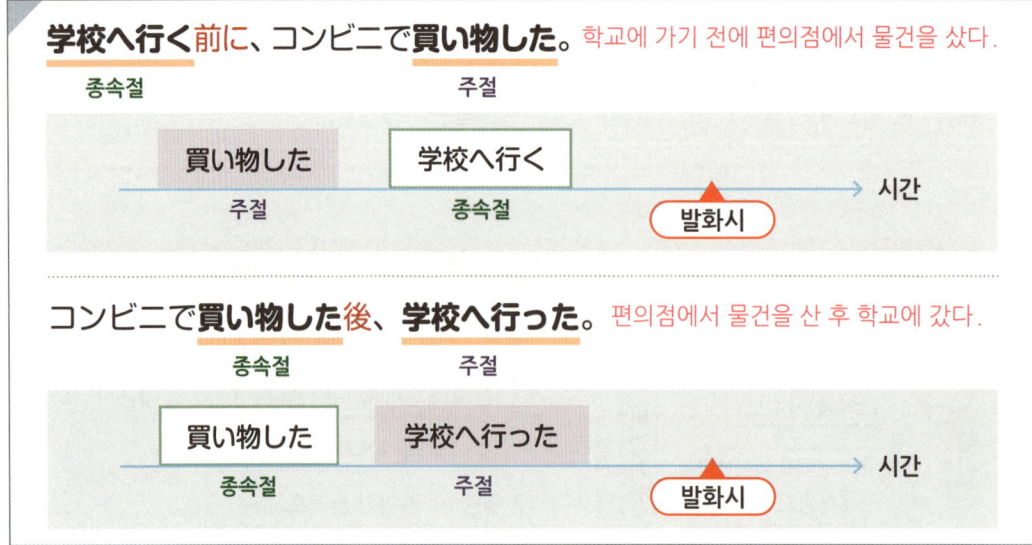

2 앞 뒤 시간 관계를 명확히 나타내지 않은 복문의 상대시제

①주절은「비과거형」, 종속절도「비과거형」을 취하는 경우

来週の面接に行くときは、**このスーツを着る**。 다음 주 면접에 갈 때는 이 슈트를 입는다.
종속절　　　　　　　　주절

②주절은「비과거형」, 종속절은「과거형」을 취하는 경우

明日君に会ったとき**話します**。　　내일 당신을 만났을 때 이야기하겠습니다.
종속절　　　　　주절

③주절은「과거형」, 종속절도「과거형」을 취하는 경우

パリに行ったとき、ずっと欲しがっていた**かばんを手に入れた**。
　종속절　　　　　　　　　　　　　　　　주절

파리에 갔을 때 계속 갖고 싶던 가방을 손에 넣었다.

ADVANCED (EJU etc.)

一晩暖房の壊れた**部屋で過ごしたが**、**風邪は引かなかった**。
　　　　　　　종속절　　　　　　주절

하룻밤을 난방이 고장난 방에서 지냈지만 감기는 걸리지 않았다.

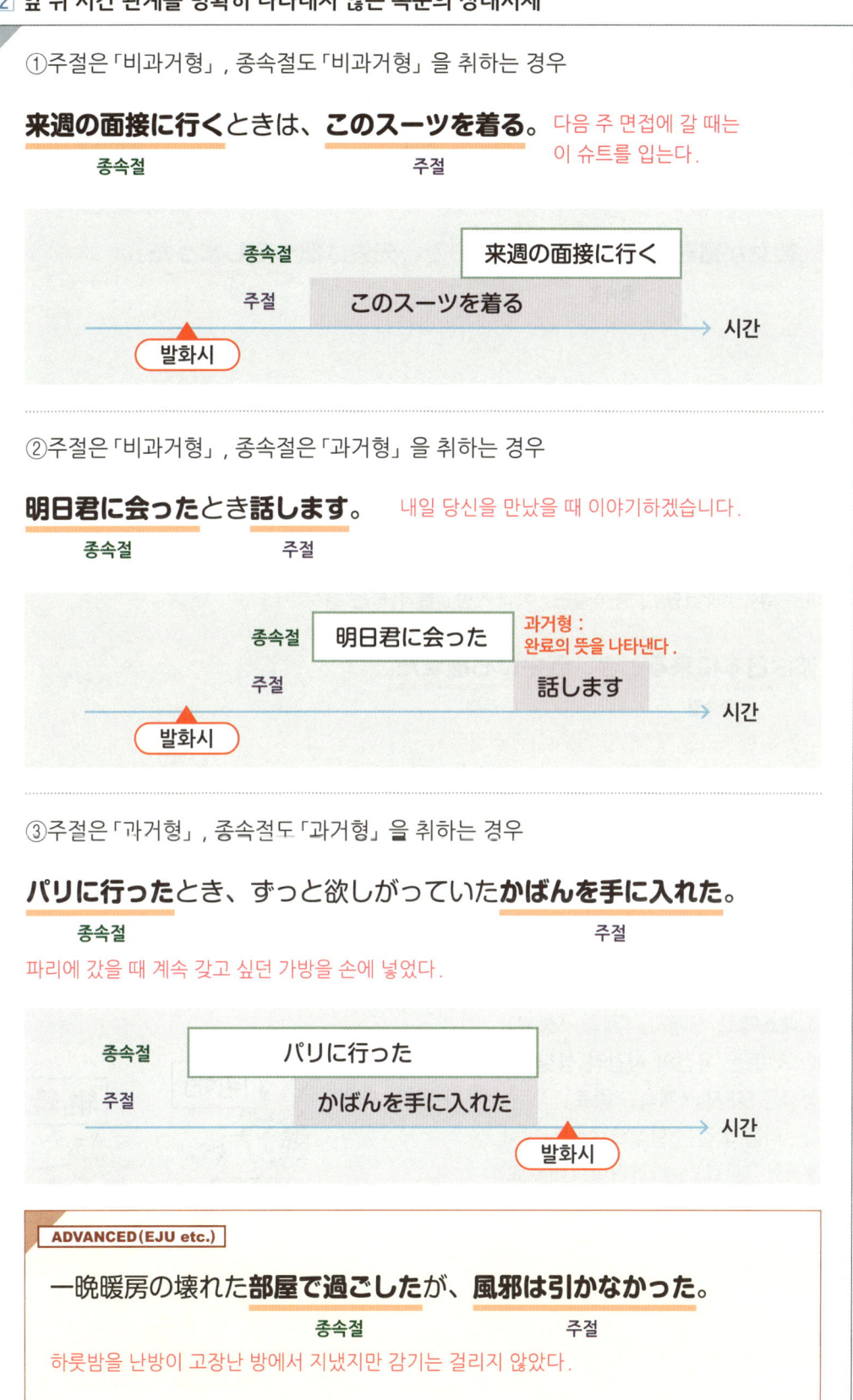

|部屋で過ごした|風邪は引かなかった| → 시간
종속절 / 주절 / 발화시

彼女が**宿題を出さなかった**せいで、先生は**怒ってしまった**。
　　　　종속절　　　　　　　　　　　주절
그녀가 숙제를 제출하지 않은 탓에 선생님은 화를 내고 말았다.

|宿題を出さなかった|怒ってしまった| → 시간
종속절 / 주절 / 발화시

④ 주절은「과거형」, 종속절은「비과거형」을 취하는 경우

彼は**日本に来る**とき、**五キロも痩せた**。
　　　종속절　　　　　　주절
그는 일본에 왔을 때 5킬로그램이나 빠졌었다.

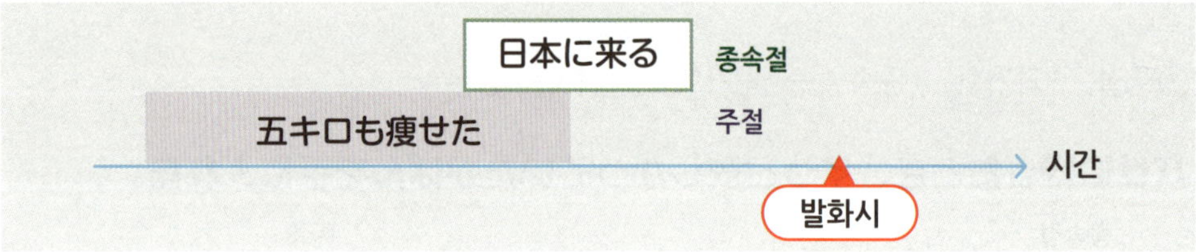

|五キロも痩せた|日本に来る| → 시간
　　　　　　　주절 / 종속절 / 발화시

(3) 애스펙트 (「개시」「계속」「종료」)

　애스펙트는 **사건의 시간적 성질**을 나타낸다. 그 시간적 성질은 **「개시」「계속」「종료」**라는 종류가 있다. 애스펙트는 다음과 같은 형식으로 나타난다.

1 과거형 (완료)・비과거형 (미완료)
2 보조동사 (～(て)いる、～(て)ある 등)
3 복합동사 (～始める、～だす、～終わる 등)
4 그 외 (～ところだ、～ばかりだ 등)

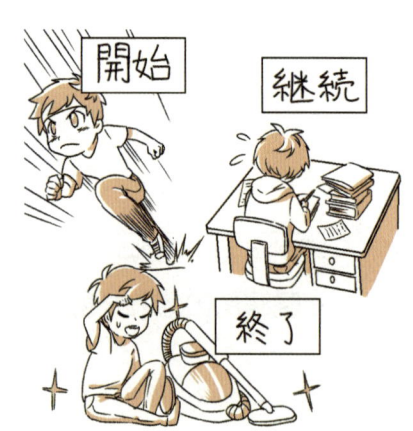

● 개시 (준비, 시동)

～始める　Vます＋始める

설명 움직임이나 습관적인 행위의 시작을 나타낸다. 그리고 변화의 시작도 나타낸다.

예
学校に通い**始める**。　학교에 다니기 시작하다.
氷が溶け**はじめる**。　얼음이 녹기 시작하다.

～だす　Vます＋だす

설명 돌발성 동작에 사용한다. 의향형 : 사용하지 않는다.　✗ 作りだそう

예
雨が降り**出す**。　비가 내리기 시작하다.
彼女が話し**出す**。　그녀가 말하기 시작하다.

～おく　Vて＋おく

설명
①미리 무언가를 하다.
②그대로 두다. 통상적으로 화자 자신의 행동이나 생각에 사용되지만 제3자의 주어에는 잘 사용하지 않는다.

예
①お菓子を**買っておく**。　과자를 사 두다.
②窓を**開けておきましょう**。　창문을 열어 둡시다.

～（よ）うとする　V意＋（よ）うとする

설명
①행위나 일어날 일의 직전.
②어떤 행위를 실현하려고 시도하고 있다.

예
①太陽が**沈もうとしている**。　해가 지려고 하고 있다.
②**出かけようとした**時、彼から電話が来た。　나가려고 할 때 그에게서 전화가 왔다.

～ところだ　V辞＋ところだ

설명 동작이 행해지기 직전인 것을 나타낸다.

예
これから散歩に**出かけるところだ**。
지금부터 산책을 나가려는 참이다.

● 계속 (지속, 결과)

～いる　Vて＋いる

설명
①동작・변화의 계속.
②상태의 계속　자동사와 함께 사용한다.
③습관을 나타낸다.

예
①彼はパンを**食べている**。　그는 빵을 먹고 있다.
②ガラスが**割れている**。　유리가 깨져 있다.
③毎朝バナナを**食べている**。　매일 아침 바나나를 먹고 있다.

類 ~いた   Vて＋いた

설명: ~いた : 과거의 기준시에 동작이 계속되고 있다.

예: 昨日の夜、彼は図書室で本を**読んでいた**。
어젯 밤 그는 도서실에서 책을 읽고 있었다.

~ある   Vて＋ある

설명: 상태와 효과의 계속.
동작결과의 계속 : 타동사와 함께 사용한다. 동작주는 사람이지만 주어는 물건이 된다.

예: 窓が**あけてある**。
창문이 열려 있다.

~いるところだ   Vて＋いるところだ

설명: ≒~いる   무의지동사는 잘 사용하지 않는다.

예: 宿題を**やっているところだ**。
숙제를 하고 있는 중이다.

~つつある   Vます＋つつある

설명: 변화의 도중

예: 台数が**増えつつある**。
대수가 늘어나고 있다.

~続ける / 続く   Vます＋続ける / 続く

설명: 동작의 장기적인 계속. 현재를 나타낸다면 「~いる」를 사용할 필요가 있다.

예: 先生は**話をし続けている**。
선생님은 이야기를 계속하고 있다.

● 완료 (종결)

た형

설명: 「もう、やっと、今、すでに」 등이 동반되는 경우가 많다.

예: やっと掃除が**終わった**。
겨우 청소가 끝났다.

類 ~いた　Vて+いた

설명 과거의 기준시 전에 동작 등이 끝나 있는 것을 나타낸다. 「もう~(て)いた」라는 표현이 많다.

예
昨日の朝9時頃、彼はもう家から**出ていた**。
어제 아침 9시경 그는 이미 집을 나와 있었다.

昨日の今頃、彼はもう上海に**ついていた**。
어제 이맘때 쯤 그는 이미 상하이에 도착해 있었다.

類 ~いるだろう　Vて+いるだろう

설명 미래의 기준시 전에 동작 등이 끝나있는 것을 나타낸다.
단 상태동사의 경우는 상태의 계속을 나타낸다.

예
明日の21時頃、彼は既にパリに**ついているだろう**。
내일 21시경 그는 이미 파리에 도착해 있을 것이다.

~終わる/終える　Vます+終わる/終える

설명 종결점을 가진 동작과 사건을 나타내는 동사에 사용한다.
자연현상과 생리현상에는 사용하지 않는다.
✗雨が降り終わった。　✗赤ちゃんが泣き終わった。

예
マラソンを**走り終えた**。
마라톤을 완주했다.

~やむ　Vます+やむ

설명 무의지한 사건을 나타내는 동사에 사용한다.

예
雪が**降りやんだ**。
눈이 그쳤다.

~ところだ/ばかりだ　Vた+ところだ/ばかりだ

설명 동작·변화 종료의 직후를 나타낸다. 거의 =~ばかりだ.

예
試験が**終わったところだ**。 ≒ 試験が**終わったばかりだ**。
시험이 끝난 참이다.　　　시험이 막 끝났다.

~しまう　Vて+しまう

설명
①동작이 완료된 것, 완전히 그 상태로 된 것을 나타낸다.
②완료된 동작이 본의가 아니었던 것과 동작에 대한 후회를 나타낸다.

예
①すっかり**あきれてしまった**。　　　완전히 질려버렸다.
　明日までに宿題を**やってしまおう**。　내일까지 숙제를 해버려야겠다.
②痩せたいのに甘いものを**食べてしまった**。살을 빼고 싶은데 단 음식을 먹어버렸다.

～きる　Vます＋きる

설명
① 의지동사 : 사항이 완성되게 이루어진 것을 뜻한다. 전체 양이 정해져 있다.
② 무의지동사 : 완전히 그 상태가 된다.

예
① 5キロを**走り切った**。　　5 킬로미터를 끝까지 달렸다.
② 料理は**腐りきっている**。　요리는 완전히 상해 버렸다.

～つくす　Vます＋つくす

설명 전부～하다라는 뜻이 있다.

예
全財産を**使いつくした**。　　전재산을 다 써버렸다.
徹底的に**調べつくす**。　　　철저하게 샅샅이 조사하다.

ADVANCED (EJU etc.)

被害者が出てからようやく、警察はその事件について**調べ始めた**。
　　　　　　　　　　　　　　　　　　　　　　　　　　동작의 개시
피해자가 나온 뒤에야 겨우 경찰은 그 사건에 대해 조사하기 시작했다.

夜中でも、診てもらえる病院はあらかじめ**調べておく**べきだ。
　　　　　　　　　　　　　　　　　　　　　동작의 준비
한밤중에도 진료받을 수 있는 병원은 미리 알아 두어야 한다.

その絵がよっぽど気に入ったのか、ずっとその絵の前に**立っている**人がいる。
　　　　　　　　　　　　동작의 계속
그 그림이 꽤나 마음에 들었는지 계속 그 그림 앞에 서 있는 사람이 있다.

この制度は欧米の社会に今も**残っている**。
　　　　　　　　　　　　　　　상태의 계속
이 제도는 서양 사회에 지금도 남아 있다.

世の中の人々の仕事が忙しくなるにつれて、平均読書時間はどんどん**短くなっている**。
　　　　　　　　　　　변화의 계속
세상 사람들의 일이 바빠짐에 따라 평균 독서 시간은 점점 짧아지고 있다.

この動物園には、動物が様々な角度から観察できるよう、斬新な仕掛けが**施してある**。
　　　　　　　　　　　　　　동작결과의 계속
이 동물원에는 동물을 다양한 각도에서 관찰할 수 있도록 참신한 장치들이 설치되어 있다.

社会の変化に伴い、求められる人材も**変わりつつある**。
　　　　　　　　　　　　　　　　　　　　変化の도중

사회의 변화에 따라 요구되는 인재도 변화하고 있다.

脳は有機的な組織として、生きている限り、常に**学習し続けている**。
　　　　　　　　　　　　　　　　　　　　　　　동작의 장기적인 계속

뇌는 유기적인 조직으로서 살아 있는 한 항상 학습을 계속하고 있다.

いろいろと経験を積んだことが、今回の成功に**つながった**。
　　　　　　　　　　　　　　　　　　　　　　완료

여러 가지로 경험을 쌓은 것이 이번 성공으로 이어졌다.

うっかり間違った駅に降りかけたが、降りる直前に気づいたので、
急いで座席に**戻った**。
　　　　　　완료/과거

무심코 잘못된 역에 내리려 했지만 내리기 직전에 알아차려서 급하게 자리로 되돌아갔다.

あの事件の真相がわかったときには、もう午後四時ごろに**なっていた**。
　　　　　　　　　　　　　　　　　　　　　　　과거의 기준점에서의 상태의 완료

그 사건의 진상을 알았을 때는 이미 오후 4시쯤이 되어 있었다.

明日の午後、あの人なら**寝ているだろう**。
　　　　　　　　　　　　미래의 기준점에서의 상태의 계속

내일 오후 그 사람이라면 자고 있을 것이다.

来週から行く予定の旅行について、
やっと**計画し終わった**。
　　　　　동작의 완료

다음 주부터 갈 예정인 여행에 대해서 겨우 계획을 끝냈다.

母親が抱き上げてくれたので、ようやく赤ん坊は**泣き止んだ**。
　　　　　　　　　　　　　　　　　　　　　　동작의 완료

어머니가 안아 주었기 때문에 간신히 아기는 울음을 그쳤다.

私が彼に電話をしたとき、ちょうど彼は家を**出たところだった**。
　　　　　　　　　　　　　　　　　　　　　과거 기준점에서의 동작 완료 직후

내가 그에게 전화를 했을 때 마침 그는 집을 막 나간 참이었다.

> ついカッとなって、心にもないことを言い、母を**傷つけてしまった**。
> <u>후회가 포함된 완료</u>
> 그만 발끈해서 마음에도 없는 말로 어머니께 상처를 드리고 말았다.
>
> 制限時間以内にこのラーメンを**食べきった**人には、賞金(しょうきん)が与えられます。
> <u>전체 양이 정해져있는 동작의 완료</u>
> 제한 시간 이내에 이 라면을 다 먹은 사람에게는 상금이 주어집니다.
>
> その選手は、最後の試合で力を**出しつくし**、その場で倒れこんだ。
> <u>동작의 완료</u>
> 그 선수는 마지막 시합에서 온 힘을 다하고 그 자리에서 쓰러졌다.

　일본어 애스펙트 분류는 영어만큼 엄밀하지 않고 연구자에 의한 논의도 많이 존재한다. 이 책에서 다루고 있는 표현은 학술연구를 위한 것이 아닌 EJU 및 중상급의 일본어를 이해하는 관점에서 정리와 재분류를 하였다.

(4) 태 (보이스) : 수동, 사역, 가능, 자발, 수수

　태 (일본어 문법에서는 일반적으로 보이스라고 한다) 란 형태를 말한다. 기본적으로 수동, 사역이 있다. 태 (보이스) 는 어떤 사항을 어느 입장에서 표현하는지에 주목한 것이다. 같은 사실로 시점과 입장에 따라 표현이 달라지고 화자가 받는 인상도 변해간다. 일본어의 태 (보이스) 의 대표적인 표현으로서 **수동**과 **사역**을 들 수 있고 그 이외에는 **가능**과 **자발**, **수수** 등이 있다.

1 수동　다른 것으로부터 동작을 받는다는 뜻을 나타내는 구문이다.
　동작을 나타내는 동사의 **미연형[否]**에 「**られる**」「**れる**」라는 **조동사**를 붙임으로써 **수동형**을 만든다.

종류	수동형	예
5 단활용동사	V否+れる	笑わ**れる** 踏ま**れる**
1 단활용동사	V否+られる	食べ**られる** 見**られる**
カ변・サ변동사	来る ➡ 来(こ)られる する ➡ される	来**られる** 強制さ**れる**

수동 구문에서는

동작을 받는 쪽　➡　주어

동작을 하는 쪽 (동작주)　➡　「〜に」「〜から」「〜によって」

A 직접수동문　타동사

동작에서 **직접 영향**을 받는 사람이나 물건이 주어가 된다. **수동의 구문에 주어가 나타나는 경우가 많다.**

(주어) が / は　누군가 に　동사~(ら)れる

先生が学生を**褒める**。	선생님이 학생을 칭찬하다.
学生が先生に**褒められる**。	학생이 선생님께 칭찬 받는다.
先生が学生に説教を**する**。	선생님이 학생에게 설교를 한다.
学生が先生に説教を**される**。	학생이 선생님께 설교를 듣는다.

B 간접수동문 (피해 수동)　자동사　타동사

동작에서 **간접적으로 영향**을 받는 사람이 주어가 된다. 자동사와 타동사 모두 간접수동문이 되는 경우가 있다. **주어는 사태와 사건으로 민폐나 피해를 입는다는 뜻을 나타내는 경우가 많다.** 간접수동문의 구문과 3가지 패턴은 다음과 같다.

(주어) が / は　누군가 に　(주어의 소유물) (を)　동사~(ら)れる

① 민폐나 피해를 나타내는 경우가 있다

● (私は)(誰かに)財布(さいふ)を**とられた**。	(나는)(누군가에게) 지갑을 빼앗겼다.
● (私は)電車で足を**踏(ふ)まれた**。	(나는) 전철에서 발을 밟혔다.
● 子供に**泣(な)かれる**。	아이가 울었다.
● 雨に**降られる**。	비를 맞았다.

② 민폐나 피해를 나타내지 않는다

● 私は彼に息子を**褒められた**。	나는 그에게 아들을 칭찬받았다.
● 風に**吹(ふ)かれていた**。	바람을 맞고 있었다.
● 先生に**喜ばれた**。	선생님께서 기뻐하셨다.

③동작주체가 불필요한 경우

- オリンピックは数年後、この国で**開かれる**予定だ。
  올림픽은 수년 후 이 나라에서 열릴 예정이다.
- 販売促進(はんばいそくしん)は主にマスメディアを通じて**行われる**。
  판매 촉진은 주로 매스미디어를 통해 행해진다.

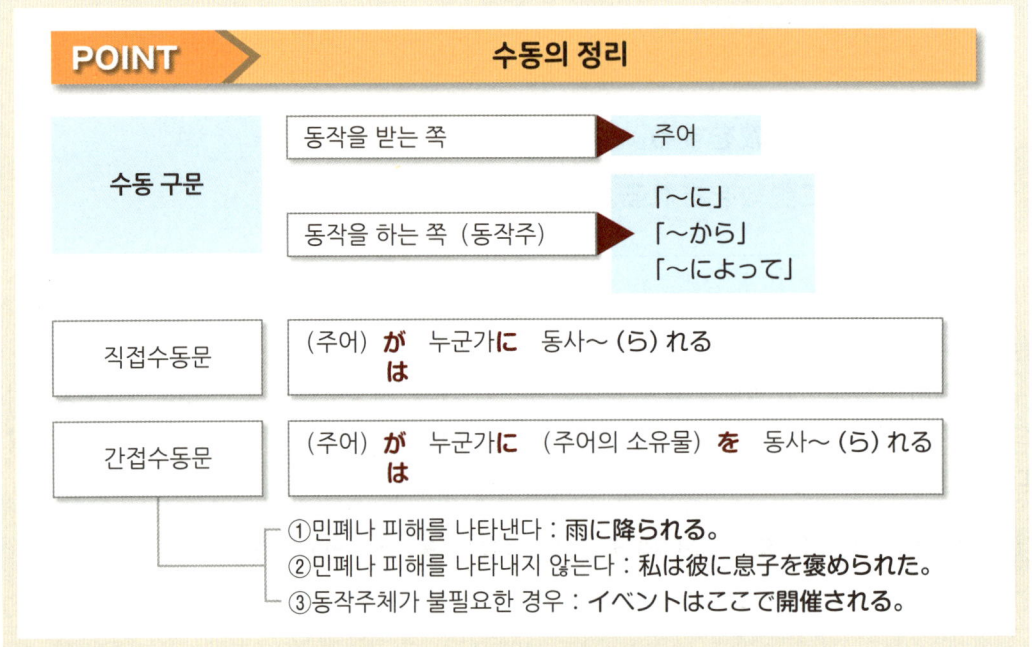

| POINT | 수동의 정리 |

수동 구문
- 동작을 받는 쪽 → 주어
- 동작을 하는 쪽 (동작주) → 「~に」 「~から」 「~によって」

직접수동문: (주어) が/は 누군가に 동사~(ら)れる

간접수동문: (주어) が/は 누군가に (주어의 소유물) を 동사~(ら)れる

① 민폐나 피해를 나타낸다 : 雨に降られる。
② 민폐나 피해를 나타내지 않는다 : 私は彼に息子を褒められた。
③ 동작주체가 불필요한 경우 : イベントはここで開催される。

MORE+ 비교 : 수동과 자발

「수동」에서 사용되는 조동사인 「れる」 「られる」는 자발이나 존경의 뜻도 있다. (▶198페이지). 문장 속에서 어떤 뜻이 되는지를 문맥을 통해 잘 이해하자.

妻は普段あまり喋(しゃべ)らないので、周りの人にはおとなしいと**思われる**。
　　　　　　　　　　　　　　　　　직접 수동문. 동작주는 「周りの人」.
아내는 평소에 별로 말을 하지 않으므로 주변 사람들에게는 얌전하다고 생각된다.

この街に来ると、子供の頃のことが**思い出される**。
자발을 나타내는 글. 능동문으로 바꾸어 쓸 수 없다.
이 도시에 오면 어릴 적 일이 생각난다.

自発を表わす文だと能動文には書き換えできません。

2 사역 다른 사람에게 동작을 시킨다는 뜻을 나타내는 구문이다.

종류	사역형	예
5단활용동사	V부+せる	笑わせる 踏ませる
1단활용동사	V부+させる	食べさせる 見させる
カ변・サ변동사	来る ➡ 来させる する ➡ させる	来させる 勉強させる

Ⓐ 자동사

주어 が 사역 상대 を 동사~(さ)せる
　　　　　　　　に

- 先生が学生を帰らせた。　　선생님이 학생을 돌려보냈다.
- 親が子供を遊ばせた。　　　부모가 아이를 놀게 했다.
- 彼が彼女を怒らせた。　　　그가 그녀를 화나게 했다.

Ⓑ 타동사

주어 が 사역 상대 に 대상 を 동사~(さ)せる
　　 は

- 彼が部下に机を片付けさせた。　　그가 부하에게 책상을 치우게 했다.
- あの人が息子に水泳を習わせた。　저 사람이 아들에게 수영을 배우게 했다.

Ⓒ 겸양을 나타낸다

「~させてもらう」「~させていただく」는 사역과 수수 표현으로 겸양을 나타내는 표현이다.

- 訪問させていただきたいのです。　　방문드리고 싶습니다.
- こちらから連絡をさせていただきます。　저희쪽에서 연락을 드리겠습니다.

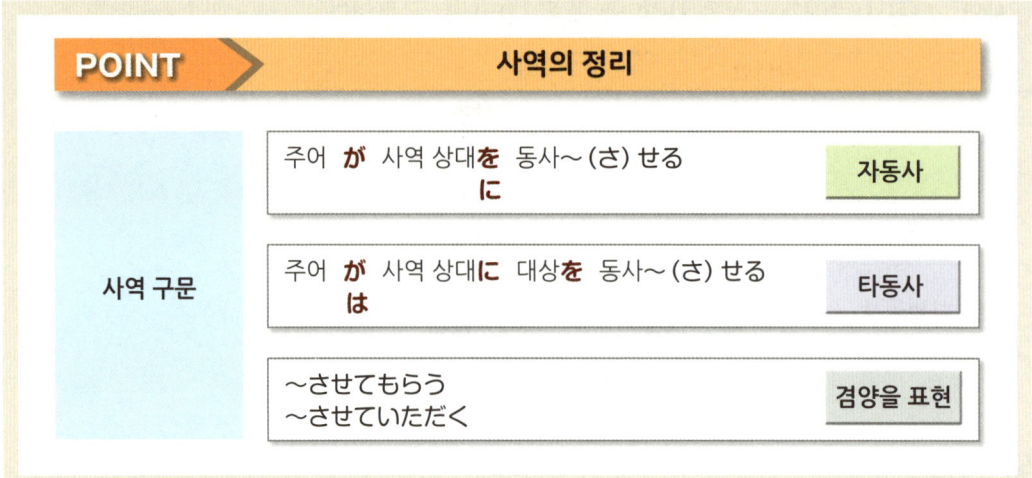

ADVANCED(EJU etc.)

部屋に**閉じこもらせず**に、外で**遊ばせた**ほうが子どものためになる。
　　　자동사「閉じこもる」　　　자동사「遊ぶ」

사역의 주어와 사역 상태는 생략되어 있지만 생략하지 않고 쓴다면「子どもを部屋に閉じこもらせずに、(子どもを) 外で遊ばせたほうが子どものためになる。」
방에 가두어 두지 말고 바깥에서 놀게 하는 것이 어린이에게 도움이 된다.

リーマン・ショック後、身を削る思いをして何とか会社を**持ちこたえさせた**。

리먼 쇼크 후에 뼈를 깎는 심정으로 어떻게든 회사를 지탱시켰다.

研究者の話によると、菌を体に**住まわせた**方が人間の体に良いという。
　　　　　　　　　　　　　　자동사「住まう」

「菌が体に住まう」➡「菌を体に住まわせる」
사역의 주어 : 생략되어 있다. 사역 상대 : 菌, 대상 : 体.
연구자의 이야기에 따르면 균을 몸에 살게 하는 쪽이 인간의 몸에 좋다고 한다.

貴重なものをお借りして大変申し訳ありませんが、もしすぐにはお使いにならないようでしたら、そのように**させていただきたく**思います。
　　　　　　　　　　「そのようにしたく思います」를 겸양어로 바꾸어 말한 문장

귀중한 것을 빌려서 매우 죄송합니다만 혹시 바로 사용하지 않으신다면 그렇게 해주셨으면 합니다.

3 사역 수동
하고 싶지 않은 것을 누군가에게 하도록 지시받은 뜻을 나타내는 구문이다.

종류	사역 수동형	예
5단활용동사	V음+せられる (생략➡される)	笑わせられる (생략➡笑わされる) 踏ませられる (생략➡踏まされる)
1단활용동사	V음+させられる	食べさせられる 見させられる
カ변・サ변동사	来る ➡ 来させられる する ➡ させられる	来させられる 勉強させられる

구문

Ⓐ 자동사

(피사역자 が) (사역자 に) 동사~(さ)せられる

피사역자와 사역자 모두 생략할 수 있다.

- (私が) 親に病院へ**行かせられた**(**行かされた**)。 (나를) 부모님이 병원에 가게 했다.
- 李さんが大家さんに**引っ越しさせられた**。 이 씨에게 집 주인이 이사하게 했다.

Ⓑ 타동사

(피사역자 が) (사역자 に) 대상 を 동사~(さ)せられる
　　　　　は

피사역자와 사역자 모두 생략할 수 있다.

- (私は) 子供のころ、ピアノを**習わせられた**。 (나에게) 어렸을 때 피아노를 배우게 했다.
- (私は) 親に野菜を**食べさせられた**。 (나에게) 부모님이 야채를 먹게 했다.
- 李さんが両親に部屋を**掃除させられた**。 이 씨에게 부모님이 청소를 시켰다.

MORE+ 사역과 사역수동 시점의 변화

사역문

親 は 私に部屋を掃除させた。
주어・사역자　피사역자

「親」는 문장의 주어와 동작주이며 시점은 「親」에게 두고 있다.
부모님은 나에게 방 청소를 시켰다.

사역수동문

私は親に部屋を掃除させられた。

주어 : 피사역자　　사역자

「私」는 이 문장의 주어와 동작주이며 관점은 「私」에 두고 있다. 「私」는 「部屋を掃除する」도록 지시 받아 「掃除したくない」라는 마음을 나타낸다.

나는 부모님에게 방 청소를 지시 받았다.

ADVANCED(EJU etc.)

彼は他人の論文を盗んだことで、大学を**退学させられた**。

주어 : 피사역자　　　　　　　　　　　　타동사 : 退学する

이 문장의 주어 「彼」는 피사역자이고 사역자는 숨겨진 「大学」또는 「学校」이다. 「彼」의 「退学したくないが、そうしなければならない」라는 마음을 나타낸다.

그는 다른 사람의 논문을 훔친 일로 대학을 퇴학당했다.

外来生物は、人為的に**移動させられた**生物を指し、生物が自ら移動する場合は、これにはあてはまらない。

주어 : 피사역자　　　　　자동사 : 移動する

「人為的に移動させられた」의 「に」는 대상을 제시하는 「に」가 아니라 형용동사 「人為的」의 연용형으로서 후문의 동사를 수식한다. 이 문장의 주어 「外来生物」는 피사역자이며 사역자는 숨겨진 「人類」또는 「人」이다.

외래 생물은 인위적으로 이동된 생물을 가리키며 생물이 스스로 이동하는 경우는 이에 해당하지 않는다.

MORE+　　비교　사역수동형과 사역의 능동형

① 運動能力を向上させるため、コーチに高地の酸欠環境で**練習させられた**。

　　　　　　　　　　　　　　　　사역자　　　　　　　　　사역수동형

운동능력을 향상시키기 위해 코치에게 고지대의 산소결핍 환경에서 훈련받았다.

② 高地の酸欠環境への適応過程を巧みに利用することで運動能力を**向上させられる**。

사역형+가능을 나타내는 조동사 「られる」　　　　　　　　　　　　　피사역자

고지대의 산소결핍 환경에 대한 적응과정을 잘 이용함으로써 운동능력을 향상시킬 수 있다.

①의 「練習させられる」 와 ②의 「向上させられる」 가 비슷하여 양쪽모두 사역수동으로 보이지만 실제로는 다르다.
①의 사역자는 코치이며 피사역자는 숨겨진 화자 즉 훈련자이다. 그리고 그 숨겨진 피사역자가 주어이며 관점은 피사역자로 둔다. 따라서 사역 수동문이다. 화자의 「練習したくないが、そうしなければならない」 라는 마음을 나타낸다.
②의 피사역자는 「運動能力」 이며 사역자는 숨겨진 「高地の酸欠環境への適応過程を巧みに利用する人」, 그리고 이 「人」 는 이 문장의 주어이다. 즉 관점은 사역자에 두며 사역 수동문이 아닌 단순한 사역문이다. 이 「向上させられる」 의 「られる」 는 수동의 뜻을 나타내는 「られる」 가 아니라 가능의 뜻을 나타내는 「られる」 이다. 즉 「向上させることができる」 또는 「向上させることが可能である」 라는 뜻을 나타낸다.

<7> 동사의 표현

동사는 문장 속에서 보조동사와 조동사 그리고 조사 등과 합쳐져 다양한 표현을 할 수 있다. 일본인이라면 보통 생활에서 무의식적으로 사용하고 있는 것이 많지만 외국인 학생으로서 그러한 사용법을 정확하게 이해, 파악할 필요가 있다.

(1) 사전형 (연체형 포함) 의 표현

사전형 및 사전형과 같은 형태를 하는 연체형에 관한 표현을 아래 표에 정리한다. 연체형은 「こと」「とき」「もの」 등의 체언과 「の」「より」「ほど」 등의 조사에 이어지므로 그런 단어로부터 파생하는 표현은 다양한 것들이 있다.

~ことがある　　V辞+ことがある　　V否+ない+ことがある

설명 항상은 아니지만 때때로 또는 가끔씩 한다는 뜻을 나타낸다.

예
夜眠れない**ことがある**。　　밤에 잠들지 못하는 경우가 있다.
朝ごはんを食べない**ことがある**。　　아침 밥을 먹지 않는 경우가 있다.

~ことができる　　V辞+ことができる

설명
①동작의 실현이 가능한 상태임을 나타낸다.
②능력을 나타낸다.

예
①ここでタバコを吸う**ことができない**。　　여기서 담배를 피울 수 없다.
②彼は中華料理を作る**ことができる**。　　그는 중화요리를 만들 수 있다.

~ことにする　V辞＋ことにする　V否＋ない＋ことにする

설명 무언가를 하겠다고 정하려는 화자의 의지를 나타낸다.

예 卒業したら、日本で働く**ことにする**。
졸업하면 일본에서 일하도록 하겠다.

~ことになる　V辞＋ことになる　V否＋ない＋ことになる

설명 어떤 일이 정해져서 그러한 결과가 될 것이라는 것을 나타낸다.

예 来年彼は海外赴任する**ことになった**。
내년에 그는 해외 부임하기로 되었다.

~ことはない　V辞＋ことはない

설명 행동할 필요가 없는 것을 나타낸다.

예 彼はもう大人だから、心配する**ことはない**。
그는 이미 어른이므로 걱정할 것은 없다.

~しかない　V辞＋しかない

설명 그렇게 하는 이외에 다른 선택지가 없다는 것을 나타낸다.

예 お金がないなら、仕事してお金を稼ぐ**しかない**。
돈이 없다면 일을 해서 돈을 버는 수 밖에 없다.

~べからず　V辞＋べからず

설명 불가능을 나타내고 뒤에 명사가 붙는 경우도 있다. 금지도 나타낼 수 있다.

예 彼は日本の監督を語るうえで欠く**べからざる**存在だ。
그는 일본의 감독을 말하는 데 있어서 빼놓을 수 없는 존재다.

~べくもない　V辞＋べくもない

설명 하는 수단이 없다는 불가능을 나타낸다.
그렇게 되는 것을 바라고 있지만 실제로 할 수 없다는 의미가 있다.

예 将来のことを考える**べくもなく**、今を精一杯生きるだけだ。
장래의 일을 생각할 겨를도 없이 지금을 힘껏 살아갈 뿐이다.

~（より）ほかない　V辞＋（より）ほかない

설명 그렇게 하는 이외에 방법이 없다는 것을 나타낸다.

예 もう結果は変えられないし、納得する**よりほかはない**。
이미 결과는 바꿀 수 없고 납득할 수 밖에 없다.

~までもない   V辞＋までもない

설명 중요도가 낮기 때문에 일부러 할 필요가 없다는 뜻을 나타낸다.

예 言う**までもない**ことですが、道にゴミを捨てないでください。
말할 것도 없는 것입니다만 길에 쓰레기를 버리지 말아주세요.

~ものではない   V辞＋ものではない

설명 사람의 행위에 대하여 그렇게 해서는 안된다고 충고와 조언을 할 때에 사용된다.

예 人は見た目で判断する**ものではない**。
사람은 외모로 판단하는 것이 아니다.

~つもりだ   V辞＋つもりだ   V否＋ない＋つもりだ

설명 미래에 무언가를 할 예정을 나타낸다.

예 トップレベルの国立大学を受験する**つもりだ**。
톱 레벨의 국립대학을 수험할 예정이다.

~ようにする   V辞＋ようにする   V否＋ない＋ようにする

설명 화자가 분발하여 어떤 동작을 실현시킨다고 하는 뜻을 나타낸다.

예 健康のために、野菜をもっと食べる**ようにする**。
건강을 위해서 야채를 더 먹도록 한다.

~ようになる   V辞＋ようになる   V否＋ない＋ようになる

설명 옛날에는 그렇지 않은 상태였지만 지금은 그렇게 변하는 동작이나 상태의 변화를 나타낸다.

예 少しずつ日本語の新聞が読める**ようになった**。
조금씩 일본어 신문을 읽을 수 있게 되었다.

~わけにいかない   V辞＋わけにいかない

설명 상식과 사회의 규범으로 생각하면 할 수 없는 것이라는 것을 나타낸다.

예 体調が悪いからと言って、何週間も会社を休む**わけにいかない**。
컨디션이 나쁘다고 해서 몇 주씩이나 회사를 쉴 수는 없다.

~一方だ   V辞＋一方だ

설명 동작이나 변화가 어떤 특정 방향으로 진행한다는 것을 나타낸다.

예 不況が続き、店の売り上げも減る**一方だ**。
불황이 이어지면서 가게의 매상도 계속 줄고 있다.

～ばかりだ　V辞＋ばかりだ

설명
① 사태가 나쁜 방향으로 계속 변화하고 있다는 뜻을 나타낸다.
② 사전 준비가 끝나고 언제든지 다음 행동으로 옮길 수 있는 상태임을 나타낸다.

예
① 近年若者の政治への関心度が下がる**ばかりだ**。
근래 젊은 사람들의 정치에 대한 관심도가 계속 낮아지고 있다.
② 旅行の用意はすべてできたし、後は出発する**ばかりだ**。
여행 준비는 모두 되었고 이제는 출발하는 일만 남았다.

～ところだ　V辞＋ところだ

설명 지금부터 무언가를 하겠다는 동작이 시작되기 직전을 나타낸다.

예 出かける**ところで**、友達が訪ねてきた。
나가려던 참에 친구가 찾아왔다.

(2) 연용형 (「ます」가 접속한다) 의 표현

연용형의 표현법은 매우 많고 정지나 정중, 소망이나 가능성 등을 나타낸다.

1 정중을 나타내는 표현　～ます／ません／ました
2 권유를 나타내는 표현　～ましょう／ましょうか／ませんか

조동사 「ます」가 붙어 정중형이 된다. 보통형과의 대응은 아래 표와 같다.

종류	정중형	참고 : 보통형	예
정중	～ます	사전형	食べます 食べる
	～ません	부정형 / ～ない	食べません 食べない
	～ました	た형 / ～た	食べました 食べた
권유	～ましょう	의향형 / ～ (よ) う	食べましょう 食べよう
	～ましょうか	의향형 + 의문 / ～ (よ) うか	食べましょうか 食べようか
	～ませんか	부정형 + 의문 / ～ないか	食べませんか 食べないか

● ～ましょう／ましょうか／ませんか

「～ましょう」 (의지)

① 화자의 의지

私がこれを**やりましょう**。　제가 이것을 하죠.
의지의 표시

②**권유** : 의지의 표현이며, 화자의 의지를 포함하여 간접적으로 상대방을 유도한다. 청자도 같은 의향을 갖고 있는 것을 전제로하여 일방적으로 화자의 의향을 나타내고 있기 때문에 **다소 억지스러운 표현이다**. 권유 동작 주체「화자・상대방」.

> 来週の日曜日、美術館に**行きましょう**。 다음 주 일요일에 미술관에 갑시다.

「～ましょうか」(의지＋의문)

①의문

> 誕生日プレゼントは何に**しましょうか**。 생일 선물은 무얼로 할까요？
> 의지의 확인

②**권유** : 의문사를 붙임으로써 직접적으로 상대를 유도한다. 화자도 상대방도 동작을 실행함이 거의 결정되어 있는 (또는 화자에게 그 의지가 높은) 상황으로 그 동작을 재촉할 때에 사용한다. 권유 동작 주체「화자・상대방」.

> お昼ご飯も食べたことだし、そろそろ美術館に**行きましょうか**。
> 점심도 먹었겠다 슬슬 미술관에 갈까요？
>
> あなたも来週の日曜日が暇なら、一緒に美術館に**行きましょうか**。
> 당신도 다음 주 일요일이 한가하다면 같이 미술관에 갈까요？

③**제안・제의** : 동작주체「화자」.

> 荷物を**お持ちしましょうか**。 짐을 들어 드릴까요？
> ＝私があなたの荷物を持つのを手伝いますか。

「～ませんか」(부정＋의문)

①의문

> 彼は今日仕事に**行きませんか**。 그는 오늘 일하러 가지 않습니까？
> ＝行きますか？行きませんか？

②**권유**:부정의문문에 의해 상대방에게 그 의지가 있는지를 묻는다. **상대방의 의향을 존중한다**. 권유 동작 주체「상대방」.

チケットが一枚余っているので、来週の日曜日、美術館に**行きませんか**。
티켓이 한 장 남아있으니까 다음 주 일요일에 미술관에 가지 않겠습니까?　상대방

来週の日曜日、（一緒に）美術館に**行きませんか**。
다음 주 일요일에 (함께) 미술관에 가지 않겠습니까?　상대방

POINT　권유를 나타내는 경우의 비교

	주의점	동작 주체
～ましょう	의지의 표현이며 화자의 의지를 포함하여 간접적으로 상대방을 유도한다.	화자・상대방
～ましょうか	화자도 상대방도 동작을 실행하는 것이 거의 결정되어 있는 (또는 화자에게 그 의지가 높은) 상황으로 그 동작을 재촉할 때에 사용한다.	화자・상대방
～ませんか	상대방에게 그 의지가 있는지를 묻는다.	상대방

ADVANCED(EJU etc.)

アルコールに弱い方は、焼酎(しょうちゅう)を水などで割(わ)って飲むのをお勧め**します**。
술이 약한 분은 소주를 물 등으로 희석해 마시는 것을 권유합니다.　する＋ます

何でも人任せにしていたのでは、自分のために**なりません**。
무엇이든지 남에게 맡겨서는 자신에게 도움이 되지 않습니다.　なる＋ません

幼い頃は、プラモデルの組み立てに夢中(むちゅう)に**なっていました**。
어릴 때는 프라모델 조립에 몰두해 있었습니다.　なっている＋ました

雨が強まってきたので、晴れるまで喫茶店で雨宿(あまやど)り**しましょう**。
비가 강해졌기 때문에 갤 때까지 찻집에서 비를 피합시다.　する＋ましょう

人数がそろったようね、ならばさっそく**始めましょうか**。
始める＋ましょうか
인원이 모두 모인 것 같네요. 그렇다면 바로 시작할까요？

規則が云々(うんぬん)ではなく、もう少し血が通った行政は**できませんか**？
できる＋ませんか
규칙 운운하지 말고 좀 더 인간적인 행정은 할 수 없습니까？

私たちの会社は上下関係(じょうげかんけい)が少なく、お互いに意見を言い合いながら、会社の成長と個人の成長を目指す風通(かぜとお)しの良い職場になっています。興味のある方は、ぜひ私たちと一緒に**働いてみませんか**。
働く＋みる＋ませんか
우리 회사는 상하관계가 적고 서로 의견을 말하면서 회사의 성장과 개인의 성장을 목표로하는 개방성이 좋은 직장입니다. 관심있으신 분은 꼭 저희와 함께 일해보지 않겠습니까？

---

3 소망・희망을 나타내는 표현　～たい/たがる

어떤 행위를 함에 대한 소망은「～たい」와「～たがる」로 표현한다.
「たい」: 자신과 화자의 희망・소망.
「たがる」: 자신과 화자 이외인 사람의 희망・소망.

～たい　Vます＋たい

설명
①기본져으로 1 인칭의 어떤 행위를 하는 것에 대한 소망.
②명사수식절 속에서는 타인이 주어도「～たい」를 사용하는 경우가 있다.
③ 2 인칭의 의문문에서는「～たいですか」라고 사용할 수 있지만 실례가 될 가능성이 있다.
④제 3 자의 소망을 나타낼 때「と言っている」「と思っている」「そうだ」「らしい」를 붙일 필요가 있다.

예
①お風呂に入り**たい**です。　목욕을 하고 싶습니다.
　肉が食べ**たくない**。　고기를 먹고 싶지 않다.
②食べ**たい**人はこちらにどうぞ。　먹고 싶은 사람은 이쪽으로 오세요.
③ケーキが食べ**たい**ですか。　케이크를 먹고 싶습니까？
④彼女は歌い**たい**と思っている。　그녀는 노래하고 싶다고 생각하고 있다.

～たがる　Vます＋たがる

설명 화자 이외의 사람의 소망을 나타내려면「～たがる」를 사용.

예
彼は酒を飲み**たがっている**。　그는 술을 마시고 싶어하고 있다.
彼女が観**たがっている**映画。　그녀가 보고 싶어하는 영화.

MORE+ 「たい」「たがる」에 대하여

「たい」는 주관적인 소망을 나타내는 것에 반해 「たがる」에는 「객관적으로 봤을 때에 그렇게 보인다」라고 하는 추측의 요소가 포함되어 있다.

또한 일본에서는 윗사람에게 직접 희망을 묻는 것은 실례라는 문화가 있기 때문에 말하는 상대방에게

× 「お菓子を召し上がりたいですか」
× 「何を召し上がりたいですか」

등의 질문을 하는 것은 피하는 것이 좋다.

2인칭 의문문에서는

〇 「お菓子はいかがですか」
〇 「何を召し上がりますか」

등과 같이 추천하는 형태로 묻거나 단정 표현으로 묻는 것이 무난하다.

ADVANCED (EJU etc.)

学習室を<u>利用したい</u>方は、事前(じぜん)に申し出る必要があります。
    불특정한 인물의 소망
학습실을 이용하고 싶은 분은 사전에 신청할 필요가 있습니다.

故郷の街に誇(ほこ)りと愛着(あいちゃく)を持って<u>暮らしたい</u>。
        화자의 소망
고향의 마을에 자긍심과 애착을 갖고 살고 싶습니다.

④ 개시・종료・직전을 나타내는 표현
~始める
~出す
~かける
~終わる/終える
~止む
~かける/かけだ/かけの

●개시

～始める　Vます＋始める

설명
①동작동사：개별의 동작과 사건의 개시 시점．
②이동동사：습관적인 행위의 시작．
③변화동사：변화의 과정을 나타낸다．
✗상태동사：사용하지 않는다．예：「いる」「できる」。

예
①作り**始める**。　　　만들기 시작하다．
②学校に行き**始める**。　학교에 가기 시작하다．
③溶け**始める**。　　　녹기 시작하다．

～出す　Vます＋出す

설명
✗의향형：사용하지 않는다．　✗作りだそう

예
雨が降り**出す**。
비가 내리기 시작하다．

●종료

～終わる / 終える　Vます＋終わる/終える

설명 동사：▶ 81 페이지

～やむ　Vます＋やむ

설명 동사：▶ 81 페이지

예
雨が降り**やんだ**。
비가 그쳤다．

●직전

～かける　Vます＋かける

설명
①동작과 사건이 시작되기 직전．
②동작과 사건이 이미 시작되어 도중인 상태．

예
途中で泣き**かけた**。　　　　　　　도중에 울기 시작했다．
ジュースを飲み**かけている**。　　　쥬스를 마시고 있다．
手紙を書き**かけていた**。　　　　　편지를 쓰고 있었다．
病気が治り**かけていた**のに、また悪化した。　병이 낫고 있었는데 다시 악화되었다．

～かけ　Vます＋かけ

설명 동작과 사건이 이미 시작되어 도중인 상태．

예
あの店はつぶれ**かけだ**。　　　　저 가게는 망해가고 있다．
書き**かけ**の手紙が置いてある。　쓰다가 만 편지가 놓여 있다．

ADVANCED (EJU etc.)

業績不振により、このメーカーの経営者は改革の案を**考え始めた**。
실적부진으로 이 메이커의 경영자는 개혁안을 생각하기 시작했다.
　　　　　　　　　　　　　　　　　　동작「考える」의 개시

来週から行く予定の旅行について、やっと**計画し終わった**。
　　　　　　　　　　　　　　　　　　동작「計画する」의 종료
다음주부터 갈 예정인 여행에 대해 겨우 계획이 끝났다.

母親が抱き上げてくれたので、ようやく赤ん坊は**泣き止んだ**。
어머니가 안아주어서 겨우 아기는 울음을 그쳤다.　화자의 의지가 미치지 않는 동작,
　　　　　　　　　　　　　　　　　　사건「赤ん坊が泣く」의 종료

彼女が劇場に着いたとき、ショーは**始まりかけていた**。
　　　　　　　　　　　　　　　　　동작「始まる」의 직전 또는 개시 직후
그녀가 극장에 도착했을 때 쇼는 시작되고 있었다.

家に**帰りかけだった**友達を、慌てて引き止めた。
동작「家に帰る」의 직전 또는 개시 직후
집에 돌아가려던 친구를 황급히 멈추어 세웠다.

やりかけの仕事を途中で投げるようなことはしないでくれ。
이미 착수하고 있지만 도중임을 나타낸다
하던 일을 도중에 포기하는 일은 하지 말아줘.

5 가능을 나타내는 표현
~得る/得ない　~かねる/かねない　~ようがない　~っこない

● 가능

~得る (うる・える)　Vます+得る

설명: 가능, 가능성이 있음을 나타낸다.
문체적으로 딱딱하다.
일상적인 능력 표현에 사용하지 않는다.
類 ①동사 가능형
　　②~ことができる　V辞+ことができる
　　③~可能性がある　V辞+可能性がある

예: 想像し**得る**。　상상할 수 있다.
地震はいつでも起り**得る**。
지진은 언제라도 일어날 수 있다.
✗ 彼は1時間で論文を書き**得る**。

~かねない　Vます+かねない

설명: 바람직하지 않은 일이 일어날 가능성을 나타낸다. 원인도 명확. 문어체.

예: 残業で体を壊し**かねない**。
잔업으로 몸을 망가트릴 수 있다.

| 類 ~かもしれない | V普＋かもしれない |

설명: 가능성을 나타내는 일반적인 표현.

예: 今夜彼が来る**かもしれない**。
오늘 밤 그가 올지도 모른다.

| 類 ~恐れがある | V辞＋恐れがある |

설명: 바람직하지 않은 일이 일어날 가능성을 나타낸다.

예: 地震で家が倒れる**恐れがある**。
지진으로 집이 무너질 우려가 있다.

● 불가능

| ~得ない | Vます＋得ない |

설명: 불가능, 가능성이 없는 것을 나타낸다. 문체적으로 딱딱하다.
일상적인 능력 표현에 사용하지 않는다.

類 ① 동사 가능형
② ~ことができない　V辞＋ことができない
③ ~はずがない　　　V辞＋はずがない

예: この事故は予想し**得なかった**。
이 사고는 예상할 수 없었다.

| ~かねる | Vます＋かねる |

설명: 외적 상황으로의 불가능을 나타낸다.

예: なんとも言い**かねる**。＝なんとも言えない。
무어라 말할 수 없다.

| ~ようがない | Vます＋ようがない |

설명: 가능성이 없다. 방법이 없어서 할 수 없다.

예: 探し**ようがない**。＝探せない。
찾을 길이 없다. ＝ 찾을 수 없다.

| ~っこない | Vます＋っこない |

설명: 발생의 가능성을 강하게 부정한다.

예: やり直しができ**っこない**。　다시 할 수가 없다.
伝わり**っこない**。　　　　전해질 리가 없다.

ADVANCED(EJU etc.)

小さなミスでも見逃してしまうと、それが大きな間違いの要因に**なりうる**。
なりうる：なる可能性がある、なりかねない、なるかもしれない、なる恐れがあるで 환언 가능
작은 실수라도 놓쳐버리면 그것이 큰 실수의 요인이 될 수 있다.

外来種(がいらいしゅ)は、島固有(しまこゆう)の生物の生存を脅かし、島全体の生態系を**破壊しかねない**。
破壊しかねない：破壊する恐れがある、破壊するかもしれないで 환언 가능. 파괴할 수 있는 경우 조금 가능성이 높아진다
외래종은 섬 고유의 생물의 생존을 위협하고 섬 전체의 생태계를 파괴할 수 있다.

五年前に起こった事故は、我々にとって**信じえない**出来事であった。
　　　　　　　　　　　　　信じえない：信じることができないで 환언 가능
5년 전에 일어난 사고는 우리로서는 믿을 수 없는 사고였다.

私たちの会社では、そういったお客様のご要望には**応えかねます**。
입장과 조건상 할 수 없다는 뉘앙스를 나타내므로 격식을 차린 상황에서 상대방의 요구를 거절할 때 많이 사용되는 표현
우리 회사에서는 그러한 고객의 요구에는 응할 수 없습니다.

家に帰るのが遅くなると連絡するのを忘れたので、妻は怒っている**かもしれない**。　집에 돌아가는 것이 늦어진다고 연락하는 것을 잊어서 아내는 화가 나 있을 지도 모른다.

外来種生物を野生(やせい)に放(はな)つと、生態系が乱(みだ)れる**恐れがある**。
외래종 생물을 야생에 풀어 놓으면 생태계가 훼손될 우려가 있다.

犯人を逮捕しようにも、証拠(しょうこ)は見つからないし目撃者もいない以上、**捜査しようがない**。
수사할 수단이 없는 것을 나타낸다
범인을 체포하려고 해도 증거는 찾을 수 없고 목격자도 없는 이상 수사할 방법이 없다.

どれほど勉強しようと、生まれながらに頭の良い姉には**勝てっこない**。
「勝てる」+「っこない」：「勝つことができない」 라고 강하게 가능성을 부정한다
아무리 공부해도 태어나면서부터 머리가 좋은 누나(언니)는 이길 수 없다.

6 난이를 나타내는 표현

～やすい　～がちだ　～にくい　～づらい　～がたい

～やすい　Vます＋やすい

설명
① 의지 동사 : 하기 용이하다.
② 무의지 동사 : 자주~하다.

예
① 読み**やすい**。　　읽기 쉽다.
② 降り**やすい**。　　자주 내린다.

～がちだ　Vます＋がちだ

설명
자주 일어나는 일을 나타낸다. ~傾向がある, よく~になる, ~になることが多い라는 뜻.
무의지 동사 : ＝～やすい

예
忘れ物をし**がちだ**。
잃어버리기 쉽다.

～にくい　Vます＋にくい

설명
① 의지 동사 : 하기에 곤란하지만 할 수 없지는 않다.
② 무의지 동사 : 좀처럼 ~ 않다 ; 할 수 없지는 않다.

예
① 食べ**にくい**。　　먹기 어렵다.
② 燃え**にくい**。　　잘 타지 않는다.

～づらい　Vます＋づらい

설명
의지 동사 : 하기에 곤란하지만 할 수 없지는 않다.
동작주가 힘들게 느끼다.

예
行き**づらい**。　　가기 힘들다.
食べ**づらい**。　　먹기 힘들디.

～がたい　Vます＋がたい

설명
동작의 실현이 어렵다. 거의 불가능.

예
信じ**がたい**。 믿기 어렵다／ 避け**がたい**。 피하기 어렵다／ 許し**がたい**行為。 용서할 수 없는 행위

ADVANCED(EJU etc.)

彼女の書く物語の多くは、子どもに**分かりやすい**だけではなく、大人の心を慰めてくれる。　　무의지 동사「分かる」＋やすい : 동작이 용이함을 나타낸다.

그녀가 쓰는 이야기의 대부분은 어린이가 알기 쉬울 뿐만 아니라 성인의 마음을 위로해 준다.

内装で寒色が多く使われている部屋は、人に重苦しい印象を**与えがちだ**。

의지 동사「与える」＋がちだ : 자주~주다

내장으로 차가운 색이 많이 사용되어 있는 방은 사람에게 답답한 인상를 주기 쉽다.

100円ショップなどで安く売られる商品は、手軽に**購入しやすい**が、その分デザイン性や機能性において**使いにくかったり、壊れやすかったり**といった問題点を抱えている場合もある。何年も使うことを見越して商品を手に入れたいのなら、専門店や口コミを頼って、**壊れにくい**ものや機能性に優れたものを購入する方が良いだろう。

100엔샵 등에서 싸게 팔리는 상품은 간편하게 구입하기 쉽지만 그만큼 디자인성이나 기능성에 있어서 사용하기 어렵거나 고장나기 쉽다는 문제점을 안고 있는 경우도 있다. 여러 해 사용할 것을 예상하고 상품을 사고 싶다면 전문점이나 입소문을 이용하여 잘 고장나지 않는 것이나 기능성이 우수한 것을 구입하는 것이 좋을 것이다.

このゲームは、動作がカクカクしていて**見づらい**。

의지 동사「見る」+「つらい」: 보기 어려운 것을 나타낸다.「見にくい」로 환언 가능
이 게임은 동작이 끊겨서 보기 어렵다.

冬の寒さは、多くの動物にとって**耐えがたい**ものである

견디기 매우 어려운 것을 나타낸다.
겨울 추위는 많은 동물에게 있어 견디기 어려운 것이다.

7 경향을 나타내는 표현
～気味だ　～っぽい　～がちだ

～気味だ　Vます＋気味だ　N＋気味だ

설명
어떤 경향이나 상태가 있다.
좋은 경우와 좋지 않은 경우 모두 사용할 수 있다.

예
太り**気味だ**。　　살이 찐 느낌이다.
風邪**気味だ**。　　감기 기운이다.

～っぽい　Vます＋っぽい　Aい＋っぽい　NA・N＋っぽい

설명
①어떤 좋지 않은 상태가 되기 쉬운 것을 나타낸다 (성격).
②어떤 성질을 띄고 있는 것을 나타낸다.
③본래는 어떤 성질을 갖고 있지 않지만 그 성질을 갖고 있는 상태를 나타낸다.
類 ～らしい

예
①怒り**っぽい**。　　화를 잘 낸다.　　飽き**っぽい**。　　싫증을 잘 낸다.
②安**っぽい**。　　싸 보인다.　　油**っぽい**。　　기름기가 많다.
③子供**っぽい**。　어린애 같다.　　男**っぽい**。　　남자 같다.

～がちだ　Vます＋がちだ　N（一部）＋がちだ

설명
바람직하지 않은 변화와 동작이 생기기 쉽다.

예
忘れ物をし**がちだ**。　　잃어버리기 쉽다.
進行が遅れ**がちだ**。　　진행이 늦어지기 쉽다.

> **ADVANCED(EJU etc.)**
>
> **急に客が来たので、彼は慌て気味にお茶とお菓子を用意した。**
> 갑자기 손님이 와서 그는 당황한 기색으로 차와 과자를 준비했다.
>
> **怒りっぽい上司に付き合うのが面倒くさい。**
> 화를 잘 내는 상사를 상대하는 것은 귀찮다.

MORE➕ ～っぽい / ～みたいだ / ～らしい

「みたいだ」와 「らしい」는 조동사 부분에서 자세하게 설명한다 (▶213, 215페이지).

	～っぽい	～みたいだ	～らしい
표현	Vます+っぽい Aい+っぽい NA・N+っぽい	普(V・A)+みたいだ NA・N+みたいだ	普+らしい
설명	(1) 어떤 좋지 않은 상태가 되기 쉬운 것을 나타낸다 (성격) (2) 어떤 성질을 띄고 있는 것을 나타낸다. (3) 본래는 어떤 성질을 갖고 있지 않지만 그 성질을 갖고 있는 상태를 나타낸다.	(1) 추정 : 어떠한 근거를 가지고 추측하는 것을 의미 (2) 비유 : 무언가를 빗대어 말한다 (3) 예시 : 예를 든다는 의미	(1) 전문 : 전문을 나타낸다 (2) 추측 : 어떤 근거에 따라 추측하는 의미
예	飽きっぽい。 싫증을 잘 낸다. 油っぽい。 기름기가 많다. 男っぽい。 남자 같다.	彼はもう帰ったみたいだ。 그는 벌써 돌아간 것 같다. 夏みたいな暑さだ。 여름 같은 더위다. 先生みたいにうまくなりたい。 선생님처럼 잘하고 싶다.	明日台風が来るらしい。 내일 태풍이 온다고 한다. 来月転校生が来るらしい。 다음 달에 전학생이 오는 것 같다.

8 복합 동사로서의 표현

～込む　～合う　～ぬく　～なおす

> **～込む**　**Vます＋込む**
>
> **설명**
> ①들어가다, 넣는다와 같은 「내부로의 움직임」의 뜻을 덧붙인다.
> ②완전히 그 상태가 된다, 그 상태를 계속 유지한다, 는 등의 상태를 나타낸다.
>
> **예**
> ①袋に詰め**込む**。　　봉투에 채워 넣다.　　海に飛び**込む**。　　바다에 뛰어든다.
> ②黙り**込んでしまった**。　입을 다물어 버렸다.　眠り**込む**。　　깊이 잠든다.

～合う　Vます＋合う

설명
① 서로 ～하다.
② 따로따로였던 것이 하나가 된다, 조화되는 것을 나타낸다.

예
① 明日の予定について話し**合う**。　　　내일 예정에 대하여 서로 이야기한다.
② 帽子と服が似**合っている**。　　　　　모자와 옷이 어울린다.
　　喫茶店で落ち**合った**。　　　　　　　찻집에서 만났다.

～抜く　Vます＋ぬく

설명
① 어떤 행위를 끝까지 하다, 해내는 것을 나타낸다.
② 넘어서는 의미를 나타낸다.
③ 골라내는 뜻을 나타낸다.

예
① 辛かったが、最後までやり**抜きました**。　힘들었지만 끝까지 해냈습니다.
② 追い**抜く**。　앞지르다.　　出し**抜く**。　앞지르다.
③ 引き**抜く**。　뽑아내다.　　切り**抜く**。　잘라내다.

～なおす　Vます＋なおす

설명
새롭게 다시 한 번 하는 뜻을 나타낸다.

예
何度も見**なおす**。　　몇 번이고 다시 보다.
やり**なおす**。　　　　다시 하다.

ADVANCED (EJU etc.)

見張りのミーアキャットが「危険」のサインを発すると、ほかのミーアキャットは即座に穴の中に**逃げ込む**。

逃げる＋込む : 굴 속으로의 움직임을 나타낸다

파수꾼 미어캣이 「위험」 사인을 보내면 다른 미어캣은 곧바로 굴 속으로 도망친다.

数学とは一概に言えば、数字に**向き合う**学問です。

向く＋合う : 서로를 향한다는 뜻에서 사물을 똑바로 직시한다는 뜻을 나타낸다

수학이란 한마디로 말하면 숫자와 마주하는 학문입니다.

現代社会を**生き抜く**には、ハングリー精神が重要だ。

生きる＋抜く : 끝까지 살다 ➡ 「困難や苦しみを乗り越えて最後まで生きる」라는 뜻으로 사용된다

현대 사회를 살아가려면 헝그리 정신이 중요하다.

9 그 외의 표현
～っぱなしだ　～すぎる/すぎだ　～なさい

～っぱなしだ　Vます＋っぱなしだ

설명
①타동사 : 어떤 상태를 방치하다.
②자동사 : 어떤 상태가 지속되고 있다.

예
①開け**っぱなし**。　열어둔 채로.
②立ち**っぱなし**。　계속 선 채로.

～すぎる　Vます＋すぎる

설명 과잉. 바람직하지 않다.

예 お酒を飲み**すぎる**。
술을 너무 많이 마신다.

～すぎだ　Vます＋すぎだ

설명 과잉. 바람직하지 않다.

예
お酒を飲み**すぎだ**。
술을 너무 많이 마셨다.
言い**すぎだ**。
말이 지나치다.

～なさい　Vます＋なさい

설명 명령의 정중체. 정중하고 부드러운 인상이 되지만 윗사람에 대해서는 사용하지 않는다. 화자의 입장이 상위.

예
勉強し**なさい**。
공부하세요.

類 명령형

설명 기본의 명령형. 정중함은 없다.

예
電気を**消せ**。
전기를 꺼라.

類 ～な　V辞＋な

설명 금지를 나타낸다.

예
勝手に使う**な**。
맘대로 사용하지 마.

ADVANCED (EJU etc.)

普段から外部からの情報に**頼りすぎる**と、スマホなどの情報チャネルが遮断(しゃだん)されるときに不安になりやすい。

평상시에 외부로부터의 정보에 너무 의존하면 스마트폰 등의 정보 채널이 차단될 때 불안해지기 쉽다.

太陽の光が強すぎると、植物の葉は**温まりすぎてしまい**、正常な新陳代謝を行うことが出来なくなる。
햇빛이 너무 강하면 식물의 잎은 너무 따뜻해져서 정상적인 신진대사를 할 수 없게 된다.

当時の私は、自分の限界が分かっておらず、今思えば**頑張りすぎだった**。
당시의 나는 자신의 한계를 알지 못하고 지금 생각하면 너무 분발했었다.

おもちゃをとられたからといって、兄を叩くのは**やめなさい**。
장난감을 빼앗겼다고 해서 형을 때리는 것은 그만두세요.

先生は、有名な大学に行きたいならしっかり**勉強しなさい**とおっしゃっていた。
선생님은 유명한 대학에 가고 싶다면 제대로 공부하라고 말씀하셨다.

「モテたいなら、まず**ダイエットしろ**」と彼が言っていた。
「인기를 얻고 싶다면 우선 다이어트를 해」라고 그가 말했다.

人が何を言おうと**気にするな**。
남이 뭐라고 말하든 신경 쓰지마.

(3) て형의 표현

て형도 여러 가지 표현을 할 수 있다.

1 ～いく　～くる

● 공간이동의 방향성

～いく　Vて＋いく
- 설명: 동작 등이 화자와 문장 속의 특정한 시점에서 멀어져 간다.
- 예: 飛行機は東へ消えて**いった**。
  비행기는 동쪽으로 사라져갔다.

～くる　Vて＋くる
- 설명: 동작주 또는 동작의 대상이 화자에게 가까이 다가온다.
- 예: 父は向こうから歩いて**きた**。 아버지는 반대편에서 걸어왔다.
  友人がみかんを送って**きた**。 친구가 귤을 보내왔다.

「ていく」「てくる」를 사용할 때, 동작 등이 2단계로 되는 경우가 있다.

현재지점
↓ 買っていく
タバコを買う
↓
현재지점
↓↑ 買ってくる
タバコを買う

● 시간 추이와 사태의 전개

~いく　Vて＋いく

설명: 기준시에서 기준시 이후로의 추이.

예: これからも努力し続けて**いく**。
앞으로도 계속 노력해 나간다.

~くる　Vて＋くる

설명: 기준시 앞에서 기준시로의 추이.

예: 近年、中国からの留学生が増えて**きた**。
최근 중국으로부터의 유학생이 늘어났다.

ADVANCED (EJU etc.)

彼は唯我独尊で、人の意見を聞き入れないので友人が次々と**去っていく**。

去る＋いく：친구들이 그에게서 멀어져 가는 것을 나타낸다.

그는 유아독존으로 남의 의견을 듣지 않기 때문에 친구들이 줄줄이 떠나간다.

彼は援軍が**やってくる**まで孤軍奮闘し、まさに一騎当千の活躍をした。

やる＋くる：원군이 그에게 오는 것을 나타낸다.

그는 원군이 올 때까지 고군분투하며 그야말로 일기당천의 활약을 했다.

お互いに批判し、**議論していく**過程で正しい結論を得ることが多い。

議論する＋いく：「議論する前」라는 기준시로부터의 시간의 변화에 의한 추이를 나타낸다.

서로 비판하고 의논해 나가는 과정에서 올바른 결론을 얻는 경우가 많다.

人間社会においては、普通の生活を営むにも、様々な知恵が必要に**なってくる**。

なる＋くる：시간의 변화에 의한 추이를 나타낸다. 「なっていく」로도 환언 가능.

인간사회에 있어서는 보통 생활을 영위하는데도 다양한 지혜가 필요하게 된다.

---

2 ~おく

~おく　Vて＋おく

설명:
①미리 행동하다. (준비)
②지금의 상태인 채로 하다. (방치)　≒~たままにする
①도 ②도 무의지 동사와는 사용할 수 없는 것에 주의한다.

예:
①事前に資料に目を通して**おく**。　사전에 자료를 보아 둔다.
　来週までにこの小説を読んで**おきなさい**。　다음주까지 이 소설을 읽어 두세요.
②そこの窓は開けて**おいてください**。　거기 창문은 열어놓아 두세요.
　(≒窓は開けたままにしてください)　(≒창문은 연 채로 두세요.)

ADVANCED (EJU etc.)

財布やスマホなどの毎日使わなければならない物は、あらかじめ置き場所を**決めておく**と、出かける際にいちいち探さずに済む。

「出かける前」に「前もって置き場所を決める」 라는 준비의 뜻을 나타낸다.

지갑이나 스마트폰 등 매일 사용해야하는 물건은 미리 놓아두는 장소를 정해두면 외출할 때 하나하나 찾지 않아도 된다.

確かに時間には結構余裕があるけれども、転ばぬ先の杖と言われるように、予め準備は入念に**しておく**に越したことはない。

준비를 나타낸다

확실히 시간에는 상당히 여유가 있지만 유비무환이라고 하듯이 사전 준비는 꼼꼼히 해 두는 것이 좋다.

この部屋は別の団体がこの後使うので、電気は**点けておいてください**。

전기는 켠 채로 둔다

이 방은 다른 단체가 잠시 후에 사용하므로 전기는 켠 채로 두세요.

3 ～みる

～みる	Vて＋みる
설명	시험삼아 행하는 것을 나타낸다. 원칙적으로 히라가나로 쓴다.
예	ここのラーメンを食べて**みてください**。 이 곳의 라면을 먹어 보세요.

ADVANCED (EJU etc.)

今までテレビ番組にあまり関心がなかったが、改めて**見てみる**と、案外面白いかもしれないと、少し興味が湧いてきた。

見る＋みる≒시험삼아 보다

지금까지 TV 프로그램에 별로 관심이 없었지만 다시 보니 의외로 재미있을지도 모른다는 생각에 조금 흥미가 생겼다.

考えがまとまらなくても、まず思いつくことをノートに**書いてみる**のはどうでしょう。

書く＋みる≒시험삼아 쓰다

생각이 정리되지 않아도 우선 생각나는 것을 노트에 써보는 것은 어떨까요？

語学を身につけるときは、ただ知識をインプットするだけではなく、人と話すときにその語学を**使ってみたり**、文章を**書いてみたり**、実践の機会を積極的に設けることも重要になってくる。

使う＋みる　　書く＋みる

어학을 배울 때는 단순히 지식을 인풋하는 것만이 아니라 사람과 이야기 할 때 그 어학을 사용해 보거나 문장을 써보는 등 실천의 기회를 적극적으로 만드는 것도 중요해진다.

4 ～みせる

～みせる　Vて＋みせる

설명
① 타인에게 이해받기 위한 본보기로서의 동작.
② 실현을 위한 결의를 나타낸다. 호응：必ず.

예
① この実験をとりあえずやって**みせましょう**。
이 실험을 우선 해보이죠.
② 今度の試験、必ず合格して**みせる**。
이번 시험 반드시 합격해 보이겠다.

ADVANCED (EJU etc.)

試しにこの茶わん蒸しを、お鍋を使わずに**作ってみせましょう**。
　　　　　　　　　　　　　　　作る＋みせる：본보기로서의 동작을 나타낸다
시험삼아 이 계란찜을 냄비를 사용하지 않고 만들어 보이죠.

私は家族全員の期待を担っているので、大学受験は絶対に一発**合格してみせる**。
　　　　　　　　　　　　　　　合格する＋みせる：실현의 결의
나는 가족 모두의 기대를 짊어지고 있기 때문에 대학수험은 꼭 한 번에 합격해 보이겠다.

今はまだ貧しいですが、いつか夢を叶えて、家族みんなを幸せに**してみせます**。
　　　　　　　　　　　　　　　する＋みせる：실현의 결의
지금은 아직 가난합니다만 언젠가 꿈을 이뤄 가족 모두를 행복하게 해주겠습니다.

5 ～ほしい

～ほしい　Vて＋ほしい

설명
① 타인의 어떤 행동을 바라는 것을 나타낸다.
　대상（상대방 or 청자）에 조사「に」가 붙는다.
　（私は）人に～てほしい＝～てもらいたい
　(나는) 남이 ~ 해주길 바라다
② 바라는 대상이 사람이 아닌 경우.
　（私は）何が～てほしい
　(나는) 무엇이 ~ 하면 좋겠다.

예
① 長野の名物を買って**ほしい**。
나가노의 명물을 사주길 바란다.

先生に説明して**ほしい**。
선생님이 설명해주길 바란다.

② 世界がもっと平和になって**ほしい**。
세상이 더욱 평화로워졌으면 좋겠다.

> **ADVANCED(EJU etc.)**
>
> ひとつの考えだけにこだわらないで、もっと柔軟性を**持ってほしい**。
>
> 　　　　　　　　　　　持つ＋ほしい：말하는 상대방 또는 세상의 일반 사람들에 대한 소망
> 하나의 생각만 고집하지 말고 좀 더 유연성을 갖길 바란다.
>
> ---
>
> 電車の中での音漏れは耳に障るのでマナーを**守ってほしい**。
>
> 　　　　　　　　　　　守る＋ほしい：말하는 상대방 또는 세상의 일반 사람들에 대한 소망
> 전철 안에서 소리가 새어 나오는 것은 귀에 거슬리므로 매너를 지켜주기 바란다.
>
> ---
>
> 自発的な意欲を引き出すためにも、できるだけ多くのことに興味を**持ってほしい**のです。
>
> 　　　　持つ＋ほしい：말하는 상대방 또는 세상의 일반 사람들에 대한 소망
> 자발적인 의욕을 끌어내기 위해서라도 가능한 한 많은 것에 흥미를 가져주기 바랍니다.
>
> ---
>
> 私は司法制度がもう少し人々に幸せをもたらすものに**なってほしい**。
>
> 　　　　　　　　　　　なる＋ほしい：제도에 대한 소망
> 나는 사법제도가 좀 더 사람들에게 행복을 가져다주는 것이 되길 바란다.

6 ～ばかり（いる）

「ばかり」는 부조사로 정도나 한정, 완료 등의 뜻을 나타낸다 (「조사」▶244페이지).

> **～ばかり（いる）**　　**Vて＋ばかり（いる）**
>
> **설명** 어떤 사안이나 상태가 반복되고 있다. 해야할 것을 하지 않고 다른 것만 하고 있다.
> (비판적인 태도)
>
> **예**
> 授業中、携帯を見て**ばかりいる**と、成績が落ちるよ。　　수업중에 휴대폰만 보면 성적이 떨어져요.
> 小説を読んで**ばかりいない**で、宿題をやりましょう。　　소설만 읽고 있지 말고 숙제를 합시다.

> **ADVANCED(EJU etc.)**
>
> 上司は、隙あらば自分の自慢話を**してばかりいる**ので、部下からは少しめんどくさいと思われている。　자랑이 많은 것에 대한 비판
> 상사는 틈만 나면 자기 자랑만 늘어 놓기 때문에 부하는 조금 귀찮아 하고 있다.
>
> ---
>
> 弱音や愚痴を**吐いてばかりいる**と、せっかく訪れた幸運も見逃してしまう。
> 　　　　　약한 소리와 푸념이 많은 것에 대한 비판
> 약한 소리나 푸념만 하고 있으면 모처럼 찾아온 행운도 놓쳐버린다.

7 ～から

「～から」는 사항의 시간적 전후 관계를 나타내고 있다.

> **～から　Vて＋から**
>
> 설명: 하나의 사항 뒤에 다시 하나의 사항이 일어난다.
> 앞의 사항에 주목하고 있는 뉘앙스가 있다.
>
> 예: 本を読み終わって**から**、母に電話する。
> 책을 다 읽고 나서 어머니에게 전화한다.

> **ADVANCED(EJU etc.)**
>
> 会社が**引けてから**皆さんに会いに行きますね。
> 会社が引ける＝회사의 그 날 업무가 끝나는 것
> 회사가 끝나고 나서 모두에게 만나러 가겠습니다.
>
> 貧困家庭で育った子どもはそうでない子どもに比べて、大人に**なってから**の貧困のリスクが高い。
> 「～てからの〇〇」와 같이 명사를 수식하는 것도 가능.
> 빈곤가정에서 자란 아이들은 그렇지 않은 아이들에 비해 성인이 된 후에 빈곤의 위험이 높다.

(4) た형의 표현

1 ～後（で）

> **～後（で）　Vた＋後（で）**
>
> 설명: ～하고 나서
>
> 예: デザートを食べた**後で**、歯をしっかり磨かなければならない。
> 디저트를 먹고 난 후에 이를 제대로 닦아야 한다.

2 ～ばかりだ　～ところだ

> **～ばかりだ　Vた＋ばかりだ**
>
> 설명: 어떤 사건의 직후.
>
> 예: 赤ちゃんが昨日生まれた**ばかりです**。
> 아기가 어제 막 태어났습니다.

> **～ところだ　Vた＋ところだ**
>
> 설명: 어떤 사건의 직후.
> 사건의 직후에 새로운 동작・사건이 다음으로 이어지는 뉘앙스가 있다.
>
> 예: 今、会社に着いた**ところだ**。
> 지금 회사에 도착한 참이다.

MORE+ 「~ばかりだ」 와 「~ところだ」

「ところだ」는 형식 명사 「ところ」가 동사에 접속한 것이므로 공간적으로 동작이 이루어진 장소로부터 별로 떨어져 있지 않은≒시간적으로 「たった今」 동작이 완료되었다는 뉘앙스를 나타낸다.

그에 반해 「ばかり」는 사건이 종료되고 별로 시간이 지나지 않은 것에 초점이 맞춰지고 화자의 감각으로 구사되는 경우가 많다. 그래서 「昨日」「先週」 등 과거를 나타내는 부사와 함께 사용되는 경우도 있다.

또한 「ばかりだ」는 단순하게 사건의 직후인 것을 나타내는 데 반해 「ところだ」는 사건의 직후에 새로운 동작・사건이 다음으로 이어지는 것을 나타내는 뉘앙스가 있다.

ADVANCED(EJU etc.)

大学に入ったばかりの時期は、幅広い領域の知識を習得する必要がある。
대학에 막 들어간 시기에는 폭 넓은 영역의 지식을 습득할 필요가 있다.

さっき**帰ったばかり**の彼がなぜか、再び戻ってきた。
방금 막 돌아간 그가 왠지 다시 돌아왔다.

当時は**上京したばかりだった**ので、東京の地理が全く分からなかった。
당시는 막 상경했기 때문에 도쿄의 지리를 전혀 몰랐다.

今家を**出たところ**なので、あと十分ほどで到着すると思う。
지금 집을 나왔으므로 앞으로 10분 정도면 도착할 것으로 생각한다.

試験はたった今**始まったところ**なので、まだ間に合います。
시험은 지금 막 시작되었으므로 아직 시간에 맞출 수 있습니다.

3 ～ほうがいい

～ほうがいい　Vた ＋ ほうがいい

설명　선택의 여지가 있지만 어떤 행동이 바람직하다. 조언과 제안을 나타낸다.

예　タバコをやめた**ほうがいい**。
담배를 끊는게 좋다.

ADVANCED(EJU etc.)

管理しやすくするために、いろいろな制限を**加えた方がいい**。

「加えるべきだ」보다 부드러운 뉘앙스로 추천할 수 있다.

관리하기 쉽게 하기 위해 여러 가지 제한을 가하는 것이 좋다.

人間は「生かしてもらっている」存在ではない。いつまでたっても受け身のままではいけないから、もっと能動的（のうどうてき）に物事（ものごと）に**取り組んだ方がいい**。

특정의 누군가가 아닌 막연한 대상에게 행동을 추천할 때 많이 사용된다.

인간은「사육받는」존재가 아니다. 언제까지나 수동적인 채로는 안되니까 더 능동적으로 사안에 임하는 것이 좋다.

機能性を重視する標識（ひょうしき）では、なるべく奇抜（きばつ）なデザインを**避（さ）けた方がいい**。

「なるべく」「できれば」「可能な限り」등 주장을 누그러뜨리는 부사와 조합이 좋다.

기능성을 중시하는 표지판에서는 가급적 기발한 디자인을 피하는 것이 좋다.

4 ～ことがある / ことがない

～ことがある　Vた ＋ ことがある　　**～ことがない**　Vた ＋ ことがない

설명　경험에 대한 표현. 이야기를 할 때와 어느 정도 시기가 떨어져 있다.

예　パリに行った**ことがある**。　　파리에 간 적이 있다.
　　この本を読んだ**ことがない**。　　이 책을 읽은 적이 없다.

ADVANCED(EJU etc.)

夏になると、多くの人が熱中症（ねっちゅうしょう）で救急車で病院に連れていかれるシーンを、誰でもテレビで**見たことがある**でしょう。

여름이 되면 많은 사람이 열사병으로 구급차로 병원에 이송되는 장면을 누구나 TV에서 본 적이 있을 것입니다.

50年前に、この湖で怪奇（かいき）な現象が**起こったことがある**。

「起こる」＋ことがある ; 무의지 동사와 접속함으로써 물체와 사물을 주어로 만들 수도 있다.

50년 전에 이 호수에서 괴기한 현상이 일어난 적이 있다.

> 彼はかつて誰も**登ったことがない**、未踏峰(みとうほう)の山にチャレンジすることにした。
> 「～ことがない人」「(人が) ～したことがない物（人）」 라는 형태로 명사를 수식한다.
> 그는 일찍이 아무도 오른 적이 없는 미답봉의 산에 도전하기로 했다.

5 ～たり（～たり）

～たり～たり　Vた＋たり

설명
①예시・병렬을 나타낸다.
②반복과 대조를 나타낸다.

예
休み時間は本を読ん**だり**課題をし**たりして**過ごしている。 휴식시간은 책을 읽거나 과제를 하며 보내고 있다.
最近は景気も上がっ**たり**下がっ**たり**で商売が難しい。
최근에는 경기도 오르락 내리락 해서 장사가 어렵다.

POINT　た형에 대한 표현의 정리

た형에 대한 표현은 아래 표와 같지만 「上は」「かぎりでは」「かないかのうちに」「そばから」 등은 た형 이외에도 접속한다 (복문과 문형 표현 참조).

표현	뜻
あげく（に）	끝 (에)
あと（で）	후 (에)
うえは	~ 하는 이상
かぎりでは	~ 한에서는
かと思うと かと思えば	~ 한가 하면
かと思ったら	~ 한가 했더니
かないかのうちに	막 ~ 하는데
が最後	~ 가 마지막
きりだ	~ 한 후 그대로
ことがある	경우가 있다

표현	뜻
末（に）	끝 (에)
そばから	~ 해도 바로
ばかりだ	~ 뿐이다
ところだ	참이다
とたん（に）	~ 하자마자
たり～たりする	~ 하거나 ~ 하거나 하다
ほうがいい	~ 편이 좋다
までだ	~ 뿐이다
ものだ	하는 법이다
ものではない	하는 것은 아니다

(5) 부정형의 표현

1 ～なければならない　～なければいけない

～なければならない　V否＋なければならない

설명
의무, 필요, 책임을 나타낸다. 규칙과 관습에 근거해 「당연」 한 뉘앙스를 나타낸다.
객관적인 표현

예
準備し**なければならない**。
준비해야 한다.

～なければいけない　V否＋なければいけない

설명 의무, 필요, 책임을 나타낸다. 회화체로서 자주 사용된다.
화자의 주관적인 판단에 근거하는 경우가 많다.

예 今から行か**なければいけない**。
지금부터 가야 한다.

類　～(せ)ざるをえない　V否＋ざるをえない　する⇒せざるをえない

설명 소극적인 뜻의 필요를 나타낸다.
그 이외의 선택지가 없다.

예 調べるには、現地に行か**ざるをえない**。
조사하려면 현지에 가야 한다.

類　～べきだ　V辞＋べきだ　する⇒すべきだ

설명 충고와 조언의 뜻. 의무·당연·적당 등 많은 뜻이 있다.

예 あなたが責任を取る**べきだ**。
당신이 책임을 져야 한다.

ADVANCED(EJU etc.)

これらの問題をこのまま放置しておいたのでは、必ず問題として取り上げられてしまうだろう。その前に、対処法(たいしょほう)等を**考え出さなければならない**。

「考え出さなければならない」: 객관적인 이유 아래, 강한 의무, 필요성이 있음을 나타낸다.
이런 문제를 그대로 방치하다가는 반드시 문제로 거론되고 말 것이다. 그 전에 대처법 등을 생각해 내야 한다.

試験結果を知るためには、
学校へ**行かなければいけない**。

「行かなければならない」:「私が試験結果を見たい」
라는 개인적인 이유에 근거한 의무, 필요성을 나타낸다.
시험 결과를 알기 위해서는 학교에 가야 한다.

今日は日曜日だが、急な仕事が入ったので出社**せざるをえない**。
오늘은 일요일이지만 급한 일이 들어와서 출근할 수 밖에 없다.　　약간 소극적인 의미

過度(かど)な密集(みっしゅう)を避けるよう政府に呼(よ)び掛(か)けられたので、狭い空間に多くのファンが集まる予定だったイベントは、**中止せざるをえなくなった**。

「中止せざるをえない」:「中止しないことはできない」➡「中止せねばならない」
과도한 밀집을 피하도록 정부가 호소함에 따라 좁은 공간에 많은 팬이 모일 예정이었던 이벤트는 중지할 수 밖에 없었다.

金融業界は、一度限りの取引(とりひき)をする顧客をたくさん**集めるべきだ**。
금융업계는 일회성 거래를 하는 고객을 많이 모아야 한다.　　적당

2 ～なくて、～ないで　～ず、～ず（に）

～なくて　V否＋なくて

설명
회화체에서 자주 사용된다.
① 원인과 이유
② 병렬과 대비
✗ 상태

예
① 彼の体調がよくなら**なくて**心配だ。（원인・이유）
그의 컨디션이 좋아지지 않아 걱정이다.

② 兄は来**なくて**、弟も来なかった。（병렬・대비）
형은 오지 않고 남동생도 오지 않았다.

～ないで　V否＋ないで

설명
회화체에서 자주 사용된다.
✗ 원인과 이유
① 병렬과 대비
② 상태
③ 보조동사가 붙는 경우 (ください / ほしい / いる / おく / あげる / くれる …)

예
① 兄は来**ないで**、弟も来なかった。（병렬・대비）
형은 오지 않고 남동생도 오지 않았다.

② ドアを閉め**ないで**寝てしまった。（수단・상태）
문을 닫지 않고 자버렸다.

② 中華鍋を使わ**ないで**中華料理を作った。（상태）
중화 솥을 사용하지 않고 중화요리를 만들었다.

③ 言わ**ないで**ください。（보조동사）
말하지 말아 주세요.

～ず（に）　V否＋ず（に）　する➡せず（に）

설명
조금 딱딱한 표현, 정식적인 표현
① 원인과 이유
② 병렬과 대비
③ 상태

예
① 授業を聞いても理解でき**ず**、困っている。（원인・이유）
수업을 들어도 이해하지 못해 어려움을 겪고 있다.

② ご飯は食べ**ず**、水も飲まない。（병렬・대비）
밥은 먹지 않고 물도 마시지 않는다.

③ 財布を持た**ず**、買い物に行った。（상태）
지갑을 안 가지고 쇼핑을 갔다.

③ 朝ごはんを食べ**ずに**、学校に行った。（상태）
아침 밥을 먹지 않고 학교에 갔다.

ADVANCED(EJU etc.)

飼い犬が昨日から何も**食べなくて**、家族みんなで心配している。

食べる＋なくて : 원인과 이유를 나타낸다

반려견이 어제부터 아무것도 먹지 않아서 가족 모두가 걱정하고 있다.

日本は魚の種類も多く、鮎の塩焼き(しおやき)のように一匹をそのまま焼き、魚の形を**壊さないで**食べることが多い。

壊す＋ないで : 상태를 나타낸다

일본은 생선의 종류도 많고 은어 소금구이처럼 한 마리를 그대로 구워 생선의 형태를 망가트리지 않고 먹는 경우가 많다.

期末テストが迫ってきたのに、復習が**追いつかず**焦っている。

追いつく＋ず：「焦っている」의 원인・이유를 나타낸다

기말시험이 다가왔는데 복습이 따라가지 못해 초조하다.

先入観を**持たずに**、素直な目で相手を見ることは思いの外難しい。

持つ＋ずに : 상태를 나타낸다

선입견을 갖지 않고 솔직한 눈으로 상대방을 보는 것은 의외로 어렵다.

MORE+ 「～なくて」에서 파생된 관련 표현

표현	뜻・포인트	예
～なくてはいけない	～하지 않으면 일이 성립되지 않는, 필수다. 「なくてはならない」 쪽이 객관적인 강제력이 있다.	明日までにレポートを提出し**なくてはいけない**。 내일까지 리포트를 제출해야 한다.
～なくてはならない		日本に来たら日本の法律を守ら**なくてはならない**。 일본에 오면 일본 법률을 지켜야 한다.
～なくてもいい	～할 필요가 없다.	休日、学校に行か**なくてもいい**。 휴일에 학교에 가지 않아도 된다.
～なくてもかまわない	「なくてもいい」 와 거의 같지만 양보나 타협을 나타낸다.	この難しい問題を解け**なくてもかまわない**。 이 어려운 문제를 풀지 못해도 괜찮다.

(6) 의향형과 가정형의 표현

의향형과 가정형에 관한 표현은 아래와 같이 정리한다.

～(よ)うが/(よ)うと　　V意＋(よ)うが/(よ)うと

설명　~하더라도

예　たとえ反対され**ようが**将来の進路は自分で決める。
　　비록 반대하더라도 장래의 진로는 스스로 결정한다.

～（よ）うが～（よ）うが／（よ）うと～（よ）うと
V意＋（よ）うが／（よ）うと＋V意＋（よ）うが／（よ）うと

설명 ～해도～해도, ～하든～하든

예 雨が降ろ**うが**風が吹こ**うが**、あそこには行かなければならない。
비가 오든 바람이 불든 그곳에는 가야 한다.
反対され**ようが**見捨てられ**ようが**、私は自分の意見を貫く。
반대하든 버림받든 나는 내 의견을 관철하겠다.

～（よ）うが～まいが／（よ）うと～まいと
V意＋（よ）うが＋V辞（5단동사）（※）＋まいが ※V종 : 5단동사 이외

설명 ～하든～말든

예 昔の恋人が結婚し**ようと**し**まいと**私には関係がない。 옛 애인이 결혼하든 말든 나에게는 관계없다.
私が言お**うが**言う**まいが**、彼は気づいていただろう。 내가 말하든 안하든 그는 알고 있었을 것이다.

～（よ）うとも **V意＋（よ）うとも**

설명 ～더라도

예 人に反対され**ようとも**私は自分の夢を叶えたい。
남이 반대하더라도 나는 나의 꿈을 이루고 싶다.

～（よ）うにも～ない **V意＋（よ）うにも**

설명 ～하려고 해도～할 수 없다
뒷 건은 많은 경우 가능부정형이 온다.

예 旅行し**ようにも**金がないので、でき**ない**。 여행을 하려고 해도 돈이 없어서 할 수 없다.
説得し**ようにも**話を聞いてくれ**ない**。 설득하려고 해도 이야기를 들어 주지 않는다.

～（よ）うものなら **V意＋（よ）うものなら**

설명 만약～할 것 같으면
전항의 조건이 만족되면 극히 심각한 상태가 된다.

예 私の親友を傷つけ**ようものなら**、君とは縁をきる。
내 친구를 상처 입힌다면 너와는 연을 끊겠다.

～ばこそ **V仮＋ばこそ**

설명 ～이기에
이유와 원인을 강조한다.

예 愛があれ**ばこそ**厳しく叱るべきこともある。 사랑이 있기에 엄하게 꾸짖을 일도 있다.
好きであれ**ばこそ**、苦しくなることもある。 좋아하기 때문에 괴로울 수도 있다.

~ば~ほど	V仮+ば+V辞+ほど

설명 ~하면 할 수록~

예
子供は褒められれば褒められるほど成長する。　아이는 칭찬받으면 받을수록 성장한다.
見れば見るほど、好きになる。　보면 볼 수록 좋아하게 된다.

~ば~で	V仮+ば+V辞・た+で

설명 ~하면 ~ 하더라도 (~ 해도 결국)

예
時間があればあるで、暇を持て余してしまう。　시간이 있더라도 시간을 주체하지 못한다.
会社に入れば入ったで、組織の関係が面倒くさい。　회사에 들어가더라도 조직의 관계가 귀찮다.

실전문법항목

　ニューキャッスル大学のベイトソン博士たちの行なった実験は、眼の写真を壁に貼っておくだけで、実際に人間を正直者にすることができることを示した。この実験の行なわれたニューキャッスル大学では、コーヒーや紅茶を飲んだら自主的に「正直箱」という箱に指定された金額を寄付する制度になっていた。実験者がこっそり、コーヒーや紅茶の台の前に「眼の絵」が描いてあるポスターと「花の絵」のポスターを毎週貼り替えて、それぞれの週ごとに自主的に払ったお金の量を調査した。…(略)…

　この実験では、眼の写真が貼られていた週では、より多くの正直箱への寄付が行なわれているということがわかった。データからは、実に倍以上ものお金を正直に支払うようになったことが読み取れる。

　もちろん、眼の写真が貼られていたからといって、本当に誰かに見られているわけではないということは、わかっているはずである。それにもかかわらず、眼という視覚刺激を与えられることで、他人の眼というものを感じ取って、無意識のうちに行動に影響が出てしまうのである。

金井良太『脳に刻まれたモラルの起源－人はなぜ善を求めるのか』
独立行政法人日本学生支援機構『平成29年度日本留学試験（第2回）試験問題』凡人社

실전문법항목

　日本以外の東アジアの国々においては、血縁を基にする「家族」が、各人のアイデンティティのよりどころになっている。個人主義をベースにする欧米の近代文明を取り入れるときに、それがひとつの妨害要因としてはたらいているようである。これに比して日本は、血縁をそれほど重要視しないので、近代化をするときに、比較的早く行なうことができた。

　日本人はこのような考えによっているので、会社が一種の擬似家族的役割を果すようになってくる。日本人は「仕事好き」とか「はたらきすぎ」と言われる。そのような面も確かにあり、それについても考える必要があるが、就労時間が長いことの要因のひとつとして、会社内の家族的一体感の保持ということが大いに関係していることも認めねばならない。…（略）…

　ところが、このような状況も最近では変化してきた。リストラの波が押し寄せてくると、擬似家族はしょせん擬似でしかないので、容赦なく解雇がある。これよりも、もっと深刻なことは、定年退職である。退職してしまうと、会社内の人間関係が自分が感じとっていたのよりも、はるかに稀薄であることを思い知らされる。部長として在任していたときは、多くの人が自分を大切にしてくれていると思っていた。しかし退職してみると、それは自分という「人間」に対してよりは、部長という「地位」に対してのものであったことがわかってくる。…（略）…

　昔は、働きづめに働き、だんだんと枯れてきて、退職してしばらくするとお迎えが来て、皆に惜しまれて去る、というようなパターンができていたが、近代医学の進歩というのが、このような日本的な美的完成を阻むようになった。

河合隼雄『日本文化のゆくえ』
早稲田大学外国学生入試・2018年・文学部日本語試験問題の素材

CHAPTER 4 형용사・형용동사

PART2 문법

형용사와 형용동사는 사물의 성질・상황을 나타내는 단어다. 동사와 마찬가지로 활용형이 있고 용언에 속한다. 일본어 교육에 있어서는 함께 형용사 (イ형용사와 ナ형용사) 로 배우는 경우가 많다.

CHAPTER 4 형용사・형용동사

1 형용사・형용동사의 성질과 특징

<1> 형용사・형용동사란?

형용사・형용동사는 사물의 성질・상태를 나타내는 단어다. 평소의 일본어 교육에서는 형용사를 「**イ형용사**」, 형용동사를 「**ナ형용사**」라고도 부른다. 이 책에서는 형용사 사전형과 형용동사 어간의 접속기호를 각각 **A**와 **NA**라고 한다.

형용사（イ형용사）는 일본어 본래의 형용사인데 반해 형용동사（ナ형용사）는 한자어와 가타카나어를 기원으로 한 것이 많다.

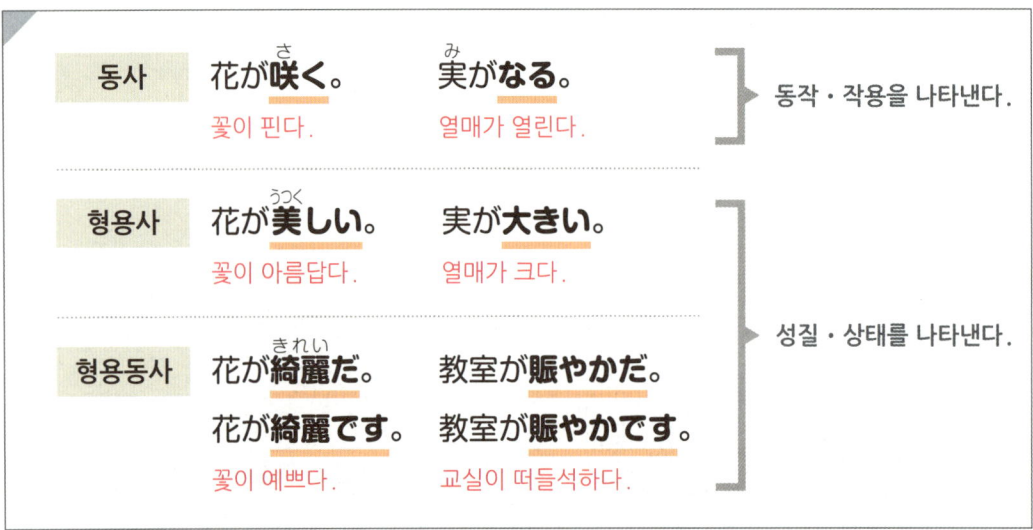

이렇듯이 형용사는 「美しい」「大きい」 등과 같이 말을 끝맺었을 때 모두 어미 「い」로 끝난다. 형용동사는 「綺麗だ」「綺麗です」「賑やかだ」「賑やかです」 등과 같이 모두 어미 「だ」 또는 「です」（정중한 표현）로 끝난다.

<2> 형용사・형용동사의 성질

(1) 형용사・형용동사는 모두 자립어이고 단독으로 술어가 될 수 있다.

형용사	高い、太い、細い、楽しい、多い…
형용동사	綺麗だ、真面目だ、簡単だ、正直だ、穏やかだ…

(2) 형용사·형용동사는 용언이며 둘 다 활용이 있다.

1 형용사의 활용

山は**高かろ**う。	とても**高かっ**た。	山が**高く**、登るのも難しい。
산은 높을 것이다.	매우 높았다.	산이 높아서 오르기도 어렵다.
山は**高い**。	**高い**山が見える。	**高けれ**ば、登りに行こう。
산은 높다.	높은 산이 보인다.	높으면 오르러 가자.

2 형용동사의 활용

水は**清らかだろ**う。	水は**清らかでしょ**う。	물은 맑을 것이다.
水は**清らかだっ**た。	水は**清らかでし**た。	물은 맑았다.
水は**清らかで**ある。	水は**清らかです**。	물은 맑다.
清らかに流れる。 맑게 흐른다.	水は**清らかだ**。	물은 맑다.
清らかな水だ。 맑은 물이다.	**清らかならば**飲もう。	맑으면 마시자.

<3> 형용사·형용동사의 기능

(1) 술어가 된다

형용사, 형용동사 모두 **단독으로 술어가 될** 수 있다.

男の子は**多く**、女の子は**少ない**。	남자는 많고 여자는 적다.
この本は**面白い**。	이 책은 재미있다.
庭に咲いた花がとても**きれいだ**。	정원에 핀 꽃이 아주 예쁘다.

(2) 주어가 된다

형용사와 형용동사는 단독으로 주어가 될 수 없다. **주어로 사용하려면 형용사와 형용동사를 연체형으로 만든 다음에 조사 「の」＋「が」「は」「も」등을 붙인다**.

> **赤いの**があそこにある。　　**静かなの**はいい。
>
> 형용사＋「の」＋「が」　　　형용동사 연체형＋「の」＋「は」
>
> 빨간 것이 저기에 있다.　　　조용한 것은 좋다.

(3) 수식어가 된다

형용사와 형용동사는 **단독 또는 다른 부속어와 함께 연체수식어 및 연용수식어가 될** 수 있다.

1 연체수식어가 된다

형용사와 형용동사가 **단독으로 연체수식어가 되는 경우 연체형을 사용한다**.

> **激しい**雨が降る。　　　　　**激しかった**雨が止んだ。
>
> 단독・연체형　　　　　　　　부속어「た」를 수반한다
>
> 세찬 비가 내린다.　　　　　　세찼던 비가 그쳤다.
>
> **新鮮な**野菜を買う。　　　　**新鮮だった**野菜が腐る。
>
> 단독・연체형　　　　　　　　부속어「た」를 수반한다
>
> 신선한 야채를 산다.　　　　　신선했던 야채가 상한다.

2 연용수식어가 된다

형용사와 형용동사는 **단독으로 연용수식어가 되는 경우 연용형을 사용한다**. 이 경우 형용사는 「～く」, 형용동사는 「～に」의 형태를 취한다.

> 雨が**激しく**降る。　비가 세차게 내린다.　　**きれいに**書く。　예쁘게 쓴다.

(4) 접속어가 된다

형용사와 형용동사는 **접속조사를 수반하여 접속어가 되는** 경우가 있다.

> もう**遅いので**、先に帰る。　　　　　　　　　이미 늦어서 먼저 돌아간다.
>
> 体調は**大丈夫だが**、やる気が全くない。　몸 상태는 괜찮지만 의욕이 전혀 없다.

2 속성형용(동)사와 감정형용(동)사

<1> 속성형용(동)사 : 성질 및 상태 등의 속성을 표현한다

高い　低い　長い　大きい　若い　豊富だ　鮮やかだ　静かだ

身長が**高い**。	宇宙は**広い**。	スピードが**速い**。
키가 크다.	우주는 넓다.	속도가 빠르다.

<2> 감정형용(동)사 : 사람의 감정 및 감각을 표현한다

怖い　悲しい　嬉しい　つらい　苦しい　痛い　眠い
好きだ　嫌いだ　心配だ　不安だ

故郷が**恋しい**。	頭が**痛い**。	胸が**苦しい**。
고향이 그립다.	머리가 아프다.	가슴이 답답하다.

COLUMN

제 3 자를 나타내는 경우

감정형용사는 일반적으로는 말하는 사람의 감정이나 감각을 표현하는 것이며 제 3 자의 감정이나 감각을 나타내는 경우「~がる」를 붙이거나 조동사「そうだ」를 붙이는 경우가 있다. 하지만「好きだ」「嫌いだ」「苦手だ」와 같은 감정형용(동)사의 경우 그대로 제 3 자에게도 사용할 수 있다.

彼はその模型を**ほしがっている**。	그는 그 모형을 갖고 싶어한다.
お母さんは**嬉しそうだ**。	어머니는 기쁜 것 같다.

彼女は、新しい財布が**ほしいと言っている**。　그녀는 새 지갑을 갖고 싶다고 한다.

あの人は唐辛子(とうがらし)が**苦手だ**。　저 사람은 고추를 잘 먹지 못한다.

ADVANCED(EJU etc.)

彼は**恥ずかしそうに**眼(め)を伏(ふ)せた。　그는 부끄러운 듯이 눈을 내리깔았다.

イベントが終わって帰ろうとしたとき、ふと見ると、イベントに参加していた人たちは少し**寂しそうな**表情(ひょうじょう)を浮(う)かべていた。
이벤트가 끝나고 돌아오려할 때 문득 보니 이벤트에 참가했던 사람들은 조금 허전한 듯한 표정을 지었다.

スクリーンの前には、ニュースを**面白がる**人たちが群(むら)がっていた。
스크린 앞에는 뉴스를 재미있어 하는 사람들이 몰려 있었다.

POINT	비교

	학생들이 춥다고 분명하게 말하는 경우
1	生徒たちが**寒いと言っていた**ので、暖房(だんぼう)の温度(おんど)を上げた。 학생들이 춥다고 말해서 난방 온도를 올렸다.
	학생들이 자신들의 생각을 구두나 태도로 나타내는 경우
2	生徒たちが**寒がっていた**ので、暖房の温度を上げた。 학생들이 추워하고 있어서 난방 온도를 올렸다.
	학생들이 아무 말 하지 않아도 모양새 등에서 학생들의 생각을 판단한 경우
3	生徒たちが**寒そうだった**ので、暖房の温度を上げた。 학생들이 추울 것 같아서 난방 온도를 올렸다.

3 형용사·형용동사의 활용

<1> 형용사의 활용

(1) 형용사의 활용형

　형용사의 활용형은 5가지가 있다. **사전형**(국문법에서는 **종지형**), **연용형**, **연체형**, **미연형**, **가정형**이 있다. **명령형**은 없다.

例 高い	어간	활용	조동사 등	
사전형	高	い		
연용형	高	く く かっ かっ	ない なる た たり	보조형용사 동사 조동사 접속조사
연체형	高	い	塔（명사）	
미연형	高	かろ	う	조동사
가정형	高	けれ	ば	조사
명령형	―	―		

1 사전형 은 국문법에서는 종지형이라고 불리며 **문장을 끝맺을 때의 형태이다**.

① 단독으로 문장의 종지

今年の冬は**寒い**。　　올해 겨울은 춥다.　　あの土地（とち）は**広い**。　　저 땅은 넓다.

② 사전형 +「そうだ」「らしい」(전문을 나타내는 조동사)

明日は**寒いそうだ**。　　내일은 춥다고 한다.

彼は走るのが**速いそうだ**。　　그는 달리기가 빠르다고 한다.

あの先生の授業は**厳しいらしい**。　　저 선생님 수업은 엄하다고 한다.

③ 사전형 +「と」「けれど（も）」「が」「し」「な」 등 조사

この店は**安いが**味（あじ）が悪い。　　이 가게는 싸지만 맛이 없다.

そこの景色（けしき）は**美しいと**聞いた。　　그 곳의 경치는 아름답다고 들었다.

2 연용형 은 **용언**, **조동사**「た」(과거를 나타낸다), **접속조사**「たり」(병립을 나타낸다) 등에 이어진다.

① ～く＋여러 가지 용언

短くまとめる。　　　　**素晴らしく**きれいだ。　　　　**著（いちじる）しく**少ない。
　용언（동사）　　　　　　용언（형용동사）　　　　　　용언（형용사）
　짧게 정리한다.　　　　　굉장히 예쁘다.　　　　　　　현저히 적다.

② ～く + 「ない」 (보조형용사)

美しくない	楽しくない	怖くない
아름답지 않다	즐겁지 않다	무섭지 않다

③ ～く + 「て」「ても」「は」「も」

インスタントラーメンは**安くて**美味しい。	**惜**{お}**しくも**試**{し}**合**{あい}に敗**{やぶ}**れた。
인스턴트 라면은 싸고 맛있다.	아쉽게도 시합에 졌다.

④ ～く : 중지법 (글을 일단 중지시키고 다시 계속하는 경우)

この本は**面白く**、とても読みやすい。	この生**{き}**地**{じ}**は**柔**{やわ}**らかく**、肌**{はだ}**触**{ざわ}**りが良い。
이 책은 재미있고 매우 읽기 쉽다.	이 천은 부드럽고 촉감이 좋다.

⑤ ～かっ + 「た」「たり」

窓**{まど}**際**{ぎわ}**は日が**まぶしかった**。	日によって**暑かったり、寒かったり**する。
창가에는 햇살이 눈부셨다.	날에 따라 더웠다가 추웠다가 한다.

3 연체형 은 각종 체언, 조동사 「ようだ」와 다양한 조사로 이어진다.

① ～い + 체언

長い一日だった。	体の調子が**悪いこと**に気づかなかった。
명사	형식 명사
긴 하루였다.	몸 상태가 나쁜 것을 눈치채지 못했다.

② ～い + 조동사 「ようだ」

彼女は**つらいようだ**。	あの二人は**親**{した}**しいようだ**。
그녀는 힘든 것 같다.	저 두사람은 친한 것 같다.

③ ～い + 조사

彼女は頭の回**{かい}**転**{てん}**が**速いので**、効**{こう}**率**{りつ}**よく仕事できる。
그녀는 머리 회전이 빨라서 효율적으로 일할 수 있다.

彼まだ**若いのに**、もう部長になっている。	그는 아직 젊은데 벌써 부장이 되었다.

4 **미연형** 은 **추측을 나타내는 조동사 「う」 에 연결되어 추측을 나타낸다.** 활용어미인 「い」 가 「かろ」 로 된다.

高い → **高かろう**	美しい → **美しかろう**	良い → **良かろう**
높다→높을 것이다	아름답다→아름다울 것이다	좋다→좋을 것이다

5 **가정형** 은 **조사 「ば」 에 연결되어 가정을 나타낸다.** 활용어미인 「い」 가 「けれ」 로 된다.

良い → **良ければ**	多い → **多ければ**	暖かい → **暖かければ**
좋다→좋으면	많다→많으면	따뜻하다→따뜻하면

POINT 형용사와 동사의 부정 「ない」 의 차이

동사의 경우 **조동사 「ない」** 가 **미연형[否]**의 뒤에 붙어 동사의 **부정형**을 만든다.
형용사의 경우 **보조형용사 「ない」** 가 **연용형**의 뒤에 붙어 형용사의 **부정**을 만든다.
똑같은 「ない」 로 보이지만 형용사 연용형에 붙는 것은 **보조형용사**다.

明日は仕事に**行かない**。 　내일은 일하러 가지 않는다.

동사 「行く」 (미연형[否]) ＋조동사 「ない」

その問題は**難しくない**。 　그 문제는 어렵지 않다.

형용사 「難しい」 (연용형) ＋보조형용사 「ない」

（2） 형용사의 음편
　형용사가 「**ございます**」 「**存ずる**」 등의 단어로 이어질 때 발음하기 쉽게 하기 위해 **ウ음편**의 형태를 취하는 경우가 있다.

① 말미가 「アい」, 「オい」 인 경우 「オう」 로 바꾼다.

- ●ありがたい ⟶ ありがとうございます
- ●はやい ⟶ おはようございます
- ●あぶない ⟶ あぶのうございます
- ●あおい ⟶ あおうございます

② 말미가 「シい」 인 경우 「しゅう」 로 바꾼다.

- ●美しい ⟶ 美しゅうございます

③ 말미가 「ウい」 인 경우 「ウう」 로 바꾼다.

- ●低(ひく)い ⟶ 低うございます

<2> 형용동사의 활용

(1) 「だ」 로 끝나는 형용동사의 활용형

「だ」 로 끝나는 형용동사의 활용형은 5가지가 있다. **사전형** (국문법에서는 **종지형**), **연용형**, **연체형**, **미연형**, **가정형**이다. **명령형**은 존재하지 않는다.

例 賑やかだ	어간	활용	조동사 등	
사전형	賑やか	だ		
연용형	賑やか	で に だっ	ない なる た たり	보조형용사 용언 (동사) 조동사 접속동사
연체형	賑やか	な	街 (명사)	
미연형	賑やか	だろ	う	조동사
가정형	賑やか	なら	(ば)	조사
명령형	―	―		

1 사전형 은 국문법에서는 종지형이라고 불리며 **문장을 끝맺을 때의 형태이다.**

①단독으로 문장의 종지

彼女は**きれいだ**。  この問題は**簡単だ**。 이 문제는 간단하다.

그녀는 예쁘다.

② 사전형 ＋「そうだ」 (전문을 나타내는 조동사)

> この問題集は**簡単だそうだ**。
> 이 문제집은 간단하다고 한다.
>
> 彼は**元気だそうだ**。
> 그는 건강하다고 한다.

③ 사전형 ＋「と」「けれど (も)」「が」「し」「な」 등 조사

> あの町は**賑やかだと**聞いた。
> 저 마을은 번화하다고 들었다.
>
> お金は**必要だが**、重要でない。
> 돈은 필요하지만 중요하지 않다.

2 사전형 은 용언, 조동사 「た」(과거를 나타낸다), 접속조사 「たり」(병립을 나타낸다) 등으로 이어진다.

① ～に＋여러 가지 용언

> **綺麗に**書く。　예쁘게 쓰다.
> 　　　용언 (동사)
>
> **僅かに**高い。　조금 비싸다.
> 　　　용언 (형용사)

② ～で＋「ない」「ある」(보조형용사・보조동사)

> 彼は**真面目である**。　그는 성실하다.
> 　　　　　보조동사
>
> 彼は**真面目でない**。　그는 성실하지 않다.
> 　　　　　보조형용사

③ ～だっ＋「た」「たり」

> 前の家は**快適だった**。
> 이전 집은 쾌적했다.
>
> **単純だったり複雑だったり**する。
> 단순하기도 하고 복잡하기도 하다.

④ ～で＋「は」「も」「さえ」

> **純粋では**ある。　순수하기는 하다.
>
> **純粋でも**ない。　순수하지도 않다.
>
> **純粋でさえ**あった。　순수하기까지 했다.

⑤ ～で : 중지법

> 知識は**豊富で**、腕もいい。　지식은 풍부하고 솜씨도 좋다.

③ **연체형** 은 말미의 「だ」가 「な」로 되고 각종 체언, 조동사 「ようだ」와 다양한 조사로 이어진다.

①～な＋체언

| きちょう けいけん
貴重な経験 귀중한 경험 | **大切な一日** 소중한 하루 |

②～な＋「ようだ」

| あの人は**不満なようだ**。
ふまん
저 사람은 불만인 듯 하다. | 彼はあの子のことが**好きなようだ**。
그는 저 아이를 좋아하는 것 같다. |

③～な＋「ので」「のに」「だけ」

| きけん   おうだん   きん
危険なので、横断するのを禁じる。
위험하니까 횡단하는 것을 금한다. | けんこう   きぶん は
体は**健康なのに**、気分が晴れない。
몸은 건강한데 기분이 상쾌하지 않다. |

④ **미연형** 은 말미의 「だ」가 「だろ」로 되고 추측을 나타내는 조동사 「う」로 이어진다.

| じゅんび
これだけ準備すれば**大丈夫だろう**。
이만큼 준비하면 괜찮을 것이다. | たいせつ
彼にとっては**大切だろう**。
그에게 있어서는 소중할 것이다. |

⑤ **가정형** 은 말미의 「だ」가 「なら」로 되고 조동사 「ば」로 이어지는 것이 일반적이다. 「ば」를 붙이지 않는 경우도 있다.

| なみ
波が**穏やかならば**、泳ぎに行こう。
파도가 잔잔하면 수영하러 가자. | ふあん   かくにん
不安なら、もう一度確認してみよう。
불안하면 다시 한 번 확인해 보자. |

(2) 정중한 표현을 나타내는 「です」로 끝나는 형용동사의 활용형

　정중한 표현을 나타내는 「です」로 끝나는 형용동사의 활용형은 4가지 있다. **사전형** (국문법에서는 **종지형**), **연용형**, **연체형**, **미연형**이다. **가정형**, **명령형**은 존재하지 않는다.
연용형은 말미의 「です」가 「でし」로 되고 조동사 「た」(과거를 나타낸다)로 이어진다.
연체형은 말미의 「です」가 「ので」「のに」에만 이어진다. 예 : 綺麗ですので。
미연형은 말미의 「です」가 「でしょ」로 되고 추측을 나타내는 조동사 「う」로 이어진다.

例賑やかです	어간	활용	조동사 등	
기본형	賑やか	です		
연용형	賑やか	でし	た	조동사
연체형	賑やか	です	ので、のに	
미연형	賑やか	でしょ	う	조동사
가정형	—	—		
명령형	—	—		

<3> 형용(동)사의 시제 (과거형과 비과거형)

동사 부분에서 다룬 시제는 형용사와 형용동사에도 적용된다. 시제는 **발화시(기준시)** 와 사건의 시간적인 전후관계를 나타내고 형식상 **과거형**과 **비과거형**으로 나누어진다.

형용사(イ형용사)의 시제   例長い   例よい(いい)※

	과거형		비과거형 (현재・미래)	
	보통형	정중형	보통형	정중형
긍정	Aい+かった 例長かった 例よかった	Aい+かったです 例長かったです 例よかったです	A 例長い 例よい 　いい	A+です 例長いです 例よいです 　いいです
부정	Aいく+なかった 例長くなかった 例よくなかった	Aいく+なかったです Aいく+ありませんでした 例長くなかったです 　長くありませんでした 例よくなかったです 　よくありませんでした	Aいく+ない 例長くない 例よくない	Aいく+ないです Aいく+ありません 例長くないです 　長くありません 例よくないです 　よくありません

※「いい」의 부정형과 과거형을 나타내는 경우에는 「いい」가 아닌 「よい」라는 특수한 형태를 사용한다.

형용동사(ナ형용사)의 시제   例**静かだ**

	과거형		비과거형 (현재・미래)	
	보통형	정중형	보통형	정중형
긍정	NA+だった NA+であった 例静かだった 　静かであった	NA+でした 例静かでした	NA+だ NA+である 例静かだ 　静かである	NA+です 例静かです
부정	NA+ではなかった 例静かではなかった	NA+ではありませんでした NA+ではなかったです 例静かではありませんでした 　静かではなかったです	NA+ではない 例静かではない	NA+ではありません NA+ではないです 例静かではありません 　静かではないです

<4> 형용(동)사의 전화

형용(동)사는 「さ」「み」「げ」 등을 붙임으로써 명사로 만들 수 있다. 또한 다른 형용사나 명사, 동사와 합쳐져 복합형용사, 복합명사, 복합동사를 구성할 수 있다.

(1) 형용(동)사+さ

형용(동)사의 어간에 「さ」를 붙임으로써 **추상적인 뜻을 갖는 명사**로 만들 수 있으며 **사안의 성질이나 상태의 정도**를 나타낸다.

山の**高さ**に驚いた。 산의 높이에 놀랐다.

生産性の**低さ**の原因は何でしょう。 생산성이 낮은 원인은 무엇일까요?

生活の**豊かさ**は家族形態と関連する。 생활의 풍요는 가족 형태와 관련된다.

ADVANCED(EJU etc.)

ピラミッドの**高さ**をどのようにして測っていたのでしょうか。
피라미드의 높이를 어떻게 측정했을까요?

生物界の**奥深さ**は、常に我々の常識を覆している。
생물계의 심오함은 항상 우리의 상식을 뒤엎는다.

最近、先進国では物質生活の**豊かさ**だけでなく、より高次元における目標の設定が必要になっている。
최근 선진국에서는 물질생활의 풍요뿐만 아니라 보다 고차원적인 목표 설정이 필요해지고 있다.

---

(2) 형용(동)사+み

형용(동)사의 어간에 「み」를 붙여서 똑같이 명사화할 수 있으며 **사안의 상태에서 얻은 감정, 형태, 색 등의 감각이나 인상**을 나타낸다. 그리고 **추상적이지만 장소**를 나타낼 수 있다.

面白みがある文章   재미가 있는 글   **新鮮み**のないアイディア 신선함이 없는 아이디어

高みを目指す   높은 곳을 지향한다.   問題が**明るみ**に出る   문제가 표면화 되다.

ADVANCED(EJU etc.)

極寒(ごっかん)の外に出ると、わずか数秒(すうびょう)で頬(ほお)に耐(た)えられない**痛(いた)み**を感じる。
극한의 밖에 나가면 불과 몇 초만에 빰에 견딜 수 없는 통증을 느낀다.

女房(にょうぼう)には**弱(よわ)み**を握(にぎ)られているので逆(さか)らえない。
아내에게는 약점이 잡혀서 거역할 수 없다.

POINT 「――さ」와「――み」의 차이

형용(동)사는「さ」「み」를 붙임으로써 명사로 만들 수 있다. 2 가지 형식은 차이가 있다.
「さ」를 붙여 전성된 명사는 <mark>측정할 수 있는 정도</mark>를 나타내는 것이 많다.
「み」를 붙여 전성된 명사는 <mark>그 상태에서 느끼는 감각이나 감정</mark>을 나타내는 것이 많다.

深**さ**：何メートルか測られる深度のことである
깊이 : 몇 미터인지 잴 수 있는 심도를 말한다.

深**み**：何かから深いと感じるところである
깊이 : 무언가로부터 깊다고 느끼는 부분이다.

強**さ**：力や能力の強弱のことである　　세기 : 힘이나 능력의 강약을 말한다.

強**み**：強いと感じるところである　　세기 : 강하다고 느끼는 부분이다.

---

(3) 형용(동)사 + げ(だ)

　형용(동)사의 어간에「げ(だ)」를 붙일 수 있다.「～げ」는「～そうな様子」와 마찬가지로 **외관으로 상태를 추측하는 뜻을 나타낸다**. 새로운 단어는 형용동사로 생각되며 활용형도 형용동사의 활용형을 사용한다.

映画を**楽しげ**に観る。

영화를 즐거운 듯이 본다.

怪しげに見える。
(あや)

수상쩍어 보이다.

故郷で事件が起きたらしく、彼女は**不安げ**な顔でニュースを見ていた。

형용동사「不安」＋「げ」：「不安そうな顔」라고 바꾸어 말할 수 있다

고향에서 사건이 일어난 것 같아서 그녀는 불안한 듯한 얼굴로 뉴스를 보고 있었다.

あまり顔には出さないが、今日の彼はどことなく**嬉しげ**だ。

형용사「嬉しい」＋「げ」：「嬉しそうだ」라고 바꾸어 말할 수 있다.

별로 얼굴에는 나타내지 않지만 오늘 그는 어딘지 모르게 기쁜 것 같다.

COLUMN

다른 접미어를 갖는 형용사

悲しさ : 객관적・보편적인 감정 정도를 나타낸다.

例 大切な人を失う**悲しさ**は、私たちには計り知れない。

소중한 사람을 잃는 슬픔은 우리로서는 헤아릴 수 없다.

悲しみ : 주관적・개인적인 감정을 나타낸다.

例 彼の深い**悲しみ**は、誰にも癒すことができないだろう。

그의 깊은 슬픈은 누구도 치유할 수 없을 것이다.

悲しげ : ～한 듯한 모습

例 公園では、男が**悲しげ**な顔でブランコに座っていた。

공원에서는 남자가 슬픈 듯한 얼굴로 그네에 앉아 있었다.

（4）복합형용사

둘 이상의 단어가 합체하여 만들어진 형용사를 **복합형용사**라고 한다.

- 書く＋やすい → 書きやすい　쓰기 쉽다
- 言う＋つらい → 言いづらい　말하기 어렵다
- 古い＋臭い → 古臭い　케케묵다
- 目＋新しい → 目新しい　새롭다

細長い木の板
(ほそなが)

가늘고 긴 나무 판자

書きやすいペン

쓰기 쉬운 펜

> **ADVANCED (EJU etc.)**
>
> 内装(ないそう)で寒色(かんしょく)が多く使われている部屋は、人に重苦(おもくる)しい印象(いんしょう)を与えがちだ。
> 인테리어로 차가운 색이 많이 사용된 방은 사람들에게 답답한 인상을 주기 쉽다.
>
> 重い ＋ 苦しい ➡ 重苦しい
> 형용사　형용사　복합 형용사
>
> 多くの冬着(ふゆぎ)は**格好悪い**と考えられがちだが、防寒性(ぼうかんせい)には優(すぐ)れている。
>
> 格好 ＋ 悪い ➡ 格好悪い
> 명사　형용사　복합 형용사
>
> 대부분의 겨울 옷은 볼품없다고 생각되기 쉽지만 방한성에는 뛰어나다.

<5> 보조형용사 「ない」「いい」「ほしい」

동사에는 다른 단어에 대해 보조적인 역할로 사용되는 보조동사 (▶70페이지) 가 있듯이 형용사에도 같은 역할을 갖는 **보조형용사**가 있다. 보조형용사는 「て＋**보조형용사**」 의 형태가 되는 경우가 많다.

（1） 「ない」

「ない」 는 **형용사로서 「存在しない」 라는 뜻**을 갖는다. 또한 조동사나 보조형용사로 사용할 수 있다. **보조형용사로 사용하는 경우 형용（동）사나 명사의 부정을 나타낸다.**

● 「ない」 의 다른 성질

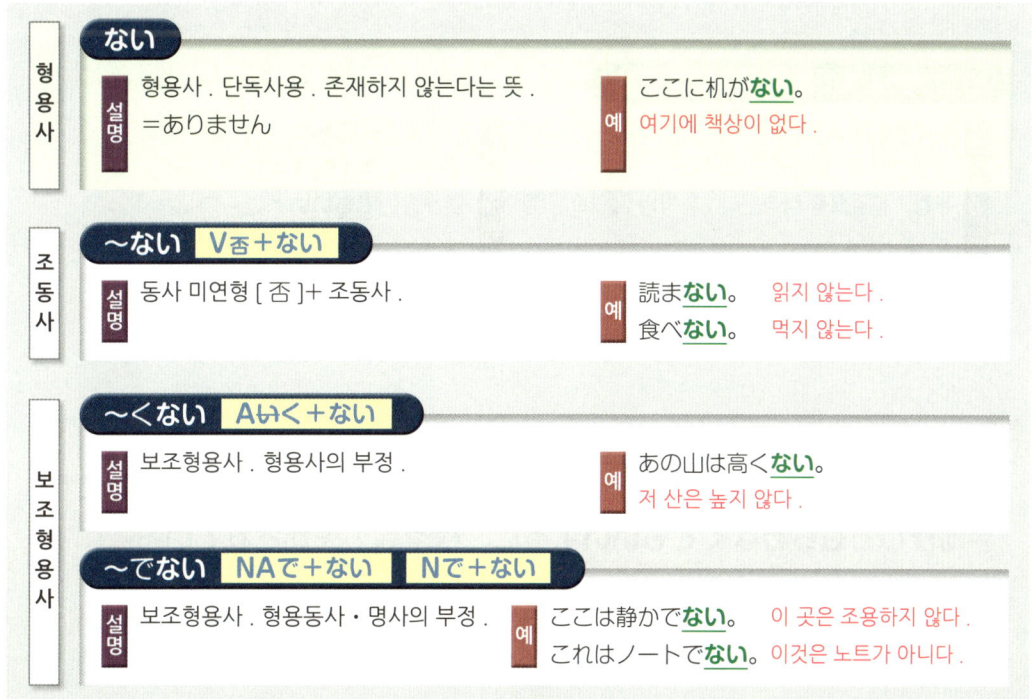

ADVANCED(EJU etc.)

第一志望の大学に合格することほど、喜ばしいことは**ない**。
제 1 지망 대학에 합격하는 것 만큼 기쁜 일은 없다. 　　　　　형용사

見た目が綺麗な料理が、必ずしも美味しいとは**限らない**。
보기 좋은 음식이 반드시 맛있다고는 할 수 없다. 　　　　　조동사

自分が**詳しくない**分野に関しては、気軽に意見を
　　　　　보조형용사
言うよりも、黙っている方が賢いと思われる。
자신이 잘 모르는 분야에 관해서는 가볍게 의견을 말하는 것보다 조용히 있는 편이 현명하다고 생각된다.

論文では**重要でない**部分は簡略に説明すればいい。
　　　　보조형용사
논문에서는 중요하지 않은 부분은 간략하게 설명하면 된다.

(2)「いい」

「いい」는 형용사 중에서 조금 특수해서 기본적으로 사전형 (종지형), 연체형으로만 사용된다. 그리고「よい」를 사용하여 활용형이나 각종 시제를 나타낸다. 더욱이 다양한 표현으로「よい」「よろしい」라고 치환할 수 있다.「いい」와「よい」는 의미에서 차이가 별로 없지만「よい」는 주로 문장체에 사용되는 경향이 있다.

～て(も)いい　Vて＋(も)いい

설명	예
보조형용사. 긍정 : 허가, 허용을 나타낸다. 부정 : 불필요를 나타낸다. 화자의 제의로 의향을 나타낸다.	食べて(も)いい。 먹어도 된다. 食べなくて(も)いい。 먹지 않아도 된다. 僕が書いてもいいよ。 내가 써도 된다.

ADVANCED(EJU etc.)

日本の空港では、たとえ日本語が分からない人でも、周りの人にあれこれ
手助けしてもらわなくてもいいように、様々な工夫がされている。
　　　　　　불필요를 나타낸다.
일본의 공항에서는 비록 일본어를 모르는 사람이라도 주위 사람에게 이것저것 도움을 받지 않아도 되도록 다양한 고안이 되어 있다.

宝くじを当てる確率は、ほぼゼロに等しいと思ってもいい。

복권에 당첨될 확률은 거의 0에 가깝다고 생각해도 된다. 허용・양보를 나타낸다.

私に構わないで、先に行っていいよ。

나에게 신경쓰지 말고 먼저 가도 되요. 허가・허용을 나타낸다.

（3）「ほしい」

		설명	예
형용사	ほしい	화자의 「ものを手に入れたい」 라는 소망을 나타내는 형용사. 「が」로 소망의 대상을 나타낸다 ➡ 「〜がほしい」。	新しい靴が**ほしい**。 새 신발을 갖고 싶다. 大学のオファーが**ほしい**。 대학 오퍼를 받고 싶다.
보조형용사	〜てほしい　Vて＋ほしい　동사（▶111페이지）	①타인의 어떤 행동을 원하는 것을 나타낸다. 상대방(청자)에 조사 「に」가 붙는다. （私は）人に〜てほしい ＝〜てもらいたい **Vて＋もらいたい** ②바라는 것이 사람이 아닌 경우. （私は）何が〜てほしい	長野の名物を買っ**てほしい**。 나가노의 명물을 사주기 바란다. 先生に説明し**てほしい**。 선생님이 설명해주기 바란다. 世界がもっと平和になっ**てほしい**。 세상이 더욱 평화로워졌으면 좋겠다.

ADVANCED (EJU etc.)

お客にとって**ほしい**と思えるような商品を作ることは、すべての職人の目標だろう。「お客（타인）」의 손에 넣고 싶어한다는 소망을 나타내는 형용사

고객의 입장에서 갖고 싶다고 생각할 만한 상품을 만드는 것은 모든 장인의 목표일 것이다.

電車の中での音漏れは耳に障るのでマナーを**守ってほしい**。
타인의 「守る」라는 행동에 대한 소망을 나타내는 보조 형용사

전철 안에서 소리가 새어 나오는 것은 귀에 거슬리므로 매너를 지켜주기 바란다.

自発的な意欲を引き出すためにも、できるだけ多くのことに興味を**持ってほしい**のです。 타인의 「興味を持つ」라는 행동에 대한 소망을 나타내는 보조 형용사

자발적인 의욕을 끌어내기 위해서라도 가능한 한 많은 것에 흥미를 가져주기 바랍니다.

<6> 특수한 형용동사 : 同じだ、こんなだ、そんなだ、あんなだ、どんなだ

(1) 「同じだ」

「同じだ」는 체언 등으로 이어지는 경우에는 어간 그대로를 사용한다. 단 「の」「ので」「のに」로 이어지는 경우는 「同じな」라는 연체형을 사용한다.

> 双子(ふたご)は**同じ顔**をしている。　　　쌍둥이는 똑같은 얼굴을 하고 있다.
>
> 年齢が**同じなのに**、振舞(ふるま)いは全然違う。　연령은 같은데 행동은 전혀 다르다.

ADVANCED (EJU etc.)

ベルトコンベア方式は、**同じ製品**を繰(く)り返し製造(せいぞう)するのに適(てき)している。
　　　　　　　　　　　　　　✗「同じな製品」
컨베이어벨트 방식은 같은 제품을 반복 제조하는 것에 적합하다.

尋(たず)ねた質問の回答が曖昧(あいまい)だった場合は、もう一度**同じ質問**をしてみましょう。
물어본 질문의 답변이 애매한 경우에는 다시 한번　　✗「同じな質問」
같은 질문을 해 봅시다.

(2) 「こんなだ」

「こんなだ」와 마찬가지로「そんなだ」「あんなだ」「どんなだ」라는 형용동사는 연체형이 없고 체언 등으로 이어지는 경우는「こんな」「そんな」「どんな」라는 어간 그대로를 사용한다.

> **こんな所**で何をしているのか。　　이런 곳에서 뭐하고 있어?

ADVANCED (EJU etc.)

そんな汚(きたな)い手段を使ってまで、勝利(しょうり)する価値はあるのか。
그렇게 더러운 수단을 사용해서까지 승리할 가치는 있는 것인가?

今日は、**どんな洋服**を組み合わせようか。　오늘은 어떤 옷을 조합할까?

あんなゲームに夢中(むちゅう)になるとは気が知れない。　저런 게임에 몰두하다니 속을 알 수가 없다.
「あんな○○」「そんな○○」에는 그대로의 가치를 부정하는 뉘앙스가 나오는 경우도 있기 때문에 사용할 때는 주의하자.

> **MORE +** 형용동사 또는 연체사
>
> 일부 연구에서는 「こんなだ」 등의 단어를 「こんな」 와 같은 연체사로 분류하고 있다. 단 그 경우 「こんなに」 등을 부사로 보는 것이 좋을지도 모른다.

<7> 명사＋「的」

「的」 을 붙임으로써 **명사를 형용동사로 바꿀 수 있다.** 그 경우 형용동사는 「〜という性質を持つ」 라는 뜻이 있다.

社会 → 社会**的**だ　　専門 → 専門**的**だ　　効率 → 効率**的**なやり方

ADVANCED(EJU etc.)

仕事が行き詰った時に、そこから**一時的**に「逃げ出す」のも悪くない。
一時 : 어느 약간의 시간. 一時的 : 약간의 사이만. 그 시간만.
일이 난관에 부딪쳤을 때에 거기서 일시적으로「도망치는」것도 나쁘지 않다.

ごく稀なケースを除いて、これは**一般的**に成立すると言えます。
一般 : 널리 인정되어 성립하는 일. 一般的 : 널리 인정되고 있고, 행해지고 있는 모습.
극히 드문 경우를 제외하고 이것은 일반적으로 성립한다고 말할 수 있습니다.

政府は**積極的**に市民と向き合い、対話を通して理解を深めることが大切だ。
積極的 : 사물에 대하여 긍정적으로 작용하는 모습.
정부는 적극적으로 시민과 마주하여 대화를 통해 이해를 증진하는 것이 중요하다.

<8> 형용동사 어간으로 명사가 된다

일부 형용동사의 어간은 명사가 된다.

当然のことだ。　　そんな**必要**はない。　　**不安**を感じる。
당연한 일이다.　　그럴 필요는 없다.　　불안을 느낀다.

ADVANCED(EJU etc.)

品質**不良**の製品が市場に流通してしまえば、企業の名誉を大きく損なうことになる。　품질불량 제품이 시장에 유통되어버리면 기업의 명예를 크게 훼손하게 된다.

法律は私たちの社会で、**共通**のルールとして機能している。
법률은 우리 사회에서 공통의 규칙으로 기능하고 있다.

<9> 형용사・형용동사의 표현

(1) ~かぎりだ

| ~かぎりだ | A+かぎりだ | NAな+かぎりだ |

뜻 : 매우 ~하다.

彼女ができたなんて、**羨ましいかぎりだ**。
여자친구가 생겼다니 너무나 부럽다.

楽しみにしていたイベントが、中止になり**残念なかぎりだ**。
기대하고 있던 이벤트가 중지되어 유감스러울 따름이다.

(2) ~しかた（が）ない / しようがない / たまらない / ならない

| ~しかた（が）ない / しようがない / たまらない / ならない |
| Vて+しかた（が）ない / しようがない |
| Aいくて+しかた（が）ない / しようがない / たまらない / ならない |
| NAで+しかた（が）ない / しようがない / たまらない / ならない |

뜻 : 매우 ~하다.

あの人が辞めるのは実に**残念でならない**。
저 사람이 그만 두는 것은 실로 대단히 유감스럽다.

一生懸命練習したのに試合に負けて、**悔しくてたまらない**。
열심히 연습했는데 시합에 져서 분해서 견딜 수 없다.

苦手な科目を勉強するのが**嫌でしかたがない**。
취약한 과목을 공부하는 것이 싫어서 견딜 수 없다.

彼女がどうして不機嫌なのか**不思議でしょうがない**。
그녀가 왜 기분이 안 좋은지 이상하기 짝이 없다.

(3) ~極まる / 極まりない

| ~極まる / 極まりない | A+こと+極まりない | NAな+こと+極まりない | NA+極まりない / 極まる |

뜻 : 말할 수 없이 심하다.

うれしいこと**極まりない**。
기쁘기 그지없다.

失礼なこと**極まりない**。
무례하기 짝이 없다.

ADVANCED (EJU etc.)

先生が話している最中(さいちゅう)に寝るなんて、
失礼なこと極まりない。

형용동사「失礼だ」의 연체형「失礼な」＋こと
＋極まりない : 매우 실례임을 나타낸다.
선생님이 말씀하고 계시는 도중에 자다니
무례하기 짝이 없다.

先日の失態(しったい)を思い出すと、**恥ずかしいこと極まりない。**

형용사「はずかしい」＋こと＋極まりない : 매우 부끄러운 것을 나타낸다.
지난 번의 실태를 생각하면 부끄럽기 짝이 없다.

彼が引退(いんたい)してしまったのは**残念極まる。**　그가 은퇴해버린 것은 지극히 유감이다.

형용동사「残念だ」의 어간＋極まる

COLUMN

형용동사의 여러 가지

❶ 형용사와 형용동사에서 어간이 같은 것

| 柔らかい — 형용사 | 細かい — 형용사 | 暖かい — 형용사 |
| 柔らかだ — 형용동사 | 細かだ — 형용동사 | 暖かだ — 형용동사 |

❷ 형용동사와「명사＋だ」의 구별

① 「だ」를 「な」로 바꾸어 뒤에 명사를 붙일 수 있다 ➡ **형용동사**

これは**本**だ　　：✗ **本な**カバー ➡ 명사
　　　　　　　　　〇 **本の**カバー

あの人は**綺麗**だ ：〇 **綺麗な**人 ➡ 형용사

② 앞에「とても」를 붙일 수 있다 ➡ **형용동사**

世界は**平和**だ　　：〇 世界は**とても平和**だ ➡ 형용동사
重要なのは**平和**だ：✗ 重要なのは**とても平和**だ ➡ 명사

❸ 외래어의 형용(동)사화

エモい　スマートだ
パーフェクトだ　シンプルだ

❹ 형용(동)사의 어간 끝맺음의 형태

寒っ！　痛っ！

실전문법항목

　東京を訪れる外国人に、私はいつもつぎのように説明せざるをえない。
「東京は世界の首都のなかでも異例な都市だ。何しろ百年前の住宅すら、もはや見つけ出すのが難しいのだから……」
　震災と戦災で東京の大半が二度も焼土と化し、しかも高度成長期の破壊と改造は、都市の風景を一変させた。西洋文明を貪欲に摂取してつくり上げられた明治期の独特の都市の相貌も、もはや絵や写真で見るしかない、といった異常な状態に我々は置かれている。過去の顔を失ったかに見える巨大都市東京……。
　それに対し、先日、私は初めてアメリカを訪ね、ニューヨークの町を見て驚いた。現代文明の最先端を行き、ある意味で東京の手本のような都市かと思っていたこのニューヨークの町並みが実は、基本的には一九世紀後半から今世紀前半にかけての古い建物で構成されているのである。しかも、その中に一九二〇年代、三〇年代の重厚な様式の摩天楼が何本も立ち上がってスカイラインを形づくり、都市に風格を与えている。特にアール・デコの様式で知られるエンパイアステート・ビルやクライスラー・ビルは、実にシックな建築であるのに加え、夜の照明効果も素晴らしく、今でもこの都市の象徴として君臨している。超モダンな現代の摩天楼は、むしろそれらに負けじとユニークなデザインを競いながら、またその中から立ち上がっているように見える。セントラルパーク周辺の華麗な建築様式を誇る高級マンション街、グリニッチ・ヴィレッジの趣きのある古い住宅街などを歩いていると、これがニューヨークなのかと疑いたくなるほどなのである。現代の様々な文明を続々と生み出すニューヨークが、一方でこのように古くてシックな町であることに、私は強烈な印象を受けた。

陣内秀信『東京の空間人類学』
早稲田大学外国学生入試・2020年・共通日本語試験問題の素材

CHAPTER 5

PART2 문법

부사·연체사

부사·연체사는 단독으로 수식어가 되며 문장의 의미를 자세하게 설명하는 단어이다.

CHAPTER 5 부사・연체사

◆ 부사

1 부사의 성질과 기능

부사는 문장 속에서 다른 문절을 수식하고 문장의 의미를 자세하게 설명하는 단어다. **부사는 활용이 없고 단독으로도 하나의 문절이 될 수 있는 자립어다. 주로 연용수식어로 사용된다.**

赤ちゃんは**ぐっすり眠(ねむ)っている**。
　　　　　　수식어　　피수식어
아기는 푹 자고 있다.

そのことは**すっかり忘れた**。
　　　　　수식어　　피수식어
그 일은 완전히 잊었다.

ADVANCED (EJU etc.)

よく嘘(うそ)をつく子どもは叱(しか)らずに、**どうして**嘘をつくのかを考えましょう。
자주 거짓말을 하는 아이는 혼내지 말고 왜 거짓말을 하는지를 생각합시다.

もっと脳(のう)の容積(ようせき)について**調べれば**、言語獲得(げんごかくとく)の時期が分かってくるだろう。
좀 더 뇌의 용적에 대해서 조사하면 언어 획득 시기를 알게 될 것이다.

2 부사의 종류

부사는 사안의 성질・상태에 대해 수식하는 **상태의 부사**, 정도를 나타내는 **정도의 부사** 그리고 일정한 제약을 요구하는 **호응의 부사**로 나눌 수 있다.

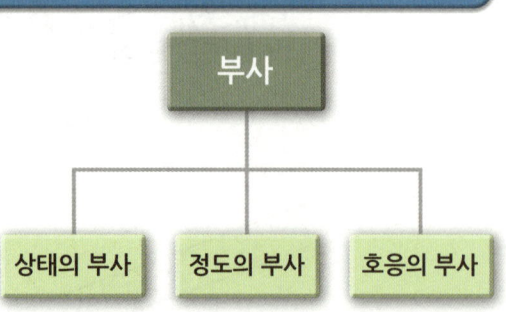

<1> 상태의 부사

상태의 부사는 주로 용언의 문절을 수식하고 동작, 작용의 상태를 자세하게 나타내며 <u>연용수식어가 된다</u>. 주로 4종류가 있다.

(1) 행위와 동작을 나타내는 부사

> **ADVANCED(EJU etc.)**
>
> その分野の研究をしたいなら、**じっくりと取り組む**べきだ。
>
> じっくり : 침착하게 천천히 사안을 행하는 모습을 나타내는 부사.
>
> 그 분야의 연구를 하고 싶다면 차분히 임해야 한다.

(2) 시간과 수를 나타내는 부사

> **ADVANCED(EJU etc.)**
>
> 無駄(むだ)な勉強というものはない。すべての知識は**いつか**役に**立つ**。
>
> いつか : 미정 시간을 나타내는 부사.
>
> 헛된 공부란 없다. 모든 지식은 언젠가 도움이 된다.
>
> ---
>
> 中国では８月上旬(じょうじゅん)を立秋(りっしゅう)と呼び、暦(こよみ)の上では秋の始まりとなるが、実際は**まだ**暑い日が**続く**ところもある。
>
> まだ : 상태와 행위가 계속되고 있음을 나타내는 부사.
>
> 중국에서는 8월 상순을 입추라고 부르고 달력상에서는 가을의 시작이 되지만 실제로는 아직 더운 날이 이어지는 곳도 있다.

(3) 의성어・의태어

사물의 소리나 목소리를 흉내내거나 사물의 상태나 모습 등을 감각적으로 음성화하여 표현한다. 어느 정도 정형화되어 있지만 상황에 따라서는 화자가 자유롭게 만들어 낼 수도 있다. 「する」를 수반하고 サ행변격활용의 복합동사로 사용하는 경우도 있다.

> **ADVANCED(EJU etc.)**
>
> その猫は道に迷(まよ)ったらしく、道路を**うろうろ**と彷徨(さまよ)っている。
>
> うろうろ : 무작정 여기저기 돌아다니는 모습을 나타내는 의태어.
>
> 그 고양이는 길을 잃은 듯 도로를 어슬렁어슬렁 방황하고 있다.

父は部屋が汚されたのを見て、
カンカンに怒っていた。

カンカン : 격하게 화내는 것을 나타내는 의태어.

아버지는 방이 더럽혀진 것을 보고 노발대발 화를 냈다.

日本の文章は、どちらかといえば、**だらだらしていて**単調に聞こえる。

だらだら : 한정없이 언제 끝날지 모르게 계속되는 모습을 나타내는 의태어.

일본의 글은 어느 쪽이냐 하면 너절하게 늘어져서 단조롭게 들린다.

(4) **지시의 부사** (화자로부터의 거리적 관계를 나타낸다. 공간적인 것만이 아니라 시간적인 것과 심리적인 것도 있다. 「こう」「そう」「ああ」등)

ADVANCED(EJU etc.)

こうなると茎の中の大きい葉が勝者となり、負けたものは日陰になって枯れてしまう。 이렇게 되면 줄기 속의 큰 잎이 승자가 되고 진 것은 그늘이 져서 시들어 버린다.

私の友達は**そう書いた**のだが、何を要求しているのか、こちらには見当がつかない。 내 친구는 그렇게 썼지만 무엇을 요구하는지 나는 짐작이 가지 않는다.

ああうるさくては、かなわない。 저렇게 시끄러워서는 견딜 수 없다.

<2> 정도의 부사

정도의 부사는 사물의 성질이나 상태 등의 정도를 나타내고 주로 용언의 문절을 수식하지만 체언과 다른 부사를 수식하는 경우가 있다.

この国際交流センターが建てられたのは**かなり昔**のことだ。

이 국제교류센터가 세워진 것은 상당히 오래전 일이다.　　체언을 수식한다

もっとしっかり勉強してください。　　더 열심히 공부해 주세요.

부사를 수식한다

彼女は年のわりには、**ずいぶん老けて見える**。 그녀는 나이에 비해 꽤 늙어 보인다.

용언을 수식한다

정도부사 중에는 수량을 나타내는 부사도 있고 정도를 나타내는 부사도 있다. 그리고 수량을 나타내는 부사 중에도 비교 대상이 필요한「もっと」와 같은 부사가 있는가 하면 범위가 필요해지는「最も」와 같은 부사도 있다. 따라서 사용했을 때는 주의할 필요가 있다.

(1) **비교** : 비교의 대상이 필요하다.

さらに
예 : 昼食後に眠たくなると、夕方にかけて**さらに**眠たくなっている。
점심 식사 후에 졸리면 저녁 때에 걸쳐 한층 더 졸리게 되어 있다.

もっと
예 : 地味な色をしているカレイは他の**もっと**目立つ色模様のカレイよりも、捕食に成功する確率が高くなる。
평범한 색의 가자미는 다른 더 눈에 띄는 색무늬의 가자미보다도 포식에 성공할 확률이 높아진다.

よほど
예 : 昨年の辛かった記憶を思えば、今年のほうが**よほど**楽だ。
작년의 힘들었던 기억을 생각하면 올해가 훨씬 편하다.

ずっと
예 : タイ料理より四川料理のほうが**ずっと**辛い。
태국 요리보다 사천 요리가 훨씬 맵다

(2) **범위** : 같은 종류 속의 한 쪽 끝에 있다.

最も
예 : 次の文章で筆者が**最も**言いたいことはどれですか。
다음 글에서 필자가 가장 말하고 싶은 것은 어느 것입니까?

一番
예 : どんな仕事でも、**一番**大切なのは、あきらめずにどんな状況でも全力を尽くせる心の強さです。
어떤 일이든지 제일 중요한 것은 포기하지 않고 어떤 상황에서도 전력을 다 할 수 있는 마음의 강인함입니다.

(3) **평균** : 범위나 비교하는 대상이 없고 일반적, 평균적인 정도와 비교한다.

ごく
예 : **ごく**当たり前のことだが、家計簿をつけても、記録を付けるだけでは節約にはならない。
아주 당연한 것이지만 가계부를 써도 기록을 하는 것만으로는 절약이 안 된다.

極めて

예 犯人の捜査はこの町の警察内部で秘密裏に、そして**極めて**慎重に行われた。
범인의 수사는 이 도시의 경찰 내부에서 비밀리에 그리고 극히 신중하게 이뤄졌다.

あまり

예 複雑な先進的な組織では、上司の役割が**あまり**大きくない。
복잡한 선진적인 조직에서는 상사의 역할이 그다지 크지 않다.

大して

예 最近話題の映画を途中から見ただけだが、別に**大して**面白いとは思わなかった。
최근 화제인 영화를 도중부터 봤을 뿐이지만 특별히 크게 재미있다고는 생각하지 않았다.

それほど

예 この商品は**それほど**複雑な仕組みではないが、人気のブランドなため値段が高い。
이 상품은 그다지 복잡한 구조는 아니지만 인기 브랜드여서 가격이 비싸다.

(4) 전체 : 어떤 그룹 안에서 보통의 정도를 넘는 상태를 나타낸다.

とても

예 毎年の年末は**とても**忙しく、猫の手も借りたいぐらいだ。
매년 연말은 매우 바빠서 고양이 손이라도 빌리고 싶을 정도다.

大変

예 文字によるコミュニケーションは、相手の時間の都合を気にする必要がない点が**大変**便利だ。
문자에 의한 커뮤니케이션은 상대방의 시간 사정을 신경 쓸 필요가 없는 점이 매우 편리하다.

非常に

예 湖の寿命がだいたい数千年から数万年だが、しかし、中には**非常に**寿命の長い湖もある。
호수의 수명이 대개 수천년에서 수만년이지만 그러나 개중에는 매우 수명이 긴 호수도 있다.

なかなか

예 人に説教するのは簡単だが、いざ自分がされるとなると、**なかなか**耳が痛いものだ。
남에게 설교하는 것은 간단하지만 막상 자신이 당하게 되면 꽤나 귀가 아픈 법이다.

> **ほとんど**
>
> 예 | 現代都市のなかでもっとも現代化された地域は、どの都市でもその風景は**ほとんど**変わらない。 현대도시 중에서 가장 현대화된 지역은 어느 도시든지 그 풍경은 거의 다르지 않다.

> **だいたい**
>
> 예 | 地球の裂け目、地溝帯に海水が溜まった場所である紅海は、**だいたい** 5600万年から3390万年くらい前に形成されたものだ。 지구의 갈라진 곳, 지구대에 바닷물이 고인 곳인 홍해는 대략 5,600만년에서 3,390만년 정도 전에 형성된 것이다.

<3> 호응의 부사

호응의 부사는 그것을 받는 문절을 항상 일정하게 하고 특별한 정해진 표현을 요구하는 것이다. **진술의 부사**라고도 한다.

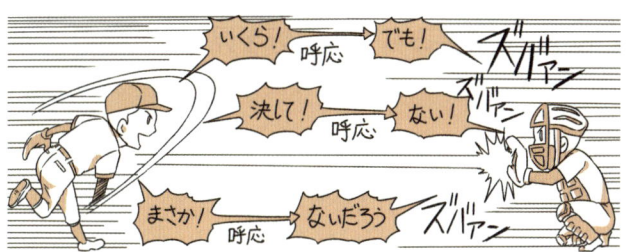

(1) 의문 또는 반어와의 호응

「なぜ」「どうして」「いかが」 등 뒤의 「か」와 함께 사용한다.

なぜ〜か　どうして〜か　いかが〜か

> **ADVANCED (EJU etc.)**
>
> **なぜ**言葉にそんな不思議な力があるの**か**。 왜 말에 그런 이상한 힘이 있는 것일까?
> 의문
>
> 彼女は**どうして**そう思うの**か**、僕にはさっぱりわからない。
> 　　　　　의문
> 그녀는 어째서 그렇게 생각하는지 나로써는 도무지 모르겠다.
>
> **いかが**お過ごしでしょう**か**。 어떻게 지내시는지요?
> 의문
>
> **どうして**僕が受験に失敗するなんてことがあるだろう**か**。
> 　반어　어찌 내가 수험에 실패할 수가 있겠는가?

(2) 추측과 호응

「たぶん」「恐らく」「さぞ」「きっと」 등이 있고 뒤에 「だろう」가 오는 경우가 많다. 확신도의 강도는 「恐らく」<「たぶん」<「きっと」<「さぞ」.

恐らく~だろう
たぶん~だろう
きっと~だろう
さぞ~だろう

ADVANCED (EJU etc.)

父は**恐らく**試合の日にその椅子にかけて微笑みながら自分を見守る**だろう**。
아버지는 아마 시합 날에 그 의자에 앉아 미소를 지으면서 나를 지켜볼 것이다.

口コミサイトで話題になっていたお店は、**たぶん**それ**だろう**。
입소문 사이트에서 화제가 됐던 가게는 아마 그 가게일 것이다.

母は**きっと**毎日私の健康に気遣っている**だろう**。
어머니는 틀림없이 매일 나의 건강을 염려하고 있을 것이다.

たった一人で外国で病気になって、**さぞ**心細かったこと**だろう**。
달랑 혼자서 외국에서 병이 나서 필시 불안했을것이다.

---

(3) 가정조건과 호응

「もし」「いくら」「かりに」와 같은 부사가 있다. 뒤에 가정의 「なら」와 역접의 「ても」 등의 표현이 오는 경우가 많다.

もし~なら
もし~ても
たとえ~ても
いくら~ても
かりに~なら
かりに~ても

> **ADVANCED (EJU etc.)**
>
> **もし**100億円手に入る**なら**、あなたはどんなことをしたいですか？
> もし〜なら（ても）: 순접, 역접의 가정표현.
>
> 만약 100억엔이 손에 들어온다면 당신은 어떤 것을 하고 싶습니까？
>
> 四本撚（よ）りのクライミングロープは、**たとえ**一本の糸（いと）が切れ**ても**、登山者（とざんしゃ）の安全を保障（ほしょう）できる。　　たとえ〜ても: 역접의 가정표현.
>
> 네 가닥으로 꼰 클라이밍 로프는 가령 한 가닥이 끊어져도 등산객의 안전을 보장할 수 있다.
>
> **いくら**隠（かく）してい**ても**、嘘は嘘だ。　　아무리 숨기고 있어도 거짓말은 거짓말이다.
> いくら〜ても: 역접의 가정표현. 가정뿐만 아니라 이미 일어난 일에 대해서도 사용할 수 있다.
>
> **かりに**失敗し**ても**、くじけるな。　　설령 실패하더라도 좌절하지 마라.
> かりに〜なら（ても）: 순접, 역접의 가정표현. 일어날 가능성이 낮은 가정에 사용된다.

(4) 부정과 호응

「決して」「少しも」「どうしても」「あまり」「なかなか」 등이 있다. 뒤에 **부정이나 금지** 표현이 오는 경우가 많다.

決して〜ない
少しも〜ない
どうしても〜ない
あまり〜ない
なかなか〜ない

> **ADVANCED (EJU etc.)**
>
> 私は**決して**同（おな）じ過（あやま）ちを繰り返すわけにはいか**ない**。　　나는 결코 같은 실수를 반복할 수 없다.
> 決して〜ない: 의지와 생각의 부정, 금지의 의미를 나타낸다.
>
> 同じマンションに住んでいても、隣の人と一度も話したことがないというのは、**少しも**珍（めずら）しく**ない**。
> 少しも〜ない: 양과 정도가 없는 것을 나타낸다.
> 같은 맨션에 살고 있어도 이웃 사람과 한 번도 이야기해 본 적이 없다는 것은 조금도 이상하지 않다.
>
> この人と会ったことはあるが、**どうしても**名前が思い出せ**ない**。
> 　　どうしても〜ない: 불가능・비실현을 나타낸다.
> 이 사람과 만난 적은 있지만 아무래도 이름이 생각나지 않는다.

부사・연체사

(5) 부정의 추측과 호응

「まさか」「よもや」와 같은 부사가 있다. 뒤에 「まい」「ないだろう」 등의 부정의 추측 표현이 오는 경우가 많다. 「よもや」는 「まさか」보다 더 고풍스러운 말이다.

まさか～まい・ないだろう
よもや～まい・ないだろう

ADVANCED (EJU etc.)

この難問(なんもん)を解(と)ける者は**まさか**いる**まい**。

이 어려운 문제를 풀 수 있는 사람은 설마 없을 것이다.

よもや全(まった)くの偶然(ぐうぜん)とは言え**まい**。

설마 완전한 우연이라고는 할 수 없다.

---

(6) 비유와 호응

「まるで」「ちょうど」「あたかも」 등이 있다. 뒤에 「みたいだ」「ようだ」 등의 표현이 오는 경우가 많다. 각각 용법에 거의 차이가 없고 무엇인가를 다른 것으로 비유해서 표현할 때 사용된다.

まるで～みたいだ・ようだ
ちょうど～みたいだ・ようだ
あたかも～みたいだ・ようだ

ADVANCED (EJU etc.)

その夫婦は二人とも、**まるで**子供の**ように**純粋なところがある。

그 부부는 둘 다 마치 어린아이처럼 순수한 면이 있다.

群青(ぐんじょう)というのは**ちょうど**秋晴(あきば)れの空の**ような**深い青のことだ。

군청이라는 것은 마치 맑은 가을 하늘과 같은 짙푸른 것을 말한다.

都心部(としんぶ)の夜は**あたかも**昼の**ように**明るい。

도심부의 밤은 마치 낮처럼 밝다.

（7）소망과 호응
「ぜひ」「どうか」 등이 있다. 뒤에 「～たい」「～てください」「～てもらいたい」 등의 표현이 오는 경우가 많다.

ぜひ～たい・てください・てもらいたい
どうか～たい・てください・てもらいたい

ADVANCED(EJU etc.)

皆さんも**ぜひ**、いつでも窓口までお気軽に声をかけてみて**ください**。
ぜひ : 강한 권유・희망을 나타낸다.
여러분도 꼭 언제든지 창구에 부담없이 말씀해 보시기 바랍니다.

どうか事情をお汲み取りいただき、前向きにご検討**ください**。
ぜひ : 강한 권유・희망을 나타낸다.
아무쪼록 사정을 감안하여 긍정적으로 검토해 주십시오.

◆ 연체사

1 연체사의 성질과 기능

연체사는 문장 속에서 다른 문절을 수식하고 문장의 의미를 자세하게 설명하는 단어다. 연체사는 활용이 없고 단독으로도 하나의 문절이 될 수 있는 자립어이다. **주로 연체수식어로 사용된다.**「ある」「この」「たいした」「いろんな」 등이 대표적인 연체사이다.

ADVANCED(EJU etc.)

それは**ある日**のことだった。
그것은 어느 날의 일이었다.

いわゆる天才とはまた違う。
이른바 천재와는 또 다르다.

お母さんは、**わが子**を見てにっこりと笑いました。
엄마는 자기 아이를 보고 빙긋이 웃었습니다.

彼女は**あらゆる人々**にその話をしたが、誰も彼女を理解しようとはしてくれなかった。
그녀는 모든 사람들에게 그 이야기를 했지만 누구도 그녀를 이해하려고 하지 않았다.

2 연체사의 종류

연체사는 특별히 종류가 있는 것은 아니지만 형태상 다음과 같이 분류할 수 있다.

<1> 「ーーる」

동사로부터 전성된 연체사, 어미의 「ーーる」가 특징.

> **ADVANCED(EJU etc.)**
>
> **ある**人物が、何かに熱中（ねっちゅう）しながら歩いたり走ったりしている。
> 어떤 인물이 무언가에 몰두하면서 걷거나 뛰거나 하고 있다.
>
> ここでは**あらゆる**望（のぞ）みがみな浄（きよ）められている。　여기서는 온갖 소망이 모두 정화되고 있다.
>
> 区民体育大会は**来（き）たる体育の日**に開（ひら）かれる。 구민체육대회는 다가오는 체육의 날에 열린다.
>
> このことは、**いかなる場合**の**いかなる意味**においても、かつ**いかなる人**にとっても決して名誉ではない。
> 이 일은 어떤 경우의 어떤 의미에서도 또한 어떤 사람에게도 결코 명예가 아니다.
>
> 40代未婚の彼女は、比較的にお金にも時間にも余裕（よゆう）があり、**いわゆる独身貴族**である。
> 40대 미혼인 그녀는 비교적 돈에도 시간에도 여유가 있고 이른바 독신귀족이다.

COLUMN

或（あ）る와 在（あ）る

> ① **或（あ）る**人物が、何かに熱中しながら歩いたり走ったりしている。
> 　　연체사　或る
> 　어떤 인물이 무언가에 몰두하면서 걷거나 뛰거나 하고 있다.

연체사인 「ある」(或る) 는 문장 속에서 체언의 문절 (여기서는 人物) 를 수식하는 기능을 하고 단독으로 연체수식어가 된다. 활용하는 경우는 없다.

> ② この町に**ある**小学校は、町の商工会の協力を得て、
> 　　　　　동사　在る　　　「総合的な学習の時間」に取り組んだ。
> 　이 마을에 있는 초등학교는 마을 상공회의 협력을 얻어 「종합적인 학습 시간」에 임했다.

동사인 「ある」(在る) 는 초등학교의 존재를 나타낸다. 그리고 「この町にあった小学校が廃校された」와 같이 동사인 「ある」는 활용할 수 있다.

<2> 「ーーな」

형용사와 형용동사로부터 전성된 연체사, 어미의 「ーーな」가 특징. 형용사의 활용과는 다르고 품사는 「연체사」이므로 주의가 필요하다. 통상 형용사의 연체형은 「ーーな」가 아니고 「ーーい」이다.

ADVANCED(EJU etc.)

手塚治虫の漫画は、日本の科学技術に非常に**大きな影響**を与えました。
데즈카 오사무의 만화는 일본의 과학기술에 매우 큰 영향을 주었습니다.

エイズは人間に対し多大な苦痛を与えるだけでなく、発展途上国において経済発展に対する**大きな障害**ともなっている。
에이즈는 인간에게 큰 고통을 줄 뿐만 아니라 개발도상국에 있어서 경제발전에 큰 장애도 되고 있다.

普段は気がつかないが、都市空間には**小さな音**があふれている。
평소에는 깨닫지 못하지만 도시공간에는 작은 소리들이 넘쳐나고 있다.

屋敷につくと、玄関の**小さな戸口**から中へ入った。
저택에 도착하자 현관의 작은 문을 통해 안으로 들어갔다.

小学校の高学年にかかる頃、**おかしなこと**を考えていたのを憶えている。
초등학교 고학년이 될 즈음 이상한 것을 생각하던 것을 기억하고 있다.

メモをとったり、線を引いたり、**いろんなこと**をしても忘れるものは忘れる。
메모를 하거나 선을 긋거나 여러 가지 것을 해도 잊을 것은 잊는다..

POINT　　大きな와 大きい

연체사인 「大きな」는 명사 앞에만 사용된다. 그리고 활용하는 경우도 없다. 그에 반해 형용사인 「大きい」는 활용할 수 있고 그리고 명사 이외에도 앞에 붙는다. 또한 활용과 접속 외에 「大きな」와 「大きい」의 뉘앙스도 다르다. 「大きな」는 추상적인 말과 함께, 「大きい」는 구상적인 말과 함께 사용하는 경향이 있다.

① 小学校から仲のいい二人の関係に**大きな**変化が起こっています。
　初등학교부터 사이가 좋은 두 사람의 관계에 큰 변화가 일어나고 있습니다.

② 今、市場の値動(ねうご)きは**大きい**変化が起こっています。
　지금 시장의 가격 변동은 큰 변화가 일어나고 있습니다.

　✕ 小学校から仲のいい二人の関係の変化が**大きな**。
　◯ 今起こっている市場の値動きの変化が**大きい**。

③ **大きな**影響を与える。
추상적
큰 영향을 준다.

④ **大きな**意味がある。
추상적
큰 의미가 있다.

⑤ **大きい**服の店を探す。
구상적
큰 옷을 파는 가게를 찾는다.

⑤ **大きい**文字で読めるアプリが便利だ。
구상적
큰 글씨로 읽을 수 있는 앱이 편리하다.

<3>「ーーの」「ーーが」

체언＋조사로부터 전성된 연체사, 어미에「ーーの」「ーーが」가 오는 것이 특징이다.「この」「その」「あの」「どの」「わが」등이 그 전형적인 예이다.

ADVANCED (EJU etc.)

技術が改善(かいぜん)した今では、**この**就業制限(しゅうぎょうせいげん)も時代遅(じだいおく)れのものとなっている。
기술이 개선된 지금은 이 취업 제한도 시대에 뒤떨어진 것이 되고 있다.

地球温暖化(ちきゅうおんだんか)の主因(しゅいん)とされるのが「二酸化炭素(にさんかたんそ)」で、**その**二酸化炭素は近年、年間55億トンも排出(はいしゅつ)されている。
지구온난화의 주된 원인으로 여겨지는 것이「이산화탄소」며 그 이산화탄소는 근년 연간 55억 톤이나 배출되고 있다.

彼女のおかげで、**あの**素敵(すてき)な**ひと**夏をもらった。
그녀 덕분에 저 멋진 한 여름을 맞이했다.

どの方法で宣伝するのが効果的かわからない。
어느 방법으로 선전하는 것이 효과적인지 모른다.

電波開放戦略の推進は**我が国**の経済をさらに成長させ、より豊かな国民生活を実現させるだろう。
전파 개방 전략의 추진은 우리나라 경제를 더욱 성장시키고 더욱 풍요로운 국민생활을 실현시킬 것이다.

<4> 「――た」「――だ」

어미인 「た」 또는 「だ」 가 특징.

ADVANCED(EJU etc.)

自分は**大した生活**を望んでいるのではない。 나는 대단한 생활을 바라는 것은 아니다.

話がつい**とんだところ**へ外れてしまいました。 대화가 결국 이상한 방향으로 벗어나 버렸다.

今でも**ふとした**ときに彼女を思い出す。 지금도 우연한 때에 그녀를 생각한다.

POINT 연체사의 정리

형태	예	예문
「――る」	ある	**ある**日のことだった。 어느 날의 일이었다.
	あらゆる	**あらゆる**可能性を考えよう。 모든 가능성을 생각하자.
	来たる	運動会は**来たる**金曜日に開かれる。 운동회는 오는 금요일에 열린다.
	いかなる	**いかなる**ことがあろうともおどろかない。 어떤 일이 있더라도 놀라지 않는다.
	いわゆる	彼は**いわゆる**天才だ。 그는 이른바 천재다.
「――な」	大きな	彼の作品が社会に**大きな**影響を与えた。 그의 작품이 사회에 큰 영향을 주었다.
	小さな	ホームの近くに、**小さな**公園がある。 홈 근처에 작은 공원이 있다.
	おかしな	**おかしな**格好をして笑わせる。 이상한 모습을 하고 웃긴다.
	いろんな	友達と朝まで**いろんな**ことをしゃべり通してしまった。 친구와 아침까지 여러가지 이야기로 날을 새웠다.

「ーーの」	この	**この**ことをもう少し考えよう。	이것을 조금 더 생각하자.
	その	**その**話はもうやめよう。	그 이야기는 이제 그만하자.
	あの	**あの**件はどうなったか。	그 건은 어떻게 되었어?
	どの	**どの**道を選べばいいのか。	어느 길을 선택하면 좋을까?
「ーーが」	我が	小さいながらも楽しい**我が**家。	작지만 즐거운 우리 집.
「ーーた」	大した	**大した**ことはない。	별 것 아니다.
	ふとした	**ふとした**縁で知り合った。	우연한 인연으로 알게 되었다.
	とんだ	**とんだ**失敗をしてしまった。	엉뚱한 실수를 하고 말았다.

실전문법항목

　日本で、最も深刻な生態系被害をもたらしている外来種にマングースがいます。マングースは、西アジアから東南アジアにかけて分布する雑食性の哺乳類で、日本では、沖縄島と奄美大島に定着しています。外来種としての歴史は意外と古く、1910（明治43）年に沖縄島に最初に導入されました。マングースが持ち込まれた理由は、島内のネズミと毒ヘビのハブを退治するためだったとされます。…（略）…

　ところが、その後の調査で、マングースが実はハブ退治の役には立っていないことがわかってきました。1980年代に入って、研究者たちがマングースの胃内容物や糞を分析した結果、ハブを食べている個体はほとんどおらず、代わりに沖縄ではオキナワキノボリトカゲやヤンバルクイナ、奄美ではアマミトゲネズミやアマミノクロウサギ、ケナガネズミなどの、島固有の希少種が犠牲となっていることが明らかとなったのです。

　実は、マングースは昼間しか行動しない昼行性の動物であり、そして、ハブは夜しか動かない夜行性の動物であり、もともとこの2種の動物が野外で出合うチャンスは極めて低かったのです。さらに、マングースは雑食性の動物であり、別にヘビを専門に食べる動物ではありません。ハブみたいに危険な動物を食物にしなくとも、もっと楽に食べられるものがあれば、当然、そちらから食べ始めます。そして、沖縄や奄美大島でマングースの食物としてその目にとまったのが、よちよちと地面を無防備に歩いているヤンバルクイナやアマミノクロウサギたちだったのです。

五箇公一『終わりなき侵略者との闘い 増え続ける外来生物』小学館クリエイティブ
独立行政法人日本学生支援機構『2019年度日本留学試験（第1回）試験問題』凡人社

CHAPTER 6 접속사·감동사

PART2 문법

앞 뒤의 문장을 접속하거나 그리고 감동이나 호소 등을 나타내거나 하는 접속사·감동사는 활용이 없는 자립어다. 존재감이 희미해 보이지만 실제 일상생활 속에서 높은 빈도로 사용되고 있다.

CHAPTER 6 접속사・감동사

◆ 접속사

1 접속사의 성질과 기능

<1> 접속사란？

　　접속사란 앞 뒤의 문절이나 문장을 잇는 단어를 말한다.「および」「しかし」「したがって」「あるいは」 등이 있다. <u>접속사는 활용이 없는 자립어로 단독으로 접속어가 된다. 주어・술어・수식어가 되지 않는다.</u>

韓国語 **あるいは** 日本語を 勉強したいと思う。
　문절　　접속사　　　문절　　　（문절과 문절을 잇는다）
한국어 혹은 일본어를 공부하고 싶다고 생각한다.

赤い鉛筆 **または** 赤いボールペンで 記入(きにゅう)してください。
　연문절　　접속사　　　연문절　　　　　（연문절과 연문절을 잇는다）
빨간 연필 또는 빨간 볼펜으로 기입해 주세요.

外が暗くなった。**そこで**、電気をつけた。　밖이 어두워 졌다. 그래서 불을 켰다.
　문장　　　　접속사　　　문장　　　（문장과 문장을 잇는다）

<2> 접속사와 접속어

　　접속어란 앞 뒤 문장이나 문절을 잇는 문절을 말한다. **접속사**는 단어로 단독으로 접속어가 되지만 체언이나 용언도 접속조사를 수반하여 접속어가 될 수 있다.

ドアの前に立った。**すると**、ひとりでに開いた。　　문 앞에 섰다. 그러자
　　문장　　　　　접속사　　　　문장　　　　　　저절로 열렸다.

飼(か)い主(ぬし)だから、犬のフンを始末(しまつ)しなければならない。
접속어 （명사「飼い主」+단정의 조동사「だ」+원인・이유를 나타내는 접속조사「から」）
주인이니까 강아지의 배설물을 처리해야 한다.

疲れたから、行きたくない。　　　피곤해서 가고 싶지 않다.
접속어 （동사「疲れる」연용형+조동사「た」+원인・이유를 나타내는 접속조사「から」）

164

汚いから、触らないでください。 　　더러우니까 만지지 마세요.

접속어 (형용사「汚い」+ 원인・이유를 나타내는 접속조사「から」)

簡単だから、やってみてください。 　　간단하니까 해 보세요.

접속어 (형용동사「簡単だ」+ 원인・이유를 나타내는 접속조사「から」)

2 접속사의 종류

<1> 순접 : 앞 일이 뒷 일의 합당한 원인・이유 등이 되고 있다.

それで
예 彼を探したのですが見つけられなくて、**それで**あなたに聞きに来たのです。
　　그를 찾았습니다만 찾을 수 없어서 그래서 당신에게 물으러 왔습니다.

だから
예 あなたは一人ではない。**だから**、いつでも誰かがあなたを助けてくれます。
　　당신은 혼자가 아니다. 그러니까 언제든지 누군가가 당신을 도와줍니다.

そこで
예 レポートの資料の集め方がわからなくて困った。**そこで**、先生に尋ねた。
　　리포트 자료 수집 방법을 몰라서 애먹었다. 그래서 선생님께 물었다.

すると
예 彼が指をならした。**すると**、部屋の電気がすべて消えた。
　　그가 손가락으로 딱딱 소리 냈다. 그러자 방의 불이 모두 꺼졌다.

ゆえに
예 我思う。**ゆえに**我あり。
　　나는 생각한다. 고로 나는 존재한다.

したがって
예 このかばんはブランド品だ。**したがって**値段が高い。
　　이 가방은 브랜드 제품이다. 따라서 가격이 비싸다.

それゆえ
예 この店は異国情緒あふれる街、神戸にある。**それゆえ**店の雰囲気がいい。
　　이 가게는 이국 정서 넘치는 도시 고베에 있다. 그래서 가게의 분위기가 좋다.

よって
예 諸君は今回のスピーチコンテストにて、優秀な成績を収め、**よって**、これを賞する。
　　제군은 이번 스피치 대회에서 우수한 성적을 거두어, 따라서 이를 시상한다.

<2> 역접 : 앞 일과 뒷 일이 반대로 되어 있다.

しかし

예 | 一生懸命努力した。**しかし**、二位だった。
열심히 노력했다. 그러나 2위였다.

だが

예 | 彼は必ず来ると言った。**だが**、それから会ったことは一度もない。
그는 반드시 온다고 말했다. 하지만 그후로 만난 적은 한 번도 없다.

けれども

예 | 風邪がひどかった。**けれども**、会社にいった。
감기가 심했다. 그래도 회사에 갔다.

でも

예 | あのときは、本当に頑張った。**でも**、負けてしまった。
그 때는 정말로 분발했다. 그렇지만 패했다.

ところが

예 | この映画は高く評価されていた。**ところが**、実際に観ると全く面白くなかった。
이 영화는 높게 평가를 받고 있었다. 하지만 실제로 보니 전혀 재미없었다.

だけど

예 | 話はよくわかった。**だけど**、承諾するわけにはいかない。
이야기는 잘 알았다. 하지만 승낙할 수는 없다.

なのに

예 | 彼は今日のパーティに参加すると言っていた。(それ)**なのに**、来なかった。
그는 오늘 파티에 참석한다고 말했었다. 그런데 오지 않았다.

<3> 추가 : 앞 일에 뒷 일의 사항을 덧붙인다.

それから

예 | 講演会の日、会場の準備や先生のお世話、**それから**講演会のあとの食事の用意をする係を取り決めた。
강연회 날, 장소 준비와 선생님 보좌 그리고 강연회 후의 식사 준비를 할 담당을 정했다.

なお

예 | 討論会に応募する方は土曜日までに要旨を送付してください。**なお**、図、表等は添付できません。
토론회에 응모하실 분은 토요일까지 요지를 송부해 주십시오. 그리고 그림, 표 등은 첨부할 수 없습니다.

しかも
예 今回の新製品は、従来の製品とは違う。**しかも**、競合製品にはない良さを持っている。
이번 신제품은 기존 제품과는 다르다. 게다가 경쟁 제품에는 없는 장점을 갖고 있다.

それに
예 川の中流にいる魚と下流にいる魚では、食べ物も違うし、**それに**、活動する時間も異なっている。
강의 중류에 있는 물고기와 하류에 있는 물고기는 먹이도 다르고 게다가 활동하는 시간도 다르다.

そして
예 携帯電話の普及により、もともと繋がりの強い家族はますます繋がりを強め、**そして**、繋がりの弱い家族はますます繋がりを弱めていくだろう。 휴대전화의 보급에 따라 원래 유대감이 강한 가족은 점점 유대감이 강해지고 그리고 유대감이 약한 가족은 점점 유대감이 약해질 것이다.

そのうえ
예 ケーブル編みのニットはかわいくて、**そのうえ**体形を隠してくれる。
꽈배기 니트는 예쁘고 게다가 체형을 감춰준다.

<4> 병립 : 앞 일과 뒷 일이 나란히 있다.

また
예 去年の夏は、沖縄にいった。**また**、冬には北海道にも遊びに行った。
작년 여름에는 오키나와에 갔다. 그리고 겨울에는 홋카이도에도 놀러 갔다.

ならびに
예 罪は、道徳的**ならびに**法律的範囲における冒険的行為である。
죄는 도덕적 및 법률적 범위에 있어 모험적인 행위다.

および
예 自然災害、事故**および**交通機関のストライキ等に伴う授業の措置について説明する。
자연재해, 사고 및 교통기관의 파업 등에 따른 수업의 조치에 대해 설명한다.

<5> 대비선택 : 앞 일과 뒷 일, 한 쪽을 선택한다.

あるいは
예 一年次は、中国語**あるいは**フランス語のどちらかを履修しなければならない。
1년차는 중국어 또는 프랑스어 중 하나를 이수해야 한다

それとも

예 | 何かを知ろうと思って勉強するのか、**それとも**自ら考えるために勉強するのか。
무언가를 알려고 공부하는가 아니면 스스로 생각하기 위해 공부하는가.

または

예 | 無断**または**無届けで学費を滞納した場合は、除籍処分となります。
무단 또는 무신고로 학비를 체납한 경우는 제적 처분됩니다.

もしくは

예 | 予防接種のご予約は、お電話、**もしくは**来院時に受付にて、お願いいたします。
예방접종 예약은 전화 또는 내원 시 접수처에서 부탁드립니다.

<6> **설명보충** : 앞 일에 대한 설명이나 보충을 나타낸다.

なぜなら

예 | もうあの人に会いたくない。**なぜなら**、彼の態度はあまりにもひどいからだ。
이제 그 사람과 만나고 싶지 않다. 왜냐하면 그의 태도는 너무 심하기 때문이다.

ただし

예 | 研究室のノートパソコンは自由に使用してください。**ただし**、研究室外への持ち出しは厳禁です。
연구실의 노트북은 자유롭게 사용해 주십시오. 다만 연구실 밖으로 가지고 나가는 것은 엄금입니다.

つまり

예 | 事件が起きた日、兄だけは家にいなかった。**つまり**、彼が犯人の可能性が最も高いということだ。
(최종적으로 결론에 도달하다)
사건이 일어난 날 형만은 집에 없었다. 즉 그가 범인일 가능성이 가장 높다는 것이다.
兄は学校を中退し、働かずに毎日家で寝ている。**つまり**、ニートということだ。
(같은 내용을 환언한다)
형은 학교를 중퇴하고 일하지 않고 매일 집에서 자고 있다. 즉 니트족이라는 것이다.

もっとも

예 | 講座にはみんな参加する。**もっとも**、行かない人も一人いるが。
강좌에는 모두 참가한다. 하기야 가지 않는 사람도 한 명 있지만.

すなわち

예 | 計算というと、足し算やかけ算などの数の計算、**すなわち**「数値計算」のことを思い浮かべる。
계산이라고 하면 덧셈이나 뺄셈 등 수의 계산 즉 '수치계산'을 떠올린다.

<7> **전환** : 화제를 바꾼다.

ところで
예) 調査の実施時間をもう一度考えてください。**ところで**、調査対象は何人ぐらいになる予定ですか。
조사 실시 시간을 다시 한 번 생각해 주십시오. 그런데 조사 대상은 몇 명 정도가 될 예정입니까?

では
예) 以上をもちまして、私の挨拶とさせていただきます。**では**、本題に入りましょう。
이상으로 저의 인사를 마치겠습니다. 그럼 본제로 들어갑시다.

ときに
예) **ときに**、例の件はどうなりましたか。
그런데 그 일은 어떻게 되었습니까?

さて
예) **さて**、ごはんの用意を始めよう。
자, 밥 준비를 시작하자.

POINT > 유사어의 비교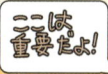

① 「それで」「そこで」

	そこで	それで
공통의 의미	앞의 상황이 이유, 원인이 되어 뒤의 상황이 생긴다. 「だから」 등과 달리 적극적으로 인과관계를 나타내는 의식은 없다.	
사용법	구체적인 장면을 전제로하여 그로부터 뒷 일의 행위가 생긴 것을 나타낸다. 객관적인 인과관계가 필요. 뒷 일의 행위를 강조.	반드시 구체적인 장면 설정이 필요한 것은 아니다. 단순히 앞 일이 뒷 일의 원인, 이유라는 것을 설명한다. 객관적인 인과관계가 불필요한 경우도 있다. 앞 일의 원인과 이유를 강조.
예문	教室にスピーチコンテストのポスターが貼ってあった。**そこで**私も応募した。 교실에 스피치 대회 포스터가 붙어 있었다. 그래서 나도 응모했다.	弟は格好良くて明るい。**それで**みんなに好かれている。 남동생은 잘생겼고 성격이 밝다. 그래서 모두가 좋아한다.

②「しかし」「だが」「ところが」

	しかし	だが	ところが
공통의 의미	앞 문장으로부터 당연히 생각할 수 있는 결과와는 다르다는 것을 나타낸다.		
사용법	앞 문장으로부터 생각할 수 있는 결과와는 다른 내용이 뒤에 온다.		뒷 문장은 앞 문장으로부터 추측되는 결과와는 큰 폭으로 다르고 **의외의 심정을 나타낸다**.
예문	彼女がすごく痩せている。**しかし**、大食い女王選手権で優勝した。 그녀가 많이 말랐다. 그러나 많이 먹기 여왕 선수권에서 우승했다.	今日は晴れの日だ。**だが**風が強い。 오늘은 맑은 날이다. 하지만 바람이 강하다.	授業が始まった。**ところが**教室に一人もいなかった。 수업이 시작되었다. 그런데 교실에 한 명도 없었다.

③「そして」「それから」

	そして	それから
공통의 의미	병렬・첨가를 나타낸다. 앞 문장의 사항에 이어 뒷 문장의 사항이 일어난다.	
사용법	연속성을 갖고 앞 문장과 뒷 문장이 한 묶음의 행위나 현상이라는 뉘앙스를 나타낸다.	앞 뒤 시간의 구분을 나타낸다. 앞 문장이 끝난 후에 뒷 문장이 행해진다.
예문	盆休みは実家に帰った。**そして**、昔の友達と会った。 오봉 휴가에는 친가에 갔다. 그리고 옛 친구를 만났다.	家に帰ると宿題をして、**それから**夕食を食べる。 집에 돌아가면 숙제를 하고 그리고 저녁을 먹는다.

④「あるいは」「または」「もしくは」

	あるいは	または	もしくは
공통의 의미	복수의 다른 것에서 하나를 선택한다.		

사용법	둘 중 하나를 선택하거나 양자 동시에 성립하는 경우에 사용한다. 어느쪽이라도 좋은 경우에는 사용할 수 없다.	둘 중 한 쪽을 버리고 한 쪽을 취하는 경우와 어느 쪽이라도 좋은 의미를 나타내는 경우에 사용한다.	여러 개 중 하나를 선택하는 경우에 한하여 사용한다.
예문	チームワークの結果を口頭発表、**あるいは**レポートの形で提出する。 팀워크 결과를 구두 발표, 혹은 리포트 형태로 제출한다.	結果が出た場合、電話**または**手紙で知らせる。 결과가 나온 경우 전화 또는 편지로 알려준다.	ジムの会員**もしくは**会員の家族に限り入場できる。 헬스클럽 회원 또는 회원 가족에 한해 입장할 수 있다.

◆ 감동사

1 감동사란?

　감동사란 **감동・호소・응답** 등을 나타내는 자립어이다. 감동사는 활용이 없는 자립어이고 화자의 감동을 나타내는 「ああ」「おお」 등을 비롯하여 호소를 나타내는 「おい」「もしもし」 등과 응답을 나타내는 「はい」「いいえ」 등이 있다.

ほら、この写真に写っている人、知っている。
이봐, 이 사진에 찍힌 사람 알아?

もしもし、木村先生でいらっしゃいますか。
여보세요, 기무라 선생님이십니까?

こんにちは。
안녕하세요.

2 감동사의 종류

감동 놀라움, 기쁨, 슬픔, 화남 등의 감정을 나타낸다.	あら	**あら**、大変だ。	어머, 큰 일이다.
	あらまあ	**あらまあ**、どうしたの。	아이고, 웬일이니?
	あっ	**あっ**、素敵なはな。	앗, 멋진 꽃.
	ああ	**ああ**、面白い。	아, 재밌다.
	はあ	**はあ**、なんということ。	하, 무슨 일이야?
	おやっ・おやおや	**おや**、おかしいなあ。	이런, 이상한데.
호소 행동을 촉구한다.	おい	**おい**、お茶。	여기, 차.
	こら	**こら**、待て。	이봐, 기다려.
	さあ	**さあ**、どうしよう	글쎄, 어떻게 하지?
	ねえ（ね）	**ねえ**、そのこと聞いた。	저기, 그 얘기 들었어?
	もしもし	**もしもし**、山田さんでいらっしゃいますか。 여보세요, 야마다 씨이십니까?	
응답	いいえ（ううん）	A: 食事はおすみですか。 B: **いいえ**、まだです。	A: 식사하셨나요? B: 아니요, 아직입니다.
	はい（うん）	A: 鈴木さんいますか。 B: **はい**、ここにいます。	A: 스즈키 씨 있습니까? B: 네, 여기 있습니다.
	ええ	**ええ**、そんなこともあるんだ。 에, 그런 일도 있구나.	
인사	おはよう	안녕하세요. (아침)	
	こんにちは	안녕하세요. (낮)	
	こんばんは	안녕하세요. (저녁)	
	さようなら	안녕히 계세요. / 안녕히 가세요.	
구호 사람을 부르는 소리	よいしょ	영차	

MORE➕ 감동사와 종조사

감동사는 자립어로 감동·호소·응답 등을 나타낼 수 있다. 종조사는 부속어로 자립어의 뒤에 붙어 의문·반어·금지·감동·권유 등 여러 가지 의미를 덧붙인다.

> <u>ね</u>、一緒に行こう <u>ね</u>。
> 감동사　　　　　　　종조사

문두의 감동사「ね」는 청자에게 호소하여 청자의 주의를 환기한다. 그에 반해 문말의「ね」는 종조사로 상대방에게 동의 또는 공감을 구한다.

実戦文法項目

　ラジオ番組の司会者が女性に、チャッキラコ（アクセント：チャッ/キラコ）という伝統的な踊りについてインタビューしています。女性はこの踊りを守っていくために、どのような工夫をしていますか。

司会：今日はチャッキラコという、伝統的な踊りの保存についてお伺いします。
女性：<u>はい</u>。チャッキラコというのは、このあたりで300年前から続いている郷土芸能です。が、実はこれ、いったんすたれかかったんです。
司会：そうなんですか。<u>でも</u>、今もしっかり受け継がれているそうですが、どんなことをなさってるんですか。
女性：<u>まず</u>、チャッキラコは子供たちが中心になって行うものですので、子供たちに「チャッキラコ」を知ってもらわなければなりません。<u>それで</u>、保存会のメンバーが学校に出向いて、分かりやすく説明するんです。<u>それから</u>、テレビの取材を積極的に受けるようにしています。
司会：と言いますと？
女性：テレビ局の取材の申し込みがよく来るんですが、そのとき、子供たちにテレビに出てもらうんです。それを子供たちはすごく喜ぶんですよ。
司会：なるほど、それが狙いというわけですね。

独立行政法人日本学生支援機構『平成29年度日本留学試験（第2回）試験問題』凡人社

CHAPTER 7 조동사

PART2 문법

　일본어 속에서 매우 많이 사용되고 외국인 학생이 그다지 의식하지 않는 것이 조동사다. 문법 학습에 있어서는 매우 중요한 조동사지만 외국인 학생을 위한 일본어교육 문법에서는 새로운 활용형이나 보통형을 도입함으로써 그다지 체계적으로 다루어지고 있지 않다. 조동사는 용언 또는 체언에 접속하여 의미를 부여하거나 화자의 감정이나 판단을 나타내거나 하는 역할이 있다. 또한 앞의 말에 접속하면서 자신이 활용형을 갖고 사용되는 장면에 따라 활용한다. 더욱이 조동사의 앞에 오는 말이 용언 (동사・형용사・형용동사) 인 경우, 용언에도 활용형이 있어 합하면 매우 번잡해지므로 그것에 익숙하지 않은 외국인 학생에게 있어 습득하기는 어렵다. 그렇다고 해도 조동사에는 긍정 (단정) 을 나타내는 「だ」「です」와 과거를 나타내는 「た」, 부정을 나타내는 「ない」「ぬ (ん)」, 그리고 보이스, 정중, 의지, 추측 등을 나타내는 다양한 것이 있고 그것을 자세하게 배움으로써 확실한 일본어의 토대를 만들 수 있다. 이 책에서는 조동사를 하나씩 들어 그 조동사를 포함한 구문과 관용표현을 해설한다. 우선은 그것의 관용표현을 외우는 것부터 시작하면 좋다. 예를 들면 과거 시제를 나타내는 조동사 「た」에 대해서 체언・용언의 과거형으로 정리하여 암기하는 것과 단정을 나타내는 조동사 「だ」「です」에 대해서 연어・관용표현을 착실히 파악해 두는 것 등이 있다. 그 후에 각각의 조동사의 접속이나 활용을 이해하자.

CHAPTER 7 조동사

1 조동사의 성질

　조동사는 체언・용언・그 외에 붙어서 **여러 가지 의미를 부여하는 역할을 하는 부속어의 단어다**. 조동사는 단독으로 문절을 만들 수 없고 체언・용언 등의 자립어에 붙음으로써 문절을 만들 수 있다. 그리고 하나의 자립어에 하나의 조동사가 붙는 것에 한하지 않고 여러 개가 겹쳐서 붙는 경우도 있다. 따라서 **조동사를 붙일 때에는 우선 용언의 활용형에 주의할 필요가 있고 여러 개의 조동사를 붙일 때에는 앞 조동사의 활용형에도 주의해야 한다**.

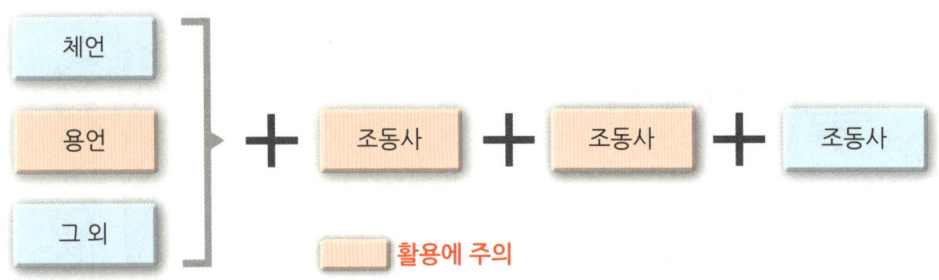

```
知る   +   ない   +   そうだ   =   知らないそうだ
동사        조동사       조동사

開く   +   た   +   らしい   =   開いたらしい
동사       조동사     조동사
```

2 조동사의 분류

조동사는 의미에 따라 분류할 수 있다.

▶단정・정중　　　　　▶과거・완료　　　　　▶보이스 (수동・사역 등)
　だ　です　ます　　　　た (だ)　　　　　　れる・られる　せる・させる

▶소망　　　　　　　　▶부정　　　　　　　　▶추측・의사 (부정まい)
　たい・たがる　　　　ない・ぬ (ん)　　　　う・よう　まい

▶전문・양태　　　　　▶추정・비교・예시　　▶추정・전문
　そうだ・そうです　　ようだ・みたいだ　　　らしい

의미	조동사
단정	だ・です
정중	です・ます
과거・완료	た（だ）
수동	れる・られる
가능	れる・られる
자발	れる・られる
존경	れる・られる
사역	せる・させる
소망	たい・たがる
부정	ない・ぬ（ん）
추측	う・よう・まい
의지	う・よう・まい
전문・양태	そうだ・そうです
추정・비교・예시	ようだ・ようです
추정・전문	らしい

3 단정・정중을 나타내는 조동사

「だ」「です」「ます」

<1> 「だ」「です」「ます」의 의미

「だ」는 **단정하는 의미**를 나타내는 조동사이고 **「です」** 는 「だ」보다 **정중한 단정**이다. 「だ」와 「です」의 활용과 접속이 조금 특수하고 복잡하므로 사용할 때에 주의하자. **「ます」** 는 **정중한 의미**를 나타내고 정중한 단정을 나타내는 조동사 「です」와 함께 경어인 정중어로 사용된다.

あれは富士山**だ**。	ここは東京大学**です**。	今から図書館へ行き**ます**。
단정	정중한 단정	「行く」의 정중형

<2> 접속과 활용

(1) 「だ」의 접속

「だ」는 **체언과 일부 조동사 등 활용이 없는 단어**에 접속할 경우와 **동사・형용사와 일부 조동사 등 활용이 있는 단어**에 접속할 경우에는 사용할 수 있는 활용형(다음 항목에서 설명한다)이 달라진다.

활용이 없는 단어에 「だ」가 접속하는 경우 모든 활용형을 사용할 수 있다. 반면에 활용이 있는 단어 (동사・형용사・조동사) 에 「だ」가 접속하는 경우 「だ」의 기본형은 사용할 수 없고 미연형 (だろ), 연용형 (で), 가정형 (なら) 만 사용할 수 있다.

앞 단어		「だ」의 형태 (앞 단어에 접속할 때의 활용형)
활용 유무	종류	
활용이 없는 단어	체언 (명사 등) 일부 조사 「の」 「から」 「だけ」 「ばかり」 「ほど」 등	「だ」의 모든 활용형 例 これが机だろう。 — 이게 책상일 것이다. こちらはパソコン教室である。 — 이 곳은 컴퓨터 교실이다. 今から自習するのだ。 — 지금부터 자습한다. 反撃は今からだ。 — 반격은 이제부터다. チャンスは今だけだ。 — 기회는 지금뿐이다. 返却されたばかりだ。 — 막 반환되었다. 涙が出るほどだ。 — 눈물이 나올 정도다.
활용이 있는 단어	동사 형용사 일부 조동사 「れる」 「られる」 「せる」 「させる」 「たい」 「たがる」 「ない」 「ぬ (ん)」 「た (だ)」 「ます」 사전형・기본형	だろう 미연형 であろう 연용형 なら 가정형 例 やっただろう。 — 했을 것이다. 泣くであろう。 — 울 것이다. 厳しいだろう。 — 엄할 것이다. やるなら早く。 — 할거면 빨리.

◆ 「う」: 조동사, 「あろう」 = 「ある」 + 「う」

MORE+ 「である」와「だろう」는 조동사？

「だ」의 접속과 활용은 매우 복잡해서 외우기 어렵다.「である」와「だろう」를 각각 하나의 조동사로 한다는 의견도 있을 정도로 문법의 규칙으로서는 정설이 없다. 그러므로 대부분의 경우에 접속이나 활용보다 조동사「だ」로 이루어지는 몇 가지 표현 (**のだ、なのだ、である、だろう、なら**) 을 이해하고 외우는 것이 중요 (▶189페이지).

(2)「だ」의 활용형

조동사「だ」는 명령형이 존재하지 않는다. 연체형은 조사「の」「ので」「のに」가 이어지는 경우만「な」라는 형태로 사용되고 **명사 등의 체언에 이어지는 경우는 없다.**

	활용형	뒤에 오는 조(동)사 등	주의	예
기본형	だ			こちらは図書館**だ**。 이 곳은 도서관이다.
연체형	(な)	の ので のに	「の」「ので」「のに」에 이어지는 경우만 사용	病気**だ**。 ➡病気**なので**、仕事を休んだ。 병이 났다. →병이 나서 일을 쉬었다. 学生**なのに**、遊んでいる。 학생인데 놀고 있다.
연용형	だっ	た	과거를 나타낸다	私はここの学生**だ**。 ➡私は昔ここの学生**だっ**た。 나는 이 곳의 학생이다. →나는 옛날 이 곳의 학생이었다.
	で	ある	동사·형용사·조동사의 경우「で+あろう」의 형태로만 사용된다.※1	彼が担任**だ**。 ➡彼が担任**である**。 그가 담임이다. →그가 담임이다.
				先生に聞かれる**であろう**。 선생님이 물어볼 것이다.
		ない	부정을 나타낸다. 「ない」는 보조형용사.	こちらは自習室**でない**。 이 곳은 자습실이 아니다.

※1 동사에「である」를 사용하는 경우 앞에 조사「の」가 필요. 원인 이유를 강하게 말하는 의미가 있다.
例：上司がそう断言した**の**である。

미연형	だろ	う		불확실한 단정을 나타낸다	学生が集まる**だろう** 학생이 모일 것이다. 嬉しい**だろう** 기쁠 것이다.
가정형	なら	(ば)		가정을 나타낸다	楽しい**なら** (ば) 笑いましょう。 즐거우면 웃읍시다. 行く**なら** (ば) 早く行きましょう。 갈거라면 빨리 갑시다.
명령형	―				

◆ 접속과 활용 예

명사	
これは**食べ物**だ。	이것은 음식이다.
これが彼の**写真**だ。	이것이 그의 사진이다.

조사 (일부)	
寒い**から**だ。	춥기 때문이다.
帰る**のだ**。	돌아간다.
残りは大教室**だけ**だ。	남은 것은 큰 교실뿐이다.

동사	
叫ぶ**だろ**う。	소리칠 것이다.
叫ぶ**であろ**う。	소리칠 것이다.
叫ぶ**なら** (ば)。	소리친다면.

형용사	
美味しい**だろ**う。	맛있을 것이다.
美味しい**であろ**う。	맛있을 것이다.
美味しい**なら** (ば)。	맛있다면.

조동사 (일부)	
見**られるだろ**う。	볼 수 있을 것이다.
見**られるなら** (ば)。	볼 수 있다면.
食べ**させるだろ**う。	먹일 것이다.
食べ**させるなら** (ば)。	먹인다면.

やり**たがるだろ**う。	하고 싶어할 것이다.
やり**たがるなら** (ば)。	하고 싶어한다면.
やり**たいだろ**う。	하고 싶을 것이다.
やり**たいなら** (ば)。	하고 싶다면.
やら**ないだろ**う。	하지 않을 것이다.
やら**ないなら** (ば)。	하지 않는다면.
帰ら**ぬ(ん)だろ**う。	돌아가지 않을 것이다.
帰ら**ぬ(ん)なら** (ば)。	돌아가지 않는다면.
帰っ**ただろ**う。	돌아갔을 것이다.
帰っ**たなら** (ば)。	돌아갔다면.
行き**ますなら** (ば)。	간다면.
食べ**ますなら** (ば)。	먹는다면.

×叫ぶだ
○叫ぶのだ
○叫ぶだろう
×美しいだ
○美しいのだ
○美しいだろう

> **POINT**   조동사 「だ」「です」와 형용동사 어미 「だ」「です」

형용동사 「だ」「です」는 사전형의 어미이고 조동사가 아니다. 형용동사 「だ」와 「です」가 없으면 그냥 어간 부분이 되므로 주의하자.

きれい**だ**	きれい**です**	教室**だ**	教室**です**
어미	어미	조동사	조동사

（3）「です」의 접속

<mark>활용형이 없는 단어에 「です」가 접속하는 경우</mark> 모든 활용형을 사용할 수 있다. 반면에 <mark>활용이 있는 단어 (동사・형용사・조동사) 에 「です」가 접속하는 경우</mark> 「です」의 미연형 「でしょ」만이 있다.

그러나 그것은 조동사 「です」에 관한 가장 전통적인 문법 규칙으로 일본어의 발전에 따라 **형용사라도 정중을 나타내는 경우 보통형 등에 「です」를 붙일 수 있게** 되어 있다.

앞 단어	
활용 유무	종류
활용이 없는 단어	체언 일부 조사 「の」 「から」 「だけ」 「ばかり」 「ほど」 등

＋

「です」의 형태 (앞 단어에 접속할 때의 활용형)
「です」의 모든 활용형
例
これが机**です**。　　　이것이 책상입니다.
今から自習する**のです**。　지금부터 자습합니다.
反撃は今**からです**。　　반격은 이제부터 입니다.
チャンスは今**だけです**。　기회는 지금뿐입니다.
返却された**ばかりです**。　막 반환되었습니다.
涙が出る**ほどです**。　　눈물이 나올 정도입니다.
先月の給料は**ゼロでした**。　전달 월급은 제로였습니다.
彼は**先生ではありません**。　그는 선생님이 아닙니다.

(4) 「です」의 활용형

「です」의 연체형은 **조사 「ので」「のに」에 이어지는 경우에만 사용된다.**

	활용형	조동사 등	주의	예
기본형	です			こちらは図書館**です**。 이 곳은 도서관입니다.
연체형	(です)	ので のに	뒤에 「ので」「のに」가 이어지는 경우만 사용	病気**です**ので、仕事を休んだ。 병이 나서 일을 쉬었다.

연용형	でし	た	체언과 일부 조사만 사용	私はここの学生**です**。 저는 이 곳의 학생입니다. 私は昔ここの学生**でした**。 저는 옛날 이 곳의 학생이었습니다.
미연형	でしょ	う	동사・형용사・일부 조사도 사용가능	泣く**でしょう**。 울 것입니다. 嬉しい**でしょう**。 기쁠 것입니다.
가정형	—			
명령형	—			

◆ 접속과 활용 예

명사	
これは**食べ物です**。	이것은 음식입니다.
あれは**飛行機でしょう**。	저것은 비행기겠지요.

조사 (일부)	
寒い**からです**。	춥기 때문입니다.
帰る**のです**。	돌아갑니다.
残りは大教室**だけです**。	남은 것은 큰 교실뿐입니다.

동사	
叫ぶ**でしょう**。	소리치겠죠.

형용사	
美味しいでしょう。	맛있겠죠.

조동사 (일부)	
見**られるでしょう**。	볼 수 있겠죠.
食べ**させるでしょう**。	먹이겠죠.
やり**たがるでしょう**。	하고싶어하겠죠.
やり**たいでしょう**。	하고싶겠죠.
やら**ないでしょう**。	하지 않겠죠.
帰ら**ぬ(ん)でしょう**。	돌아가지 않겠죠.
帰っ**たでしょう**。	돌아갔겠죠.

(5) 「ます」의 접속

「ます」에는 과거를 나타내는 「**ました**」, 부정을 나타내는 「**ません**」, 권유를 나타내는 「**ましょう**」라는 표현이 있고 동사의 표현에서 (▶94페이지) 다루어지고 있다. 또한 과거의 부정을 나타내는 경우 「ません」에 「でした」를 붙여 「**ませんでした**」의 연어표현을 사용한다. 이 ます형 표현은 가장 포멀한 동사의 정중형을 만든다.

例 飲む	보통형	정중형 (ます형)	정중형 (です형)
긍정・현재	飲む	**飲みます**	
긍정・과거	飲んだ	**飲みました**	
부정・현재	飲まない	**飲みません**	飲まない**です**
부정・과거	飲まなかった	**飲みませんでした**	飲まなかった**です**
		포멀한 인상	실제로 많이 사용된다.

MORE+ 「ます형」과「です형」의 정중형

동사는 ます형의 정중형 이외에「です」를 사용한 です형의 정중형도 일부 존재한다. ます형의 정중형은 포멀한 인상을 전하지만 정중을 나타내는「です」가 가장 끝에 옴으로써 정중하다고 느끼므로 현대 일본어에서는 です형도 자주 사용되고 있다.

앞 단어		
동사	연용형	Vます
일부 조동사	연용형	
「れる」「られる」「せる」「させる」「たがる」		

「ます」
「ます」와「ます」의 모든 활용형

(6) 「ます」의 활용형

	활용형	조동사 등	주의
기본형	ます		
연체형	ます		
연용형	まし	た	
미연형	ませ	ん	
	ましょ	う	
가정형	ますれ		사용하지 않는다. 가정을 나타내는 경우 ➡ ましたら
명령형	ませ		존경의 의미를 나타내는 동사에만 사용한다
	まし		

例 書く				
書き**ます**	씁니다.	書き**ません**	쓰지 않습니다.
書き**ましょう**	씁시다.	書か**れます**	쓰입니다.
書か**せます**	쓰게 합니다.	書き**たがります**	쓰고 싶어합니다.
お書き**くださいませ** 써 주십시오.		お書き**くださいまし** 써 주십시오.	

例 調査する	
調査**します**	조사합니다.
調査**されます**	조사받습니다.
調査**させます**	조사시킵니다.
調査し**たがります**	조사하고 싶어 합니다.

<3> 「だ」「です」「ます」가 만드는 보통과 정중 표현

(1) 앞이 체언 또는 일부 조사인 경우: 체언과 조사는 단독으로 문장을 구성할 수 없으므로 「だ」 「です」「ます」(다른 조동사와 조사, 보조동사와 합쳐져)에 의존하여 긍정·부정의 보통·정중 및 시제를 나타낸다.

大学 → 大学**ではありませんでした**
　　　　　　　　부정·정중·과거
대학→대학이 아니었습니다.

정중	1	긍정·현재	조동사「です」	です
	2	긍정·과거	조동사「です」의 연용형+조동사「た」	でした
	3	부정·현재	조동사「だ」의 연용형「で」+(조사「は」)+동사「ある」+조동사「ます」미연형+조동사「ん」	ではありません
	4	부정·과거	조동사「だ」의 연용형+(조사「は」)+동사「ある」+조동사「ます」미연형+조동사「ん」+조동사「です」+조동사「た」	ではありませんでした
	5	추측	조동사「です」미연형+조동사「う」	でしょう
보통	6	긍정·현재	조동사「だ」	だ
			조동사「だ」의 연용형+보조동사「ある」	である
	7	긍정·과거	조동사「だ」의 연용형「だっ」+조동사「た」	だった
			조동사「だ」의 연용형+보조동사「ある」+조동사「た」	であった
	8	부정·현재	조동사「だ」의 연용형+(조사「は」)+보조형용사「ない」	で(は)ない
	9	부정·과거	조동사「だ」의 연용형+(조사「は」)+보조형용사「ない」+조동사「た」	で(は)なかった
	10	추측	조동사「だ」의 미연형+조동사「う」	だろう

위의 분해를 무시하고 더욱 알기 쉽게 정리하면 다음 표와 같다. 표현의 앞에 오는 것은 **체언 또는 일부 조사**임에 주의한다.

체언・일부 조사＋

중요 그대로 외우자!!

긍정 / 부정 / 추정	보통형	정중형
긍정・현재	だ	です
	である	
긍정・과거	であった	でした
	だった	
부정・현재	で（は）ない	で（は）ありません
부정・과거	で（は）なかった	で（は）ありませんでした
		で（は）なかったです
추측	だろう	でしょう

아래는 명사 (예：教室) 가 앞에 오는 경우 「だ」「です」를 중심으로 한 연어가 만드는 보통형과 정중형의 정리다. 명사는 활용하지 않고 단독으로 시제가 있는 문절을 만들 수 없으므로 조동사 「だ」「です」 등이 그 활용형으로 시제를 표현한다.

例 명사＋

중요 그대로 외우자!!

例 教室 (명사)	보통형	정중형	
긍정・현재	教室だ。	教室です。	교실입니다.
	教室である。		
긍정・과거	教室であった。	教室でした。	교실이었습니다.
	教室だった。		
부정・현재	教室で（は）ない。	教室で（は）ありません。	교실이 아닙니다.
부정・과거	教室で（は）なかった。	教室で（は）ありませんでした。	교실이 아니었습니다.
		教室で（は）なかったです。	교실이 아니었습니다.
추측	教室だろう。	教室でしょう。	교실일 것입니다.

(2) 앞이 동사, 형용사, 형용동사, 일부 조동사인 경우 : 동사, 형용사, 형용동사, 일부 조동사는 활용형이 존재하므로 기본적으로 그것의 활용형에 「た」「ない」 를 붙여 과거와 부정 등을 표현한다.

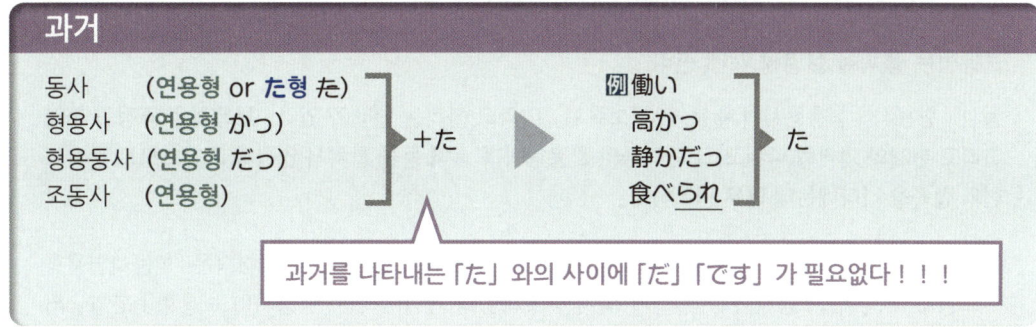

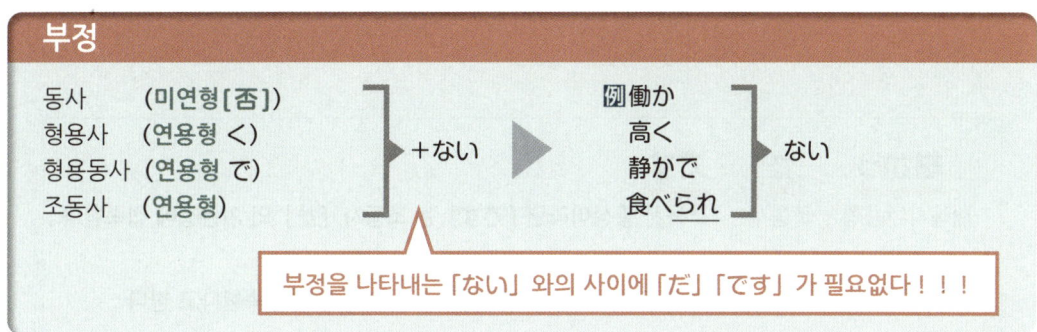

　용언의 **보통형**의 경우 그 뒤에 조동사 「**だ**」가 직접 접속하는 경우는 없다 (굳이 「だ」의 활용형으로 단정이나 긍정부정, 시제를 표현할 필요가 없기 때문이다). 반면에 **정중형**으로 만드는 경우는 정중을 나타내기 위해 동사와 형용사에 「**です**」「**ます**」를 붙일 필요가 있다.
　또한 형용동사 「だ」「です」는 이 책에서는 조동사가 아니라 활용어미의 일부이다.

◆동사, 형용사, 형용동사의 보통형·정중형 표현의 정리　　　중요 그대로 외우자!!

例 使う (동사)	보통형	정중형 (ます)	정중형 (です)
긍정·현재	使う	使います	
긍정·과거	使った	使いました	
부정·현재	使わない	使いません	使わないです
부정·과거	使わなかった	使いませんでした	使わなかったです

例 細い (형용사)	보통형	정중형 (ます)	정중형 (です)
긍정·현재	細い		細いです
긍정·과거	細かった		細かったです
부정·현재	細くない	細くありません	細くないです
부정·과거	細くなかった	細くありませんでした	細くなかったです

COLUMN

보통형은 접속을 설명할 때에 편리

동사・형용사・형용동사의 활용에는 **「보통형」** 이라고 불리는 형태가 있다. **보통형은 긍정과 부정 그리고 현재와 과거로 나뉘고 그 단어들의 활용형과 후속어 등을 합쳐서 인식하고 있으므로 문형표현의 접속을 나타내는데 매우 편리하다**.

예를 들어 (긍정・과거) 형용사가 「です」를 붙여 정중함을 표현하는 경우 접속은 「형용사연용형 + 조동사 『た』 + 조동사 『です』」가 되지만 보통형의 개념이라면 「형용사의 보통형＋です」라고 간단히 설명할 수 있다.

```
細かっ      た       です
형용사연용형  조동사    조동사   통상이라면 「です」는 조동사 「た」의 기본형에 접속한다.
     └──┬──┘
       보통형    보통형이 있을 때 「です」는 「細い」의 보통형에 접속한다고 한다.
```

例 静かだ (형용동사)	보통형	정중형 (ます)
긍정・현재	静かだ	静かです
긍정・과거	静かだった 静かであった	静かでした
부정・현재	静かで（は）ない	静かで（は）ありません
부정・과거	静かで（は）なかった	静かで（は）ありませんでした

◆형용동사의 「だ」「です」는 조동사가 아니라 활용어미의 일부이다.

MORE+ 동사・형용사・조동사 ＋ 「の」 ＋ 「だ」(「です」)

동사・형용사・조동사의 사전형・기본형은 직접 「だ」「です」에 이어지는 경우는 없고 조사 「の」를 붙여 「だ」「です」에 이어지는 경우가 있다. 그 경우 **강한 단정이나 강조 등 다른 의미를 나타내는** 경우가 된다. (▶189페이지).

<4> 「のだ」「なのだ」「だろう」「なら（ば）」 등의 연어 표현

조동사 「だ」의 항목에서는 복잡한 활용이나 접속이 있어서 외국인 학생에게는 이해하기 어려운 것이 많다. 대부분의 경우 그것들의 활용과 접속의 상세를 전부 파악하는 것 보다 하나 하나의 연어 표현으로서 외우는 것이 중요하다.

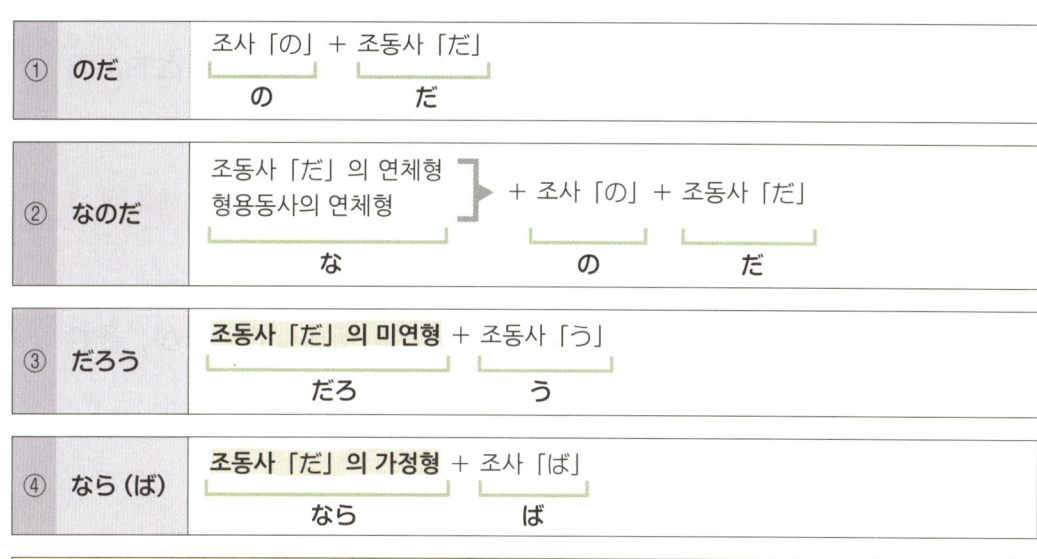

이와 같은 분해 방식보다 아래에서 설명하는 연어 표현으로 기억해 두자.

(1) 단정을 나타내는 표현
~のだ（なのだ）　~のです　~のである

のだ	= 조사「の」+ 조동사「だ」
のです	= 조사「の」+ 조동사「です」
のである	= 조사「の」+ 조동사「で」+ 보조동사「ある」

～のだ / のです / のである　　普(V・A)・NAな・Nな＋のだ/のです/のである

의미※2
① 강한 단정을 나타낸다.
② 선행하는 문장의 이유나 해석, 환언을 강조하여 설명한다.
③ 발견을 나타낸다. 주로 기존의 문맥과 관련된 새로운 정보를 발견했을 때의 감동을 나타낸다.
④ 화자의 결의나 말하는 상대방에 대한 요구, 명령을 나타낸다.
▶구어체에서는 「の」가 「ん」으로 되기 쉽다.

예
① すべての責任は私にある**のだ**。　　　모든 책임은 나에게 있는 것이다.
② 洗濯物が濡れている。雨が降っていた**んだ**。　세탁물이 젖어 있다. 비가 내렸었다.
　ミスを無視してきたから大事故につながった**のだ**。
　　　　　　　　　　　　　　　　　　실수를 무시해 왔기에 큰 사고로 이어졌다.
③ 私の携帯はあんなところにあった**んだ**。　내 휴대전화는 저런 곳에 있었다.
④ 今日はもう遅いから、(君は) そろそろ帰る**んだ**。 오늘은 이미 늦었으니까 (너는) 슬슬 돌아가.

※2 다른 의미도 있지만 이번 장에서는 다루지 않는다.

ADVANCED (EJU etc.)

農薬を嫌がる消費者のニーズが、むしろ農薬を増やした。何とも皮肉な結果になってしまった**のだ**。

첫 문장에 대한 글쓴이의 해석, 감상을 나타내고 있다.
농약을 싫어하는 소비자의 니즈가 오히려 농약을 늘렸다. 참으로 아이러니한 결과가 되고 만 것이다.

チャンスと言うものは、身のまわりにたくさん転がっているが、それに気付けるかどうかが問題**なのだ**。

강한 단정을 나타낸다.
기회라고 하는 것은 주변에 많이 널려 있지만 그것을 눈치채는지가 문제인 것이다.

「寝る子は育つ」という諺があるように、睡眠は子供の成長に大きな影響を与えるので、きわめて大切なこと**なのです**。

수면의 중요성에 대한 이유를 강조하여 단정하고 있다.
「자는 아이는 자란다」라는 속담이 있듯이 수면은 어린이의 성장에 큰 영향을 주므로 아주 중요한 것입니다.

食事は健康に大きく関わっている**のである**。

강한 단정을 나타낸다.
식사는 건강에 크게 관여하고 있다.

▶발전 다른 강한 단정, 확신을 나타내는 표현
はずだ　はずがない　わけだ　わけがない　に違いない　に相違ない　に決まっている

~はずだ　普(V・A)・NAな・Nの＋はずだ

의미
① **주관적인 추론**에 의한 결론을 말하므로 확신도가 그렇게 강하지 않고 강한 추측을 나타낸다.
② 확정된 예정을 나타낸다.
③ 현실과 인식이 일치하지 않는 것을 나타낸다.

예
① 今朝は雨が降っていたので、外は寒い**はずだ**。 오늘 아침에 비가 내렸으니 밖은 추울 것이다.
② 明日は朝九時に駅で待ち合わせだった**はずだ**。 내일은 아침 9시에 역에서 만날 약속이었을 것이다.
③ こんな問題も解けないなんて、君はもっと頭が良かった**はずだ**。
이런 문제도 풀지 못하다니, 너는 머리가 더 좋았을 것이다.

~はずがない　普(V・A)・NAな・Nの＋はずがない

의미
① 일이 일어날 가능성을 주관적인 추측을 갖고 강하게 부정하는 표현.
② 확정된 예정을 나타낸다.
③ 현실과 인식이 일치하지 않는 것을 나타낸다.
▶「ないはずだ」로 환언하는 것도 가능하지만 부정의 의미는 조금 약해진다.

예
① 昨日あれほど勉強したのだから、不合格になる**はずがない**。
⇄ 昨日あれほど勉強したのだから、不合格にはなら**ないはずだ**。
어제 그렇게 공부했으니 불합격할 리가 없다. ⇄ 어제 그렇게 공부했으니 불합격은 하지 않을 것이다.
② 彼女は会議には来る**はずがない**。
⇄ 彼女は会議には来**ないはずだ**。
그녀는 회의에는 올 리가 없다. ⇄ 그녀는 회의에는 오지 않을 것이다.
③ 今ここに彼がいる**はずがない**のに、なぜいるんだ。
지금 여기에 그가 있을리가 없는데 어째서 있는지.

~わけだ　普(V・A)・NAな・Nの＋わけだ

의미
① **객관적인 근거와 경험이나 지식**에 근거한 논리적으로 도출한 결과를 말한다. 확신도가 매우 강하다.
② 당연히 그렇게 되는 것을 설명할 때와 납득했을 때에 사용된다.

예
① 彼女はアメリカに五年ほど住んでいたので、英語ができる**わけである**。
그녀는 미국에 5년 정도 살았으니까 영어를 할 수 있을 것이다.
② 彼女の親はかなり厳しいらしい。どうりであれほど真面目に育つ**わけだ**。
그녀의 부모님은 꽤 엄한 것 같다. 그 때문에 저토록 착실하게 자라는 것이다.

~わけがない　普(V・A)・NAな・Nの＋わけがない

의미
그 일이 일어날 **가능성을 강하게 부정하는** 표현.
많은 경우「はずがない」라고 환언하는 것도 가능하지만「わけがない」는 딱히 근거없이 부정하는 경우에 사용한다.

예	たった 1 ヶ月で僕が試験の点数を 50 点もあげられる**わけがない**。
	단 1 개월만에 내가 시험 점수를 50 점이나 올릴 수 있을 리가 없다.

～に違いない　普(V・A)・NA・N＋に違いない

의미	확신도가 강한 추측을 나타낸다. 논리적인 근거가 희박한 **직감적인 확신**을 나타낼 수도 있다.
예	妻とは初めて会った日に、この人と結ばれる**に違いない**と確信した。
	아내와는 처음 만난 날에 이 사람과 맺어질 것이 틀림없다고 확신했다.

～に相違ない / に決まっている　普(V・A)・NA・N＋に相違ない/に決まっている

의미	「に違いない」와 의미는 거의 같지만 「に相違ない」는 더욱 **딱딱한 글**이다.
	「に決まっている」는 주로 **일상회화**에서 주로 사용된다.
예	その手紙は、学生時代の恩師が書いたものに**相違なかった**。
	그 편지는 학생 시절의 은사님이 쓴 것임에 틀림없었다.
	あの花瓶は息子が倒した**に決まっている**わ。　저 꽃병은 아들이 넘어뜨린게 뻔해.

POINT　단정・확신을 나타내는 표현의 비교

구어체 격식을 차리지 않는 표현	양쪽 모두 사용	문장체 딱딱한 표현
っこない に決まっている	はずだ わけだ はずがない わけがない に違いない	に相違ない

「わけ」: 「이유」「도리」라는 의미의 「訳」가 형식명사화된 것이다.

「はず」: 「筈」에서 나온 것으로 「당연히 그래야 할 도리」를 나타낸다.

「～わけだ」에는 「도리가 통한다」「이치상 그래야 한다」라는 뉘앙스가 있고 더욱 논리적・객관적인 정확성이 강하다.

「～はずだ」는 추측이 강하고 결과에 대한 확신도는 낮고 불확실하다.

ADVANCED(EJU etc.)

繰り返し読めば、自ずと理解できる**はずだ**。

　　　　　　　　　　　　　　　강한 추측을 나타낸다.

반복해서 읽어보면 저절로 이해할 수 있을 것이다.

人生において、1つの明確な答えなど到底見つかる**はずがない**。

　　　　강한 부정의 추측을 나타낸다.

인생에 있어서 하나의 명확한 해답 같은 건 도저히 찾아질리가 없다.

見えない世界は見えるようになりさえすれば、分析ができ、科学的思考の対象にすることが出来る**わけだ**。

　　　　　　　　　　　　　경험에 근거해 결론을 말한다.

보이지 않는 세계는 보이게만 된다면 분석이 가능해서 과학적인 사고의 대상으로 할 수 있을 것이다.

自分を褒めてくれるものを追い出す**わけがない**。そのアーティストは

　　　　　　　　　　　일어날 가능성을 강하게 부정.

嫌々ながらも、ファンの言葉に耳を傾けざるを得なかった。

자신을 칭찬해 주는 사람을 내쫓을 리가 없다. 그 아티스트는 싫으면서도 팬들의 말에 귀를 기울이지 않을 수 없었다.

偶然発見したように見えても、実際のところ、彼のそれまでの努力があったからこそ、今回の実験で成果として現れた**に違いない**。

　　　　　　　　　　　　　　　　　　　　확신을 나타낸다.

우연히 발견한 것처럼 보여도 실제로 그의 그 때까지의 노력이 있었기 때문에 이번 실험에서 성과로 나타났음이 틀림없다.

（2）추측을 나타내는 표현

～だろう　～でしょう　～であろう

だろう	= 조동사「だ」의 미연형＋조동사「う」
でしょう	= 조동사「です」의 미연형＋조동사「う」
であろう	= 조동사「で」＋보조동사「ある」＋조동사「う」

～だろう / でしょう　普(V・A)・NA・N＋だろう / でしょう

의미 불확실한 단정 또는 추측을 나타낸다.「たぶん」「おそらく」등과 함께 사용.

예
彼は来学期の担任**だろう**。　　　그는 다음 학기의 담임일 것이다.
このリンゴはたぶん甘い**でしょう**。　이 사과는 아마 달 것이다.
このテレビはもう使えない**だろう**。　이 TV는 이제 사용할 수 없을 것이다.

～であろう　普(V・A)・NA・N+であろう

의미: 불확실한 단정 또는 추측을 나타낸다. 딱딱한 표현. =だろう

예: 満足する**であろう**。
만족할 것이다.

ADVANCED (EJU etc.)

子どもの時期は誰でも、好奇心(こうきしん)がむくむくと頭をもたげた経験がある**だろう**。
어린 시절에는 누구나 호기심이 부글부글 고개를 쳐든 경험이 있을 것이다.　　불확실한 단정을 나타낸다.

この商品は高額ですが、長い目で見ればお買い得**でしょう**。
　　　　　　　　　　　　　　　　　　　불확실한 단정・정중을 나타낸다.
이 상품은 고가이지만 긴 안목으로 보면 이득일 것입니다.

二人がお互いに向き合って立ち話(たばなし)をする場合、疎遠(そえん)な間柄(あいだがら)であれば、自ずと二人の距離は開く**であろう**。
　　　　　직전의 가정을 받아 불확실한 단정을 나타낸다.
두 사람이 서로 마주 서서 이야기를 나눌 경우, 소원한 사이라면 자연히 두 사람의 거리는 벌어질 것이다.

▶**발전**　다른 불확실한 단정, 추측을 나타내는 표현
と思う　と思われる　と考える　と考えられる
(の)ではないか　(の)ではないだろうか　まい

～と思う / と思われる / と考える / と考えられる
　普+と思う／と思われる／と考える／と考えられる

의미:
① 「と思われる」「と考えられる」는 조금 딱딱한 표현으로 일반적으로 그렇게 생각되고 있는 **합리적인 판단을 바탕으로 이런 결론을 지을 수 있다**는 것도 나타낸다.
② 수동적 의미로서의 「思われる」와 구별할 필요가 있다.

예:
① 父は立派な人だ**と思う**。　　　아버지는 훌륭한 사람이라고 생각한다.
　　この小説にはひとつ、大きな問題点がある**と思われる**。
　　　　　　　　　　　　이 소설에는 한 가지 큰 문제점이 있다고 생각된다.
　　私は、この国の将来は暗い**と考えている**。　나는 이 나라의 장래는 어둡다고 생각한다.
　　この国の将来は暗い**と考えられる**。　이 나라의 장래는 어둡다고 생각된다.
② 私が嘘つきだ**と思われる**のは困る。　내가 거짓말쟁이라고 여겨지는 것은 곤란하다.
　　　　　　수동

～(の)ではないか／(の)ではなかろうか／(の)ではあるまいか／(の)ではないだろうか

普 + (の)ではないか／(の)ではなかろうか／(の)ではあるまいか／(の)ではないだろうか

의미 불확실하지만 옳다고 보는 단정을 나타낸다. 논설문에서는 이 형태로 필자의 주장을 나타낸다.

예
今のままでは、少子高齢化は進む一方**なのではないか**。
이대로라면 저출산 고령화는 진행될 뿐이 아닐까?
この映画は、資本主義を風刺している**のではないだろうか**。
이 영화는 자본주의를 풍자하고 있는 것이 아닐까?

～まい   V辞 + まい   그 외 접속은 (▶ 208페이지)

의미
①없을 것이다
②~하지 않겠다는 의지를 나타낸다

예
① 私の弟が、まさかこの時間には**起きまい**。(or **起きるまい**) 내 동생이 설마 이 시간에는 안 일어나겠지.
　何を言ったって、反対派は**納得しまい**。 무슨 말을 해도 반대파는 납득하지 않을 것이다.
② もう二度と不合格には**なるまい**。 이제 두 번다시 불합격하지 않을 것이다.
　何があろうと彼を**許すまい**。 무슨 일이 있어도 그를 용서하지 않을 것이다.

ADVANCED(EJU etc.)

脳の容量が大きい動物ほど賢い**と思われる**。   뇌 용량이 큰 동물일수록 영리하다고 여겨진다.

私は、地球温暖化の原因のひとつとして、人々がゴミを多く排出しすぎていることが挙げられる**と考える**。
나는 지구온난화 원인의 하나로 사람들이 쓰레기를 너무 많이 배출하고 있는 것을 들 수 있다고 생각한다.

この洞窟では、豪華な装飾品を身に付けた若い女性の遺体が多く見つかった。これらのことから、この町に住んでいた人々は、死者を生贄として神に捧げていた**と考えられる**。
이 동굴에서는 호화로운 장식품을 몸에 걸친 젊은 여성의 시신이 많이 발견되었다. 이런 점에서 이 마을에 살고 있던 사람들은 죽은 자를 산 제물로 신에게 바쳤다고 생각된다.

読者が納得してくれるなら、それはそれで作者の念願がある程度叶えられたと言える**のではないか**。
완전한 단언을 피하고 있지만 거의 단정의 의미를 나타낸다
독자가 납득해 준다면 그것은 그것대로 작자의 염원이 어느 정도 이루어졌다고 할 수 있지 않을까?

芸術上、本当の創作というものはこういうものであるべきではある**まい**か。
「あるべきではないだろうか」로 환언 가능. 반어적으로 강한 긍정을 나타내고 있다.
예술에서 진정한 창작이라는 것은 이런 것이어야 하지 않을까?

（3） なら（ば）

なら（ば） = 조동사 「だ」의 가정형 (＋조사 「ば」)

> **～なら（ば）** 普(V・A)・NA・N＋なら（ば）
>
> 의미: 가정을 나타낸다.
>
> 예: 彼が行く**なら（ば）**、私も行く。
> 그가 간다면 나도 간다.

ADVANCED(EJU etc.)

もし君が既(すで)にこれをよく知っているの**ならば**、きっと一を聞けばすぐに十を知ることができるでしょう。 조사「の」에「だ」의 가정형「なら」가 붙는다. 가정을 나타낸다.

만약 네가 이미 이것을 잘 알고 있다면 틀림없이 하나를 들으면 바로 열을 알 수 있을 것이다.

生活を充実したものにしようとする**なら**、こうした努力なしに済(す)ますことはできない。　가정을 나타낸다

생활을 충실한 것으로 만들고자 한다면 이러한 노력없이 될 수는 없다.

4 과거와 완료를 나타내는 조동사

「た（だ）」

<1> 의미

「た（だ）」는 과거에 일어난 동작, 이미 끝난 동작 등을 나타내고 시제를 나타내는 조동사로 널리 사용된다. 동사・형용사・형용동사의 과거형을 만든다. 그 외에 완료나 존속, 상기를 나타낸다.

<2> 접속과 활용

（1） 접속

앞 단어			예
동사	연용형	た형た　Vた	食べた
형용사	연용형	Aいかっ	楽しかった
형용동사	연용형	NAだっ	失礼だった
조동사 「（よ）う」「ぬ（ん）」「まい」를 제외한다 연용형			られる：食べられた させる：食べさせた ない　：飲まなかった

(2) **활용형**

　조동사「た（だ）」는 **연용형, 명령형**이 없다. 가정형인「たら」「だら」는「ば」를 수반하지 않아도 사용할 수 있다. 5단활용동사 사전형의 말미가「ぐ」「ぬ」「ぶ」「む」인 경우는「だ」를 사용한다 (▶「동사（발음편）」51페이지).

	활용형	조동사 등	例 行った	例 学んだ	例 泳いだ
기본형	た (だ)		行っ**た**	学ん**だ**	泳い**だ**
연체형	た (だ)		行っ**た**	学ん**だ**	泳い**だ**
연용형	ー		×	×	×
미연형	たろ (だろ)	う	行っ**たろ**う	学ん**だろ**う	泳い**だろ**う
가정형	たら (だら)	(ば)	行っ**たら**	学ん**だら**	泳い**だら**
명령형	ー		×	×	×

<3> 구문과 표현

(1) 과거를 나타낸다. 동작이 이미 끝난 의미를 갖는다.

> 昨日、牛丼を**食べた**。
> 어제 규동을 먹었다.
>
> 今朝、ジョギングを**した**。
> 오늘 아침 조깅을 했다.
>
> 昨日の飲み会で、ついに同僚（どうりょう）が、社長に対し文句を**言った**。
> 어제 회식에서 마침내 동료가 사장에 대해 불만을 말했다.
>
> 新作のゲームを**買った**彼は、我（われ）を忘れるほど夢中（むちゅう）になって遊んでいる。
> 신작 게임을 산 그는 넋을 잃을 정도로 몰두해서 놀고 있다.

(2) 완료를 나타낸다. 마침 동작이 끝났다는 의미이다.

> いま課題を**やり終えた**。
> 지금 과제를 끝냈다.
>
> 今日のタスクが今**済んだ**。
> 오늘 업무가 지금 끝났다.
>
> 空港に**着いたら**連絡してください。
> 공항에 도착하면 연락 주세요.
>
> 古い建物なので、壁紙（かべがみ）が剥（は）がれ**落ち始めた**。
> 낡은 건물이어서 벽지가 벗겨져 떨어지기 시작했다.

（3）**존속을 나타낸다.** 이미 끝난 동작이지만 그 결과가 현재도 계속 존재하고 있는 의미를 나타낸다.

> **汚**(よご)**れた**服を洗濯する。 더러워진 옷을 세탁한다.　　白く**塗った**壁。 하얗게 칠한 벽
>
> 自由と規律を中心テーマに**据**(す)**えた**教育方針です。
> 자유와 규율을 중심 테마로 삼은 교육 방침입니다.
>
> **決められた**ルールは、守らなければならない。　　정해진 룰은 지켜야 한다.

（4）어떤 사실을 확인하고 생각하고 있다는 의미를 나타낸다.

> そういえば、今日は僕の誕生日**だった**。
> 그러고보니 오늘은 내 생일이었다.　　상기
>
> 明日の会議は、7時から**だった**？
> 내일 회의는 7시부터였나?　　확인

5 보이스 (수동・사역 등) 에 관계하는 조동사

「れる」「られる」
<1> 의미

「れる」「られる」 는 수동・가능・자발・존경을 나타낼 수 있다.

<2> 접속과 활용
（1）접속

	앞 단어			형태	예
れる	5단활용동사	미연형[종]	V종	V종+れる	笑われる
	サ변활용동사	미연형[종]	V종	する ➡ される	強制される
られる	1단활용동사	미연형[종]	V종	V종+られる	食べられる 見られる
	力변활용동사	미연형[종]	V종	来る ➡ 来られる	来られる
	사역의 조동사 「せる」「させる」	미연형		せられる させられる	読ませられる 教えさせられる

(2) 활용형

조동사 「れる」「られる」는 동사의 1단활용과 마찬가지로 활용을 한다. 수동 이외의 가능·자발·존경을 나타내는 경우는 명령형이 존재하지 않는다.

	활용형	활용형	조동사 등
기본형	れる	られる	
연체형	れる	られる	
연용형	れ	られ	ます
미연형	れ	られ	ない よう
가정형	れれ	られれ	ば
명령형 (수동만)	れろ れよ	られろ られよ	

ADVANCED (EJU etc.)

ネットで新聞を注文すれば、直接家庭や仕事場(しごとば)に**届けられます**。

인터넷으로 신문을 주문하면 직접 가정이나 일터로 배달됩니다.　　수동

失敗を「しょうがないこと」と思い込むと、失敗の真の原因を**見つけられない**。

실패를「어쩔 수 없는 일」이라고 여기면 실패의 진짜 원인을 찾을 수 없다.　　가능

いくら悪い言葉を**投げかけられよう**と、なるべく受(う)け流(なが)すようにしている。
　　　　　　　　　수동

아무리 나쁜 말을 듣더라도 가급적 받아 넘기도록 하고 있다.

<3> 구문과 표현

(1) 수동의 의미. 외부로부터 동작을 받는 의미를 나타낸다. (▶「동사」84페이지)

동작을 나타내는 동사의 **미연형[죰]**에 「**られる**」「**れる**」라는 **조동사**를 붙임으로써 **수동형**을 만든다. 동사 부분에서 다룬 것처럼 수동 구문은 직접수동문과 간접수동문으로 나눌 수 있다. 직접수동문은 타동사를 사용하지만 간접수동문은 민폐나 피해를 본다는 의미를 나타낼 수 있다. 직접수동문에서는 자타동사 모두 사용할 수 있다.

友達がパソコンを**壊す**。

친구가 컴퓨터를 고장낸다.

パソコンが友達に**壊される**。

컴퓨터가 친구에 의해 고장난다.

先生が学生に説教を**する**。

선생님이 학생에게 설교를 한다.

学生が先生に説教を**される**。

학생이 선생님에게 설교를 듣는다

赤ちゃんに**泣かれる**。 아기가 운다.

私は彼に息子を**褒められた**。 나는 그에게 아들 칭찬을 들었다.

万博は数年後、この都市で**開かれる**予定だ。 엑스포는 몇 년 후에 이 도시에서 열릴 예정이다.

(2) **가능의 의미.** 할 수 있다는 의미를 나타낸다. 다만 5단활용동사의 경우 가능동사가 존재하기 때문에 가능의 조동사 「れる」가 붙는 형태는 많이 사용되지 않는다 (▶ 「동사」 69페이지).

	사전형	가능의 형태	
5단활용동사	読む 話す 書く	読める 話せる 書ける	가능동사 (가능형)
	読む 話す 書く	読まれる 話される 書かれる	조동사 「れる」가 붙어 가능을 나타내지만 형식자체는 사용되지 않는다.
1단활용동사	見る 食べる	見られる 食べられる	가능형
サ변	する	できる	가능형
力변	来る	こられる	가능형

これくらいなら**覚えられる**。
이 정도라면 외울 수 있다.

100mを12秒で**走れる**。
100미터를 12초에 달릴 수 있다.

図書館で**勉強できる**。
도서관에서 공부할 수 있다.

立派な文章を**書ける**としても、それを口でうまく**説明できる**とは限らない。
「書ける」: 5단활용동사 「書く」의 가능동사   「できる」: サ변동사 「する」의 가능형
멋진 글을 쓸 수 있다고 해도 그것을 말로 잘 설명할 수 있다고는 할 수 없다.

自分をかっこいいと見せつける行為は、思春期の子どもたちによく**見られる**。
자신을 멋지게 보이려는 행위는 사춘기 아   「見られる」: 1단동사 「見る」 + 「られる」
이들에게 흔히 볼 수 있다.

(3) 자발(자연발생)의 의미. 자연스럽게 감각이 생기거나 사람의 의지와 관계없는 동작이 일어나는 모습을 나타낸다.

秋の気配が**感じられる**。　　　　　가을 기운이 느껴진다.

つい遠い昔のことが**思い出される**。　문득 먼 옛날 일이 생각난다.

大きな災害のニュースを見るたびに、故郷にいる母のことが**案じられる**。
저절로 걱정하게 되는 모습
큰 재해 뉴스를 볼 때마다 고향에 있는 어머니가 걱정된다.

(4) 존경의 의미. 「れる」「られる」는 동작의 주체에 대해 경의를 나타내고 존경어로 사용할 수 있다.

教授が**話される**。　교수님이 말씀하신다.　　上司が**帰られた**。　상사가 돌아가셨다.

年配の方が店によく**来られる**。
나이드신 분이 가게에 자주 오신다.

先生がビールを**飲まれる**。
선생님이 맥주를 드신다.

POINT　　수동・가능・자발・존경의 식별

① 동작을 받는 의미가 있다면　　　　　　➡　수동
② 「できる」라는 표현으로 바꿀 수 있다면　➡　가능
③ 「自然とそうなる」라는 의미라면　　　　➡　자발
④ 윗 사람의 동작을 나타내는 것이라면　　➡　존경

社長に**認められた**。 ➡ 認める動作を受ける。 ➡ 수동
사장님께 인정받았다. ➡ 인정받는 동작을 받는다.

朝早く**起きられる**。 ➡ 朝早く起きることができる。 ➡ 가능
아침 일찍 일어날 수 있다. ➡ 아침 일찍 일어날 수 있다.

> 彼のことが**心配される**。 ➡ 自然と彼のことが心配になる。 ➡ 자발
> 그가 걱정된다. ➡ 자연히 그가 걱정이 된다.
>
> お茶を**飲まれます**か。 ➡ 目上の人がお茶を飲む。 ➡ 존경
> 차를 드시겠습니까? ➡ 윗 사람이 차를 마신다.

「せる」「させる」

<1> 의미
외부에게 동작을 시킨다는 의미로 **사역을 표현하는 조동사**다. (▶「동사」87페이지)

<2> 접속과 활용

(1) 접속

앞 단어			형태	예
5단활용동사	미연형[종]	V종	V종+せる	笑わ**せる** 踏ま**せる**
1단활용동사	미연형[종]	V종	V종+させる	食べ**させる** 見**させる**
カ변・サ변동사	미연형[종]	V종	来る ➡ 来させる する ➡ させる	来**させる** 勉強さ**せる**

(2) 활용형

조동사「せる」「させる」는 동사의 1단활용과 같이 활용을 한다.

	활용형	활용형	조동사 등
기본형	せる	させる	
연체형	せる	させる	
연용형	せ	させ	ます
미연형	せ	させ	ない よう
가정형	せれ	させれ	ば
명령형	せろ せよ	させろ させよ	

6 그 밖의 조동사

「たい」「たがる」

<1> 의미

「たい」와 「たがる」 양쪽은 **어떤 행위를 하는 것에 대한 소망을 나타낸다**. 동사 연용형의 표현 (▶97페이지) 에서 다뤘던 것처럼 「たい」는 기본적으로 화자의 소망을 나타내고 「たがる」는 화자 이외의 사람의 소망을 나타낸다.

> 私はこの本を**買いたい**。　　　나는 이 책을 사고 싶다.
>
> 弟はこの本を**読みたがっている**。　남동생은 이 책을 읽고싶어 한다.

<2> 접속과 활용

「たい」는 조동사지만 형용사와 마찬가지로 말미는 「い」로 끝나기 때문에 활용도 형용사와 같이 활용한다. 다만 **미연형의 표현 「たかろう」「たがろう」는 보통 사용되지 않는다**. 그 대신 「たいだろう」「たがるだろう」가 자주 사용된다.

「たがる」는 말미는 「る」로 끝나기 때문에 활용은 보통의 5단활용동사와 같이 활용한다. 「たがる」는 대부분의 경우 「たがっている」 라는 표현으로 사용된다.

앞 단어	「たい」의 예	「たがる」의 예
동사 **연용형** Vます	入り**たい** 泳ぎ**たい** 食べ**たい**	入り**たがる** 泳ぎ**たがる** 食べ**たがる**
조동사 「れる」「られる」「せる」「させる」 **연용형**	れる : 呼ば**れたい** られる : 褒め**られたい** せる : 思わ**せたい** させる : 食べ**させたい**	れる : 呼ば**れたがる** られる : 褒め**られたがる** せる : 思わ**せたがる** させる : 食べ**させたがる**

例 たい	활용형	조동사 등	예
기본형	たい		観**たい**
연체형	だい		観**たい**作品
연용형	たかっ	た	観**たかった**
	たく	て	観**たくて**しようがない

미연형	たかろ	う	観たかろう（▲）
			観たいだろう
가정형	たけれ	ば	観たければ
명령형	—		

例 たがる	활용형	조동사 등	예
기본형	たがる		歌いたがる
연체형	たがる		歌いたがる時
연용형	たがり	ます	歌いたがります
	たがっ	て	歌いたがっている
		た	歌いたがった
미연형	たがら	ない	歌いたがらない
	たがろ	う	歌いたがろう（사용하지 않음）
가정형	たがれ	ば	歌いたがれば
명령형	—		

ADVANCED(EJU etc.)

できれば、他人とのトラブルを**避けたい**です。

가능하면 다른 사람과의 트러블을 피하고 싶습니다.

いくら遊びに**行きたくても**、
時間がない限りどうにもならない。

아무리 놀러 가고 싶어도 시간이 없는 한 어쩔 수 없다.

部長が定年後も命令口調で
仕切りたがっている。

부장님이 정년 후에도 명령조로 관리하고 싶어한다.

「ない」「ぬ（ん）」

<1> 의미

「ない」와 「ぬ（ん）」는 부정의 의미를 나타내는 조동사다. 동사의 미연형 [否] 이나 조동사의 미연형에 붙어 부정형을 이룬다.

学生が**集まらない**。

학생이 모이지 않는다.

学生が**集まらぬ（ん）**。

학생이 모이지 않는다.

この本はあまり**勧められない**。	この本はあまり**勧められぬ (ん)**。
이 책은 별로 추천되지 않는다.	이 책은 별로 추천되지 않는다.

<2> 접속과 활용

(1) 접속

「ない」와 「ぬ (ん)」는 동사의 미연형[否]과 조동사의 미연형에 붙는다. 다만 동사 「ある」에는 「ない」가 붙을 수 없다. 「あらない」 라는 표현은 없고 「あらぬ」만 존재한다. 그리고 형용사에 붙는 「ない」도 부정을 나타내지만 이것은 보조형용사이기 때문에 조동사 「ない」와는 품사가 다르므로 구별할 필요가 있다 (▶139페이지).

앞 단어	「ない」의 예	「ぬ (ん)」의 예
동사 미연형[否] V否	入らない 泳がない 食べない 勉強しない	入らぬ (ん) 泳がぬ (ん) 食べぬ (ん) 勉強せぬ (ん)
조동사 「れる」「られる」「せる」 「させる」「たがる」「ます」 미연형	られる：褒め**られ**ない れる：呼ば**れ**ない させる：食べ**させ**ない せる：思わ**せ**ない たがる：読み**たがら**ない	られる：褒め**られ**ぬ (ん) れる：呼ば**れ**ぬ (ん) させる：食べ**させ**ぬ (ん) せる：思わ**せ**ぬ (ん) たがる：読み**たがら**ぬ (ん) ます：書き**ませ**ぬ (ん)

(2) 활용형

例ない	활용형	조동사 등	예
기본형	ない		疲れ**ない**
연체형	ない		疲れ**ない**人
연용형	なかっ	た	疲れ**なかっ**た
	なく	て なる する 등	疲れ**なく**て 疲れ**なく**なる 疲れ**なく**する
미연형	なかろ	う	疲れ**なかろ**う
가정형	なけれ	ば	疲れ**なけれ**ば
명령형	―		

例 ぬ(ん)	활용형	조동사 등	예
기본형	ぬ(ん)		疲れぬ(ん)
연체형	ぬ(ん)		疲れぬ(ん)人
연용형	ず	に	疲れずに
미연형	—		
가정형	ね	ば	疲れねば
명령형	—		

ADVANCED (EJU etc.)

今まで人間があまり踏み込ま**なかった**南極で、新しい生物が発見された。

지금까지 인간이 별로 발을 들여놓지 않았던 남극에서 새로운 생물이 발견되었다.

偏見を持ちながら他人と接すると、その人のありのままの姿が見え**なくなる**。

편견을 가지고 다른 사람과 접하면 그 사람의 있는 그대로의 모습이 보이지 않게 된다.

学んだ知識を使わ**なければ**、やがて忘れてしまう。

배운 지식을 사용하지 않으면 머지않아 잊어버리고 만다.

今月中に新規事業の成果を**出さねば**、昇進は難しいだろう。

이번 달 중에 신규 사업의 성과를 내지 않으면 승진은 어려울 것이다.

彼女はその日一睡も**せずに**、試験に向けて勉強し続けた。

그녀는 그 날 한 숨도 자지 않고 시험을 위해 공부를 계속했다.

予期せぬ襲撃に不意を打たれて、慌てふためいた。

예기치 못한 습격에 허를 찔려 허둥지둥했다.

「う」「よう」

<1> 의미

「う」와 「よう」라는 조동사는 **추측과 의지**라는 2가지 의미를 갖는다. 추측은 화자가 추측하여 사안을 말하는 의미이고 의지는 화자의 의지나 상대방에 대한 권유를 나타내는 의미를 갖는다.

来月には、富士山の雪も消え**よう**。
다음 달에는 후지산의 눈도 사라지겠지. 추측

東京は暑かろ**う**。 도쿄는 덥겠지.
추측

美味しい料理を作ろ**う**。 맛있는 요리를 만들어야지.
의지

一緒に勉強し**よう**。 함께 공부해야지.
의지

<2> 접속과 활용

(1) 「う」의 접속

앞 단어	예
동사 (5단)　미연형[意]　V意	書こう 住もう
형용사　미연형　Aかろ	辛かろう 楽しかろう
형용동사　미연형　NAだろ	静かだろう 綺麗だろう
조동사 「だ」「ます」「たい」 미연형	辛いだろう 行ったろう 起きたかろう やりましょう

(2) 「よう」의 접속

앞 단어	예
동사 (5단 이외) 미연형[意] V意	食べよう 起きよう 来よう 納得しよう
조동사 「れる」「られる」「せる」「させる」 미연형	潰されよう 食べられよう 直させよう 運動させよう

(3) 「う」와 「よう」의 활용형

「う」와 「よう」모두 **기본형 (연체형)** 만 있고 그 외의 활용형은 없다. 연체형의 뒤에는 「**こと**」「**もの**」 등의 형식명사가 붙는다.

> 真似(まね)を**しようもの**なら 흉내를 내고자 한다면

「まい」
<1> 의미

　「まい」라는 조동사는 **부정의 추측과 부정의 의지**라는 2개의 의미를 갖는다. 「う」와 「よう」가 나타내는 추측과 의지에 부정을 더한 의미다. 「まい」는 부정의 추측을 나타내는 경우 「～ないだろう」와 거의 같은 의미이고 부정의 의지를 나타내는 경우 「～ないつもりだ」나 「～ないことにしよう」와 같은 의미다.

(1) 부정의 추측

台風は来る。 태풍은 온다	この病気は治る。 이 병은 낫는다
たぶん台風は来る**まい**。	この病気は治る**まい**。
＝台風はたぶん来ないだろう。	＝この病気はたぶん治らないだろう。
아마도 태풍은 오지 않을 것이다.	이 병은 낫지 않을 것이다.
＝태풍은 아마도 오지 않을 것이다.	＝이 병은 아마도 낫지 않을 것이다.

(2) 부정의 의지

辛くても泣く**まい**。	힘들어도 울지 않을 것이다.
＝辛くても泣かないようにしよう。	힘들어도 울지 않도록 하자.
＝辛くても泣かないつもりだ。	힘들어도 울지 않을 생각이다.

<2> 접속과 활용
(1) 접속

　「まい」의 접속은 유동성이 많고 1단동사 및 「する」와 「来る」는 「まい」에 접속하는 형태가 일정하지 않다.

앞 단어		예
동사 (5단)	사전형　V辞	笑うまい
동사 (1단)	사전형　V辞	食べるまい
	미연형[否]　V否	食べまい
する　　　　　　　　 する／し／す		するまい しまい すまい

208

来る 来る／来／来	来るまい 来(こ)まい 来(き)まい
조동사 기본형 미연형	書かせるまい 書かせまい

(2) 활용형

「まい」는 「う」「よう」와 마찬가지로 **기본형 (연체형)** 만 있고 그 외의 활용형은 없다. 연체형의 뒤에는 「こと」「もの」 등의 형식명사가 붙는다.

あるまいこと 있지 않을 일

<3> 표현

표현	의미	예
「絶対~まい」 「もう~まい」	否定の意志　부정의 의지 ＝~ないつもりだ、 ~ないことにしよう	もう先生とは会うまい。 이제 선생님과는 만나지 않을 생각이다. 絶対にこの問題を間違えるまい。 절대로 이 문제를 틀리지 않을 것이다.
「たぶん~まい」 「もう~まい」 「きっと~まい」	否定の推量　부정의 추측 ＝~ないだろう	もう先生は会いにはきてくれまい。 이제 선생님은 만나러 오지 않을 것이다. 彼らの悲しみは消えまい。 그들의 슬픔은 사라지지 않을 것이다.
~(よ)うと~まいと ~(よ)うが~まいが	「してもしなくても、 ~でも~でなくても」 という意味を表す。 ~해도 ~하지 않아도	食べようと食べまいと、私の勝手だ。 먹든 말든 내 마음대로다.

POINT 　　　　「う」「よう」와 「まい」

의지・추측 　━━━▶　「う」「よう」
의지・추측의 부정 ━━━▶　「まい」

부정의 「ない」 ＋ 「う」「よう」 ＝ 「まい」

「う」「よう」와 「まい」의 활용도 거의 같다. ●활용형은 종지・연체형만
　　　　　　　　　　　　　　　　　　　　●연체형은 「こと」 등 형식명사에 접속

「そうだ」「そうです」

<1> 의미

「そうだ」는 2개의 의미로 사용된다. **전문을 나타내는 사용법과 양태를 나타내는 사용법이 있다.** 말미의 「だ」를 「です」로 바꿈으로써 정중을 나타낸다.

(1) 전문 : 다른 사람으로부터 들었다는 의미 （＝～と聞いた）

天気予報によると、明日雨が降る**そうだ**。
일기예보에 의하면 내일 비가 내린다고 한다.

その本は来月発売だ**そうだ**。
그 책은 다음 달 발매된다고 한다.

(2) 양태 : 그러한 모습이라는 의미 （＝～の様子だ）

暗くなったから、雨が降り**そうだ**。
어두워졌으니까 비가 내릴 것 같다.

今年の冬は寒**そうだ**。
올해 겨울은 추울 것 같다.

<2> 접속과 활용

(1) 접속

의미	앞 단어	예	참고: 보통형을 사용한 접속
전문	동사・형용사・형용동사 조동사 사전형・기본형	チャレンジする**そうだ** 厳しい**そうだ** 綺麗だ**そうだ** 帰らない**そうだ** 戻られる**そうだ**	普 ＋そうだ
양태	동사　연용형　Vます	降り**そうだ**	Vます＋そうだ Aい＋そうだ （いい➡よさそうだ） （ない➡なさそうだ） NA＋そうだ
	형용사　어간　Aい 형용동사　어간　NA	甘**そうだ** 元気**そうだ** よい ➡ よさそうだ ない ➡ なさそうだ	
	조동사　연용형	来られ**そうだ**	
	조동사　「たい」➡ た 　　　　「ない」➡ な	行きた**そうだ** 行かな**そうだ**	

1 전문의 「そうだ」

	활용형	조동사 등	예
기본형	そうだ		受け付ける**そうだ**
연체형	―		
연용형	そうで	ある	受け付ける**そうで**ある
미연형	―		
가정형	―		
명령형	―		

2 양태의 「そうだ」

	활용형	조동사 등	예
기본형	そうだ		
연체형	そうな		解け**そうな**問題
연용형	そうで そうに そうだっ	ある なる 등 た	解け**そうで**ある 解け**そうに**なる 解け**そうだっ**た
미연형	そうだろ	う	聞き取れ**そうだろ**う
가정형	そうなら		聞き取れ**そうなら**
명령형	―		

POINT 「そうだ」 의미의 분별

① 사전형 (기본형) 에 붙는다 ➡ 전문
② 연용형 (V**ます**)／어간에 붙는다 ➡ 양태

사전형이나 기본형의 경우 그 뒤에 붙는 「そうだ」는 전문을 나타낸다. 사전형이나 기본형은 완결된 형태이고 「そうだ」를 「～と聞いた」라는 표현으로 바꾸는 것도 가능하다.

ADVANCED (EJU etc.)

朝からずっと走り回り、腹(はら)が減(へ)って目が**回(まわ)りそうだ**。

동사「回る」연용형＋「そうだ」 사전형 : 양태

아침부터 계속 뛰어 돌아다녀서 배가 고파 눈이 핑핑 돌 것 같다.

山の中を歩いていたら、いかにも**狂暴(きょうぼう)そうな**熊(くま)に遭遇(そうぐう)した。

형용동사「狂暴だ」어간＋「そうだ」 사전형 : 양태

산 속을 걷고 있는데 매우 광폭해 보이는 곰과 마주쳤다.

遅刻しそうだったので、口にパンをくわえたまま、走って登校(とうこう)した。

동사 「遅刻する」 연용형＋「そうだ」 연용형＋조동사 「た」: 양태

지각할 것 같아서 입에 빵을 문채 뛰어서 등교했다.

隣国(りんごく)の大統領(だいとうりょう)は汚職(おしょく)事件に関わっているとの疑惑(ぎわく)があるそうだ。

동사 「ある」 사전형＋「そうだ」 기본형: 전문

이웃 나라 대통령은 오직사건에 연루되어 있다는 의혹이 있다고 한다.

<3> 표현

によると～そうだ　～そうではない　～なさそうだ　～そうにもない

によると～そうだ　V・A普+そうだ　NAな/NAだ+そうだ　Nだ/Nだった+そうだ

의미: 전문을 나타낸다 (다른 사람으로부터 듣거나 TV 나 책에서 안 것을 나타낸다). 「によると」의 앞은 정보의 출처를 나타낸다.

예:
植物事典によると、この花の名前はかすみ草だそうだ。　식물사전에 의하면 이 꽃 이름은 안개꽃이라고 한다.
娘は故郷には帰らないそうだ。　딸은 고향에 돌아가지 않는다고 한다.
兄は、母が倒れたことを知らなかったそうだ。　형은 어머니가 쓰러진 것을 알지 못했다고 한다.

～そうではない　Vます+そうではない　Aい+そうではない　NA+そうではない

의미: 양태의 부정. 자신이 보고 들은 후에 느낀 대상의 모습을 나타낸다.
(「～そうだ（추측）＋ない（부정）」으로 추측의 부정이 된다.)

예:
①昨日見た限りでは、彼女は元気そうではなかった。　어제 본 바로는 그녀는 건강한 것 같지 않았다.
②天気予報では雨だと言っていたが、降りそうではない。
일기예보에서는 비라고 했지만 내릴 것 같지 않다.

～な(さ)そうだ　V否+なそうだ　Aく+なさそうだ　NA・N+で(は)+なさそうだ

의미: 양태의 부정. 주로 형용사나 동사의 부정에서 사용되고 자신이 보고 들은 후에 느낀 대상의 현재의 모습을 나타낸다.

예:
彼女は元気がなさそうだ。　그녀는 기운이 없는 것 같다.
彼にはこの文章の意味が分からなそうだ。　그는 이 문장의 의미를 모르는 것 같다.
今は暇ではなさそうだ。　지금은 한가하지 않은 것 같다.
あれは目当てのものではなさそうだ。　저것은 목표로 하는 것이 아닌 것 같다.

～そうに(も)ない　Vます+そうに(も)ない　Aい+そうに(も)ない　NA+そうに(も)ない

의미: ①양태의 부정. 동사에 접속하여 현재의 모습에서 예측되는 미래를 나타낼 때에 자주 사용된다.
②현재의 양태를 부정할 경우는 「そうではない」 보다도 강한 부정을 나타낸다.

예:
①彼女は病気がひどく、明日の会議には参加できそうに(も)ない。
그녀는 병이 심해서 내일 회의에는 참석할 수 있을 것 같지 않다.
②彼にはこの文章の意味が分かりそうに(も)ない。
그는 이 문장의 의미를 알 것 같지 않다.

「ようだ」「みたいだ」

<1> 의미

「ようだ」는 추정, 비유와 예시라는 3가지 의미로 사용된다. 그 정중한 표현으로 「ようです」가 사용된다. 또한 「ようだ」의 구어체로서 **「みたいだ」**가 사용된다.

(1) **추정** : 어떠한 근거를 가지고 추측하는 의미.

彼は朝ごはんを食べた**ようだ**。	単語が聞き取れて嬉しい**ようだ**。
그는 아침밥을 먹은 것 같다.	단어를 알아들을 수 있어서 기쁜 것 같다.

(2) **비유** : 무언가를 예로 말하는 의미.

まるで夢の**ようだ**。
마치 꿈만 같다.

天国にいる**ようだ**。
천국에 있는 것 같다.

(3) **예시** : 구체적인 예를 든다는 의미(＝例えば〜). 이 경우 「ような」「ように」의 형태가 많다.

君の**ような**人にとって、この問題は簡単すぎだ。
너와 같은 사람에게 이 문제는 너무 간단하다.

前にも話した**ように**、今年は寒くなると思われる。
전에도 이야기 했듯이 올해는 추워질거라고 생각된다.

<2> 접속과 활용

(1) 접속

앞 단어	예	참고 : 보통형을 사용한 접속
동사・형용사・형용동사 조동사　연체형	太陽が**沈むようだ** 景色が**素晴らしいようだ** **静かなようだ**	普+ようだ (NAだな+ようだ) (Nだの+ようだ)

		見られた**ようだ** 知らない**ようだ** 読みたがる**ようだ** 飛ぶ**ように**走る 子供の頃経験した**ような**興奮	普＋**みたいだ** （NAだ＋**みたいだ**） （Nだ＋**みたいだ**）
조사「の」		豆腐**のような**もの	주의 ❗ 「**ようだ**」와 「**みたいだ**」 의 접속이 조금 다르다.
연체사 「この」「その」「あの」「どの」		この**ような**鉛筆	

(2) 활용형

	활용형	조동사 등	예
기본형	ようだ		飲む**ようだ**
연체형	ような		この**ような**時
연용형	ようで ように ようだっ	ある なる/する 등 た	飲む**ようである** 飲む**ようにする** 飲む**ようだった**
미연형	ようだろ	う	飲む**ようだろう**
가정형	ようなら	（ば）	飲む**ようなら**（ば）
명령형	―		

<3> 표현

どうやら（どうも）〜ようだ　　まるで〜のようだ　　〜ようにする／ようになる

どうやら（どうも）〜ようだ（추정）

의미
- 객관적인 상황과 근거에 따른 추정의 의미를 나타낸다.
- 거의 확정이지만 단정은 할 수 없는 것을 말하는 표현.

예
- **どうやら**このお皿を割ったのは彼女の**ようだ**。　　아무래도 이 접시를 깬 것은 그녀인 것 같다.
- **どうも**、この人物が犯人の**ようだ**。　　아무래도 이 인물이 범인 같다.

まるで〜のようだ（비교）

의미
- 비유의 강조를 나타낸다.

예
- 妻は**まるで**天使**のようだ**。　　아내는 마치 천사 같다.
- あの二人は**まるで**兄弟**のようだ**。　　저 두 사람은 마치 형제 같다.

〜ようにする／ようになる

의미
- ①ようになる（가능）：상황, 능력이나 습관의 변화를 나타낸다.
- ②ようにする（노력・궁리）：습관의 변화
- ③ようにしてください：정중한 지시・부탁
- ④〔목표〕ように〔노력〕する

예	①練習したおかげで、絵が描ける**ようになった**。	연습한 덕분에 그림을 그릴 수 있게 되었다.
	②私は毎日走る**ようにしている**。	나는 매일 달리도록 하고 있다.
	③朝、学校に着いたら窓を開ける**ようにしてください**。	아침에 학교에 도착하면 창문을 열도록 해 주세요.
	④早く解決する**ように努力する**。	빨리 해결하도록 노력한다.

<4> 추정의「ようだ」와 양태의「そうだ」

「ようだ」는 추정을 나타낼 때에 불확실한 요소는 있지만 **무언가의 근거를 갖고 추정**을 하기 때문에 다소 객관적인 의미를 갖는다. 그에 반해 양태의「**そうだ**」는 외관의 느낌이나 직감을 나타낸다. 그리고 추정의「ようだ」는 관찰이나 데이터 등으로 객관적으로 판단하고 과거에서부터 미래에 걸쳐 판단할 수 있지만 양태의「そうだ」는 현재의 상황에서 직감적으로 현재・미래를 판단한다.

- 「ようだ」: 화자의 관찰・체험을 통해 얻은 정보에 의한 판단 (과거~미래)
- 「そうだ」(양태): 외관・외견만에 의한 직감적・반사적인 판단 (현재~미래)

ADVANCED (EJU etc.)

彼女の声は小さすぎて、周りの雑音に今にもかき消されてしまい**そうだ**。

그녀의 목소리는 너무 작아서 주위 잡음에 금방이라도 묻혀버릴 것 같다.

才色兼備な彼女だが、料理の方も腕が立つ**ようだ**。

腕が立つようだ : 무언가의 증거, 사실을 바탕으로 판단하고 있다.「立ちそうだ」로 바꿀 경우 그녀의 겉모습만 보고 추측하는 인상이 강해진다.

재색을 겸비한 그녀이지만 요리 솜씨도 뛰어난 것 같다.

「らしい」

<1> 의미

「らしい」는「ようだ」와 비슷하며 추정을 나타낸다. 그리고 무언가의 근거에 바탕하여 추측하는 의미를 갖고 있다. 다만 일부 문맥에서는 전문을 나타내는「そうだ」와 마찬가지로 전문을 나타내는 경우도 있다.

もうすぐ先生が来る。 곧 선생님이 온다.

もうすぐ先生が来る**らしい**。 곧 선생님이 오는 것 같다.
　　　　　　　　추정

≅もうすぐ先生が来る**ようだ**。 ≅곧 선생님이 오는 것 같다.

> 田中先生は来月東京に引っ越してくる**らしい**。
> 다나카 선생님은 다음달 도쿄로 이사 온다고 한다. 전문
>
> ≅田中先生は来月東京に引っ越してくる**そうだ**。
> ≅다나카 선생님은 다음달 도쿄로 이사온다고 한다.

조동사 중에서 추정을 나타내는 것은「ようだ」와「らしい」, 추측을 나타내는 것은「う」「よう」가 있다. 추측은 단순히 추측하는 것을 의미하는 것에 비해 추정은 어떤 일정한 확신을 갖고 추측하는 경우를 의미한다.

<2> 접속과 활용
(1) 접속
「らしい」는 명사, 형용동사의 어간, 동사, 형용사의 사전형, 조동사의 기본형에 붙는다.

앞 단어	예	참고 : 보통형을 사용한 접속
명사・형용동사 어간 N・NA 일부 조사「の」「から」「まで」「ばかり」등	電話らしい 静からしい 明日までらしい	普 + らしい (NAだ + らしい) (Nだ + らしい)
동사・형용사 사전형	行くらしい 厳しいらしい	
조동사 기본형	行かれるらしい 活かせるらしい	

(2) 활용형
「らしい」의 말미는「い」이며 형용사와 비슷한 형태라서 활용도 형용사에 준하여 활용한다. 다만 미연형과 명령형은 존재하지 않는다.

	활용형	조동사 등	예
기본형	らしい		
연체형	らしい		
연용형	らしく らしかっ	なる 등 た	認めるらしくなる 認めるらしかった
미연형	―		
가정형	らしけれ	ば	認めるらしければ　　주 : 거의 사용하지 않음
명령형	―		

<3> 표현
どうやら / どうも ～らしい
비교 いかにも～らしい (형용사의 접미어) (=～にふさわしい)

(どうやら / どうも) ～らしい

의미: 「どうやら～ようだ」 와 의미가 거의 같지만 주로 타인으로부터 보고 들은 정보에 기반한 추정의 의미를 나타낸다. 거의 확정이지만 판정은 할 수 없는 것을 말하는 표현.

예:
- **どうやら**明日は晴れる**らしい**。 — 아무래도 내일은 갤 것 같다.
- **どうやら**彼女は今日本にいる**らしい**。 — 아무래도 그녀는 지금 일본에 있는 것 같다.
- **どうも**あの二人は最近仲が悪い**らしい**。 — 아무래도 그 둘은 최근 사이가 나쁜 것 같다.

비교 (いかにも) ～らしい N+らしい

의미: 이 표현에서는 「らしい」는 형용사의 접미어며 조동사가 아니다.

예:
- 学生**らしい**。 — 학생 답다.
- 科学者**らしい**。 — 과학자 답다.
- **いかにも**学生**らしい**。 — 과연 학생답다.
- 学生**らしく**勉強しなさい。 — 학생답게 공부하세요.
- 科学者**らしく**なった。 — 과학자다워졌다.

ADVANCED (EJU etc.)

試験の出来が心配でしょうがなかったが、単位(たんい)はもらえたので、**どうやら**無事に合格点に達(たっ)していた**らしい**。

과거의 행동에 대하는 추정에서는 과거형을 사용한다.

시험 성적이 걱정되어 견딜 수 없었지만 학점은 받았으니까 아마도 무사히 합격점에 도달했던 것 같다.

POINT 「そうだ」「ようだ」「みたいだ」「らしい」 의 정리

4가지의 조동사는 추측하여 판단한다는 의미를 갖고 있고 경우에 따라 치환도 가능하다. 다만 판단의 근거는 다르다.

● 「そうだ」 (양태)
① 지금이라도 그 일이 일어나기 직전 (「ようだ」 로 치환은 안된다)

> 雨が降り**そうだ**。 — 비가 내릴 것 같다.
> もう少しでぶつかり**そうだ**。 — 조금 더하면 부딪칠 것 같다.

② 보고 듣고 판단 (직관적·반사적인 판단)

> 誰かが**いそうだ**。　　外は寒**そうだ**。
> 누군가가 있을 것 같다.　밖은 추울 것 같다.

● 「ようだ」「みたいだ」 (추정)
관찰・체험에서 얻은 정보에 의한 판단

> 誰かがいる**ようだ**。　誰かがいる**みたいだ**。　누군가가 있는 것 같다.
> 外は寒い**ようだ**。　外は寒い**みたいだ**。　밖은 추운 것 같다.

● 「らしい」 (추정)
무언가의 근거를 바탕으로 추정하는 객관적인 추측
(근거는 다른 곳에서 주는 정보인 경우가 많기 때문에 전문으로도 나타낼 수 있다.)

> カバンがないので、彼はもう帰った**らしい**。
> 가방이 없으니까 그는 이미 돌아간 것 같다.

정리

➡ **そうだ** (직관적・반사적 판단)
➡ **ようだ・みたいだ** (주로 스스로 얻은 정보가 근거)
➡ **らしい** (외부로부터 얻은 정보가 근거)

실전문법항목

　人間は見たいところだけを見る。自分がそうなると怖いから、最悪のシナリオは考えない。そういう人は、自分が前方不注意で車をぶつけても、出会いがしらの不運な事故だった、と自分に言い聞かせる。駐車違反やスピード違反で捕まっても、罰金制度を罵り、身の不運を嘆く。弁解、言い訳、責任転嫁をいくらしたところで問題は解決しない。　問題を解決するには、真っ向からこれに取り組むことから始めるべきである。

　自分に非はなかったか？　自分自身が当事者になって分析することなしに、問題点の把握、対策、改善、改良、革新はありえないのである。以前、某大手電機メーカーの経営トップと話をすることがあったが、彼は何か問題が発生したらすべて自分の責任と考えるようにしているという。「自分が悪いと考えれば、即座に対策を考えます。人のせい、環境のせいにしていたら、ワンテンポ、対処が遅れます」

　たしかにその通りである。売上が上がらない理由を不景気のせい、政治のせい、お客のせいにしていたら、根本的な解決策など浮かぶはずがない。

　売上の減少は自分の責任だと、とらえることができれば、必死になって対策を考えようとする。経営者が他力本願では株主も従業員もたまらない。

　失敗は起こりうるものだが、それに対して最善、次善の手は打てる。

　労働災害の専門家によれば、経営者などのリーダーが意識して安全管理に取り組んでいるか否かで、罹災率は3倍も違ってくるそうである。

　経験的に導かれたこの数字は、安全管理のシステムの中身もさることながら、これを活用するリーダーの心構えひとつで結果が大きく変わることを意味している。

中尾政之『なぜかミスをしない人の思考法』より
一橋大学私費外国人留学生選抜・2018年・日本語問題の素材

실전문법항목

　イルカは，ヒレなどで物に触ることによって，物を認識することができます。また，目で見て物を認識することもできますが，目で見えているのは，私の研究では最大30メートルです。では，それ以上の距離にある物や仲間を認識することはできないのでしょうか。

　実はイルカは，音を使ってもっと遠くまで認識しています。例えば，イルカの近くでは「カチカチ」という音が聞こえることがありますが，この音は，前方150メートル以内のものを認識するときに使われます。さらに約2キロメートル以内なら，仲間同士が音を使って呼び合えます。しかしこの時の音はとても高く，人間には聞こえません。

　以前は，「カチカチ」という音は，イルカ同士の会話のための音だと考えていました。しかし，本当は物を認識するために発していた音だったのです。このことを知ったときには，とても驚きました。我々に聞こえる音だと，仲間と会話していると思ってしまいがちですが，必ずしもそうではないということです。

　私が今日持ってきた資料についてお話したいと思います。こちらは墨を使って描かれた水墨画という絵です。日本では，墨と呼ばれる染料を使って絵を描くことが昔から一般的でした。西暦1400年頃に，この水墨画の文化が最も栄えました。この資料は，その時代よりも後に描かれたものです。

　ところで，この水墨画は何を描いたもののように見えますか？　これはオーロラを描いたものだと言われています。オーロラとは，太陽から発せられるガスと地球が持っている磁石のような力が重なることで見えるもので，オーロラを見られる地域としては，北極の周辺が有名です。しかし，太陽の活動が活発で，発生するガスが多い時期には，他の地域でも見ることができます。つまり，この水墨画にオーロラが描かれていることは，太陽の活動が活発であった時期に，日本でもオーロラを見ることができたということを示しています。

名校教育　日本留学試験(EJU)実戦問題集　日本語聴読解・聴解　vol.1

CHAPTER 8 조사

PART2 문법

조사는 일본어 품사의 하나로 부속어이며 활용이 없는 단어다. 단독으로는 문장 속에서 나타나지 않고 주로 자립어에 붙어 관계를 나타내거나 의미를 덧붙인다. 조사는 문장 중에서 각 성분의 문법적 역할을 결정하는 기능을 갖고 있기 때문에 일본어 문법 중에서 매우 중요한 위치를 차지하고 있다. 특히 일본어 학습자에게 조사는 오용률이 높고 학습자의 습득이 가장 어려운 문법 항목의 하나로 세심한 주의가 필요하다.

CHAPTER 8 조사

1 조사의 정의

조사는 **부속어로 활용이 없고** 자립어에 붙어 **관계를 나타내거나 의미를 덧붙이는** 단어다.

富士山**が**きれいだ。   후지산이 예쁘다.
　「が」: 주어를 제시한다

残業した**ので**、帰りが遅くなった。   잔업을 해서 귀가가 늦어졌다.
　「ので」: 이유를 나타낸다

毎日ゲーム**ばかり**している。   매일 게임만 하고 있다.
　「ばかり」: 한정의 뜻을 나타낸다

勝手に触る**な**。   함부로 만지지마.
　「な」: 금지의 뜻을 나타낸다

ADVANCED(EJU etc.)

彼女**は**けが**を**負った猫**の**容態**を**気遣っている。
그녀는 상처를 입은 고양이의 용태를 걱정하고 있다.

子供**が**泣き**ながら**母親**に**しがみついている。
아이가 울면서 엄마에게 매달리고 있다.

2 조사의 성질

<1> 부속어 (단독으로 사용할 수 없다. 반드시 다른 단어의 뒤에 붙는다.)

　조사는 단독으로 문장 속에 나타날 수 없고 **반드시 다른 단어 (명사·동사·형용사 등) 에 부속한다**.

<2> 활용이 없다 (뒤에 오는 단어에 따라 형태가 변화하지 않는다)

　조사는 문장 속에서의 용법에 따라 **그 형태가 변화하지 않는다**. 즉 **활용이 없는 단어**다. 조사는 활용이 없고 조동사는 활용이 있다.

3. 조사의 종류와 기능

조사는 기능에 따라 **격조사・접속조사・부조사・종조사**의 4가지로 분류된다.

> **격조사** : 주로 체언에 붙어 그 명사와 다른 단어와의 의미관계를 나타낸다.
>
> **접속조사** : 용언과 조동사에 붙어 앞 뒤 문절의 접속관계를 나타낸다.
>
> **부조사** : 여러 가지 단어에 붙어 다양한 의미를 첨가한다.
>
> **종조사** : 주로 문말에 붙어 여러 가지 의미를 덧붙인다.

◆ 조사의 종류

격조사	
が	주어를 나타낸다.
の	연체수식어나 주어・준체언을 나타낸다.
を	동작의 대상이나 이동의 공간 및 통과점・기점을 나타낸다.
に	동작의 상대방이나 존재의 장소・시점・도착점・결과・목적・이유 등을 나타낸다.
へ	이동의 방향을 나타낸다.
と	공동행위자・결과・비교의 기준・인용・병렬을 나타낸다.
で	장소・수단・원인・이유・재료・범위・상태 등을 나타낸다.
や	병렬을 나타낸다.
から	기점・원료・원인・동작주를 나타낸다.
より	비교의 기준・개시의 시점・한정을 나타낸다.

접속조사	
ば	순접・병렬을 나타낸다.
と	순접 또는 역접을 나타낸다.
て	순접・연용수식(단순접속)・병렬・보조관계를 나타낸다.
ても (でも)	역접을 나타낸다.
けれど (けれども)	역접・병렬・단순접속(서두)을 나타낸다.
が	역접・병렬・단순접속(서두)을 나타낸다.
のに	역접을 나타낸다.
ので	순접을 나타낸다.
から	순접을 나타낸다.
し	병렬을 나타낸다.

ながら	동작의 병행 (연용수식)・역접을 나타낸다.
たり (だり)	병렬・예시 (연용수식) 를 나타낸다.
ものの	역접을 나타낸다.
ところで	역접을 나타낸다.
つつ	역접・동작의 동시진행과 계속 (연용수식) 을 나타낸다.

부조사

は	주제・강조・비교를 나타낸다.
も	동류・강조・병렬을 나타낸다.
こそ	강조를 나타낸다.
さえ	유추・한정・첨가를 나타낸다.
しか	한정을 나타낸다.
ばかり	정도・한정・동작완료 직후의 상태를 나타낸다.
だけ	한정・정도를 나타낸다.
ほど	정도・비례조건을 나타낸다.
くらい (ぐらい)	정도・한도를 나타낸다.
など	예시・가볍게 취급하는 의미를 나타낸다.
きり	한정을 나타낸다.
なり	예시・병렬을 나타낸다.
やら	불확실・병렬을 나타낸다.
ずつ	수량을 등분하여 할당하는 의미・반복하는 의미를 나타낸다.
でも	유추・불확실한 사례・전면적인 긍정 (부정칭의 지시어에 붙어) 을 나타낸다.
か	불확실・병렬을 나타낸다.
まで	종점・정도・유추를 나타낸다.

종조사

か	의문・반어・감동을 나타낸다.
な	금지를 나타낸다.
なあ	감동・확인하는 의미를 나타낸다.
とも	강조 (강한 단정) 를 나타낸다.
よ	호소・확인하는 의미를 나타낸다.
の	의문・가벼운 단정을 나타낸다.
わ	감동・가벼운 주장을 나타낸다.
ぞ	확인하는 의미를 나타낸다.
ね (ねえ)	감동・확인하는 의미・공감을 구하는 의미를 나타낸다.
さ	판단과 주장을 나타낸다.
かしら	가벼운 의심・의문을 나타낸다.

<1> 격조사

주로 체언 (명사) 에 붙어 **그 명사와 다른 단어 (명사·동사·형용사 등) 와의 의미관계**를 나타낸다. 격조사에는 「が」「の」「を」「に」「へ」「と」「で」「や」「から」「より」의 10종류가 있다.

が

(1) 주어를 나타낸다.

| 雨**が**降る。 | 비가 내린다. |

(2) 술어의 대상을 나타낸다. (희망·능력·호오)

張さんは日本語**が**上手です。 　　　　　　　　능력	장씨는 일본어를 잘합니다.
彼女**が**ほしいです。可愛い子**が**好きです。 　　　희망　　　　　　　　　　호오	여자친구를 원합니다. 귀여운 사람을 좋아합니다.
コーラ**が**飲みたいです。 　　　희망	콜라를 마시고 싶습니다.

の

(1) 명사와 명사를 잇고 연체수식어임을 나타낸다.

| 私**の**本です。 | 내 책입니다. | 近く**の**公園に行く。 | 가까운 공원에 간다. |

(2) 명사를 수식하는 절의 주어·대상을 나타낸다. 「が」로 치환할 수 있다.

| 雨**の**降る日は家にいたい。
「雨」가 주어로 「雨が降る日」라고도 말할 수 있다. | 비 내리는 날은 집에 있고 싶다. |
| 先生**の**言ったことを聞いてください。
「先生」가 주어로 「先生が言ったこと」라고도 말할 수 있다. | 선생님이 말씀한 것을 들으세요. |

(3) 체언에 준하는 것을 만든다. 「のもの」와 「こと」로 치환할 수 있다. 통상 「の」는 「형식명사」로 취급된다. (▶「명사」34페이지, 「복문」264페이지)

| このパソコンは会社**の**だ。 | 이 컴퓨터는 회사 것이다. |

私は歌を歌う**の**が好きだ。	나는 노래 부르는 것을 좋아한다.
大きな声を出す**の**をやめてください。	큰 목소리를 내는 것을 그만두세요.

を

(1) 동작의 대상을 나타낸다.

ビール**を**飲みます。	맥주를 마십니다.	日本語**を**勉強します。	일본어를 공부합니다.

(2) 이동의 공간이나 통과점・경로, 기간의 경과를 나타낸다.

公園**を**散歩します。	공원을 산책합니다.	改札**を**通る。	개찰구를 통과한다.
この道**を**歩いて行く。	이 길을 걸어 간다.	田舎で夏休み**を**過ごす。	시골에서 여름을 보낸다.

(3) 기점을 나타낸다.

家**を**出ました。	집을 나왔습니다.	大学**を**卒業する。	대학을 졸업한다.
飛行機が空港**を**出発しました。	비행기가 공항을 출발했습니다.		

に

(1) 존재의 장소를 나타낸다.

心の中**に**夢があります。	마음 속에 꿈이 있습니다.
部屋**に**電子レンジはありますか。	방에 전자레인지는 있습니까?

(2) 동작의 상대를 나타낸다.

好きな人**に**告白しました。	좋아하는 사람에게 고백했습니다.
上司**に**電話をかける。	상사에게 전화를 건다.
両親**に**日頃の感謝を伝える。	부모님께 평소의 감사를 전한다.

(3) 목적을 나타낸다.

今晩飲み**に**行きませんか。	오늘 밤 마시러 가지 않을래요?
映画館へ映画を見**に**行きました。	영화관에 영화를 보러 갔습니다.

(4) 기준을 나타낸다.

この本は文法の勉強**に**便利です。	이 책은 문법 공부에 편리합니다.
パソコンは目**に**よくないですよ。	컴퓨터는 눈에 좋지 않아요.
わたしは週**に**２回ジムで筋トレをします。	나는 주2회 헬스장에서 근육운동을 합니다.
この子は父親**に**似ています。	이 아이는 아버지를 닮았습니다.

(5) 시점을 나타낸다.

10時**に**授業が始まります。	10시에 수업이 시작됩니다.
今年の１月１日**に**日本に来ました。	올해 1월 1일에 일본에 왔습니다.

(6) 변화의 결과를 나타낸다.

大金持ち**に**なりたいです。	큰 부자가 되고 싶습니다.
信号が青**に**なった。 신호가 청색이 되었다.	夜７時**に**なりました。 밤 7시가 되었습니다.

(7) 동작·작용의 귀착점·방향을 나타낸다.

アメリカ**に**行きました。	미국에 갔습니다.
電車**に**乗る。 전철을 타다.	あっち**に**行こう。 저쪽으로 가자.

(8) 사역·수동의 동작주를 나타낸다.

学生**に**本を読ませる。	학생에게 책을 읽게 하다.	学生**に**尊敬されている。	학생에게 존경 받고 있다.
사역표현		수동표현	

(9) 원인·이유를 나타낸다.

日本留学試験の難しさ**に**驚いた。	일본유학시험의 어려움에 놀랐다.
お金**に**困っている人がいる。	돈에 쪼들리고 있는 사람이 있다.

(10) 병렬 (추가) 를 나타낸다.

💬 A：何を買ったの？	A：무엇을 샀어?
B：時計**に**帽子**に**、バッグも買ったよ。	B：시계에 모자에 가방도 샀어.

> A : 誰を招待しましたか。　　A: 누구를 초대했습니까?
>
> B : 山田さん**に**陳さん**に**、あとは小林さんを招待しました。
>
> B: 야마다 씨, 진 씨, 그리고 고바야시 씨를 초대했습니다.

へ

(1) 이동의 방향을 나타낸다.

> この電車は新宿方面**へ**行きます。　　이 전철은 신주쿠 방면으로 갑니다.
>
> 鳥が南**へ**飛んでいった。　　새가 남쪽으로 날아갔다.

COLUMN

「に」와「へ」의 사용법

이동의 의미를 나타내는 동사가 뒤에 오는 경우「に」와「へ」의 의미가 거의 같지만 뉘앙스적으로는 아래와 같은 차이가 있다:

に : 동작의 귀착・도착점을 표현한다.
へ : 동작의 방향을 표현한다.

> ① 新宿**に**行く。　　② 新宿**へ**行く。
> 　신주쿠에 간다.　　　신주쿠로 간다.
>
> ①「新宿に到着する」라는 의미를 나타내고 이동의 최종 목적지가「新宿」가 된다.
> ②「新宿へ向けて移動する」라는 의미를 나타내고 이동의 방향이「新宿方面」이 된다.

「に」와 자주 함께 사용되는 동사는「着く」「達する」「至る」등이며,「へ」와 자주 함께 사용되는 동사는「発つ」「向かう」「赴く」등.

「へ」의 뒤에「の」가 붙을 수 있는 것에 반해「に」는 이러한 사용법이 없다.

> ファン**へ**のメッセージを発表しました。
> 팬들에게 메시지를 발표했습니다.

と

(1) 2개 이상의 명사를 나열해서 병립을 나타낸다.

| 私は日本語と英語と韓国語ができます。 | 저는 일본어와 영어와 한국어를 할 수 있습니다. |

(2) 동작의 대상・공동 행위자를 나타낸다.

| 彼女と結婚します。 그녀와 결혼합니다. | 友達と買い物に行きました。 친구와 쇼핑을 갔습니다. |

(3) 비교를 나타낸다.

| 私の考えは先生のと違います。 | 내 생각은 선생님 생각과 다릅니다. |
| 李さんはお母さんと本当に似ていますね。 | 이 씨는 어머니와 정말로 닮았네요. |

(4) 인용의 내용을 나타낸다.

| 私は正しくないと思います。 | 나는 옳지 않다고 생각합니다. |
| 寝る前に「おやすみなさい」と言います。 | 자기 전에 「안녕히 주무세요」라고 말합니다. |

(5) 동작이나 작용의 결과.

| 前回の会議資料が、一部変更となります。 | 지난 번 회의자료가 일부 변경되었습니다. |

で

(1) 동작이 이루어지는 장소를 나타낸다.

| 日本で会社を経営しています。 | 일본에서 회사를 경영하고 있습니다. |
| コンビニで弁当を買いました。 | 편의점에서 도시락을 샀습니다. |

(2) 수단・도구・방법을 나타낸다.

日本人と中国人は箸(はし)で食べます。	일본인과 중국인은 젓가락으로 먹습니다.
鉛筆で名前を書いてください。	연필로 이름을 써주세요.
新幹線で大阪へ行きます。	신칸센으로 오사카에 갑니다.

(3) 원인이나 이유를 나타낸다.

| 病気で会社を休みました。 | 병으로 회사를 쉬었습니다. |

（4） 재료를 나타낸다.

| 小麦粉（こむぎこ）で麺（めん）を作ります。 | 밀가루로 면을 만듭니다. |
| おにぎりは米で作ります。 | 주먹밥은 쌀로 만듭니다. |

（5） 범위를 나타낸다.

| 日本で一番大きい湖（びわこ）は琵琶湖です。 | 일본에서 제일 큰 호수는 비와호입니다. |

（6） 상태를 나타낸다.

| 中国の魅力を全力で伝えよう！ | 중국의 매력을 온 힘을 다해 전하자! |
| 裸（はだか）で寝ると熟睡（じゅくすい）できる。 | 알몸으로 자면 숙면할 수 있다. |

（7） 행위자의 수량을 나타낸다.

| 一人で旅行に行く。 혼자서 여행을 간다. | みんなで応援する。 다 함께 응원한다. |

（8） 사안의 성립에 필요한 시간 등의 양을 나타낸다.

| １年間で日本語が上手になった。 | 1년 사이에 일본어를 잘하게 되었다. |
| 1000円で十分です。 | 1000엔으로 충분합니다. |

や

（1） 병렬을 나타낸다.

| トマトやキャベツが好きです。 | 토마토와 양배추를 좋아합니다. |

から

（1） 기점을 나타낸다.

| 高田馬場（たかだのばば）から歩いて行きます。 | 다카다노바바부터 걸어갑니다. |
| 今日は忙しいから、明日から頑張ろう。 | 오늘은 바쁘니까 내일부터 분발하자. |

（2） 원재료를 나타낸다.

| ワインはぶどうから作ります。 | 와인은 포도로 만듭니다. |
| 大豆（だいず）から味噌（みそ）を作る。 | 대두로 된장을 만든다. |

(3) 원인을 나타낸다.

不注意(ふちゅうい)**から**事故が起こった。　　부주의로 사고가 일어났다.

ストレス**から**うつ病(びょう)になった。　　스트레스로 우울증에 걸렸다.

(4) 동작·작용의 출처를 나타낸다.

田中さん**から**聞いた話です。　다나카 씨에게 들은 이야기입니다.　　先生**から**叱(しか)られた。　선생님에게 혼났다.

COLUMN

「～から作る」「～で作る」의 차이

「～から作る」: 원료에서 완제품으로의 변화가 현저하여 완성품을 봐도 그「기원」이 되는 것을 알 수 없다.

「～で作る」: 재료에서 완성품으로의 변화가 적어 완성품을 보고 그「기원」이 되는 것을 알 수 있다.

大豆(だいず)**から**味噌(みそ)を作る。
원재료는 추측할 수 없다
대두로 된장을 만든다.

毛糸(けいと)**で**セーターを編(あ)む。
원재료는 보고 바로 알 수 있다
털실로 스웨터를 짠다

より

(1) 비교의 기준을 나타낸다.

大阪**より**東京は人が多いです。　　오사카보다 도쿄가 사람이 많습니다.

(2) 장소나 시간의 기점을 나타낸다.

京都**より**配信(はいしん)をしています。　　교토에서 전송을 하고 있습니다.

これ**より**試験を始めます。　　지금부터 시험을 시작합니다.

(3) 한정을 나타낸다. (부정의 말이 뒤에 온다)

努力する**より**ほかに成功する道はない。　　노력하는 것 외에 성공할 길은 없다.

ADVANCED (EJU etc.)

改革開放以来の中国は、著しい発展を遂げてきた。
　　　　　　연체수식　　　　　　동작의 대상
개혁개방 이후의 중국은 현저한 발전을 이룩해 왔다.

肩が凝るときに、ちゃんと揉めば痛みを解消できる。
　　주어　　시점　　　　　　동작의 대상
어깨가 뭉쳤을 때에 잘 주무르면 통증을 해소할 수 있다.

私は好奇心に駆り立てられ、旅に出た。　나는 호기심에 이끌려 여행을 떠났다.
　　　　수동의 동작주　　　　　목적

その店主は、不景気で物が売れないと嘆いている。
　　　　　　　원인　주어　　　　인용
그 점주는 불경기로 물건이 팔리지 않는다고 한탄하고 있다.

ホームドアの設置は、転落防止と遅延対策に資する。
　　　　연체수식　　　　　　병립　　　대상
스크린 도어 설치는 추락 방지와 지연 대책에 도움이 된다.

かつて中国から日本に取り入れられた漢語も、今や日本語の一部となった。
　　　　　　기점　도착점　　　　　　　　　　　　　　연체수식　결과
옛날에 중국에서 일본에 도입된 한자어도 지금은 일본어의 일부가 되었다.

<2> 접속조사

접속조사는 동사·형용사 등의 용언이나 조동사의 뒤에 붙어 **앞 뒤의 문절을 잇고 앞 뒤의 관계를** 나타낸다.

(1) 접속조사의 기능

① 순접
순접의 기능을 하는 접속조사는 순당한 사안이 뒤에 이어진다.

> ば、と、ので、から、て(で)

雨が降れば花火大会は中止だ。	雨が降ったので、花火大会は中止になった。
가정의 순접	확정의 순접
비가 내리면 불꽃축제는 중지다.	비가 내려서 불꽃축제는 중지되었다.

2 역접

역접의 기능을 하는 접속조사는 예상외（반대）의 결과가 뒤에 이어진다.

`が、ても（でも）、ところで、のに、ものの、ながら、けれど 等`

たとえ雨が降っ**ても**、花火大会は中止しない。 　　　　　　가정의 역접	만약 비가 내려도 불꽃축제는 중지하지 않는다.
雨が降った**けれど**、花火大会は楽しかった。 　　　　　확정의 역접	비가 내렸지만 불꽃축제는 즐거웠다.

가정 : 아직 일어나지 않은 일을 표현한다

확정 : 과거에 일어난 일이나 확실하게 일어날 일을 표현한다

3 병립

병립의 기능을 한다.

`ば、が、けれど（けれども）、し、て（で）、たり（だり）`

東京も寒い**が**、上海も寒い。	도쿄도 춥지만 상하이도 춥다.
この店は安い**し**、おいしい。	이 가게는 싸고 맛있다.
本を読ん**だり**、映画を見**たり**する暇もありません。	책을 읽거나 영화를 볼 여유도 없습니다.
この広場は広く**て**大きいです。	이 광장은 넓고 큽니다.

4 연용수식

접속조사가 붙은 문절（연문절）의 기능으로서 1～3 이외의 의미로 사용되는 경우는 연용수식어를 만들고 부사적인 의미를 갖는다.

연용수식어란 용언을 수식하는 것으로 「いつ・どこで・どのように」 등 용언을 상세하게 설명한다.

`が、けれど（けれども）、て（で）、ながら、たり（だり）、つつ 等`

연용수식어 ご飯を食べ**ながら** 話す。 　　수식부　　　　　피수식	밥을 먹으면서 이야기한다.

車を頻繁に買い替え**たり**　する若い世代がいる。
　　　　　[연용수식어]
수식부　　　　　피수식　　　　　　차를 빈번하게 바꾸거나 하는 젊은 세대가 있다.

5 특별한 형태

`が、けれど (けれども)` 는 서두를 제시한다.

すみません**が**、醤油を取ってくれませんか。　　죄송하지만 간장을 집어주겠습니까?

明日の歓迎会です**けれども**、18時から開始します。　내일 환영회말인데요 18시부터 시작합니다.

ADVANCED(EJU etc.)

論文では重要でない部分は簡略に説明すれ**ば**いい。
　　　　　　　　　　　　　　　　　　　　가정의 순접
논문에서는 중요하지 않은 부분은 간략하게 설명하면 된다.

来週の会議にはカジュアルな服装で出席し**ても**構わない。
다음 주 회의에는 캐주얼한 복장으로 출석해도 괜찮다.　가정의 역접

このポイントは見落とされがちな**ので**、試験によく出されます。
　　　　　　　　　　　　　　　　확정의 순접
이 포인트는 놓치기 쉬우므로 시험에 자주 나옵니다.

渋滞を嫌って、高速を降りた**ものの**、一般道路も同じような状況であった。
　　　　　　　　　　　　　확정의 역접
정체를 싫어해서 고속도로를 나왔는데 일반도로도 비슷한 상황이었다.

人間ドックの前日夜9時からは何も飲ん**だり**食べ**たり**してはいけない。
　　　　　　　　　　　　　　　　　　　병립　　　병립
건강검진 전날밤 9시부터는 아무것도 마시거나 먹으면 안된다.

「空気を読む」とは、場の雰囲気を感じ**ながら**人と接することです。
　　　　　　　　　　　　　　　　　　　연용수식
「공기를 읽는다」란 장소의 분위기를 느끼면서 사람과 접하는 것입니다.

(2) 주요 접속조사의 의미

`ば`

(1) 가정의 순접.

| 安ければ買う。 | 싸면 산다. |

(2) 확정의 순접.

| 秋になれば、葉が落ちる。 | 가을이 되면 잎이 떨어진다. |

(3) 병립의 관계.

| 苦もあれば、楽もある。 | 고생도 있는가 하면 즐거움도 있다. |

と

(1) 가정의 순접.

| 試験に受かるといいですね。 | 시험에 붙으면 좋겠네요. |

(2) 확정의 순접.

| 春になると、花が咲く。 | 봄이 되면 꽃이 핀다. |
| トンネルを抜けると雪国だった。 | 터널을 빠져나오니 설국이었다. |

(3) 가정의 역접.

| 誰になんと言われようと、諦めない。 | 누가 뭐라고 해도 포기하지 않는다. |

て(で)

(1) 확정의 순접.

| 電車が遅れて、試験に間に合わなかった。 | 전철이 지연되어 시험에 늦었다. |

(2) 연용수식 (단순접속).

| 学校に行って、教育を受ける。 | 학교에 가서 교육을 받는다. |

(3) 병립의 관계.

| このケーキは安くておいしいです。 | 이 케이크는 싸고 맛있습니다. |

(4) 보조의 관계. (▶ 「동사」 70페이지)

| 本に字を書いてみる。 | 책에 글씨를 써 본다. |
| 「みる」: 보조동사 | |

> 本に字を書い**て**しまう。　　책에 글씨를 써버린다.
> 　　　「しまう」: 보조동사

ても (でも)

(1) 가정의 역접.

> たとえ雨が降っ**ても**、明日の大会は中止しません。　　만약 비가 내려도 내일 대회는 중지하지 않습니다.

(2) 확정의 역접.

> 薬を飲ん**でも**、咳が止まらない。　　약을 먹어도 기침이 멈추지 않는다.

けれど (けれども)

(1) 확정의 역접.

> 毎日日本語を聞いている**けれど (けれども)**、聴解力が上がりません。
> 매일 일본어를 듣고 있지만 청해력이 늘지 않습니다.

(2) 병립의 관계.

> アウトドアスポーツも好きだ**けれども**、インドアスポーツも好きだ。
> 아웃도어 스포츠도 좋아하지만 인도어 스포츠도 좋아한다.

(3) 단순접속 (서두).

> あなたのお考えです**けれども**、少々問題があると思います。
> 당신의 생각입니다만 조금 문제가 있다고 생각합니다.

が

(1) 확정의 순접.

> 日本語を勉強した**が**、あまりできません。　　일본어를 공부했지만 별로 못합니다.

(2) 병립의 관계.

> アウトドアスポーツも好きだ**が**、インドアスポーツも好きだ。
> 아웃도어 스포츠도 좋아하지만 인도어 스포츠도 좋아한다.

(3) 단순접속 (서두).

> あなたのお考えです**が**、少々問題があると思います。　　당신의 생각입니다만 조금 문제가 있다고 생각합니다.

のに

(1) 확정의 역접.

뒷 일의 결과가 전문에서 예상되는 것과는 반대라는 것을 나타낸다. 많은 경우 화자의 놀라움이나 의외, 불만 등의 심정을 포함한다.

時間がある**のに**、どうして復習しないのですか。 시간이 있는데 어째서 복습하지 않습니까?

ので

(1) 확정의 순접. 원인과 이유를 나타낸다.

電車が遅れた**ので**、遅刻しました。 전철이 지연되어서 지각했습니다.

から

(1) 확정의 순접. 원인이나 이유를 나타낸다. 뒤에 흔히 부탁, 의향, 명령, 추측의 의미를 나타내는 문장이 온다.

時間がないです**から**、急いでください。	시간이 없으니까 서둘러 주세요.
非常においしい**から**、もう少し食べたい。	아주 맛있어서 조금 더 먹고 싶다.
すぐに戻る**から**、心配するな。	바로 돌아오니까 걱정하지마.
今日は祝日です**から**、店は閉まっているでしょう。	오늘은 공휴일이니까 가게는 닫혀있겠죠.

COLUMN

「ので」와 「から」의 사용법

「ので」 : 객관적 인과관계를 나타낸다 (정중하고 부드러운 표현)

「から」 : 주관적인 이유를 나타낸다 (자신의 의견의 주장이 강하다)

地震で電車が止まった**から**、遅れました。

지진으로 전철이 멈췄기 때문에 늦었습니다.
(개인의 주관적인 이유는 진술 색채가 강해 "나 때문이 아니라 전철 문제"라고 강조한다. 미안한 어조가 약하다.)

地震で電車が止まった**ので**、遅れました。

지진으로 전철이 멈추어서 늦었습니다.
(부드럽고 예의바른 표현으로 인과관계만을 진술하며 미안한 말투가 나타난다.)

	「〜から」	「〜ので」
문체	주로 구어체.	문어체와 구어체 모두 사용할 수 있다.
주관성	자신의 의견을 강하게 주장한다. 주관적인 이유를 말한다.	객관적인 인과관계를 말한다.
의지표현	다양한 의지표현 (추측, 명령, 권유 등) 을 사용할 수 있다.	명령 등의 강한 의지표현은 사용할 수 없다.
정중도	표현에 따라서는 정중함이 부족한 표현이 된다.	정중하고 부드러운 표현

し

(1) 병립의 관계.

年収も高い**し**、性格もいい。　연수입도 높고 성격도 좋다.

ながら

(1) 확정의 역접.

本当のことを知り**ながら**、知らないふりをしている。　사실을 알면서 모르는 척 하고 있다.

(2) 연용수식 (동작의 동시진행).

ビールを飲み**ながら**テレビを見ます。　맥주를 마시면서 TV를 봅니다.

たり (だり)

(1) 병립의 관계.

週末には、本を読ん**だり**、映画を見**たり**します。　주말에는 책을 읽거나 영화를 봅니다.

(2) 연용수식 (예시).

人に迷惑をかけ**たり**するのはよくないよ。　남에게 민폐를 끼치거나 하는 것은 좋지 않아요.

ものの

(1) 확정의 역접.

> 自分はわかっている**ものの**、他人に説明するのは難しい。
> 자신은 알고 있지만 남에게 설명하는 것은 어렵다.

ところで

(1) 가정의 역접.

> この問題は親に相談した**ところで**、どうにもならないでしょう。
> 이 문제는 부모님에게 상담해 보았자 어떻게 할 도리가 없을 것입니다.

つつ

(1) 확정의 역접.

> 悪いと知り**つつ**、何の理由もなく欠席した。
> 나쁘다는 것을 알지만 아무 이유도 없이 결석했다.

(2) 연용수식 (동작의 동시진행).

> 従来(じゅうらい)の事業を維持し**つつ**、新しい製品・サービスで新市場に進出する。
> 기존의 사업을 유지하면서 새로운 제품, 서비스로 신시장에 진출한다.

(3) 연용수식 (동작의 계속).

> 農村部(のうそんぶ)の人口が減(へ)り**つつ**ある。
> 농촌부의 인구가 줄어들고 있다.

<3> 부조사

부조사는 여러 가지 단어에 붙어 다양한 의미를 첨가한다.

(1) 부조사의 기능

부조사는 **강조·유추·병립·한정·정도·예시·불확실** 등의 의미를 부여한다. 부조사는 명사나 조사뿐만 아니라 용언이나 조동사 등에 붙을 수 있다.

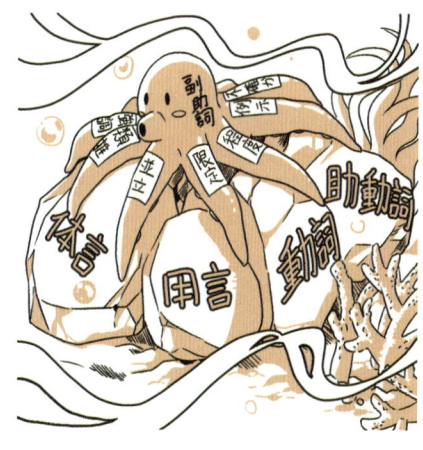

ビール**は**飲まない。 　　　한정주제	맥주는 마시지 않는다.
ビール**こそ**人生の楽しみだ。 　　　강조	맥주야말로 인생의 즐거움이다.
ビール**さえ**飲めない。 　　　유추	맥주조차 마시지 못한다.
ビール**も**日本酒**も**大好きだ。 　　　병립　　　병립	맥주도 청주도 아주 좋아한다.
ビール**しか**飲まない。 　　　한정	맥주밖에 안 마신다.
ぬるいビール**ほど**まずいものはない。 　　　　　정도	미지근한 맥주만큼 맛없는 것은 없다.
ビール**くらい**飲ませてくれ。 　　　한정	맥주정도 마시게 해줘.
ビール**など**の飲み物は持ち込み禁止だ。 　　　예시	맥주 등의 음료는 반입금지다.
どこ**か**でビールを飲んでいる。 　　불확실	어딘가에서 맥주를 마시고 있다.

(2) 주요 부조사의 의미

は

(1) 주제 (제목) 를 나타낸다.

私**は**中国人です。　　나는 중국인입니다.

(2) 한정을 나타낸다.

日本酒**は**飲みません。청주는 마시지 않습니다. 다른 것과 구별하여 끄집어 내어 말한다.

COLUMN

「今日はきれいだね。」

아내나 애인에게 이렇게 말할 때 「は」 에 의해 「きれい」 가 「今日」 에 한정되므로 상대방이 「今日だけなの？じゃ昨日はきれいではなかったという意味？」 라고 생각해버리게 된다. 그러므로 「今日もきれいだね」 라고 말하는 것이 좋다.

(3) 강조의 의미를 더한다.

> もう迷い**は**しない。　　이제 망설임은 없다.

(4) 비교・대비를 나타낸다.

> 食べること**は**好きですが、作ること**は**好きではありません。
> 먹는 것은 좋아합니다만 만드는 것은 좋아하지 않습니다.

COLUMN

「は」와 「が」의 구별

1 「は」의 주요 사용법

(1) 주제 (문장의 화제의 중심이 되는 사안) 를 나타낸다.

> 中国**は**人口が多いです。　　중국은 인구가 많습니다.

(2) 강조를 나타낸다.

> お酒を飲ん**で**はいけません。　　술을 마시면 안됩니다.

(3) 비교・대조를 나타낸다.

> 食べること**は**好きだが、作ること**は**好きではない。
> 먹는 것은 좋아하지만 만드는 것은 좋아하지 않는다.

2 「が」의 주요 사용법

(1) 주어.

> 李さん**が**明日うちの会社に来ます。
> 이 씨가 내일 우리 회사에 옵니다.

(2) 자연현상.

> 雨**が**降ります。　　비가 내립니다.

주제는 통상 문두에 있고 문장 내용의 대상, 범위, 화제로 전체 문장을 지배한다.
주어는 술어가 표현하는 동작이나 존재의 주체가 된다.

문장에 따라 주제와 주어가 일치하는 경우도 있고 주제와 주어가 다른 경우도 있다.

> 君**は**美しいです。(「君」: 주제&주어)　　당신은 아름답습니다.
>
> このケーキ**は**李さん**が**買ったのです。(「ケーキ」: 주제, 「李さん」: 주어)
> 이 케이크는 이 씨가 산 것입니다.
>
> 李さん**は**背**が**高いです。(「李さん」: 주제, 「背」: 주어)　　이 씨는 키가 큽니다.

3 「は」와 「が」의 사용 구분

(1) 「기지・구정보」: 「は」, 「미지・신정보」: 「が」. 「が」는 주어의 부분을 강조하고 「は」는 술어의 부분을 강조한다.

💬 A: ここに携帯**が**あったんですが。

    (「携帯」: 미지정보)

B: どんな携帯ですか。

A: その携帯**は**iPhoneの最新型で、黒いです。

    (「携帯」: 기지정보)

A: 여기에 핸드폰이 있었습니다만.
B: 어떤 핸드폰입니까?
A: 그 핸드폰은 iPhone 최신형으로 검은색입니다.

💬 A: 私**は**先生です。(「先生」의 부분이 강조되고 있다)

B: 私**が**先生です。(「私」의 부분이 강조되고 있다)

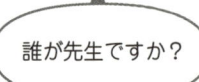

私**は**先生です。 私**が**先生です。

「は」는 기지정보를 제시한다. 「先生」의 부분이 중요정보가 된다.

「が」는 미지정보를 제시한다. 「先生」가 기지정보이며 「が」에 의해 제시되는 「私」가 새로운 정보로 강조되고 있다.

(2) 의문사 (何 / だれ / どこ / どれか) 가 주어로 있다 : 「が」, 의문사가 술어로 있다 : 「は」.

A: 明日**誰が**北京へ行きますか。	A: 내일 누가 베이징에 갑니까?
B: 私**が**行きます。	B: 제가 갑니다.
それ**は何**ですか。	그것은 무엇입니까?

(3) 존재를 나타내는 표현

① 장소 に 물건/사람 が ある / いる
② 물건/사람 は 장소 に ある / いる

A: 机の上に猫**が**いる。	A: 책상 위에 고양이가 있다.
B: 猫**は**机の上にいる。	B: 고양이는 책상 위에 있다.

(4) 「N1はN2が～」의 구문에서 「は」는 주제를 제시하고 「が」는 「N1」의 희망·능력·호오 등의 대상을 나타낸다. 「N1」의 부분은 생략되는 경우가 많다.

N1 **は** N2 が ～
　주제

張さん**は**日本語**が**上手です。(능력)	장 씨는 일본어를 잘합니다.
私**は**英語**が**読める。(능력)	나는 영어를 읽을 수 있다.
彼女**が**欲しいです。(희망)	여자친구를 원합니다.
コーラ**が**飲みたいです。(희망)	콜라를 마시고 싶습니다.
可愛い動物**が**好きです。(호오)	귀여운 동물을 좋아합니다.

(5) 복문에서는 주절의 주어는 「は」, 종속절의 주어는 「が」로 된다. 주절의 주어는 생략되는 경우가 많다.

私**は**息子**が**書いた作文を読みました。	나는 아들이 쓴 작문을 읽었습니다.
(私は)いつも夫**が**出勤してから家を出ます。 주절의 주어는 「私は」로 여기서는 생략되어 있다	(나는)항상 남편이 출근하고나서 집을 나갑니다.

も

(1) 동류를 나타낸다.

彼**も**行きません。　　　　　그도 가지 않습니다.

(2) 강조를 나타낸다.

このカバンは10万円**も**した。　　이 가방은 10만엔이나 했다.

(3) 병렬을 나타낸다.

中国**も**日本**も**高齢化が進んでいる。　중국도 일본도 고령화가 진행되고 있다.

こそ

(1) 강조를 나타낸다.

このような逆境(ぎゃっきょう)**こそ**本当の実力を発揮(はっき)する時だ。
이러한 역경이야말로 진짜 실력을 발휘할 때다.

さえ

(1) 극단적인 예를 나타낸다.

日本に来たばかりの彼はひらがな**さえ**読めない。　일본에 막 온 그는 히라가나조차 읽지 못한다.

(2) 최저한의 조건을 나타낸다.

あなた**さえ**そばにいれば満足だ。　　당신만 곁에 있으면 만족이다.

(3) 첨가를 나타낸다.

雨が止んだだけでなく、太陽**さえ**出てきた。　비가 그쳤을 뿐만 아니라 해마저 났다.

しか

(1) 한정을 나타내고 부정과 함께 사용한다.

自分で我慢する**しか**方法がない。　　자신이 참는 것밖에 방법이 없다.

ばかり

(1) 정도를 나타낸다.

1000円**ばかり**貸してくれますか。　　1000엔 정도 빌려주겠습니까?

(2) 한정을 나타낸다.

この子は毎日ゲーム**ばかり**やっています。　　이 아이는 매일 게임만 하고 있습니다.

(3) 동작이 발생한 직후에 어떤 일을 나타낸다.

私は着いた**ばかり**です。　　나는 막 도착했습니다.

だけ

(1) 한정을 나타낸다.

あなた**だけ**に教えます。　　당신에게만 가르쳐줍니다.

(2) 정도를 나타낸다.

できる**だけ**多くのひとに見てもらいたい。　　가능한 한 많은 사람이 봐주기 바란다.

ほど

(1) 정도를 나타낸다.

死ぬ**ほど**練習しました。　　죽을만큼 연습했습니다.

病院にいく**ほど**の症状ではありません。　　병원에 갈 정도의 증상은 아닙니다.

MORE+ 관련문형

ほど～ない : 비교를 나타낸다.

今年11月の気温は去年**ほど**高く**ない**。　　올해 11월의 기온은 작년만큼 높지 않다.

練習**ほど**嫌なものは**ない**。　　연습만큼 싫은 것은 없다.

～ば～ほど : 한 쪽의 정도가 변하면 그것과 함께 다른 쪽도 변한다.

練習すれ**ば**する**ほど**上手になる。　　연습하면 할수록 잘 하게 된다.

考えれ**ば**考える**ほど**不安は大きくなる。　　생각하면 할수록 불안은 커진다.

くらい (ぐらい)

(1) 정도를 나타낸다.

少し**ぐらい**のお酒は健康にいい。　　조금 정도의 술은 건강에 좋다.

(2) 한도를 나타낸다.

> 掃除**くらい**自分でしなさい。　청소 정도 스스로 하세요.

POINT 「くらい」 와 「ぐらい」

일반적으로 말하면 체언 (명사) 에는 「ぐらい」가 붙고 コソアド형의 연체형 (この·その·あの·どの) 에는 「くらい」가 붙는다. 용언과 조동사에는 어느 것을 붙여도 된다. 현재는 어느 쪽을 사용해도 되고 엄밀한 사용법이 없다.

など

(1) 예시를 나타낸다.

> 輸入品や高級品**など**を売る店です。　수입품이나 고급품 등을 파는 가게입니다.

(2) 가볍게 취급한다. 부정적·반어적 표현을 수반하는 경우가 많다.

> 遊ぶ余裕(よゆう)**など**あるわけないでしょう。　놀 여유 따위 있을 리가 없어요.

きり

(1) 한정을 나타낸다.

> 男女二人**きり**で食事したり飲みに行ったりする。　남녀 둘이서만 식사하거나 마시러 간다.

なり

(1) 예시를 나타낸다.

> 担任(たんにん)に**なり**相談したらいいと思う。　담임이 되어 상담하면 좋다고 생각한다.

(2) 병립을 나타낸다 「～なり～なり」.

> 掃除**なり**買い物**なり**親を手伝ってください。　청소든 쇼핑이든 부모님을 도와주세요.

やら

(1) 불명확을 나타낸다.

> ボトルの底に何やら黒い塊のようなものが沈殿している。
> 병 밑에 무언가 검은 덩어리 같은 것이 침전되어 있다.

(2) 병립을 나타낸다.

> 宿題やらレポートやらで、のんびりする時間もない。
> 숙제며 리포트며 한가롭게 있을 시간도 없다.

MORE+ 관련문형의 차이

～とか～とか　V辞・A・NA・N＋とか

- 의미: 예시하여 열거한다. 「～や～など」에 비하면 조금 캐주얼하다.
- 예문: 庭にはアジサイとか、バラとか、いろいろな花が植えてある。
  정원에는 수국이라든가 장미 등 여러 가지 꽃이 심어져 있다.

～だの～だの　V辞・A・NA・N＋だの

- 의미: 예를 복수로 들어 말한다. 화자의 불만이나 비난의 감정이 들어가는 경우가 많다. 주로 구어체.
- 예문: 好きだの嫌いだの、わがままばかり言う。
  좋다느니 싫다느니 제 고집대로 말한다.

～やら～やら　V辞・A・NA・N＋やら

- 의미: 대표 예를 한 두가지 든다. 어떤 모습인지 모를 때, 어느 것으로 결정하기 어려운 경우에 사용하는 경우가 많다. 주로 구어체.
- 예문: 嬉しいやら恥ずかしいやら、どうしていいかわからなかった。
  기쁘기도 하고 부끄럽기도 해서 어찌해야 좋을지 몰랐다.

ずつ

(1) 수량을 등분으로 할당하는 의미를 나타낸다.

> （一人）三つずつ好きなお菓子を選んでください。
> (한 사람당)3개씩 좋아하는 과자를 골라 주세요.

(2) 일정량으로 반복하는 뜻을 나타낸다.

> 少しずつこの小説を読み終わった。　　조금씩 이 소설을 다 읽었다.

> でも

(1) 극단적인 예를 들어 다른 것을 유추하게 한다.

| この問題は先輩**でも**分からなかった。 | 이 문제는 선배라도 몰랐다. |

(2) 대략적인 예를 든다.

| まだ時間があるから、コーヒー**でも**飲もう。 | 아직 시간이 있으니까 커피라도 마시자. |

(3) (불특정을 가리키는 말 「なに（なん）」「だれ」「いつ」「どこ」 등에 붙어) 모든 경우를 긍정하는 것을 나타낸다.

| だれ**でも**知っている。 | 누구든지 알고 있다. |

> か

(1) 불확실을 나타낸다.

| いつ**か**どこ**か**の空の下でまた会おう。 | 언젠가 어딘가의 하늘 아래서 다시 만나자. |

(2) 병립을 나타낸다.

| 行ける**か**行けない**か**さっさと言いなさい。 | 갈 수 있는지 없는지 빨리 말해라. |
| 美容室に行く**か**、やめる**か**迷っている。 | 미용실에 갈지 말지 망설이고 있다. |

> まで

(1) 시간이나 거리의 종점.

| 駅**まで**歩いて10分くらいかかります。 | 역까지 걸어서 10분 정도 걸립니다. |

(2) 정도・한도를 나타낸다.

| ちょっと聞いてみた**まで**です。(≒だけ) | 조금 들어 본 정도입니다. |

(3) 극단적인 예를 들어 사안이 높은 정도에 도달했음을 나타낸다.

| 敬語**まで**ペラペラしゃべれるようになった。 | 경어까지 유창하게 말할 수 있게 되었다. |

COLUMN

「まで」와「までに」의 차이

まで : 일정시간（기간）계속하는 행위・동작・사건을 나타내는 동사（예 : 待つ , いる）와 연결되어 동작이나 상태가 일정 시점까지 계속되는 것을 나타낸다 .

> きのうは夜中の１時**まで**勉強していた。　　어제는 밤 1시까지 공부했다 .

までに : 일회성 , 계속되지 않는 행위・동작・사건을 나타내는 동사（예 : 返す , 提出する）와 연결되어 동작의 기한이나 마감을 나타낸다 .

> ６時**までに**、レポートを出さなければならない。　6시까지 리포트를 내야한다 .

<4> 종조사

종조사는 주로 문말에 붙어 **의문, 반어, 금지, 감동, 권유** 등 여러 가지 의미를 덧붙인다.

(1) 종조사의 기능

종조사는 화자의 감정을 나타내는 기능을 한다. 구체적으로 아래와 같은 예가 있다.

ビールを飲みます**か**。 의문		맥주를 마십니까 ?
ビールを飲む**な**。 금지		맥주를 마시지마 .
ビールはおいしい**(な) なあ**。 감동		맥주는 맛있구나 .
ビールはおいしい**ね**。 감동		맥주는 맛있네 .
ビールを飲みに来て**ね**。 확인		맥주를 마시러 와 .

ビールを飲む**ぞ**。 　　　　　확인	맥주를 마셔야지. / 맥주를 마실거야.
ビールを飲みに行こう**よ**。 　　　　　　　　확인	맥주 마시러 가자.
ビール**よ**、おいしくなれ！ 　　　호소	맥주야, 맛있어져라!

(2) 주요 종조사의 의미

か

(1) 의문의 의미를 나타낸다.

どこに行きます**か**。	어디에 갑니까?

(2) 반어를 나타낸다.

こんなにおいしいものが他にあるのだろう**か**。	이렇게 맛있는 것이 또 있을까?

(3) 감동을 나타낸다.

やっと終わった**か**。	겨우 끝난 것인가.

な

(1) 금지를 나타낸다.

余計な事をしゃべる**な**。	쓸데없는 것을 말하지 마.

な (なあ)

(1) 감동을 나타낸다.

この本は本当に分かりやすい**な (なあ)**。	이 책은 정말로 알기 쉽구나.

(2) 확인하는 의미를 나타낸다.

犯人はこの三人の中にいるのは間違いない**な**。	범인은 이 세 명 중에 있는 것은 틀림없어.

とも

(1) 강조 (강한 단정) 를 나타낸다.

💬 A：お酒はやめますか。　B：きっとやめます**とも**。 　A：술은 끊습니까? 　B：반드시 끊고 말고요.	

よ

(1) 호소를 나타낸다.

| 少年**よ**、君は強くなる。 | 소년이여, 너는 강해진다. |

(2) 확인하는 의미를 나타낸다.

| 二度と入ってはいけない**よ**。 | 두 번 다시 들어가면 안돼요. |

(3) (추측의 조동사 「う」「よう」에 붙어) **권유와 약한 확인의 뜻을 나타낸다.**

| 明日一緒に行きましょう**よ**。 | 내일 같이 가요. |

の

(1) 의문의 의미를 나타낸다. (상승조)

| なぜそれをみんなに言った**の**。 | 왜 그걸 모두에게 말했어? |

(2) 가벼운 단정의 의므를 나타낸다. (여성이나 아동이 사용하는 말) (하강조)

| お金、使っちゃった**の**。 | 돈, 써버렸어. |

わ

(1) 감동이나 놀라움의 의미를 나타낸다.

| 指定席の完売が早かった**わ**。 | 지정석 완판이 빨랐어. |

(2) 주장을 부드럽게 말한다. (주로 여성어)

| これだけ有れば十分だ**わ**。 | 이것만 있으면 충분해. |

ぞ

(1) 확인. (주장, 판단, 결의)

| 自由恋愛なら応援する**ぞ**。 | 자유연애라면 응원하겠어. |
| 明日はテストだ**ぞ**。忘れるな。 | 내일은 시험이야. 잊지마. |

ね (ねえ)

（1） 감동・영탄의 의미를 나타낸다.

> あなたの文章は素晴らしい**ね**。　　당신의 글은 훌륭하군.

（2） 상대방에게「동의・공감」을 구한다.

> 今日のテストは難しかった**ね**。　　오늘 시험은 어려웠어.

（3） 확인.

> 朝食(ちょうしょく)はしっかり食べて**ね**。　　아침은 제대로 먹어라.

さ

（1） 판단이나 주장을 나타낸다.（다소 내뱉는 의미）

> 負けるに決まっている**さ**。　　질 것이 뻔해.
>
> 今どき、誰でも携帯を持っている**さ**。　　요즘 누구나 핸드폰을 갖고 있지.

かしら

（1） 가벼운 의심・의문을 나타낸다.（주로 여성이 사용한다）

> 電車がくる**かしら**。　　전철이 오려나?
>
> どの駅で降りればいいの**かしら**。　　어느 역에서 내리면 되나?

COLUMN

종조사에 있어서 남성어와 여성어

	종조사	의미	예문
주로 남성용	さ	판단과 주장을 나타낸다	負けるに決まっている**さ**。
	ぞ	확인 (주장, 판단, 결의)	声を出したら殺す**ぞ**。
	ぜ	친근감을 넣어 가볍게 확인하는 뜻을 나타낸다.	勝負しよう**ぜ**。
주로 여성용	わ 상승조	주장을 부드럽게 말한다	そんな約束はできない**わ**。
	の	가벼운 단정의 뜻을 나타낸다	気がかわってしまった**の**。
	かしら	가벼운 의심・의문을 나타낸다	こんな夜中に誰が来たの**かしら**。

4 조사의 탈락현상

일본어의 구어체에서는 조사의 탈락현상（무조사/생략）이 자주 관찰된다. 아래와 같은 예가 있다.

조사	탈락현상	해설
は	僕（は）、行かない。 俺（は）、会社を辞める。 あの人（は）中国人だね。 今日（は）、学校に行かない。	주제에 대해 말하는 것이 명확하다.
が	何か飲み物（が）ほしい？ 声（が）かわいいね。 あ、雨（が）降り出した。	격관계에 의미의 차이가 생기지 않고 대상어나 주어임이 명확하다.
を	ケーキ（を）食べる？	동사와의 격관계가 명백하여 생략해도 의미에 차이가 나지 않는다.
に	東京（に）行くなら民泊に泊まろう！ 明日、みんなでディズニーランド（に）行こう。	도착점이나 방향임이 명확하다.
の	私は法学部（の）一年です。 私たちはイギリス（の）ロンドンにやって来ました。	소속관계가 명확하다.

확실히 일본어가 모국어인 화자의 구어체에서는 조사의 탈락현상을 자주 볼 수 있지만 외국인 일본어 학습자로서 상황이나 청자와의 친소관계를 생각하지 않고 함부로 조사를 생략하여 말하는 것은 서투른 말이 되어 어린이 같고 어설픈 일본어로 들리는 경우가 있다. 나아가서는 상대방에게 실례되는 인상을 줄 가능성이 있으므로 그 점에는 충분한 주의가 필요하다. 문어체에서는 조사의 생략은 부자연스러우며 발생하기 어렵다.

5 조사의 부적절한 사용

일본어가 모국어인 화자가 아주 자연스럽게 사용하고 있는 조사는 외국인 일본어 학습자에게 있어서는 그 사용법이 매우 복잡하고 적절하지 않은 예가 자주 보인다. 그러나 조사는 문장의 성립에 있어 큰 역할을 하고 있는 성분이며 잘못 사용하면 오해를 초래할 가능성이 있을 뿐아니라 상대방을 불쾌하게 할 우려가 있다. 특히 아래와 같은 부적절한 사용이 많이 확인되었다.

<1> 조사의 오용

외국인 일본어 학습자가 작성한 일본어에는 의미가 비슷한 조사의 오용 예가 매우 많다. 특히 아래와 같은 전형적인 오용례가 있다.

私は日本の歴史を詳しくないです。 ✗
私は日本の歴史に詳しくないです。 ○
「詳しい」 앞에 「に」 가 붙어 대상을 제시한다.
나는 일본의 역사를 잘 알지 못합니다.

今年は本気で日本語能力試験N1を合格したいです。 ✗
今年は本気で日本語能力試験N1に合格したいです。 ○
「～に合格する」가 일반적이고 「～を合格する」라고는 말하지 않는다.
올해는 정말로 일본어능력시험 N1에 합격하고 싶습니다.

クラスメートの中に、東南アジアから来た留学生は一番多いです。 ✗
クラスメートの中では、東南アジアから来た留学生が一番多いです。 ○
「では」 는 범위를 나타내고 「東南アジアから来た留学生」 가 미지의 신정보이므로 「が」 를 사용한다.
클래스 메이트 중에는 동남아시아에서 온 유학생이 가장 많습니다.

現在私は東京新宿区で住んでいます。 ✗
現在私は東京新宿区に住んでいます。 ○
「住む」는 존재를 나타내는 동사이므로 「に」 를 사용하여 존재의 장소를 나타낸다.
현재 나는 도쿄 신주쿠구에 살고 있습니다.

日曜日に佐藤さんのうちにパーティーがある。 ✗
日曜日に佐藤さんのうちでパーティーがある。 ○
사건이 일어나는 장소를 나타낼 때 「に」 가 아니라 「で」 를 사용한다.
일요일에 사토 씨의 집에서 파티가 있다.

COLUMN

「に」와「で」의 사용법 (장소를 나타낼 때)

격조사「で」는 주로 동작·행위성 동사의 경우에 사용되며 동작 또는 사건이 일어나는 장소를 나타낸다.

격조사「に」는 주로 존재성 동사인 경우에 사용되며 존재의 장소를 나타낸다. 또는 동작의 목적지, 도착점을 나타낸다.

大学でサッカーの練習をする。 — 대학에서 축구 연습을 한다.
동작이 일어나는 장소

大学でコンサートがある。 — 대학에서 콘서트가 있다.
사건이 일어나는 장소

大学に試験会場がある。 — 대학에 시험장이 있다.
존재의 장소

大学に着きました。 — 대학에 도착했습니다.
이동의 도착점

本を読んだり、携帯**を**遊んだりします。 ✕
本を読んだり、携帯**で**遊んだりします。 ○
「遊ぶ」는 자동사로 ヲ격을 사용하지 않는다.
책을 읽거나 휴대폰으로 놀거나 합니다.

李さんは文学**の**興味があります。 ✕
李さんは文学**に**興味があります。 ○
「〜に興味がある」는 일반적인 표현이고「に」는 대상을 제시한다.
이 씨는 문학에 관심이 있습니다.

壁に「立入禁止」**を**書いてある。 ✕
壁に「立入禁止」**と**書いてある。 ○
「と」는 인용을 나타낸다.
벽에「출입금지」라고 쓰여 있다.

電車を乗って、渋谷に行きます。✗
電車に乗って、渋谷に行きます。○

교통수단을 나타낼 때「~に乗る」라는 표현을 사용한다.「に」는 동작의 귀착점을 나타낸다.
전철을 타고 시부야에 갑니다.

公園で散歩しました。✗
公園を散歩しました。○

이동의 공간을 나타낼 때「を」를 사용한다.
공원을 산책했습니다.

<2> 조사의 과잉사용

조사의 과잉사용이란 본래 조사가 들어가지 않아야할 곳에 잘못하여 조사를 넣는 것이다. 예로서 특히 많은 것은 격조사「の」이다.

一日に遊んだ。✗
一日遊んだ。○

「に」는 시점을 나타내므로 여기서는 필요하지 않다.
하루 놀았다.

毎週に二回ジムに行きます。✗
毎週二回ジムに行きます。○

「毎週二回」또는「週に二回」가 올바른 표현이다.
매주 2회 헬스장에 갑니다.

負けるには原因がいろいろにある。✗
負けるには原因がいろいろある。○

「いろいろ」는 부사로「ある」를 수식할 때「に」가 붙지 않는다.
지는 데에는 원인이 여러 가지 있다.

小さいの頃からお世話になっています。✗
小さい頃からお世話になっています。○

형용사가 명사 앞에 오는 경우 즉 형용사가 명사를 수식하는 경우 (연체수식), 사이에「の」가 붙지 않는다.
어릴 때부터 신세지고 있습니다.

昨日見た**の**映画は面白かったです。 ✗
昨日見た**の**映画は面白かったです。 ○

동사 た형이 명사 앞에 오는 경우, 즉 동사 た 형이 명사를 수식하는 경우 (연체수식), 사이에 「の」가 붙지 않는다.
어제 본 영화는 재미있었다.

日本語を使う**の**仕事を探しています。 ✗
日本語を使う**の**仕事を探しています。 ○

동사 사전형이 앞에 오는 경우, 즉 동사 사전형이 명사를 수식하는 경우 (연체수식), 사이에 「の」가 붙지 않는다.
일본어를 사용하는 일을 찾고 있습니다.

絵の勉強をする**の**ために、フランスの大学に留学します。 ✗
絵の勉強をする**の**ために、フランスの大学に留学します。 ○

「ために」앞에 동사 사전형이 오는 경우 사이에 「の」가 붙지 않는다.
그림 공부를 하기 위해 프랑스의 대학에 유학합니다.

POINT	동사・조동사로 명사를 수식하는 경우
	(명사가 동사・조동사의 활용형 뒤로 이어진다)

食べるもの	○	食べる**の**もの	✗
食べたもの	○	食べた**の**もの	✗
食べないもの	○	食べない**の**もの	✗
食べなかったもの	○	食べなかった**の**もの	✗
食べているもの	○	食べている**の**もの	✗
食べていたもの	○	食べていた**の**もの	✗

실전문법항목

　私たちは、会社の会議、いろいろな委員会や裁判員制度、ひいては議会に至るまで、集団での意思決定の仕組みを、人間だけのもつ専売特許のように考えがちです。言語をもつ人間だからこそ、話し合って皆で決めることができるとする見方です。この意味で、言語をもたないハチやアリが集団意思決定を行うという話は、ただの喩え話にすぎないと思われるかもしれません。

　しかし、ヒト以外の動物種においても、動物たちの示す特定の身体姿勢や運動のパターン、発声の仕方などが投票や意見表明と同じ機能をもつことが、近年の生物学の研究から明らかにされています。こうしたかたちでのメンバーの「投票」は、多数決などの「集団決定ルール」を通じて、巣場所の選択や移動の開始など、群れ全体での統一的な行動にまとめられます。言語能力はとても重要ではあるものの、集団意思決定を行うための必要条件ではありません。

　つまるところ、集団意思決定とは、個々のメンバーの意思（「餌場Aに移動したい」、「この巣からそろそろ別の場所に引越したい」などの意思）を、群れ全体の行動選択にまとめあげる集約の仕組みに過ぎません。この意味での集団意思決定は、人間に固有ではなく、社会性昆虫のほかにも、魚類、鳥類、食肉類、霊長類などにおいてかなり広く認められます。

亀田達也『モラルの起源——実験社会科学からの問い』
独立行政法人日本学生支援機構『2019年度日本留学試験（第1回）試験問題』凡人社

CHAPTER 9 복문

PART3 문장의 구조

　표현의 필요성에 따라 2개 또는 2개 이상의 「절」을 어떤 일정한 논리관계에 의해 조합하여 더욱 복잡한 하나의 문장을 만들어 내는 것이 복문이다. 복문은 주어·술어의 관계는 둘 이상 있고 단문보다도 한 차원 높은 문법단위로 볼 수 있다. 복문의 구성과 의미를 올바르게 이해함으로써 일본어의 표현이 풍부해짐과 동시에 더욱 복잡한 글의 이해도 가능하게 된다.

CHAPTER 9 복문

1 문장의 성분

「문법의 기초」(▶5페이지) 에서 설명한 문장의 성분에는 크게 나누어 **주어, 술어, 수식어, 독립어와 접속어**가 있다※1. 수식어는 「**연체수식어**」 와 「**연용수식어**」 로 나눌 수 있다. 더욱이 여기서는 일반적으로 연용수식어와 접속어로 취급되는 **상황어, 목적어, 보충어**에 대해 설명한다.

※1 설명을 간략화하기 위해 이 장에서는 주부・술부 대신에 주어・술어로 설명을 통일한다.

상황어 : 문장에서 이야기되는 사안이 성립하기 위한 시간, 장소를 나타낸다.

목적어 : 술어의 동작 등이 미치는 대상을 나타낸다. 조사 「**を**」 로 제시한다.

보충어 : 술어의 의미 (상태, 원인 등) 를 보완하여 서술을 완전하게 하는 역할을 한다.

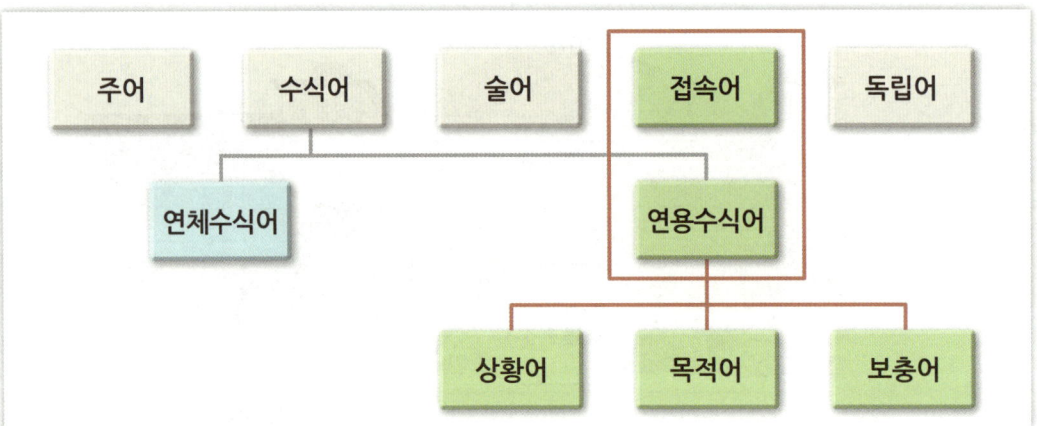

佐藤さんは	家で	家族と	朝ごはんを	食べます。	사토 씨는 집에서 가족과 아침밥을 먹습니다.
주어	①	②	③	술어	

① どこで食べるのか → 家で食べます。(상황어)
② 誰と食べるのか → 家族と食べます。(보충어)
③ 何を食べるのか → 朝ごはんを食べます。(목적어・「を」 로 제시)

2 문장의 구조

문장을 구조로 분류하면 단문・중문・복문으로 나눌 수 있다. 다만 중문은 병렬관계의 복문이라고 할 수 있으므로 설명을 단순화하기 위해 이 장에서는 중문과 복문을 합쳐서 복문으로 분류한다.

단문	한 문장 속에 주어·술어의 관계가 하나만 있다
복문	**병렬관계의 복문** : 주어·술어의 관계를 두 쌍 이상 갖고 있으며 그것이 대등관계인 문장(중문)
	주종관계의 복문 : 주어·술어의 관계를 두 쌍 이상 갖고 있으며 그 관계가 대등하지 않은 것

<1> 단문

단문은 주어·술어의 관계가 하나만 있는 문장이고 가장 심플한 문장 형태이다.

彼は	学生です。	あの山は	きれいだ。	この町が	非常に	静かだ。
주어	술어	주어	술어	주어	수식어	술어
그는 학생입니다.		저 산은 아름답다.		이 마을이 매우 조용하다.		

<2> 복문

복문이란 주어·술어의 관계가 2개 이상 있는 문장이다. 그리고 술어를 가진 단어의 덩어리를 절이라고 부른다. 따라서 복문은 복수의 절로 구성된 문장이다. 복수절 중 문말의 술어를 중심으로 한 절을 **주절**이라고 부른다. 주절 이외의 절은 **접속절**이라고 부르며 주절과의 관계에서 접속절을 다시 **병렬절**과 **종속절**로 나눈다.

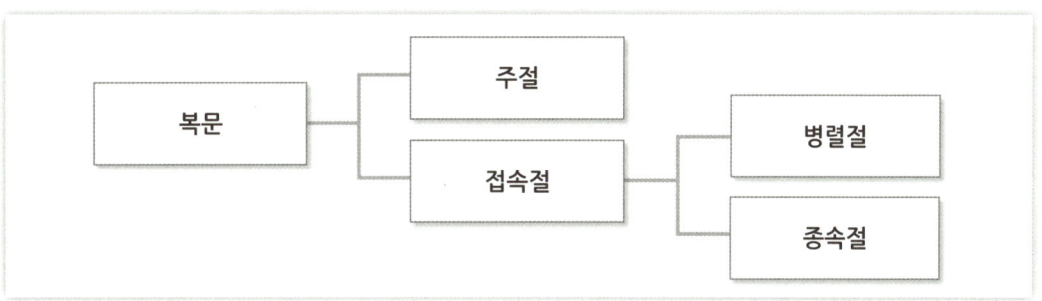

卒業後、**田中さんは東京へ行き**、佐藤さんは大阪へ行った。
　　　　　　병렬절　　　　　　　　　병렬절 (주절)
졸업 후 다나카 씨는 도쿄로 가고, 사토 씨는 오사카로 갔다.

私は**父が買ってくれた絵**を大切にしている。
　　　종속절　　　　　주절
나는 아버지가 사준 그림을 소중히 하고 있다.

<3> 복문의 종류

복문은 구성된 절끼리의 관계에 의해 병렬관계와 주종관계의 2종류로 나누어진다.

(1) 병렬관계 (중문이라고도 한다)

병렬관계의 복문 (중문)이란 단문이 2개 이상 병렬로 이어진 문장이다. 병렬관계의 복문 중 문말에 있는 술어를 중심으로 문장의 전체를 정리하는 기능을 하는 부분이 **주절**이며 주절과 평등한 관계로 연결된 부분이 **병렬절**이다. 병렬절과 주절은 용언의 연용형이나 접속사로 이어지는 경우가 많으므로 분리할 수 있다.

문장	병렬의 표현	문장
병렬절		병렬절 (주절)

◆ **복문의 병렬절에 자주 사용되는 표현**

병렬의 표현	설명
연용형의 중지법	용언을 연용형에 의해 일단 끊고 다음에 계속한다
が	접속조사
し	복수의 사안을 병렬적으로 말하는 표현
て(で)	(병렬) 같은 속성을 가진 사안을 대등한 관계로 나열해 표현한다 (대비) 다른 속성을 가진 사안을 비교해 표현한다
たり	사안이나 행위 중에서 2가지나 3가지를 들고 그것뿐만 아니라 동일한 것을 그 밖에도 있음을 암시한다 (예시※2) 동작・상태의 반복을 나타내는 용법도 있다

※2 예시하는 「~たり」가 하나인 경우도 있다

秋が終わ**り**、冬が来る。	가을이 끝나고 겨울이 온다.
병렬절 　　병렬절（주절）	
彼はイケメンだ**し**、成績も優秀です。	그는 잘생겼고 성적도 우수합니다.
병렬절 　　　병렬절（주절）	
父は仕事に出かけ**て**、母はスーパーに行った。	아버지는 일하러 나가고 어머니는 슈퍼에 갔다.
병렬절 　　　　병렬절（주절）	
彼は毎朝ジョギングし**たり**、体操をしたりする。	그는 매일 아침 조깅하거나 체조를 하거나 한다.
병렬절 　　　　　병렬절（주절）	

(2) 주종관계

주종관계의 복문 중 문말에 있는 술어를 중심으로 문장 전체를 정리하는 기능을 하는 부분이 주절이며 주절에 종속적으로 연결되어 있는 부분이 종속절이다. 종속절은 그 기능에 따라 **연체수식절**과 **연용수식절**로 나눌 수 있다.

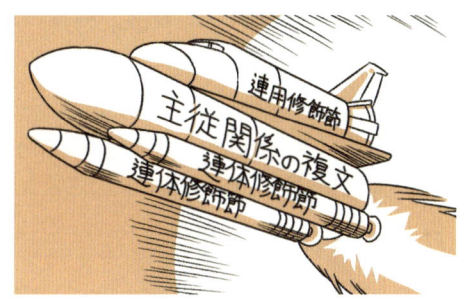

1 연체수식절 　상급편

　명사나 형식명사인 「の」「こと」「ところ」 등으로 이어지는 것으로 문장 속에서 명사와 같은 기능을 하는 (명사화라고도 한다) 절이다. **연체수식절**은 문장 속에서 **연체수식어**의 성분을 담당할 수 있으며 피수식어인 (형식) 명사 등과 합쳐져 **주어, 술어, 연용수식이, 접속이** 등 문장의 성분을 구성할 수 있다. 연체수식절 속에는 주제를 나타내는 조사 「は」, 정중체, 종조사 등이 나타나지 않는다.

◆ 연체수식절을 구성할 수 있는 문장의 성분　　　▮ 연체수식절＋피수식어 등이 담당하는 문장의 성분

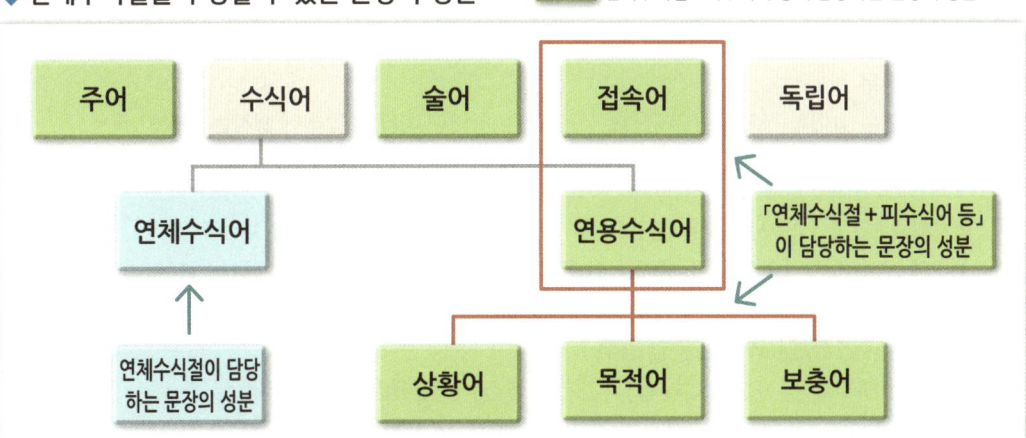

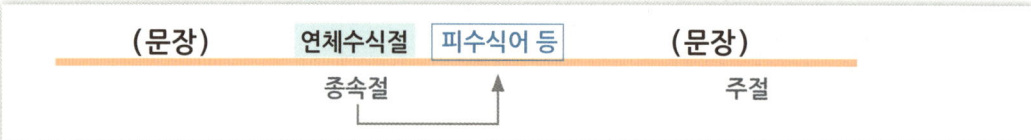

◆ 연체수식절의 피수식어

피수식어	예문 표기 : 연체수식절 (형식)명사
명사	彼が読んでいる 本 は、図書館から借りたものだ。 그가 읽고 있는 책은 도서관에서 빌린 것이다. 주어 ２年前、高速道路で大事故が起きた 日 を思い出した。 연용수식어 (목적어) 2 년 전 , 고속도로에서 큰 사고가 일어난 날을 떠올렸다 .
の	動物が冬眠する の は、寒い冬の間の余計なエネルギーの消耗を避けるためである。 주어 동물이 동면하는 것은 추운 겨울동안 불필요한 에너지 소모를 피하기 위함이다 .
こと	現代のような水利施設のなかった時代においては、雨が降って川の水量が増えた こと が、氾濫の原因になったと考えられている。　　　　　　　　　　　　주어 현대와 같은 수리시설이 없던 시대에는 비가 내려 강의 수량이 늘어난 것이 범람의 원인이 되었다고 여겨지고 있다 . 彼が黙り込んだ こと から、事態の深刻さを察知した。 그가 침묵한 것에서 사태의 심각성을 감지했다 . 접속어
ところ	電話で問い合わせしようとした ところ 、メールで返信が来た。 연용수식어 (보충어) 전화로 문의를 하려고 했을 때 이메일로 답장이 왔다 .

> **POINT**　형식명사「の」와「こと」의 사용법

명사화로「の」만 사용할 수 있는 경우
① 뒤에 오는 술어가「見る」「見える」「聞く」「聞こえる」「感じる」등 **감각을 나타내는 동사**인 경우
② 뒤에 오는 술어가「待つ」「手伝う」「止める」등 어떤 **사태에 맞추어 행하는 동작**인 경우
③「～のは～だ」라는 구문인 경우

명사화로「こと」만 사용할 수 있는 경우
① 뒤에 오는 동사「話す」「伝える」「約束する」등이 주로 발화에 관계하는 경우.「こと」앞에「という」를 사용할 수 있는 경우가 있다.
②「～は～ことだ」라는 구문인 경우
③「ことができる」「ことにする」「ことがある」등 **정해진 표현**인 경우
④ 뒤에 **大切だ** **必要だ** 가 오는 경우. 단「の」도 사용할 수 있는 경우가 있다.
⑤ 뒤에「考える」「思う」「信じる」등이 오는 경우

例

六月に街を歩くと、紫陽花の花が咲いている　の　を見ることができます。
（×咲いていること）　6월에 거리를 걸으면 수국이 피어 있는 것을 볼 수 있습니다.

先生が、庭に紫陽花の花が咲いている（という）　こと　を教えてくれた。
（△咲いているのを）　선생님이 정원에 수국이 피어있(다)는 것을 가르쳐 주었다.

彼女が暴走するのを止める　の　は不可能だ。그녀가 폭주하는 것을 멈추는 것은 불가능하다.

私ひとりが政治を憎んだ　ところ　で、人々の生活がよくなることはなかった。
나 혼자서 정치를 증오했다 한들 사람들의 생활이 나아지는 것은 없었다.

この大雨の中で、森の中を歩く　の　は危険だ。이 폭우 속에서 숲 속을 걷는 것은 위험하다.

チョウザメはサメの種類ではないという　こと　は、あまり知られていない。
철갑상어는 상어의 종류가 아니라는 것은 잘 알려져 있지 않다.

彼はずっと、不況の中で店を畳むべきかどうかという　こと　について考えていた。
그는 계속 불황 속에서 가게를 접어야하는 지에 대해 생각하고 있었다.

雨が降り出したとき、ちょうど私は洗濯物を干そうとしていた　ところ　だった。
비가 내리기 시작했을 때 마침 나는 빨래를 말리려던 참이었다.

先生：何してるの？
生徒：ごめんなさい、自習に飽きたので絵を描いていました。
先生：あら、すごく綺麗な絵ね。
生徒：外に花が咲いている　の　（の①）が見えたので、思わず描きたくなったんです。
　　　私が絵を描いてた　こと　（こと①）は、誰にも言わないでください。
先生：人に知られたら良くない　こと　（こと③）があるの？
生徒：母は、私が頭が悪い　の　（の③）は絵を描くせいだと思っていて、
　　　いつも勉強する　こと　（こと⑤）だけを考えなさいって怒るんです。
先生：あら、息抜きする　こと　※3（こと④）も大切なのにね。　※3 「の」도 사용할 수 있다.
生徒：先生は私が勉強しない　の　（の②）を注意しないんですか。
先生：お母さんの言うこと（실질명사）も正しいかもしれないけれど、あなたが好き
　　　なこと（실질명사）をする　の　（の②）を止める権利は誰にもないわよ。

선생님：뭐하고 있니？
학　생：죄송합니다, 자습에 질려서 그림을 그리고 있었습니다.
선생님：어머, 굉장히 예쁜 그림이네.
학　생：밖에 꽃이 피어있는 것이 보여서 생각없이 그리고 싶어졌습니다. 제가 그림을 그린 것은 누구에게도 말하지 말아 주십시오.
선생님：남에게 알려지면 안좋은 일이 있니？
학　생：어머니는 제가 머리가 나쁜 것은 그림을 그리는 탓이라고 생각하고 항상 공부하는 것만을 생각하라고 화를 냅니다.
선생님：이런, 숨을 돌리는 것도 중요한데 말이야.
학　생：선생님은 제가 공부하지 않는 것을 주의주지 않으십니까？
선생님：어머니의 말씀도 옳을지 모르지만 네가 좋아하는 것을 막을 권리는 누구에게도 없지.

2 연용수식절 ※4 상급편

주절의 술어를 수식하는 종속절을 **연용수식절**이라고 부른다. 연용수식절은 부사절이나 보충절, 인용절 등으로 나눌 수 있지만 이 책에서는 그것은 같은 술어나 주절 전체를 수식하는 기능을 갖고 있어 통일하여 연용수식절이라고 부른다. 더욱이 연용수식절은 접속조사 등의 다양한 표현과 합쳐져 인용, 조건, 역접, 이유, 목적, 시간, 양태 등의 의미를 나타낸다. 연용수식절은 문장 속에서 **연용수식어, 접속어** 등을 구성할 수 있다.

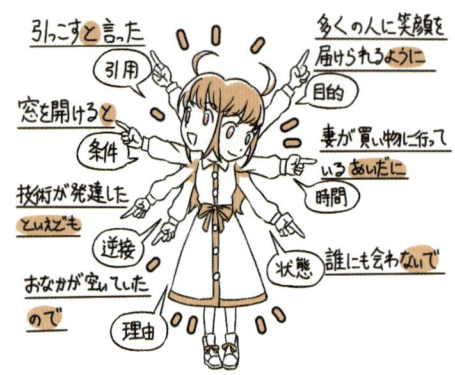

※4 보충절 (명사절, 인용절, 의문절), 부사절 등으로 나누는 분류도 있지만 이 책에서는 모두「연용수식절」로 본다.

◆ **연용수식절을 구성할 수 있는 문장의 성분**   연용수식절＋피수식어 등이 담당하는 문장의 성분

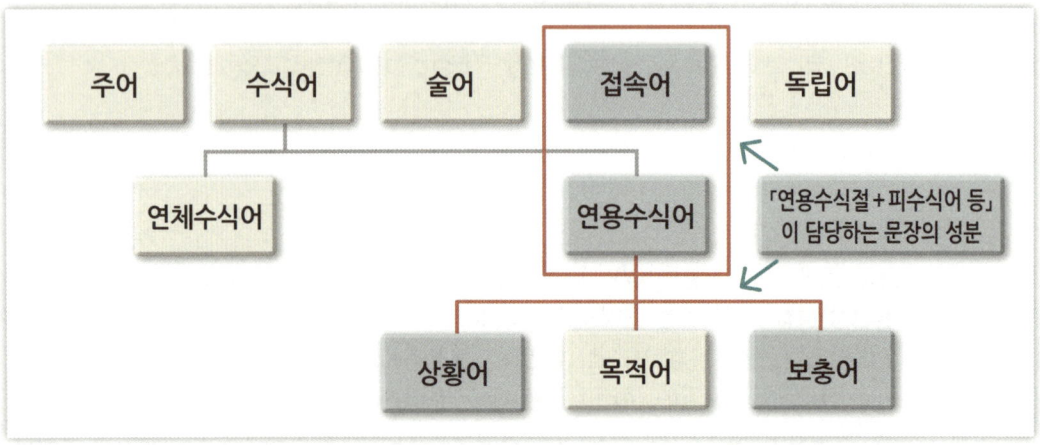

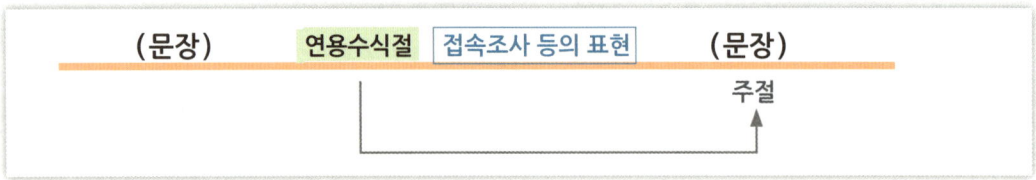

例

彼は、来月東京大学の近くに引っ越すと言った。
　　　　　　　　　보충어 : 인용　　그는 다음 달에 도쿄대학 근처로 이사한다고 말했다.

窓を開けると、先生はすぐにエアコンの電源を消した。
보충어 : 조건　　　　　　　　　　　창문을 여니 선생님은 바로 에어컨 전원을 껐다.

技術が発達したといえども、依然として人間の手腕を必要とする仕事は多く存在している。
　　보충어 : 역접　　기술이 발달했다고는 해도 여전히 사람의 수완을 필요로 하는 일은 많이 존재하고 있다.

おなかが空いていたので、ケーキを食べた。　　　　배가 고팠기 때문에 케이크를 먹었다.
　　　　보충어 : 이유

多くの人に笑顔を届けられる**ように**、毎日あらゆる工夫をしている。
　　　보충어 : 목적　　많은 사람들에게 미소를 전할 수 있도록 매일 모든 궁리를 하고 있다.

妻が買い物に行っている**あいだに**、部屋を片付けておこう。아내가 쇼핑 간 사이에 방을 정리해 두자.
　　　상황어 : 시간

誰にも会わ**ないで**、彼は部屋に閉じこもってしまった。
　　　보충어 : 상태　　누구와도 만나지 않고 그는 방에 틀어박혀 버렸다.

COLUMN

중복문과 조금 복잡한 문장

중복문이란 중문과 복문이 결합된 문장이다. 또한 병렬절과 종속절이 동시에 존재하거나 복수의 병렬절이나 종속절이 존재하는 복잡한 문장도 있다.

日本人は　座る**ときに**、　畳の上で正座をし**たり**、　あぐらをかい**たりします**。
　　　　　종속절 (연용수식절·시간)　　병렬절　　　　　　　　주절
일본인은 앉을 때 다다미 위에 정좌를 하거나 책상다리를 하고 앉습니다.

私は　仕事が終わった後、　子どもが寝ている横で、　ゆっくりとお茶を飲むのが　好きだ。
　　　병렬절　　　　　　　병렬절　　　　　　　　종속절·연체수식절　　　　주절
저는 일이 끝난 후 아이가 자는 옆에서 천천히 차를 마시는 것을 좋아합니다.

カメレオンは　その体色を自在に変化させる　ことができるので、
　　　　　　　종속절·연체수식절　　　　　　종속절·연용수식절·이유
カモフラージュに長けていると　言える。 카멜레온은 그 몸 색깔을 자유자재로 변화시킬
종속절·연용수식절·인용　　　　주절　　　수 있으므로 위장에 능하다고 할 수 있다.

グルタミン酸は　体内に取り入れられる**と**、　体内で様々な物質に変換**され**、　脳や体を形作る。
　　　　　　　　종속절 (연용수식절·조건)　　　종속절 (연용수식절)　　　　　　주절
글루타민산은 체내에 들어오면 체내에서 다양한 물질로 변환되어 뇌와 몸을 형성한다.

POINT　복문의 정리

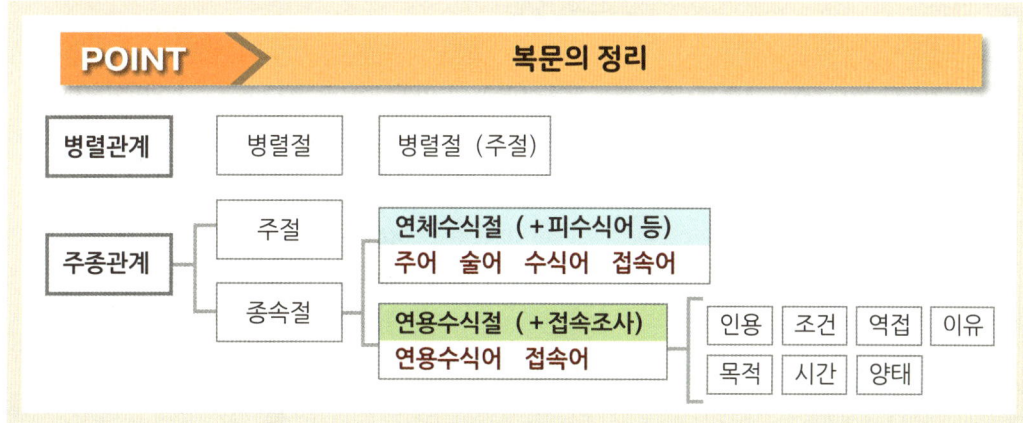

<4> 연용수식절에 관계하는 다양한 표현

다양한 표현 (연용수식절＋접속조사 등)	
①인용	～と、～ように、～か、～かどうか
②조건	～と、～ば、～なら、～たら、～のだったら、～とすると/としたら/とすれば、～ものなら、～ないことには、～ては、～でもしたら、～とき（に）は、～際には、～場合（に）は、～てみると
③역접 (대비) (양보)	～けど、～が、～のに、～にもかかわらず、～くせに、～ものを、～ながら（も）、～といえども、～とはいえ、～もかまわず； ～ものの、～にしては、～わりには、～（か）と思ったら、～と思いきや、～つつ（も）、～に反して、～にひきかえ、～反面、一方（で）、～に対して； ～ても、～たところで、～にせよ/にしろ、～（よ）が～まいが、～にしても/にしたって、～であれ、～からといって
④이유	～て、～ので、～おかげで、～せいで、～ために、～ばかりに、～から、～からこそ、～から（に）は、～以上（は）、～上（は）、～のだから、～ものだから、～だけあって、～だけに、～とあって、～あまり（に）
⑤목적	～ために（は）、～ように、～べく
⑥시간	～とき（に）、～際（に）、～おり（に）、～うちに、～最中に、～あいだ（に）、～と同時に、～とともに、～た（か）と思うと、～が早いか、～や（否や）、～なり、～次第、～そばから、～たとたん（に）、～か～ないかのうちに、～あと（に/で）、～てから、～てからでないと、～てからでなければ、～てからというもの、～てはじめて、～て以来、～上で、～前（に）
⑦양태	～て、～ないで、～なくて、～ずに、～ながら、～つつ、～ついでに、～かたわら、～がてら、～かたがた、～だけでなく、～ばかりでなく、～のみならず、～にとどまらず、～ばかりか、～ば～ほど、～につれて、～にしたがって、～に伴って、～とともに

이하 예문의 표기 : 종속절（연용수식절） 접속조사 등 주절.

(1) 인용

　절을「と」「ように」「か」「かどうか」에 연결하여 술어가 나타내는 내용을 구체적으로 나타낸다. 술어에 따라 사고나 발언, 부탁, 명령, 의문 등 다양한 내용을 인용표현으로 나타낸다.

～と / ～ように / ～か / ～かどうか (~ 라고 /~ 하도록 /~ 인지 /~ 인지 어떤지)

普+と	普+ように (NAだな+ように) (Nだの+ように)	普+か 普+かどうか

例

彼は「別れよう」**と**私に告げました。　그는 "헤어지자" 라고 나에게 알렸습니다.

この部屋には決して入ってはならない**と**、きつく戒められた。
이 방에는 결코 들어가서는 안된다고 엄하게 훈계를 받았다.

上司から明日までにこの企画を完成させる**ように**指示された。
상사로부터 내일까지 이 기획을 완성하도록 지시받았다.

(2) 조건

조건에 관한 표현은 앞 일과 뒷 일의 관계가 순접인 경우에 사용된다. 즉 앞 일의 사건에 대해 뒷 일에는 순리대로 예상되는 결과가 온다. 이 책에서는 아래 4가지 타입으로 분류하여 설명한다.

가정조건 : 앞 일의 진위가 미정인 조건

확정조건 : 앞 일은 미실현이지만 발생할 가능성이 100% 인 조건

사실조건 : 앞 일이 이미 실현된 조건

반사실조건 : 실제로는 일어나지 않은 일에 대해 만약 일어났다면 어떻게 되었을까를 말하는 조건

◆ 조건을 나타내는 표현 일람

표현	가정조건	확정조건	사실조건	반사실조건
～と	○	○	○	
～ば	○			○
～なら	○			○
～たら	○	○	○	○
～のだったら	○			
～とすると/としたら/とすれば	○	○		○
～ものなら	○			○
～ないことには	○		○	
～ては	○			
～でもしたら	○			○
～時には/ 際には /場合には	○			
～てみると			○	

～と / ～ば / ～なら / ～たら （~ 하면）

V辞+と V否+ない+と A+と NA・Nだ+と	V仮+ば A⇨ければ	普+なら NA・N+なら NA・Nである+なら	Vた+ら A⇨かったら NAだったら Nだったら

「と」: 앞 일이 일어나면 통상 뒷 일이 일어난다는 **항상적・반복적인 관계** (자연현상이나 습관, 조작과 결과 등) 를 나타낸다. 그리고 **사실조건, 발견, 앞 일과 뒷 일의 연속된 동작**을 나타낼 수 있다. 단 뒷 일에 의사・요망・명령・부탁 같은 표현을 사용하는 경우는 없다.

「ば」: 앞 일과 뒷 일이 **항상적으로 성립하는 관계**를 나타낼 때에 사용한다. 그 외에 **가정조건, 반사실조건**에도 사용할 수 있다. 뒷 일에 의사・요망・명령・부탁 같은 표현을 사용하는 경우는 적다.

「たら」: **일회적・특정적인 관계**를 나타낼 때 사용한다. 또한 **가정조건, 확정조건, 사실조건, 반사실조건**에 사용할 수 있다. 뒷 일에 의사・요망・명령・부탁 같은 표현을 사용할 수 있다.

「なら」: **앞 일의 가정을 가지고** 뒷 일에서는 화자의 판단・명령・희망・의사 등을 말할 때 사용한다.

표현	가정조건	확정조건	사실조건	반사실조건
～と		○	○	
～ば	○			○
～たら	○	○	○	○
～なら	○			○

例

夕方になる<u>と</u>、ここから赤富士が見える。（항상적・반복적인 관계）
저녁이 되면 여기서 붉은 후지산이 보인다.

風が吹く<u>と</u>、桶屋が儲かる。（항상적・반복적인 관계）
바람이 불면 통메장이가 돈을 번다.

夕方になる<u>と</u>、窓から見える富士山が赤く染まり始めた。（사실조건）
저녁이 되자 창문에서 보이는 후지산이 붉게 물들기 시작했다.

コーヒーを飲む<u>と</u>、眠気がなくなった。（사실조건）
커피를 마시니 졸음이 없어졌다.

窓を開ける<u>と</u>、そこには美しい山の風景が広がっていた。（사실조건・발견）
창문을 여니 거기에는 아름다운 산 풍경이 펼쳐져 있었다.

ツボの蓋を開ける<u>と</u>、中に蛇がいた。（사실조건・발견）
항아리의 뚜껑을 여니 안에 뱀이 있었다.

窓を開ける<u>と</u>、先生はすぐにエアコンの電源を消した。（사실조건・연속된 동작）
창문을 여니 선생님은 바로 에어컨의 전원을 껐다.

門を突破する と 、我々はすぐに敵が潜む部屋へと向かった。(사실조건・연속된 동작)
문을 돌파하자 우리는 바로 적이 숨어 있는 방으로 향했다.

夕方になれ ば 、ここから赤富士が見える。(항상적인 관계)
저녁이 되면 여기서 붉은 후지산이 보인다.

夜になれ ば 、この山からは満天の星空を望むことができる。(항상적인 관계)
밤이 되면 이 산에서는 별이 가득한 밤하늘을 볼 수 있다.

もし夕方が晴れであれ ば 、富士が見えるだろう。(가정조건)
만약 저녁 때가 맑다면 후지산이 보일 것이다.

もしこの男が犯人であれ ば 、事件現場に再度訪れることだろう。(가정조건)
만약 이 남자가 범인이라면 사건현장에 다시 올 것이다.

晴れていれ ば 、富士山が見えただろうに。(반사실조건)
맑았더라면 후지산이 보였을 텐데.

晴れていれ ば 、あのあたりにオリオン座が見えていただろうに。(반사실조건)
맑았더라면 저 부근에 오리온좌가 보였을 텐데.

雨が降っ たら 、実験は延期にしよう。(가정조건 일회・특정적인 관계)
비가 내리면 실험은 연기하자.

明日の試験に受かっ たら 、寿司に連れて行ってやろう。(가정조건 일회・특정적인 관계)
내일 시험에 합격하면 초밥집에 데려 가 줄게.

この雨が止ん だら 、実験をはじめよう。(확정조건)
이 비가 그치면 실험을 시작하자.

お茶を飲み終え たら 、仕事に行こう。(확정조건)
차를 다 마시면 일하러 가자.

雨が止ん だら 、今度は雪が降り始めた。(사실조건)
비가 그치자 이번에는 눈이 내리기 시작했다.

お腹がいっぱいになっ たら 、今度は甘いものが食べたくなった。
배가 부르니 이번에는 단 것을 먹고 싶어졌다. (사실조건)

あのとき雨が降ってい たら 、我々はかなりの損失を被っていただろう。(반사실조건)
그 때 비가 내리고 있었다면 우리는 상당한 손실을 입었을 것이다.

あのとき彼が助けていなかっ たら 、私は大怪我をしていただろう。(반사실조건)
그 때 그가 도와주지 않았다면 우리는 큰 부상을 입었을 것이다.

今から外に行く なら 、傘は持っていくべきだ。(가정조건 : 그 가정을 가지고 판단명령 등을 말한다)
이제부터 밖으로 나간다면 우산은 갖고 가야한다.

動物を飼う なら 、きちんと命に対して責任を持つべきだ。(가정조건 : 그 가정을 가지고 판단명령 등을 말한다)
동물을 키운다면 확실히 생명에 대해 책임을 져야 한다.

ADVANCED(EJU etc.)

あとはユーモアのセンスさえ磨け ば 、彼女の才能はいずれ芽吹くに違いない。
이제는 유머 센스만 닦으면 그녀의 재능은 머지않아 싹트게 될 것이 틀림없다.

生活を充実したものにしようとする なら 、こうした努力なしに済ますことはできない。
생활을 충실하게 하려고 한다면 이러한 노력없이는 될 수 없다.

遊び半分でそのイベントに参加し たら 、意外な収穫があった。
장난삼아 그 이벤트에 참가했더니 의외의 수확이 있었다.

～のだったら （~ 한다면 ）

普＋のだったら
（NAな・N＋のだったら）

「のだったら」 는 「なら」 로 교체할 수 있다.

例

北海道へ行く のだったら 、彼に連絡したほうがいい。
홋카이도에 간다면 그에게 연락하는 것이 좋다.

～とすると / としたら / とすれば （~ 한다면 ）

普＋とすると／としたら／とすれば

「とすると／としたら／とすれば」 는 확정조건을 나타내는 표현이며 문맥 또는 대화 속에서 제시된 정보를 사실로 받아들여 뒷 일의 결론을 말할 때 사용한다.

例

A：今度のパーティーに田中さんが来るそうだ。　A : 이번 파티에 다나카 씨가 온다고 한다 .
B：田中さんが来る とすると／としたら／とすれば 、きちんと準備しないといけないね。
B : 다나카 씨가 온다면 확실히 준비해야겠네 .

～ものなら （~ 한 것이라면 ）　　　　　　　　　　　　　　（▶「문형」 438 페이지）

動詞可能形＋ものなら
V意＋（よ）うものなら

「ものなら」 의 구어는 「もんなら」.「もし~することができれば」 라는 가정조건, 반사실 조건을 나타낸다.

例

アイドルと付き合える ものなら 、付き合ってみたい。
아이돌과 사귈 수 있다면 사귀어 보고 싶다.

～ないことには (~ 하지 않고서는)　　　　　　　▶「문형」438 페이지

```
V종＋ないことには
Aい＋く＋ないことには
NA＋で＋ないことには
N＋で＋ないことには
```

앞 일이 뒷 일의 필요조건인 표현. 뒷 일의 술어가 부정형을 사용한다.

例
そのラーメン屋さんは人気があるそうですが、実際に食べてみ ないことには 、美味しいかどうか判断できない。
그 라면집은 인기가 있다고 하지만 실제로 먹어 보지 않고서는 맛있는지 판단할 수 없다.

～ては (~ 하면, ~ 해서는)

```
Vそ＋ては
```

뒷 일은 부정적인 것이 오는 경우가 많다. 예를 들어 「困る」「できない」「だめだ」「嫌だ」등. 또한 「ては」가 2가지 동작을 반복하여 행하는 모습이나 상태를 나타낼 수 있다. 그 경우 조건의 표현이 아니게 된다.

例
素早く病床を確保しなく ては 、医療崩壊を防ぐことはできない。(조건)
재빨리 병상을 확보하지 않고서는 의료붕괴를 막을 수 없다.

若者が積極的に投票しなく ては 、国の未来を変えることはできない。(조건)
젊은 사람들이 적극적으로 투표하지 않으면 나라의 미래를 바꿀 수 없다.

常識に縛られてい ては 、面白い結果が出てこない。(조건)
상식에 얽매어 있어서는 재미있는 결과가 나오지 않는다.

盗賊たちは、島を襲っ ては 女を迫害し、宝を奪い去っていった。(2 가지 동작을 반복하여 행한다)
도적들은 섬을 습격하여 여자들을 박해하고 보물들을 탈취해 갔다.

マスコミは、芸能人のプライバシーに踏み込ん では 、鬼の首を取ったように彼らのスキャンダルを報道している。(2 가지 동작을 반복하여 행한다)
매스컴은 연예인의 프라이버시에 파고들어 도깨비의 목을 쥔 듯이 그들의 스캔들을 보도하고 있다.

～でもしたら (~ 라도 하면)

```
Vます＋でもしたら
N＋でもしたら
```

앞 일도 뒷 일도 바람직한 일이 아니다. 만약에 일어나면 매우 나쁜 결과가 될 때 사용되는 경우가 많은 표현이다.

例

腰を痛め でもしたら 、仕事ができなくなる。　허리를 다치기라도 하면 일을 할 수 없게 된다.

著名人が政治に関わるようなツイート でもしたら 、一度に一般人からの批判を浴びることになるだろう。
저명인이 정치에 관여하는 듯한 트윗이라도 하면 단번에 일반인으로부터 비판을 받게 될 것이다.

険しい山道で交通事故を起こし でもしたら 、誰であっても小さな怪我では済まないはずだ。
험한 산길에서 교통사고를 일으키기라도 하면 누구라도 작은 부상으로 끝나지 않을 것이다.

～時には / ～際には（▶「문형」354 페이지） / ～場合には　(~ 때에는 /~ 경우에는)

V辞・Vた＋時には/際には/場合には
N＋の＋時には/際には/場合には

「時には」「際には」「場合には」는 조건을 나타내는 표현이면서 시간을 나타내는 표현이기도 하다.
(▶290페이지)

例

認知機能についての対照実験を行う 際には 、ある程度同等の能力を持つ被験者(ひけんしゃ)を集める必要がある。 인지기능에 대한 대조실험을 할 때에는 어느 정도 동등한 능력을 가진 피실험자를 모집할 필요가 있다.

～てみると　(~ 해 보니)

Vて＋みると

앞 일의 동작을 시험해 본 결과 느낀 점을 뒷 일에서 말한다. 뒷 일은 실현된 것이므로 사실적 조건을 나타내는 표현이다.

例

あのビルは地震が来たら危ないと思っていたが、実際に地震が起こっ てみると / てみれば / てみたら 、意外にも倒れなかった。
저 빌딩은 지진이 오면 위험하다고 생각하고 있었는데 실제로 지진이 일어나니 의외로 무너지지 않았다.

トンネルを抜けた先の駅に降り立っ てみると 、そこには真っ白な雪景色(ゆきげしき)が広がっていた。
터널을 지난 곳의 역에 내려서니 그 곳은 새하얀 설경이 펼쳐져 있었다.

机に置かれた本を開い てみると 、暗号(あんごう)のようなものが書かれていた。
책상에 놓여 있던 책을 펼쳐보니 암호와 같은 것이 적혀 있었다.

(3) 역접・대비

앞 일과 뒷 일이 역접의 관계일 때 사용된다. 즉 앞 일의 사건에 대해 뒷 일에 예상되는 결과가 오지 않는다. 역접에는 여기서는 크게 나누어 3가지 타입이 있다.

| 역접 : 앞 일의 예측과 뒷 일의 결과가 일치하지 않는다. |
| 대비 : 앞 일과 뒷 일을 대비시키고 있다. |
| 양보 : 앞 일이 만족되어도 뒷 일은 실현되지 않는다. |

역접	~けど	~が	~のに
	~にもかかわらず	~くせに	~ものを
	~ながら（も）	~といえども	~とはいえ
	~もかまわず		
대비	~ものの	~にしては	~わりには
	~（か）と思ったら/ ~と思いきや	~つつ（も）	~に反して
	~にひきかえ	~反面/~一方（で）	~に対して
양보	~ても	~たところで	~にしても/にしたって
	~にせよ/~にしろ	~（よ）うが~まいが	~であれ
	~からといって		

1 역접

~けど・けれど・けれども / ~が （~ 인데, ~ 이지만）

普・丁 + けど/けれど/けれども
普・丁 + が

「けど」「けれど」「けれども」의 순으로 서서히 문어체가 된다. 「が」는 문어체도 구어체도 사용할 수 있다. 사실적 역접을 나타내는 표현이지만 놀라움, 불만, 의외와 같은 주관 없고 객관적인 표현이다.

例

最近、親が子どもに「なになにしてあげる」という言い方を普通にしているようだ けど 、実は間違った使い方だ。
요즘 부모가 아이에게 "무엇무엇 해준다"라는 말투를 보통으로 하고 있는데 실은 잘못된 사용법이다.

少しお腹が痛い けれども 、もう少し我慢(がまん)しよう。 조금 배가 아프지만 조금 더 참아보자.

絵を描いている時は大人しい人だ が 、酒が入るとよく暴(あば)れた。
그림을 그리고 있을 때는 얌전한 사람이지만 술이 들어가면 자주 난동을 부렸다.

MORE+ 서두：「けど」「けれど」「けれども」「が」

「けど」「けれど」「けれども」「が」등의 표현은 역접 이외에 서두의 제시를 나타낼 수 있다. 예를 들면 화제를 제시하거나 정보를 나타내거나 하여 본제로 연결시키는 의미를 나타내는 경우 이러한 표현을 사용한다.

先週あの人が持ってきたノートのことだ けど 、重要な事項が書かれてあったんだよ。
지난 주에 저 사람이 갖고 온 노트말인데 중요한 사항이 적혀 있었어.

昨日のことだ けど 、もう忘れてください。 어제 일 말인데요 이제 잊어주세요.

すみません が 、近くに本屋さんありますか。 죄송하지만 근처에 서점이 있습니까?

～のに （~ 인데）

```
V・A 普 ＋のに
NA・N な ＋のに
```

「のに」는 앞 일의 사실로부터 예측되는 결과가 뒷 일에 오지 않는다. **불만이나 의외 등의 감정을 나타내는 경우가 많으**므로 화자의 주관이 들어간다. 그리고 뒷 일에는 ①명령・부탁・의사 등의 표현, ②「だろう」「かもしれない」라는 판단을 나타내는 표현이 오는 경우가 적다.

例

あの人はあまり能力がない のに 、いつも偉そうに振舞っている。
저 사람은 별로 능력이 없으면서 항상 잘난 체하고 있다.

✗ 少しお腹が痛いのに、もう少し我慢しよう。
　　　　　　　　　　　　　　의사의 표현
✗ 彼は熱が出ているのに、今朝の発表会に来ているだろう。

～にもかかわらず （~ 임에도 불구하고）

```
普 ＋にもかかわらず
（NA だ・NA だである ＋にもかかわらず）
（N だ・N だである ＋にもかかわらず）
```

「にもかかわらず」는 이미 예상과 다른 사실이 발생했을 때에 사용하는 표현으로 조금 딱딱하다.

例

航空学的には飛べるはずではない形である にもかかわらず 、空を飛ぶクマバチの飛行方法は、学者にとって長年の謎であった。
항공학적으로는 날 수 없는 형태임에도 불구하고 하늘을 나는 호박벌의 비행방법은 학자들에게 오랜 수수께끼였다.

～くせに （~ 주제에）

```
普 ＋くせに
（NA だな ＋くせに）
（N だの ＋くせに）
```

앞 일과 뒷 일의 주어는 같은 사람이며 화자의 불만과 비난의 감정을 나타내고 구어체에서 자주 사용한다.

例

彼は、部下の前では偉そうに大声をあげる くせに 、社長にはいつも頭を下げている。
그는 부하 앞에서는 잘난 척 큰 소리치는 주제에 사장님에게는 항상 머리를 조아리고 있다.

～ものを　(~ 한 것을, ~ 했을 텐데)

```
V・A・NA普＋ものを
（NAだな＋ものを）
```

앞 일이 실현되지 않은 것에 대해 화자의 불만이나 후회 등의 감정을 나타낸다.「～ば～ものを～」라는 문형이 자주 사용된다.「ものを」의 뒤는 생략되는 경우가 있다.

例

事実を知っていれば手伝った ものを 、話してくれなかったのは残念だ。
사실을 알았다면 도왔을 것을 말해주지 않은 것은 유감이다.

お前のウェディングドレス姿を母さんにも見せてやりたかったよ。
まだ生きていてくれたらよかった ものを 。
너의 웨딩드레스 입은 모습을 엄마에게도 보여주고 싶었어.
아직 살아있었으면 좋았을 텐데.

～ながら(も)　(~ 하면서도, ~ 하지만)　　　(▶「문형」418 페이지)

```
Vます＋ながら・ながらも
Vない＋ない＋ながら・ながらも
A＋ながら・ながらも
NA(であり)・N(であり)＋ながら・ながらも
```

例

我々は試行錯誤を重ね ながらも 、別の道も模索していた。
우리는 시행착오를 거듭하면서도 다른 길도 모색하고 있었다.

モーツァルトは、幼い ながらも 、その音楽の才能を評価され、「神童」と呼ばれていた。
모차르트는 어리지만 그 음악 재능을 평가받아「신동」이라고 불렸다.

●다른 의미　앞 일과 뒷 일이 동시에 존재, 발생하는 것을 말한다.
(▶299페이지)

～といえども　(~ 라고 해도, ~ 라고 하더라도)

```
普＋といえども
（NAだ＋といえども　可）
（Nだ＋といえども　可）
```

매우 딱딱한 표현이다.「たとえ」「いかに」「どんな」와 함께 사용하는 경우가 많다.

例

いくら社長の頭が堅い といえども 、時間をかけて説得すれば分かってくれるはずだ。
아무리 사장님의 생각이 완고하다고 해도 시간을 들여 설득하면 알아 줄 것이다.

昔よりは改善された といえども 、やはり男女差別の問題は根強く残っている。
옛날 보다는 개선되었다고 해도 역시 남녀차별 문제는 뿌리 깊이 남아 있다.

技術が発達した といえども 、依然として人間の手腕を必要とする仕事は多く存在している。
기술이 발달했다 해도 여전히 사람의 수완을 필요로하는 일은 많이 존재하고 있다.

～とはいえ （~ 라고 해도）

（▶「문형」420 페이지）

普＋とはいえ
（NA だ＋とはいえ　可）
（N だ＋とはいえ　可）

앞 일에 대해 화자가 사실이라고 생각하면서도 뒷 일은 앞 일의 사실에 반하는 것이나 평가가 온다. 「とはいえ」의 오래된 표현은 「といえども」가 된다.

例

いくら若い とはいえ 、無理をして徹夜を続けると体に相当な負担がかかるだろう。
아무리 젊다고 해도 무리해서 철야를 계속하면 몸에 상당한 부담이 될 것이다.

～もかまわず （~ 도 상관없이）

（▶「문형」409 페이지）

普＋の＋もかまわず
（NA だな・NA だである＋の＋かまわず）
（N だである＋の＋かまわず）
N＋もかまわず

앞 일을 신경쓰지 않고라는 의미로 사용된다.

例

消息不明の息子が見つかったという知らせが届いたとき、妻は人目 も構わず 、路上で泣き崩れた。
실종된 아들을 찾았다는 소식이 전해졌을 때 아내는 남의 시선도 아랑곳 없이 길 위에서 펑펑 울었다.

周りが笑うの もかまわずに 男は努力を続け、ついに、その夢を叶えた。
주변 사람들이 웃는 것도 상관않고 남자는 노력을 계속하여 결국 그 꿈을 이루었다.

2 대비

～ものの （~ 하지만）

（▶「문형」415 페이지）

普＋ものの
（NA だな・NA だである＋ものの）
（N だである＋ものの）

「ものの」는 문어체에서만 사용한다. 뒷 일에 실현이 어려운 일이 이어지는 경우가 많다.

例
渋滞を嫌って、高速を降りた ものの 、一般道路も同じような状況であった。
교통체증이 싫어서 고속도로를 나왔지만 일반도로도 비슷한 상황이었다.

～にしては　（~ 치고는）

（▶「문형」323 페이지）

普＋にしては
（NAだ＋にしては）
（Nだ＋にしては）

앞 일에 어울리지 않는다는 내용이 뒷 일로 온다.

例
雨が降った にしては 、地面があまり濡れていないようだけど。
비가 온 것 치고는 땅이 별로 젖지 않은 것 같은데.

仕事が早く終わった にしては 、えらく帰ってくるのが遅かったね。
일이 빨리 끝난 것 치고는 돌아오는 것이 매우 늦었네.

～わりには　（~ 에 비해）

（▶「문형」322 페이지）

普＋わりに（は）
（NAだな・NAだである＋わりに（は））
（Nだの・Nだである＋わりに（は））

例
あれほど恋人を好きだと言っていた わりには 、別れてからすぐに新しい恋人を作ったみたいだね。
그렇게 애인을 좋아한다고 말했던 것에 비해서는 헤어지고 바로 새로운 애인을 만든 것 같네.

毎日遅くまで仕事している 割には 、給料が少ないみたいだけど。
매일 늦게까지 일을 하고 있는 것에 비해서는 월급이 적은 것 같다.

～（か）と思ったら / と思いきや　（~ 라고 생각했는데, ~ 인가 했더니）

Vた＋（か）と思ったら
普＋（か）と思いきや
（NAだ＋（か）と思いきや）
（Nだ＋（か）と思いきや）

의미 1 : 예상에 반하는 일이 발생하는 의미를 나타낸다. 뒷 일은 화자의 의외나 놀라움 같은 감정이 포함되어 있다. 자기자신에 대해서가 아닌 타인이나 주위 상황에 대한 표현이다.
자주 사용되는 표현으로는 「誰かと思ったら」「何かと思ったら」가 있다. （▶「문형」422페이지）

예

空が明るくなり始めたので、夕方には晴れる の かと思いきや 、突然大雨が降り始めた。
하늘이 밝아지기 시작하기에 저녁에는 맑을 것이라고 생각했는데 갑자기 큰 비가 내리기 시작했다.

의미 2 : 앞 일이 발생하고 바로 뒷 일이 발생했다는 의미를 나타낸다. 뒷 일은 대부분의 경우 의외나 놀라움 같은 감정이 포함된다 (▶「문형」 359페이지)

예

突然空が光った かと思ったら 、数秒後には、大きな雷の音が空に響いた。
갑자기 하늘이 번쩍하더니 몇 초 후에는 큰 천둥 소리가 하늘에 울려퍼졌다.

部屋の電気が突然消えた と思ったら 、キッチンから両親が、誕生日ケーキを持って登場した。
방에 불이 갑자기 꺼졌는가 싶더니 주방에서 부모님이 생일 케이크를 들고 등장했다.

～つつ (も)　(~ 하면서도)　　　　　　　　　　　　　(▶「문형」 419 페이지)

| Vます＋つつ (も) |

「つつも」는 역접표현, 「つつ」는 역접표현과 상태표현 모두 사용할 수 있는 점은 「ながら (も)」와 비슷하다.

예

もう子供ではないと分かり つつも 、やはり我が子のことは放ってはおけないものだ。
이제 어린이가 아니란 것을 알면서도 역시 자기 자식은 내버려 둘 수 없는 법이다.

その職人は、伝統を守り つつ 、大胆な形態の作品を作り続けることで、新しい形の文化を後世に引き継ぐことに成功した。(상태・앞 일과 뒷 일 동시에 진행) 그 장인은 전통을 지키면서도 대담한 형태의 작품을 계속 만듦으로써 새로운 형태의 문화를 후세에 물려주는 데 성공했다.

～に反して　(~ 에 반해, ~ 에 비해)　　　　　　　　　(▶「문형」 387 페이지)

| N＋に反して |

대조적인 2가지 일을 나열하여 대비적으로 말할 때 사용한다.

예

弁護士になってほしいという父親の期待 に反して 、彼は理系の学部に進学した。
변호사가 되기를 바라는 아버지의 기대와는 달리 그는 이과계 학부에 진학했다.

～にひきかえ　(~ 에 비해, ~ 에 반해)　　　　　　　(▶「문형」 389 페이지)

| N＋にひきかえ
| 普＋の＋にひきかえ
| (NAな・NAである＋の＋にひきかえ)
| (Nである＋の＋にひきかえ) |

대조적인 2가지 일을 나열하여 대비적으로 말할 때 사용한다.

例

姉は勉強ができる。それ**にひきかえ**私は中学レベルの数学もできない。
누나는 공부를 잘 한다. 그에 비해 나는 중학교 수준의 수학도 못한다.

彼女は真面目な人なの**にひきかえ**旦那さんは定職にも就いていない。
그녀는 성실한 사람인데 비하여 남편은 일정한 직업도 갖고 있지 않다.

～反面 / ～一方（で） (~ 반면 /~ 한편)　　　　　　　（▶「문형」387 페이지）

普＋反面／一方（で）
（NAだな・NAだである＋反面／一方（で））
（Nだである＋反面／一方（で））

하나의 사물이 갖는 대조적인 2가지 면을 나타낼 때에 사용한다.

ADVANCED (EJU etc.)

粘土は加工しやすい**反面**、単独では壊れやすい材料です。
점토는 가공하기 쉬운 반면 단독으로는 부서지기 쉬운 재료입니다.

コーヒーは一時的に眠気を覚ます効果がある**反面**、鉄分の吸収を妨げて、疲労を溜めやすくする可能性がある飲み物だ。
커피는 일시적으로 졸음을 쫓는 효과가 있는 반면 철분 흡수를 방해하여 피로가 쌓이기 쉽게 할 가능성이 있는 음료다.

～（の）に対して (~ 에 비해 , ~ 에 반해)　　　　　　　（▶「문형」386 페이지）

普＋のに対して
（NAだな・NAだである＋のに対して）
（Nだな・Nだである＋のに対して）

2가지의 사물이 갖는 대조적인 2가지 면을 나타낼 때 사용한다.

ADVANCED (EJU etc.)

老朽化が継続的な劣化であり、元に戻らない**のに対して**、陳腐化は状況の変化によって突発的に起こることもあり、また簡単に解消する場合もある。
노후화가 계속적인 열화이고 원상태로 돌아가지 않는 것에 비해 진부화는 상황의 변화에 따라 돌발적으로 일어나는 경우도 있고 또한 간단하게 해소되는 경우도 있다.

3 양보

~ても (~ 해도)

Vて・A <s>い</s> く+も　　NA・N+でも

「のに」 등이나 「けど」 등의 표현은 사실적인 역접에 사용하는 반면 「ても」 등은 가정적인 역접에 사용된다. 앞 일은 상황이 실제로 일어날지 모르지만 가정으로 일어난 경우에도 뒷 일이 성립한다는 의미를 나타낸다. 「たとえ」 「もし」 같은 부사와 합쳐서 사용하는 경우가 많다.

예

何千年と時を超え ても 、いまだに読み継がれている文学作品がある。
수천년이 지났는데도 여전히 계속 읽혀지는 문학작품이 있다.

長年研究を続け ても 、なかなか新しい薬が開発できない。
오랜 세월 연구를 계속해도 좀처럼 새로운 약을 개발할 수 없다.

勉強はできなく ても 、彼女は人に好かれる力を持っている。
공부는 못해도 그녀는 사람들에게 사랑받는 힘을 갖고 있다.

隣の家は、昼間は静か でも 、夜になるといつも騒ぎ出す。
이웃집은 낮에는 조용해도 밤이 되면 항상 시끄럽다.

たとえそれが事実 でも 、人々は信じないだろう。
비록 그것이 사실이어도 사람들은 믿지 않을 것이다.

~たところで (~ 해도, ~ 해 봤자)　　（▶「문형」 414 페이지）

Vた+たところで

양보를 나타내는 표현. 「たところで」 의 뒷 일로 부정적인 표현이 자주 사용된다. 예를 들면 「～たところで＋無理」「～たところで＋仕方ない」「～たところで＋意味がない」「～たところで＋難しい」. 그리고 가정의 역접이며 사안이 실제로 발생하지 않았으므로 뒷 일 술어는 원칙적으로 과거형을 사용하지 않는다.

예

計画を立て たところで 、どうせその通りに実行できないに決まっている。
계획을 세워보았자 어차피 그대로 실행할 수 없을 것임이 뻔하다.

○ 今更告白し たところで 、彼女は僕を受け入れてはくれないだろう。
　이제와서 고백해보았자 그녀는 나를 받아들여주지 않을 것이다.

× 勉強し たところで 、東京大学には受からなかった。

●**다른 의미** 시간을 나타내는 표현. 앞 일이 끝난 후에 뒷 일이 발생한다. (▶ 356 페이지)

例
店を出 たところで 、見知らぬ男が声をかけてきた。
가게를 나오자마자 모르는 남자가 말을 걸어왔다.

～にしても / にしたって (～라고 해도) (▶「문형」414 페이지)

普＋にしても / にしたって
(NAだ・NAだである＋にしても / にしたって)
(Nだ・Nだである＋にしても / にしたって)

「にしたって」는 격식을 차리지 않는 표현이다.

例
いくら彼が優秀な社員である にしたって 、環境が整わなければ力を出し切れない。
아무리 그가 우수한 사원이라고 해도 환경이 갖추어지지 않으면 능력을 다 발휘할 수 없다.

いずれ にしても 、彼が過ちを犯したことに変わりはない。
어쨌든 그가 잘못을 저질렀다는 점은 변하지 않는다.

～にせよ / にしろ (～라고 해도, ～이더라도) (▶「문형」414 페이지)

普＋にせよ / にしろ
(NAだ・NAだである＋にせよ / にしろ)
(Nだ・Nだである＋にせよ / にしろ)

「にしても」와 마찬가지로 양보의 의미를 나타내지만 「にしても」보다 딱딱한 표현이 된다.

例
それが冗談であった にせよ 、彼の発言が多くのファンを失望させたことに変わりはない。
그것이 농담이었다고 해도 그의 발언이 많은 팬을 실망시킨 것에는 변함이 없다.

いくら相手が子供である にしろ 、しっかりと叱りつけてやるべきだ。
아무리 상대방이 아이라고 해도 제대로 혼내줘야 한다.

～（よ）うが（～まいが） (～하든 ～하지 않든) (▶「문형」412 페이지)

V意＋（よ）うが＋{ V辞：5단 / V종：5단동사 이외 }＋まいが ※5

※5 「まい」의 접속은 흔들림이 많고 자세한 것은 ▶「조동사」208페이지.

양보（가정조건의 역접）를 나타내는 데는 「（よ）うが」「（よ）うと」「（よ）うとも」「とも」 등 단독으로 사용한다.「（よ）うが～まいが」와 「（よ）うと～まいと」는 마찬가지로 어떤 상황이어도 뒷 일이 변하지 않는 것을 의미한다.

例

どれほど他人に悪く言われ ようが 、私はこのアニメのファンで居続けることを決めた。
아무리 남에게 나쁜 말을 듣더라도 나는 이 애니메이션 팬으로 계속 있기로 결심했다.

雨が降ろ うが 降る まいが 、体育祭は決行される。비가 내리든 내리지 않든 체육축제는 결행된다.

今回の選挙で当選し ようが 当選し まいが 、彼は今後も我々の生活に干渉してくることだろう。
이번 선거에서 당선되든 당선되지 않든 그는 앞으로도 우리 생활에 간섭해 올 것이다.

～であれ（~ 라도）

N＋であれ

例

ニコチンが少ないもの であれ 、未成年は煙草を吸ってはいけない。
니코틴이 적은 것이라도 미성년자는 담배를 피워서는 안된다.

～からといって（~ 라고 해서）　　　　　　　　　　（▶「문형」417 페이지）

普＋からといって

앞 일의 원인만으로는 뒷 일이 성립되지 않음을 나타낸다. 뒷 일의 술어에 「～とは限らない」「～わけではない」 등의 표현이 사용되기 쉽다.

例

なかなか効果が出にくい からといって 薬の投与を一度に増やすと、血中濃度が上昇し、体に悪影響を及ぼす場合がある。
좀처럼 효과가 나오기 쉽지 않다고 해서 약의 투여를 한번에 늘리면 혈중농도가 상승해서 몸에 악영향을 미치는 경우가 있다.

それが多数派の意見である からといって 、他人に自分の意見を強制するべきではない。
그것이 다수파의 의견이라고 해서 남에게 자신의 의견을 강제할 것은 아니다.

（4）이유

앞 일이 사실이고 뒷 일을 실시하는 이유와 판단의 근거가 되는 표현이다. 복문의 종속절로 이유를 나타내는 표현의 전형은 「～ので」「～から」 이다.

~ので/~から	~て	~おかげで	~せいで	~ために
~ばかりに	~からこそ	~から（に）は	~以上（は）	~上（は）
~のだから	~ものだから	~だけあって	~だけに	~とあって
~あまり（に）				

~ので / ~から (~ 이므로 /~ 해서)

普・Ｊ＋ので / から

이유를 나타낼 때 가장 많이 사용되는 표현은「ので」와「から」이다. 양쪽 모두 판단의 근거를 나타낼 수 있지만「ので」는 조금 **정중하고 객관적**으로 앞 일과 뒷 일의 관계나 판단의 근거를 말한다. 반면「から」는 **화자의 의견이나 감정이 포함되므로 주관적**인 표현이며 다양한 의사표현에 사용할 수 있다.

例

友人がバイト先を紹介してくれた ので 、ちょうど良いタイミングで働くことができた。
친구가 아르바이트처를 소개해 주어서 마침 좋은 타이밍에 일할 수 있었다 .

家族がいつも支えてくれた から 、辛くても仕事を頑張ることができた。
가족이 항상 뒷받침해 주어서 힘들어도 일을 분발할 수 있었다 .

~て (~ 해서)

Vそ＋て
Aい＋く＋て
NA＋で
N＋で

例

念願の大学に合格出来 て 、嬉しかった。 염원하던 대학에 합격할 수 있어서 기뻤다 .

日本に来て長い間、実家に戻ることができなく て 、非常に残念だ。
일본에 와서 오랜 기간 친가에 돌아가지 못해서 매우 안타깝다 .

~おかげで / ~せいで (~ 덕분에 /~ 했기 때문에 , ~ 한 탓에)   (▶「문형」428 페이지)

普＋おかげで / せいで
（NAだな＋おかげで / せいで）
（Nだの＋おかげで / せいで）

例

戦争が中断した当時は、各国の協調外交の おかげで 、諸国に一時的な平和がもたらされた。
전쟁이 중단된 당시에는 각국의 협조외교 덕분에 여러 나라에 일시적인 평화가 찾아왔다 .

大気汚染や環境破壊の せいで 、生態系に変化が生じてきている。
대기오염이나 환경파괴 탓에 생태계에 변화가 발생하고 있다 .

〜ため（に） （〜 때문에）

```
普(V・A)＋ために
NAな＋ために
Nの＋ために
```

例

その大会において未成年が優勝するということは前例がなかった ため 、彼はすぐに世間からの注目を浴びることとなった。
그 대회에서 미성년자가 우승한다는 것은 전례가 없었기 때문에 그는 바로 세간의 주목을 받게 되었다．

青銅は、本来は光沢のある金属だが、酸化すると青緑色に変化する ため 、青銅と呼ばれている。
청동은 원래는 광택이 있는 금속이지만 산화하면 청록색으로 변화하기 때문에 청동이라고 불린다．

〜ばかりに （〜 해서, 〜 했기 때문에, 〜 한 탓에） （▶「문형」430 페이지）

```
普＋ばかりに
（NAだな・NAだである＋ばかりに）
（Nだな・Nだである＋ばかりに）
```

例

私が目を離していた ばかりに 、娘はいなくなってしまった。
내가 한눈팔고 있었기 때문에 딸은 사라져 버렸다．

仕事ばかりに夢中になって家庭を疎かにしていた ばかりに 、妻に見捨てられてしまった。
일에만 열중해서 가정을 소홀히 한 탓에 아내에게 버림을 받고 말았다．

〜からこそ （〜 이기 때문에） （▶「문형」433 페이지）

```
普＋からこそ
```

앞 일의 이유를 강조하고 싶을 때 사용하는 표현이다.

例

尊敬している先生がいる からこそ 、私はこの大学を目指すことができた。
존경하는 선생님이 있기 때문에 나는 이 대학을 목표할 수 있었다．

優しい性格である からこそ 、彼は時々騙されやすいのだ。
온순한 성격이기 때문에 그는 때때로 속기 쉬운 것이다．

〜から（に）は （▶「문형」432 페이지） / 〜以上（は）（▶「문형」433 페이지） / 〜上（は）（▶「문형」433 페이지）

普＋からには （NAだである＋からには） （Nだである＋からには）	普＋以上（は） （NAだである＋以上（は）） （Nだである＋以上（は））	V辞・た＋上（は）

「から（に）は」「以上（は）」「上（は）」3가지 표현은 「～するのだから、当然～」라는 의미를 나타내고 앞 일을 강조하여 「なければならない」「べきだ」「しかない」 등 결의나 판단이 술어로 오는 경우가 많다.

例

東京に来た からには、夢が叶うまで全力を尽くすつもりだ。
도쿄에 온 이상 꿈을 이룰 때까지 전력을 다할 생각이다.

やると決めた からには、まじめにやらなければならない。
하기로 결정한 이상 성실히 해야 한다.

約束した 以上、裏切るわけにはいかない。 약속한 이상 배신할 수는 없다.

今回のプロジェクトが失敗した 上は、もう会社を辞めるしかない。
이번 프로젝트가 실패한 이상 이제 회사를 그만둘 수 밖에 없다.

～のだから （～ 하니까, ～ 했으니까）

普＋のだから

「のだから」는 조금 구어체적인 표현이며 더욱 격식을 차리지 않는 표현이라면 「んだから」가 사용된다.

例

せっかく都心に引っ越した のだから、もう少し外の世界に触れてみたらどうだ。
모처럼 도심에 이사했으니까 좀 더 바깥 세계를 접해 보는게 어때?

もう若くない んだから、無理して徹夜なんてしないでね。
이제 젊지 않으니까 무리해서 철야같은 것은 하지 마세요.

～ものだから （～ 해서, ～ 한 것이어서）

（▶「문형」429 페이지）

普＋ものだから
（NAだな・NAだである＋ものだから）
（Nだな・Nだである＋ものだから）

이유를 설명하는 표현이지만 「仕方なくやった」라는 의미로 사용되는 경우가 많다.

例

あまりにも隣の家が毎晩大きな音で騒ぐ ものだから、引っ越すことにしました。
하도 이웃집이 매일 밤 큰 소리로 떠드는 바람에 이사하기로 했습니다.

恩人に誘われた ものだから、その会合には仕方なく参加することにした。
은인에게 초대받은 것이어서 그 모임에는 어쩔 수 없이 참석하기로 했다.

～だけあって （~ 답게, ~ 인 만큼）

（▶「문형」324 페이지）

```
普+だけあって
（NAだな・NAだである+だけあって）
（Nだ+だけあって）
```

앞 일의 이유로부터 필연적으로 결론이 도출되는 것을 의미한다. 감탄하거나 칭찬할 때 사용되기 쉽고 평가하는 표현이 온다. 「さすが」와 함께 사용되는 경우가 많다.

例

良家(りょうけ)で英才教育(えいさいきょういく)を受けていた だけあって 、彼女は文学や音楽にも造詣(ぞうけい)が深い。
좋은 집에서 영재교육을 받은 만큼 그녀는 문학이나 음악에도 조예가 깊다.

名の知れた歌人(かじん)の子息(しそく)な だけあって 、父親に劣(おと)らず、優(すぐ)れた歌を詠(よ)む。
이름이 알려진 시인의 아들답게 아버지 못지 않게 뛰어난 시를 읊는다.

～だけに （~ 여서, ~ 인 만큼）

（▶「문형」430 페이지）

```
普+だけに
（NAだな・NAだである+だけに）
（Nだな・Nだである+だけに）
```

「だけあって」와 마찬가지로 필연적으로 결론이 도출되는 것을 표현하는 것 외에 앞 일에 의해 「なおさら」「ますます」「かえって」뒷 일의 내용임을 의미한다.

例

京都は歴史が深く、古い街並(まちな)みが残っている だけに 、毎年訪れる観光客も多い。
교토는 역사가 깊고 오래된 거리가 남아 있는 만큼 매년 방문하는 관광객도 많다.

～とあって （~ 라서, ~ 라고 해서）

（▶「문형」432 페이지）

```
普+とあって
（NAだ+とあって）
（Nだ+とあって）
```

앞 일의 특수한 상황에 의해 뒷 일이 발생한 것을 의미한다.

例

大手広告代理店への就職が決まった とあって 、彼は最近羽振(はぶ)りが良い。
큰 광고대행사에 취업이 결정되었다고 해서 그는 요즘 위세가 좋다.

プレミアムフライデー とあって 、街中の店が仕事帰(しごとがえ)りのサラリーマンで賑わっていた。
프리미엄 프라이데이라서 거리의 가게가 퇴근길 샐러리맨으로 붐비고 있었다.

~あまり（に） （~한 나머지, 너무 ~해서）　　　▶「문형」436 페이지

```
普＋あまり（に）
（NAだな＋あまり（に））
（Nだの＋あまり（に））
```

例

利便性を追求する あまり 、大事なものを見失ってしまう。
편리성을 추구한 나머지 중요한 것을 놓쳐버린다.

（5） 목적

주절의 사태의 목적을 나타내는 종속절로 표현의 전형은 「～ために」「～ように」다.

| ~ために（は） | ~ように | ~べく |

～ために（は） / ～ように （~ 위해서, ~ 하도록）

```
V辞＋ために（は）        普＋ように
N＋ために（は）         （NAだな＋ように）
                        （Nだの＋ように）
```

목적을 나타내는 표현으로 「ために（は）」「ように」를 자주 볼 수 있다.
「ために（は）」 앞은 화자의 명확한 목적을 나타내므로 의지동사가 온다. 앞 일과 뒷 일의 주어는 같다. 매우 딱딱한 문체로 사용하는 경우 「に」를 생략하는 경우가 있다⇒「ため」.
「ように」 앞은 「できる」 「わかる」 「가능동사」 「동사가능형」 등 무의지동사가 오는 경우가 많다. 앞 일과 뒷 일의 주어는 같을 필요가 없다.

例

実家から出て一人暮らしを始める ために 、東京の大学に行くことを決めた。
친가에서 나와 독신생활을 시작하기 위해 도쿄의 대학에 가기로 결정했다.

早く一人前の職人になれる ように 、力を尽くして修行に取り組みます。
빨리 한 사람의 장인이 될 수 있도록 온 힘을 다해 기능 연마에 매진합니다.

多くの人に笑顔を届けられる ように 、毎日あらゆる工夫をしている。
많은 사람들에게 미소를 전할 수 있도록 매일 모든 궁리를 하고 있다.

～べく （~ 하도록, ~ 하기 위해 ）

```
V辞＋べく
する：すべく/するべく
```

「ために（は）」와 거의 같은 의미이며 매우 딱딱한 표현으로 문어체로 사용한다.

例

彼は生態系の秘密を探る<u>べく</u>、アマゾンの秘境へと向かった。
그는 생태계의 비밀을 찾기 위해 아마존의 비경으로 향했다.

イザナギは死に別れた妻を下界に取り戻す<u>べく</u>、黄泉の国へと探しに行った。
이자나기는 사별한 아내를 이 세상으로 되돌아오게 하기 위해 황천 나라로 찾으러 갔다.

(6) 시간

주절의 사태가 일어난 시간을 나타낸다. 관련 표현은 2가지 패턴이 있다.
A 어떤 일이 일어날 때 다른 일이 일어나거나 2가지 일이 동시에 일어나는 것을 나타낸다
B 어떤 일이 다른 일이 일어나기 전후에 일어나는 것을 나타낸다

A	～とき（に）	～際（に）	～おり（に）	～うちに	～最中に
	～あいだ（に）	～と同時に	～とともに ※6	～た（か）と思うと	～が早いか
	～や（否や）	～なり	～次第	～そばから	～たとたん（に）
	～か～ないかのうちに				
B	～あと（に/で）	～てから	～てからでないと/てからでなければ	～てからというもの	～てはじめて
	～て以来	～上で	～前（に）		

※6 동시를 나타내는「～とともに」.

1 어떤 일이 일어날 때 다른 일이 일어나거나 2가지 일이 동시에 일어나는 것을 나타내는 표현

～とき（に）　(~ 때에)

V辞・Vた＋とき（に）
N＋の＋とき（に）

例

電車に乗っている<u>ときに</u>、電話がかかってきた。　전철에 타고 있을 때 전화가 걸려 왔다.

息子が家に帰った<u>とき</u>、私はまだ職場にいた。아들이 집에 돌아왔을 때 나는 아직 회사에 있었다.

～際（に）　(~ 때에)　　　　　　　　　　　　　　　▶「문형」354 페이지

V辞・Vた＋際（に）
N＋の＋際（に）

딱딱한 표현이며 일상회화에서는 별로 사용하지 않는다. 일상회화에서 사용하는 경우 뒷 일에는「～ください」를 수반하여 사용하는 경우가 많다.

例

図書館に入館する<u>際には</u>、学生証が必要になります。도서관에 입장할 때는 학생증이 필요합니다.

~折(に)　(~ 때에)　　　　　　　　　　　　　　(▶「문형」354 페이지)

```
V辞・Vた＋折（に）
N＋の＋折（に）
```

「~ときに」보다 정중한 표현이다. 편지 등에 자주 사용된다.

例

同封したポストカードは、私がイギリスを訪れた 折に 、大英博物館で購入したものです。
동봉한 엽서는 제가 영국을 방문했을 때 대영박물관에서 구입한 것입니다.

~うち(に)　(~ 때에, ~ 동안에)　　　　　　　　(▶「문형」358 페이지)

```
V辞・Vる＋うちに
A＋うちに
NAな＋うちに
Nの＋うちに
```

그 기간 동안 하지 않으면 더 이상 할 수 없게 된다는 감정이 포함되어 있다. 앞 일은 변화 전의 상태를 나타내는 단어가 온다. 뒷 일은 의지적인 동작을 나타내는 문장이 온다.

例

体が元気な うちに 、新しい勉強を始めてみたい。
몸이 건강할 때 새로운 공부를 시작해보고 싶다.

~最中(に)　(한창 ~ 하는 중에)　　　　　　　　(▶「문형」358 페이지)

```
Vている＋最中に
N＋の＋最中に
```

동작이나 현상의 계속을 나타내지만 「最中」란 그 동작이나 현상이 진행중인 시간대를 가리킨다.
뒷 일은 갑자기 발생한 현상이나 예상 외의 현상이 많다.

例

授業を受けている 最中に 地震が起きた場合は、
速やかに机の下に潜って身を守ってください。
한창 수업 중에 지진이 일어난 경우는
재빨리 책상 밑으로 들어가 몸을 보호해 주세요.

～あいだ (に)　(~ 사이에, ~ 동안에)

```
普 ＋ あいだ (に)
N ＋ の ＋ あいだ (に)
```

「～あいだに」의 뒤는 순간성이 있는 단어와 접속한다. 「あいだに」는 단순한 시간폭을 나타내므로 강조하고 싶을 때에는 「うちに」를 사용하는 편이 좋다. 특히 「その時間 (時期) でなければいけない」 라고 강조할 때는 「～うちに」를 사용한다.

例

妻が買い物に行っている あいだに 、部屋を片付けておこう。
아내가 쇼핑을 간 사이에 방을 정리해 두자.

○ 父が生きている うちに 、ウェディングドレス姿を見せてあげたい。
△ 父が生きている あいだに 、ウェディングドレス姿を見せてあげたい。
아버지가 살아 있는 동안 웨딩드레스 입은 모습을 보여주고 싶다.

～と同時に　(~ 와 동시에)

```
V辞 ＋ と同時に
A・N ＋ と同時に
```

例

銃声が鳴り響く と同時に 、そばにいた女性が倒れた。
총성이 울려퍼짐과 동시에 옆에 있던 여성이 쓰러졌다.

部下に対して厳しい と同時に 、自分に対しても厳しい。
부하에게 엄격함과 동시에 자신에게도 엄격하다.

～とともに　(~ 와 함께, ~ 와 동시에)　　　　　　　(▶「문형」366 페이지)

```
V辞 ＋ とともに
N (する動詞) ＋ とともに
```

①앞 일과 뒷 일의 동작은 동시에 발생한다. 단 「とともに」는 그밖에 ② 「と一緒に」를 나타내는 사용법과 ③무언가의 변화와 동시에 다른 것도 서서히 변화하는 것을 나타내는 사용법이 있다.

例

①スマホの普及 とともに 、歩きスマホなどの問題も出てきている。
스마트폰의 보급과 함께 걸으면서 스마트폰을 조작하는 등의 문제도 나오고 있다.

②先日行った会議では、現時点での会社の現状を社員全体で共有する とともに 、これからの理念や方針についての意見を出し合った。
지난 번에 실시한 회의에서는 현시점에서의 회사의 현황을 사원 전체가 공유함과 동시에 앞으로의 이념이나 방침에 대한 의견을 서로 내놓았다.

③コンピュータの技術が進歩する とともに 、ソフトウェアの開発や情報処理などを行う IT 業界への注目が集まってきている。　컴퓨터 기술이 진보함과 동시에 소프트웨어 개발이나 정보 처리 등을 하는 IT 업계에 대한 주목이 집중되고 있다 .

~た(か)と思うと　(~ 했는가 했더니)

「문형」359 페이지

V た + た (か) と思うと

앞 일의 직후에 뒷 일이 바로 발생하는 것을 나타낸다. 화자의 놀라움이나 의외라는 감정을 포함한다. 의지 (~しよう), 명령 (~しなさい), 부정 등은 뒤에 오지 않는다. 자신의 행동에 대해 사용하지 않는다.

例

数ヶ月ぶりに店を訪れてき たかと思うと 、酒を一杯飲んだだけで、すぐに家に帰っていってしまった。　몇 개월만에 가게를 찾아왔는가 했더니 술만 한 잔 마시고 바로 집으로 돌아가버렸다 .

~が早いか　(~ 하자마자)

「문형」360 페이지

V 辞 + が早いか

「~するとすぐに~」라는 의미. 앞 뒤의 동작이 거의 동시 발생하고 있음을 강조하고 있으며 의지동사에만 사용된다. 그리고 과거의 일에만 사용할 수 있다.

例

店のガレージを開ける が早いか 、セール商品を狙った客が、一気に店の中に押し寄せてきた。　가게의 창고를 열자마자 세일 상품을 노린 손님이 한꺼번에 가게 안으로 몰려왔다 .

合格者一覧表に自分の名前があるのを見つける が早いか 、息子は声を上げて泣き出した。　합격자 일람표에 자신의 이름이 있는 것을 찾자마자 아들은 큰 소리로 울기 시작했다 .

~や(否や)　(~ 하자마자)

V 辞 + や (否や)

앞 일의 동작 후 바로 뒷 일의 동작이 발생했다. 과거의 일에만 사용할 수 있고 뒷 일에는 예상 외의 사건이 진술되므로 놀라움 등의 감정을 나타낸다.

例

家に帰る や否や 、娘はテレビの電源をつけた。　집에 돌아오자마자 딸은 TV 전원을 켰다 .

目が合う や否や 、男は逃げるように、何処かに走って消えてしまった。
눈이 마주치자마자 남자는 도망치듯이 어디론가 뛰어서 사라져버렸다 .

～なり　(~ 하자마자)

```
V辞 ＋ なり
```

앞 일의 동작 후에 바로 뒷 일이 발생했다. 과거의 일에만 사용한다. 뒷일은 좋지 않은 일이 많거나 예상 외의 일이 온다. 앞 일과 뒷 일의 주어는 같아야 한다. 주어가 다른 경우는 「～や否や」 등을 사용한다 . 또한 원칙적으로 1인칭 「私」 와 2인칭 「あなた」 는 주어로 사용할 수 없다.

例

彼はドアを開ける なり 、大声で叫んだ。　그는 문을 열자마자 큰 소리로 외쳤다 .

✗ 母が家に帰る なり 、父は母に謝った。
◯ 母が家に帰る やいなや 、父は母に謝った。
　어머니가 집에 돌아오자마자 아버지는 어머니에게 사과했다 .

✗ 私は定時を知らせるベルが鳴る なり 、パソコンを閉じて家に帰る準備をした。
◯ 私は定時を知らせるベルが鳴る や否や 、パソコンを閉じて家に帰る準備をした。
　나는 정시를 알리는 벨이 울리자마자 컴퓨터를 끄고 집으로 갈 준비를 했다 .

～次第　(~ 하자마자 /~ 여하다 /~ 한 이유다)　　(▶「문형」360, 405, 371 페이지)

```
Vます・N ＋ 次第　　　N ＋ 次第　　　V辞・た・ている ＋ 次第
```

①앞 일이 성립한 경우 바로 뒷 일이 일어난다. 뒷 일에 **의지 표현이 사용될 수 있다 .** 「～次第」 에는 이 외에 ② 「～によって決まる」 라는 「～次第だ」 와 ③ 「～わけだ」 라는 자신이 그 행위를 하게 된 경위를 나타내는 「～次第だ」 가 있다.

例

社長からの承諾が下り 次第 、すぐに御社にはお電話を差し上げます。
사장님으로부터 승낙이 떨어지는 대로 바로 귀사에 전화를 드리겠습니다 .

①野菜の価格は、その年の天候や天災 次第 で、大幅に変動する。
야채 가격은 그 해의 날씨나 천재지변 여하에 따라 큰 폭으로 변동한다 .

②御社にぜひ、一層仕事の効率化を計っていただくために、我々の新商品の紹介に伺った 次第 でございます。
귀사가 꼭 업무의 효율화를 한층 더 꾀하도록 우리의 신상품을 소개하러 찾아뵌 것입니다 .

～そばから　(~ 하자마자)

V辞・Vた＋そばから

앞 일 후에 바로 뒷 일이 발생하는 것을 나타낸다. 또한 뒷 일의 현상이 과거에 여러 번 반복하여 발생한 것을 나타낼 수 있다.

例

君は何度注意しても、注意した そばから 同じミスを繰り返す傾向がある。
너는 몇 번 주의를 주어도 주의를 주자마자 같은 실수를 반복하는 경향이 있다.

忘れ物に気を付けろと言われた そばから 、財布を机の上に置きっぱなしにしてしまった。
분실물에 조심하라는 말을 금방 듣고도 지갑을 책상 위에 그대로 두고 말았다.

（▶「문형」407 페이지）

～たとたん（に）　(~ 하자마자)

Vた＋たとたん（に）

뒷 일에는 의외인 내용이 온다. 그리고 의지 표현이나 명령 표현은 오지 않는다. 주관이 들어 있으므로 앞 일, 뒷 일에 시간차가 있는 경우에도 사용할 수 있다. 순간동사나 변화를 나타내는 동사에 붙는다.

例

ボールがゴールに入っ たとたんに 、隣に座っていた観客が狂ったような歓喜の声を上げた。
공이 골대에 들어가자마자 옆에 앉아있던 관객이 미친듯한 환희의 소리를 질렀다.

あの大型総合スーパーができ たとたん 、商店街は客足が減った。
저 대형 종합 슈퍼가 생기자마자 상점가는 손님 발길이 줄었다.

（▶「문형」359 페이지）

～か～ないかのうちに　(막 ~ 하는데)

V辞・Vた＋か＋V否＋ないかのうちに

앞 일의 동작이 일어나기 직전에 뒷 일이 발생, 또는 앞 일과 뒷 일의 동작이 거의 동시에 발생한 것을 나타낸다.

例

大統領が話し終わる か 終わら ないかのうちに 、聴衆のひとりが罵声を上げた。
대통령이 말을 마치려는 찰나에 청중 한 사람이 욕설을 했다.

（▶「문형」359 페이지）

2 어떤 일이 다른 일이 일어나기 전후에 일어나는 것을 나타내는 표현

～あと (に / で)　(~ 후에)

```
Vた＋あと (に / で)
N＋の＋あと (に / で)
```

앞 일의 동작을 행한 후에 뒷 일의 동작을 행한다. 앞 일의 동작이 완전히 끝나고 뒷 일의 동작을 하는 경우를 나타낸다.

例

妻に怒られた あとは 、いつも頭が痛くなる。
아내에게 혼난 후에는 언제나 머리가 아프다.

一日中働いた あとに 飲む酒は、格別に美味しく感じる。
하루 종일 일한 후에 마시는 술은 각별히 맛있게 느껴진다.

～てから　(~ 하고 나서, ~ 한 후에)　　　　　　　　(▶「문형」361 페이지)

```
Vて＋てから
```

앞 일의 동작을 행한 후에 뒷 일의 동작을 행한다. 앞 뒤의 순서를 나타낸다.

例

先に会社のアカウントにログインし てから 、取引先にメールを送ってください。
먼저 회사의 계정으로 로그인 한 후에 거래처에 이메일을 보내주세요.

トイレに行っ てから すぐに待ち合わせ場所に向かいます。
화장실에 갔다가 바로 약속 장소로 향합니다.

～てからでないと / てからでなければ　(~ 하고 난 후가 아니면)

```
Vて＋てからでないと / てからでなければ
```

앞 일의 조건이 달성되지 않으면 뒷 일의 실현이 불가능, 또는 무언가 좋지 않은 사태가 발생하는 것을 나타낸다. 즉 앞 일은 뒷 일의 전제 조건이 된다.

例

マスクを装着し、手を消毒し てからでないと 、建物の中に入ることはできません。
마스크를 착용하고 손을 소독한 후가 아니면 건물 안으로 들어갈 수 없습니다.

計画を立て てからでなければ 、この仕事を完璧にやり遂げるのは難しい。
계획을 세운 후가 아니면 이 일을 완벽하게 수행하기는 어렵다.

～てからというもの （~ 한 이후로）　（▶「문형」363 페이지）

> Vそ＋てからというもの

뒷 일은 앞 일이 발생하고 나서 무언가의 큰 변화가 발생한 것을 나타낸다.

例

部長に配属され**てからというもの**、彼は前よりいっそう仕事に取り組むようになった。
부장에게 배속된 이후로 그는 전보다 한층 더 일에 매진하게 되었다.

～てはじめて （~ 하고 비로소）　（▶「문형」361 페이지）

> Vそ＋てはじめて

앞 일에는 무언가의 경험을 말하고 뒷 일에는 그 경험을 통해 알게된, 눈치챈 것을 말한다. 대부분의 경우 「分かる」「知る」「できる」 등의 동사를 사용한다.

例

実家を離れ**てはじめて**親のありがたみを知った。
친가를 떠나고 나서야 비로소 부모님의 고마움을 알았다.

～て以来 （~ 한 이래）　（▶「문형」362 페이지）

> Vそ＋て以来

「～してからずっと」라는 의미를 나타낸다. 뒷 일에는 계속되는 상황을 나타낸다. 가까운 과거나 미래의 일에는 사용할 수 없다. 또한 뒷 일에는 1회 한정의 행위나 사건은 오지 않는다.

例

娘が生まれ**て以来**、私と妻は一度も、二人きりで出掛けたことがなかった。
딸이 태어난 후로 나와 아내는 한 번도 둘이서만 외출한 적이 없었다

○ 高校に入学し**て以来**、彼は毎日勉強している。
　고등학교에 입학한 후로 그는 매일 공부하고 있다.
✕ 高校に入学し**て以来**、三年目に彼は試験で満点を取った。
✕ 今朝学校に到着し**て以来**、彼はずっと勉強している。

～上で （~ 한 후에）　（▶「문형」363 페이지）

> Vた＋上で　　N＋の＋上で

우선은 앞 일의 동작을 행한 후에 뒷 일의 동작을 행하는 것을 나타낸다. 앞 일이 완전히 끝나지 않으면 뒷 일로 옮겨지지 않는 것을 강조한다.

例
この海で釣りをする際は、ライフジャケットを着用し、体調が万全であることを確認した上で、船に乗ってください。
이 바다에서 낚시를 할 때는 구명조끼를 착용하고 몸상태가 만전임을 확인한 후에 배에 올라 주세요.

～前 (に) (~ 전에)

V辞＋前 (に)
N＋の＋前 (に)

앞 일의 동작을 행하기 전에 뒷 일의 동작을 행한다. 뒷 일은 의지동사만 온다.

例
新商品を発売する前に、全ての機種の動作確認を行ったので、不良品はないはずだ。
신상품을 발매하기 전에 모든 기종의 동작 확인을 했기 때문에 불량품은 없을 것이다.

四十歳になる前に、キャリアを確立させて管理職に就いていたい。
40세가 되기 전에 커리어를 확립시켜 관리직에 부임하고 싶다.

(7) 양태

주절의 사태의 모습을 표현하는 종속절이다.

～て	～ないで	～なくて	～ず (に)	～ながら
～つつ	～ついでに	～かたわら	～がてら	～かたがた
～だけでなく	～ばかりでなく	～のみならず	～にとどまらず	～ばかりか
～ば～ほど	～につれて	～にしたがって	～に伴って	～とともに

～て (~ 하고, ~ 하여, ~ 하며, ~ 해서)

V る＋て
A い＋く＋て
NA＋で
N＋で

「て」는 앞 일, 뒷 일의 병렬적인 관계나 시간적인 관계를 나타내는 외에 상태를 나타내는 표현이기도 하다.

例
長年の研究が評価されて、ノーベル賞を受賞した。
오랜 기간의 연구가 평가를 받아 노벨상을 수상했다.

~ないで (~ 하지 않고)
~なくて

V否＋ないで	V否＋なくて A̶い̶＋く＋なくて NA・Nでは＋なくて

앞 일은 뒷 일의 행위의 상태를 나타낼 때 사용한다.

例

ご飯もろくに食べ**ないで**、慌てて家を出た。　밥도 제대로 먹지 않고 황급히 집을 나섰다.

せっかく故郷の町に帰ったのに、彼は家族に挨拶もし**ないで**東京に戻ってしまった。
모처럼 고향 마을에 돌아왔는데 그는 가족에게 인사도 하지 않고 도쿄로 돌아가 버렸다.

~ず(に) (~ 하지 않고)

V否＋ず(に) (する ➡ せ)＋ず(に)

「ないで」 보다 조금 딱딱한 표현이다. 「する」 의 경우는 「せず」 가 된다.

例

鍵をかけ**ずに**家を出ると、泥棒に入られてしまう可能性がある。
자물쇠를 잠그지 않고 집을 나가면 도둑이 들어와 버릴 가능성이 있다.

西洋医学が進歩した現代だからこそ、投薬や手術に頼ら**ずに**、体質を根本から変えてゆく治療法を見直すべきなのではないだろうか。　서양의학이 진보한 현대야말로 투약이나 수술에 의존하지 않고 체질을 근본적으로 바꾸어 나가는 치료법을 다시 생각해야 하는 것은 아닐까.

~ながら (~ 하면서)
~つつ

V̶ま̶す̶＋ながら V̶ま̶す̶＋つつ

양태를 나타낼 때 「ながら」 는 사용할 수 있지만 「ながらも」 는 사용하는 경우는 없다.

例

○ 休日の朝は、音楽を聴き**ながら**ストレッチをしています。
✗ 休日の朝は、音楽を聴き**ながらも**ストレッチをしています。
휴일 아침에는 음악을 들으면서 스트레칭을 하고 있습니다.

携帯電話が普及してから、スマホを見ながら街を歩く人が増えてしまった。
휴대전화가 보급되고나서 스마트폰을 보면서 길을 걷는 사람이 늘어났다.

中立一元論とは、心の哲学という分野で、唯物論や観念論と対立しつつ、その両者の中間的位置を取る立場のことを指す。　중립일원론이란 마음의 철학이라는 분야로 유물론이나 관념론과 대립하면서 그 양자의 중간적 위치를 취하는 입장을 가리킨다.

～ついでに　（~ 하는 김에）

```
V 辞・た ＋ついでに
N（する動詞）＋の＋ついでに
```

例

桜の名所と呼ばれているこの地域では、工場を見学するついでに、花見していく人々もいます。
벚꽃 명소라고 불리는 이 지역에서는 공장을 견학하는 김에 벚꽃놀이를 하고 가는 사람들도 있습니다.

浅草を観光したついでに、スカイツリーにも登ってみるのはいかがですか。
아사쿠사를 관광한 김에 스카이트리에도 올라가 보는 것은 어떻습니까?

～かたわら　（~ 하면서, ~ 하는 한편）　　　　　　　　　　（▶「문형」407 페이지）

```
V 辞 ＋かたわら
N ＋の＋かたわら
```

「～ついでに」와 「～ながら」는 단기적으로 2가지 동작이 행해지는 것에 반해 「～かたわら」는 장기간에 걸쳐 일이나 학교 등의 사회적 활동을 하면서 별도의 것도 하고 있음을 나타낸다.

例

父は、医者として病院を経営するかたわら、耳鼻科の学者としても専門的な研究を進めて、多大な功績を収めることに成功した。　아버지는 의사로서 병원을 경영하면서 이비인후과 학자로서도 전문적인 연구를 진행해서 많은 공적을 거두는 데 성공했다.

大学では文学を研究するかたわら、会社の長期インターンに参加することで、実践的な力も身に付けてきました。　대학에서는 문학을 연구하는 한편 회사의 장기 인턴에 참가함으로써 실천적인 힘도 습득해 왔습니다.

～がてら　（~ 하는 겸）

```
V ます＋がてら
N（する動詞）＋がてら
```

「ついでに」보다도 딱딱한 표현이다. 많은 경우 뒷 일에는 「行く」, 「寄る」 등의 동사가 온다.

例

絵の勉強 がてらに 描いていた漫画が、SNSで多くの反響を呼んだ。
그림 공부 겸 그리고 있던 만화가 SNS에서 많은 반향을 불러일으켰다.

散歩 がてら 、友人のバイト先の店に行ってみた。
산책하는 겸 친구의 아르바이트 가게에 가 보았다.

～かたがた　(~ 겸해서)

> N（する動詞）＋かたがた

딱딱한 표현으로 비즈니스 장면이나 윗 사람과의 대화에서 사용된다. 뒷 일에는 이동에 관한 동사가 자주 사용된다. 예를 들면 ご挨拶, お礼, お見舞い, ご報告, お詫び.「ついでに」보다「兼ねて」의 의미가 강하다. 경의가 담긴 표현.

例

先日お世話になったお礼 かたがた 、お借りした帽子を返しに伺いました。
일전에 신세를 진 감사 인사를 겸해서 빌렸던 모자를 돌려드리러 들렀습니다.

引越しのお祝い かたがた 、ワインでも持ってあなたの家に伺いたいと存じます。
이사 축하를 겸해서 와인이라도 들고 당신 집에 찾아뵙고 싶습니다.

～だけでなく　(~ 뿐만 아니라)

> 普＋だけでなく
> （NAな・NAである＋だけでなく）
> （Nの・Nである＋だけでなく）

「だけでなく」「ばかりでなく」「のみならず」「にとどまらず」, 대부분의 경우 환언할 수 있다.

例

彼は歌手として有名である だけでなく 、敏腕プロデューサーとして、様々なアーティストの活躍にも貢献している。　그는 가수로서 유명할 뿐만 아니라 민완 프로듀서로서 다양한 아티스트의 활약에도 공헌하고 있다.

～ばかりでなく　(~ 뿐만 아니라)　　　　　　　　　　　(▶「문형」378 페이지)

> 普＋ばかりでなく
> （NAな・NAである＋ばかりでなく）
> （Nの・Nである＋ばかりでなく）

例

日本においては、社会全体の高齢化にともない、高齢者が交通事故の被害者になる ばかりでなく 、加害者となる事故も増加している。 일본에서는 사회 전체의 고령화에 따라 고령자가 교통사고의 피해자가 될 뿐만 아니라 가해자가 되는 사고도 증가하고 있다.

〜のみならず　(〜 뿐만 아니라)

（「문형」377 페이지）

普＋のみならず
（NAだ・NAだである＋のみならず）
（Nだ・Nだである＋のみならず）

例

新兵器は、爆撃を受けた兵士を負傷させる のみならず 、そこから発せられるガスを吸った人々に深い後遺症を与えた。
신무기는 폭격을 받은 병사를 부상시킬 뿐만 아니라 거기서 나오는 가스를 마신 사람들에게 깊은 후유증을 안겼다.

〜にとどまらず　(〜 에 그치지 않고, 〜 뿐만 아니라)

（「문형」378 페이지）

普＋にとどまらず
（NAだ・NAだである＋にとどまらず）
（Nだ・Nだである＋にとどまらず）

例

彼の遅刻癖は学校生活だけ にとどまらず 、バイトや習い事にも支障をきたしている。
그의 지각습관은 학교생활 뿐만 아니라 아르바이트나 과외학습에도 지장을 초래하고 있다.

〜ばかりか　(〜 뿐만 아니라)

（「문형」379 페이지）

普＋ばかりか
（NAだな・NAだである＋ばかりか）
（Nだである＋ばかりか）

「だけでなく」와 거의 같은 의미. 뒷일에는 「〜も」「〜さえ」「〜まで」 등이 자주 사용된다. 뒷 일에 의지나 명령, 권유 등의 표현은 거의 오지 않는다.

例

その島で流行した病は、島の生態系を崩壊させた ばかりか 、本土にまで伝染し、全国的に猛威をふるった。그 섬에서 유행한 병은 섬의 생태계를 붕괴시켰을 뿐만 아니라 본토에까지 전염되어 전국적으로 맹위를 떨쳤다.

〜ば〜ほど　(〜 하면 〜 할수록)

（「문형」367 페이지）

V仮＋ば＋V辞＋ほど
Aいければ＋A＋ほど
NAなら・であれば＋NAな・であるほど

例

彼女を好きになれ ば 好きになる ほど 、彼女の気持ちが分からなくて辛くなる。
그녀를 좋아하면 좋아할수록 그녀의 마음을 몰라서 괴로워진다.

やるべきことからは、逃げれ ば 逃げる ほど 、自分が苦しくなるだけだ。
해야 할 일에서 도망치면 칠수록 자신이 힘들어질 뿐이다.

～につれて （～에 따라） （▶「문형」365 페이지）

V辞＋につれて
N（する動詞）＋につれて

例
空が明るくなる につれて 、気温も上がってきた。　하늘이 밝아짐에 따라 기온도 올라갔다.

～にしたがって （～에 따라） （▶「문형」365 페이지）

V辞＋にしたがって
N（する動詞）＋にしたがって

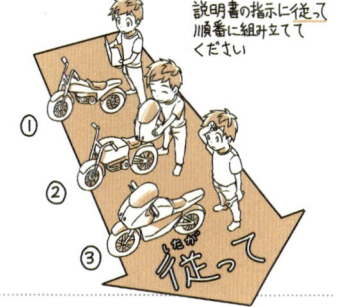

例
説明書の指示 にしたがって 、順番に組み立ててください。
(지시와 규칙 등을 준수한다)
설명서의 지시에 따라 순서대로 조립해 주십시오.

国民の生活が貧しくなる にしたがって 、王政に対する国民の不満も高まっていった。
(전항의 변화에 따라 후항도 변화)
국민의 생활이 빈곤해짐에 따라 왕정에 대한 국민의 불만도 높아져 갔다.

～に伴って （～에 따라） （▶「문형」366 페이지）

V辞＋に伴って
N（する動詞）＋に伴って

例
その地域では、住民の少子高齢化 に伴って 、いくつかの小学校が取り壊されることとなった。
그 지역에서는 주민의 저출산 고령화에 따라 몇몇 초등학교가 헐리게 되었다.

～とともに （～와 함께, ～와 동시에） （▶「문형」366 페이지）

V辞＋とともに
N（する動詞）＋とともに

例
新しい経済政策の導入により、人々の収入が増える とともに 、物価も著しく上昇した。
새로운 경제 정책의 도입에 의해 사람들의 수입이 늘어남과 동시에 물가도 현저하게 상승했다.

실전문법항목

　市場経済のなかには、こういう要素（※）がたくさんふくまれて、現実には展開しているのです。そこに風土とか歴史の市場経済への「介入」がある。その結果ヨーロッパ的市場経済や日本的市場経済といったものが生まれる。

　ところが、風土や歴史といったものの蓄積をもたない社会では、こういうものが「介入」してこない。だから資本主義的な市場経済の原理が、修正を受けずに展開してしまう。私たちはその代表的なかたちをアメリカにみることができます。アメリカ先住民のつくった風土や歴史を無視していまのアメリカがある以上、この社会には、資本主義的な市場経済を修正するだけの文化がないのです。

　ところが、この原理だけで動く経済というのは、ときに小気味よく感じられる。なぜなら単純で、経済からみればわずらわしい介入を受けることがないからです。安いときに株を買って、高いときに売ればもうかるという、いわばそれぐらい単純なものですから、良くも悪くもすっきりしている。そのことが、ときどきアメリカ的経済への信奉者を生みだします。その人が暮らしている社会がもっている文化から、自分は疎外されているという感覚をもっている人は、なおのことそういう傾向を強くする。ルサンチマンのアメリカ信奉といってもよいのですが、ルサンチマンは、かつてニーチェが好んで使った言葉で、憎悪、復讐心、怨み、嫉妬などのことです。

　しかし、話を戻しますと、そういう傾向が声を大きくする時代はあっても、私自身は、その社会で修正されながら、市場経済もまたある種の安定性をつくりだすと考えています。以前からあった古典的なものと融和しないと、市場経済もまたうまくはいかない。私自身は、資本主義的な市場経済をこわしたいという気持をもっていますから、市場経済が安定性をもつことは嬉しくはないのですが、しかしここに市場経済の一面があるのだということは、押さえておいてもよいでしょう。

あ：連体修飾節の被修飾語　　あ：連用修飾節に関わる表現
※：経済の合理性以外の、さまざまなこと。

内山節『「創造的である」ということ＜下＞地域の作法から』
京都大学外国人留学生特別選抜・2016年・経済学部試験問題の素材

CHAPTER 10 문형표현

PART3 문장의 구조

　조사나 조동사, 동사 그리고 명사 등이 다양한 형태로 이어져 하나의 연어로서 문법적인 의미를 이룬다. 이것은 일본어 교육업계에서는「문형 (기능어)」으로 부르는 경우가 많다. 중급 이상 일본어에서는 문형 (기능어) 공부는 매우 중요해진다. JLPT와 EJU와 같은 시험에서 고득점을 목표로하는 경우는 물론 대학의 후기시험, 예를 들면 소논문, 면접 등에 있어서도 이러한 문형에 대한 이해와 활용이 가능해야 한다. 이 책에서는 각 품사의 장과 복문의 부분에서 관계하는 일부 문형표현에 대해 설명되고 있지만 이 장에서는 N2·N1과 EJU 시험에서 출제된 중상급의 문형표현을 중심으로 종횡 비교를 의식하면서 26개의 분류로 소개한다.

CHAPTER 10 문형표현

● 표기   意 : 의미   解 : 해설   例 : 예문 (상단 : 초중급, 하단 : 중상급)   比 : 비교문형

◆ 문형 목록

<1>	화제 ▶ 309～314 페이지
1	～というのは
2	～とは
3	～にかけては
4	～というものは・ということは
5	～といえば・というと・といったら
6	～といえば
7	～というと
8	～といったら
9	～のこととなると
10	～ときたら
<2>	대상 ▶ 314～319 페이지
11	～について
12	～に関して・に関する
13	～に関わる
14	～に対して・に対する
15	～をめぐって・をめぐる
16	～を中心に・を中心として・を中心とした
17	～向きだ・向きに・向きの
18	～向けだ・向けに・向けの
<3>	판단의 입장・근거 ▶ 319～322 페이지
19	～からいうと・からいえば・からいって ～からすると・からすれば・からして ～からみると・からみれば・からみて
20	～にしたら・にすれば
21	～にしたところで・としたところで
22	～なりに・なりの
23	～として
24	～にとって
<4>	평가의 시점 ▶ 322～325 페이지
25	～わりに（は）
26	～にしては
27	～だけあって・だけのことはある
28	～ともなると・ともなれば
<5>	근거・수단・매개 ▶ 325～328 페이지
29	～によって・により・による
30	～によると・によれば
31	～を通じて・を通して
32	～をもって
<6>	예시 ▶ 328～331 페이지
33	～にしても～にしても
34	～といった
35	～やら～やら
36	～というか～というか

37	～なり～なり
38	～であれ～であれ ～であろうと～であろうと
<7>	기점・종점・한계・범위 ▶ 331～338 페이지
39	～をはじめ（として）・をはじめとする
40	～を皮切りに（して）・を皮切りとして
41	～を限りに・限りで
42	～をもって
43	～から～にかけて
44	～を通じて・を通して
45	～にわたって・にわたる
46	～だけ・だけの
47	～限り・限りの
48	～からして
<8>	가능성 ▶ 338～343 페이지
49	～わけにはいかない
50	～ようがない・ようもない
51	～（よ）うにもない
52	～得る・得ない
53	～かねる
54	～がたい
55	～にかたくない
56	～に堪える・に堪えない
57	～っこない
<9>	경향・상태 ▶ 343～349 페이지
58	～っぽい
59	～がち
60	～気味
61	～きらいがある
62	～だらけ
63	～まみれ
64	～ずくめ
65	～とばかりに
66	～んばかりに
67	～ともなく・ともなしに
<10>	감동・소망 ▶ 349～353 페이지
68	～ものだ
69	～ことだ
70	～ことに（は）
71	～ものがある
72	～なんて
73	～てほしい
<11>	시간・시점 ▶ 353～363 페이지
74	～際（に）

75	～折（に）		121	～にとどまらず
76	～に際し（て）		122	～ばかりでなく
77	～にあたって・にあたり		123	～ばかりか
78	～に先立って・に先立つ		124	～も～ば（なら）～も
79	～にあって		125	～上に
80	～ところに・ところへ・ところを・ところで		126	～に加え・加えて
81	～最中・最中に・最中だ		127	～はもちろん・はもとより
82	～うちに・ないうちに		128	～はおろか
83	～か～ないかのうちに		129	～どころか
84	～たとたん		<15>	비교・정도 ▶ 382～385 페이지
85	～（か）と思うと・（か）と思ったら		130	～ほど・ほどの・ほどだ
			131	～くらい・くらいの・くらいだ
86	～次第		132	～までだ・までのことだ
87	～が早いか		133	～というところだ・といったところだ
88	～てはじめて・てこそ		134	～に比べ・に比べて
89	～てから		135	～ないまでも
90	～て以来		136	～に越したことはない
91	～てからというもの		<16>	대비・대체 ▶ 385～389 페이지
92	～上で		137	～（の）に対して
<12>	진행・상관관계 ▶ 363～368 페이지		138	～一方・一方で・一方では
93	～一方だ		139	～に反して・に反する・に反した
94	～つつある		140	～反面・半面
95	～ばかりだ		141	～というより
96	～につれて・につれ		142	～かわりに
97	～にしたがって		143	～にかわって
98	～とともに		144	～にひきかえ
99	～に伴って・に伴い・に伴う		<17>	전문・추측 ▶ 389～395 페이지
100	～ば～ほど		145	～そうだ（전문）・そうだ（양태）
101	～きり・きりだ		146	～ということだ・とのことだ
102	～きる		147	～とか
<13>	결과・결론 ▶ 369～373 페이지		148	～ようだ
103	～たところ		149	～みたいだ
104	～あげく		150	～らしい
105	～末（に）		151	～まい
106	～っぱなし		152	～ではあるまいか
107	～次第だ		153	～かねない
108	～に至る・に至って		154	～恐れがある
109	～始末だ		<18>	주장・단정 ▶ 396～399 페이지
110	～わけだ		155	～に違いない・に相違ない
111	～ということだ		156	～に決まっている
112	～こととなっている・ことになっている		157	～にほかならない
<14>	한정・비한정・부가 ▶ 373～382 페이지		158	～というものだ
113	～に限り		159	～しかない
114	～に限って		160	～（より）ほか（は）ない
115	～に限らず		161	～までだ・までのことだ
116	～限り（は）		162	～にすぎない
117	ただ～のみ		<19>	기준・대응 ▶ 399～408 페이지
118	～ならでは（の）		163	～ようだ・ように・ような
119	～をおいて		164	～とおりに・とおりだ・とおりの ～どおりに・どおりだ・どおりの
120	～のみならず			

165	~をもとに（して）・をもとにした	
166	~に基づいて・に基づく・に基づいた	
167	~に沿って・に沿う・に沿った	
168	~に即して・に即した	
169	~を踏まえて・を踏まえた	
170	~に応じて・に応じた	
171	~のもとで・のもとに	
172	~によって・による	
173	~次第で（は）・次第だ	
174	~たびに	
175	~をきっかけに（して）・をきっかけとして	
176	~を契機に（して）・を契機として	
177	~かたわら	
178	~そばから	
<20>	무관계・무시 ▶ 408～413 페이지	
179	~にかかわらず・にかかわりなく	
180	~を問わず	
181	~もかまわず	
182	~はともかく（として）	
183	~はさておき	
184	~をものともせずに	
185	~をよそに	
186	~（よ）うと~まいと・（よ）うが~まいが	
<21>	역접・양보 ▶ 413～422 페이지	
187	たとえ~ても	
188	~としても	
189	~にしても・にしろ・にせよ	
190	~たところで	
191	~ものの・とはいうものの	
192	~ものを	
193	~ところ（を）	
194	~にもかかわらず	
195	~からといって	
196	~といっても	
197	~ながら・ながらも	
198	~つつ・つつも	
199	~くせに・くせして	
200	~とはいえ	
201	~といえども	
202	~（か）と思いきや	
<22>	부정・부분부정 ▶ 422～427 페이지	
203	~はずがない	
204	~わけがない	
205	~ことなく	
206	~どころではない	
207	~ものか	
208	~なしに・ことなしに	
209	~までもない	
210	~とは限らない	
211	~わけではない	
212	~ないことはない・ないこともない	
213	~というものではない	
<23>	원인・이유 ▶ 428～436 페이지	
214	~によって・による	
215	~おかげで・おかげか・おかげだ	
216	~せいで・せいか・せいだ	
217	~もので・ものだから・もの	
218	~ばかりに	
219	~だけに	
220	~あっての	
221	~とあって	
222	~からには	
223	~以上（は）	
224	~上は	
225	~からこそ	
226	~ことだし	
227	~ことから	
228	~のことだから	
229	~（が）ゆえ・ゆえに・ゆえの	
230	~あまり・あまりの	
231	~では（じゃ）あるまいし	
<24>	조건 ▶ 436～441 페이지	
232	~さえ~ば	
233	~としたら・とすれば・とすると	
234	~ないことには	
235	~ものなら	
236	~（よ）うものなら	
237	~をぬきにしては	
238	~となると・となれば・となったら	
239	~ない限り	
240	~たら最後・たが最後	
241	~なくして（は）	
<25>	심리・감정 ▶ 441～446 페이지	
242	~てしかたがない・てしょうがない	
243	~てたまらない	
244	~てならない	
245	~てやまない	
246	~ないではいられない・ずにはいられない	
247	~ないではすまない・ずにはすまない	
248	~ないではおかない・ずにはおかない	
249	~ざるを得ない	
250	~を余儀なくされる・を余儀なくさせる	
<26>	권유・주의・금지 ▶ 446～449 페이지	
251	~（よ）うではないか	
252	~てもさしつかえない	
253	~ものではない	
254	~ことはない	
255	~ことだ	
256	~べき・べきだ・べきではない	
257	~べからず・べからざる	

<1> 화제

1	～というのは	~라고 하는 것은, ~라는 것은
2	～とは	~(이)란
3	～にかけては	~에 있어서는, ~에 관해서는
4	～というものは・ということは	~라고 하는 것은, ~라는 것은
5	～といえば・というと・といったら	~라면・라고 하면
6	～といえば	~라면, ~라고 하면
7	～というと	~라면, ~라고 하면
8	～といったら	~로 말하면, ~로 말하자면
9	～のこととなると	~에 대한 것이라면
10	～ときたら	~로 말하자면

문형	～というのは	접속	N＋というのは
意	~라고 하는 것은, ~라는 것은 (N에 대해 정의나 설명을 한다)			
解	문장의 주제를 제시하고 그것의 의미와 정의를 설명한다. 「～というのは…ことだ/ものだ/という意味だ」라는 형태가 되기 쉽다.			
例	「人間国宝」**というのは**重要無形文化財の技術保有者のことだ。 「인간국보」라는 것은 중요무형문화재의 기술보유자를 말한다. 人生**というのは**辛いものだ。 인생이란 괴로운 것이다. 創造性**というのは**一見無関係なものから繋がりを見出す能力である。 창조성이란 언뜻 보면 무관계한 것들에서 연관성을 찾아내는 능력이다. 日本人**というのは**、言いたいことを言わなかったり遠回しに表現したりするという性質を持っており、それが外国人との会話において思わぬ誤解を呼ぶことがある。 일본인이란 말하고 싶은 것을 말하지 않거나 돌려서 표현하거나 하는 성질을 갖고 있어 그것이 외국인과의 대화에서 뜻밖의 오해를 불러일으키는 경우가 있다.			

POINT 「～というのは」「～とは」「～っていうのは」

격식을 차리지 않는 대화에서는 「っていうのは」라는 형태가 된다. 정식적인 문어체에서는 「～とは」가 되는 경우가 많다.

例

人民元**っていうのは**中国で使われている通貨だよ。
인민폐라는 것은 중국에서 사용되는 통화야.

子供**っていうのは**目を離すと何をするかわからないものだから、ちゃんといつも一緒にいないとだめだよ。
아이들이란 눈을 떼면 무엇을 할지 모르기 때문에 항상 함께 있어야 해.

문형	~とは		접속	N+とは
意	~(이)란 (정의・명제 등의 주제임을 제시한다)			
解	「~というのは」의 의미와 대체적으로 같고 격식을 차린 표현이다.			
例	就活**とは**就職活動のことだ。　　취활이란 취직활동을 말한다. 詩人**とは**、詩を書き、それを発表する人や、それを職業としている人を指す。 시인이란 시를 쓰고 그것을 발표하는 사람이나 그것을 직업으로 삼는 사람을 가리킨다. 不親切なメディア**とは**、受け手に対して前提知識をたくさん要求するメディアのことである。 불친절한 미디어란 수신자에게 전제 지식을 많이 요구하는 미디어를 말한다. 全体主義**とは**、個人に対して社会の思想や政治を優先し、個人の思想や生活などを統制する政治体制のひとつである。 전체주의란 개인에 대해 사회의 사상이나 정치를 우선시하고 개인의 사상이나 생활 등을 통제하는 정치체제의 하나다.			

문형	~にかけては		접속	N+にかけては
意	~에 있어서는, ~에 관해서는 (다른 사람보다 잘한다)			
解	「~に関しては」「~の分野では」라는 의미로 「能力や技術に関しては強い、あるいは自信がある」라고 말하고 싶을 때 사용되는 표현이다.			
例	日本の歴史の知識**にかけては**、彼がクラスで一番だろう。 일본의 역사 지식에 관해서는 그가 반에서 1등일 것이다. 料理の腕**にかけては**、妻の右に出るものはいない。　요리 실력에 있어서는 아내를 뛰어넘는 사람은 없다. 彼は感性の羽を持っているため、ひらめきと発想力**にかけては**天才的です。 그는 감성의 날개를 가지고 있어서 직감력과 발상력에 있어서는 천재적입니다. かつてこの国を統治していた王は、外交能力**にかけては**非常に優秀であり、多くの危機を切り抜けたことでも知られている。　일찍이 이 나라를 통치하고 있던 왕은 외교능력에 있어서는 매우 우수하여 많은 위기를 극복한 것으로도 유명하다.			

문형	~というものは・ということは		접속	N+というものは 普+ということは
意	~라고 하는 것은, ~라는 것은			
解	선행의 사항에 대해 그 의미, 성질 또는 자신의 견해를 말할 때 사용된다. 문장을 받는 경우에는 「ということは」의 형태가 된다. 「ということは」는 화제를 정리, 결론을 도출하는 용법도 있다.			

例	戦争**というものは**残酷なものだ。　전쟁이란 것은 잔혹한 것이다. ありのままの自分で生き抜く**ということは**大変なことだね。 있는 그대로의 자신으로 살아간다는 것은 어려운 일이야. チャンス**というものは**、身のまわりにたくさん転がっているが、それに気付けるかどうかが問題なのだ。　기회라는 것은 주변에 많이 널려 있지만 그것에 알아채는지가 문제인 것이다. 人の上に立つ**ということは**、人々の生活を守った上で彼らの意見や願いを尊重することである。 사람의 위에 선다는 것은 사람들의 생활을 지키고 그들의 의견이나 바람을 존중하는 것이다.

문형	~といえば・というと・といったら	접속	普+といえば・というと・といったら (Nだ+といえば・というと・といったら) (ただし、NAは「だ」がなくてもいい)
意	~하면, ~(이)라면, ~(이)라고 하면　(~을/를 화제로 한다면)		
解	화제를 제시하고 그것에 관련된 것, 연상할 수 있는 것에 대해 이야기한다. 대화에서는 「と」가 「って」가 되는 경우도 있다.		
例	中国**というと**、人口が多いということがまず頭に浮かぶよね。 중국하면 인구가 많다는 것이 우선 머리에 떠오르지요. 中国で人気がある日本のアニメ**といったら**、『スラムダンク』だ。 중국에서 인기있는 일본 애니메이션이라고 하면 『슬램덩크』다. 地球環境問題**といえば**、地球温暖化とオゾン層の破壊という二つの問題を思い浮かべる人が最も多いそうだ。 지구환경문제라면 지구온난화와 오존층의 파괴라는 2가지 문제를 떠올리는 사람이 가장 많다고 한다. かつての若者のコミュニケーションツール**といえば**ポケベルであったが、2000年代に入ると、その立ち位置は携帯電話に取って変わられてしまった。 과거의 젊은이들의 커뮤니케이션툴이라 하면 호출기였지만 2000년대에 들어와서 그 설 자리는 휴대전화로 바뀌어 버렸다.		

문형	~といえば	접속	普+といえば (ただし、NAとNは「だ」がなくてもいい)
意	~(이)라고 하면, ~(이)라면		
解	「AといえばA」라는 형태로「確かに認めるが、でも~」라는 의미를 나타내고 한번 인정해 두고 그 후에 말하고 싶은 것을 말한다.		
例	ここは便利**といえば**便利ですが、あまり安全ではない気がします。 여기는 편리하다면 편리하지만 별로 안전하지는 않은 느낌이 듭니다. この曲は人気**といえば**人気だけれど、流行が過ぎ去れば忘れられそうな曲でもある。 이 곡은 인기라면 인기지만 유행이 지나가면 잊혀질 것 같은 곡이기도 하다.		

物足りないといえば物足りなく思うが、きちんと自分の意見をまとめたのは貴重な一歩を踏み出したといえる。 부족하다면 부족하다고 생각하지만 정확히 자신의 의견을 정리한 것은 귀중한 한 걸음을 내딛었다고 할 수 있다.

日本は平和といえば平和な国ではあるが、その分、危機感や当事者意識といったものが欠けている側面もあるのではないだろうか。 일본은 평화롭다면 평화로운 나라지만 그만큼 위기감이나 당사자 의식같은 것이 결여되어 있는 측면도 있는 것은 아닐까?

君の作品は面白いといえば面白いが、読者を意識しすぎていて、自分の表現したいことを見失っている印象も受ける。
너의 작품은 재미있다면 재미있지만 독자를 너무 의식해서 자신이 표현하고자 하는 것을 잃어버린 인상도 받는다.

문형	~というと	접속	普+というと (Nだ+というと)
意	~(이)라면, ~(이)라고 하면			
解	상대방이 말한 것을 받아 그것이 자신이 생각하고 있는 내용과의 일치성을 확인할 때 사용한다.			
例	A：田中さんがさっき訪ねて来たよ。 B：田中さんというと、先週会った山田商事の営業部長ですか。 A：다나카 씨가 방금 찾아왔어요. B：다나카 씨라면 지난 주 만났던 야마다상사의 영업부장입니까? A：A社の幹事が不祥事を起こして失脚したみたいだよ。 B：A社というと、毎年何かしらの問題を起こしている会社だよね。 A：A사의 간사가 불상사를 일으켜 실각한 것 같아. B：A사라면 매년 무언가 문제를 일으키는 회사잖아. A：先月、友達と敦煌に旅行に行ってきたよ。 B：敦煌というと、あの莫高窟で歴史的に有名な場所？ A：지난 달 친구와 둔황으로 여행을 다녀왔어. B：둔황이라면 그 막고굴로 역사적으로 유명한 장소?			

문형	~といったら	접속	N+といったら
意	~로 말하면, ~로 말하자면 (~에 대해서 이야기하면)			
解	놀라움, 감동, 실망 등 감정의 정도를 화제로 할 때 사용한다. 정도가 보통이 아님을 강조한다.			

例	彼女が作ったチャーハンのおいしさ**といったら**、言葉では表現できません。 그녀가 만든 볶음밥 맛으로 말하자면 말로는 표현할 수 없다. 恋人といるときの彼女**といったら**、本当にいつも目が輝いているんですから。 애인과 있을 때의 그녀로 말하자면 정말로 항상 눈이 빛나고 있어요. 10㎞は確かに結構長いけど、走りきったあとの爽快感**といったら**日常生活では味わえない。 10km는 확실히 꽤 길지만 완주하고 난 후의 상쾌함으로 말하자면 일상생활에서는 느낄 수 없다. オリンピックにおける彼女の演技**といったら**抜群に素晴らしく、金メダル獲得というのも、誰しもが納得する結果だと思う。 올림픽에서의 그녀의 연기로 말하면 뛰어나게 훌륭하고 금메달 획득이라는 것도 누구나 납득하는 결과라고 생각한다.

MORE ➕ 「～といったらない」

접속 : N・A ＋といったらない
의미 : 문말에 자주 사용되는 표현으로 「とても～だ」라는 의미가 된다.

例

あの人の部屋は、汚い**といったらない**。
まったく足の踏み場がない。
저 사람 방은 매우 지저분하다. 정말 발 디딜 곳이 없다.

出願書類の面倒くささ**といったらない**。
何回も書き直した。
출원서류는 매우 귀찮다. 몇 번이나 다시 썼다.

문형	～のこととなると	접속	N＋のこととなると
意	～에 대한 것이라면, ～에 관해서는 (～의 화제가 되면)		
解	～의 화제, ～의 문제에 대해서는 갑자기 보통과는 다른 태도로 변하는 것을 나타낸다.		
例	普段は無口な彼はアイドル**のこととなると**話が止まらなくなる。 평소에는 말이 없는 그는 아이돌 이야기라면 말이 끝이 없다. 彼は勉強が苦手だが、世界史**のこととなると**誰にも引けを取らない。 그는 공부를 잘하지 못하지만 세계사에 관해서는 누구에게도 뒤지지 않는다. いろんな人は他人のやったこと、やることには立派な批評、批判をするが、自分**のこととなると**からきし自信を持ってない。 대부분의 사람들은 남이 한 일, 하는 일에는 훌륭한 비평, 비판을 하지만 자신의 일이되면 전혀 자신감이 없어진다. ルイ十六世は政治には無関心であったが、鷹狩りや錠前造りなどの趣味**のこととなると**誰よりも没頭していたと、一般的には言い伝えられている。 루이 16세는 정치에는 무관심했지만 매사냥이나 자물쇠 만들기 등의 취미에 관한 것이라면 누구보다도 몰두했다고 일반적으로는 전해지고 있다.		

문형	~ときたら		접속	N+ときたら
意	~로 말하자면 (~에 관해서 말하면)			
解	비난, 불만의 감정을 갖고 주변의 것을 화제로 할 때 사용한다.			
例	うちの息子**ときたら**、休みの日にどこにも出掛けず家で寝てばかりいる。 우리 아들로 말하자면 휴일에 어디에도 나가지 않고 집에서 잠만 잔다. 部長**ときたら**、仕事もろくにしないくせにいつも威張ってばかりいる。 부장으로 말하자면 일도 제대로 하지 않으면서 항상 위세만 부린다. この間もらった手袋**ときたら**分厚すぎて、ほとんどなんの感触も得られない。 요전에 받은 장갑으로 말하자면 너무 두꺼워서 거의 아무런 감촉도 느끼지 못한다. このドラマの主役は素晴らしい俳優だが、その相手役の女優**ときたら**、まるで素人のように演技が硬い。 이 드라마의 주역은 멋진 배우이지만 그 상대역 여배우로 말하자면 정말로 아마추어처럼 연기가 딱딱하다.			

<2> 대상

11	~について	~ 에 대해서 , ~ 에 관해서
12	~に関して・に関する	~ 에 관해서 ·~ 에 관한
13	~に関わる	~ 에 관련된
14	~に対して・に対する	~ 에 대해서 ·~ 에 대한
15	~をめぐって・をめぐる	~ 을 / 를 둘러싸고 ·~ 을 / 를 둘러싼
16	~を中心に・を中心として・を中心とした	~ 을 / 를 중심으로 ·~ 을 / 를 중심으로 한
17	~向きだ・向きに・向きの	~ 대상이다 ·~ 대상의
18	~向けだ・向けに・向けの	~ 용이다 ·~ 대상이다

문형	~について		접속	N+について
意	~에 대해서, ~에 관해서			
解	동작·작용의 대상이 되는 것을 나타낸다. 뒤에 명사가 오는 경우 「~についての+N」가 된다. 「~につきまして」는 보다 정중한 표현으로 문어체에서는 「~につき」로 사용되는 경우가 있다.			
例	今回企画した新規プロジェクト**について**プレゼンいたします。 이번에 기획한 신규 프로젝트에 대해서 프레젠테이션을 하겠습니다. 出欠**につきまして**は、月末までに私の方までご連絡ください。 출결에 관해서는 월말까지 저에게 연락주세요. この問題**につき**何ができるのかを検討する。 이 문제에 대해 무엇을 할 수 있는지를 검토한다.			

多目的教室の利用**について**、次のお知らせの内容と合っているものはどれですか。
다목적 교실의 이용에 관해서 다음 공지 내용과 맞는 것은 어느 것입니까?
この本は歴史上の事実**について**まとめたものなので、さらに詳しく各時代の文化や流行について知りたい場合は、こちらで紹介した本を参考にしてください。
이 책은 역사상의 사실에 대해 정리한 것이므로 더욱 자세하게 각 시대의 문화와 유행에 대해 알고 싶은 경우는 여기에서 소개한 책을 참고해 주세요.

문형	～に関して・に関する	접속	N＋に関して・に関する
意	~에 관해서・~에 관한		
解	話す・聞く・考える・書く 等の行為で取扱う対象を言う時に使用する。		
例	先日依頼された調査**に関する**報告書を持ってきました。 저번에 부탁받은 조사에 관한 보고서를 가지고 왔습니다. あの人の趣味**に関して**は、私は口を出さないようにしている。 저 사람의 취미에 관해서는 나는 말하지 않기로 했다. とくに、デジタル技術に基づくもの**に関して**は、コピーとオリジナルは、実質的にはまったく同じものだ。 특히 디지털 기술을 바탕으로 한 것에 관해서는 카피와 오리지널은 실질적으로는 완전히 같은 것이다. 法案改正にともない、それにまつわる政府の方針や対策**に関する**文書が、政府によって公開された。 법안 개정에 따라 그와 관련된 정부의 방침과 대책에 관한 문서가 정부에 의해 공개되었다.		

POINT 「～について」와「～に関して」의 비교

문체적으로는「～について」보다「～に関して」쪽이 조금 격식을 차린 인상을 가지지만 의미적으로는 양쪽에 차이는 없다. 단지 연체적으로 사용할 때 사용법이 다르다.

- ○汚染問題に関しての調査
- ○汚染問題に関する調査
- ○汚染問題に関した調査
- ○汚染問題についての調査
- ✕汚染問題につく調査
- ✕汚染問題についた調査

문형	～に関わる	접속	N＋にかかわる
意	~에 관련된 (~에 관계하다・~에 영향을 미치다)		

解	자주 「命」「名誉」「人権」 등의 뒤에 와서 그것에 깊은 관계가 있으며 중대한 영향을 미친다는 의미를 나타낸다.
例	命<ruby>いのち</ruby>**にかかわる**重病<ruby>じゅうびょう</ruby>ではありませんから、安心<ruby>あんしん</ruby>してください。 생명에 관련된 중병은 아니니 안심해 주세요. 自分の名誉<ruby>めいよ</ruby>**にかかわる**なら、どれほどくだらないことにも怒りの声を上げるべきだ。 자신의 명예와 관련된다면 아무리 하찮은 일에도 분노의 목소리를 내야한다. 恋人同士<ruby>こいびとどうし</ruby>の語<ruby>かた</ruby>らいから友人<ruby>ゆうじん</ruby>とのケンカ、取引先<ruby>とりひきさき</ruby>との交渉<ruby>こうしょう</ruby>まで、人生**にかかわる**大切なやり取りの多くが、今やメールで行<ruby>おこな</ruby>われるようになった。 연인끼리의 대화부터 친구와의 싸움, 거래처와의 교섭까지 인생에 관련된 중요한 대화의 대부분이 지금은 이메일로 이루어지게 되었다. 会社<ruby>ちめいど</ruby>の知名度を上げるためには炎上商法<ruby>えんじょうしょうほう</ruby>も効果的<ruby>こうかてき</ruby>かもしれないが、会社全体<ruby>ぜんたい</ruby>の名誉<ruby>めいよ</ruby>**にかかわる**ようなことはすべきではない。 회사의 지명도를 올리기 위해서는 악플상법도 효과적일지 모르지만 회사 전체의 명예에 관련되는 것은 해서는 안된다.
比	20 무관계・무시	~にかかわらず・にかかわりなく	▶ 408페이지
比	21 역접・양보	~にもかかわらず	▶ 417페이지

문형	~に対して・に対する	접속	N+に対して・に対する
意	~에 대해서・~에 대한 (~에, ~을 상대로 하여)		
解	「~」부분에 동작, 감정, 태도가 향하는 대상과 상대가 들어간다. 「~に対する」 뒤에는 명사.		
例	私は政府<ruby>かんり</ruby>の管理**に対して**不信感<ruby>ふしんかん</ruby>を持っている。 나는 정부의 관리에 대해 불신감을 갖고 있다. 友人**に対する**君の態度は少し冷<ruby>つめ</ruby>たすぎるように感<ruby>かん</ruby>じる。 친구에 대한 너의 태도는 조금 지나치게 차가운 것 같이 느껴진다. 不親切<ruby>ふしんせつ</ruby>なメディアとは、受け手**に対して**前提知識<ruby>ぜんていちしき</ruby>をたくさん要求するメディアのことである。 불친절한 미디어란 수신자에게 전제 지식을 많이 요구하는 미디어를 말한다. 幕末<ruby>ばくまつ</ruby>の日本では、日本に滞在<ruby>たいざい</ruby>する外国人**に対して**、日本の法律<ruby>ほうりつ</ruby>が適用<ruby>てきよう</ruby>されないという条約<ruby>やく</ruby>が結<ruby>むす</ruby>ばれていた。 막부 말기의 일본에서는 일본에 체재하는 외국인에 대해 일본의 법률이 적용되지 않는다는 조약이 맺어져 있었다.		
比	16 대비・대체	~(の)に対して	▶ 386페이지

문형	~をめぐって・をめぐる	접속	N+をめぐって・をめぐる
意	~을/를 둘러싸고・~을/를 둘러싼 (~을/를 논쟁이나 싸움의 중심점으로 삼아)		
解	~에 대해 주위에서 논쟁 등이 일어나는지를 말할 때 사용한다. 뒤에 「議論する」「争う」「もめる」 등 복수의 사람이 관여하는 동사가 오는 경우가 많다. 조금 딱딱한 표현으로 신문 등에서 자주 사용된다.		

例	新しいスタジアムの建設<u>をめぐって</u>、議論が起こっている。 새로운 스타디움 건설을 둘러싸고 논쟁이 일어나고 있다. この小説は、ある学生の家庭問題<u>をめぐって</u>、周囲の人間が図らずも対立させられる物語を書いたものだ。 이 소설은 어느 학생의 가정문제를 둘러싸고 주위 사람들이 뜻밖에도 대립하게 되는 이야기를 쓴 것이다. 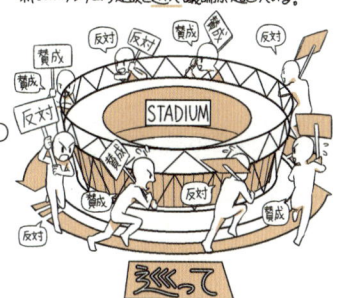 価格<u>をめぐる</u>競争が激しくなり、大規模に大量生産される製品が流通の中心に座るようになる。 가격을 둘러싼 경쟁이 심해지고 대규모로 대량생산되는 제품이 유통의 중심에 자리잡게 된다. 長年多くの人に信仰されている宗教においては、聖典の解釈<u>をめぐって</u>信者が分裂し、国や地域同士の争いに発展することもある。 오랜 기간 많은 사람들이 신앙하고 있는 종교에 있어서는 성전의 해석을 둘러싸고 신자가 분열되고 나라나 지역간의 다툼으로 발전하는 경우도 있다.

문형	~を中心に・を中心として・を中心とした	접속	N+を中心に・を中心として・を中心とした
意	~을/를 중심으로・~을/를 중심으로 한 (~을/를 사실의 중심으로 하여)		
解	~을/를 어떤 범위의 한 가운데로 하여 무언가를 하고 또는 무언가가 일어난다는 것을 말할 때 사용한다.		
例	この近隣には、妻<u>を中心とした</u>仲の良い奥様たちのグループがある。 이 근처에는 아내를 중심으로 한 사이 좋은 부인들의 그룹이 있다. 全国の農村部は都市の労働者のために生鮮野菜など農産物を送る一方、製造業<u>を中心とした</u>都市型産業の担い手の供給源になった。 전국의 농촌부는 도시의 노동자를 위해 신선야채 등 농산물을 보내는 한편 제조업을 중심으로 한 도시형 산업의 인력 공급원이 되었다. 会社の労働環境に対する不満が溜まり、社内で、一人の社員<u>を中心とした</u>大規模なボイコットが発生した。 회사의 노동환경에 대한 불만이 쌓여 사내에서 한 사원을 중심으로 한 대규모의 보이콧이 발생했다. 西日本の物流は古くから、国際的な港を持つ湾岸都市である大阪市<u>を中心として</u>栄えてきた。 서일본의 물류는 예로부터 국제적인 항구를 가진 해안도시인 오사카시를 중심으로 번영해 왔다.		

문형	~向きだ・向きに・向きの	접속	N+向きだ・向きに・向きの
意	~대상이다・~대상의 (~에 적합하다)		
解	사람을 나타내는 명사로 이어지고 「その人に適するように、その人が気に入るように」 라는 의미로 사용한다.		

例	この靴は履きやすくて軽いので、高齢者向きだ。 이 신발은 신기 쉽고 가벼워서 고령자에게 적합하다. 一般的には、スレンダーで脚の長い体型が、ファッションモデル向きの体型とされている。 일반적으로는 슬렌더하고 다리가 긴 체형이 패션모델에 적합한 체형으로 여겨진다. 専門家向きの論文を書かないと思っているのは、本書の中で一般の人々に煩瑣と思われない範囲で重要な典拠論文などを書き込んだからだ。 전문가 대상의 논문을 쓰지 않으려는 것은 이 책 속에서 일반 사람들에게 번거롭다고 생각되지 않는 범위에서 중요한 출전논문 등을 기재했기 때문이다. エゴイズムや人間の心の機微を丁寧に書いた夏目漱石の『こころ』は、多感な中高生向きの作品として評価され、国語の教科書にも多く用いられている。 에고이즘과 인간의 마음의 미묘한 변화를 정성껏 쓴 나쓰메 소세키의 「마음」은 다감한 중고생에게 적합한 작품으로 평가되어 국어 교과서에도 많이 사용되고 있다.

문형	~向けだ・向けに・向けの	접속	N＋向けだ・向けに・向けの
意	~용이다・~대상이다 (~을 대상으로)		
解	특정한 사람을 대상으로 의도하여 만들어지거나 쓰여졌다는 의미로 사용한다.		
例	これは子供向けの映画だが、大人にも人気がある。 이것은 어린이용 영화지만 성인에게도 인기가 있다. 少女向けの漫画を少年が読んだからって、他人が文句を言う権利はないはずだ。 소녀용 만화를 소년이 읽었다고 해서 다른 사람이 불평을 할 권리는 없을 것이다. 在宅での学習が増えたことにより、安価で量の多い食事を提供する学生向けの店が、経営の危機に瀕している。 재택 학습이 늘어남으로써 저렴하고 양이 많은 식사를 제공하는 학생 대상의 가게가 경영 위기에 처해 있다. 少子高齢化が進み、長寿社会を迎えたことで、住宅や施設の整備が進んだ高齢者向けの住宅の需要が高まってきている。 저출산 고령화가 진행되어 장수사회를 맞이함으로써 주택과 시설의 정비가 진행된 고령자용 주택 수요가 높아지고 있다.		

POINT 「~向き」와 「~向け」의 차이

「向き」는 「向き不向き、初心者向き」와 같이 「対象に適している」라는 의미다.
「向け」는 타동사 「向ける」에서 나온 것으로 「対象に適するように意図して作った」라는 의미를 나타낸다.

例
筆者はこの本について、専門家向けであり、
人々への啓蒙を目的としたものではないと述べた。
(특별히 의도하여 전문가를 위해 쓰여진 책)
필자는 이 책에 대해서 전문가용이며
사람들의 계몽을 목적으로 한 책은 아니라고 말했다.

この店は量が多くて安いから、学生**向き**ですね。
(학생만을 대상으로 만든 것이 아니라 결과로부터 보면「量が多くて安い」라는 특성은 학생에게 적합하다)
이 가게는 양이 많고 저렴해서 학생에게 적합하군요.

<3> 판단의 입장·근거

19	～からいうと・からいえば・からいって ～からすると・からすれば・からして ～からみると・からみれば・からみて	~ 로 말하면·말하자면·보면
20	～にしたら・にすれば	~ 로서는
21	～にしたところで・としたところで	~ 라도, ~ 로서도
22	～なりに・なりの	~ 나름대로·나름의
23	～として	~ 로서
24	～にとって	~ 에 있어서, ~ 에게

문형	～からいうと・からいえば・からいって ～からすると・からすれば・からして ～からみると・からみれば・からみて	접속	N＋からいうと・からいえば・からいって N＋からすると・からすれば・からして N＋からみると・からみれば・からみて
意	~(으)로 말하면·말하자면·보면 (~의 시점·입장에서 생각하면)			
解	세 그룹의 의미가 거의 같다. 사용하는 동사가「言う」「する」「見る」로 각각「의견」「감상·인상」「판단」의 의미를 띠고 있다.			
例	今回の試験ですが、皆さんの実力**からすると**問題なく合格できると思う。 이번 시험말인데 여러분의 실력으로 보면 문제없이 합격할 수 있다고 생각해. 彼女はいつも服装に気を使っているが、私**からみれば**全て同じに見えてしまう。 그녀는 항상 복장에 신경쓰고 있지만 내 입장에서 보면 모두 똑같아 보인다. 競争の促進あるいは良質で安価なサービスの提供という面**からいえば**市場をよりオープンし、より多くの外資を誘致するのがベターではないか、という声が聞こえる。 경쟁의 촉진 또는 질 좋고 값싼 서비스의 제공이라는 면에서 말하자면 시장을 더욱 오픈하고 보다 많은 외자를 유치하는 것이 낫지 않느냐는 목소리가 들린다. 遺伝子組換という技術は農業の効率化には大いに貢献したが、人間の健康という点**からみると**、必ずしも安全とは言い切れない部分がある。 유전자 조작이라는 기술은 농업의 효율화에는 크게 공헌했지만 인간의 건강이라는 점에서 보면 반드시 안전하다고 단언할 수 없는 부분이 있다.			

> **POINT**　　인물을 나타내는 명사의 접속에 대하여
>
> 「～からいうと／～からいえば／～からいって」는 판단하는 기준과 사항을 제시하고 인물을 나타내는 명사에는 접속할 수 없다.
>
> 例
> ×彼女から言うと
> ○彼女の考えから言うと

문형	～にしたら・にすれば	접속	N＋にしたら・にすれば

意	~(으)로서는 (~의 입장에서 생각하면)
解	사람이나 입장을 나타내는 명사에 대해 그 사람 쪽에서 본 생각을 추측하여 말한다.
例	相手の会社**にしたら**迷惑だ。　상대방 회사로서는 민폐다. 彼女に悪気はなかったのかもしれないが、被害者**にしたら**そんなことは知ったことではないだろう。　그녀에게 나쁜 뜻은 없었을지 몰라도 피해자로서는 그런 것은 몰랐을 것이다. 人間の目で高齢者の様子を観察しながら介護することが大切で、人間の手のぬくもりが癒しとなることも確かであるが、介護される側**にしたら**、気兼ねのいらないロボットの方が頼みやすい場面もある。 인간의 눈으로 고령자의 상태를 관찰하면서 간병하는 것이 중요하고 인간의 손의 온기가 치유가 되는 것도 확실하지만 간병받는 입장에서는 스스럼없는 로봇 쪽이 부탁하기 쉬운 상황도 있다. 製品のデザインを大きく打ち出すことで他社との差別化を図ったのかもしれないが、消費者**にしたら**、性能さえよければどのメーカーでも変わらないと思っているだろう。 제품의 디자인을 크게 내세우는 것으로 타사와의 차별화를 꾀했을지 모르지만 소비자로서는 성능만 좋다면 어느 메이커나 다르지 않다고 생각할 것이다.

문형	～にしたところで・としたところで	접속	N＋にしたところで・としたところで

意	~(이)라도・~(으)로서도, ~(으)로서는 (N의 입장에서 생각해도)
解	~의 입장/경우에서 생각해도 상황은…다. 뒤에는 부정적인 표현이 많다.
例	彼**にしたところで**、優勝する自信があるわけではないと思う。 그로서도 우승할 자신이 있을리가 없다고 생각한다. 先生**にしたところで**、僕ら生徒の幸せを願う気持ちは変わらないと思う。 선생님 입장에서도 우리 학생들의 행복을 기원하는 마음은 바뀌지 않을거라고 생각한다. 彼女**にしたところで**、田舎の男の子のほうが都会の男の子よりも安全だなんて、そんな世間知らずな考えを抱いているわけではない。 그녀로서는 시골의 남자가 도시 남자보다 안전하다는 따위의 그런 세상물정을 모르는 생각을 품고 있을 리가 없다. 政治家**にしたところで**日本をより豊かな国にしたいという思いは変わらないはずだが、その手段が不明瞭だとどうしても国民との齟齬が生じてしまう。 정치가로서는 일본을 보다 풍요로운 나라로 만들고 싶다는 생각은 바뀔리가 없지만 그 수단이 불명료하면 아무래도 국민과의 괴리감이 발생한다.

문형	~なりに・なりの	접속	普+なりに・なりの (NAだ+なりに・なりの) (Nだ+なりに・なりの)
意	\~나름대로・\~나름의　(\~의 입장에 상응하는 정도로)			
解	\~의 입장이나 레벨로 생각하면 상응하는 것과 행동이 뒤에 온다.			
例	高得点ではないにせよ、彼女の今回の試験結果には、彼女**なりの**努力の成果が出ている。 고득점은 아니더라도 그녀의 이번 시험 결과에는 그녀 나름의 노력의 성과가 나타나 있다. 今の仕事は大変だが、忙しい**なりに**時間を作って、資格の勉強をしています。 지금 일은 힘들지만 바쁜대로 시간을 만들어 자격증 공부를 하고 있습니다. 自分**なりの**分類方法で本棚を整理したり、違うブランドや色の服をコーディネイトしたり、家の雰囲気にあわせてインテリアを選んだりすることも、私たちが何気なくしている編集行為である。 자기 나름의 분류방법으로 책장을 정리하거나 다른 브랜드나 색상의 옷을 코디하거나 집의 분위기에 맞추어 인테리어를 고르거나 하는 것도 우리가 무심코 하는 편집행위다. 金などの貴金属やニッケルなどの希少金属は、資源としての価値は高く、それに比例するように、掘り出すためにはそれ**なりの**施設や設備が必要となる。 금 등의 귀금속과 니켈 등의 희소금속은 자원으로서의 가치는 높고 그에 비례하듯이 채굴하기 위해서는 그 나름의 시설과 설비가 필요해진다.			
比	6 예시	\~なり\~なり		▶ 330페이지

문형	~として	접속	N+として
意	\~(으)로서　(\~의 입장에서, \~의 자격으로, \~의 관점으로)			
解	\~의 입장, 자격이나 명목으로 어떤 행동을 하거나 어떤 상태를 나타낸다. 뒤에 오는 명사를 수식하는 경우 「\~としての」를 사용한다.			
例	彼女は歌手**として**海外で活躍している。　　그녀는 가수로서 해외에서 활약하고 있다. メートルは、日本では長さを表す単位**として**用いられている。 미터는 일본에서는 길이를 나타내는 단위로서 사용되고 있다. 路上生活者への支援**として**、ただ食物と住居を提供するだけでは不十分だ。 노숙자에 대한 지원으로서 단지 식품과 주거를 제공하는 것만으로는 불충분하다. 通貨が存在しなかった時代には、物品が貨幣**として**流通に用いられていたと考えられている。 통화가 존재하지 않던 시대에는 물품이 화폐로서 유통에 이용되고 있었다고 생각된다.			

문형	~にとって	접속	N+にとって
意	\~에 있어서, \~에게　(\~의 입장에서 생각하면)			
解	뒤에 오는 것은 주로 판단이나 평가의 내용			

例	日本社会にとって、高齢化は大きな問題だ。　日본사회에 있어 고령화는 큰 문제다.
	あなたにとっては些細なことかもしれないが、私にとっては重大な事件だ。 당신에게는 사소한 것일지 모르지만 나에게는 중대한 사건이다.
	日本に来た留学生にとっては、「年功序列」という言葉はもはや耳に馴染んでいる。 일본에 온 유학생에게는 「연공서열」이라는 단어는 이제 귀에 익숙하다.
	特定の宗教にとって重大な意味や歴史を持つ場所は聖地と呼ばれ、そこを訪れること（巡礼）は、信者にとって特別な意味を持つ。 특정 종교에 있어서 중대한 의미와 역사를 지닌 장소는 성지라고 불리며 그 곳을 방문하는 일(순례)은 신자에게 특별한 의미를 지닌다.

POINT 「~にとって」 와 「~に対して」 의 차이

「~にとって」와 「~に対して」의 번역은 전자는 「~의 입장에서 생각하거나、판단하거나 하는」 의미이며 후자는 동작・관심・감정이 향하는 대상을 나타내고 「要求する」,「反抗する」,「責任を持つ」,「親切だ」,「敬意を示す」 등과 자주 함께 사용된다.

例

私にとって、それは簡単すぎる。
내게 있어 그것은 너무 간단하다.

現在の若者は政治的問題に対して無関心です。
현재 젊은이들은 정치적 문제에 대해 무관심합니다.

<4> 평가의 시점

25	~わりに（は）	~에 비해
26	~にしては	~치고는 , ~에 비해
27	~だけあって・だけのことはある	~답게 , ~인 만큼
28	~ともなると・ともなれば	~만 되면 , ~라도 되면

문형	~わりに（は）	접속	普+わりに（は） （NAだな・NAだである+わりに（は）） （Nだの・Nだである+わりに（は））
意	~에 비해 （~와는 어울리지 않게）		
解	~의 사안으로부터 생각할 수 있는 정도와는 다르다는 것을 나타낸다.		

	彼は日本留学の経験がない**わりに**、日本語の発音がきれいだ。		
	그는 일본유학 경험이 없는 것에 비해 일본어의 발음이 깨끗하다.		
	先月に60になりましたが、年の**わりには**まだまだ体力があります。		
	지난 달에 60세가 되었습니다만 나이에 비해서는 아직 체력이 있습니다.		
例	ある種類のコウモリは、体の大きさの**わりには**小さい翼で効率よく飛んでいるそうだ。		
	어떤 종류의 박쥐는 몸의 크기에 비해 작은 날개로 효율적으로 날고 있다고 한다.		
	この地域は都心から近く、人口密度も高い**わりには**、公共交通機関の開発が遅れているため、常に交通渋滞が起きている。		
	이 지역은 도심에서 가깝고 인구밀도도 높은 것에 비해 대중교통기관의 개발이 늦어지고 있어 항상 교통정체가 일어나고 있다.		

문형	～にしては	접속	普＋にしては (NAだ＋にしては) (Nだ＋にしては)
意	~치고는, ~에 비해 （~에 어울리지 않게）		
解	그 사실에서 예상되는 일과는 다른 일을 나타낸다. 자신에게는 거의 사용하지 않고 다른 사람을 비판하거나 평가할 때 사용한다.		
例	バスケットボール選手**にしては**背が低いですね。　　농구선수 치고는 키가 작네요. 彼は、栄養管理士の仕事をしている**にしては**、体に悪いものばかり食べている。 그는 영양관리사 일을 하는 것 치고는 몸에 나쁜 것만 먹고 있다. いくら成功したといっても、英雄**にしては**ちょっと汚い手を使っていたとみんなに言われる。 아무리 성공했다고 해도 영웅 치고는 조금 더러운 수법을 썼다고 모두가 말한다. その動画は知名度が低い**にしては**視聴回数が多いことが疑問を呼んでいたが、おそらく海外での知名度が高いことが主な理由と推測されている。그 동영상은 지명도가 낮은 것에 비해 시청회수가 많은 것이 의문을 불러 일으켰는데 아마 해외에서의 지명도가 높은 것이 주요 이유로 추측된다.		

POINT 「～にしては」 와 「～わりに」 의 차이

「～にしては」는 구체적인 내용과 수치를 나타내는 것과 함께 사용된다. 「年齢」「身長」「成績」「高さ」 등의 척도를 나타내는 명사가 앞에 올 때는 「にしては」 는 사용할 수 없다. 요컨대 「～にしては」는 폭이 없는 구체적인 단어에 붙지만 「～わりに」 는 의미와 정도에 폭이 있는 단어에 붙는다.

例
- ○彼は 48 歳**にしては**、若く見える。（「48 歳」는 구체적인 단어）
- ✕彼は年齢**にしては**、若く見える。（「年齢」는 폭이 있다）
- ○彼は年齢の**わりに**、若く見える。
- ○彼は若い**わりに**はしっかりと考えている。（「若い」는 폭이 있다）
- ✕彼は若い**にしては**しっかりと考えている。

문형	~だけあって・だけのことはある	接続	普+だけあって・だけのことはある (NAだな・NAだである+だけあって・だけのことはある) (Nだ(な)+だけあって・だけのことはある)
意	~답게・~인 만큼　(~라는 것에 어울리는, ~이니까 당연히)			
解	「その才能や努力や地位、経験にふさわしく」라고 감탄하거나 칭찬할 때의 표현. 뒤에 평가하는 단어가 온다. 문말에 오는 경우는 「~だけのことはある」를 사용한다.			
例	弟はさすがに京大生な**だけあって**、頭の回転がとても速い。 남동생은 과연 교토대생 답게 머리 회전이 매우 빠르다. 弟は頭の回転がとても速い。さすが京大生な**だけのことはある**。 남동생은 머리 회전이 매우 빠르다. 과연 교토대생답다. さすが大都会**だけあって**、車の数がものすごく多く、都市中心部に近づけば近づくほど、高級な店も多く目につきます。 과연 대도시인 만큼 자동차 수가 매우 많고 도시 중심부에 가까워질수록 고급 가게도 많이 눈에 띕니다. 彼は著名な映画監督だが、小説家から転身した**だけあって**、彼の作る映画は人物同士の会話が自然で物語の構造にも技巧が凝らされている。 그는 저명한 영화감독이지만 소설가에서 변신한 만큼 그가 만드는 영화는 인물끼리의 대화가 자연스럽고 스토리의 구조에도 기교가 담겨 있다.			
比	7 기점・종점・한계・범위	~だけ・だけの		▶336페이지
比	23 원인・이유	~だけに		▶430페이지

문형	~ともなると・ともなれば	接続	V普+ともなると・ともなれば N+ともなると・ともなれば
意	~만 되면・~라도 되면　(~라는 경우・상황이 되면)			
解	입장이나 연령, 시간과 상황을 나타내는 명사와 동사에 접속하여 그 때가 되면 어떻게 되는지에 대한 평가를 후항에서 말한다.			
例	いつもは静かな町だが、休日**ともなると**大変にぎやかになる。 평소에는 조용한 마을이지만 휴일만 되면 매우 북적댄다. 好きなアイドルが結婚した**ともなれば**、彼女は悲しみのあまり部屋から出てこなくなるだろう。 좋아하는 아이돌이 결혼이라도 하게 되면 그녀는 너무 슬퍼 방에서 나오지 않게 될 것이다. 最初はまったく緊張や疑いの気持ちはなかったが、それでも、いよいよ最後の夜**ともなると**、落ち着いて眠ることができなかった。 처음에는 전혀 긴장이나 의심하는 마음이 없었지만, 그래도 막상 마지막 밤이 되니 차분하게 잘 수가 없었다. 通学を億劫に感じる学生は多くいたが、全面オンライン化**ともなると**、流石にほとんどの学生が授業に不満を覚え、反感を抱いた。　통학을 귀찮게 느끼는 학생은 많았지만 전면 온라인화가 되자 역시 대부분의 학생들이 수업에 불만을 품고 반감을 가졌다.			

POINT	「ともすると」

「ともすると」는 부사로 「どうかすると」 나 「場合によっては」 같은 의미다. 종종 그렇게 되는 경향이 있는 것을 나타낸다. 「ともすれば」 라고도 말한다. 「このまま成り行きに任せておくと、その傾向が助長されやすいこと」 라는 의미가 되는 경우가 많으므로 좋지 않은 경향에 대해 사용하는 것이 일반적이다.

例

このままのやり方でいくと、**ともすれば**問題が起こって損失が大きくなるかもしれない。
이대로의 방식으로 가면 자칫하면 문제가 일어나 손실이 커질지도 모른다.

<5> 근거・수단・매개

29	~によって・により・による	~에 의해・~에 따라・~에 의한
30	~によると・によれば	~에 의하면
31	~を通じて・を通して	~을/를 통해
32	~をもって	~으로, ~을/를 사용하여

문형	~によって・により・による	접속	N+によって・により・による
意	~에 의해・~에 따라・~에 의한　（①수단・방법 ②근거・기댈 곳）		
解	수단・방법을 나타내는 경우 가깝고 일상적인 도구 등을 개인적으로 사용할 때는 「で」 를 사용한다. パソコン（✗によって　○で）レポートを書く。 컴퓨터로 리포트를 쓴다.		
例	①インターネット**によって**いろいろな情報が簡単に手に入る。 인터넷을 통해 여러 가지 정보가 간단히 손에 들어온다. この飲み会は経費**によって**支払われるので、お金のことは気にするな。 이 회식은 경비로 지불되니까 돈은 걱정하지마. ②明日の試合は天気**によって**行うかどうか決める。 내일 시합은 날씨에 따라 진행 여부를 결정한다. この状況なので、演奏会は、場合**によって**は中止になる可能性もあります。 이런 상황이므로 연주회는 경우에 따라서는 중지될 가능성도 있습니다. ①相手の時間などの都合を気にする必要がない点からいえば、文字**による**コミュニケーションは大変便利ではないか。 상대방의 시간 등의 사정에 신경쓸 필요가 없는 점에서 말하자면 문자에 의한 커뮤니케이션은 매우 편리하지 않은가?		

①科学技術の発達していなかった時代には、占いや祈祷**によって**、天候の予測や疫病の治癒が試みられていた。
과학기술이 발달되지 않았던 시대에는 점이나 기도를 통해 날씨의 예측이나 역병의 치유가 시도되었다.

②ワインは、作られた年度や地域**によって**味や価格が異なり、もの**によって**は、数百万円もの価格になることもある。
와인은 만들어진 연도나 지역에 따라 맛과 가격이 다르고 물건에 따라서는 수백만엔의 가격이 되는 경우도 있다.

比	19 기준·대응	~によって・による	▶ 405페이지
比	23 원인·이유	~によって・による	▶ 428페이지

POINT 「~によって / により / による」 사용법 정리

1 수단방법 **2** 근거·기댈 곳
3 원인
例 人身事故**によって**電車のダイヤが乱れている。
인명 사고로 인해 전철의 운행 시간이 지연되고 있다.

4 수동문의 동작주
例 電球はエジソン**によって**発明された。
전구는 에디슨에 의해 발명되었다.

5 다른 상황에서 다른 결과
例 国**によって**風習が違う。
나라에 따라 풍습이 다르다.

6 동작의 주체
例 敵軍**による**攻撃は民間人を危険にさらす。
적군에 의한 공격은 민간인을 위험에 빠뜨린다.

문형	~によると・によれば	접속	N+によると・によれば
意	~에 의하면・~에 따르면 (정보원이나 판단의 근거를 나타낸다)			
解	전문의 문장에 있어 그 내용을 가져온 정보원·근거를 나타낸다. 문말에 「~そうだ/ということだ/とのことだ/んだって」 등 전문을 나타내는 표현이 사용되는 경우가 많다. 「~によれば」 도 같은 의미를 나타낸다.			
例	専門家の予想**によると**来月から物価がさらに上昇するそうだ。 전문가의 예상에 의하면 다음달부터 물가가 더욱 상승한다고 한다. 今朝のニュース**によると**、今日は猛暑日らしい。 오늘 아침 뉴스에 의하면 오늘은 폭염인 것 같다.			

また、先週の科学技術庁の調査**によれば**、製造業の新規技術導入件数自体も増加傾向にある。
또한 지난 주 과학기술청의 조사에 따르면 제조업의 신규기술 도입건수 자체도 증가 경향에 있다.

日本の世帯動態調査**によれば**、2014年時点でもっとも人口が多い年齢層は、65歳から69歳の層であり、人口のおよそ7.7%を占めていることが分かった。
일본의 가구 동태 조사에 따르면 2014년 시점에서 가장 인구가 많은 연령층은 65세에서 69세 층이며 인구의 약 7.7%를 차지하고 있음이 밝혀졌다.

POINT 「～ところによると」

「～ところによると」 라는 표현도 있다. 「～」 부분에 동사 [사전형·た형·ている형] 이 들어간다.

例
天気予報で聞いた**ところによると**、明日は雪だそうだ。
일기예보에서 들은 바에 의하면 내일은 눈이 온다고 한다.

문형	～を通じて・を通して	접속	N+を通じて・を通して
意	~을/를 통해 (~을/를 수단·매개로 하여)		
解	직접이 아니라 사람·수단·사물 등이 사이에 들어가 무언가를 한다는 의미를 나타낸다.		
例	ボランティア活動**を通して**さまざまな人との出会いがあり、新しい人間関係をつくることができた。　봉사활동을 통해 다양한 사람과의 만남이 있었고 새로운 인간관계를 만들 수 있었다. 接客業**を通じて**、人とのコミュニケーションスキルを身につけることができました。 접객업을 통해 사람과의 커뮤니케이션 스킬을 익힐 수 있었습니다 これらの史料**を通じて**、当時のローマ軍の力強さを改めて認識した。 이러한 사료를 통해 당시의 로마군의 강력함을 다시 인식했다. オリンピックなどの国際的なスポーツの祭典では、スポーツ**を通じて**、国同士の相互理解や交流、親交を深めたりすることもひとつの目的となる。 올림픽 등의 국제적인 스포츠 제전에서는 스포츠를 통해 국가간의 상호이해나 교류, 친교를 쌓는 것도 하나의 목적이 된다.		
比	7 기점·종점·한계·범위	～を通じて・を通して	▶ 335페이지

문형	～をもって	접속	N+をもって
意	~으로, ~을/를 통해, ~을/를 사용하여		
解	어떤 수단이나 방법을 사용하여 어떤 일을 한다는 의미. 조금 딱딱한 표현이며 정식적인 상황이나 문어체로 사용된다. 일반적으로는 히라가나로 쓰지만 「～を以て」라고 한자를 사용하는 경우도 있다.		
例	身**をもって**外国の文化を経験する。　몸으로 외국의 문화를 경험한다. 毒**を以て**毒を制す。　독으로 독을 제어한다.		

今回の検査の結果は、一週間後に書面**をもって**お知らせします。
이번 검사 결과는 일주일 후에 서면을 통해 통지합니다.

最新の科学技術**をもって**しても、人類は地球の内側のことですら完全に調査し、把握することはできていない。
최신 과학기술을 사용해도 인류는 지구 내부의 것조차 완전히 조사하고 파악할 수는 없다.

比	7 기점·종점·한계·범위	～をもって	▶ 334페이지

<6> 예시

33	～にしても～にしても	～도 ～도, ～든 ～든
34	～といった	～와 같은, ～ 등
35	～やら～やら	～와 ～ 등
36	～というか～というか	～라고 할까 ～ 라고 할까
37	～なり～なり	～든지 ～ 든지
38	～であれ～であれ・～であろうと～であろうと	～든 ～든

문형	～にしても～にしても	접속	V辞＋にしても＋V辞＋にしても V否＋ないにしても＋V否＋ないにしても N＋にしても＋N＋にしても
意	～도～도, ～든～든		
解	같은 장르의 것 또는 대립하는 2가지의 것을 들어 어떤 경우에도 예외가 아님을 나타낸다. 「～にせよ～にせよ」 와 「～にしろ～にしろ」 는 딱딱한 표현으로 용법도 의미도 「～にしても～にしても」 와 같다.		
例	買う**にしても**買わない**にしても**早く決めて。 사든 안사든 빨리 결정해. 文系**にせよ**、理系**にせよ**、日本で勉強するなら日本語をしっかりと勉強しなければならない。 문과든 이과든 일본에서 공부한다면 일본어를 착실히 공부해야 한다. 犬**にしろ**、猫**にしろ**、このマンションでは飼うことはできない。 강아지든 고양이든 이 맨션에서는 기를 수 없다.  仕事**にしても**恋**にしても**、相手を思い通りにしようとすると若干歪みができてしまう。 일도 사랑도 상대를 뜻대로 하려 하면 약간 비뚤어지게 된다. 小説家**にしても**劇作家**にしても**、読者ないし観客を感動させるような作品の構造や登場人物の設定には、ある程度の共通した法則がある。 소설가든 극작가든 독자 내지 관객을 감동시키는 작품의 구조와 등장인물의 설정에는 어느 정도 공통된 법칙이 있다. 会社を経営する**にしても**国を治める**にしても**人の上に立つという仕事には責任が伴い、自分の家族すら大切にできない人にはこれらを満足に行うのは不可能だ。 회사를 경영하든 국가를 다스리든 다른 사람의 위에 서는 일에는 책임이 따르며, 자신의 가족조차 소중히 하지 못하는 사람에게는 이를 만족스럽게 수행하는 것은 불가능하다.		
比	21 역접·양보	～にしても・にしろ・にせよ	▶ 414페이지

문형	～といった	접속	N＋といった
意	～와 같은, ~등		
解	어떤 사안의 같은 종류의 구체적 예를 들고 싶을 때 사용하는 표현. 「～や～といった」「～とか～といった」의 형태로 사용하는 경우가 많다.		
例	コーラやスプライト**といった**炭酸飲料が若者の間で人気がある。 콜라나 스프라이트 같은 탄산음료가 젊은이들 사이에서 인기가 있다. 夫は野菜が苦手だが、アイスやクッキー**といった**甘いものにはとことん目がない。 남편은 야채를 싫어하지만 아이스크림이나 쿠키 같은 단 것에는 사족을 못 쓴다. もちろん勉強は重要ですが、人生には趣味や家族など**といった**潤いも必要です。 물론 공부는 중요하지만 인생에는 취미나 가족 등과 같은 정서도 필요합니다. 日本では人口が減少し続けているが、一方で中国や韓国、ベトナム**といった**海外からの移住者の人口は増加している。 일본에서는 인구가 계속 감소하고 있지만 반면에 중국이나 한국, 베트남 등 해외로부터 이주자 인구는 증가하고 있다.		

문형	～やら～やら	접속	V辞＋やら A＋やら N＋やら
意	～와 ～등, ~하다가~하는 등		
解	아직 그 외에 여러 가지가 있지만 우선 대표적인 예를 들고 싶을 때 사용한다. 「大変」「複雑」「難しい」 등 부정적인 감정이 포함되는 경우가 많다.		
例	久しぶりの休日だったのに、掃除**やら**洗濯**やら**で、忙しい一日だった。 오랜만의 휴일이었는데 청소와 세탁 등으로 바쁜 하루였다. 昔好きだった人が結婚したと聞いて、嬉しい**やら**寂しい**やら**となんとも言えない気持ちになった。 옛날에 좋아했던 사람이 결혼했다고 듣고 기쁘면서도 허전한 뭐라 말할 수 없는 기분이 되었다. 今朝からお腹が痛い**やら**咳が出る**やら**で、体の調子がおかしいので、仕事を休みました。 오늘 아침부터 배가 아프고 기침이 나오는 등으로 몸 상태가 이상해서 일을 쉬었습니다. 夏になると、猛暑日が続く**やら**突然大雨が降り出す**やら**、気候が不安定になり、ストレスを感じるような天気ばかりで嫌になります。 여름이 되면 폭염이 계속되다가 갑자기 큰 비가 내리는 등 날씨가 불안정해져 스트레스를 느끼게 되는 날씨가 많아 짜증이 납니다.		

| POINT | 「～とか～とか」와 「～やら～やら」의 차이 |

「～とか～とか」: 단순히 예시하고 열거하는 것에 사용되는 단어로 구어체, 문어체 모두 사용할 수 있다. 「～やら～やら」: 한 두 가지의 대표 예를 들어서 여러 가지 사안이나 감정이 혼재되어 있어 정하기 어렵고 정리되지 않는다는 감정이 포함되어 있는 경우가 많다. 주로 구어체.

例
コンビニでパン**とか**牛乳**とか**食べ物をたくさん買った。
편의점에서 빵이나 우유같은 음식을 많이 샀다.

嬉しい**やら**恥ずかしい**やら**、どうしていいかわからなかった。
기쁘기도 하고 부끄럽기도 해서 어쩔 줄 몰랐다.

문형	～というか～というか	접속	普＋というか＋普＋というか (NAだ＋というか) (Nだ＋というか)
意	~라고 할까~하고 할까 (~라고 말하면 좋을지~라고 말하면 좋을지)			
解	화제가 되고 있는 것에 대해 설명하거나 예를 들 때 적절한 표현을 생각하면서 사용한다. 구어체에 많다.			
例	別れた時、彼女は寂しい**というか**、悲しい**というか**、切ない表情を見せました。 헤어졌을 때 그녀는 허전하다고 할까 슬프다고 할까 애처로운 표정을 지었습니다. この街はよく言えば閑静**というか**人が少ない**というか**、住みやすいがどこか物寂しい街だ。 이 거리는 좋게 말하면 한적하다고 할까 사람이 적다고 할까 살기 좋지만 어딘가 적적한 거리다. 子供らにとっても、命への慈しみみたいな共生観**というか**友愛観**というか**、そういうものを、動物や植物を育てることを通して得ることが大事だと思います。 아이들에게도 생명에 대한 자비심 같은 공생관이랄까 우애관이랄까 그러한 것들을 동물이나 식물을 기르는 것을 통해 얻는 것이 중요하다고 생각합니다. 彼は実業家**というか**芸術家**というか**、とにかくどんなことにも興味を持ち、仕事にできるオールマイティな人間であることは確かだ。 그는 실업가랄까 예술가랄까 어쨌든 어떤 것에도 흥미를 갖고 일로 만들어낼 수 있는 올마이티한 사람인 것은 확실하다.			

문형	～なり～なり	접속	V辞＋なり＋V辞＋なり N＋なり＋N＋なり
意	~든지~든지, ~거나~거나 (~여도 좋고~여도 좋다)			
解	같은 종류의 예를 들어 「とにかく一つを選んで」라는 의미를 나타낸다. 윗사람에게는 사용할 수 없다.			

例	煮る**なり**炒める**なり**、好きなように調理してください。 삶든지 볶든지 마음대로 조리해 주세요. 夜は寒くなるらしいから、上着**なり**マフラー**なり**持っていきなさい。 밤에는 추워지는 것 같으니 겉옷이든 목도리든 가지고 가세요. 部屋を整理する場合、「断捨離」が大事で、もったいないのもわかるけど、捨てる**なり**売る**なり**してとにかく物の量を減らさなければならない。 방을 정리할 경우「단사리」가 중요해서 아까운 것도 알지만 버리든가 팔든가 해서 어쨌든 물건의 양을 줄여야 한다. (※단사리: 끊고 버리고 벗어난다는 정리법. 처세술의 하나) 熱中症を予防するためには、水分をこまめに補給する**なり**涼しい場所に移動する**なり**して、暑い中で無理しないことが大切です。 열사병을 예방하려면 수분을 자주 섭취하거나 시원한 곳으로 이동하거나 하여 더위 속에서 무리하지 않는 것이 중요하다.	
比	3 판단의 입장・근거　　　　　〜なりに・〜なりの	▶ 321페이지

文型	〜であれ〜であれ 〜であろうと〜であろうと	接続	N＋であれ＋N＋であれ N＋であろうと＋N＋であろうと
意	〜든〜든　(〜여도〜여도)		
解	예를 열거하고 어느 것에도 판단이나 행위가 영향받지 않는 것을 나타낸다. 문두에「どんなに・たとえ」등이 오는 경우도 있다.「〜であれ何であれ」「〜であろうと何であろうと」는 관용적 표현.		
例	大人**であれ**子供**であれ**、ここにいる限りルールを守らなくてはいけない。 어른이든 아이든 이곳에 있는 한 룰을 지켜야 한다. お菓子**であれ**白米**であれ**、炭水化物はダイエット中に食べ過ぎない方がいい。 과자든 흰 쌀이든 탄수화물은 다이어트 중에 많이 너무 먹지 않는 것이 좋다. 学問**であれ**何**であれ**、高いレベルまで挑戦する場合には、最初は外的動機からはじまり、少しずつ内的動機をもつようになる。 학문이든 무엇이든 높은 레벨까지 도전하는 경우에는 처음에는 외적 동기에서 시작되고 조금씩 내적 동기를 갖게 된다. 喫煙する際には、それが紙タバコ**であろうと**電子タバコ**であろうと**、周りに不快に思う人がいる可能性を考慮し、マナーをわきまえねばならない。 흡연할 때는 그것이 종이 담배든 전자 담배든 주위에 불쾌하게 생각하는 사람이 있을 가능성을 고려하여 매너를 갖춰야 한다.		

<7> 기점・종점・한계・범위

39	〜をはじめ（として）・をはじめとする	〜을/를 비롯하여
40	〜を皮切りに（して）・を皮切りとして	〜을/를 시작으로
41	〜を限りに・限りで	〜을/를 마지막으로, 〜을/를 끝으로
42	〜をもって	〜을/를 끝으로

43	～から～にかけて	~ 부터 ~ 에 걸쳐
44	～を通じて・を通して	~ 을/를 통해, ~ 내내
45	～にわたって・にわたる	~ 에 걸쳐서, ~ 에 걸친
46	～だけ・だけの	~ 만큼, ~ 한
47	～限り・限りの	~ 한
48	～からして	~ 부터, ~ 로 보아

문형	～をはじめ（として）・をはじめとする	접속	N+をはじめ(として)・をはじめとする
意	~을/를 비롯하여 （~을/를 대표 예로서）		
解	대표 예를 들고 그 외에도 같은 그룹의 것이 여러 가지 있다는 의미를 나타낸다. 조금 딱딱한 표현. 뒤에 명사가 올 때는 「をはじめとするN」가 된다.		
例	台風17号により沖縄**をはじめ（として）**、広い地域が大きな被害を受けた。 태풍 17호에 의해 오키나와를 비롯하여 넓은 지역이 큰 피해를 입었다. この海は、夏になると家族連れ**をはじめとして**、多くの観光客が訪れます。 이 바다는 여름이 되면 가족 여행객을 비롯하여 많은 관광객이 찾아옵니다. 科学技術の急速な発展が法の姿に次々と変化を迫る状況が、現代社会において、環境や医療、情報通信**をはじめ**、多くの場面で認められる。 과학기술의 급속한 발전이 법의 모습에 잇달아 변화를 압박하는 상황이 현대사회에 있어 환경이나 의료, 정보통신을 비롯하여 많은 장면에서 인정된다. 国際化に伴い、学生に英語**をはじめとした**様々な言語を習得させ、それをビジネスに活かせるような人材の育成を試みる大学が増加した。 국제화에 따라 학생에게 영어를 비롯한 다양한 언어를 습득시켜 그것을 비즈니스에 활용할 수 있는 인재 육성을 시도하는 대학이 증가했다.		

문형	～を皮切りに（して）・を皮切りとして	접속	N+を皮切りに（して）・を皮切りとして
意	~을/를 시작으로 （~에서 시작하여・~을/를 출발점으로서）		
解	「～を出発点として、次々に～」, 「～から始まって、次々に～」라고 말하고 싶을 때 사용한다. 그 뒤에 이어지는 행위의 기점이 되는 가장 처음의 행위를 나타낸다. 뉴스 등에서 사용되는 딱딱한 표현.		
例	今回の公演は、1月の東京ドームライブ**を皮切りに**、全国10都市をまわることになった。 이번 공연은 1월 도쿄돔 라이브를 시작으로 전국 10개 도시를 돌게 되었다. 彼女は大学のミスコンで優勝したこと**を皮切りに**、女子アナウンサーを目指して様々な芸能界活動を行なっている。 그녀는 대학의 미스콘테스트에서 우승한 것을 시작으로 여자 아나운서를 목표로 다양한 연예계 활동을 하고 있다.		

欧州から帰国した彼は、明治二十七年に第二次伊藤内閣の文相として入閣したの**を皮切りに**、華やかな政治の表舞台を歩んできた。
유럽에서 귀국한 그는 메이지 27년에 제2차 이토내각의 교육장관으로 입각한 것을 시작으로 화려한 정치의 전면 무대를 걸어왔다.

あの外食チェーン店は、新宿での出店**を皮切りに**、あっという間に東京全域に店舗を展開した。
저 외식 체인점은 신주쿠에서의 출점을 시작으로 순식간에 도쿄 전역에 점포를 전개했다.

문형	~を限りに・限りで	접속	N+を限りに・限りで
意	~을/를 마지막으로・~을/를 끝으로		
解	지금까지 계속되고 있던 것이 앞으로는 더 이상 계속되지 않는다는 것을 말할 때 사용한다. 「今回」「今日」「今月」「今年」등으로 이어지는 경우가 많다.		
例	この大会**を限りに**引退することを決意しました。　이 대회를 마지막으로 은퇴하기로 결심했습니다. 彼が「今日**限りで**ゲームはやめる」と言っているところを、もう何回も見てきた。 그가「오늘을 끝으로 게임은 그만둔다」고 말하는 것을 이미 몇 번이나 보아왔다. あるいは、彼とはその日**を限りに**もう二度と会えない、ということをなぜか予知していたからかもしれない。 또는 그와는 그날을 마지막으로 다시는 만날 수 없다는 것을 왠지 예지하고 있었기 때문인지도 모른다. 上皇が退位したことにより、「平成」という元号は、2019年4月30日**限りで**「令和」に改元された。 상왕이 퇴위함에 따라「헤이세이」라는 연호는 2019년 4월 30일을 끝으로「레이와」로 바뀌었다.		

POINT 「限る」시리즈

문형	의미	예문
~に限り	예외	招待券をお持ちの方**に限り**入場できます。 초대권을 가지신 분에 한해 입장할 수 있습니다.
~に限らず	뿐만 아니라	地方**に限らず**、都市部でも過疎化現象が現れている。 지방뿐 아니라 도시부에서도 과소화현상이 나타나고 있다.
~限り／の限り	최대한도	できる**限り**やる。　할 수 있는 한 한다.
~限りだ	매우 ~다	宝くじに当たったなんて、羨ましい**限りだ**。 복권에 당첨되었다니 부러울 따름이다.
~を限りに／ ~限りで	기한	今シーズン**を限りに**引退する。 이번 시즌을 마지막으로 은퇴한다.
~限り／ない限り	조건	生きている**限り**、希望はある。 살아있는 한 희망은 있다.
~限りでは	가진 정보의 범위	聞いている**限りでは**大丈夫そうだ。 듣기로는 괜찮은 것 같다.

~に限る	가장 좋다	風邪の時は寝る**に限る**。 감기일 때는 자는 것이 가장 좋다.
~に限って	~인 경우만	急いでいる時**に限って**電車が遅れる。 서두르고 있을 때에만 전철이 늦게 온다.
~とは限らない	반드시 ~라고는 할 수 없다	日本人はみんな納豆が好き**とは限らない**。 일본인은 모두 낫토를 좋아한다고는 할 수 없다.
~に限りがある/ に限りがない	한계	一人でできること**に限りがある**。 혼자서 할 수 있는 것에 한계가 있다.

문형	~をもって	접속	N+をもって
意	~을/를 끝으로, ~부로 (~을/를 기한·단락으로 하여)		
解	무언가의 개시, 종료나 한계점을 명시할 때 사용한다. 딱딱하고 정중한 느낌을 전하므로 공식문서나 인사 등에서 사용된다.		
例	本日**をもって**閉店させていただきます。　　오늘로 폐점합니다. 私事で大変恐縮ですが、一身上の都合により3月31日**をもって**退社することになりました。 제 개인적인 일로 대단히 죄송합니다만, 일신상의 사정에 의해 3월 31일 부로 퇴사하게 되었습니다. こちらのポイントカードは今月**をもって**終了しますので、新規カード発行をご希望の方は再度会員登録をお願いいたします。 이 포인트 카드는 이번 달로 종료되므로 신규 카드 발행을 희망하시는 분은 다시 회원 등록을 부탁드립니다.		

POINT 「~を限りに」와「~をもって」의 차이

「~を限りに」는「これまで続いていたのが~の時点で」라는 의미를 나타내고「~をもって」는 시점을 나타내며 단순히「~の時点で」를 의미한다.「~を限りに」는 끝날 때만 사용할 수 있는 것에 반해「~をもって」는 시작할 때와 끝날 때 모두 사용할 수 있다.

例
- ○ 今日**を限りに**引退する。
- ✗ 今日**を限りに**就任する。
- ○ 本日**をもって**引退する。
- ○ 本日**をもって**就任する。

문형	~から~にかけて	접속	N+から+N+にかけて
意	~부터~에 걸쳐 (~에서 ~까지의 사이)		

解	장소나 시간의 대략적인 범위를 나타낸다. 시작과 끝의 시간 또는 장소가 명확하지 않은 경우에 사용하는 경우가 많다. 기점을 나타낼 필요가 없을 때는 「～から」는 생략할 수 있다.
例	九州**から**西日本**にかけて**猛烈な雨にご注意ください。 규슈에서 서일본에 걸쳐 맹렬한 비에 주의해 주세요. 日本では、毎年六月の頭**から**七月の半ば**にかけて**、ほぼ毎日雨が降る。 일본에서는 매년 6월 초부터 7월 중순에 걸쳐 거의 매일 비가 내린다. 毎年、沖縄**から**北海道**にかけて**、桜が順々に咲いていく。 매년 오키나와에서 홋카이도에 걸쳐 벚꽃이 차례로 핀다. 日本を代表するトップアーティストの一組であるMr.Kidsは、1990年代半ば**から**90年代後半**にかけて**多くのミリオンセラーを獲得し、広く人気を得た。 일본을 대표하는 톱아티스트의 한 팀인 Mr.Kids는 1990년대 중반부터 90년대 후반에 걸쳐 많은 밀리언셀러를 획득하며 널리 인기를 얻었다.

POINT 「～から～まで」와 「～から～にかけて」의 차이

「～から～まで」는 시작과 끝이 확실한 것에 반해 「～から～にかけて」는 애매한 장소·시간만을 나타낸다.

例

昼過ぎ**から**夕方**にかけて**急な雨にご注意ください。
(대략적인 범위)
점심 시나서부터 저녁에 걸쳐 갑작스러운 비에 주의해 주세요.

午後1時**から**5時**まで**図書館で本を読みました。
(구체적인 기점과 종점)
오후 1시부터 5시까지 도서관에서 책을 읽었습니다.

문형	～を通じて・を通して	접속	N+を通じて・を通して
意	~을/를 통해, ~내내 (~의 기간 계속)		
解	(비교적 긴) 기간을 나타내는 명사에 접속하여 「～の間ずっと同じ状態だ」라는 의미를 나타낸다.		
例	この辺りは1年**を通して**雨の降る日が少ない。　이 주변은 1년 내내 비가 오는 날이 적다. 生涯**を通じて**生きがいを持って暮らせる町を作っていきたい。 평생을 통해 보람을 가지고 살 수 있는 도시를 만들어 나가고 싶다.		

	豆でも米でも野菜でも、一年**を通して**収穫されるのではなく、ほとんどのものがある季節にしか収穫されない。 콩이든 쌀이든 야채든 1년 내내 수확되는 것이 아니라 대부분의 것이 어느 계절에만 수확된다. 食料や繁殖などの事情に応じて季節ごとに移動する鳥は渡り鳥と呼ばれるが、それに対し、年間**を通じて**同じ場所に生息し、移動しない鳥は、留鳥と呼ばれる。 먹이나 번식 등의 사정에 따라 계절마다 이동하는 새는 철새라고 불리지만 그에 반해 1년 내내 같은 장소에 서식하며 이동하지 않는 새는 텃새라고 불린다.		
比	5 근거・수단・매개	~を通じて・を通して	▶ 327페이지

문형	~にわたって・にわたる	접속	N+にわたって・にわたる
意	~에 걸쳐・~에 걸친 (~의 전체로)		
解	「~とう長い間」,「~という広い範囲」에 어떤 상황이 벌어지고 있거나 계속되고 있는 상태를 나타낸다. 뒤에 명사가 오는 경우는 「~にわたる+N」의 형태가 된다.		
例	生徒会長なだけあって、彼は下級生から上級生**にわたって**広く顔が知られている。 학생회장인 만큼 그는 하급생에서부터 상급생에 걸쳐 널리 얼굴이 알려져 있다. 夫婦二人三脚で長年**にわたって**営業してきた蕎麦屋を、ついに畳んだ。 부부 2인3각으로 오랜 기간에 걸쳐 영업해온 소바집을 결국 접었다. 万里の長城は歴史上世界最長の建築物として知られており、現在でも、山海関から嘉峪関までの2400km**にもわたる**長さを誇っている。 만리장성은 역사상 세계 최장의 건축물로 알려져 있고 현재도 산해관에서 가욕관까지 2400km에 걸친 길이를 자랑하고 있다. NHKの連続テレビ小説は、朝の短時間に放送される連続ドラマであることから「朝ドラ」という通称で親しまれ、幅広い世代**にわたって**視聴者を獲得している。 NHK의 연속 TV 소설은 아침 짧은 시간에 방송되는 연속 드라마라는 점에서「아드」라는 통칭으로 사랑받으며 폭넓은 세대에 걸쳐 시청자를 획득하고 있다.		

POINT 「~にわたって」와「~を通じて」의 차이

「~にわたって」는 기간만이 아니라 장소나 공간을 가리킬 때도 사용할 수 있다.「~の範囲全体に広がっている」나「~の範囲全体に続いている」라는 의미가 된다.
「~を通じて」는「~」부분에 기간을 나타내는 단어가 들어간다.「~の間ずっと」라는 의미가 된다.

문형	~だけ・だけの	접속	普(肯定)+だけ・だけの (NAだな+だけ・だけの) (*Nにはつかない)
意	~만큼・~만큼의, ~한 (~의 범위는 전부)		

解	「最大限度（範囲）まで〜する」라고 말하고 싶을 때 사용한다. 「できるだけ」는 관용표현. 뒤에 명사가 오는 경우는 「〜だけの＋N」의 형태가 된다.
例	ここにあるお菓子をどうぞ好きなだけ食べてください。 여기에 있는 과자를 좋아하는 만큼 드세요. やれるだけのことはやったので、残りは君に任せたい。 할 수 있는 만큼은 했으니까 나머지는 너에게 맡기고 싶다.
例	常に留意すべきなのは、家に籠らず、できるだけ外に出て、人との出会いを大事にし、そして「三人行えば、必ず我が師有り」という謙虚さを身に付けることではないか。 항상 유의할 것은 집에만 있지 말고 가능한 한 밖에 나가서 사람과의 만남을 소중히 하고, 그리고 「삼인행 필유아사」라고 하는 겸허함을 몸에 익혀야하지 않겠는가? 「男だから」「女だから」といった理由に縛られずに、誰しもが泣きたいだけ泣き、笑いたいだけ笑える、そんな社会を築いていきたいものだ。 「남자니까」「여자니까」와 같은 이유에 얽매이지 않고 누구든지 울고 싶은 만큼 울고 웃고 싶은 만큼 웃을 수 있는 그런 사회를 만들어 나가고 싶은 것이다.
比	4 평가의 시점	〜だけあって・だけのことはある	▶ 324페이지
比	23 원인・이유	〜だけに	▶ 430페이지

문형	〜限り・限りの	접속	V辞＋限り・限りの （動詞可能形、Vているに接続する場合もある） N＋の＋限り・限りの
意	〜한 （〜의 한계 직전까지）			
解	최대 한도까지 어떤 일을 한다는 것을 나타낸다. 「力の限り」「声の限り」「命の限り」「見渡す限り」 등이 표현이 자주 사용된다.			
例	やれる限りのことはやった。あとは結果を待つだけだ。 할 수 있는 것은 다 했다. 나머지는 결과를 기다릴 뿐이다.			
例	チームメンバー全員が知恵をしぼり、自分のできることを力の限りしなければ、道は開けてこないということを、メンバーたちは痛いくらいに強く感じていた。 팀 멤버 전원이 지혜를 짜서 자신이 할 수 있는 것을 힘 닿는 데까지 하지 않으면 길이 열리지 않는다는 것을 멤버들 모두는 아플 정도로 강하게 느끼고 있었다. 現代において国民が特別な不満を抱かずに幸せに暮らせているのは、我々の先祖が命の限り、自由と平等を願い、それを叫び続けていてくれたからだ。 현대에 있어 국민이 특별한 불만을 품지 않고 행복하게 살 수 있는 것은 우리 선조들이 목숨을 걸고 자유와 평화를 염원하고 그것을 계속 외쳐 주었기 때문이다.			
比	7 기점・종점・한계・범위	「限る」シリーズ		▶ 333페이지

문형	〜からして	접속	N＋からして
意	〜부터, 〜로 보아 （〜을/를 시작으로 하여）			

解	①가장 기본적인 것과 별로 중요하지 않은 것을 들어 「~가 그렇다면, 그 이외에도 물론」 이라는 의미를 나타낸다. 부정적으로 평가하는 경우가 많다. ②~로 판단하여 (추측의 근거)
例	①アラビア語は文字**からして**難しい。　아랍어는 문자부터 어렵다. ②あの表情**からして**、試験に落ちたに違いない。 저 표정으로 보아 시험에 떨어진 것임에 틀림없다.
例	①選挙演説ではきれいごとを言っているが、普段の国会での居眠りをするなどの態度**からして**、政治に対して真摯とはとても言えない。 선거연설에서는 번지레한 말을 하지만 평소 국회에서 조는 등의 태도로 보아 정치에 대해 진지하다고는 도저히 말할 수 없다. ②画家は現代では芸術家として見られているが、かつては「頼まれて仕事として描く」という基本的な行動**からして**、職人であった。 화가는 현대에는 예술가로 여겨지지만 옛날에는「부탁받아 일로서 그린다」는 기본적인 행동으로 봤을 때 장인이었다. ②今では評価されているような芸術作品も、かつての時代の流行**からして**、必ずしも当時から評価されていたとは限らないことは多々見受けられる。 지금에는 평가받고 있는 예술작품도 예전 시대의 유행으로 보아 반드시 당시부터 평가받고 있었다고는 할 수 없는 것을 많이 볼 수 있다.

<8> 가능성

49	~わけにはいかない	~ 할 수 없다 .
50	~ようがない・ようもない	~ 할 수 없다・할 수도 없다
51	~（よ）うにも~ない	~ 하려해도 ~ 할 수 없다
52	~得る・得ない	~ 할 수 있다・할 수 없다
53	~かねる	~ 할 수 없다
54	~がたい	~ 하기 어렵다
55	~にかたくない	~ 할 수 있다
56	~に堪える・に堪えない	~ 할 만하다・할 가치가 없다
57	~っこない	~ 할 리 없다

문형	~わけにはいかない	접속	V辞＋わけにはいかない V否＋ない＋わけにはいかない
意	~할 수 없다		
解	「하고 싶기는 하지만 사회적 상식이나 규칙, 경험 등에 근거한 주관적 판단으로 해서는 안된다」라는 의미를 나타낸다.		
例	取引先と約束したので行かない**わけにはいかない**。 거래처와 약속했기 때문에 가지 않을 수 없다. 没収される可能性があるので、路上に自転車を駐輪する**わけにはいかない**。 몰수될 가능성이 있으므로 노상에 자전거를 세워둘 수는 없다.		

	テロ集団の残虐さには目を背ける**わけにはいかない**。		
	테러 집단의 잔학성에는 외면할 수는 없다.		
	日本では政教分離が原則なので、自治体が特定の宗教法人を支援する**わけにはいかない**。		
	일본에서는 정교분리가 원칙이므로 자치단체가 특정 종교법인을 지원할 수는 없다.		
比	22 부정・부분부정	～わけがない	▶ 423페이지
比	22 부정・부분부정	～わけではない	▶ 426페이지

문형	～ようがない・ようもない	접속	Vます＋ようがない・ようもない
意	~할 수(도) 없다 （~의 방법이 없다）		
解	「그러고 싶으나 수단이나 방법이 없어 할 수 없다」라는 의미를 나타낸다.		
例	がんと診断され、もう治し**ようがない**と言われた。　　암이라고 진단되어 이제 고칠 수 없다고 했다. 電話番号を知らない以上、連絡のし**ようもない**。　　전화번호를 모르는 이상 연락할 방법이 없다. 限りなく理論純水に近い水を造ることができるといっても、実際のところ純度100%にどれくらい近づいているか測り**ようがない**のだ。 한없이 이론적 순수에 가까운 물을 만들 수 있다고 해도 실제로는 순도 100%에 얼마나 근접했는지 측정할 방법이 없는 것이다. 歴史というのはしばしば書き記す人や読み解く人によって事実と異なる解釈が為されるため、我々はかつての偉人の顔や性格、名前ですら、完全に正確には理解し**ようがない**のだ。 역사라는 것은 종종 써서 기록하는 사람이나 읽고 해석하는 사람에 따라 사실과 다른 해석이 이루어지므로 우리는 과거의 위인들의 얼굴이나 성격, 이름조차도 완전히 정확하게는 이해할 방법이 없는 것이다.		

문형	～（よ）うにも～ない	접속	V意＋（よ）うにも～ない
意	~하려해도~할 수 없다 （~하려고 생각해도~할 수 없다）		
解	「동사 의향형＋ようにも＋같은 동사 가능형의 부정형」이라는 형태가 자주 있다.		
例	日本に来たんだけど、日本語が分からなくて道を聞**こうにも**聞け**ない**。 일본에 왔지만 일본어를 몰라서 길을 물으려 해도 물을 수 없다. 遊びに行**こうにも**、外に出ると怒られるので出歩け**ない**。 놀러 가려고 해도 밖에 나가면 혼나기 때문에 나돌아다닐 수 없다. 人に言**おうにも**言え**ない**悩みや秘密をかかえて、一人で苦しんでいる人のために、対処方法をいろいろ調べました。 남에게 말하려 해도 말할 수 없는 고민이나 비밀을 안고 혼자서 괴로워하고 있는 사람을 위해 대처방법을 여러 가지 찾아 보았습니다. 荷物を国外に届け**ようにも**、航空便が少なくなっている現状では、希望通りの日にちに届けることはままなら**ない**だろう。 짐을 국외로 보내려고 해도 항공편이 적어진 현 상황에서는 희망하는 날짜에 보내기가 쉽지 않을 것이다.		

문형	～得る・得ない	접속	Vます＋得る・得ない
意	~할 수 있다・~할 수 없다		

解	「~가능성이 있다・~가능성이 없다」라는 의미를 나타낸다. 능력적으로 불가능한 것은 나타낼 수 없다. 「得る」는 「うる・える」라는 2가지 읽는 법이 있다. 「あり得ない」는 대화에서 자주 사용된다.
例	地形から見れば、こんな場所に大地震が起こり**得る**と思う。 지형으로 보면 이런 장소에 대지진이 일어날 수 있다고 생각한다. この作品は、彼が遺(のこ)した中で確認し**うる**限りでは、もっとも若い頃に作られたものだ。 이 작품은 그가 남긴 것 중에서 확인할 수 있는 범위에서는 가장 젊은 시절에 만들어진 것이다. このように、お客が価格を決める時代には、ファブレスは有効な手段になり**得る**のはたしかだが、非常にリスクが高いことも承知(しょうち)しておかなければならない。 이렇게 고객이 가격을 결정하는 시대에는 팹리스는 유효한 수단이 될 수 있는 것은 분명하지만 매우 리스크가 크다는 것도 알아두어야 한다. 化学的に、理論上存在し**うる**最後の元素(げんそ)の原子番号は172番か173番であるとされ、174番以上の原子番号を持つ元素は存在し**えない**とされている。 화학적으로 이론상 존재할 수 있는 마지막 원소의 원자번호는 172번 또는 173번이라고 하며 174번 이상의 원자번호를 갖는 원소는 존재할 수 없다고 여겨지고 있다.

문형	~かねる	접속	Vます＋かねる
意	~할 수 없다		
解	「~하고 싶어도 할 수 없다」, 「하고 싶어도 어렵다」라는 감정이 포함되어 있다. 화자의 입장・상황・감정에서 완곡하게 거절하는 표현으로 비즈니스에서 사용되는 경우가 많다.		
例	時間外のお問い合わせにはお答え致し**かねます**。　시간 외의 문의에는 답변드리기 어렵습니다. 落ち込んで部屋から出てこない弟を見**かねた**父は、弟を励(はげ)ますために家族旅行を計画した。 좌절해서 방에서 나오지 않는 남동생을 두고볼 수 없던 아버지는 남동생을 격려하기 위해 가족여행을 계획했다. ただそういう言葉が正しいかどうか、その点について私は専門家ではございませんので何とも申し**かねます**。 다만 그런 말이 옳은지 그 점에 대해서 저는 전문가가 아니므로 뭐라 말씀 드릴 수 없습니다. 私個人としては貴社のお力になりたいのですが、会社の売り上げが低迷(ていめい)している現状では、貴社の提案は受諾(じゅだく)し**かねる**部分がございます。　저 개인으로서는 귀사의 힘이 되고 싶지만 회사의 매상이 저조한 현 상황에서는 귀사의 제안은 수락하기 어려운 부분이 있습니다.		
比	17 전문・추측	~かねない	▶ 394페이지

문형	~がたい	접속	Vます＋がたい
意	~하기 어렵다 (~하는 것은 어렵다)		
解	사실은 하고 싶은 마음이 있지만 실현하기 곤란한 것을 나타낸다. 「믿다・용서하다・이해하다・상상하다・받아들이다」 등의 동사와 함께 자주 사용된다. 한자 「難い」가 사용되는 경우도 있다. 능력적으로 할 수 없다는 의미로는 사용하지 않는다.		

例	国内専門家らは政府が取った一連の措置を理解し**がたい**と評価した。 국내 전문가들은 정부가 취한 일련의 조치를 이해하기 어렵다고 평가했다. 冬の寒さは、多くの動物にとって耐え**がたい**ものである。 겨울의 추위는 많은 동물에게 견디기 어려운 것이다. 多様化する社会においては、理解し**がたい**人間を無理に理解しようとするのではなく、適切な距離感をもって関わらないという選択をすることも大切だ。 다양화하는 사회에서는 이해하기 어려운 사람을 무리하게 이해하려고 할 것이 아니라 적절한 거리감을 갖고 관여하지 않는다는 선택을 하는 것도 중요하다.

POINT 「〜にくい」「〜づらい」「〜がたい」의 차이

「〜にくい」: 물리적·기술적인 이유로 어렵다는 의미. 주로 사물의 성질에 초점을 맞춘다. 의지동사, 무의지동사 모두에 붙을 수 있다.

「〜づらい」: 화자가 정신적, 육체적인 고통이나 부담을 느끼고 있다는 뉘앙스가 있다. 「づらい」 앞에는 의지동사만 올 수 있으며 무의지동사는 오지 않는다.

「〜がたい」: 「심정적으로는 하고 싶지만 상황적으로는 곤란하고 실현이 불가능에 가깝다」 라는 의미를 나타낸다. 그 앞에 오는 동사가 조금 한정되어 있고 「理解しがたい、信じがたい、近寄りがたい、捨てがたい、許しがたい、想像しがたい、耐えがたい…등」 이 자주 사용된다. 의지동사에 접속한다.

例

文字が小さすぎるから、読み**にくい**。
(객관적인 상태의 제한으로 어렵다)
글씨가 너무 작아서 읽기 어렵나.

知らない単語がいっぱいあって、読み**づらい**。
(심신적인 고통과 부담을 느끼고 있다)
모르는 단어가 많이 있어 읽기 어렵다.

そのような要求はとても受け入れ**がたい**。
(하려고 해도 할 수 없다)
그러한 요구는 도저히 받아 들이기 어렵다.

문형	〜にかたくない	접속	V辞＋にかたくない N＋にかたくない
意	〜할 수 있다 (〜는 그렇게 어렵지 않다)		
解	「〜하는 것은 어렵지 않다」「〜하는 것은 비교적 쉽다」라는 의미로 사용된다. 한자로 표기하면 「〜に難くない」가 된다. 조금 딱딱한 표현으로 아래와 같이 극히 일부 단어에만 자주 접속된다. 「想像にかたくない」「理解にかたくない」「同情にかたくない」「察するにかたくない」.		

例	大きなチャンスを逃した彼の気持ちは想像**にかたくない**。 큰 기회를 놓친 그의 마음은 상상이 된다. 私も学生の頃は息子と同じことで悩んでいたので、今の彼の気持ちは理解**にかたくない**。 나도 학생 시절에는 아들과 똑같은 일로 고민했기 때문에 지금의 그의 마음은 이해할 수 있다. 古くからほとんど改装されず残っているこの城の中を歩いてみれば、歴史上の人物がここで送っていた生活のありさまが、想像**にかたくない**だろう。　옛날부터 거의 보수되지 않고 남아있는 이 성 안을 걸어보면 역사상의 인물이 여기서 보낸 생활 모습이 상상될 것이다.

文型	～に堪える・に堪えない	接続	V辞＋に堪える・に堪えない N(する動詞)＋に堪える・に堪えない
意	~할 만하다・~할 가치가 없다		
解	「見る・聞く・鑑賞・批判・賞賛」 등 한정된 단어에 접속한다. 부정을 나타낼 때는 「～に堪えるNではない」의 형태를 자주 사용한다.		
例	この絵本は大人でも読む**に堪える**素晴らしいものだ。 이 그림책은 어른도 읽을 만한 훌륭한 책이다. 有名人が書いたものだと言われるが、読む**に堪えない**内容だった。 유명인이 쓴 것이라고 하지만 읽을 만한 가치가 없는 내용이었다. 作品のレベルはそこそこだったが、アナログの編集機では、画質の劣化がひどく、放送**に堪える**画質ではなかった。 작품의 레벨은 그저 그랬지만 아날로그 편집기로는 화질의 열화가 심해 방송할 만한 화질은 아니었다. 彼のメモは映画を作るために取材した内容を記したものだが、詳細な資料を駆使して細かく書かれたそのメモは、それ自体が鑑賞**に堪える**作品と呼ぶことができよう。 그의 메모는 영화를 만들기 위해 취재한 내용을 적은 것이지만 상세한 자료를 구사하여 세밀하게 쓰여진 그 메모는 그 자체가 감상할 만한 작품이라고 할 수 있겠다. 学生の書く小説とは、大抵は見る**に堪える**ものではないが、他人から的確な批評をもらい、それを自分の中に取り込めば、やがて眠っている才能が花を開くだろう。 학생이 쓰는 소설이란 대개는 볼만한 것이 아니지만 다른 사람으로부터 적확한 비평을 받고 그것을 자신 속에 받아들이면 머지않아 잠자고 있는 재능이 꽃을 피울 것이다.		

POINT 「～に堪えない」 다른 의미

① ～に堪えない （N＋に堪えない）
의미 : 참을 수 없을 정도로 ~다. 「～の感情をおさえられない」
「～」에 자주 사용하는 명사 : 「感激・感謝・後悔・喜び・悲しみ・同情　등」

例
皆様の温かいご支援をいただき、感謝の念に堪えません。
여러분의 따뜻한 지원을 받아 감사하기 그지없습니다.

② ～に堪えない （V辞・N（する動詞）＋に堪えない）
의미 : (매우 심해서) ～하기 괴롭다
「～」에 자주 사용하는 동사 : 「見る・聞く・読む・正視・直視 등」

例
大震災で死者が続々と出るニュースは見るに堪えない。
대지진 재해로 사망자가 계속 나오는 뉴스는 보기 괴롭다.

문형	～っこない	접속	Vます＋っこない
意	～할 수 없다, ～할 리 없다 (절대로 ～하지 않다)		
解	「そんな일은 절대로 생각할 수 없다」라고 가능성을 강하게 부정한다. 구어체로 친한 사람과의 대화에 사용한다.		
例	40歳からモデルになる夢なんて叶いっこないよ。 40세부터 모델이 되는 꿈이라니 이루어질 수 없어. 解けっこないからと言って難しい問題から逃げていると、いつまでも成長しない。 해결될 리가 없다고 해서 어려운 문제로부터 도망치면 언제까지나 성장하지 않는다. 彼がそういう複雑な思考をするのは、もちろん自分の恋愛はうまくいきっこないと信じているからである。 그가 그런 복잡한 사고를 하는 것은 물론 자신의 연애가 잘 이루어 질 리 없다고 믿고 있기 때문이다. 私の事業は上手く行きっこないと笑っていた人々が、私が成功した途端に連絡を寄越すようになったのは、なんとも皮肉な話である。　나의 사업은 잘 안될거라 웃던 사람들이 내가 성공하자마자 연락을 해 오게 된 것은 참으로 아이러니한 얘기다.		

<9> 경향・상태

58	～っぽい	～ 같다, 자주 / 쉽게 ～ 한다
59	～がち	～ 하기 십상이다, ～ 하기 쉽다
60	～気味	～ 기미, ～ 느낌
61	～きらいがある	～ 하는 경향이 있다
62	～だらけ	～ 투성이
63	～まみれ	～ 투성이
64	～ずくめ	～ 투성이
65	～とばかりに	～ 라고 하는 듯이, ～ 라는 듯이
66	～んばかりに	～ 하는 듯이, ～ 할 듯이, ～ 할 만큼
67	～ともなく・ともなしに	～ 하려고 하지 않고・～ 하는 둥 마는 둥

문형	~っぽい	접속	Vます＋っぽい N＋っぽい Aい＋っぽい
意	~같다, 자주/쉽게~한다 (①~의 느낌이 있다 ②자주~한다)		
解	「その感じがする」, 또는 「よく~する」「~しやすい」라는 의미로 대부분의 경우 부정적인 의미를 포함하여 사용한다. 회수가 아닌 성질에 대해 말한다.		
例	①水を入れすぎたのか、このジュースは水**っぽい**。 물을 너무 많이 넣었는지 이 주스는 물같다. ②うちの課長は怒(おこ)り**っぽい**人だ。　우리 과장님은 화를 잘내는 사람이다. ①イエロー・バコパという水草(すいそう)は育成の難しい大型のバコパの仲間で、二酸化炭素(てんか)の添加を行うことで水中での育成が十分に可能で、大きな葉に白**っぽい**網目模様(あみめもよう)が浮(う)き出ていて美しい。　옐로 바코파라는 수초는 육성이 어려운 대형 바코파의 일종으로 이산화탄소를 첨가함으로써 수중에서의 육성이 충분히 가능하고 큰 잎에 약간 하얀 그물 문양이 드러나 있어 아름답다. ②ベートーヴェンは音楽の天才として有名であるが、実は女性に惚(ほ)れ**っぽく**、様々な女性にアプローチをかけていたという一面も知られている。 베토벤은 음악 천재로 유명한데 실은 여성에게 쉽게 반해서 다양한 여성에게 접근했다는 일면도 알려져 있다.		

문형	~がち	접속	Vます＋がち N＋がち
意	~하기 십상이다, ~하기 쉽다 (자주~가 된다 / ~인 상태가 되는 경우가 많다)		
解	「~인 상태로 되기 쉬운 경향이 있다」라는 의미를 나타낸다. 주로 나쁜 경향에 사용한다. 「~がち」는 나쁜 경향에 사용하고 좋은 것에는 사용할 수 없다. ✗うちの妹はいい成績をとりがちだ。 ○うちの妹はよくいい成績をとる。		
例	この仕事が大変だと思われ**がち**だが、実はそうではない。 이 일이 어렵다고 여겨지기 쉽지만 실은 그렇지 않다. 彼女は目つきが悪いので怖い人だと誤解(ごかい)され**がち**だが、喋(しゃべ)ってみると気さくで楽しい人だ。 그녀는 눈매가 나빠서 무서운 사람이라고 오해받기 쉽지만 대화해 보면 소탈하고 재미있는 사람이다. このポイントは見落とされ**がち**なので、試験によく出されます。だから、皆さんはよく注意を払って復習するようにしてください。 이 포인트는 놓치기 쉽기 때문에 시험에 자주 나옵니다. 그러므로 여러분은 주의해서 잘 복습하도록 하세요. 健康的な生活を送るためには、炭水化物など過剰(かじょう)になり**がち**な栄養(えいよう)を抑(おさ)え、ビタミンや鉄分(てつぶん)といった欠乏(けつぼう)し**がち**な栄養素をバランスよく取ることが大切になる。 건강한 생활을 보내려면 탄수화물 등 과잉되기 쉬운 영양을 억제하고 비타민이나 철분 같은 결핍되기 쉬운 영양소를 균형있게 섭취하는 것이 중요해진다.		

문형	~気味（ぎみ）	접속	V ます＋気味 N＋気味

意	~기미, ~느낌 (조금~한 느낌이 있다)
解	화자가 자신이 느끼고 있는 감각을 나타낸다. 부정적인 평가인 경우가 많다.
例	ちょっと風邪気味なので、早めに帰らせていただきたいです。 조금 감기기운이 있어서 일찍 돌아가게 해주셨으면 합니다. 生徒の遅刻が増えてから、先生は最近少し怒り気味になっている。 학생들의 지각이 늘고 나서 선생님은 요즘 조금 화가 난 느낌이다. 少子高齢化（しょうしこうれいか）の影響で廃校（はいこう）に追い込まれた学校が続出（ぞくしゅつ）しているのに対して、デイサービスや高齢者介護（かいご）など福祉（ふくし）関連の施設は不足気味である。 저출산 고령화의 영향으로 폐교에 몰린 학교가 속출하고 있는데 비해 데이 서비스나 고령자 간병 등 복지관련 시설은 부족한 느낌이다. BMI指数（しすう）とは人間の体重と身長から算出（さんしゅつ）される、人間の肥満度（ひまんど）を表すものであり、一般的に、これが18.50未満だと、やせ気味の体型だと認識される。 BMI지수란 사람의 체중과 신장으로 산출되는 사람의 비만도를 나타내는 것이며 일반적으로 이것이 18.50 미만이면 마른 느낌의 체형이라고 인식된다.

POINT 「〜気味」「〜がち」「〜っぽい」의 차이

「〜気味」: 현재 상태에 대해 사용한다. 화자의 신체적·정신적인 약간의 감각이나 경향을 나타낸다.
「〜がち」: 여러번 반복되어 횟수가 많다는 것을 강조한다.
「〜っぽい」: 그러한 느낌이 강하다, 경향이 강하다는 의미.

例

風邪気味 : 정도가 낮지만 지금 현재 실제로 감기 증상이 있다.

風邪をひきがち : 지금뿐만 아니라 최근 감기에 걸리는 경우가 많다.

風邪っぽい : 감기일 때와 같은 상태지만 감기라고 단언할 수 없다.

문형	~きらいがある	접속	V 辞＋きらいがある V 否＋ない＋きらいがある N＋の＋きらいがある

意	~하는 경향이 있다

解	좋지 않은 경향이 있음을 나타내고 그것에 대해 비판적으로 말할 때 사용한다. 자연현상에는 사용할 수 없고 주로 사람의 성격이나 내면적인 특징에 대해 말한다. 한자로 표기하면 「～嫌いがある」가 된다.
例	あの人は昔から人の話を何でも信じてしまう**きらいがある**。 저 사람은 예전부터 남의 이야기를 무엇이든 믿어 버리는 경향이 있다. 彼女は物事をなんでも理論的に捉えすぎる**きらいがある**。 그녀는 사안을 뭐든지 너무 이론적으로 파악하는 경향이 있다. 伝統的な漢方医学の観点からみれば、最近の若者は体を冷やす食べ物をとり過ぎている**きらいがある**。　전통적인 한방의학의 관점에서 보면 최근 젊은이들은 몸을 차갑게 하는 음식을 너무 많이 섭취하는 경향이 있다. 我々はメディアの情報をなんでも鵜呑みにし、左右されてしまう**きらいがある**から、なるだけ正確な情報を見極めて、取捨選択していくことも大切だ。 우리는 미디어의 정보를 뭐든지 그대로 받아들여 좌우되어버리는 경향이 있으므로 가능한 한 정확한 정보를 가려내고 취사 선택해 나가는 것도 중요하다.

문형	～だらけ	접속	N＋だらけ
意	~투성이　(~가 많이 있다)		
解	불쾌하다고 느끼는 것이 다량 존재하고 있음을 나타낸다. 부정적인 인상이 강하다.		
例	慌てて宿題をしたので、字が汚くて間違い**だらけ**でした。 서둘러서 숙제를 했기 때문에 글씨가 지저분하고 틀린 것 투성이었습니다. 初めて参加した料理教室は、中高生**だらけ**で少し恥ずかしかった。 처음으로 참가한 요리교실은 중고생이 많아 조금 부끄러웠다. その文章は、複雑な構文に加え、難解な言葉**だらけ**なので、読むのに多少てこずる。 그 글은 복잡한 구문에다 난해한 단어가 많아서 읽는데 약간 애를 먹는다. 古代エジプト文明は、様々な遺跡や墓が発掘され、文字の解読もされてはいるが、依然として謎**だらけ**の文明だ。　고대 이집트 문명은 다양한 유적과 묘가 발굴되고 문자 해독도 되고는 있지만 여전히 수수께끼 투성이의 문명이다.		

문형	～まみれ	접속	N＋まみれ
意	~투성이　(~많이 묻어 있다)		
解	더러운 것이 몸 등 전체의 넓은 표면에 많이 묻어 있는 모습을 말한다. 「血・ほこり・汗・泥・油・砂・ごみ 등」에 접속하는 것이 많다.		

例	現場のスタッフは毎日汗まみれになって働いている。 현장 스태프는 매일 땀범벅이 되어 일하고 있다. 部屋にシャワーがあるので、その泥まみれの体を洗ってきてください。 방에 샤워실이 있으니 그 진흙투성이 몸을 씻고 오세요. 玄関から入って、浴室の隣にある小さな部屋の壁に、ほこりまみれの小さな油絵が一枚掛かっていた。 현관으로 들어가 욕실 옆에 있는 작은 방의 벽에 먼지투성이인 작은 유화가 한 점 걸려 있었다. 君の書く小説は、展開こそ面白いが、ところどころ手垢まみれな表現が目立ち、陳腐な印象を受けるから、もっと斬新な表現を目指したほうがいい。 네가 쓰는 소설은 전개야말로 재미있지만 곳곳에 많은 사람들이 사용해서 식상한 표현이 눈에 띄어 진부한 인상을 받으니까 좀 더 참신한 표현을 지향하는 것이 좋다.

문형	~ずくめ	접속	N＋ずくめ
意	~투성이 (~가 많다 / ~뿐이다)		
解	긍정·부정 모두에 사용한다.「いいことずくめ」「ごちそうずくめ」「黒ずくめ」등 정해진 표현으로 사용되는 것이 많다.		
例	頭から足まで黒ずくめの人が目の前に座っている。 머리부터 발끝까지 검정색 투성이인 사람이 눈 앞에 앉아 있다. 父は毎日残業ずくめで、いつも疲れた顔をしている。 아버지는 매일 잔업이 많아 항상 피곤한 얼굴을 하고 있다. 朝早く起きねばならないこと、毎日電車に乗って会社に行くこと、規律ずくめのサラリーマン生活について抵抗感が高かった。 아침 일찍 일어나야 하는 것, 매일 전철을 타고 회사에 가는 것, 규율 투성이 샐러리맨 생활에 대해 저항감이 높았다. ひとりで東京に引っ越してきて慣れないことずくめの生活の中で、彼女は自分自身を見つけ出し、家庭を築いて、仕事においても大成功を収めた。 혼자서 도쿄에 이사 와서 익숙하지 않은 점이 많은 생활 속에서 그녀는 자기 자신을 발견하고 가정을 꾸리고 일에 있어서도 대성공을 거두었다.		

10 문형표현

POINT 「だらけ」「まみれ」「ずくめ」의 차이

「だらけ」:「汚いもの、嫌なものが乱雑にたくさんある」라는 의미로 사용범위가 가장 넓다. 부정적인 인상이 강하다.

「まみれ」:「汚いものが一面にくっついている状態」라는 의미로「だらけ」보다 사용범위가 좁다. 표면에 붙어있는 것에만 사용할 수 있다. 부정적인 일에 사용한다.

「ずくめ」:「全て~ばかりだ」,「最初から最後まで~だ」,「~一色だ」라는 의미로 사용범위가 가장 좁다. 일반적으로 관용표현으로 사용된다. 긍정·부정 모두에 사용한다.

例

○ 顔が血まみれになっている。(얼굴이 피범벅이 되어 있다)

○ 顔が血だらけになっている。(얼굴이 피투성이가 되어 있다)

○ 間違いだらけの作文だ。(틀린 것 투성이의 작문이다)

✗ 間違いまみれの作文だ。(「一面にくっついている状態」가 될 수 없다)

△ いいこと**だらけ**だね。
(부정적인 인상이 강하므로「ちょっと不思議」, 또는「悪いことでも起こるかな」라는 불신감이 포함된다. 현재는 관용적으로 부정적인 이미지 없이도 사용되고 있다.)

✕ いいこと**まみれ**だね。　좋은 일 투성이구나.
(「いいこと」에 사용할 수 없다)

○ いいこと**ずくめ**だね。　좋은 일 뿐이구나.
(관용표현으로「全ていいことばかりだ」라는 의미)

문형	~とばかりに	접속	普・丁＋とばかりに
意	~라고 하는 듯이, ~라는 듯이 (자못 ~라고 하는 모습으로)		
解	「말로만 하는 게 아니라 자못 그러한 태도나 모습으로 행동한다」라는 의미. 화자 자신의 상황에는 사용하지 않는다. 대부분 「~と言わんばかりに」로 변화할 수 있다. 「ここぞとばかりに」는 관용표현.		
例	かかってこい**とばかりに**拳を強く握り締めた。　덤벼보라는 듯이 주먹을 불끈 쥐었다. 何度殴られても、男は痛くも痒くもない**とばかりに**立ち上がり、敵を睨み返した。 여러번 맞아도 남자는 아무렇지도 않다는 듯이 벌떡 일어나 적을 쏘아 보았다. 普段出演機会の少ないお笑い芸人が、ここぞ**とばかりに**渾身の力を振り絞ってネタ作りをした。 평소 출연기회가 적은 개그맨이 이때다 싶은 자세로 혼신의 힘을 다 해 소재 구상을 했다. 監督が俳優に指示を出すと、俳優は冗談じゃない**とばかりに**反対し、他のスタッフもそんなことはすべきではないと監督を諫めた。 감독이 배우에게 지시를 하면 배우는 웃기지 말라는 듯이 반대하고 다른 스태프도 그런 것은 해서는 안된다고 감독에게 충고했다.		

문형	~んばかりに	접속	Vある＋んばかりに (する → せ＋んばかりに)
意	~하는 듯이, ~할 듯이, ~할 만큼 (거의 ~할 것 같이)		
解	「실제로는 그런 동작·작용은 일어나지 않으나 마치 지금이라도 ~할 듯한 모습」이라는 의미가 되고 타인이나 사물의 동작, 상황, 정보, 정도 등을 형용한다. 화자 자신의 상황에는 사용하지 않는다. 「する」에 접속하는 경우는 「せんばかり」가 된다.		

例	念願の大学から合格通知を受け取った彼は、飛び上がら**んばかりに**喜んでいた。 염원하던 대학에서 합격통지를 받은 그는 뛸 듯이 기뻐했다. 将来の夢を正直に告げると、母は失望したといわ**んばかりに**落胆した表情を見せた。 장래의 꿈을 정직하게 말하자 어머니는 실망했다는 듯 낙담하는 표정을 지었다. 最近若者に人気のあのお店に入ると、あふれ**んばかりに**並んだお菓子のにぎやかさにびっくりした。 요즘 젊은이들에게 인기 있는 가게에 들어가니 넘칠 듯이 진열된 과자의 다양함에 놀랐다. 日本では、夏になると町中にセミが溢れ、耳が潰れ**んばかり**の大きな鳴き声が、至るところから聞こえてくるようになる。 일본에서는 여름이 되면 온 동네에 매미가 넘치고 귀가 아플 정도로 크게 우는 소리가 도처에서 들려오게 된다.

文型	～ともなく・ともなしに	接続	V辞＋ともなく・ともなしに
意	～하려고 하지 않고・～하는 둥 마는 둥 (딱히 그렇게 하려는 것이 아니라)		
解	특별히 목적이나 의도가 없는 무의식적인 행동을 하는 것을 나타낸다. 앞 뒤에 같은 동사 (見る・言う・聴く・考える, 등) 를 사용하는 경우가 많다. 「なにを」「どこを」 등을 함께 사용하는 경우가 많다. 예를 들면 「なにを聞くともなく音楽を流していると～」.		
例	テレビを見る**ともなく**見ていたら、突然友達が映って驚いた。 TV를 보는 둥 마는 둥하고 있는데 갑자기 친구가 나와서 놀랐다. なにを聞く**ともなしに**音楽を流しっぱなしにしていると、誰かから電話がかかってきた。 무언가를 듣는 둥 마는 둥 음악을 틀어놓고 있는데 누군가로부터 전화가 걸려왔다. 隣の部屋から聞こえてくる母と客の会話を聞く**ともなしに**聞きながら、携帯を弄っていた。 옆 방에서 들려오는 엄마와 손님의 대화를 듣는 둥 마는 둥 하면서 휴대폰을 만지작 거렸다. 英会話や英語の音楽を聞く**ともなく**一日中流しっぱなしにしているだけでも、一定数の語学力向上を見込めることがある。 영어 회화나 영어 음악을 듣거나 말거나 하루 종일 틀어놓고 있는 것만으로도 어느 정도 어학력 향상을 기대할 수 있다.		

<10> 감동・소망

68	～ものだ	～ 하는 법이다 , ～ 하는 것이다
69	～ことだ	～ 하는 것이다 , ～ 한 일이다
70	～ことに（は）	～ 하게도 , ～ 하지만
71	～ものがある	～ 한 것이 있다
72	～なんて	～ 라니 , ～ 하다니
73	～てほしい	～ 하기 원하다 , ～ 했으면 좋겠다

문형	~ものだ	접속	普(V・A)＋ものだ NAな＋ものだ
意	~하는 것이다, ~하는 법이다　(정말로~하구나)			
解	놀라거나 감탄한 것을 감회나 감탄, 놀라움의 감정을 담아 말한다.			
例	留学というのは、なんと有意義な**ものだ**。　유학이라는 것은 참으로 유의미한 것이다. この街も、十年も経つと変わってしまう**ものだ**なぁ。　이 거리도 10년이나 지나니 변해 버리는구나. 自分に何があるか、自分が何をしたいか、よくそんなことをいつまでも考えていられる**ものだ**。 자신에게 무엇이 있는지, 자신이 무엇을 하고 싶은지, 흔히 그런 것을 언제까지나 생각하고 있을 수 있는 법이다.			

POINT 「~ものだ」의 의미의 정리

① 〈회상〉 예전에 자주 했던 것을 생각하고 그리운 감정을 담아 말한다.

例
子供の頃はよくこの店で駄菓子を買った**ものだ**。　어렸을 때는 자주 이 가게에서 막과자를 사곤했다

② 〈소망〉 강렬한 소망을 나타낸다.

例
平和な世界になってほしい**ものです**。　평화로운 세상이 되면 좋겠습니다.

③ 〈본질・경향〉 일의 본질과 경향 또는 보편적인 결론을 말한다.

例
赤ちゃんは可愛い**ものだ**。　아기는 귀여운 법이다.

④ 〈당연・의무〉 도덕적, 사회적인 상식으로「~するのが当然だ」라는 의미를 나타낸다.

例
若い人はお年寄りに席を譲る**ものだ**。　젊은 사람은 고령자에게 자리를 양보해야 한다.

문형	~ことだ	접속	Vた＋ことだ A＋ことだ NAな＋ことだ
意	~하는 것이다, ~한 일이다　(매우~하다)			
解	화자가 어떤 사실에 대해 감동, 빈정거림, 놀라움 등 다양한 감정을 담아 말할 때의 표현. 감정을 나타내는 형용사에 붙는 경우가 많다.			

例	分からないことを全部詳しく説明してくれた。 本当にありがたい**ことだ**。 모르는 것을 전부 자세하게 설명해 주었다. 정말 고마운 일이다. 三十代でマイホームを持つだなんて、結構な**ことだ**。 30대에 자가를 갖고 있다니 훌륭한 일이다. 同じ趣味を持つ人と、思いを共有するのは嬉しい**ことだ**。 같은 취미를 가진 사람과 생각을 공유하는 것은 기쁜 일이다. 昔の人々が多くの争いと失敗を経験してきたはずなのに、 人類はちっとも学習せず、歴史の悲劇を繰り返す。あきれた**ことだ**。 옛날 사람들이 많은 분쟁과 실패를 경험해 왔을텐데 인류는 조금도 배우지 않고 역사의 비극을 반복한다. 어이없는 일이다.
比	26 권유・주의・금지　　～ことだ　　▶ 448페이지

POINT 「～ことだ」 와 「～ものだ」 의 차이 (감탄)

「～ものだ」: 사회 일반적인 인식과 이미지로부터 감탄을 나타낸다.
「～ことだ」: 개별적인 일에 대해 개인적인 판단으로 감탄을 나타낸다.

例
赤ちゃんって可愛い**ものだ**（✘ことだ）ねえ。(일반인식)
「や、やめてよ…。」って顔真っ赤になった。可愛い**ことだ**（✘ものだ）なあ。(개별판단)
아기는 귀여운 법이다.
「그, 그만해요…」라고 얼굴이 새빨개졌다. 귀엽네.

문형	～ことに (は)	접속	Vた＋ことに (は) A＋ことに (は) NAな＋ことに (は)
意	~하게도, ~하지만 (매우~이지만)		
解	화자가 느낀 것을 강조해 말할 때 사용한다. 함께 사용되는 단어가 한정된다 (「驚いた・悲しい・おもしろい・残念な・悔しい・困った・嬉しい・ありがたい」 등 감정을 나타내는 단어). 문어체적인 표현.		
例	悔しい**ことに**、言葉の壁で自分の思いをうまく伝えられなかった。 억울하지만 언어 장벽으로 자신의 생각을 잘 전달하지 못했다. 困った**ことに**、このプレゼント、送り主の名前が書かれていないんだ。 난감하게도 이 선물을 보내는 사람 이름이 적혀있지 않다. 残念な**ことに**、仕事と家庭を完璧に両立させることはほぼ不可能だ。 안타깝지만 일과 가정을 완벽하게 양립시키는 것은 거의 불가능하다. 驚いた**ことに**、彼は十八歳の若さで二冠・八段昇段を果たし、将棋界を震撼させた。 놀랍게도 그는 18세의 젊은 나이에 2관왕, 8단 승단을 달성해서 장기계를 뒤흔들었다.		

문형	~ものがある	접속	V辞＋ものがある A＋ものがある NAな＋ものがある
意	~한 것이 있다, ~한 점이 있다 （~처럼 느껴지다）		
解	「어떤 사실에서 ~라고 느끼다」라는 의미를 나타낸다. 앞에는 감정을 나타내는 단어가 오는 경우가 많다. 흔히 「~には~ものがある」의 형태로 사용된다.		
例	彼女の言葉には、人の心を動かす**ものがある**。 그녀의 말에는 사람의 마음을 움직이는 것이 있다. 君と出会った夏から五年が経ったのかと思うと、感慨深い**ものがある**。 너를 만난 여름부터 5년이 지났다고 생각하니 감개 깊은 바가 있다. この作家の文章には、何か心を引かれる**ものがある**。 이 작가의 글에는 무언가 마음이 끌리는 것이 있다. 彼の言葉にはどこか不自然さを感じさせる**ものがあり**、疑いはますます深まるだけだった。 그의 말에는 어딘가 부자연스러움이 느껴지는 것이 있어 의심은 더욱 깊어질 뿐이었다.		

문형	~なんて	접속	普＋なんて
意	~라니, ~하다니 （~라는 것은）		
解	예상하지 않던 사실을 보거나 들었을 때의 놀라움이나 감격 등의 감정을 나타낸다. 구어체로서 사용된다.		
例	普段真面目に勉強していない彼が東大に受かった**なんて**。信じられない。 평소 성실하게 공부하지 않는 그가 도쿄대학에 붙었다니. 믿을 수 없다. あの頃は小学生だった君が、こんなに成長した**なんて**、驚いたよ。 그 당시는 초등학생이었던 네가 이렇게 성장했다니 놀랐어. まだまだ使えそうなものをごみとして捨てる**なんて**、もったいないじゃないか。 아직 쓸만한 것을 쓰레기로 버리다니 아깝지 않아? この汚染された海が、かつてはこんなに美しく澄んでいた**なんて**、環境汚染問題について、深く考えさせられる。 이 오염된 바다가 옛날에는 이렇게 아름답고 맑았었다니 환경오염 문제에 대해 깊이 생각하게 된다.		

문형	~てほしい	접속	Vて＋ほしい
意	~하기 원하다, ~했으면 좋겠다 （소망이나 요구를 나타낸다）		
解	화자가 청자나 다른 사람에게 요망이나 희망이 있는 경우에 사용한다. 부정의 형태는 「~てほしくない」와 「~ないでほしい」의 2가지 표현이 있다.		

例	周囲に迷惑なのでやめ**てほしい**です。 주위에 민폐이므로 그만두었으면 합니다. 君は会社にとって必要な人材なので、できれば退職しない**でほしい**。 너는 회사에 필요한 인재이므로 되도록이면 퇴직 안했으면 한다. 一つの考えだけにこだわらないで、もっと柔軟性を持っ**てほしい**。 하나의 생각에만 집착하지 말고 좀 더 유연성을 가졌으면 좋겠다. 日本の経済には早く回復し**てほしい**し、そのためには、若者には政治や経済活動に意欲的に参加し**てほしい**。 일본 경제는 빨리 회복되었으면 하는데, 그러려면 젊은이들은 정치나 경제 활동에 의욕적으로 참가했으면 한다.

POINT 「～たい」「～てほしい」「N＋がほしい」의 차이

「～たい」: 형용사를 활용하는 조동사로 동사의 연용형에 접속하여 화자(자신)의 어떤 행위를 하는 것에 대한 소망을 나타낸다.
「～てほしい」: 화자의 청자 및 다른 사람에 대한 요망이나 희망을 나타낸다.
「N＋がほしい」: 어떤 사물을 손에 넣고 싶다고 생각하는 화자의 소망을 나타낸다.

例

来年、世界一周旅行をし**たい**です。　　　내년에 세계 일주 여행을 하고 싶습니다.

そばに居**てほしい**です。　　　　　　　곁에 있어주기 바랍니다.

私は新しいパソコンが**ほしい**です。　　　나는 새 컴퓨터를 갖고 싶습니다.

<11> 시간·시점

74	～際（に）	~ 할 때 (에)
75	～折（に）	~ 할 때 (에)
76	～に際し（て）	~ 할 때 (에)
77	～にあたって・にあたり	~ 에 즈음하여・~ 에 있어서
78	～に先立って・に先立つ	~ 에 앞서 (서)
79	～にあって	~ 에 있어서 , ~ 에서 , ~ 로
80	～ところに・ところへ・ところを・ところで	~ 할 때・~ 한 때・~ 했을 때
81	～最中・最中に・最中だ	(한창)~ 하는 중・중에・중이다
82	～うちに・ないうちに	~ 하는 동안 , ~ 사이에・~ 하기 전에
83	～か～ないかのうちに	~ 할지 ~ 말지하는 순간에
84	～たとたん	~ 하자마자
85	～（か）と思うと・（か）と思ったら	~ 하자마자
86	～次第	~ 하는대로

87	～が早いか	~ 하자마자
88	～てはじめて・てこそ	~ 해야 비로소・~ 해야만
89	～てから	~ 하고 나서, ~ 한 후에
90	～て以来	~ 한 이래
91	～てからというもの	~ 한 이후로
92	～上で	~ 한 후에

문형	～際（に）	접속	V辞・Vた＋際（に） N＋の＋際（に）
意	~ 할 때(에)		
解	「とき」 보다 조금 딱딱한 표현.		
例	登録の**際に**本人の印鑑が必要です。　등록 시에 본인의 도장이 필요합니다. 彼女と会った**際に**はよろしくお伝えください。　그녀와 만날 때는 안부 전해 주세요. 細長い翼を持つ鳥は、森の中を飛ぶ**際に**、木の枝等に翼が引っ掛かりにくい特性を持つ。 좁고 긴 날개를 가진 새는 숲 속을 날 때 나뭇가지 등에 날개가 잘 걸리지 않는 특성을 가진다. 生物の保全状態を評価する**際に**は、個体数の増減率や、繁殖の成功率、既知の脅威など さまざまな要因が考慮される。 생물의 보전상태를 평가할 때는 개체수 증감률과 번식 성공률, 기지의 위협 등 여러 가지 요인이 고려된다.		

문형	～折（に）	접속	V辞・Vた＋折（に） N＋の＋折（に）
意	~ 할 때(에)		
解	「ときに」 와 거의 같지만 「折」 는 「何かをするのによい機会」 라는 의미가 있으므로 특별한 때・기회・경우를 나타낸다.		
例	今度お目にかかった**折に**、お話しいたします。　다음에 뵐 때 말씀드리겠습니다. この作品が賞を受賞する**折に**は、作品制作を支えてくださった人々を家にお招きして、感謝をお伝えしたい。 이 작품이 상을 받을 때는 작품 제작을 지원해 주신 사람들을 집으로 초대하여 감사를 전하고 싶다.		

문형	～に際し（て）	접속	V辞＋に際し（て） N（する動詞）＋に際し（て）
意	~ 할 때(에) （~을/를 하기 전에・~을/를 하고 있을 때・어떤 것을 시작할 때를 나타낸다.）		
解	특별한 사건이나 중요한 일을 할 때 사용하는 표현.		

例	手術に際し、家族から同意書を取る。 수술할 때 가족으로부터 동의서를 받는다. この茶碗は、私が上京するに際し、母親が買ってくれたものだ。 이 식기는 내가 상경할 때 어머니가 사 주신 것이다. このたび会長に就任するに際し、多くの方々のご支援をいただき、心より感謝いたします。 이번에 회장으로 취임할 때 많은 분들이 지원해 주셔서 진심으로 감사드립니다. 新駅舎の建設に際し、旧駅舎および駅舎付近の商業施設が取り壊されることになった。 새 역사를 건설할 때 구역사 및 역사 부근의 상업 시설이 철거되게 되었다.

문형	~にあたって・にあたり	접속	V辞＋にあたって・にあたり N＋にあたって・にあたり
意	~에 즈음하여・~에 있어서 （~을/를 하기 전에）		
解	특별한 일을 하기 전에, 식전 등의 격식을 차린 장소에서 사용하는 표현.		
例	開会にあたって、ひとことご挨拶をさせていただきます。 개회에 즈음하여 한 마디 인사를 드리겠습니다. この本を書くにあたって、私は取材のために群馬県を訪れました。 이 책을 쓰면서 저는 취재를 위해 군마현을 방문했습니다. 狩りをするにあたって、個々が勝手に行動してしまっては捕まるものも逃がしてしまう。 사냥을 함에 있어 개개인이 제멋대로 행동해서는 잡을 것도 놓쳐버린다. 起業する際、才能と未来を見込んでくれる有力な投資家がいれば、経営を行うにあたって必要な資金を入手することができる。 창업할 때 재능과 미래를 인정해 주는 유력한 투자자가 있으면 경영을 함에 있어서 필요한 자금을 입수할 수 있다.		

POINT 시점을 나타내는「~際に」「~折に」「~に際して」「~にあたって」

① 「~際に」：「~とき」보다 딱딱한 표현이 된다.

② 「~折に」：앞 문장에「何かをするのに良い機会」라는 의미를 나타내는 문장이 온다. 특별한 때・기회・경우에 사용한다.

③ 「~に際して」：「~をする前に」라는 의미를 나타내고 앞 문장에「特別な出来事や大切なこと」를 나타내는 문장이 온다.

④ 「~にあたって」：「~をする前に」라는 의미를 나타내고 앞 문장은 식전 등 특별한 것이 되고 격식을 차린 장소에서 사용하는 딱딱한 표현.

문형	~に先立って・に先立つ	접속	V辞＋に先立って・に先立つ N＋に先立って・に先立つ
意	~에 앞서(서) (~을/를 하기 전에)		
解	무언가가 행해지기 전에 사전준비로서 무언가를 하는 것. 특별한 것을 말하는 경우가 많고 일상 생활에서는 별로 사용하지 않는다.		
例	イベント**に先立ち**、実行委員会はSNSに広告を出した。 이벤트에 앞서 실행위원회는 SNS에 광고를 냈다. 台風による被害者を悼み、両チームは試合**に先立って**黙祷する。 태풍에 의한 피해자를 애도하며 양팀은 시합에 앞서 묵념한다. アニメの劇場公開**に先立ち**、二ヶ月にわたって、アニメの声優によるトークライブとグッズの販売が行われる。 애니메이션의 극장 공개에 앞서 2개월에 걸쳐 애니메이션 성우에 의한 토크 라이브와 굿즈 판매가 이루어진다.		

문형	~にあって	접속	N＋にあって
意	~에 있어서, ~에서, ~로		
解	시간, 장소, 상황 등을 강조하고 특별한 상황에 있는 것을 나타낸다. 「このような特別な中で」라는 의미가 된다.		
例	今日の変化の激しい社会**にあって**、人々は学習の機会を求めている。 오늘날 변화가 격심한 사회에서 사람들은 학습의 기회를 찾고 있다. どのような職業, 境遇**にあって**も, 真剣に生きている人間の姿はそれだけで美しい。 어떤 직업, 경우에 있더라도 진지하게 살고 있는 사람의 모습은 그 자체로 아름답다. 少子高齢化**にあって**、若者の人材不足が予想される現在は、外国人の権利を拡大し、移住者を多く受け入れようと考える政治家も増えている。 저출산 고령화로 젊은 인재의 부족이 예상되는 현재는 외국인의 권리를 확대하고 이주자를 많이 받아들이려고 생각하는 정치가도 늘어나고 있다. 不景気**にあって**、多くの企業が、政府からの補助金だけでは経営を維持できないほどの窮地に立たされている。 불경기로 많은 기업이 정부로부터의 보조금만으로는 경영을 유지할 수 없을 정도로 궁지에 몰려 있다.		
比	23 원인・이유	~とあって	▶ 432페이지

문형	~ところに・ところへ・ところを・ところで	접속	V辞・Vた・Vている＋ところに・ところへ・ところを・ところで A＋ところに・ところへ・ところを・ところで NAだな＋ところに・ところへ・ところを・ところで Nだの＋ところに・ところへ・ところを・ところで
意	~할 때・한 때・했을 때 (마침~할 때)		
解	그 상황을 변화시키려는 행위가 시간적인 흐름의 어느 시점에서 이루어지는가를 나타낸다.		

例	寝ている**ところを**隣の怒鳴り声で起こされた。 자고 있는데 이웃의 고함소리로 잠이 깨었다.
	仕事でわからないことがあり、困っていた**ところへ**、上司が声をかけてくれた。 일에서 모르는 것이 있어 곤란해 하고 있을 때 상사가 말을 걸어 주었다.
	昨晩はちょうど本を読み終えた**ところで**、力尽きて眠ってしまった。 어젯밤에는 마침 책을 다 읽고 나서 지쳐서 잠들어 버렸다.
	怖い夢を見て汗びっしょりになっていた**ところで**目が覚めた。 무서운 꿈을 꾸고 땀범벅이 되었을 때에 잠이 깼다.
	後輩も増え、いよいよ仕事に脂も乗り始める**ところで**体調を崩して入院だなんて、本当に運が悪い。 후배도 늘고 드디어 일도 익숙해지기 시작했는데 몸 상태가 나빠져서 입원이라니 정말로 운이 나쁘다.
比	21 역접・양보　　〜ところ（を）　　▶416페이지

POINT 「V辞＋ところ」「Vている＋ところ」「Vた＋ところ」의 차이

① 「V辞＋ところ」는 어떤 일이 일어나기 직전인 것을 나타낸다.

例

今から会議に**出席するところ**なので、あとで連絡します。
이제부터 회의에 출석하므로 나중에 연락하겠습니다.

② 「Vている＋ところ」는 어떤 행위의 중간을 나타낸다.

例

食事をしているところに、急に山本が訪ねてきた。　식사를 하고 있는데 갑자기 야마모토가 찾아 왔다.

③ 「Vた＋ところ」는 어떤 행위가 끝난 직후에 있는 것을 나타낸다.

例

容疑者は飛行機で国外に逃げようとしたが、空港に**到着したところ**で捕まった。
용의자는 비행기로 국외로 도망가려 했지만 공항에 도착했을 때 붙잡혔다.

문형	~最中・最中に・最中だ	접속	Vている＋最中・最中に・最中だ N＋の＋最中・最中に・最中だ

意	(한창)~하는 중・중에・중이다　(마침~하고 있을 때)
解	무언가가 진행되고 있을 때 진행하고 있는 것을 멈추게 하는 다른 무언가가 일어나는 것을 나타낸다.
例	教授の発言の**最中に**、彼女は突然立ち上がった。 교수의 발언 중에 그녀는 갑자기 일어섰다. 僕が部屋に入ったとき、父親はテレビを修理している**最中だった**。 내가 방에 들어갔을 때 아버지는 TV를 수리하는 중이었다. 大事な話の**最中に**、いきなり携帯電話が鳴りだしたら、相手に悪い印象を与える。 중요한 이야기 중에 갑자기 핸드폰이 울리면 상대방에게 나쁜 인상을 준다. ザリガニなどの甲殻類を家で飼う際、脱皮の**最中に**水槽を揺らしたり、体を突いたりすると、体に深いダメージを与えてしまう恐れがある。　가재 등 갑각류를 집에서 키울 때 허물을 벗는 도중에 수조를 흔들거나 몸을 찌르면 몸에 깊은 상처를 입힐 우려가 있다.

문형	~うちに・ないうちに	접속	V辞・Vている＋うちに V否＋ないうちに A＋うちに NAだな＋うちに Nだの＋うちに

意	~うちに : ~하는 동안, ~사이에 ~ないうちに : ~전에
解	「~うちに」는 계속하는 것을 나타내는 말로 이어지고 그 상황의 사이에 어떤 변화가 일어나는 것을 나타낸다. 「~ないうちに」는 그 상태가 변하기 전에 무언가를 하는 것을 나타낸다.
例	大阪にいる**うちに**、一度心斎橋に行ってみたい。 오사카에 있는 동안 한번 신사이바시에 가보고 싶다. 教室が静かな**うちに**、宿題を終わらせてしまおう。 교실이 조용한 동안에 숙제를 끝내 버리자. 勉強とは進めていく**うちに**楽しさを感じてくるものだが、後回しにしている**うちに**は、忘れることも増え、やる気がどんどん削がれていくだろう。 공부란 해 나가는 동안 즐거움을 느끼는 것인데 미루다보면 잊는 것도 늘어나고 의욕이 점점 줄어들 것이다. 作物が病気にかからないために農薬に混ぜた抗生物質を、知らない**うちに**食べ物を通して摂取しているかもしれない。 작물이 병에 걸리지 않도록 농약에 섞은 항생물질을 모르는 사이에 음식물을 통해 섭취하고 있을지도 모른다.

문형	~か~ないかのうちに	접속	V辞・Vた＋か＋V否＋ないかのうちに
意	~할지 말지하는 순간에, 막~하는데 （거의 동시에）		
解	무언가가 일어난 직후에 다른 일이 일어난다. 또한 거의 동시에 일어나는 것을 나타낸다.		
例	電車に乗った**か**乗ら**ないかのうちに**、ドアが閉まった。 전철을 막 탔는데 문이 닫혔다. 好きな番組が始まる**か**始まら**ないかのうちに**、家に帰ることができた。 좋아하는 프로그램이 막 시작되는 시간에 집에 돌아올 수 있었다. 演奏会で、演奏が終わる**か**終わら**ないかのうちに**立ち上がったり、声を上げたりするのは、他の観客に迷惑がかかるのでやめるべきだ。 연주회에서 연주가 막 끝나려고 하는데 일어서거나 소리를 지르는 것은 다른 관객에게 민폐를 끼치는 것이므로 하지 말아야 한다.		

문형	~たとたん	접속	Vた＋たとたん
意	~하자마자 （~하자 바로・~와 거의 동시에）		
解	어떤 일을 한 직후에 다른 일이 일어난 것을 나타낸다. 앞 문장에는 상태, 습관을 나타내는 문장은 오지 않는다. 놀라움이나 의외 등의 감정을 나타낸다.		
例	大雨のため運動会の中止が決定し**たとたん**、雨がやんだ。 큰비로 운동회 중지가 결정되자마자 비가 그쳤다. 彼女に別れを告げられ**たとたん**、頭の中が真っ白になった。 그녀가 이별을 고하자마자 머릿속이 새하얘졌다. なにかの拍子で予想していないことが起き**たとたん**に、そこでなにをしていいのか、わからなくなってしまう。 무언가의 여파로 예상치 않던 일이 일어난 순간에 거기서 무엇을 하면 좋을지 모르게 되어 버린다. 主人公が幸せの絶頂に達し**たとたん**に不幸のどん底に突き落とされる、というのは、あらゆる物語において踏襲される典型的なストーリー展開だ。 주인공이 행복의 절정에 이른 순간에 불행의 나락으로 떨어지게 된다는 것은 모든 문학에서 답습되는 전형적인 스토리 전개다.		

문형	~（か）と思うと・（か）と思ったら	접속	Vた＋（か）と思うと・（か）と思ったら
意	~하자마자 （~가 일어난 직후, 동시성을 나타낸다.）		
解	어떤 일이 일어난 바로 직후에 다른 일이 일어날 때, 또는 앞 일 상태의 직후에 다음 일이 일어난다. 화자의 놀라움이나 의외의 감정을 나타낸다. 뒷 문장에 화자의 의지, 명령, 행동은 오지 않는다.		
例	晴れた**かと思うと**、また雨が降り出した。　맑아졌는가 싶더니 다시 비가 내리기 시작했다. 最近は停電が多くて、やっと電気がついた**かと思うと**、すぐに真っ暗になる。 요즘은 정전이 많아 겨우 전기가 들어왔는가 싶더니 바로 깜깜해 진다.		

先日建物の取り壊し工事をしていた**かと思うと**、今度は別の場所でもビルの建設工事が始まったので、この辺りは騒音によるクレームが増えている。
얼마 전에 건물 철거공사를 하고 있는가 했는데 이번에는 다른 장소에서도 빌딩 건설공사가 시작되어 이 주변은 소음에 의한 클레임이 늘어나고 있다.

POINT 「～たとたん」과「～かと思うと・かと思ったら・と思うと・と思ったら」

① 「～たとたん」은「～するとすぐに・～とほとんど同時に」라는 의미로 화자의 놀라움이나 의외 등의 감정을 나타낸다. 앞 문장에 상태, 습관은 오지 않는다.

② 「～かと思うと・かと思ったら・と思うと・と思ったら」는「～が起こった直後」라는 의미로 동시성을 나타낸다. 화자의 놀라움이나 의외의 감정을 나타낸다. 뒷 문장에 화자의 의지, 명령, 행동은 오지 않는다.

문형	～次第		접속	V_{ます}＋次第 N（する動詞）＋次第
意	~하는 대로 （~하자 바로~하다）			
解	앞 일이 끝나자 바로 뒷 일의 것을 한다. 뒷 문장은 이제부터 할 것을 나타내는 문장이 된다.			
例	メーカーから品物が到着**次第**、発送いたします。 메이커로부터 물품이 도착하는 대로 발송하겠습니다. 商品は売り切れ**次第**終了となるので、お買い求めの方は早めに店にお越しください。 상품은 품절되는 대로 종료되므로 구입을 원하시는 분은 서둘러 가게로 오시기 바랍니다. こちらの冊子は十冊までは無償でお配りいたしますが、それ以降は要求をいただき**次第**、有償でお配りいたしております。 이 책자는 10권까지는 무상으로 배부하지만 그 이상은 요구하시는 즉시 유상으로 배부해 드리고 있습니다. 体調が最近優れないので、今やっているプロジェクトが終わり**次第**、会社は辞めて実家に戻るつもりだ。 몸상태가 요즘 좋지 않아 지금 하고 있는 프로젝트가 끝나는 대로 회사는 그만두고 친가로 돌아갈 생각이다.			
比	13 결과・결론	～次第だ		▶ 371페이지
比	19 기준・대응	～次第だ・次第で		▶ 405페이지

문형	～が早いか		접속	V_辞＋が早いか
意	~하자마자, ~하자 바로			
解	앞 일 바로 뒤에 뒷 일을 한다. 또는 ~의 순간에 ~가 일어난다. 뒷 일에 자연현상이나 자발을 사용하면 부자연스럽다.			

例	川で溺れている子どもを見る**が早いか**、彼は川に飛び込んだ。 강에 빠진 아이를 보자마자 그는 강으로 뛰어들었다. 試験問題を解き終わる**が早いか**、その学生は解答用紙を提出して教室を後にした。 시험문제를 다 푼 즉시 그 학생은 해답용지를 제출하고 교실을 나갔다. ドラッグストアが開く**が早いか**、並んでいた客はマスクを求めて店内になだれこみ、目当ての商品を探した。　드럭스토어가 열리자 마자 줄 서 있던 고객들은 마스크를 사려고 점내로 우르르 들이닥쳐 사고자 하는 상품을 찾았다. 樹液を見つける**が早いか**、働きアリは群れを成して甘い香りがする木の穴の周りに集まった。 수액을 발견하자마자 일개미들은 무리를 지어 달콤한 향이 나는 나무 구멍 주변에 모였다.

문형	~てはじめて・てこそ	접속	Vて＋はじめて・こそ
意	~해야 비로소・~해야만　(~하고 나서・한 후에)		
解	「~てはじめて」: ①어떤 일을 경험한 후나 어떤 일이 일어난 후에 지금까지 없었던 무언가가 일어났을 때에 사용하는 표현. ②~라는 조건이 충족되면 ~가 가능하지만 그 조건이 없으면 불가능하다는 의미. 「~てこそ」: ②의 의미.		
例	チャンスがあって**はじめて**才能が生きる。　기회가 있어야 비로소 재능이 산다. 玉は磨いて**こそ**輝く。　옥은 다듬어야 빛난다. 結婚し**てはじめて**、女性の大変さを身をもって知ることができた。（결혼한 후에 알았다） 결혼하고서야 비로소 여성의 어려움을 몸소 알 수 있었다. 結婚し**てこそ**、女性の大変さを身をもって知ることができる。（결혼하지 않으면 모르는 것이다） 결혼해야 비로소 여성의 어려움을 몸소 알 수 있다. その問題は一見簡単に見えるが、解い**てはじめて**その難しさに気付く。 그 문제는 언뜻 보면 간단해 보이지만 풀어봐야 비로소 그 어려움을 깨닫는다. 革新的な問題解決にチャレンジし**てこそ**、組織も人も成長します。 혁신적인 문제해결에 도전해야 조직도 사람도 성장합니다. ただ知識を詰め込むだけでなく、それを実践したり人に教えたりという形でアウトプットし**てはじめて**、自分の力として身に付けることができるのだ。 단지 지식을 채워넣을 뿐만 아니라 그것을 실천하거나 사람들에게 가르치는 형태로 아웃풋을 해봐야 비로소 자신의 실력으로서 습득할 수 있는 것이다.

문형	~てから	접속	Vて＋から
意	~하고 나서, ~한 후에		
解	앞 일의 행동을 먼저 행하는 것을 나타낸다. 뒤에는 동작을 나타내는 문장이 온다.		

例	兄は今の恋人と出会っ**てから**人が変わったようにまともに働くようになった。 형은 지금의 애인과 만나고 나서 사람이 변한 것처럼 제대로 일하게 되었다. ランナーはよく、「今回はこれくらいのタイムで走ろう」と、事前に目標を定め**てから**レースに臨む。 달리기 선수는 흔히 「이번에는 이 정도 타임으로 달려야지」라고 사전에 목표를 정하고 나서 레이스에 임한다. 胃カメラで胃を検査してもらう際には、前日の夜から絶食し、いちど胃袋を空っぽの状態にし**てから**検査してもらう必要がある。 위내시경으로 위를 검사 받을 때는 전날 밤부터 절식해서 일단 위장을 텅 빈 상태로 한 후에 검사 받을 필요가 있다.		

문형	～て以来	접속	Vて＋以来 N (する動詞)＋以来
意	～한 이래 (～하고 나서 지금까지 쭉)		
解	～하고 나서 지금까지 쭉, 뒷 문장에는 과거의 시점에서 계속되는 상태를 나타내는 문장이 온다. 한 번 뿐인 것이 오지 않는다.		
例	山田さんとは、卒業し**て以来**、一度も会っていなかった。 야마다 씨와는 졸업한 후로 한 번도 만나지 않았다. 芸能界に入っ**て以来**、彼女はずっと今の細い体型を維持している。 연예계에 들어간 이후 그녀는 계속 지금의 날씬한 체형을 유지하고 있다. 世界の言語はいくつかの祖先言語が派生して存在しているという説は、19世紀に提唱され**て以来**、比較言語学の基礎となっている。 세계의 언어는 몇 가지의 조상언어가 파생해서 존재한다는 설은 19세기에 제창된 이래 비교언어학의 기초가 되고 있다.		

POINT 「～てから」와「～て以来」

「～てから」: 「～してから・した後で」의 의미로 뒷 문장에 동작을 나타내는 문장이 온다.
「～て以来」: 「～してから今までずっと」라는 의미로 뒷 문장에는 과거의 시점에서 계속되고 있는 상태를 나타내는 문장이 온다. 「～てから」가 「時間(とき)」을 중시하는 것에 반해 「～て以来」는 시간의 전후관계라기 보다 (어떤 시점에서) 어떤 상태가 계속되고 있는 것을 중시하는 표현.

例

企画を**見てから**予算を決める。　　기획을 보고난 후 예산을 정한다.

今の会社に**就職して以来**、転職を考えたことはない。
지금 회사에 취직한 이래 이직을 생각한 적은 없다.

문형	~てからというもの	접속	Vて＋からというもの

意	~한 이후로 （~하고 나서 쭉）
解	계기를 나타낸다. ~을 계기로 변화가 있고 그 후 계속 ~라는 상태가 이어지고 있고 그리고 기간이 긴 것을 나타낸다.
例	大事に飼っていた猫をなくし**てからというもの**、息子は毎日泣いている。 소중하게 기르던 고양이를 잃은 후로 아들은 매일 울고 있다. 東京に来**てからというもの**、素敵な出会いにばかり恵まれている。 도쿄에 온 후로 멋진 만남만 이루어지고 있다. 美術館に芸術作品が移されるようになっ**てからというもの**、芸術作品は、それが置かれていた場所を失い、世界から孤立してしまった。 미술관에 예술작품이 옮겨지게 된 후로 예술작품은 그것이 놓여 있던 장소를 잃고 세상으로부터 고립되어 버렸다. アニサキスアレルギーを発症し**てからというもの**、魚介類はおろか、魚介類を含む調味料を使用した食べ物でさえ、摂取できなくなった。 아니사키스 알러지가 발병하고 난 후로 어패류는 커녕 어패류를 포함한 조미료를 사용한 음식조차 섭취할 수 없게 되었다.

문형	~上で	접속	Vた＋上で N＋の＋上で

意	~한 후에 （~하고 나서）
解	먼저 ~를 하고 나서 다음 일을 할 때 사용하는 표현. 앞 문장과 뒷 문장의 동작주는 같은 사람이다.
例	緊急の場面では、適切な対処法を考えた**上で**、すぐに実行に移しなさい。 긴급한 상황에서는 적절한 대처법을 생각한 후에 바로 실행에 옮기세요. 願書をご提出の**上**、受験料を郵便局に振り込んでください。 원서를 제출하신 후 수험료를 우체국에 입금해 주세요. 相手の気持ちや立場を考えた**上で**使う言葉を考えないと、他人を不愉快にさせるだけで状況を変えることはできない。 상대방의 기분이나 입장을 생각한 후에 사용할 단어를 생각하지 않으면 다른 사람을 불쾌하게 할 뿐 상황을 바꿀 수는 없다. 鶏肉や豚肉といった肉は、酒などを使って下処理をした**上で**調理をすれば、臭みの抜けた美味しい料理にすることができる。 닭고기나 돼지고기 같은 고기는 술 등을 사용하여 밑처리를 한 후에 조리를 하면 잡냄새가 없는 맛있는 요리를 만들 수 있다.
比	14 한정·비한정·부가	~上に	▶380페이지

<12> 진행·상관관계

93	~一方だ	점점 ~ 되다
94	~つつある	지금 ~ 하고 있다
95	~ばかりだ	~ 할 뿐이다

96	~につれて・につれ	~ 에 따라 (서)
97	~にしたがって	~ 에 따라
98	~とともに	~ 와 함께, ~ 와 동시에
99	~に伴って・に伴い・に伴う	~ 에 따라
100	~ば~ほど	~ 하면 ~ 할수록
101	~きり・~きりだ	~ 한 후 그대로
102	~きる	끝까지 ~ 하다

문형	~一方だ	접속	V辞＋一方だ
意	점점 ~ 되다		
解	일의 상황 변화가 어떤 방행으로 나아가고 있고 멈출 수 없는 것을 나타낸다. 부정적인 것에 사용되는 경우가 많다.		
例	地球の温暖化は進む**一方だ**。　지구 온난화는 점점 진행되고 있다. 甘やかしてばかりでは、子供のわがままはひどくなる**一方だ**。 응석을 받아주기만 하면 아이의 제멋대로 하는 버릇은 더 심해질 뿐이다. 物価は安定し、生産性上昇率は高く、輸出競争力は強くなる**一方だ**。 물가는 안정되고 생산성 상승률은 높아 수출 경쟁력은 점점 강해진다. 社長は社内で不満を持つ人々を黙らせようと躍起になっていたが、社員の不満は強まる**一方**であり、仕方なく社員の要求を飲むことを決断した。 사장은 사내에서 불만을 가진 사람들을 침묵시키려고 안간힘을 썼지만 사원들의 불만은 거세지기만 해서 어쩔 수 없이 사원들의 요구를 들어주기로 결단했다.		

문형	~つつある	접속	Vます＋つつある
意	지금 ~ 하고 있다		
解	어떤 동작이나 행위, 변화가 진행중인 것을 나타낸다.		
例	西の空に、太陽が沈み**つつある**。　서쪽 하늘에 해가 기울어져가고 있다. 道路整備と宅地開発が行われたことで、この街は近年、急激に都市化し**つつある**。 도로정비와 택지개발이 이루어짐으로써 이 도시는 근년 급격히 도시화되고 있다. 東京の下町でかつて使われていた江戸弁は、都心の若者が郊外に移住したり、東京で標準語が定着したりといった要因により、現在はなくなり**つつある**。 도쿄의 서민 동네에서 옛날에 사용되던 에도 말은 도심의 젊은이들이 교외로 이주하거나 도쿄에서 표준어가 정착하는 등의 요인에 의해 현재는 점차 사라지고 있다.		

文型	~ばかりだ	接続	V辞+ばかりだ

意	~할 뿐이다　(①나쁜 방향으로의 일방적인 변화　②준비의 완료)

解	①일이 나쁜 쪽으로 진행되는 것을 나타낸다. ②준비가 완료되어 다음은 ~할 뿐이다.

例	①薬を飲んでいるけど、症状は悪くなる**ばかりだ**。　약을 먹고 있지만 증상은 나빠지고만 있다. 今月は収入が少ない割に出費が増えているので、貯金が減る**ばかりだ**。 이번 달은 수입이 적은데 비해 지출이 늘고 있어 저금이 줄고만 있다. ②やるだけのことをやって、後は結果を待つ**ばかりだ**。 할 만큼 해서 다음은 결과를 기다릴 뿐이다. ②荷物は車に乗せたし、ガソリンも入れた。あとは出発する**ばかりだ**。 짐은 자동차에 실었고 기름도 넣었다. 다음은 출발하는 것만 남았다. ①今回の事件は、謎が深まる**ばかりだ**。　이번 사건은 수수께끼가 깊어질 뿐이다. ②この一年間、試合に向けて毎日体を鍛えていたし、優勝だけを目指して努力していた。あとは試合に出る**ばかりだった**のに、まさか中止になるなんて。 지난 1년간 시합을 위해 매일 몸을 단련했고 우승만을 목표로 노력했다. 이제는 시합에 나가는 일만 남았는데　눈 앞에서 중지되다니.

文型	~につれて・につれ	接続	V辞+につれて・につれ N（する動詞）+につれて・につれ

意	~에 따라(서)　(변화와 함께 ~)

解	앞 문장의 정도가 변화하면 그것이 이유가 되어 뒷 문장의 정도도 변화한다.

例	時代が進む**につれ**、若者に好まれる音楽のジャンルも変遷している。 시대가 흐름에 따라 젊은이들에게 사랑받는 음악 장르도 변천하고 있다. 世の中の人々の仕事が忙しくなる**につれて**、平均読書時間はどんどん短くなっている。 세상 사람들의 일이 바빠짐에 따라 평균 독서시간은 점점 짧아지고 있다. 資本主義が発達し、貧富の差が大きくなる**につれ**、行政側にも、社会的弱者を救うための様々な政策を講じる必要が出てきた。 자본주의가 발달하여 빈부격차가 커짐에 따라 행정 당국에도 사회적 약자를 돕기 위한 여러 정책을 강구할 필요가 생겼다. 魚は、本来熟成される**につれ**旨味を持つようになる食材だが、腐らせずに熟成させるためには、熟練した職人の腕が必要になる。 생선은 본래 숙성됨에 따라 감칠맛을 띠게 되는 식재료인데 상하지 않게 숙성시키기 위해서는 숙련된 장인의 기술이 필요하다.

文型	~にしたがって	接続	V辞+にしたがって N（する動詞）+にしたがって

意	~에 따라　(~가 변화하면, ~도 변화한다)

解	앞 문장이 변화하면 그에 맞추어 뒷 문장도 변화하는 것을 나타낸다. 변화는 계속성이 있는 것이다.

例	スマホの普及**にしたがって**、スマホを持ち歩く小学生の姿も多くなった。 스마트폰의 보급에 따라 스마트폰을 들고 다니는 초등학생의 모습도 많아졌다. 職人の賃金は、修行を積む**にしたがって**増加する。 장인의 임금은 수련을 쌓음에 따라 증가한다. 少子高齢化**にしたがって**、年金制度の歪みや医療問題など、社会全体で考えるべき課題も増加している。 저출산 고령화에 따라 연금제도의 왜곡이나 의료문제 등 사회 전체가 생각해야 할 과제도 증가하고 있다. 人間の体毛は、成長する**にしがたって**ある程度まで濃くなるが、他の哺乳類動物のように全身が濃くなるということは基本的にありえない。 인간의 체모는 성장함에 따라 어느 정도까지 밀도가 높아지지만 다른 포유류 동물처럼 전신이 밀도가 높아진다고하는 것은 기본적으로 있을 수 없다.

문형	~とともに	접속	V辞＋とともに N（する動詞）＋とともに
意	~와 함께, ~와 동시에 （~가 변화하면, ~도 변화한다）		
解	앞 문장이 변화하면 그에 맞추어 뒷 문장도 변화한다는 것을 나타낸다. 변화는 계속성이 있는 것. （「にしたがって」와 거의 같다）		
例	この曲はコード進行**とともに**音が複雑に入り組む仕組みになっている。 이 곡은 코드 진행과 함께 음이 복잡하게 뒤섞이는 구조로 되어 있다. 地上で生活している蜂の一部は、進化**とともに**居住地をより安全な地中に移すようになった。それが、現在の蟻であると考えられている。 지상에서 생활하고 있는 벌의 일부는 진화와 함께 거주지를 보다 안전한 땅속으로 옮기게 되었다. 그것이 현재의 개미라고 생각되고 있다. キリスト教は、教えが普及する**とともに**信者の中でも解釈が分かれていき、そういった議論が、信者同士の争いの火種にもなった。 그리스도교는 가르침이 보급됨과 동시에 신자 중에서도 해석이 나뉘어져 그러한 논의가 신자간의 분쟁의 불씨가 되기도 했다.		

문형	~に伴って・に伴い・に伴う	접속	V辞＋に伴って・に伴い・に伴う N（する動詞）＋に伴って・に伴い・に伴う
意	~에 따라 （~가 변화하면, ~도 변화한다）		
解	무언가가 변화하면 그에 맞추어 다른 것이 변화하는 것을 나타낸다. 한 번 뿐인 일에도 사용할 수 있다.		
例	結婚**に伴い**、友人の性格は少し丸くなった。 결혼함에 따라 친구의 성격은 조금 원만해졌다. 箱の中身を想像する**に伴い**、開けてみたいという好奇心も湧いてきた。 상자의 내용물을 상상함에 따라 열어 보고 싶다는 호기심도 생겼다.		

不景気**に伴って**，業績が悪化してきた際，まず思いつく改善策は人件費(じんけんひ)の削減(さくげん)だろう。
불경기에 따라 실적이 악화되었을 때 우선 떠오르는 개선책은 인건비 삭감일 것이다.

政治的な才能とは、芸術的な感性や人とのコミュニケーション能力、文才(ぶんさい)など、様々な他の才能の如何(いかん)**に伴う**。
정치적인 재능이란 예술적인 감성이나 다른 사람과의 커뮤니케이션 능력, 글재주 등 다양한 다른 재능 여하에 따른다.

POINT 「につれて」「にしたがって」「とともに」「に伴って」

「～につれて・につれ」는「(変化)と一緒に……」라는 의미로 앞 문장은 뒷 문장의 변화 이유가 된다. **뒷 문장에 의지적인 행위를 나타내는 문장은 오지 않는다.**

例

日本語の勉強が進む**につれ**、文法が難しくなった。
일본어 공부가 진전됨에 따라 문법이 어려워졌다.

「～にしたがって」「～とともに」는「～が変化すると，～も変化する」라는 의미로 **앞 문장과 뒷 문장은 계속성이 있는 변화를 나타내는 문장이 온다.**

例

歳を取る**にしたがって**、結婚する友人が増えてきた。
나이를 먹음에 따라 결혼하는 친구가 많아졌다.

「～に伴って・に伴い・に伴う」는「～が変化すると，～も変化する」라는 의미로 **앞 문장과 뒷 문장은 단발적 또는 계속성이 있는 변화를 나타내는 문장이 온다.**

例

地震**に伴って**津波や土砂崩れなどが起こる危険がある。
지진에 따라 쓰나미나 토사붕괴 등이 일어날 위험이 있다.

문형	～ば～ほど	접속	V仮＋ば＋V辞＋ほど Aければ＋A＋ほど NAなら・NAであれば＋NAな＋ほど Nなら・Nであれば＋Nである＋ほど
意	～하면 할수록		
解	한 쪽의 정도가 변하면 그에 따라 다른 쪽도 변한다.		
例	外国語の勉強は早け**ば**早い**ほど**、子供の教育にいいという。 외국어 공부는 빠르면 빠를수록 아이의 교육에 좋다고 한다. 子供は褒(ほ)めれ**ば**褒める**ほど**、自己肯定感(こうていかん)が高まり素直に成長する。 아이는 칭찬하면 할수록 자기 긍정감이 높아지고 바르게 성장한다.		

練習すれ**ば**する**ほど**上達するのは間違いないが、何も考えずに繰り返し行うだけの練習には、意味はない。
연습하면 할수록 능숙해지는 것은 틀림없지만 아무런 생각없이 반복할 뿐인 연습에는 의미가 없다.

科学技術が発達すれ**ば**発達する**ほど**、世の中は便利になっていくが、一方で社会的に解決せねばならない問題も多く目に見えてくる。
과학기술이 발달하면 할수록 세상은 편리해지지만 반면에 사회적으로 해결해야 하는 문제도 많이 눈에 보인다.

문형	~きり・きりだ	접속	Vた＋きり・きりだ
意	~한 후 그대로		
解	그 뒤의 상태가 변하지 않는 것을 나타낸다. 뒷 문장에는 일어나야 할 일이 일어나지 않는 상태가 계속되고 있다는 것을 나타내는 문장이 온다.		

例

お父さんはきのう会社に行った**きり**、帰ってこなかった。
아버지는 어제 회사에 간 후로 돌아오지 않았다.

卒業した**きり**会えなくなった友人がどうしているのか、今は知る術すらない。
졸업한 후로 만날 수 없게 된 친구가 어떻게 지내고 있는지 지금은 알 방법 조차 없다.

寝た**きり**の人が歩く訓練をするのを助けるリハビリ用ロボットが使われるようになってきた。
누워 지내는 사람이 걷는 훈련을 하는 것을 돕는 재활치료용 로봇이 사용되게 되었다.

バブル経済においては、景気は上昇した**きり**で、人々の生活はこれからも豊かになるばかりだとさえ思われていた。
버블 경제에서는 경기는 상승한 그대로 있고 사람들의 생활은 앞으로도 풍요로워질 뿐이라고까지 생각되고 있었다.

문형	~きる	접속	Vます＋きる
意	끝까지 ~하다, 철저하게 ~되다		
解	무의지동사와 함께 사용하면 완전히 그 상태가 된다는 의미를 나타낸다. 의지동사와 함께 사용하면 의도적으로 어떤 동작을 완전히 끝낸다는 것을 나타낸다. 또는 강하게 그 동작을 한다는 것을 나타낸다.		

例

試合で自分たちの力を出し**きった**。　시합에서 자신들의 힘을 다했다.

父親が行方不明になったと聞いて、彼女は憔悴し**きっていた**。
아버지가 행방불명이 되었다고 듣고 그녀는 완전히 초췌해졌다.

食材を腐り**きる**前に使いきるためには、記載された賞味期限や消費期限を確認して、計画的に購入する必要がある。
식재료를 완전히 상하기 전에 전부 사용하기 위해서는 기재된 유통기한이나 소비기한을 확인하고 계획적으로 구입할 필요가 있다.

<13> 결과・결론

103	~たところ	~ 하니 , ~ 했더니
104	~あげく	~ 한 뒤에 , ~ 한 끝에
105	~末（に）	~ 한 끝에 , ~ 한 결과
106	~っぱなし	~ 한 채로
107	~次第だ	~ 해서 ~ 하다
108	~に至る・に至って	~ 에 이르다・~ 가 되다
109	~始末だ	~ 라는 결과가 되었다
110	~わけだ	~ 한 것이다
111	~ということだ	~ 라는 것이다
112	~こととなっている・ことになっている	~ 하게 되었다・~ 하게 되어 있다

문형	~たところ	접속	Vた＋ところ
意	~하니, ~했더니, ~한 결과		
解	어떤 일을 하고 그 결과를 말하는 표현. 뒷 문장은 「~したら、その結果、こうだった」라는 의미의 문장이 온다.		
例	ジムに通いはじめ**たところ**、運動能力だけではなく、免疫力も上がった。 헬스장에 다니기 시작했더니 운동 능력만이 아니라 면역력도 높아졌다. 日本でおそるおそる寿司を食べてみ**たところ**、意外と美味しかった。 일본에서 조심조심 초밥을 먹어봤더니 의외로 맛이 있었다. 電話で問い合わせ**たところ**、おざなりな返事しかもらえなかった。 전화로 문의했더니 엉터리 대답밖에 듣지 못했다. 提出していただいたファイルを社内で確認し**たところ**、ミスが何点か見つかったので、そちらを指摘した上で再度送らせていただきます。 제출하신 파일을 사내에서 확인했더니 실수가 몇 가지 발견되어 그것을 지적해서 다시 보내드리겠습니다.		
比	21 역접・양보	~たところで	▶ 414페이지

문형	~あげく	접속	Vた＋あげく N（する動詞）＋の＋あげく
意	~한 뒤에 (결국), ~한 끝에		
解	여러 가지 것을 한 후 최종적으로 안타까운 결과가 된다. 뒷 문장에는 나쁜 결과나 안타까운 결과를 나타내는 문장이 온다.		
例	二週間にわたる話し合いの**あげく**、何も決まらなかった。 2주에 걸친 대화 끝에 아무것도 정하지 못했다. あれこれ考えた**あげく**、値段の安いほうのプリンターを買った。 이것 저것 생각한 끝에 가격이 저렴한 쪽의 프린터를 샀다.		

ルイ9世はキリスト教への情熱のために二回の十字軍遠征を行なったが、莫大な費用を費やしたにもかかわらず、惨敗を喫した**あげく**、戦地で死亡した。
루이 9세는 그리스도교에 대한 열정 때문에 두 번의 십자군 원정을 단행했지만 막대한 비용을 들였음에도 불구하고 참패를 당한 끝에 전쟁터에서 사망했다.

문형	~末（に）	접속	Vた＋末（に） N＋の＋末（に）
意	~한 끝에, ~한 결과 （오랜 기간동안~한 후에）			
解	오랜 시간에 걸쳐 앞의 동작과 행위를 한 뒤에 마지막에 어떻게 되었는지를 말한다.			

例	よく考えた**末**、日本に留学に行くことに決めた。 잘 생각한 끝에 일본에 유학을 가기로 결정했다. 父親との喧嘩の**末に**、大学をやめて就職することを許してもらえた。 아버지와 싸움 끝에 대학을 그만두고 취업하는 것을 허락 받을 수 있었다. さんざん思い悩んだ**末**、相手からの具体的な依頼がない限り、何もしないことにした。 몹시 고민한 끝에 상대로부터 구체적인 의뢰가 없는 한 아무것도 하지 않기로 했다. 数百人の市民が地道に署名を集め、抗議活動を続けた**末**、知事は私立高校授業料の実質無償化を決定した。　수백명의 시민이 꾸준히 서명을 모으고 항의활동을 계속한 결과 지사는 사립고등학교 수업료의 실질적인 무상화를 결정했다.

문형	~っぱなし	접속	Vます＋っぱなし
意	~한 채로			
解	타동사에 붙는 경우. 당연히 해야 하는 것을 하지 않고 어떤 동작을 한 채로 방치하고 있다. 뒷 문장에는 부정적인 평가가 많다. 자동사에 붙는 경우. 어떤 상태가 지속되고 있는 것을 나타낸다.			

例	昨夜はエアコンをつけ**っぱなし**で、寝てしまった。　어젯밤은 에어컨을 틀어놓은 채로 자 버렸다. 今日は5時間も座り**っぱなし**で、腰が痛い。　오늘은 5시간이나 계속 앉아 있어서 허리가 아프다. 水辺や水中にすむ動物は、卵を石や岩の隙間に産み**っぱなし**にする。ほかの動物に食べられたこともある。 물가나 물 속에 사는 동물은 알을 돌이나 바위 틈에 낳은 채로 방치해둔다. 다른 동물에게 먹힌 경우도 있다. 成功したからといって浮かれ**っぱなし**でいると、いつか自分が見下している人物に足元をすくわれて、失敗することだろう。 성공했다고해서 계속 들떠 있으면 언젠가 자신이 얕보는 사람에게 발목을 잡혀 실패할 것이다. テストや難しい課題は解き**っぱなし**で満足するのではなく、間違えたところを何度も復習しないと、成長することができない。 시험이나 어려운 과제는 풀기만 하고 만족할 것이 아니라 틀린 곳을 여러번 복습하지 않으면 성장할 수 없다.

문형	~次第だ		접속	V辞・Vた・Vている＋次第だ
意	~해서~하다　((이유) 이므로~가 되었다)			
解	경과나 이유를 설명하는 표현이다.「理由があってこのような状態になった」라는 의미로 격식을 차릴 때 사용하는 표현.			
例	近所で火事が起こったと聞いて、慌てて家に戻ってきた**次第です**。 근처에서 화재가 났다고 듣고 황급히 집으로 돌아온 것입니다. 手紙は読まない人であるとお伺いしたので、お電話した**次第です**。 편지는 읽지 않는 사람이라고 들어서 전화를 드린 것입니다. 先日のお礼を申し上げたくて、お手紙を差し上げる**次第です**。 지난 번의 감사를 말씀드리고 싶어 편지를 드리는 바입니다. お電話だけでは埒が明かないと思いましたので、直接お話に伺った**次第です**。 전화만으로는 해결되지 않는다고 생각해서 직접 말씀드리고자 찾아온 것입니다.			
比	11 시간・시점	~次第		▶ 360페이지
比	19 기준・대응	~次第で・~次第だ		▶ 405페이지

문형	~に至る・に至って		접속	V辞＋に至る・に至って N＋に至る・に至って
意	~에 이르다・~가 되다			
解	「~という重大な事態になって、（やっと）」라는 의미를 나타낸다. 화자의 놀라움이나 어이없는 감정을 나타내는 경우가 많다.			
例	死者が出る**に至って**、ようやく警察は事件の解明に乗り出した。 사망자가 나오게 되자 그제서야 경찰은 사건 규명에 나섰다. 救急車で運ばれる**に至って**、自分がいかに無理していたかに気付かされた。 구급차로 이송되고서야 자신이 얼마나 무리하고 있었는지 깨닫게 되었다. 市民の９０％以上が反対する**に至って**も、高速道路の建設は中止されなかった。 시민의 90％이상이 반대하는데도 고속도로 건설은 중지되지 않았다. バスティーユ牢獄が市民によって襲撃されるという状況**に至って**、国王は、革命を受け入れることを余儀なくされた。 바스티유 감옥이 시민에 의해 습격당하는 상황에 이르러서야 국왕은 혁명을 받아들이는 것을 피할 수 없었다.			

문형	~始末だ		접속	V辞＋始末だ
意	~라는 결과가 되었다			
解	나쁜 일이 계속되어 마지막에는 바람직하지 않은 결과가 되어 버린다. 화자의 안타까운 감정을 나타낸다.			

例	幼い頃から問題児の彼は、高校で停学になる**始末だ**。 어릴 때부터 문제아인 그는 고등학교에서 정학이 되어버렸다. 散々謝ったのに許してもらえず、慰謝料まで請求される**始末だ**。 끝없이 사과했는데 용서받지 못하고 위자료까지 청구받는 결과다. 就職もせずに遊んでばかりいて、40歳過ぎて親に金をたかる**始末だ**。 취업도 하지 않고 놀기만 하다가 40세가 넘어 부모님에게 돈을 보채는 형편이다. その科学者は、論文で虚偽の研究結果を発表し、専門家に指摘されれば号泣しながら身の潔白を主張する**始末で**、多くの国民からの批判を浴びた。 그 과학자는 논문에서 거짓 연구 결과를 발표하고 전문가에게 지적받으면 통곡하면서 자신의 결백을 주장하는 처사로 많은 국민으로부터 비판을 받았다.		

문형	~わけだ	접속	普＋わけだ （NAだな＋わけだ） （Nだな・Nだである＋わけだ）
意	~한 것이다 （~이므로 ~가 된다. ~이므로 ~라는 것이다.)		
解	사실이나 상황으로부터 그러한 결론이 된다는 것을 나타낸다.		
例	この物件は古く、風呂もない。安い**わけだ**。 이 물건은 낡고 욕실도 없다. 싼 이유다. 昨日から何も食べてなくて、パンを見る目が輝く**わけだ**。 어제부터 아무것도 먹지 않아서 빵을 보는 눈이 반짝이는 것이다. オサガメが昼夜を問わずほとんど休むことなく泳ぎつづけるのは熱を作って体温を温かく保ち、冷たい深海に潜るための準備でもある**わけだ**。 장수거북이 밤낮 가리지 않고 거의 쉬지 않고 계속 헤엄을 치는 것은 열을 만들어 체온을 따뜻하게 유지해서 차가운 심해로 잠수하기 위한 준비이기도 한 것이다. なるほど、社員が今日に限って真剣なのは、今日の働きでボーナスが決まるからな**わけだ**。 역시 사원이 오늘따라 진지한 것은 오늘의 일로 보너스가 결정되기 때문이다.		
比	22 부정·부분부정	わけがない	▶ 423페이지
比	22 부정·부분부정	わけではない	▶ 426페이지

문형	~ということだ	접속	普＋ということだ
意	~라는 것이다. 즉~이다.		
解	무언가를 해석할 때 그것으로부터 무언가의 결론을 도출하는 것을 나타낸다.		
例	味が薄いということは、塩分が少ない**ということだ**ね。 맛이 싱겁다는 것은 염분이 적다는 것이야. 眠っているように見えるが、名前を呼ぶと反応するから、意識はある**ということだ**。 자는 것처럼 보이지만 이름을 부르면 반응을 하니까 의식은 있다는 것이다.		

さらに大事なことは、シカは繁殖力が旺盛なので、オオカミによって数が減らされないと森林の草を食べ尽くしてしまい、自らが死滅する**ということだ**。
더욱 중요한 것은 사슴은 번식력이 왕성하기 때문에 늑대에 의해 수가 줄어들지 않으면 삼림의 풀을 다 먹어 치워서 스스로 사멸한다는 것이다.

社長の長男が会社を継ぐのを辞退したということは、なんの経験もない社長の次男坊が次期社長になる可能性が高い**ということだ**。
사장님 장남이 회사를 잇는 것을 사양했다는 것은 아무런 경험도 없는 사장님 차남이 차기 사장이 될 가능성이 높다는 것이다.

| 比 | 17 전문・추측 | ～ということだ・～とのことだ | ▶ 391페이지 |

문형	～こととなっている・ことになっている	접속	V辞＋こととなっている・ことになっている V否＋ない＋こととなっている・ないことになっている
意	～하게 되었다・～하게 되어 있다		
解	어떠한 규칙이나 결정, 예정으로 ～가 되어 있다는 의미를 나타낸다.		
例	この学校では、毎朝生徒たち全員で体操をする**ことになっている**。 이 학교에서는 매일 아침 학생들 모두가 체조를 하도록 되어 있다. 千代田区では、原則路上で喫煙してはいけない**こととなっている**。 지요다구에서는 원칙적으로 노상에서 흡연하면 안 되게 되어 있다. 現在の日本の法律では、女性は16歳、男性は18歳から結婚できる**ことになっている**。ただし成人する前の結婚の場合、親の同意が必要だ。　현재 일본의 법률에서는 여성은 16세, 남성은 18세부터 결혼할 수 있도록 되어 있다. 단 성인이 되기 전의 결혼인 경우 부모의 동의가 필요하다. 公開市場においては、特定の資格や条件を必要とせず、誰でも自由に取引を行えるという**こととなっている**。　공개시장에서는 특정한 자격이나 조건을 필요로 하지 않고 누구나 자유롭게 거래를 할 수 있다고 되어 있다.		

<14> 한정・비한정・부가

113	～に限り	～ 에 한해 (서)
114	～に限って	～(에) 만 , ～ 에 한해 (서), ～ 일수록
115	～に限らず	～ 뿐만 아니라
116	～限り（は）	～ 하는 한
117	ただ～のみ	단지 ～ 만 , ～ 단지 ～ 뿐
118	～ならでは（の）	～ 만 (의), ～ 특유 (의)
119	～をおいて	～ 을 / 를 빼고 , ～ 을 / 를 제외하고
120	～のみならず	～ 뿐만 아니라
121	～にとどまらず	～ 에 그치지 않고 , ～ 뿐만 아니라
122	～ばかりでなく	～ 뿐만 아니라
123	～ばかりか	～ 뿐만 아니라

124	～も～ば（なら）～も	~도 ~하고 ~도
125	～上に	~뿐만 아니라, ~한데다(가)
126	～に加え・に加えて	~에 더해
127	～はもちろん・はもとより	~는 물론
128	～はおろか	~는 물론
129	～どころか	~뿐만 아니라, ~는 커녕

문형	～に限り		접속	N＋に限り
意	~에 한해(서) (~만, 한정, 특별)			
解	그 상황만이라는 한정을 나타낸다. 무언가가 적용되는 조건을 나타낸다. 안내 등 딱딱한 문어체로 사용된다.			
例	この博物館は、6歳以下の子供**に限り**無料です。 이 박물관은 6세 이하 어린이에 한해 무료입니다. 会員登録されているお客様**に限り**、無料クーポンをプレゼントします。 회원등록이 되어 있는 고객님에 한해 무료 쿠폰을 증정합니다. 試験は論述式で、直筆ノート**に限り**ノートは持ち込み可にする。 시험은 논술식으로 친필 노트에 한해 노트 반입은 가능으로 한다. 受診には市内の開業医による紹介状が必要となりますが、緊急性が認められる場合**に限り**、その必要はございません。 진찰에는 시내 개업 의사에 의한 소개장이 필요합니다만 긴급성이 인정되는 경우에 한해 그 필요는 없습니다.			
比	7 기점・종점・한계・범위	「限る」シリーズ		▶ 333페이지

문형	～に限って		접속	N＋に限って
意	~(에)만, ~에 한해서, ~일수록 (①~인 경우만은 ②~는 평소와 다르다 ③~만은)			
解	①상황을 나타내는 말에 대해「～の時だけ，望ましくないことが起こった」라는 의미를 나타낸다. 화자의 불만을 나타낸다. ②~평소와 다르다는 의미를 나타내고 뒷 문장은「いつもとは違う」라는 의미의 문장이 온다. ③~을 특별하게 믿고 있으므로 나쁜 상황은 되지 않을 것이다. 뒷 문장은 부정문을 사용하여 화자의 판단을 나타낸다.			
例	①遊びに行こうと思った日**に限って**、用事が入った。 놀러가려고 생각한 날에만 볼 일이 생겼다. 店長がいない日**に限って**、厄介な客が訪れる。 점장님이 없는 날에만 귀찮은 손님이 찾아온다.			

②いつも不機嫌な彼が、その日に限って嬉しそうな表情を浮かべていた。
늘 시무룩한 그가 그날따라 기쁜듯한 표정을 짓고 있었다.

③うちの子に限って不登校なんてするわけがない。 우리 아이만은 학교에 가지 않을 리가 없다.

うちの会社に限って、破産するということはないだろう。 우리 회사만은 파산하는 일은 없을 것이다.

①学問的な権威と呼ばれる人に限って、読書の範囲が狭いことも珍しくありません。
학문적인 권위자라고 불리는 사람일수록 독서 범위가 좁은 경우도 드물지 않습니다.

②夫は普段子供の教育については私に任せきりだが、子供を塾に通わせたいと言ったときに限って、急に怒り出した。　남편은 평소 아이의 교육에 대해서는 나에게 떠맡겼지만 아이를 학원에 보내고 싶다고 말할 때만 갑자기 화를 냈다.

③自分に限ってミスをするわけがない、と思い込んでいると、思わぬところで重大な過ちを犯してしまうことがある。
자신만은 실수를 할 리가 없다고 믿다 보면 뜻하지 않은 곳에서 중대한 실수를 저질러 버리는 경우가 있다.

比	7 기점·종점·한계·범위	「限る」시리즈	▶ 333페이지

문형	~に限らず	접속	N+に限らず
意	~뿐만 아니라		
解	앞의 명사뿐만 아니라 그 명사가 소속하는 그룹의 다른 것에도 해당된다는 것을 나타낸다.		
例	日本人に限らず、海外からのお客様もよくこの店を訪れます。 일본인뿐 아니라 해외에서 오는 고객도 자주 이 가게를 방문합니다. 動物に限らず、われわれでも一人で食事するよりも、仲間との会話を楽しみながらのほうが食も進む。 동물뿐 아니라 우리도 혼자서 식사하는 것보다 동료와 대화를 즐기면서 식사하는 것이 식욕도 생긴다. インターカレッジ・サークルとは、その大学の在校生に限らず、他大学の生徒や場合によっては社会人までもが入れるような仕組みのサークルのことだ。 인터컬리지 서클이란 그 대학 재학생뿐 아니라 타대학생이나 경우에 따라서는 사회인까지도 들어갈 수 있는 구조의 서클을 말한다. 現代アートを扱う美術展では、絵画に限らず、音楽や写真、建築物などを使った作品が展示されることも多い。 현대 아트를 다루는 미술전에서는 회화뿐 아니라 음악이나 사진, 건축물 등을 사용한 작품이 전시되는 경우도 많다.		
比	7 기점·종점·한계·범위	「限る」시리즈	▶ 333페이지

문형	~限り (は)	접속	V辞·Vた·Vている+限り (は) V否+ない+限り (は) A+限り (は) NAな・NAである+限り (は) Nの・Nである+限り (は)
意	~하는 한 (~하는 동안은·~의 범위로는)		
解	범위를 한정하는 표현이다. ~인 상태가 계속되고 있는 동안, ~라는 범위 내라면 뒤의 상태도 변하지 않는다는 한정을 나타낸다.		

例	体が健康な**限り**働きたい。　몸이 건강한 한 일하고 싶다. 傷が治らない**限りは**、必要以上に動かないでください。 상처가 낫지 않는 한은 필요 이상으로 움직이지 말아 주세요.
	脳は、それが有機的な組織として生きている**限り**、常に学習し続けている。 뇌는 그것이 유기적인 조직으로서 살아 있는 한 항상 학습을 계속하고 있다. 国民として生きる**限り**、我々には社会のために働き、税金を納めなければならないという義務がある。　국민으로 사는 한 우리에게는 사회를 위해 일하고 세금을 납부해야 한다는 의무가 있다.
比	7 기점・종점・한계・범위　「限る」シリーズ　▶333페이지

문형	ただ～のみ	접속	ただ＋V辞・Vた＋のみ ただ＋A＋のみ ただ＋NA（である）＋のみ ただ＋N（である）＋のみ
意	단지~만, 단지~뿐		
解	다른 것이 아니라 ~만이라고 강조하는 표현이다. 「ただ～だけ」보다 딱딱한 표현.		
例	やることはすべてやった。後は**ただ**結果を待つ**のみ**だ。 할 것은 모두 했다. 나머지는 그저 결과를 기다릴 뿐이다. 今は**ただ**、彼女の回復を心から祈る**のみ**だ。　지금은 단지 그녀의 회복을 진심으로 기도할 뿐이다.		
	ただ何も考えずに日本語の音声を聞き流し、勉強した気になっている**のみ**では、日本語を習得するのは難しい。 그저 아무런 생각없이 일본어의 음성을 흘려 듣고 공부했다고 느끼는 것 만으로는 일본어를 습득하기 어렵다. 私は**ただ**事実を述べた**のみ**で、そこに他人を攻撃したいといったような意図は、全くございませんでした。　나는 단지 사실을 말했을 뿐이며 거기에 다른 사람을 공격하자 하는 의도는 전혀 없었습니다.		

문형	～ならでは（の）	접속	N＋ならでは N＋ならではの＋N
意	~만(의)・~특유(의)		
解	~외의 것은 볼 수 없다, 할 수 없다.		
例	地方都市**ならではの**祭りで客を増やす。　지방도시 특유의 축제로 손님을 늘린다. 郊外でも美味しくて安全なものが安価で食べられるのは、ここ**ならでは**だ。 교외에서도 맛있고 안전한 것을 저렴한 가격으로 먹을 수 있는 것은 이곳이기에 가능하다.		
	日本各地には、その土地**ならではの**食材を生かした郷土料理がある。 일본 각지에는 그 지방만의 식재료를 살린 향토요리가 있다. 作曲家のシューマンは文学への造詣も深く、彼の作品は、文学者**ならではの**感性が作り出す、感傷的な作品であると評価する人もいる。　작곡가 슈만은 문학에 대한 조예가 깊어 그의 작품은 문학가 특유의 감성이 만들어 내는 감상적인 작품이라고 평가하는 사람도 있다.		

문형	~をおいて	접속	N＋をおいて
意	~을/를 빼고, ~을/를 제외하고　(~이외에는 없다)		
解	「~を除いて」라는 의미로 뒷 문장은 반드시 부정문이 온다. 「~以外には~ない」라는 것을 나타낸다. ~에 대한 높은 평가를 나타낸다.		
例	このチームのリーダーになれるのは、彼**をおいて**ほかには考えられない。 이 팀의 리더가 될 수 있는 사람은 그를 빼고는 달리 생각할 수 없다. 今もっとも時代の流れに乗っている会社は、我が社**をおいて**ほかにあるまい。 지금 가장 시대의 흐름을 타고 있는 회사는 우리 회사를 빼고는 따로 없을 것이다. 脳の重さは新生児の体重の10％を占め、これほど脳の比率の大きい動物は、人間**をおいて**他にない。 뇌의 무게는 신생아 체중의 10％를 차지하며 이 정도로 뇌의 비율이 큰 동물은 인간뿐이다. 古代世界の文献において、動物に関してもっとも緻密に著したものといえば、アリストテレスの記述**をおいて**ほかにあるまい。 고대 세계의 문헌에서 동물에 대해 가장 치밀하게 저술한 것이라면 아리스토텔레스의 기술 외에는 없을 것이다. その芸術家は、自分の作品**をおいて**ほかに美しいものなどこの世にはどこにも存在していないと、そう信じきっていた。 그 예술가는 자신의 작품 외에 달리 아름다운 것은 이 세상 어디에도 존재하지 않는다고 그렇게 굳게 믿고 있었다.		

MORE+ 　한정을 나타내는 「~をおいて」와 상황을 나타내는 「~において」

한정을 나타내는 「~をおいて」는 명사에 접속하고 「~を除いて」라는 의미로 뒷 문장은 반드시 부정문이 온다. 높은 평가를 나타낸다.
상황을 나타내는 「~において」는 명사에 접속하고 일이 일어나는 장소, 장면, 상황을 나타낸다.

例
この問題を解決するチャンスは、今**をおいて**ない。(한정)
이 문제를 해결할 기회는 지금뿐이다.

その二人の結婚式は小ホール**において**行われた。(상황)
그 두 사람의 결혼식은 작은 홀에서 진행되었다.

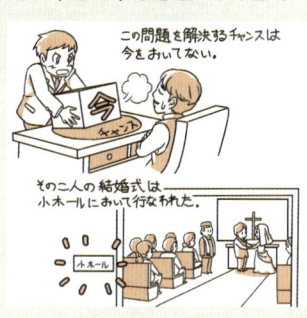

문형	~のみならず	접속	普＋のみならず (NAだ・NAだである＋のみならず) (Nだ・Nだである＋のみならず)
意	~뿐만 아니라		
解	「~だけでなく、他にも~」라는 것을 나타내며 「だけでなく」와 같은 의미. 「だけでなく」보다도 딱딱한 표현.		

例	彼は才能がある**のみならず**、頭もいい。　　그는 재능이 있을 뿐 아니라 머리도 좋다. この漫画は面白い**のみならず**、内容について深く考えさせられる。 이 만화는 재미있을 뿐 아니라 내용에 대해 깊이 생각하게 한다. 古典学の研究は多角的な視点を求められるため、その研究対象には、古典の文学**のみならず**、哲学や歴史学、聖書学なども含まれてくる。　　고전학 연구는 다각적인 관점을 요구하므로 그 연구대상에는 고전 문학뿐 아니라 철학이나 역사학, 성서학 등도 포함된다.

문형	~にとどまらず	접속	普＋にとどまらず （NAだ・NAだである＋にとどまらず） （Nだ・Nだである＋にとどまらず）
意	~에 그치지 않고, ~뿐만 아니라　(~을/를 넘어서)		
解	~라는 좁은 범위를 넘어서 더욱 넓은 범위에서 영향이 있다는 의미이다.		
例	先生の授業は、単なる教科書の説明**にとどまらず**、学ぶ楽しさを教えてくれる。 선생님의 수업은 단순히 교과서의 설명에 그치지 않고 배우는 즐거움을 가르쳐 준다. その俳優は、役者活動**にとどまらず**、歌手やタレントとしての活動にまで手を伸ばしている。 그 배우는 배우활동뿐 아니라 가수와 탤런트로서의 활약에까지 손을 뻗고 있다. ゆとり教育は学生の学力低下**にとどまらず**、学校教育にゆがみをもたらした。 여유 교육은 학생의 학력저하뿐 아니라 학교 교육에 왜곡을 초래했다. この映画は、単に第二次世界大戦を描写する**にとどまらず**、当時の社会問題や市民の生活までも丁寧に描いた作品だ。　　이 영화는 단순히 제2차 세계대전을 묘사하는데 그치지 않고 당시의 사회문제와 시민 생활까지도 섬세하게 그린 작품이다.		

문형	~ばかりでなく	접속	普＋ばかりでなく （NAな・NAだである＋ばかりでなく） （Nだ・Nだである＋ばかりでなく）
意	~뿐만 아니라		
解	~뿐만 아니라 더욱 넓은 범위에 미친다.		
例	子供の教育は、叱る**ばかりでなく**、ほめるのも大事だと思う。 아이의 교육은 꾸짖는 것만 아니라 칭찬하는 것도 중요하다고 생각한다. 娘は三歳にして本が読める**ばかりでなく**、難しい漢字を書くことができる。 딸은 세 살인데 책을 읽을 수 있을 뿐 아니라 어려운 한자를 쓸 수 있다. 人の行動を理解するという方法は、まちづくり**ばかりではなく**、他の問題にも適用できる。 사람의 행동을 이해한다고 하는 방법은 마을 조성뿐 아니라 다른 문제에도 적용할 수 있다. 人が感じる痛みや苦痛については、古くから、医師**ばかりでなく**、哲学者や神学者などによっても、研究されてきた。　　사람이 느끼는 통증이나 고통에 대해서는 옛날부터 의사뿐 아니라 철학자나 신학자 등에 의해서도 연구되어 왔다.		

문형	~ばかりか	접속	普+ばかりか （NAだな・NAだである＋ばかりか） （Nだである＋ばかりか）

意	~뿐만 아니라 （더욱이）

解	~뿐만 아니라 더욱 정도가 높은 것도 있다. 「ばかりか」 뒤에 오는 문장은 화자의 의지・희망이나 상대에 대한 명령 등이 아니라 상황을 설명하는 문장이 많다. 「~ばかりでなく」 보다 「~さらに」 의 의미가 있으므로 놀라움이나 감탄의 기분이나 감정을 나타내는 경우가 많다.

例	このロボットは、普通の家事**ばかりか**、介護の仕事もできる。 이 로봇은 평소의 가사뿐만 아니라 간병 일도 할 수 있다. 彼は音楽の才能がある**ばかりか**、運動神経の良さも抜群だ。 그는 음악 재능이 있을 뿐만 아니라 운동신경도 매우 뛰어나다. 伝染病により経済活動ができなくなったら，カネもモノも回らなくなって，大量の失業者が出る**ばかりか**，餓死者さえ出てくるだろう。 전염병에 의해 경제활동이 불가능해지면 돈도 물건도 돌지 않아 많은 실업자가 나올 뿐만 아니라 아사자 또한 나올 것이다. 暑い中で水分補給を怠ると、ぼーっとして集中できなくなる**ばかりか**、熱中症になって倒れたり病院に運ばれたりする恐れがある。 더위 속에서 수분보충을 게을리하면 멍하니 집중할 수 없게 될 뿐만 아니라 열사병에 걸려 쓰러지거나 병원으로 이송될 우려가 있다.

문형	~も~ば（なら）~も	접속	N+も+V仮+ば+N+も N+も+Aければ+N+も N+も+NA+なら+N+も

意	~도 ~하고 ~도, ~도~가 하면~도

解	「~に加えて、~も」 라는 의미를 나타낸다.

例	彼は頭**も**よけれ**ば**、運動神経**も**いい。 그는 머리도 좋고 운동신경도 좋다. 五十年も生きていると、苦しいこと**も**あれ**ば**嬉しいこと**も**ある。 50년이나 살다보면 힘든 일도 있는가 하면 기쁜 일도 있다. 彼は、行動**も**暴力的なら**ば**、発言**も**暴力的だ。 그는 행동도 폭력적인가 하면 발언도 폭력적이다. 毎日料理**も**すれ**ば**掃除**も**してくれる妻に、私はいつも感謝している。 매일 요리도 하고 청소도 해주는 아내에게 나는 항상 감사하고 있다. 一言に蟻と言っても、土を掘って巣を作る種類**も**あれ**ば**、樹木の中で巣を作る種類**も**ある。 한 마디로 개미라고 해도 땅을 파서 둥지를 트는 종류도 있고 나무 속에 둥지를 트는 종류도 있다. 仕事の世界で輝けるのは、才能**も**あれ**ば**コミュニケーション能力**も**ある人であり、どちらか一方しかなければ、成功を収めるのは難しいだろう。 일의 세계에서 빛날 수 있는 것은 재능도 있는가 하면 커뮤니케이션 능력도 있는 사람이며 어느 한 쪽만 있다면 성공을 거두기는 어려울 것이다.

문형	~上に	접속	普＋上に （NAだな・NAだである＋上に） （Nだの・Nだである＋上に）
意	~뿐만 아니라, ~한 데다(가)　(~게다가 ~하다)			
解	무언가에 더해서 다른 것도 말하는 표현. 적극적인 것에는 적극적인 것을 더하고 소극적인 것에는 소극적인 것을 더한다.			
例	この仕事はやりがいがある**上に**、楽しい。 이 일은 보람이 있는 데다가 즐겁다. 夜行バスは、安い**上に**乗車中に寝られるので、お金と時間を節約できる。 야간 버스는 싼데다가 승차 중에 잘 수 있으므로 돈과 시간을 절약할 수 있다. いったん飛行機に積んだ燃料を降ろすのは、時間がかかる**上に**様々な制約があって現実的ではない。 일단 비행기에 실은 연료를 내리는 것은 시간이 걸리는 데다 다양한 제약이 있어 현실적이지 않다. 天然の宝石は、発掘できる地域が少ない**上に**、傷のない美しい石が採れる場所となればかなり限られてしまうので、希少価値が高くなる。 천연 보석은 발굴할 수 있는 지역이 적은 데다가 흠집이 없는 아름다운 돌을 채취할 수 있는 곳이라면 매우 한정되어 있어서 희소가치가 높아진다.			
比	11 시간・시점	~上で		▶ 363페이지
比	23 원인・이유	~上は		▶ 433페이지

문형	~に加え・加えて	접속	N＋に加え・に加えて
意	~에 더해　(~뿐만 아니라 더욱이)			
解	「~も、そして~も」라는 의미로 지금까지 있었던 앞 일에 유의한 다른 일이 더해진 것을 나타낸다.			
例	原料の値上がり**に加え**、人件費の高騰のために会社の利益が減少している。 원료의 가격상승에 더해 인건비의 급등으로 인해 회사의 이익이 감소하고 있다. 美術館では、絵画作品**に加え**、彫刻や当時の文献なども展示されている。 미술관에서는 회화작품에 더해 조각품이나 당시의 문헌 등도 전시되고 있다. 提出されたレポート、論文に剽窃が発覚した場合は、当該科目**に加え**、その学期に履修している他の全科目の単位を無効とします。 제출된 리포트, 논문에서 표절이 발견된 경우에는 해당 과목에 더해 그 학기에 이수하고 있는 다른 전과목의 학점을 무효로 합니다. メディアの多様化により、CD**に加え**、サブスクや動画配信など様々な媒体を用いて自分の曲を発表するアーティストが増えている。 미디어의 다양화에 따라 CD에 더해 구독이나 동영상 발신 등 다양한 매체를 이용하여 자신의 곡을 발표하는 아티스트가 늘어나고 있다.			

문형	~はもちろん・はもとより	접속	N+はもちろん・はもとより
意	~는 물론 (~는 당연히)		
解	앞 일은 당연하지만 앞 일만이 아니라 앞 일보다 더욱 정도가 높은 일도 더해 말하고 싶을 때 사용하는 표현.「～はもとより」는 더욱 문어체적인 표현.		
例	英語**はもちろん**、彼は日本語も韓国語もぺらぺらだよ。 영어는 물론 그는 일본어도 한국어도 유창하지. 大阪を訪れた際には、たこ焼き**はもちろん**、串カツなどのご当地名物も食べたい。 오사카를 방문했을 때는 다코야키는 물론 구시카츠 등 현지 명물도 먹고 싶다. この飲食店は、本店がある東京**はもちろん**、関西や北海道にも、グループ店やフランチャイズ店を置く、有名な店だ。 이 음식점은 본점이 있는 도쿄는 물론 간사이와 홋카이도에도 그룹점과 프랜차이즈점을 둔 유명한 가게다.		

문형	~はおろか	접속	N+はおろか
意	~는 물론 (~는 당연한 일, 다른 일도 당연히 그렇다)		
解	앞 일은 당연하지만 앞 일보다 더욱 정도가 높은 일도 더해 말하고 싶을 때 사용하는 표현. 화자의 불만이나 의외의 감정을 나타낸다.		
例	最近の若者は、敬語**はおろか**、あいさつさえできない。 요즘 젊은이들은 경어는 물론 인사조차 못한다. この店には、トイレ**はおろか**、手を洗う場所さえ設置されていない。 이 가게에는 화장실은 물론 손을 씻을 곳조차 설치되어 있지 않다. 身体障がい者を表す差別用語は、テレビや本**はおろか**、日常会話でも使用されることはなくなってきている。 신체장애자를 나타내는 차별용어는 TV나 책은 물론 일상생활에서도 사용되는 일이 없어졌다. 女性の地位が低かった頃は、女性は政治家になること**はおろか**、選挙にいくことすらできなかった。 여성의 지위가 낮았을 시절에는 여성은 정치가가 되는 것은 물론 선거를 할 수 조차 없었다.		

문형	~どころか	접속	普+どころか （NAだな・NAだである+どころか） （Nだな・Nだである+どころか）
意	~뿐만 아니라, ~는 커녕 (①~뿐만 아니라 ②~가 아니라 오히려)		
解	①전항의 일은 물론 전항보다 더욱 정도가 높은 일도 더해 말하고 싶을 때 사용하는 표현. ②전항이 아니라 그 반대로 예상 외의 결과가 나온다.		

例	①外は暑い**どころか**、アスファルトも融けるくらいだ。 밖은 더울 뿐만 아니라 아스팔트도 녹을 정도다. 給料が上がったからか、新車**どころか**、マイホームまで買ったそうだ。 월급이 올라서인지 신차 뿐만 아니라 마이홈까지 샀다고 한다. ②毎日ジムに通っているが、やせる**どころか**、体重が増えていく。 매일 헬스장에 다니고 있지만 살이 빠지기는 커녕 체중이 늘어간다. 試験に落ちた僕を、父は慰める**どころか**、こんなこともできないのかと強く叱り付けた。 시험에 떨어진 나를 아버지는 위로하기는 커녕 이런 것도 못하냐고 강하게 꾸짖었다. ①王様が変わってから、景気が良くなる**どころか**、他国との国交問題も解決したので、国民はとても満足している。 왕이 바뀌고 나서 경기가 좋아질 뿐만 아니라 타국과의 국교문제도 해결했으므로 국민은 매우 만족하고 있다. ②コンピュータが普及すれば紙の使用量は減るだろうと考えられていました。しかし、現実は減る**どころか**、逆に増えている場合もあります。 컴퓨터가 보급되면 종이 사용량은 줄 것이라고 생각되었습니다. 그러나 현실은 줄기는 커녕 반대로 늘고 있는 경우도 있습니다.

<15> 비교・정도

130	～ほど・ほどの・ほどだ	~ 정도・~ 정도의・정도다
131	～くらい・くらいの・くらいだ	~ 정도・~ 정도의・정도다
132	～までだ・～までのことだ	~ 일 뿐이다・~ 뿐인 것이다
133	～というところだ・といったところだ	~ 이다・~ 일 것이다
134	～に比べ・～に比べて	~ 에 비해
135	～ないまでも	~ 정도는 아니지만 , ~ 정도는 아니더라도
136	～に越したことはない	~ 보다 좋은 것은 없다

문형	～ほど・ ほどの・ほどだ	접속	普＋ほど・ほどの・ほどだ （NAだな・NAだである＋ほど・ほどの・ほどだ） （Nだ・Nだである＋ほど・ほどの・ほどだ）
意	~정도・~정도의・~정도다　(~와 같은 정도)			
解	어떤 상태가 어느 정도인지 예를 들어 구체적으로 설명할 때 사용하는 표현.			
例	先輩に対して言いたいことは数えきれない**ほど**あるが、我慢している。 선배에게 말하고 싶은 것은 셀 수 없을 정도지만 참고 있다. ロッククライミングというのは辛いということは，以前から聞いていたが，実際にこれ**ほど**辛いものだとは思わなかった。 암벽 등반이 힘들다는 것은 이전부터 듣고 있었지만 실제로 이 정도로 힘든 것이라고는 생각하지 않았다.			

ギリシア神話において全知全能の神とされているゼウスは、宇宙を破壊する**ほどの**強大な力を持っていると言い伝えられている。　그리스 신화에서 전지전능의 신이라 여겨지는 제우스는 우주를 파괴할 정도의 강력한 힘을 가졌다고 전해지고 있다.

苦しい**ほど**に辛い体験をしたところで、数年も経てばそれは懐かしい過去の思い出に変わり、君の人生の糧になることだろう。　고통스러울 정도로 힘든 체험을 했더라도 몇 년이 지나면 그것은 그리운 과거의 추억으로 변해 네 인생의 양식이 될 것이다.

문형	～ぐらい・ぐらいの・ぐらいだ	접속	普＋ぐらい・ぐらいの・ぐらいだ （NAな・NAである＋ぐらい・ぐらいの・ぐらいだ） （Nだ・Nである＋ぐらい・ぐらいの・ぐらいだ）
意	~정도・~정도의・~정도다　（①~와 같은 정도　②~같은 정도의 것）			
解	①어떤 상태의 정도에 대해 일례를 들어 판단의 기준을 나타낸다. ②큰 일이 아니라고 느낀 것을 나타내고 경시의 의미가 되는 표현.			
例	①ロシアは冬になると、鼻水も凍る**ぐらい**寒い。 러시아는 겨울이 되면 콧물도 얼 정도로 춥다. ②一度食事をした**ぐらい**で、友達とは言えない。 한 번 식사를 한 정도로 친구라고는 할 수 없다. ①一つの映画を、場面ごとに何度も繰り返して、暗記する**ぐらい**まで見る。 한 편의 영화를 장면별로 여러번 반복해서 외울 정도까지 본다. ②本一冊**くらい**なら韓国語訳なしでも読めるようになれば、日本語を習得していると胸を張って言ってもいいはずだ。 책 한 권 정도라면 한국어 번역 없이도 읽을 수 있게 되면 일본어를 습득했다고 자신있게 말해도 될 것이다.			

문형	～までだ・までのことだ	접속	V辞・Vた＋までだ・までのことだ
意	~뿐이다・~뿐인 것이다　（단지 ~만）			
解	「大したことではない。特別な理由や感情はなく，ただ～するだけ」라는 의미를 나타낸다. 화자가 상황 설명과 변명을 하고 싶을 때 사용한다.			
例	彼女が大変そうだから、手伝った**までだ**。　그녀가 힘들어 보여서 도와줬을 뿐이다. 先輩に言われた通りの仕事をした**まで**なので、私は悪くありません。 선배가 말한대로 일을 했을 뿐이므로 나는 나쁘지 않습니다. 山本さんと飲みに行ったのは、ちょっと話してみたかった**までのことだ**。 야마모토 씨와 마시러 간 것은 조금 대화해 보고 싶었기 때문일 뿐입니다.			

	なぜこんなに成績がいいのかと聞かれても、私はあなたたちが寝ている間に、真面目に授業を受けていた**までのことです**。
	왜 이렇게 성적이 좋냐고 묻지만 나는 당신들이 자고 있을 동안에 성실히 수업을 듣고 있었기 때문일 뿐입니다.

比	18 주장·단정	~までだ・までのことだ	▶ 398페이지

문형	~というところだ・といったところだ	접속	V辞＋というところだ・といったところだ N＋というところだ・といったところだ
意	~이다・~일 것이다 （고작~다）		
解	「せいぜい～だ」「最高でも～だ」라는 의미로 화자의「もし多くてもこの程度で、それ以上ではない」라는 감정을 나타낸다.		
例	バイトの時給は700円から1000円**というところだ**。 아르바이트 시급은 700엔에서 1000엔정도일 것이다. 東京で一日における乗降者数が最も多いのは新宿らしいが、その乗降者数は七十万人か八十万人**といったところだろうか**。 도쿄에서 1일 승강자수가 가장 많은 곳은 신주쿠인 것 같은데 그 승강자수는 70만명에서 80만명쯤 될까? 作品の完成までにかかる時間は、あと一週間**といったところだろう**。 작품의 완성까지 걸리는 시간은 앞으로 1주일 정도일 것이다.		

문형	~に比べ・に比べて	접속	N＋に比べ・に比べて 普＋の＋に比べ・に比べて （NAだな・NAだである＋の＋に比べ・に比べて） （Nだな・Nだである＋の＋に比べ・に比べて）
意	~에 비해 （~와 비교하여・보다）		
解	2가지 것을 비교하여 말한다.		
例	40代**に比べ**、30代はスマホ決済をよく使う。 40대에 비해 30대는 스마트폰 결제를 자주 사용한다. 彼はまつ毛が長いの**に比べて**髭は薄いから、中性的な印象を受ける。 그는 속눈썹이 긴 것에 비해 수염은 적어서 중성적인 인상을 받는다. 社会科学が自然科学**に比べて**、はるかに困難な学問であることは、よく知られている。 사회과학이 자연과학에 비해 훨씬 어려운 학문인 것은 잘 알려져 있다. 韓国語は文字数も多くなく、日本語と文法や発音が似ているので、中国語**に比べて**習得するのが楽だ。 한국어는 글자수도 많지 않고 일본어와 문법이나 발음이 비슷해서 중국어에 비해 습득하기 편하다.		

문형	~ないまでも	접속	V否＋ないまでも
意	~정도는 아니지만, ~정도는 아니더라도		

解	앞 동사의 정도까지는 되지 않지만 그것 보다 아래 정도는 된다.
例	明日の試験、満点が取れ**ないまでも**、せめて85点くらいは取りたい。 내일 시험 만점을 받지는 못하더라도 적어도 85점 정도는 받고 싶다. 世界一の選手とは言え**ないまでも**、スポーツ史に名を刻むことはできたはずだ。 세계 제일의 선수라고는 할 수 없어도 스포츠사에 이름을 남길 수는 있었을 것이다.
	口を出さ**ないまでも**、先生には討論の場に居合わせていてほしい。 발언을 하지 않더라도 선생님이 토론장에 있어주면 좋겠다. お笑いコンビ「和牛」は、漫才コンクールM-1グランプリにて、優勝とはいか**ないまでも**、史上初の三年連続準優勝を果たしたことから、「無冠の帝王」と呼ばれている。 개그 콤비「와규」는 개그콩쿨 M-1 그랑프리에서 우승까지는 아니더라도 사상 최초로 3년 연속 준우승을 거뒀다는 점에서「무관의 제왕」이라 불리고 있다.
比	22 부정·부분부정　~までもない　▶ 425페이지

문형	~に越したことはない	접속	V辞＋に越したことはない V否＋ない＋に越したことはない A＋に越したことはない NA（である）＋に越したことはない N（である）＋に越したことはない

意	~보다 좋은 것은 없다 （~가 가장 좋다）
解	상식적으로 생각해 그러는 것이 좋고 당연하다.
例	家賃は安い**に越したことはない**が、立地が悪すぎるのは問題だ。 월세는 싼 것이 가장 좋지만 입지가 너무 나쁜 것은 문제다. 大学受験をするのなら、勉強を始めるのは早い**に越したことはない**。 대학수험을 하려면 공부를 시작하는 것은 빠른 것이 가장 좋다.
	将来のことを考えると、たくさん貯金する**に越したことはない**。 장래를 생각하면 많이 저금하는 것 보다 좋은 것은 없다. 食べ物を粗末にしない**に越したことはない**のだが、物が溢れかえっている現在では、平気でご飯を残したり捨てたりする人が増えている。 음식을 소홀히 하지 않는 것이 가장 좋지만 먹거리가 넘쳐나는 현재는 아무렇지 않게 밥을 남기거나 버리는 사람이 늘어나고 있다.

<16> 대비·대체

137	～（の）に対して	~ 에 비해 ~ 에 반해
138	～一方・一方で・一方では	~ 한편, ~ 반면
139	～に反して・に反する・に反した	~ 에 반해, ~ 에 비해

140	～反面・半面	~ 반면
141	～というより	~ 라기보다
142	～かわりに	~ 대신에
143	～にかわって	~ 대신에
144	～にひきかえ	~ 에 비해, ~ 에 반해

문형	～（の）に対して	접속	N＋に対して 普＋のに対して （NAだな・NAだである＋のに対して） （Nだな・Nだである＋のに対して）
意	~에 비해, ~에 반해 （대비）		
解	2가지 일에 대해 그 성질을 대조적으로 나타낼 때 사용한다.		
例	東北では雪が多い**のに対し**、九州では雪は少ない。 도호쿠에서는 눈이 많은 것에 비해 규슈에서는 눈이 적다. ブレスレットは腕につけるアクセサリーである**のに対し**、アンクレットは足につけるアクセサリーだ。　팔찌는 손목에 차는 액세서리인 것에 비해 발찌는 발목에 차는 액세서리다. 「ブ」では唇は閉じた位置から発音する**のに対して**「グ」では始めから開いている。 「ブ」에서는 입술은 닫은 위치에서 발음하는데 비해 「グ」에서는 처음부터 열려 있다. ベトナムでは、男性の喫煙者率が50%近い**のに対し**、女性の喫煙率はおよそ1%である。 베트남에서는 남성의 흡연자율이 50% 가까운데 비해 여성의 흡연률은 약 1%다.		
比	2 대상	～に対して・に対する	▶ 316페이지

문형	～一方・一方で・一方では	접속	普＋一方・一方で・一方では （NAだな・NAだである＋一方・一方で・一方では） （Nだな・Nだである＋一方・一方で・一方では）
意	~한편・~반면 （다른 면에서는）		
解	~인 동시에 ~라는 측면도 있다. 또는 어떤 사항과 병행하여 다른 사항이 있다.		
例	食糧浪費が増えている**一方**、未だに食糧不足の国がたくさんある。 식량낭비가 늘어나고 있는 반면 아직도 식량부족인 나라가 많이 있다. ダイエットを始めてから、体が痩せる**一方**、肌荒れがひどくなった。 다이어트를 시작하고 나서 몸이 마르는 한편 피부는 심하게 거칠어졌다. あまり使われない施設がある**一方で**、不足している公共施設がある。 별로 사용되지 않는 시설이 있는 반면 부족한 공공시설이 있다.		

マスコミや世間が憶測で特定の人物を批判する**一方では**、理不尽な誹謗中傷により傷ついている人間が必ずどこかにいることを、我々は忘れてはいけない。
매스컴이나 세간이 억측으로 특정 인물을 비판하는 한편에서는 터무니 없는 중상비방으로 상처입는 사람이 반드시 어딘가에 있다는 것을 우리는 잊어서는 안된다.

通信技術が発達し、どこにいても人と交流ができるようになった**一方で**、交通機関の利用者は減少している。
통신기술이 발달하여 어디에 있더라도 다른 사람과 교류할 수 있게 된 반면 교통기관 이용자는 감소하고 있다.

문형	~に反して・に反する・に反した	접속	N＋に反して・に反する・に反した
意	~에 반해・~에 비해 (~와 다르게, ~와는 반대로)		
解	결과가 예상이나 기대 등과 다른 것을 나타낸다.		
例	親の期待**に反して**、彼は大学を中退した。　부모의 기대에 반해 그는 대학을 중퇴했다. 予想**に反して**、今回の試験は難しかった。　예상과 다르게 이번 시험은 어려웠다. 昨年**に反して**、今年の梅雨は異例の長さで、平年より梅雨明けが遅れている。 작년에 비해 올해 장마는 이례적으로 길어 평년보다 장마 종료가 늦어지고 있다. 豪雨による土砂災害の起きた地方では、人々の願い**に反して**、多くの人が亡くなった。 호우로 인한 토사재해가 일어난 지방에서는 사람들의 소원과 달리 많은 사람이 사망했다.		

문형	~反面・半面	접속	普＋反面・半面 (NAだな・NAだである＋反面・半面) (Nだである＋反面・半面)
意	~반면 (어떤 면은……이지만, 다른 면에서는)		
解	어떤 일에 대해 두 가지 면을 대비해서 앞에 말한 것과 반대 성질이나 특징 및 경향을 말할 때 사용하는 표현.		
例	スマホが普及する**反面**、小学生の近視有病率も高くなった。 스마트폰이 보급되는 반면 초등학생의 근시 유병률도 높아졌다. 君の文章は簡潔で読みやすい**反面**、人の心に訴えかけるものがない。 너의 글은 간결해서 읽기 쉬운 반면 사람의 마음에 호소하는 것이 없다. 少子高齢化の影響で、空き教室が続出している**半面**、介護やデイサービスなど福祉関係の施設は不足気味である。　저출산 고령화의 영향으로 빈 교실이 속출하고 있는 반면 간병이나 데이 서비스 등 복지관련 시설은 부족한 느낌이다. 糖分は、体を動かすエネルギー源として必要である**反面**、濃度が高すぎると糖尿病などの生活習慣病を引き起こす恐れがある。　당분은 몸을 움직이는 에너지원으로서 필요한 반면 농도가 너무 높으면 당뇨병 등의 생활습관병을 일으킬 우려가 있다.		

문형	~というより	접속	普＋というより (Nだというより)
意	~라기보다 (~보다 더 적절한 표현으로 말하자면)		

解	~라는 표현보다 오히려 ~라고 하는 편이 좋다.
例	きのうの天気は大雪<u>というより</u>吹雪だった。　어제 날씨는 대설이라기 보다 눈보라였다. 3歳までのことをすっかり忘れた。<u>というより</u>，それまでの記憶そのものが存在しない。 3살까지의 일을 완전히 잊었다. 그렇다기보다 그때까지의 기억 자체가 존재하지 않는다. この企画は私の力で成し遂げた<u>というより</u>は、周りの人の協力のおかげで成し遂げられたのだと思っています。 이 기획은 내 힘으로 완수했다기보다는 주위 사람들의 협력 덕분에 완수할 수 있었던 것이라 생각합니다. 現代でこそ娯楽として芸術活動を楽しむ人は多いが、かつては、絵画や彫刻は趣味<u>というより</u>ビジネスとして扱われることの方が多かった。　현대이기에 오락으로 예술활동을 즐기는 사람이 많지만 옛날에는 회화나 조각은 취미라기보다 비즈니스로 취급되는 경우가 많았다.

문형	~かわりに	접속	①普＋かわりに （NAな・NAだである＋かわりに） （Nの・Nである＋かわりに） ②V辞＋かわりに Nの・Nである＋かわりに
意	~대신에　（①~의 보상으로서　②~의 대신에）		
解	①앞 사항의 보상으로서 뒤의 사항이 있다. ②앞 사항의 대체로서 뒷 문장의 사항을 한다.		
例	①このレストランは安い<u>かわりに</u>、味はそこそこだ。 이 레스토랑은 싼 대신에 맛은 그저 그렇다. ②映画館に映画を観にいく<u>かわりに</u>、家でテレビを見る。 영화관에 영화를 보러 가는 대신에 집에서 TV를 본다. ①二十代はカルチュア・ショックも大きい<u>かわりに</u>、対応力、受容力も大きい。 20대는 컬쳐쇼크도 큰 대신에 대응력, 수용력도 크다. 何にも挑戦しないまま生きていると、人生に大きな失敗や苦労もない<u>かわりに</u>、大きな喜びや刺激も得られることもない。 아무것도 도전하지 않는 채로 살아가면 인생에 큰 실패나 고통도 없는 대신에 큰 기쁨이나 자극도 얻을 수 없다. ②化学薬品の農薬の<u>かわりに</u>害虫をえさとして食べる虫を使用することで、従来より農薬の使用量を減らせる。 화학약품인 농약 대신에 해충을 먹이로 먹는 벌레를 사용함으로써 종래보다 농약 사용량을 줄일 수 있다. ②江戸時代の日本では、白米は主に特権階級が食べるものであり、庶民は白米の<u>かわりに</u>麦や大根などを玄米に混ぜて作る「かて飯」を食べていた。 에도시대의 일본에서는 흰 쌀은 주로 특권계급이 먹는 것이었고 서민은 흰 쌀 대신에 보리나 무 등을 현미에 섞어 만드는「잡곡밥」을 먹었다.		

문형	~にかわって	접속	N+にかわって
意	\~대신에 （\~의 대리로서）		
解	다른 사람이나 물건의 대리로서 뒷 문장의 사항을 한다. 격식을 차린 표현.		
例	風邪を引いた森さん**にかわって**発表をする。　감기에 걸린 모리 씨 대신 발표를 한다. 今日は課長が休みなので、課長**にかわって**会議を取りまとめる人が必要だ。 오늘은 과장님이 쉬기 때문에 과장님 대신 회의를 주제할 사람이 필요하다. ギリシアの神々**にかわって**、キリスト教の神が登場した紀元前後という時代は、一つの大きな変革期であった。 그리스의 신들을 대신하여 그리스도교의 신이 등장한 기원 전후라는 시대는 하나의 큰 변혁기였다. 昨年はタピオカが空前の大ブームを引き起こしたが、今年はタピオカ**にかわって**何が流行するのか、まだ予想がつかない。 작년에는 타피오카가 공전의 대히트를 쳤지만 올해는 타피오카 대신에 무엇이 유행할지 아직 예상이 되지 않는다.		

문형	~にひきかえ	접속	N+にひきかえ 普+の+にひきかえ （NAだ・NAだである+の+にひきかえ） （Nだである+の+にひきかえ）
意	\~에 비해, \~에 반해 （\~와는 반대로）		
解	앞의 사항과 대조적이 된 뒷 문장의 사항을 말하고 싶을 때 사용하는 표현. 화자의 주관적인 감정을 나타낸다.		
例	お隣の娘さんは医学部に進学したらしい。それ**にひきかえ**、あんたはいつになったら勉強をし始めるの。　옆집 딸은 의학부에 진학한 것 같다. 그에 비해 너는 언제서야 공부를 시작할거니. 高くて故障しやすい外国製品**にひきかえ**、安くて品質のいい日本製品は、世界中の消費者に人気がある。 비싸고 고장나기 쉬운 외국제품에 비해 싸고 품질 좋은 일본제품은 전세계 소비자들에게 인기가 있다. 同じネズミ目でも、ハムスターやモルモットはペットとして愛されやすいの**にひきかえ**、ドブネズミは不潔な動物として、忌み嫌われることが多い。　같은 생쥐목이라도 햄스터나 기니피크는 반려동물로 사랑받기 쉬운데 반해 시궁 쥐는 불결한 동물로서 기피하는 경우가 많다. 火山灰による悪影響を受けやすい畑作**にひきかえ**、水田耕作は山地から流出する栄養素を水中に蓄えることができるために、日本の状況に適している。 화산재에 의한 악영향을 받기 쉬운 밭농사에 비해 논농사는 산지에서 유출되는 영양소를 물 속에 저장할 수 있기 때문에 일본의 상황에 적합하다.		

<17> 전문・추측

145	~そうだ（伝聞）	\~ 라고 한다
	~そうだ（様態）	\~ 일 것 같다
146	~ということだ・とのことだ	\~ 라는 것이다 , \~ 라고 한다

147	~とか	~ 라는 것 같다
148	~ようだ	~ 인 듯하다, ~ 인 것 같다
149	~みたいだ	~ 인 듯하다, ~ 인 것 같다
150	~らしい	~ 인 것 같다
151	~まい	~ 하지 않을 것이다
152	~ではあるまいか	~ 이지 않을까
153	~かねない	~ 할 수 있다
154	~恐れがある	~ 할 우려가 있다

문형	~そうだ	접속	普＋そうだ
意	~라고 한다 (전문을 나타낸다)		
解	「~そうだ」는 전문을 나타내는 문형으로 누군가에게 듣거나 무언가를 보고 얻은 정보를 상대에게 전할 때 사용한다.		
例	天気予報によると、あした大雨だ**そうだ**。　일기예보에 의하면 내일 큰 비라고 한다. 平安時代に好まれていた「蘇」というお菓子は、かなり美味しかった**そうだ**。 헤이안 시대에 즐겨먹던「소」라는 과자는 매우 맛있었다고 한다. 増殖したがん細胞を減らすために抗がん剤を与えることで、治療成果をあげている病院がある**そうだ**。 증식된 암세포를 줄이기 위해 항암제를 투여하는 것으로 치료성과를 올리고 있는 병원이 있다고 한다. 北極圏や南極圏では、夏に「白夜」と呼ばれる、真夜中になっても空が暗くならない現象が見られる**そうだ**。 북극권과 남극권에서는 여름에「백야」라고 불리는 한밤중에도 하늘이 어두워지지 않는 현상을 볼 수 있다고 한다.		

문형	~そうだ	접속	Vます＋そうだ Aい＋そうだ （いい ➡ よさそうだ） （ない ➡ なさそうだ） NA＋そうだ
意	~일 것 같다 (~의 상태다)		
解	화자가「확실히 단언할 수 없으나 ~하는 모습이나 상태일 것이다」라고 판단·예측·추측하고 있는 것을 나타낸다.		
例	これは厄介なことになり**そうだ**。　이것은 귀찮은 일이 될 것 같다. 写真を見る限り、この街は静か**そうだ**。　사진을 봐서는 이 도시는 조용할 것 같다.		

インターンシップは会社で働く経験ができるだけでなく、将来の仕事を見つけるのにも役立ち**そうだ**。
인턴십은 회사에서 일하는 경험을 할 수 있을 뿐만 아니라 장래의 일을 찾는 데도 도움이 될 것 같다.

今年の梅雨は七月末まで続き、かなり長かったが、八月からは例年通り猛暑日が続き**そうだ**。
올해 장마는 7월말까지 이어져 상당히 길었지만 8월부터는 예년과 같이 폭염이 이어질 것 같다.

문형	～ということだ・とのことだ	접속	普＋ということだ・とのことだ （ただし、Nは「だ」がなくてもいい）
意	～라는 것이다・～라고 한다　（전문을 나타낸다)		
解	외부에서 듣거나 읽어서 알고 있는 것을 나타내는 표현.		
例	ニュースによると、来月から電気料金が上がる**ということだ**。 뉴스에 의하면 다음 달부터 전기요금이 오른다고 한다. 元乗組員の話によると、青函トンネルができる前、北海道と青森間は、青函連絡船と総称される船によって結ばれていた**ということだ**。 전 승무원의 이야기에 의하면 세이칸 터널이 만들어지기 전 홋카이도와 아오모리 사이는 세이칸 연락선이라고 총칭되는 배로 연결되고 있었다고 한다. 店長の話によると、葛西から西葛西にかけてはインド人の居住者が多く、インド料理だけでも30店舗はある**とのことだった**。 점장님의 이야기에 따르면 카사이에서 니시카사이에 걸쳐서는 인도인 거주자가 많아 인도요리만도 30점포는 있다고 했다.		

문형	～とか	접속	普＋とか （NAだ＋とか） （Nだ＋とか）
意	～라는 것 같다　(～라고 들었다)		
解	예를 들고 싶을 때 사용하고 불확실한 것을 확실히 말하는 것을 피하고 싶을 때 사용하는 표현.		
例	彼女は来週結婚する**とか**で、忙しいらしい。 그녀는 다음 주에 결혼하는 것 같아 바쁜 모양이다. 今年の新入社員は、かなり優秀だ**とか**。君たちも頑張れよ。 올해 신입사원은 매우 우수한 것 같다. 너희도 분발해. トラックの運転手になろうという人が減っている**とか**。これから日本の貨物輸送の問題点も多いだろう。 트럭 운전사가 되려는 사람이 줄고 있는 것 같다. 앞으로 일본의 화물운송의 문제점도 많을 것이다. アリストテレスは、その生涯のうちにありとあらゆる分野の学問を研究し、学問の体系を築いた**とか**。まさに万学の祖という呼び名にふさわしい。　아리스토텔레스는 그 평생 동안 온갖 분야의 학문을 연구하고 학문의 체계를 세운 것 같다. 그야말로 만학의 시조라는 호칭에 어울린다.		

문형	～ようだ	접속	普＋ようだ （NAだな＋ようだ） （Nだの＋ようだ）
意	～인 듯하다, ～인 것 같다　(①추정　②비유・비교　③예시)		

解	①추정을 나타내는 표현. 어떤 일에 대해 무언가의 근거를 갖고 판단할 수 있을 때 사용한다. ②비슷한 상황이나 물건을 예로 들어 무엇을 설명한다. 비유. ③「～とだいたい同じようだ」라는 의미를 나타낸다.
例	①会話の内容から察するに、あの二人は兄弟の**ようだ**。 대화 내용으로 짐작컨대 저 두사람은 형제인 것 같다. ②仲睦まじく遊んでいる様子を見ると、あの二人は兄弟の**ようだ**。 사이좋게 놀고 있는 모습을 보니 저 두사람은 형제인 듯하다. ③あなたの**ように**誰とでも仲良くなれる性格がうらやましい。 당신처럼 누구와도 친해질 수 있는 성격이 부럽다. ― ①才色兼備な彼女だが、料理のほうも腕が立つ**ようだ**。 재색을 겸비한 그녀인데 요리도 잘하는 것 같다. ②毎日同じ時間に起きて会社に行き、同じものを食べて、同じ時間に寝る。夫の生活は、まるで判に押した**ようだ**った。 매일 같은 시간에 일어나 회사에 가고 같은 것을 먹고 같은 시간에 잔다. 남편의 생활은 마치 판에 박은 것 같았다. ③地球の**ように**水や大気が存在する星を、人類は探し続けている。 지구처럼 물과 대기가 존재하는 별을 인류는 계속 찾고 있다.

문형	～みたいだ	접속	普＋みたいだ （NAだ＋みたいだ） （Nだ＋みたいだ）
意	~인 듯하다, ~인 것 같다　（①추정　②유사　③예시）		
解	①화자의 판단을 나타낸다. 그와 같은 모습이나 상황을 엿볼 수 있다. ②모습이나 형태 등이 비슷하다는 의미를 나타낸다. ③조건에 맞는 것을 구체적으로 예시하는 것을 나타낸다.		
例	①彼は何もわかっていない**みたいだ**。　그는 아무것도 모르는 것 같다. ②ハンバーガー**みたいな**雲が浮かんでいる。　햄버거 같은 구름이 떠 있다. ③東京**みたいな**大都会には住みたくない。　도쿄와 같은 대도시에는 살고 싶지 않다. ― ①歯の汚れは唾液が減って口の中が乾燥することが原因**みたいだ**。 치아의 불결은 타액이 줄어 입 속이 건조해지는 것이 원인인 것 같다. ②大塚国際美術館では歴史的な西洋名画の多くを本物**みたいに**再現した作品を展示しており、西洋絵画好きにとってはたまらない美術館だ。 오츠카국제미술관에서는 역사적인 서양 명화의 대부분을 진품같이 재현한 작품을 전시하고 있어 서양 회화를 좋아하는 사람들에게는 더 없이 좋은 미술관이다. ③遊園地**みたいな**楽しく遊べる場所に行きたい。　유원지 같은 즐겁게 놀 수 있는 곳에 가고 싶다.		

문형	~らしい	접속	普＋らしい (NAだ＋らしい) (Nだ＋らしい)

意	~인 것 같다　(추정을 나타낸다)
解	화자가 객관적인 근거를 가지고 판단한 것을 말할 때 사용한다.
例	田さんは来月、アメリカに出張に行く**らしい**。 덴 씨는 다음 달 미국으로 출장을 가는 것 같다. 絵画の修復では、同じ素材を用いて直しても、傷みやすかったり、時代を経た美術品には合わなかったりすることもある**らしい**。 회화의 복원에는 같은 소재를 사용해서 고쳐도 손상되기 쉽거나 세월이 지난 미술품에는 맞지 않는 경우도 있는 것 같다. 古い芸術作品は、贋作もまた多く出回っており、本物**らしい**と思われる作品を一般人が見分けるのは難しい。 오래된 예술작품은 위작 또한 많이 나돌고 있어 진품같다고 생각되는 작품을 일반인이 구별하기는 어렵다.

MORE+ 조동사의「らしい」와 접미어의「らしい」

	조동사의「らしい」	접미어의「らしい」
접속	普＋らしい (NAだ＋らしい) (Nだ＋らしい)	N＋らしい 副詞＋らしい NA＋らしい
의미	객관적인 근거에 기반한 판단.	~의 특질을 잘 갖추고 있다. ~라는 감정을 느끼게 한다.
예	天気予報によると、明日は雨**らしい**。 일기예보에 의하면 내일은 비가 오는 것 같다.	自分**らしい**生活を送りたい。 자신다운 생활을 하고 싶다 その話はばか**らしく**て聞いていられない。 그 이야기는 어처구니 없어서 듣고 있을 수 없다.

문형	~まい	접속	V (五段) 辞＋まい V (一段) 좀＋まい V (カ)「来る」は「くるまい」「こまい」 V (サ)「する」は「すまい・するまい・しまい」

意	①~하지 않을 것이다　②~하지 않을 생각이다
解	①부정의 추량의 뜻을 나타낸다. ②부정의 의지를 나타낸다.

例	①酒を飲んだくらいで、病気になんてなる**まい**。　술을 마신 정도로 병에 걸리지는 않을 것이다. ②あの高くてまずい店、もう二度と行く**まい**。저 비싸고 맛없는 가게, 이제 두 번 다시 안갈거야.
例	①シュリーマンは、実在する**まい**とさえ思われていた伝説の都市トロイアの遺跡を発掘したことで、考古学者としての名を歴史に刻んだ。 슈리만은 실존하지 않을 것이라고까지 여겨졌던 전설의 도시 트로이의 유적을 발굴함으로써 고고학자로서의 이름을 역사에 새겼다. ②生き物は、保護色や擬態をもっていたり、固い殻やトゲや武器をもっていたりあるいは毒を含んでいたりして、相手に食べられ**まい**と必死に抵抗している。 생물은 보호색이나 의태를 갖고 있거나 딱딱한 껍질이나 가시나 무기를 갖고 있거나 또는 독을 품고 있거나 해서 상대에게 먹히지 않겠다고 필사적으로 저항하고 있다.

문형	～ではあるまいか	접속	普＋の＋ではあるまいか (NAだな＋の＋ではあるまいか) (Nだな＋の＋ではあるまいか)
意	~이지 않을까 (아마도~일 것이다)		
解	화자가 어떤 근거에 의한 판단을 나타낸다. 문어체로 사용하는 딱딱한 표현.		
例	幼いころからここに住んでいた彼が、この場所に詳しい**ではあるまいか**。 어릴 때부터 여기에 살고 있던 그가 이 장소를 잘 알고 있지 않을까? 著者がこの作品を通して伝えたかったのは、人生の儚さなの**ではあるまいか**。 저자가 이 작품을 통해 전하고 싶었던 것은 인생의 허무함이 아닐까? 温度や距離など現実的な問題から考えても、人類が太陽に到着するというのは不可能なの**ではあるまいか**。 온도나 거리 등 현실적인 문제로 생각해도 인류가 태양에 도착한다는 것은 불가능하지 않을까? 線文字Bは論文や公式の文書には使用されておらず、主に粘土板に書き留められているから、記録を伝えるためだけに用いられたの**ではあるまいか**。 선문자 B는 논문이나 공식 문서에는 사용되지 않고 주로 점토판에 쓰여져 있으므로 기록을 전하기 위해서만 사용된 것이 아닐까?		

문형	～かねない	접속	Vます＋かねない
意	~할 수 있다 (~의 가능성이 있다)		
解	「～かねない」는 어떤 상황에서 생각했을 때 좋지 않은 일이 일어날 가능성이 있다는 화자의 판단을 나타낸다.		
例	スマホを見ながら運転したら、交通事故を起こし**かねない**。 스마트폰을 보면서 운전하면 교통사고를 일으킬 수 있다. 一般人が軽く問い詰めるだけでは、犯人は嘘をつき**かねない**。 일반인이 가볍게 추궁하는 것만으로는 범인은 거짓말을 할 수 있다.		

外来種は島の固有の生物の生存を脅かし、島全体の生態系を破壊し**かねない**。
외래종은 섬 고유의 생물의 생존을 위협하고 섬 전체의 생태계를 파괴할 수 있다.

暴力的なゲームが普及しすぎると、若者が現実と虚構を混同し、犯罪に走り**かねない**として、危惧する人も多い。
폭력적인 게임이 너무 많이 보급되면 젊은이들이 현실과 허구를 혼동해서 범죄로 치달을 수 있다고 우려하는 사람도 많다.

| 比 | 8 가능성 | 〜かねる | ▶ 340페이지 |

문형	〜恐れがある	접속	V辞＋恐れがある V否＋ない＋恐れがある N＋の＋恐れがある
意	〜할 우려가 있다 （〜라는 걱정이 있다）		
解	〜라는 나쁜 일이 일어날 가능성이 있다. 딱딱한 표현.		
例	東京地方は、竜巻などの激しい突風が発生する**恐れがある**。 도쿄지방은 토네이도 등의 강한 돌풍이 발생할 우려가 있다. 食品にアレルギー物質が入っている場合や、その**恐れがある**場合は、子供に食べさせてはいけない。 식품에 알러지 물질이 들어 있는 경우나 그 우려가 있는 경우에는 아이에게 먹여서는 안된다. 車も自転車もスピードが出せるので、道幅が充分あっても出会い頭に衝突する**恐れがある**。 자동차도 자전거도 속도를 낼 수 있으므로 도로 폭이 충분해도 서로 나오다가 충돌 할 우려가 있다. 水面下に潜む岩石やサンゴ礁は暗礁と呼ばれており、その周辺を通過する船にとっては座礁の**恐れがある**、危険な場所だ。　수면 아래에 숨어 있는 암석이나 산호초는 암초라고 불리며 그 주변을 통과하는 배에게는 좌초의 우려가 있는 위험한 곳이다.		

POINT 「〜かねない」와 「〜恐れがある」의 비교

「〜恐れがある」는 〜라는 나쁜 일이 일어날 가능성이 있고, 〜라는 걱정이 있다는 의미를 나타낸다. 딱딱한 표현이므로 일기예보나 뉴스 등에서 사용한다. 나쁜 일에만 사용한다.
「〜かねない」도 좋지 않은 일이 일어날 가능성이 있다는 의미를 나타내지만 화자가 어떤 상황으로부터의 판단을 한 것을 나타내고 원인과 함께 사용한다.

例
○ 病気になる**恐れがある**。　　○ そんな乱れた生活をしていると病気になる**恐れがある**。
✗ 病気になり**かねない**。　　　○ そんな乱れた生活をしていると病気になり**かねない**。
뜻 : 병에 걸릴 우려가 있다.　　뜻 : 그런 문란한 생활을 하면 병에 걸릴 우려가 있다.

<18> 주장·단정

155	～に違いない・～に相違ない	~ 에 틀림없다
156	～に決まっている	~ 에 틀림없다, ~ 임이 뻔하다
157	～にほかならない	~ 에 틀림없다
158	～というものだ	~ 라는 것이다
159	～しかない	~ 밖에 없다
160	～（より）ほか（は）ない	~ 밖에 (는) 없다
161	～までだ・までのことだ	~ 할 뿐이다
162	～にすぎない	~ 에 지나지 않는다

문형	～に違いない・に相違ない	접속	普＋に違いない・に相違ない （NAだ＋に違いない・に相違ない） （Nだ＋に違いない・に相違ない）
意	~에 틀림없다 （분명~이다）		
解	어떠한 근거에 의해 화자가 강하게 확신하고 있다는 것을 나타낸다. 양쪽 모두 문어체지만 「～に相違ない」 쪽이 더 딱딱한 표현.		
例	そのレストランはいつも人が多いから、おいしい**に違いない**。 그 레스토랑은 항상 사람이 많으니 맛있는 게 틀림없다. この小説を読む限り、作者はきっとユーモアに富む人物である**に違いない**。 이 소설을 읽은 바로는 작자는 분명 유머가 풍부한 인물임에 틀림없다. 偶然発見したように見えても、実際のところ、彼のそれまでの努力があったからこそ、今回の実験で成果として現れた**に違いない**。　우연히 발견한 것처럼 보여도 실제로는 그의 그때까지의 노력이 있었기에 이번 실험에서 성과로 나타났음이 틀림없다. 宇宙がこれほど広いのであれば、生命体が住み、文明が築かれている星がどこかにある**に違いない**。 우주가 이렇게 넓다면 생명체가 살고 문명이 구축된 별이 어딘가에 있음이 틀림없다.		

문형	～に決まっている	접속	普＋に決まっている （NAだ・NAだである＋に決まっている） （Nだ・Nだである＋に決まっている）
意	~에 틀림없다, ~임이 뻔하다 （반드시~하다）		
解	화자가 단언하고 싶을 때 사용하는 강한 표현. 「絶対に～だ、ほかには考えられない」. 구어체.		
例	この仕事を今日中に終わらせるなんて、無理**に決まっている**。 이 일을 오늘 중으로 끝낸다니 무리임에 틀림없다. 冷蔵庫のプリンがなくなっていた。妹が食べた**に決まっている**。 냉장고의 푸딩이 없어졌다. 여동생이 먹은게 뻔하다.		

毎日２時間睡眠では、体調を崩す**に決まっている**。
매일 2시간 수면으로는 건강을 해칠게 뻔하다.

自分が一番正しい**に決まっている**と思い込んで行動を先走ると、意図せず他人を巻き込んだり傷つけたりすることがある。
자신이 가장 옳은게 틀림없다고 믿고 행동을 앞세우면 의도치 않게 다른 사람을 휘말려들게 하거나 상처입히는 경우가 있다.

문형	～にほかならない	접속	Ｎ＋にほかならない
意	～에 틀림없다 （반드시 ～하다）		
解	화자가 단언하고 싶을 때 사용하는 강한 표현. 「絶対に～だ、ほかには考えられない」．문어체．		
例	あの映画が人気を集めたのは、俳優の演技がよかったから**にほかならない**。 저 영화가 인기를 끈 것은 배우의 연기가 좋았기 때문임에 틀림없다. この手紙の筆跡は、私の級友のもの**にほかならない**。 이 편지의 필적은 내 급우의 것임에 틀림없다. 人間はまるで特別な高等生物のような顔をしているが、実際は少し頭が発達しただけの、数ある動物の一種**にほかならない**。　인간은 마치 특별한 고등생물 같은 얼굴을 하고 있지만 실제는 약간 머리가 발달해 있을 뿐인 수 많은 동물의 일종임에 틀림없다. 中世のヨーロッパでは、少し変わった人間は魔女**にほかならない**として炙り出され、多くの罪なき人が拷問を受け、ときには処刑されることもあった。 중세 유럽에서는 조금 특이한 사람은 마녀임에 틀림없다고 색출해내져서 많은 죄없는 사람이 고문을 당하고 때로는 처형을 당하는 일도 있었다.		

문형	～というものだ	접속	普＋というものだ （ただし、ＮＡとＮは「だ」がなくてもいい）
意	～라는 것이다 （그것은 ～이다）		
解	화자가 감상을 말하거나 주장을 하고 싶을 때 사용하는 단정적인 표현.		
例	遅く来て、いい席に座ろうなんて、自分勝手**というものだ**。 늦게 와서 좋은 자리에 앉으려 하다니 제멋대로라는 것이다. 困っている人がいたら助けるのが当たり前**というものだ**。 곤란해 하는 사람이 있으면 돕는 것은 당연한 것이다. 助けることもあれば、助けられることもあるのが人間**というものだ**。 도움 주는 일도 있는가 하면 도움 받는 일도 있는 것이 인간이다. 芸術とは難しいものではなく、自分の表現したいことを自由に表現する**というものだ**。 예술이란 어려운 것이 아니라 자신이 표현하고 싶은 것을 자유롭게 표현하는 것이다.		

문형	～しかない	접속	Ｖ辞＋しかない Ｎ（する動詞）＋しかない
意	～밖에 없다, ～할 뿐이다		

解	달리 방법이 없으므로 어쩔 수 없이 ~을 할 뿐이다.
例	終電を逃したから、歩く**しかない**。　막차를 놓쳐서 걸을 수 밖에 없다. 試験に落ちたとしても、前を向く**しかない**。　시험에 떨어졌더라도 앞을 바라볼 뿐이다. 他の生物との競争に勝てない生物は、誰もいないところへ出て行く**しかない**。 다른 생물과의 경쟁에 이기지 못하는 생물은 아무도 없는 곳으로 나갈 수 밖에 없다. 通信販売は、利便性こそ高いが、店頭で現物を手にすることができないため、消費者は広告での写真やクチコミなどを基に購入を判断する**しかない**。 통신판매는 편의성은 높지만 매장에서 현물을 손으로 만져볼 수 없기 때문에 소비자는 광고에서의 사진이나 입소문 등을 바탕으로 구입을 판단할 수 밖에 없다.

문형	~（より）ほか（は）ない	접속	V辞＋（より）ほか（は）ない
意	~밖에(는) 없다 (~이외에 방법이 없다)		
解	「しかない」와 똑같이 「他には方法がないから、仕方なく~をするだけだ」라는 의미를 나타내지만 「しかない」보다 조금 딱딱한 표현. 「より」와 「は」는 생략할 수 있다.		
例	単語は一つずつ覚える**よりほかはない**。　단어는 하나씩 외우는 수 밖에 없다. これ以上客足が遠のき続けるのであれば、店をたたむ**ほかない**。 더 이상 손님 발길이 계속 뜸해진다면 가게를 접을 수 밖에 없다. 仕掛けを学習できないラットは、環境に適応できないものとして死ぬ**よりほかない**。 덫을 학습하지 못하는 생쥐는 환경에 적응할 수 없는 개체로서 죽을 수 밖에 없다. 論を立証できる既存のデータがないのであれば、自分で新たに実験や取材を行い、地道にデータを採集する**ほかない**。　견해를 입증할 수 있는 기존의 데이터가 없다면 자신이 새로 실험이나 취재를 해서 꾸준히 데이터를 수집할 수 밖에 없다.		

문형	~までだ・までのことだ	접속	V辞＋までだ・までのことだ
意	~할 뿐이다		
解	그 밖에는 방법이 없으므로 어쩔 수 없이 ~을/를 할 뿐이다. 최종수단을 나타낸다.		
例	とりあえずやってみて、失敗したらやめる**までだ**。 우선 해보고 실패하면 그만둘 뿐이다. 電車が運転見合わせなのであれば、歩いて帰宅する**までだ**。 전철이 운행 보류라면 걸어서 귀가할 뿐이다. 政治に対して不満があるのなら、まずは現在の情勢にしっかりと目を尖らせ、積極的に選挙に行って世の中を変える努力をする**までだ**。　정치에 대해 불만이 있다면 우선은 현재의 정세에 확실히 눈을 부릅뜨고 적극적으로 선거에 나서 세상을 바꾸는 노력을 할 뿐이다.		

	どれほど僕が彼女を深く愛していたとしても、彼女の気が変わったというのなら、諦めて別れる**までだ**。
	아무리 내가 그녀를 깊이 사랑했다해도 그녀의 마음이 변했다면 포기하고 헤어질 뿐이다.

比	15 비교・정도	～までだ・～までのことだ	▶ 383페이지

문형	～にすぎない	접속	普 ＋にすぎない （NAだ・NAだである＋にすぎない） （Nだ・Nだである＋にすぎない）
意	～에 지나지 않는다 （단지 ~ 뿐이다）		
解	어떤 일의 정도가 낮은 것을 말할 때 사용한다. 그 이상의 것은 아님을 나타낸다.		
例	こんなことしても、ただ時間の無駄**にすぎない**。　이래봤자 단지 시간 낭비에 지나지 않는다. 彼女にとって僕は、影の薄いクラスメート**にすぎない**だろう。 그녀에게 있어 나는 존재감 없는 학급 친구에 지나지 않을 것이다. 何度も同じ失敗をしても、繰り返しているうちに、いつかうまくいくだろうと頑張る。 この頑張りは「奇跡を期待していること」**にすぎない**。　여러번 같은 실패를 해도 반복하다보면 언젠가 잘 될 것이라고 분발한다. 이 분발은「기적을 기대하고 있는 것」에 지나지 않는다. プラトンは、あらゆるものの本質はこの世とは違うイデア界に存在しており、我々が肉体的に感覚している対象はイデアに似た像**にすぎない**、と説いた。 플라톤은 모든 것의 본질은 이 세상과는 다른 이데아의 세계에 존재하고 있고 우리가 육체적으로 느끼고 있는 대상은 이데아와 비슷한 모습일 뿐이라고 설파했다.		

<19> 기준・대응

163	～ようだ・ように・ような	~ 같다・~ 처럼・~ 와 같은
164	～とおりに・とおりだ・とおりの ～どおりに・どおりだ・どおりの	~ 대로・~ 대로다
165	～をもとに（して）・をもとにした	~ 을/를 바탕으로・~ 을/를 바탕으로 한
166	～に基づいて・に基づく・に基づいた	~ 에 의거하여・~ 에 의거한
167	～に沿って・に沿う・に沿った	~ 에 따라서・~ 에 따른
168	～に即して・に即した	~ 에 입각하여・~ 에 입각한
169	～を踏まえて・を踏まえた	~ 을/를 바탕으로・~ 을/를 토대로 한
170	～に応じて・に応じた	~ 에 따라・~ 에 따른
171	～のもとで・のもとに	~ 의 아래
172	～によって・による	~ 에 의해・~ 에 의한
173	～次第で（は）・次第だ	~ 에 달렸다
174	～たびに	~ 할 때마다
175	～をきっかけに（して）・をきっかけとして	~ 을/를 계기로 (하여)
176	～を契機に（して）・を契機として	~ 을/를 계기로 (하여)
177	～かたわら	~ 하면서
178	～そばから	~ 하자마자

문형	~ようだ・ように・ような	접속	普＋ようだ・ように・ような （NAだな＋ようだ・ように・ような） （Nだの＋ようだ・ように・ような）
意	~같다・~처럼・~같은 （~와 거의 같다）		
解	구체적인 예를 들고 싶을 때 사용하는 표현이다. 「例えば」를 보충할 수 있다.		
例	神田の**ような**古本屋街は世界でも珍しいだろう。 간다 같은 고서점가는 세계에도 흔치 않을 것이다. 母が私にとても優しくしてくれた**ように**、私も娘に対し優しくありたい。 어머니가 내게 매우 자상하게 해준 것처럼 나도 딸에게 자상하고 싶다. 昔の**ように**電車で文庫本を読む人が少なくなり、じっと携帯の画面を見ている人が増えてきた。옛날처럼 전철에서 문고본을 읽는 사람이 적어지고 가만히 핸드폰 화면을 보고 있는 사람이 늘었다. 高村光太郎が彫刻家としても作品を残していた**ように**、詩人と呼ばれる人の多くは、詩以外の分野での創作活動や職業と並行して、詩作を行なっていた。 다카무라 고타로가 조각가로서도 작품을 남겼듯이 시인이라 불리는 사람들은 대부분 시 이외의 분야에서의 창작활동이나 직업과 병행해서 시를 쓰고 있었다.		
比	17 전문・추측	~ようだ	▶ 391페이지

POINT 「~ようだ」「~ように」「~ような」의 사용법

「~ように」는 「ようだ」의 연용형이며 「ような」는 마찬가지로 「ようだ」의 연용형이다.
「~ように」는 연용형으로서 용언（동사・형용사・형용동사）을 수식할 때 사용된다.
「~ような」는 연체형으로서 체언（명사）을 수식할 때 사용된다.

例

あの人の**ように**日本語がぺらぺら話せたらいいのに。
저 사람처럼 일본어를 유창하게 말할 수 있으면 좋을텐데.

風邪をひいたときは、みかんの**ような**
ビタミンCを多く含む果物を食べるといい。
감기에 걸렸을 때 귤 같은 비타민 C 를 많이 함유한
과일을 먹으면 좋다.

문형	~とおりに・とおりだ・とおりの ~どおりに・どおりだ・どおりの	접속	V辞・Vた＋とおりに・とおりだ・とおりの N＋の＋とおりに・とおりだ・とおりの N＋どおり・とおりだ・とおりの
意	~대로・~대로다 （~와 마찬가지로）		
解	「~と同じように」라는 의미를 나타낸다. 「予定・計画・指示・言う・思う」 등의 특정한 단어와 연결되는 경우가 많다.		

例	当日のスケジュールは、この書類に示した**とおりです**。 당일 스케줄은 이 서류에 제시한 대로 입니다. 計画を立てたところで、どうせその**とおりに**実行できないに決まっている。 계획을 세워 봤자 어차피 그대로 실행할 수 없을 것이 뻔하다. 栃木県にある塩の湯温泉は、その名前の**とおり**、塩分による効能が高い湯質であることが知られている。 도치기현에 있는 시오노유 온천은 그 이름대로 염분에 의한 효능이 높은 수질이라는 것이 알려져 있다.

POINT 「〜ように」와「〜とおりに」의 차이

「〜ように」는 제시된 예와 거의 같은 것을 나타낸다. 그에 비해 「とおりに」는 제시된 것과 다르지 않다는 의미를 나타낸다.

例

彼は約束**どおり**の時間に来なかった。(✗約束のような) 그는 약속한 시간에 오지 않았다.

彼の**ように**日本語が流暢に話せない。(✗彼の通りに) 그와 같이 일본어를 유창하게 말할 수 없다.

문형	~をもとに（して）・をもとにした	접속	N＋をもとに（して）・をもとにした
意	~를 바탕으로・~를 바탕으로 한　（~를 소재로하여）		
解	어떤 것을 만들어 낼 때의 기초・원형・소재 등을 나타낸다. 「書く・話す・作る・創作する」 등의 의미를 가진 동사와 연결되는 경우가 많다.		
例	最近の歴史ブームで、史実**をもとにした**ドラマが人気だ。 최근 역사 붐으로 역사적 사실을 바탕으로 한 드라마가 인기다. この小説は、作者が実際の自身の生活**をもとに**書いたものであると言われている。 이 소설은 작자가 실제 자신의 생활을 바탕으로 쓴 것이라고 한다. 私たちは、たとえ過去に経験したことがないような場面に出会ったとしても、経験したことの知識**をもとにして**考え、その場面を理解し、最適な行動をとろうと計画します。 우리는 비록 과거에 경험한 적이 없는 상황에 처한다 해도 경험한 것의 지식을 바탕으로 생각하고 그 상황을 이해하며 최적의 행동을 취하려고 계획합니다. オペラ『フィガロの結婚』は、フランスの劇作家ポール・マルシェが書いた戯曲**をもとに**、モーツァルトが作曲したものだ。 오페라 「피가로의 결혼」은 프랑스의 극작가 폴 마르셰가 쓴 희곡을 바탕으로 모차르트가 작곡한 것이다.		

문형	~に基づいて・に基づく・に基づいた	접속	N＋に基づいて・に基づく・に基づいた
意	~에 의거하여・~에 의거한　（~을 기준으로）		

解	무언가를 근거・기준으로 하여 판단과 행동을 한다는 것을 나타낸다.「規定・ルール・データ・計画」등의 단어와 함께 자주 사용된다.
例	入学試験の成績に基づいて、一年目のクラス分けをします。 입학시험 성적을 기준으로 1학년 반편성을 합니다. この小説に書かれていることはすべて、実話に基づいたものだ。 이 소설에 쓰여있는 것은 모두 실화에 근거한 것이다. 判例法主義の国家では、裁判において、原則、過去の同種の裁判の先例に基づいて、判決が下される。 판례법주의 국가에서는 재판에서 원칙, 과거의 같은 재판의 선례에 의거하여 판결이 내려진다. 面接で新入社員を採用する際は、客観的な視点に基づいた冷静な判断が必要になる。 면접으로 신입사원을 채용할 때는 객관적인 관점에 의거한 냉정한 판단이 필요해 진다.

POINT 「〜をもとにして」와「〜に基づいて」의 차이

「〜をもとにして」는「〜를 소재로 새로운 것을 만들어 내다」라는 의미이다. 그에 반해「〜に基づいて」는「〜를 근거・기준으로 하여 판단과 행동을 한다」라는 의미이다.

例

平仮名や片仮名は漢字（〇をもとにして ×に基づいて）作られた。히라가나와 가타카나는 한자를 바탕으로 만들어졌다.

未成年の飲酒は法律（〇に基づいて ×をもとにして）禁止されている。미성년자의 음주는 법률에 의거하여 금지되어 있다.

このドラマは被爆体験（〇に基づいて 〇をもとにして）書かれた。이 드라마는 피폭체험을 바탕으로 쓰여졌다.

文型	〜に沿って・に沿う・に沿った	接続	N＋に沿って・に沿う・に沿った
意	〜에 따라서・〜에 따른		
解	「무언가에 맞추어 행동한다」「오래 계속되고 있는 것에 병행한다」라는 의미를 나타낸다.「川・流れ・方針・方向」등의 단어와 함께 사용된다.		
例	花火大会の時は、たくさんの人が川に沿って座っている。 불꽃놀이 때는 많은 사람들이 강을 따라 앉아 있다. 結婚式は彼らの希望に沿って、ハワイで行われた。 결혼식은 그들의 희망에 따라 하와이에서 치뤄졌다. 予め用意しておいた質問項目に沿ってアンケート調査をする。 미리 준비해 둔 질문항목에 따라 설문조사를 한다. かつてから、水があるゆえに土壌が豊かで、船で他の地域と交流することも可能であることから、あらゆる文明は、川に沿って栄える傾向があった。 예로부터 물이 있어 토양이 비옥하고 배로 다른 지역과 교류도 가능하다는 점에서 모든 문명은 강을 따라 번영하는 경향이 있었다.		

문형	~に即して・に即した	접속	N+に即して・に即した
意	~에 입각하여・~에 입각한 (~을/를 기준으로)		
解	어떤 것을 기준・근거로 하여 판단과 행동을 한다는 것을 나타낸다. 흔히 「事実・実態・方針・計画」 등의 기준을 나타내는 단어와 함께 사용된다.		
例	ニュース番組は事実に即して報道すべきである。 뉴스 프로그램은 사실에 입각하여 보도해야 한다. サービス業においては、個々の利用者に対し、それぞれの意向に沿った提案をし、それぞれのニーズに即したサービスを提供する必要がある。 서비스업에서는 개별 이용자에 대해 각자의 의향에 따른 제안을 하고 각각의 수요에 입각한 서비스를 제공할 필요가 있다. 多様性が認められる現在においては、マイノリティの生活に即してデザインなどを工夫し、誰でも安心して使えるような商品を生み出すことが大切だ。 다양성이 인정되는 현재에는 마이너리티의 생활에 입각해서 디자인 등을 연구하여 누구나 안심하고 사용할 수 있는 상품을 만들어 내는 것이 중요하다. 実生活に即した日本語を習得したいのなら、与えられた文章を読むだけでなく、ドラマやアニメにも触れてみるのはどうだろうか。 실생활에 입각한 일본어를 습득하고 싶다면 주어진 문장을 읽는 것 뿐만 아니라 드라마나 애니메이션에도 접해보는 것이 어떨까?		

문형	~を踏まえて・を踏まえた	접속	N+を踏まえて・を踏まえた
意	~을/를 바탕으로・~을/를 토대로 한 (~을/를 전제로 하여)		
解	어떤 것을 토대나 전제로 하여 행동을 한다는 것을 나타낸다. 흔히 「結果・状況・現状」 등의 단어와 함께 사용된다.		
例	文部省の国語教育の文法は主に橋本文法を踏まえてできている。 문부성의 국어교육 문법은 주로 하시모토 문법을 토대로 만들어져 있다. 今回の反省を踏まえて、次は失敗しないようにしよう。 이번 반성을 바탕으로 해서 다음에는 실패하지 않도록 하자. 一般社団法人においては、理事会は、株主総会で審議された案件を踏まえて、業務執行に関する事項を決定する。 일반사단법인에서 이사회는 주주총회에서 심사된 안건을 바탕으로 업무집행에 관한 사항을 결정한다. 文章を書くときは、あらゆる人種やセクシュアリティ、思想の人が読むことを踏まえて、細心の注意を払いながら言葉を選ぶべきだ。 글을 쓸 때는 모든 인종과 섹슈얼리티, 사상의 사람들이 읽는 것을 전제로 세심한 주의를 기울이면서 단어를 선택해야 한다.		

문형	~に応じて・に応じた	접속	N+に応じて・に応じた
意	~에 따라・~에 따른 (~에 대응하여)		
解	전항 사항의 변화에 맞춰 후항 사항도 변화한다는 의미이다.		

例	労働時間**に応じて**給料を払う。　노동시간에 따라 급료를 지불한다. 環境の変化**に応じて**、生物はそれぞれにとって適した形に進化してきた。 환경 변화에 따라 생물은 각자에게 적합한 형태로 진화해 왔다. 時代の変化や消費者のニーズ**に応じて**、素早く商品を切り替える必要がある。 시대의 변화나 소비자의 요구에 따라 재빠르게 상품을 바꿀 필요가 있다. 動詞や形容詞など、「用言」と呼ばれる単語は、文法的な意味機能**に応じて**、複数の形に活用することができる。 동사나 형용사 등 「용언」이라고 불리는 단어는 문법적인 의미기능에 따라 복수의 형태로 활용할 수 있다.

POINT 「〜に沿って」「〜に即して」「〜を踏まえて」「〜に応じて」의 차이

이 4가지 문형은 어떤 것을 근거로 하는 점에서는 거의 같다. 비슷한 문형이지만 조금 다른 어감을 갖고 있다.

「〜に沿って」는 흐름에 맞춘다는 의미를 나타낸다.

例
成功をイメージして、そのシナリオ**に沿って**行動する。
성공을 이미지하고 그 시나리오에 따라 행동한다.

「〜に即して」는 그대로에 따른다는 의미를 나타낸다.

例
校則**に即して**制服を着て通学しなければならない。
교칙에 따라서 교복을 입고 통학해야 한다.

「〜を踏まえて」는 무엇을 고려해서 행동한다는 의미를 나타낸다.

例
アンケート結果**を踏まえて**、企画を見直します。　설문조사 결과를 바탕으로 기획을 수정합니다.

「〜に応じて」는 앞의 변화 행동에 맞추어 임시 대응으로 행동을 취한다는 의미를 나타낸다.

例
参加する人数**に応じて**、どの会場を予約するかを決める。
참가하는 인원수에 따라서 어느 장소를 예약할지를 결정한다.

文型	〜のもとで・のもとに	接続	N＋のもとで・のもとに
意	〜아래 (〜의 영향이 미치는 범위・〜인 상황에서)		
解	「영향력 있는 것의 아래에서 행동을 한다」「어떤 조건에서 행동을 한다」라는 의미다. 「〜の名の下に」라는 표현이 많이 보이고 동작의 명목을 나타낸다.		

例	先生のご指導**のもとで**、論文を完成した。 선생님의 지도 아래 논문을 완성했다. 私が成功したのは、恵まれた環境**のもとで**経験を積むことができたからだ。 내가 성공한 것은 좋은 환경 아래서 경험을 쌓을 수 있었기 때문이다. そのため、企業はそうした認識**のもとで**新たなビジネスモデルを築かなければならない。 그래서 기업은 그러한 인식 아래 새로운 비즈니스 모델을 구축해야 한다. 人種差別をなくすという名目**のもとで**、多くの人を攻撃し、傷つけているのなら本末転倒だ。 인종차별을 없앤다는 명목 하에 많은 사람을 공격하고 상처입히고 있다면 본말전도다.

문형	~によって・による	접속	N+によって・による
意	~에 따라, ~에 의해・~에 따른 (~에 대응하여 변한다)		
解	전항 사항의 차이로 후항 사항도 다르다는 의미이다.「違う・変わる」의 의미를 나타내는 단어와 함께 사용된다.		
例	国**による**文化の違いを理解すべきだ。　나라에 따른 문화의 차이를 이해해야 한다. 時代**によって**、社会の中で正しいとされる共通認識は変化してきた。 시대에 따라 사회 안에서 옳다고 여겨지는 공통인식은 변화해 왔다. 一つの政策を巡って、視点**によって**は正反対の意見が出るかもしれない。 하나의 정책을 둘러싸고 관점에 따라서는 정반대의 의견이 나올지도 모른다. ここにはかつて地震**によって**沈んだ島があったらしいが、その島が沈んだタイミングや実在したかどうかについては研究者**によって**意見が分かれている。 여기에는 옛날 지진에 의해 가라앉은 섬이 있었다고 하는데 그 섬이 가라앉은 시점이나 실재했는지에 대해서는 연구자에 따라 의견이 엇갈리고 있다.		
比	5 근거・수단・매개	~によって	▶ 325페이지
比	23 원인・이유	~によって・による	▶ 428페이지

문형	~次第で（は）・次第だ	접속	N+次第で（は）・次第だ
意	~에 달렸다 (~에 의해 결정되다)		
解	어떤 것에 대응하여 무언가가 결정되거나 결과가 바뀌는 것을 나타낸다.		
例	合格するかどうかは、あなたの努力**次第です**。 합격할지 어떨지는 당신의 노력에 달렸습니다. いくら地獄の沙汰も金**次第だ**とはいえ、こんなにも重大な事件にもかかわらず、お金だけで解決させてしまうのは、果たして許されることなのか。　아무리 지옥의 심판도 돈에 달렸다고는 하지만 이렇게도 중대한 사건임에도 불구하고 돈만으로 해결시켜버리는 것은 과연 용서될 일인가?		

	Youtubeやブログを使えば、企画やコンテンツ**次第で**、一般人でも芸能人より高い収入や知名度を得たりすることがある。 Youtube나 블로그를 사용하면 기획이나 콘텐츠에 따라 일반인이라도 연예인보다 높은 수입과 지명도를 얻는 경우가 있다.			
比	11 시간・시점	～次第		▶ 360페이지
比	13 결과・결론	～次第だ		▶ 371페이지

문형	～たびに	접속	V辞＋たびに N＋の＋たびに
意	～할 때마다 (～할 때는 항상)		
解	전항 동작을 행하면 항상 후항 사항이 발생한다.		
例	好きなアイドルの情報が更新される**たびに**、彼女は奇声を上げている。 좋아하는 아이돌 정보가 갱신될 때마다 그녀는 괴성을 지르고 있다. 帰省の**たびに**、姉は実家にお土産を買ってきてくれる。 귀성할 때마다 누나는 친가에 선물을 사다 준다. のびのびと海の中を泳いでいるクラゲを見る**たびに**、何となく癒される感じがする。 유유히 바다 속을 헤엄치고 있는 해파리를 볼 때마다 어쩐지 치유되는 느낌이 든다. 合わせ調味料を使えば、調理の**たびに**調合するより効率的に調理することが可能になる。 합성 조미료를 사용하면 조리할 때마다 조제하는 것 보다 효율적으로 조리하는 것이 가능해진다.		

문형	～をきっかけに（して）・ をきっかけとして	접속	N＋をきっかけに（して）・ をきっかけとして
意	～을 계기로(하여)		
解	전항의 사건을 동기・계기로 후항 동작을 행하는 것을 나타낸다.		
例	修学旅行**をきっかけに**、歴史に興味を持つようになった。 수학여행을 계기로 역사에 관심을 갖게 되었다. 今回の放送**をきっかけに**、より多くの人に我々のことを知ってもらいたいと思う。 이번 방송을 계기로 보다 많은 사람들에게 우리를 알리고 싶다고 생각한다. 新居に引っ越したこと**をきっかけに**、心機一転して生活をやり直す。 새집으로 이사한 것을 계기로 심기일전하여 생활을 다시 시작한다. 震災により様々な建物が倒壊したこと**をきっかけに**、地震に強い丈夫な家の需要が急速に高まった。 지진재해에 의해 다양한 건물이 무너진 것을 계기로 지진에 강한 튼튼한 집의 수요가 급속히 높아졌다.		

문형	～を契機に（して）・を契機として	접속	N＋を契機に（して）・を契機として
意	～을 계기로(하여)		
解	전항의 사건에 의해 후항의 동작을 행하는 것을 나타낸다. 후항은 긍정적인 의미의 문장이 오는 경우가 많다.		

例	結婚したこと**を契機に**、酒もタバコも辞めようと思う。 결혼한 것을 계기로 술도 담배도 끊으려고 한다. 事故**を契機として**、鉄道会社は車両を丈夫なものに一新した。 사고를 계기로 철도회사는 차량을 튼튼한 것으로 바꾸었다. 国際エネルギー機関は、石油危機**を契機として**、アメリカの国務長官の提唱のもと、設立された。　국제에너지기구는 석유위기를 계기로 미국 국무장관의 제창 아래 설립되었다. 大飢饉**を契機に**、幕府は百姓の没落を防ぐため、田畑の売買を禁止する法令を発令した。 대기근을 계기로 막부는 백성의 몰락을 막기 위해 농토의 매매를 금지하는 법령을 발령했다.

문형	~かたわら	접속	V辞＋かたわら N＋の＋かたわら
意	~을/를 하면서 (~한편으로 다른 것도)		
解	전항의 동작을 하는 한편 병행하여 후항도 한다는 것을 나타낸다. 「傍ら」로도 표기된다.		
例	彼女は、女優としての仕事の**かたわら**、児童を援助する活動も続けている。 그녀는 여배우로서 일하면서 아동을 원조하는 활동도 계속하고 있다. 彼は大学で文芸批評論を学ぶ**かたわら**、自身も小説を書くことに興味を持ち、在学中に新人賞を受賞した。 그는 대학에서 문예비평론을 배우면서 자신도 소설을 쓰는 것에 흥미를 가져 재학중에 신인상을 수상했다. 学生生活の**かたわら**別の勉強をするのは良いことだが、それにより学業が疎かになってしまえば、本末転倒だ。 학생 생활의 한편으로 다른 공부를 하는 것은 좋지만 그에 따라 학업이 소홀해지면 본말전도다.		

문형	~そばから	접속	V辞・Vた＋そばから
意	~하자마자 (했음에도 바로)		
解	무언가를 하고 바로 뒤에 다른 일이 일어나는 것을 나타낸다. 후항은 바람직하지 않은 경우가 많다. 특히 여러번 반복되어 발생하는 일인 경우에 사용된다.		
例	単語は覚えた**そばから**忘れてしまう。 단어는 외우자마자 잊어버린다. 息子は、今日こそ勉強をすると言った**そばから**、ゲームばかりしている。 아들은 오늘이야말로 공부를 한다고 말하자마자 게임만 하고 있다. 店長に注意された**そばから**ミスばかりしていて、あきれるよ。 점장님께 주의를 받자마자 실수만 해서 어이없다.		

どれだけ立派なことを言っていても、言った**そばから**それを行動に移せていないような人の話は、聞く価値がないだろう。 아무리 멋진 말을 해도 말하자마자 바로 그것을 행동으로 옮기지 않는 사람의 이야기는 들을 가치가 없을 것이다.

政府が国民に自粛するようにと呼びかけた**そばから**深夜まで大人数で飲むサラリーマンが多いのは、呆れたものだ。 정부가 국민들에게 자제하도록 호소했음에도 늦은 밤까지 여럿이서 술을 마시는 샐러리맨이 많은 것은 어처구니 없는 일이다.

<20> 무관계・무시

179	～にかかわらず・にかかわりなく	~ 에 관계없이
180	～を問わず	~ 을/를 불문하고
181	～もかまわず	~ 도 불구하고
182	～はともかく（として）	~ 는 어떻든
183	～はさておき	~ 는 접어두고
184	～をものともせずに	~ 을/를 아랑곳하지 않고
185	～をよそに	~ 에 개의치 않고
186	～（よ）うと～まいと・（よ）うが～まいが	~ 하든 ~ 하지 않든

문형	～にかかわらず・にかかわりなく	접속	V辞＋V否＋ない＋にかかわらず・にかかわりなく A＋Aい＋ない＋にかかわらず・にかかわりなく NA＋NA＋でない＋にかかわらず・にかかわりなく N＋にかかわらず・にかかわりなく
意	~에 관계없이		
解	앞의 사항에 관계없이 뒤의 사항이 성립하는 것을 나타낸다.		
例	本日の面接の結果については、合否**にかかわらず**、お電話でお知らせいたします。 오늘 면접 결과에 대해서는 합격 여부에 관계없이 전화로 통지드립니다. 年齢や社会的地位**にかかわらず**、自分の好きなことに打ち込める人は素敵だ。 연령이나 사회적 위치에 관계없이 자신이 좋아하는 일에 몰두 할 수 있는 사람은 멋지다. 実際、ブランド品であれば、品質**にかかわらず**よく売れるものだ。 실제로 명품이라면 품질에 관계없이 잘 팔리는 법이다. 高級住宅街など舌の肥えた人が集まる場所では、値段**にかかわらず**、品質が高く美味しい食品を提供する飲食店が評価される傾向がある。 고급 주택가 등 맛을 아는 사람들이 모이는 곳에서는 가격에 관계없이 품질이 좋고 맛있는 요리를 제공하는 음식점이 평가받는 경향이 있다..		
比	2 대상	～に関わる	▶ 315페이지
比	21 역접・양보	～にもかかわらず	▶ 417페이지

문형	～を問わず	접속	N＋を問わず
意	~을/를 불문하고 (~에 관계없이)		

解	앞의 사항이 어떤 상태여도 뒤의 상황에 영향을 주지 않는다. 「有無」「昼夜」 등의 대립을 나타내는 단어와 자주 함께 사용된다.
例	サッカーは年齢や性別を問わず、多くの人々に人気がある。 축구는 연령이나 성별을 불문하고 많은 사람들에게 인기가 있다. 我々の会社では、経験や学歴を問わず、一緒に働いてくれる人を募集しています。 우리 회사에서는 경험이나 학력을 불문하고 함께 일해 줄 사람을 모집하고 있습니다. 日本は近年、季節を問わず、のべつ災害に見舞われている。 일본은 최근 계절을 불문하고 끊임없이 재해를 겪고 있다. リモートワークが普及したことにより、場所や時間を問わず、いつでも誰でも仕事ができるようになった。 리모트워크가 보급됨에 따라 장소와 시간을 불문하고 언제든지 누구라도 일을 할 수 있게 되었다.

POINT 「~にかかわらず」와 「~を問わず」의 차이

「~にかかわらず」「~を問わず」는 단순히 사안의 명칭을 나타내는 명사가 아니라 내용이 포함된 명사, 즉 속성이나 성질을 나타내는 명사에 붙는다. 「~を問わず」는 한 쌍의 명사(大小・多少・男女・昼夜) 등이 붙는 경우가 많다.

例

財産にかかわらず、税金を支払わなければならない。 ✗
財産の多少にかかわらず、税金を支払わなければならない。 ○
재산의 많고 적음에 관계없이 세금을 내야 한다.

老若男女を問わず、税金を支払わなければならない。 ○
남녀노소를 불문하고 세금을 내야 한다.

문형	~もかまわず	접속	普＋の＋もかまわず (NAだな・NAだである＋の＋かまわず) (Nだである＋の＋かまわず) N＋もかまわず
意	~도 불구하고 (~도 신경쓰지 않고)		
解	보통은 주의를 기울이는 것을 신경쓰지 않고 어떤 행동을 하는 것을 나타낸다.		
例	あの女の子は人目もかまわず、電車の中で化粧をしている。 저 여자 아이는 남의 시선에도 불구하고 전철 안에서 화장을 하고 있다. なりふりかまわず生きているとき、人間はまだ文化を持っていない。 체면 불구하고 살고 있을 때 인간은 아직 문화를 갖고 있지 않다. 周りに人がいるのもかまわず路上で喫煙するような人は、法律で厳しく取締まるべきだ。 주위에 사람이 있음에도 불구하고 노상에서 흡연을 하는 사람은 법률로 엄하게 단속해야 한다.		

문형	~はともかく（として）	接続	N＋はともかく（として）

意	~는 어떻든 （~을/를 문제로 삼지 않고）
解	앞의 일은 지금은 문제로 삼지 않고 뒤의 일을 우선시하여 말한다는 의미를 나타낸다. 문제로 삼을 필요가 없는 것은 아니다.
例	あの店は、サービス**はともかく**、味は文句なしだ。 저 가게는 서비스는 몰라도 맛은 흠잡을 데 없다. 結果**はともかく**、今回頑張ったことは、きっといつか将来の役に立つだろう。 결과는 어떻든 이번에 분발한 것은 분명 언젠가 장래에 도움이 될 것이다. アフリカの現状について、他の問題**はともかく**、子供の教育の現状に対しては、私は非常に心配している。 아프리카의 현상황에 대해 다른 문제는 몰라도 어린이 교육 상황에 대해서는 나는 매우 걱정하고 있다. 彼の作品は、展開の面白さ**はともかく**、登場人物の個性や文体の読みにくさという点においてはまだまだ実力不足だ。 그의 작품은 전개의 재미는 어떻든 등장인물의 개성이나 문체가 읽기 어렵다는 점에서는 아직 실력부족이다.

문형	~はさておき	接속	N＋はさておき

意	~는 접어두고 （~을/를 놔두고）
解	앞의 이야기는 지금은 생각하지 않고 뒤의 화제로 옮기는 것을 나타낸다. 의문의 조사 「か」에 접속해도 된다.
例	冗談**はさておき**、そろそろ本題に入りましょう。 농담은 그만두고 이제 본론으로 들어갑시다. 読みたい人がいるかどうか**はさておき**、小説を書いたのでSNSに投稿しました。 읽고 싶은 사람이 있는지는 둘째치고 소설을 썼기 때문에 SNS에 투고했습니다. 良いか悪いか**はさておき**、最近の若者は、大事な話ですらをメールやラインで済ませようとすることが多い。 좋고 나쁨을 떠나 요즘 젊은 사람들은 중요한 이야기조차 이메일이나 라인으로 끝내려고 하는 경우가 많다. その映画は、興行収入**はさておき**、先鋭的な芸術性が業界内で高く評価されて、のちの映画業界にも多大な影響を与えることとなった。 그 영화는 흥행수입을 떠나 첨예한 예술성이 업계 내에서 높게 평가되어 후일 영화업계에도 큰 영향을 미치게 되었다.

POINT 「~はともかく」와 「~はさておき」의 차이

「~はともかく」「~はさておき」는 양쪽 모두 「앞의 화제가 아닌 뒤의 화제에 대해 말하다」라는 의미를 나타낸다. 거의 같지만 차이도 있다.

「はともかく」는 앞의 화제를 생각하지 않고 뒤의 화제를 이야기하고 싶다는 강조적인 의미를 나타낸다. 그에 반해 「はさておき」는 앞의 이야기를 일단 그만두고 뒤의 새로운 화제로 옮긴다는 우선적인 의미를 담고 있다.

> **例**
>
> 海外で生活するチャンスがあるか**はともかく**、英語力は大事です。（강조）
> 해외에서 생활할 기회가 있을지는 그렇다치고 영어능력은 중요합니다.
> (해외에서 생활할 수 있는가를 생각하는 것보다 중요한 영어능력을 익혀야 한다는 것을 강조한다.)
>
> 海外で生活するチャンスがあるか**はさておき**、英語力は大事です。（우선）
> 해외에서 생활할 기회가 있을지는 차치하고 영어능력은 중요합니다.
> (해외에서 생활할 기회가 있는가라는 이야기를 그만두고 영어능력의 이야기로 옮긴다는 의미를 나타낸다. 화제를 전환할 때 자주 사용된다.)

문형	~をものともせずに	접속	N＋をものともせずに
意	~을/를 아랑곳하지 않고 （~을/를 무시하고, ~에 지지 않고）		
解	전항 사항은 후항의 사안을 방해하는 것이지만 그것에 신경쓰지 않고 무사히 후항 사항을 표현한다.		
例	不況**をものともせずに**、あの店は売り上げの成長を遂げた。 불황에도 아랑곳하지 않고 저 가게는 매상의 성장을 이루었다. 周囲からの反対**をものともせずに**、姉は自分の夢を叶えた。 주위의 반대에도 아랑곳하지 않고 누나는 자신의 꿈을 이루었다. 大坂なおみ選手は、批判や偏見**をものともせずに**、不当な人種差別や暴力と向きあい、メッセージを出し続けている。 오사카 나오미 선수는 비판과 편견에도 아랑곳하지 않고 부당한 인종차별과 폭력에 맞서 메시지를 계속 내고 있다. 働きアリの軍隊は、カマキリの素早い攻撃**をものともせずに**、小さい体と数の力を利用して、カマキリを降伏させた。 일개미의 군대는 사마귀의 재빠른 공격에도 아랑곳하지 않고 작은 몸과 수의 힘을 이용하여 사마귀를 항복시켰다.		

문형	~をよそに	접속	N＋をよそに
意	~에 개의치 않고 （~에는 무관심으로, ~에 관계없이）		
解	타인의 감정과 평가에 대해 완전히 무관심 또는 무관계인 것을 나타낸다.		
例	彼は親の期待**をよそに**、遊んでばかりいる。 그는 부모의 기대를 무시하고 놀기만 한다. 荷物を持たされて疲れ切った旦那**をよそに**、奥さんは大量の服を買い込んでいた。 짐을 들게하여 녹초가 된 남편을 개의치 않고 부인은 많은 옷을 사담고 있었다.		

女は結婚すべきだとか、そんな周りの言葉**をよそに**、一人でも自分なりの幸せを理解している人の方が、魅力的に見える。
여자는 결혼해야 한다든가 그런 주위의 말에 개의치 않고 혼자서도 자기 나름대로의 행복을 이해하고 있는 사람이 매력적으로 보인다.

周囲からの心ない誹謗中傷**をよそに**、彼は確実に実力をつけ、第一人者として業界を引っ張る存在になった。
주위로부터의 무분별한 중상비방에 개의치 않고 그는 확실히 실력을 갖춰 제1인자로서 업계를 이끄는 존재가 되었다.

POINT 「〜もかまわず」「〜ものともせずに」「〜をよそに」

「〜もかまわず」「〜ものともせずに」「〜をよそに」는 모두 동작 주체의 무관심을 나타내는 것이지만 어감의 차이도 있다.

「〜もかまわず」, 평상시 신경쓰는 것에 신경쓰지 않는다는 의미를 나타낸다.

例

人目**もかまわず**、あの二人は抱き合っている。
남의 시선에도 불구하고 저 두사람은 서로 껴안고 있다.

「〜ものともせずに」, 「台風・不況」 등 곤란을 나타내는 단어에 붙어 그것을 극복하는 강인함・용기를 칭찬하는 문장으로 사용된다.

例

プレッシャーを**ものともせずに**、最後まで完璧に演奏した。
압박감에도 아랑곳하지 않고 끝까지 완벽하게 연주했다.

「〜をよそに」, 자신에게 관계 있음에도 자신과는 관계없는 것으로 받아들이는 것을 의미한다. 타인으로부터의 평가・기대를 무시할 때 자주 사용된다.

例

親の期待**をよそに**、毎日部屋にこもってゲームをしている。
부모의 기대를 무시하고 매일 방에 쳐박혀 게임을 하고 있다.

문형	〜（よ）うと〜まいと 〜（よ）うが〜まいが	접속	V意＋（よ）うと＋V辞（※）＋まいと V意＋（よ）うが＋V辞（※）＋まいが
意	~하든~하지 않든 (~여도, ~아니어도 결과는 변하지 않는다)		
解	전항의 동작은 해도 하지 않아도 후항의 결과에 영향을 주지 않는다. ※V辞 : 5단동사 이외		
例	たとえ雨が降**ろうと**、降る**まいと**、運動会は行われる。 설령 비가 오든 안오든 운동회는 실시된다.		

一部の人を除（のぞ）けば、「生きていけるお金を持っていようといまいと、やっぱり働（はたら）くべきだ」と思っています。
일부 사람들을 제외하면 「살아갈 수 있는 돈을 갖고 있든 않든 역시 일을 해야 한다」라고 생각하고 있습니다.

忠犬（ちゅうけん）ハチ公は、飼（か）い主（ぬし）が戻（もど）ってこようが戻ってこまいが飼い主の帰りを待ち続けたことがメディアに取（と）り上げられ、多くの国民（こくみん）の涙を誘った。 충견 하치코는 주인이 돌아오든 돌아오지 않든 주인의 귀가를 계속 기다린 것이 미디어에 보도되어 많은 국민의 눈물을 자아냈다.

タバコを吸（す）おうと吸うまいと勝手だが、いかに体に害（がい）を及（およ）ぼし、人にも迷惑（めいわく）をかける可能性があるということは、理解しておいた方がいい。 담배를 피우든 안피우든 자유지만 얼마나 몸에 해롭고 남에게도 민폐를 끼칠 가능성이 있다는 점은 이해해 두는 것이 좋다.

<21> 역접・양보

187	たとえ〜ても	비록 〜 라도
188	〜としても	〜 라고 해도, 〜 라고 하더라도
189	〜にしても・にしろ・にせよ	〜 라고 해도・〜 라고 하더라도
190	〜たところで	〜 해도, 〜 해 봤자
191	〜ものの・とはいうものの	〜 라고 해도・〜 라고는 하지만
192	〜ものを	〜 했을 텐데, 〜 했을 것을
193	〜ところ（を）	〜 인데, 〜 이지만
194	〜にもかかわらず	〜 인데, 〜 에도 불구하고
195	〜からといって	〜 라고 해서
196	〜といっても	〜 라고 해도, 〜 라고 하더라도
197	〜ながら・ながらも	〜 인데도・〜 임에도
198	〜つつ・つつも	〜 하지만・〜 하면서도
199	〜くせに・くせして	〜 이면서도・〜 인 주제에
200	〜とはいえ	〜 라고 하지만, 〜 라고 해도
201	〜といえども	〜 라고 하더라도, 〜 라고 할지라도
202	〜（か）と思いきや	〜 라고 생각했지만・〜 인가 했더니

문형	たとえ〜ても	접속	たとえ＋Vて＋も たとえ＋Aい＋くても たとえ＋NA＋でも たとえ＋N＋でも
意	비록〜라도, 설령〜라도 （만약〜라는 것이어도）			
解	전항은 극히 극단적인 사례를 말하고 그래도 후항의 동작이 성립한다는 의미를 나타낸다.			
例	たとえ冗談（じょうだん）であっても、そんなことを言ってはいけない。 비록 농담이라도 그런 것을 말하면 안된다. たとえ僕の目が見えなくても、君だけは見失（みうしな）わない。 설령 내 눈이 보이지 않더라도 너만은 놓치지는 않는다.			

四本撚りのクライミングロープは、**たとえ**一本の糸が切れ**ても**、三本の糸が残るため、登山者の安全を保障できる。
네 가닥 꼬임의 암벽등반 로프는 만약 한 가닥이 끊어져도 세 가닥이 남아 있어 등산자의 안전을 보장할 수 있다.

たとえ運転能力が高く**ても**、免許を持っていない状態では、路上を運転してはいけない。
설령 운동능력이 높아도 면허를 갖고 있지 않은 상태에서는 도로 위를 운전해서는 안된다.

문형	~としても	접속	普 + としても
意	~라고 해도, ~라고 하더라도 (~라고 가정하여도)		
解	가령 전항의 조건이 성립해도 후항의 결과에 어떤 영향을 미치지 않음을 나타낸다.		
例	買う**としても**、一番安いのしか買えない。　사더라도 가장 싼 것밖에 살 수 없다. 第一志望に合格しなかった**としても**、卒業後は家を出るつもりだ。 제1지망에 합격하지 못하더라도 졸업 후에는 집을 나올 생각이다. 出席が足りなければ、たとえ期末試験に合格した**としても**単位は認められません。 출석이 부족하면 비록 기말시험에 합격하더라도 학점은 인정되지 않습니다. 日本では教師の需要が減っているため、大学で教員免許を取得した**としても**、必ず常勤の教師になれるとは限らない。일본에서는 교사의 수요가 줄고 있어 대학에서 교원면허를 취득하더라도 반드시 상근 교사가 될 수 있다고는 할 수 없다.		

문형	~にしても・にしろ・にせよ	접속	普 + にしても・にしろ・にせよ (NAだ・NAだである + にしても・にしろ・にせよ) (Nだ・Nだである + にしても・にしろ・にせよ)
意	~라고 해도・~라고 하더라도 (~는 사실이지만)		
解	전항에 대해 생각해도 후항의 결론은 변하지 않는다. 「にしろ」「にせよ」는 격식을 차린 표현이다.		
例	子供のいたずら**にしても**、笑って済ませられる問題ではない。 아이의 장난이라고 해도 웃어 넘길 수 있는 문제는 아니다. 体は元気である**にせよ**、医師に言われたなら安静にしておくべきだ。 몸은 건강하더라도 의사가 말했다면 안정을 취해야 한다. ひとつの小説を読む**にしても**、知識を持った上で厳密に読めば、作者の社会学的な立場や政治的な思想を読み取ることができる。하나의 소설을 읽더라도 지식을 가지고 엄밀히 읽으면 작자의 사회학적인 입장이나 정치적인 사상을 읽어낼 수 있다. 専門学校や美術大学でデザインの教育を受けた**にしろ**、デザイナーとしての仕事が得られるとは限らない。 전문학교나 미술대학에서 디자인 교육을 받았더라도 디자이너로서의 일을 얻을 수 있다고는 할 수 없다.		

문형	~たところで	접속	V_た + ところで
意	~해도, ~해 봤자		

解	전항의 동작을 해도 그 행위는 보상받지 못하고 낭비임을 나타낸다. 「言ったところで」라는 표현이 많다.
例	言ってみ**たところで**、どうにもならない。　말해 봤자 아무런 소용없다. 何度告白し**たところで**、彼の気持ちは変わらない。　몇 번 고백해도 그의 감정은 바뀌지 않는다. 同じ化学実験を何度し**たところで**、必ずしも同じ結果が出るとは限りません。 같은 화학실험을 여러번 해도 반드시 같은 결과가 나온다고는 할 수 없습니다. ダイエット食品を利用し**たところで**、その他の生活を正さなければ、誰でも劇的に痩せられるとは限らない。 다이어트 식품을 이용해도 그 외의 생활을 바로잡지 않으면 누구든지 극적으로 살을 뺄 수 있다고는 할 수 없다.
比	13 결과・결론　　〜たところ　　　　　　　　　　▶369페이지

文型	〜ものの・とはいうものの	接続	普＋ものの・とはいうものの （NAだな・NAだである＋ものの・とはいうものの） （Nだ(である)＋ものの・とはいうものの）
意	〜라고 해도・〜라고는 하지만　（〜인 것은 확실하지만）			
解	전항 사항은 사실이지만 전항으로부터 예상되는 일이 일어나지 않을 때에 사용된다. 문두에서는 자주 「とはいうものの」라는 표현이 사용된다.			
例	他人に褒められれば嬉しい。**とはいうものの**、明らかなお世辞は嫌だ。 남에게 칭찬받으면 기쁘다. 그렇다 해도 분명한 겉치레 말은 싫다. 私の学校は、進学校**とはいうものの**、勉強以外の行事にも力を入れている。 우리 학교는 진학교라고는 하지만 공부 이외의 행사에도 힘을 쏟고 있다. 自身で翻訳した作品を読み返す時に、一通り目は通す**ものの**、単語まで一つ一つ確認できないので、印刷を行ってから初めてミスに気づくこともある。 자기가 번역한 작품을 다시 읽을 때 대충 훑어는 보지만 단어까지 하나하나 확인할 수 없으므로 인쇄를 한 뒤에야 비로소 실수를 알아채는 경우도 있다. 学歴社会**とはいうものの**、実際に社会で出世していくためには、頭の良さだけではなく人間性やコミュニケーション能力も必要だ。학력사회라고는 해도 실제로 사회에서 출세해 나가기 위해서는 두뇌의 명석함 뿐만 아니라 인간성이나 커뮤니케이션 능력도 필요하다.			

文型	〜ものを	接続	V・A・NA普＋ものを （NAだな＋ものを）
意	〜했을 텐데, 〜했을 것을			
解	실제로 실현되지 않은 일에 대해 화자의 후회, 불만 등의 감정을 표현한다. 후항은 생략 가능하므로「ものを」로 문장을 끝내는 경우가 있다.			

例	もっと練習すればいい**ものを**、遊んでいるから試合で負けるんだよ。 더 연습하면 좋을 텐데 놀고 있으니까 시합에서 지는 거야. あの時君にちゃんと想(おも)いを伝えていれば良かった**ものを**、今更(いまさら)何を言っても遅いよね。 그 때 너에게 확실하게 생각을 전했으면 좋았을 텐데 이제와서 무엇을 말해도 늦었지? 提出期限が遅れてでも自力でレポートを書いておけばよかった**ものを**、剽窃(ひょうせつ)が発覚(はっかく)して、落第(らくだい)が決定してしまった。 제출기한에 늦더라도 자력으로 리포트를 썼으면 좋았을 것을 표절이 발각되어 낙제가 결정되어 버렸다. 文句ばかり言わずに説得力のある代替案(だいたいあん)を出せばいい**ものを**。野党(やとう)は今日も与党(よとう)の批判ばかりしている。 트집만 잡지 말고 설득력 있는 대안을 내면 좋을텐데. 야당은 오늘도 여당 비판만 하고 있다.

POINT 「~ものの」와「~ものを」의 차이

「~ものの」는 앞 문장은 이미 발생한 사실을 말하고 그에 대응하는 사안이 이루어지지 않은 것을 말한다. 의미는「しかし」와 거의 같다.

例

化粧はした**ものの**、出掛けたくない。　　화장은 했지만 외출하고 싶지 않다.

「~ものを」는 가정 사항이 실행되지 않은 것에 대한 화자의 불만・안타까움・후회 등의 감정을 나타낸다.「のに」로 환언할 수 있다.

例

薬を飲めば治る**ものを**どうして飲まないの？　　약을 먹으면 나을 텐데 왜 먹지 않니?

문형	~ところ（を）	접속	普＋ところ（を） （NAだな＋ところ（を）） （Nだの＋ところ（を））
意	~인데, ~이지만 （평소라면~지만）		
解	평소라면~인데 지금은 다르다는 상황을 나타낼 때 사용한다.		
例	通常9800円の**ところ**、本日は5900円となっています。 통상 9800엔인데 오늘은 5900엔입니다. 本来は二十三時閉店の**ところを**、常連(じょうれん)の頼(たの)みで二十四時まで引(ひ)き延(の)ばした。 원래는 23시 폐점이지만 단골의 부탁으로 24시까지 연장했다.		

本来なら直接出向いて謝るべき**ところを**、書面にてお詫び申し上げることをご容赦ください。
원래는 직접 가서 사과해야 하지만 서면으로 사과드리는 점을 양해해 주십시오.

通常のお客様なら手数料をいただく**ところ**、同級生のよしみで無料にさせていただきます。
통상의 고객님이라면 수수료를 받지만 동급생 친분으로 무료로 해 드리겠습니다.

比	11 시간·시점	～ところに・ところへ・ところを・ところで	▶ 356페이지

문형	～にもかかわらず	접속	普＋にもかかわらず （NAだ・NAだである＋にもかかわらず） （Nだ・Nだである＋にもかかわらず）
意	～인데, ~에도 불구하고			
解	전항의 사태로부터 예상되는 일과 다른 사태가 발생한다. 화자의 놀라움, 불만, 비난 등의 감정이 포함된다.			
例	結婚したいと言っていた**にもかかわらず**、いざ結婚の話になると、彼は話を逸らす。 결혼하고 싶다고 말했음에도 불구하고 막상 결혼 이야기를 하면 그는 이야기를 피한다. 北岳は、日本で標高第二位の山である**にもかかわらず**、標高第一位の富士山に比べると、その名はあまり知られていない。 기타다케는 일본에서 해발 제2위의 산임에도 불구하고 해발 제1위인 후지산에 비하면 그 이름은 그다지 알려져 있지 않다. 身体には異常が認められない**にもかかわらず**、吐き気を催したり頭痛や腹痛が続いたりしているのなら、日々のストレスが原因である可能性がある。 신체에는 이상이 없는데도 불구하고 구역질이 나거나 두통이나 복통이 이어진다면 일상의 스트레스가 원인일 가능성이 있다.			
比	2 대상	～にかかわる	▶ 315페이지	
比	20 무관계·무시	～にかかわらず	▶ 408페이지	

문형	～からといって	접속	普＋からといって
意	~라고 해서 （～라는 이유로부터 당연히 생각할 수 있는 것과 달리）			
解	앞의 내용으로부터 예상되는 것과 다른 사태가 일어난다는 것을 나타낼 때 사용된다. 뒤에 「とは限らない」「わけではない」 등의 부정 표현이 오는 경우가 많다.			
例	好きだ**からといって**、食べすぎると体によくない。 좋아한다 해서 너무 많이 먹으면 몸에 좋지 않다. 彼が優しい**からといって**、何をしても許されると思っているなら大間違いだ。 그가 자상하다 해서 무엇을 해도 허용된다고 생각하고 있다면 큰 착오다. 車の運転による事故が多い**からといって**、車を全部なくすという議論はナンセンスだ。 자동차 운전에 의한 사고가 많다 해서 자동차를 전부 없앤다는 논쟁은 넌센스다. 血糖値を抑える薬を飲んでいる**からといって**、好き勝手に糖質を摂取していいわけではない。 혈당치를 억제하는 약을 먹고 있다 해서 마음대로 당질을 섭취해도 된다는 것은 아니다.			

문형	~といっても	접속	普+といっても (ただし、NAとNは「だ」がなくてもいい)

意	~라고 해도, ~라고 하더라도
解	전항 화제로부터 예측되는 일과 다른 일을 말할 때 사용된다.
例	いくら優秀である**といっても**、一人で何でもできるわけではない。 아무리 우수하다 하더라도 혼자서 무엇이든 할 수 있는 것은 아니다. 有名人**といっても**、インスタグラムのフォロワーが多いだけだ。 유명인이라 해도 인스타그램의 팔로워가 많을 뿐이다. ひとことに青色**といっても**、藍色や瑠璃色、紺青色など様々な種類のものがある。 한 마디로 청색이라고 해도 남색과 자청색, 감청색 등 다양한 종류의 색이 있다. 私の会社はメーカー企業である**といっても**新製品を開発することはなく、既存の製品の改造工事などを行っています。 우리 회사는 메이커 기업이라고 해도 신제품을 개발하는 경우는 없고 기존 제품의 개조공사 등을 하고 있습니다.

문형	~ながら・ながらも	접속	Vます+ながら・ながらも Vる+ない+ながら・ながらも A+ながら・ながらも NA(であり)・N(であり)+ながら・ながらも

意	~인데도・~임에도
解	성질・상태를 나타내는 단어에 접속하여 그로부터 예측되지 않는 사태를 나타낼 때 사용된다. 「ながら」에는 역접과 동시의 2가지 의미가 있지만 「ながらも」는 역접뿐이다.
例	あの俳優は若い**ながらも**、すごく演技力がある。　저 배우는 젊은데도 굉장히 연기력이 좋다. 対戦相手と一進一退の攻防を繰り返し**ながらも**、負けてしまった。 대전 상대와 일진일퇴의 공방을 반복하면서도 져버렸다. アリは、体は小さい**ながらも**、群れをなせばあらゆる肉食昆虫に匹敵するほどの狩猟能力を持つ。　개미는 몸은 작은데도 무리를 지으면 온갖 육식 곤충과 맞먹을 정도의 사냥 능력을 갖는다. 北海道にある積丹半島は、都市圏に比較的近い**ながらも**交通の不便さがネックとなってあまり開発が進んでいないという問題を抱えている。 홋카이도에 있는 샤코탄 반도는 도시권에 비교적 가까우면서도 교통의 불편함이 걸림돌이 되어 개발이 그다지 진행되지 않은 문제를 안고 있다.
比	복문　7　양태　　~ながら　　▶ 299페이지

POINT 「~ながらも」「~にもかかわらず」「~ものの」의 차이

이 3 가지 문형은 문어체적인 역접표현으로 자주 사용되며 의미는 비슷하지만 어감에 차이가 있다.

「~ながら（も）」, 상태를 나타내는 명사에 붙는 것으로 역접의 의미를 나타낸다. 「若いながらも」「子供ながらも」「知りながらも」와 같은 관용적인 표현으로 자주 사용된다.

例

彼女は若い**ながらも**、仕事はできる。　그녀는 젊은데도 일은 잘 한다.

「~にもかかわらず」는 사태가 앞 문장으로부터의 예측과는 엇갈린다는 것을 나타낸다.

例

雨**にもかかわらず**、運動会は予定通りに行われる。
비에도 불구하고 운동회는 예정대로 실시된다.

「~ものの」은 앞문장에서 말한 사태를 인정하고 있지만 그에 대립하는 또는 어긋나는 사항을 말할 때 사용된다. 앞 문장을 인정하면서 반성이나 안타까운 감정을 나타내는 경우가 많다.

例

そんなことを言った**ものの**、自分の心も痛む。　그런 말을 했지만 내 마음도 아프다.

문형	~つつ・つつも	접속	Vます+つつ・つつも
意	~하지만・~하면서도		
解	「言う」「思う」 등 발언과 감정을 나타내는 것에 접속하여 뒤에 그 발언이나 감정과 반대의 행동을 말한다. 언동의 불일치를 나타내는 경우에 자주 사용된다.		
例	彼女は「お金がない」と言い**つつ**、高価なブランド品を買った。 그녀는「돈이 없다」고 말하면서도 고가의 명품을 샀다. 諦めようと思い**つつも**、初恋の人が忘れられない。 포기하려고 생각하면서도 첫사랑한 사람을 잊을 수 없다. その遊園地は、テーマパークとしての営業が難しくなり、多くのファンに惜しまれ**つつも**閉園した。그 유원지는 테마파크로서의 영업이 어려워져 많은 팬들의 아쉬움 속에 폐원했다. ルターは聖書の権威を主張したが、カトリックは聖書が神のことばであることを認め**つつも**、聖書が唯一の権威であることには同意しなかった。루터는 성서의 권위를 주장했는데 가톨릭은 성서가 신의 말씀인 것을 인정하면서도 성서가 유일한 권위라는 것에는 동의하지 않았다.		

문형	~くせに・くせして	접속	普+くせに・くせして （NAだな+くせに・くせして） （Nだの+くせに・くせして）
意	~인데도・~인 주제에		

解	앞의 내용으로부터 보통 상상되는 일과 다른 내용을 말한다. 또한 차이에 대해 화자의 불만이나 비난의 태도도 포함된다.
例	大学生の**くせに**、漢字も書けないのか。　대학생인데도 한자도 쓰지 못하냐? 第一志望に受かった**くせに**、大学に行きたくないだなんてわがままだ。 제1지망에 붙었는데도 대학에 가고 싶지 않다니 제마음대로다. 本や書類を整然とならべている**くせに**、必要なときには何もでてこないという人もいる。 책이나 서류를 가지런히 정돈해 놓고 있는데도 필요할 때에는 아무것도 나오지 않는다고 하는 사람도 있다. 女の**くせに**勉強ばっかりして何になるの、と周りから言われてきたが、気にせず自分のやりたいことに打ち込んできたから、夢を叶えることができた。 여자 주제에 공부만 해서 뭐가 될거냐고 주위로부터 말을 들어왔지만 신경쓰지 않고 자신이 하고 싶은 것에 몰두해 왔기에 꿈을 이룰 수 있었다.

문형	~とはいえ	접속	普 ＋とはいえ （ただし、NAとNは「だ」がなくてもいい）
意	~라고 하지만, ~라고 해도 (~는 분명하다)		
解	앞의 내용은 인정하지만 실제의 일은 그로부터 상정되는 것과 다르다.		
例	プロ**とはいえ**、失敗することもある。　프로라지만 실패하는 경우도 있다. 親しい**とはいえ**、傷つけるようなことを言っていいわけではない。 친하다고 해도 상처줄 만한 말을 해도 되는 것은 아니다. いくら地獄の沙汰も金次第**とはいえ**、こんなにも重大な事件にもかかわらず、お金で解決させてしまうのは、果たして許されることなのか。　아무리 지옥의 심판도 돈에 달렸다고는 하지만 이렇게도 중대한 사건임에도 불구하고 돈으로 해결시켜버리는 것은 과연 용서될 일인가? 九月になった**とはいえ**、クーラーの効かない狭い部屋の中では、真夏と変わらない蒸し暑さがたちこめていた。 9월이 되었다고 하지만 에어컨이 듣지 않는 좁은 방 안에서는 한여름과 다름없는 무더위가 가득했다.		

문형	~といえども	접속	普 ＋といえども （ただし、NAとNは「だ」がなくてもいい）
意	~라고 하더라도, ~라고 할지라도		
解	사람이나 사물에 접속하여 그 성질로부터 예상되지 않는 일이 일어나는 것을 나타낸다. 명사에 접속하는 경우가 많다.		

例	子供**といえども**、正しい判断ができる。　아이라 할지라도 올바른 판단을 할 수 있다. 有名大学を卒業した**といえども**、仕事ができるとはかぎらない。 유명한 대학을 졸업했다 할지라도 일을 잘한다고는 할 수 없다. 王は人の下にあってはならない。しかし、国王**といえども**神と法の下にある。なぜなら、法が王を作るからである。　왕은 다른 사람 아래에 있어서는 안된다. 그러나 국왕이라 하더라도 신과 법 아래에 있다. 왜냐하면 법이 왕을 만들기 때문이다. 大企業**といえども**年々酷くなる不況には耐えられず、新製品の開発を中止してしまった。 대기업일지라도 매년 심해지는 불황에는 견디지 못하고 신제품 개발을 중지해 버렸다.

POINT 「～といっても」「～といえども」「～からといって」「～とはいえ」

앞 문장을 인정한 후에 후항의 내용에 부가하거나 고쳐 말하는 점에서 비슷하지만 뉘앙스의 차이도 있다.

「～といっても」: 앞 문장에서 말한 사태에 대해「それはそうなんだが、不十分な部分もある」라는 의미를 나타낸다.

例
解決した**といっても**、まだ不安があります。　해결했다 해도 아직 불안합니다.

「～とはいえ」:「～といっても」에 비해 문어체적인 표현이다. 의미로서는 거의 같다.

例
解決した**とはいえ**、まだ不安があります。　해결했다 해도 아직 불안합니다.

「～からといって」: 앞에 이유를 나타내는「から」가 오므로써 「その理由から、想像される結果とは違う」라는 의미를 나타낸다.

例
大雨だった**からといって**、2時間も遅れるとはひどすぎる。
큰 비였다고 해서 2시간이나 늦다니 너무 심하다.

「～といえども」:「けれども」등으로 치환할 수 있다. 사람이나 사안을 나타내는 명사에 붙음으로써 사람이나 사안의 성질로부터 기대되는 사태와 다른 사태를 말한다.

例
父親**といえども**、子供に暴力は振るうべきではない。
아버지라 할지라도 아이에게 폭력은 휘둘러서는 안된다.

문형	~（か）と思いきや	접속	普＋と思いきや 普＋かと思いきや （NAだ＋かと思いきや） （Nだ＋かと思いきや）
意	~라고 생각했지만, ~인가 했더니			
解	실제로 일어난 일은 생각하고 있던 것과 다르다는 의미를 나타낸다.			
例	この店は有名なので美味しいのか**と思いきや**、味は驚くほどまずかった。 이 가게는 유명해서 맛있는가 했더니 맛은 놀랄 정도로 없었다. 彼は東京で就職するのか**と思いきや**、地元に帰るらしい。 그는 도쿄에서 취업할 거라고 생각했는데 고향으로 돌아가는 것 같다. 彼女はいつも文句ばかり言っているので、よほど仕事ができるのか**と思いきや**、自分はミスが多くて、周りに迷惑をかけてばかりいる。 그녀는 항상 불만만 말하길래 상당히 일을 잘 할 것이라고 생각했는데 자신은 실수가 많이 주위에 민폐만 끼쳤디. 父が痛風になったので、流石に食生活を見直す**と思いきや**、家族の目を盗んで毎晩飲み歩いていることが発覚した。 아버지가 통풍에 걸려서 정말로 식생활을 고치는가 했더니 가족의 눈을 피해 매일 밤 술을 마시러 다니는 것이 발각되었다.			

<22> 부정・부분부정

203	~はずがない	~ 할 리가 없다
204	~わけがない	~ 할 리가 없다
205	~ことなく	~ 하지 않고, ~ 없이
206	~どころではない	~ 할 때가 아니다, ~ 할 상황이 아니다
207	~ものか	~ 겠는가, ~ 할쏘냐
208	~なしに・ことなしに	~ 하지 않고, ~ 없이
209	~までもない	~ 할 필요가 없다, ~ 할 것도 없다
210	~とは限らない	(반드시)~ 라고는 할 수 없다
211	~わけではない	(전부)~ 인 것은 아니다
212	~ないことはない・ないこともない	(전혀)~ 아닌 것은 아니다
213	~というものではない	(반드시)~ 라는 것은 아니다

문형	~はずがない	접속	普＋はずがない （NAだな・NAだである＋はずがない） （Nだの・Nだである＋はずがない）
意	~할 리가 없다 （~가능성이 없다）			
解	어떤 근거에 기반하여 그럴 가능성이 없다고 주장할 때 사용된다.			

例	こんな中途半端な態度で、試験に合格する**はずがない**。 이런 어정쩡한 태도로 시험에 합격할 리가 없다. 何回も繰り返し練習したんだから、できない**はずがない**。 여러번 반복해서 연습했으니까 못할 리가 없다. 人生において、一つの明確な答えなど到底見つかる**はずがない**。 인생에서 하나의 명확한 답 같은 것은 도저히 찾아질 리가 없다. どれほどのプロが集まっていたとしても、指揮者がいなければ、完璧なパフォーマンスなど成立する**はずがない**。 아무리 프로가 모여 있다 해도 지휘자가 없으면 완벽한 퍼포먼스 같은 것은 성립될 수 없다.

문형	~わけがない	접속	普+わけがない (NAだな・NAだである+わけがない) (Nだの・Nだな・Nだである+わけがない)
意	~할 리가 없다 (당연히 ~하지 않다)		
解	어떤 사실을 기반으로 당연히 그 일이 성립될 가능성이 없다는 것을 강하게 말할 때 사용된다.		
例	こんなに仕事が残っているのに、今日中に終わる**わけがない**。 이렇게 일이 남아 있는데 오늘 중으로 끝날 리가 없다. 私が天才である**わけがない**。ただ努力をしただけだ。 내가 천재일 리가 없다. 단지 노력했을 뿐이다. 日本では、神様や死後の世界など存在する**わけがない**と言いつつ、苦しいときにお祈りしたり、幽霊を怖がったりするような人が多く見られる。 일본에서는 신이나 사후 세계 등이 존재할 리가 없다고 말하면서도 어려울 때 기도하거나 유령을 무서워하는 사람을 많이 볼 수 있다. 結婚すればお金や余計な手続きがかかる上に、離婚や慰謝料といったリスクも多い今の時代に、国民が結婚に対してポジティブなイメージを持つ**わけがない**。 결혼하면 돈이나 쓸데없는 절차가 필요한데다가 이혼이나 위자료 같은 리스크도 많은 요즘 시대에 국민이 결혼에 대해 긍정적인 이미지를 가질 리가 없다.		

POINT 「~はずがない」와 「~わけがない」의 차이

「~はずがない」와 「~わけがない」가 모두 화자의 강한 부정을 나타낸다. 치환가능한 경우도 많지만 차이가 있다.

「~はずがない」는 어떤 근거를 가지고 화자가 「絶対にない」라고 판단할 때 사용된다. 그에 반해 「~わけがない」는 단순하게 부정이라는 주관적인 주장을 나타내고 근거는 없어도 사용할 수 있다.

例

💬 ─ねえ、明日のパーティに来ないの？　저기, 내일 파티에 안오니?
　─え！そんな**わけがない**よ。行くに決まってるでしょ！　뭐? 그럴리 없어. 꼭 갈거야.
　─え！そんな**はずがない**よ。彼の誕生日だから、行くに決まってるでしょ！　뭐? 그럴리 없어. 그의 생일이니까 꼭 갈거야!

문형	~ことなく	접속	V辞＋ことなく
意	~하지 않고, ~없이		
解	앞의 일을 하지 않는다는 의미를 나타낸다.		

例	いつまでも変わる**ことなく**、私のことを覚えていてほしい。 언제까지나 변함없이 나를 기억하고 있어주길 바란다. 人は飼い主の顔を忘れる**ことなく**、2年も過ぎたころに無事に帰ってきた。 개는 주인의 얼굴을 잊지 않고 2년이나 지났을 무렵에 무사히 돌아왔다. 人とケンカしたり、もめたりする**ことなく**、安らかに毎日を生きながら、自分の人生を充実させていきたいです。 남과 싸우거나 다투는 일 없이 편안히 나날을 보내면서 자신의 인생을 충실히 해나가고 싶습니다. 彼は幾度の失敗にも諦める**ことなく**、新薬の開発に取り組み続けた。 그는 여러번의 실패에도 포기않고 신약 개발에 계속 몰두했다.

문형	~どころではない	접속	V辞＋どころではない N＋どころではない
意	~할 때가 아니다, ~할 상황이 아니다		
解	앞의 동작을 할 여유가 없다고 화자의 강한 부정을 나타낼 때 사용되는 표현이다.		

例	桜が咲いたのに、仕事が忙しくて花見**どころではない**。 벚꽃이 피었는데 일이 바빠서 벚꽃놀이 할 상황이 아니다. 彼は初心者ですから、まだまだコンテストに出る**どころではありません**。 그는 초심자니까 아직 콘테스트에 나갈 때가 아닙니다. 感染症の流行により多くの企業が採用活動を中断したため、大学生にとっては就職活動**どころではない**という状況が何ヶ月も続いた。 감염증의 유행에 따라 많은 기업이 채용활동을 중단했기 때문에 대학생에게는 취업활동할 때가 아니라는 상황이 몇 개월이나 이어졌다. 少子化が叫ばれているが、国民の収入が全体的に減っている現在は、多くの国民にとって仕事が重要で、結婚や育児をする**どころではない**という現実的な問題がある。 저출산이 외쳐지고 있지만 국민의 수입이 전체적으로 줄어든 현재는 많은 국민에게 일이 중요하지 결혼이나 육아를 할 상황이 아니라는 현실적인 문제가 있다.

문형	~ものか	접속	V辞＋ものか A＋ものか NAな＋ものか Nな＋ものか
意	~겠는가, ~할쏘냐 （절대로~아니다）			
解	화자의 강한 부정을 나타낸다. 대화에서는 「もんか」가 되는 경우가 많다.			
例	どんなに頼まれたって、絶対に助けてやる**ものか**。 아무리 부탁받더라도 절대로 도와주지 않겠다. 試合であんなに汚い手を使う男が、いい人間な**もんか**。 시합에서 저렇게 더러운 방법을 쓰는 남자가 좋은 사람이겠는가? 戦争に利用されるような技術開発に、決して加担する**ものか**。 전쟁에 이용될 가능성이 있는 기술개발에 결코 가담하지 않겠다. この事件の犯人が逮捕されないと、被害者の悲しみが報われないだろう。このまま逃していい**ものか**。 이 사건의 범인이 체포되지 않으면 피해자의 슬픔이 치유되지 않을 것이다. 이대로 놓쳐도 되겠는가?			

문형	~なしに・ことなしに	접속	V辞＋ことなしに N＋なしに
意	~하지 않고・~없이			
解	앞서 말한 동작을 하지 않는다는 의미를 나타낸다.			
例	許可を得る**ことなしに**、博物館での撮影は認められない。 허가를 얻지 않고 박물관에서 촬영하는 것은 인정되지 않는다. この小説は感動的で、涙**なしに**読めなかった。 이 소설은 감동적이어서 눈물 없이 읽을 수 없었다. 生活を充実したものにしようとするなら、こうした努力**なしに**済ますことはできない。 생활을 충실한 것으로 만들려고 한다면 이런 노력 없이는 될 수 없다. 文章構造の勉強や取材**なしに**、説得力のある小説を書くことはできない。 문장 구조에 대한 공부나 취재 없이 설득력 있는 소설을 쓸 수는 없다.			

문형	~までもない	접속	V辞＋までもない
意	~필요가 없다, ~할 것도 없다			
解	앞의 동작을 할 필요가 없다는 것을 나타낸다. 다른 문형에 비해 조금 격식있는 표현이다. 「言うまでもない」의 형태로 「当然」을 나타내는 표현이 많이 사용된다.			
例	そんなに遠くないから、電車に乗る**までもない**ね。歩こう。 그렇게 멀지 않으니까 전철을 탈 필요가 없어. 걷자. 君に言われる**までもなく**、それが無理なことはよくわかっているんだ。 너에게 들을 것도 없이 그것이 무리인 것은 잘 알고 있어.			

それらに読書という学習方法を組み合わせることによって、学習の効果が一段と上がることは言う**までもない**。
그것에 독서라는 학습 방법을 조합함으로써 학습 효과가 더 한층 높아지는 것은 말할 것도 없다.

『走れメロス』は教科書にも載っていて非常に有名な作品であるため、内容を論じる際に、改めてあらすじや作者について説明する**までもない**だろう。
「달려라 메로스」는 교과서에도 실려 있어 매우 유명한 작품이므로 내용을 논할 때에 다시 줄거리나 작자에 대해 설명할 것도 없을 것이다.

比	15 비교・정도	～ないまでも	▶ 384페이지

문형	～とは限らない	접속	普＋とは限らない （ただし、NAとNは「だ」がなくてもいい）
意	(반드시)~라고는 할 수 없다			
解	「어떤 사태가 언제까지나 옳다고는 할 수 없다」라는 의미를 나타낸다. 평소에 옳다고 생각하는 것에도 예외가 있다. 자주 「必ずしも」라는 단어와 함께 사용된다.			
例	日本人は親切だといわれるが、すべての人が親切だ**とは限らない**。 일본인은 친절하다고 하지만 모든 사람이 친절하다고는 할 수 없다. いつも授業に出ているといっても、内容を理解している**とは限らない**。 항상 수업에 출석한다고 해도 내용을 이해하고 있다고는 할 수 없다. 全ての音を部屋から排除したとしても、必ずしも心地よい睡眠環境が実現できる**とは限らない**。 모든 소리를 방에서 배제했다 해도 반드시 쾌적한 수면환경을 실현할 수 있다고는 할 수 없다. 科学技術がいくら進歩したといっても、AIの判断が必ずしも人間より正確である**とは限らない**。　과학기술이 아무리 진보했다 해도 AI의 판단이 반드시 인간보다 정확하다고는 할 수 없다.			
比	7 기점・종점・한계・범위	「限る」시리즈	▶ 333페이지

문형	～わけではない	접속	普＋わけではない （NAな・NAだである＋わけではない） （Nだの・Nだな・Nだである＋わけではない）
意	(전부)~인 것은 아니다			
解	부분 부정을 나타낸다. 또한 간접적으로 화자의 완곡한 감정을 나타낸다.			
例	日本に５年住んでいるからといって、日本人のように話せる**わけではない**。 일본에 5년 살고 있다고 해서 일본인 같이 말할 수 있는 것은 아니다. 祖母はスマホを持っているけれど、電話以外に使う**わけではない**。 할머니는 스마트폰을 갖고 있지만 전화 이외로 사용하는 것은 아니다. 過去のことをクヨクヨしても、後悔や自責の念が強まるだけで、結果が変わる**わけではない**。 과거의 일에 끙끙거려도 후회나 자책의 마음만 강해질 뿐 결과가 바뀌는 것은 아니다.			

原子力発電は必ずしも悪な**わけではない**が、重大事故が起きた際のリスクを考慮すると
手放しで肯定できるものではない。 원자력 발전은 꼭 나쁜 것은 아니지만 중대 사고가 일어났을 때의
위험을 고려하면 무조건 긍정할 수 있는 것은 아니다.

比	8 가능성	～わけにはいかない	▶ 338페이지
比	22 부정·부분부정	～わけがない	▶ 423페이지

문형	～ないことはない・ないこともない	접속	V否＋ないことはない・ないこともない Aい＜＋ないことはない・ないこともない NA・Nじゃ/で（は）＋ないことはない・ないこともない

意	(전혀) ~ 아닌 것은 아니다
解	앞의 부정 표현을 부정함으로써 앞 부분을 소극적으로 긍정하거나 단정을 피하는 표현이다.
例	この治療に関して、やってやれ**ないことはない**が、あまりお勧めしません。 이 치료에 관해서 못해드리는 것은 아니지만 그다지 추천하지 않습니다. 可能性が全く存在し**ないことはない**が、君が将来この道に進むことはないと思う。 가능성이 전혀 존재하지 않는 것은 아니지만 네가 장래에 이 길로 나가는 일은 없다고 생각한다. 同じ留学生として、君の辛さが分から**ないこともない**。 같은 유학생으로서 너의 어려움을 알지 못하는 것은 아니다. 明治時代、資本主義が導入されてから、お金で解決でき**ないことはない**と考える人々が増えたのは事実である。 메이지 시대 자본주의가 도입된 이후 돈으로 해결하지 못하는 것은 없다고 생각하는 사람들이 늘어난 것은 사실이다.

比	26 권유·주의·금지	～ことはない	▶ 447페이지

문형	～というものではない	접속	普＋というものではない

意	(반드시) ~ 라는 것은 아니다
解	「必ず～とは言えない」라는 의미를 나타내고 완곡적인 부정표현이다.
例	ただ面接で聞かれそうなことだけ覚えればいい**というものではない**。 단지 면접에서 질문받을 것 같은 것만 외워도 된다는 것은 아니다. お金さえあれば幸せに暮らせる**というものではない**。 돈만 있으면 행복하게 살 수 있는 것은 아니다. デジタル世代にとって、求められることは、ただメディアリテラシーを身につければいい**というものではない**。 디지털 세대에게 요구되는 것은 단지 미디어 리터러시를 익히면 되는 것은 아니다. 終身雇用が当たり前ではなくなりつつある現代においては、就職さえすれば一生安定して生活できる**というものではなく**なっている。 종신고용이 점점 당연하지 않게 된 현대에는 취업만 하면 평생 안정되게 생활할 수 있는 것이 아니게 되었다.

<23> 원인・이유

214	~によって・による	~ 에 의해, ~ 함으로써・~ 에 의한
215	~おかげで・おかげか・おかげだ	~ 덕분에・~ 덕분인지・~ 덕분이다
216	~せいで・せいか・せいだ	~ 탓에・~ 탓인지・~ 탓이다
217	~もので・ものだから・もの	~ 이므로・~ 해서
218	~ばかりに	~ 해서, ~ 이기 때문에
219	~だけに	~ 인 만큼
220	~あっての	~ 가 있어야, ~ 가 있었기에
221	~とあって	~ 라서, ~ 라고 해서
222	~からには	~ 하는 이상, ~ 하니
223	~以上（は）	~ 하는 이상 (은)
224	~上は	~ 하는 이상
225	~からこそ	~ 이기 때문에
226	~ことだし	~ 이므로, ~ 이니
227	~ことから	~ 한 것으로 보아, ~ 한 점에서
228	~のことだから	~ 이므로, ~ 이기에
229	~（が）ゆえ・ゆえに・ゆえの	~ 때문에・~ 이기에
230	~あまり・あまりの	~ 한 나머지・너무 ~ 해서
231	~では（じゃ）あるまいし	~ 가 아니므로, ~ 가 아닌데

문형	~によって・による		접속	N＋によって・による	
意	~에 의해, ~함으로써・~에 의한				
解	동작・결과의 원인을 설명한다.				
例	震度5の大きい地震**によって**、都心では帰宅難民が発生した。 진도5의 큰 지진에 의해 도심에서는 귀가 난민이 발생했다. 震災で原子力発電所が爆発したこと**によって**、国民の原子力発電に対する不信感が募ってしまった。 지진 재해로 원자력 발전소가 폭발함으로써 국민의 원자력 발전에 대한 불신감이 심해졌다. 今回の事件**によって**、首相の地位は揺らぎ始めている。 이번 사건에 의해 수상의 지위는 흔들리기 시작했다. アンダーマイニング効果**によって**、いくら報酬が高くてもやる気を失うことがある。 언더마이닝 효과에 의해 아무리 보수가 높아도 의욕을 잃는 경우가 있다.				
比	5 근거・주제・매개	~によって・による			▶ 325페이지
比	19 기준・대응	~によって・による			▶ 405페이지

문형	~おかげで・おかげか・おかげだ		접속	普＋おかげで・おかげか・おかげだ （NAだな＋おかげで・おかげか・おかげだ） （Nだの＋おかげで・おかげか・おかげだ）
意	~덕분에・~덕분인지・~덕분이다　（~가 원인으로 좋은 결과가 되었다）			

解	앞의 사항이 원인·이유로 좋은 결과가 되었다는 것을 나타낸다.
例	教えてくださった先生の**おかげで**、試験に合格した。　가르쳐주신 선생님 덕분에 시험에 합격했다. 勤務シフトを代わってくれた**おかげで**、子供を病院に連れていくことができました。 근무 시프트를 바꿔 준 덕분에 아들을 병원에 데리고 갈 수 있었습니다. その古代の遺物は、人々から大事にされ続けてきた**おかげで**、現在まで生き長らえている。 그 고대 유물은 사람들로부터 소중히 여겨져 온 덕분에 현재까지 살아남아 있다. 国際ジャーナリストがいる**おかげで**、瞬時に世界で何が起こっているかを知ることができる。 국제 저널리스트가 있는 덕분에 순식간에 세계에서 무슨 일이 일어나고 있는지 알 수 있다.

文型	~せいで・せいか・せいだ	接続	普＋せいで・せいか・せいだ （NAだな＋せいで・せいか・せいだ） （Nだの＋せいで・せいか・せいだ）
意	~탓에・~탓인지・~탓이다 （~가 원인으로 나쁜 결과가 되었다）			
解	뒤의 좋지 않은 사태가 일어난 것은 앞의 사태가 이유·원인이다.			
例	彼女は体が大きく背が高い**せいで**、ときどき男に間違われる。 그녀는 몸이 크고 키가 큰 탓에 때때로 남자로 오해받는다. 会議に遅れたのは私の**せいではありません**。電車の**せいです**。 회의에 늦은 것은 저의 탓이 아닙니다. 전철 탓입니다. 政党への寄付金に対する規制が緩い**せいで**、寄付者のために政治をおこなおうとする政治家がいる。　정당에 내는 기부금에 대한 규제가 느슨한 탓에 기부자를 위해 정치를 하려는 정치가가 있다. バブル景気が崩壊した**せいで**、日本は不景気に突入し、多くのサラリーマンが職を失って路頭に迷うこととなった。 버블 경기가 붕괴된 탓에 일본은 불경기에 돌입하여 많은 샐러리맨이 일자리를 잃고 곤궁에 처하게 되었다.			

文型	~もので・ものだから・もの	接続	普＋もので・ものがから・もの （NAだな・NAだである＋もので・ものがから・もの） （Nだな・Nだである＋もので・ものがから・もの）
意	~이므로・~해서			
解	사태의 이유·원인. ~라는 사정이 있어서 뒤의 결과가 되었다는 것을 나타낸다. 대화에서는 「もんで」의 형태로 사용되는 경우도 있다.			
例	お客さんが来た**もので**、なかなか出かけられなかった。　손님이 와서 좀처럼 외출할 수 없었다. 夫が在宅ワークで家にいる**もんだから**、家の仕事が増えて大変なのよ。 남편이 재택 근무로 집에 있어서 집안 일이 늘어나 힘들어.			

時が経つのは早い**もので**、東北大震災が起きた日からもうすぐ十年になるというのに、その爪痕はいまだに、至るところに残っている。　세월이 가는 것은 빨라서 도호쿠 대진재가 일어난 날로부터 이제 곧 10년이 된다는데 그 상처는 아직도 곳곳에 남아 있다.

趣味を仕事にするのは楽しい反面辛い**もので**、思い通りにいかないときに溜まるストレスも倍増する。　취미를 일로 하는 것은 즐거운 반면 힘든 것이어서 생각대로 되지 않을 때에 쌓이는 스트레스도 배로 늘어난다.

문형	~ばかりに	접속	普＋ばかりに （NAだな・NAだである＋ばかりに） （Nだな・Nだである＋ばかりに）
意	~해서, ~이기 때문에　(~라는 것이 원인으로)			
解	앞서 말한 사건·행위·성질이 이유이며 어떤 바람직하지 않은 결과가 되었다는 것을 나타낸다. 소극적, 바람직하지 않은 결과에 자주 사용된다.			
例	書類を一枚入れ忘れた**ばかりに**、出願できなかった。 서류를 한 장 넣는 것을 잊었기 때문에 출원할 수 없었다. 目覚ましをセットしなかった**ばかりに**、テストの日に朝寝坊してしまった。 알람을 설정하지 않아서 시험 날에 늦잠을 자고 말았다. あの政治家は、選挙で票を集めたい**ばかりに**、演説のたびに平気で嘘をついたりできもしない公約を掲げたりしている。　저 정치가는 선거에서 표를 모으고 싶기 때문에 연설할 때마다 아무렇지 않게 거짓말을 하거나 되지도 않을 공약을 내걸고 있다. 日本では、道徳教育は知識とは関連性の低いものとされている**ばかりに**、軽視されている。 일본에서는 도덕 교육은 지식과는 관련성이 낮은 것으로 여겨지고 있기 때문에 경시되고 있다.			

문형	~だけに	접속	普＋だけに （NAだな・NAだである＋だけに） （Nだな・Nだである＋だけに）
意	~인 만큼　(~라는 것이 이유로)			
解	앞서 말한 특성·상태가 원인으로 뒤의 결과가 되는 것은 당연하다는 것을 나타낸다. 「時期が時期だけに」와 같은 때를 지정한 인과관계도 있다.			
例	佐藤先生は歴史の専門家である**だけに**、年代を覚えるのが得意だ。 사토 선생님은 역사 전문가인 만큼 연대를 외우는 것이 특기다. この昆虫の体の色は目立ちやすい**だけに**外敵から狙われやすい。 이 곤충의 체색은 눈에 띄기 쉬운 만큼 외부의 적으로부터 노림을 당하기 쉽다.			

江戸川区は海や川に囲まれている**だけに**、台風が来た際には、土地の浸水や河川の氾濫に警戒する必要がある。　에도가와 구는 바다와 강으로 둘러싸여 있는 만큼 태풍이 왔을 때는 토지의 침수나 하천의 범람에 경계할 필요가 있다.

ゆずは幅広い世代から支持を得ているアーティストな**だけに**、メロディも歌詞もキャッチーで親しみやすい。　유즈는 폭넓은 세대로부터 지지를 얻고 있는 아티스트인 만큼 멜로디도 가사도 외우기 쉽고 친숙해지기 쉽다.

POINT 「～ばかりに」와「～だけに」의 차이

「～ばかりに」、「まさにそのことだけが理由で」라는 이유를 특정하는 표현이다. 뒷 문장은 부정적인 결과가 온다. 그에 반해 「～だけに」는 앞 문장의 성질·기대에 부응하는 결과가 나온다는 것을 나타내고 긍정적인 결과가 오는 경우가 많다.

例

保証人になった**ばかりに**、ひどい目にあった。　보증인이 되었기 때문에 혼이 났다.

あのチームは抜群の成績を残している**だけに**、明日の試合が期待できる。
저 팀은 뛰어난 성적을 남기고 있는 만큼 내일 시합이 기대된다.

문형	～あっての	접속	N＋あっての
意	~가 있어야, ~가 있었기에 (~가 성립하는 것은 ~가 있기 때문)		
解	「XあってのY」로 「Yが成立するのはXがあるから」라는 것을 나타낸다.		
例	映画づくりは監督だけいても成り立たない、俳優や現場を支えるスタッフ**あっての**仕事だ。 영화 제작은 감독만 있어도 성립되지 않고 배우나 현장을 지원하는 스태프가 있어야 하는 일이다. あの町は優れた制度や施策を実施しているのは、市民運動**あっての**結果であると思います。 저 도시는 뛰어난 제도나 시책을 실시하고 있는 것은 시민운동이 있었기에 가능한 결과라고 생각합니다. 昔は政府**あっての**人民、今は人民**あっての**政府という考えが主流です。 옛날에는 정부가 있어야 인민, 지금은 인민이 있어야 정부라는 생각이 주류입니다. 首相は、経済**あっての**財政再建であり、経済の回復を最優先にしなければならないと主張した。 수상은 경제가 있어야 재정 재건이라며 경제 회복을 최우선으로 해야 한다고 주장했다.		

문형	~とあって	접속	普+とあって （NAだ+とあって） （Nだ+とあって）

意	~라서, ~라고 해서 （~라는 특별한 상황이므로）
解	어떤 보통과 다른 특별한 사항을 거론하여 그것이 이유로 뒤의 사항이 일어난다는 것을 나타낸다. 「とあって」의 앞에 「最終日・連休・夏休み」 등 특별한 시기를 나타내는 명사가 오는 경우가 많다.
例	久しぶりの再会**とあって**、お互いの近況を報告しあった。 오랜만의 재회라서 서로의 근황을 보고했다. 海外から人気のアイドルが来日する**とあって**、空港には多くのファンが詰め寄せた。 해외에서 인기 아이돌이 일본에 온다고 해서 공항에는 많은 팬들이 몰려들었다.. 日本人がノーベル賞を受賞した**とあって**、ニュースは連日受賞者の経歴や研究内容の話で持ちきりだった。 일본인이 노벨상을 수상했다고 해서 뉴스는 연일 수상자의 경력이나 연구 내용 이야기로 시종일관했다. 特別警報級の台風が来る**とあって**、人々は窓を締め切り、避難の準備を行うなどの対策を行なったが、実際には予想されたほどの巨大な台風は来なかった。 특별 경보급 태풍이 온다고 해서 사람들은 창문을 꼭 닫고 대피 준비를 하는 등 대책을 취했지만 실제로는 예상된 정도의 거대한 태풍은 오지 않았다.
比	11 시간・시점　　~にあって　　▶ 356페이지

문형	~からには	접속	普+からには （NAだである+からには） （Nだである+からには）

意	~하는 이상, ~하니
解	전항에서는 무언가의 책임・결의를 나타내고 후항에서는 전항에 대한 의무를 다하는 내용이 이야기된다. 뒷부분은 「~なければならない」「~べき」 등 화자의 의무・결의를 나타내는 표현이 오는 경우가 많다.
例	この年になると、付き合う**からには**結婚のことも考えなければいけない。 이 나이가 되면 사귀는 이상 결혼에 대한 것도 생각해야 한다. 飲酒運転が法律で禁止された**からには**、自分自身も気をつけねばならないし、友人や家族が車を運転するときも酒を飲ませてはいけない。　음주운전이 법률로 금지된 이상 자기 자신도 조심해야 하고 친구나 가족이 차를 운전할 때도 술을 마시게 해서는 안된다. これほど鮮やかな色合いと不気味な形をしている**からには**、このキノコには毒があるに違いない。 이렇게 선명한 색상과 섬뜩한 모양을 하고 있으니 이 버섯에는 독이 있음에 틀림없다.

문형	~以上（は）	접속	普＋以上（は） （NAだな・NAだである＋以上（は）） （Nだである＋以上（は））

意	~하는 이상(은)，（~이므로 반드시 ~하다）
解	앞 일에서는 이미 발생한 사건을 말하고 그 상황에서 해야하는 상황을 뒷 일에서 말한다.
例	給料をもらっている**以上は**一生懸命やるしかない。급료를 받고 있는 이상은 열심히 할 수 밖에 없다. 人の上に立つ役職を与えられた**以上**、責任を持って会社に貢献し続けるつもりだ。 남의 위에 서는 직책이 주어진 이상 책임을 갖고 회사에 계속 공헌할 생각이다. 国からの営業自粛要請が出ている**以上**、居酒屋であれ閉店時間を早めなければならない。 정부로부터 영업 자제 요청이 나온 이상 이자카야라도 폐점시간을 앞당겨야 한다.

문형	~上は	접속	V辞・Vた＋上は

意	~하는 이상 （~이므로 반드시 ~하다）
解	전항 내용으로부터 당연히 후항의 내용을 실행한다는 이야기의 결심이나 의미를 나타낸다. 조금 딱딱한 표현이므로 구어체에는 그다지 사용되지 않는다.
例	留学すると決めた**上は**、しっかりと準備しなければならない。 유학하기로 결정한 이상 제대로 준비해야 한다. 選挙によって国民に選ばれた**上は**、責任をもって日本を豊かな未来へと導くよう精一杯努めていきたい。 선거에 의해 국민에게 뽑힌 이상 책임을 갖고 일본을 풍요로운 미래로 이끌어 가도록 열심히 노력하고자 한다. 税金を使って学問に励んでいる**上は**、自分の好き勝手に学問をするのではなく国民にとって有益になるような発見ができるよう努めるつもりだ。　세금을 사용하여 학문에 힘쓰는 이상 자신이 제멋대로 학문을 하는 것이 아니라 국민에게 유익한 발견을 할 수 있도록 노력할 생각이다.

比	11 시간・시점	~上で	▶ 363페이지
比	14 한정・비한정・부가	~上に	▶ 380페이지

문형	~からこそ	접속	普＋からこそ

意	~이기 때문에　（그야말로 더욱~하다）
解	이유를 강조하는 표현이다. 「その理由だから、その結果になる」 라는 의미를 나타낸다. 통상과 반대되는 결과를 나타낼 때에도 사용된다.
例	苦しみの末に勝ち取った優勝だ**からこそ**喜びが増す。 고생 끝에 쟁취한 우승이기 때문에 기쁨이 한층 더해진다. 親に期待されている**からこそ**、叱られるのです。だからあまりにもこれをネガティブに捉えすぎないでください。부모가 기대하고 있기 때문에 야단맞는 것입니다. 그러므로 이것을 너무 지나치게 부정적으로 받아들이지 마십시오.

情報社会になり、身の回りに様々な情報が溢れている**からこそ**行動することの方が重要になってきている。
정보 사회가 되어 주변에 다양한 정보가 넘쳐나고 있기 때문에 행동하는 것이 중요하게 되었다.

문형	~ことだし	접속	普＋ことだし （NAだな・NAだである＋ことだし） （Nだの・Nだである＋ことだし）

意	~이므로, ~이니
解	앞의 사항이 하나의 가벼운 이유로서 뒤의 행동을 한다는 의미를 나타낸다. 그 외에도 이유가 있다는 뉘앙스를 나타낸다.
例	雨も降ってきた**ことだし**、今日は行くのをやめよう。 비도 내리고 하니 오늘은 가는 것을 그만두자. 天気も良い**ことだし**、散歩でも一緒にいかがですか。 날씨도 좋으니 산책이라도 같이 가지 않겠습니까? 仕事とはいえせっかく京都に来た**ことだし**、嵐山を観光してから東京に帰ることにしよう。 일이라고는 해도 모처럼 교토에 왔으니 아라시야마를 관광하고 나서 도쿄에 돌아가기로 하자. それぞれのパートの譜読みも終わった**ことだし**、一度全員で合奏して曲のイメージを共有しておきましょう。 각 파트의 악보 읽기도 끝났으니 한 번 다 같이 합주해서 곡의 이미지를 공유해 놓읍시다.

문형	~ことから	접속	普＋ことから （NAだな・NAだである＋ことから） （Nだである＋ことから）

意	~한 것으로 보아, ~한 점에서 （~라는 유래로）
解	전항이 유래・이유로 사물이 어떤 이름으로 불리게 되었다는 것을 나타낸다. 흔히 판단의 이유・근거로서 사용된다.
例	肌が雪のように白い**ことから**、白雪姫と名付けられた。 피부가 눈처럼 희다는 점에서 백설공주라고 이름 붙여졌다. 彼は今日も会社を休んでいる**ことから**、なかなか体調が良くならないのだと思う。 그는 오늘도 회사에 결근한 것으로 보아 좀처럼 몸상태가 좋아지지 않는거라고 생각한다. およそ五千万から四千万年以上前に陸上を歩いていたある肉食性の哺乳類の頭部が、ほぼ同時期の古いタイプのクジラによく似ている**ことから**、それらのグループから海棲のクジラが生み出されたという説を唱えた学者もいた。 대략 5천만에서 4천만년 이상 전에 육상을 걷고 있던 어떤 육식성 포유류의 머리가 거의 동시기의 고대 타입의 고래와 매우 비슷하다는 점에서 그들 그룹에서 바다에 서식하는 고래가 나왔다는 설을 주장하는 학자도 있었다.

犯人が整形して国外に逃亡していた**ことから**、逮捕するには数年の月日を要することとなった。　범인이 성형하고 국외로 도망쳤다는 점에서 체포하는 데에는 수 년의 시간을 요하게 되었다.

문형	~のことだから	접속	N+のことだから
意	~이므로, ~이기에 (~그런 성격이므로 분명)			
解	어떤 인물의 성격・습관으로부터 생각하고 추측한다는 것을 나타낸다. 뒤에 「だろう・かもしれない・に違いない」 등 판단을 나타내는 표현이 오는 경우가 많다.			
例	真面目な彼女**のことだから**、宿題を忘れるなんてありえない。 성실한 그녀이기에 숙제를 잊는다는 것은 있을 수 없다. 彼**のことだから**、とっておきのサプライズを用意しているに違いない。 그이기에 소중히 간직해둔 서프라이즈를 준비하고 있을 것이 틀림없다. 社長の不祥事を隠蔽しようとしたって、情報が早いマスコミ**のことだから**、一瞬でも外部に漏れてしまえば、すぐに嗅ぎつけて世間に広めてしまうだろう。 사장님의 불상사를 은폐하려고 해도 정보가 빠른 매스컴이기에 한 순간이라도 외부에 유출되어 버리면 바로 알아채고 세상에 퍼트려 버릴 것이다. 留学に行ったきり、親友の消息が不明になってしまった。だが、彼**のことだから**、きっとどこかで元気に暮らしているはずだ。 유학간 후에 친구가 소식 불명이 되어버렸다. 하지만 그이기에 분명히 어딘가에서 건강하게 살고 있을 것이다.			

문형	~(が)ゆえ・ ゆえに・ゆえの	접속	普+(が)ゆえ・ゆえに・ゆえの (NAだ・NAだである+がゆえ(に・の)) (Nだ・Nだである+がゆえ(に・の)) (NAだ(な)・NAだである+ゆえ(に・の)) (Nだ(の)・Nだである+ゆえ(に・の))
意	~때문에・~이기에 (~하다는 이유로)			
解	~이므로, ~가 이유다라는 의미를 나타낸다. 조금 딱딱한 표현이다.			
例	女性である**がゆえに**差別されることがある。　여성이기 때문에 차별받는 경우가 있다. 電子レンジは食材を入れてチンするだけというその手軽さ**ゆえに**多くの家庭で重宝されている。 전자레인지는 식재를 넣고 데우기만 하면 된다는 그 간편함 때문에 많은 가정에서 애용되고 있다. 学校が終わってさっさと帰る子は、他の子供と一緒に遊ぶことが少なくなる**がゆえに**、学校で友達を作るのが難しくなる。　학교가 끝나고 바로 돌아가는 아이는 다른 아이들과 함께 노는 일이 적어지기 때문에 학교에서 친구를 만들기 어려워진다. 発展途上国では、貧困**ゆえに**子供を育てることが難しく、虐待やネグレクトのすえに児童養護施設に送られる児童が多くいる。　개발도상국에서는 빈곤 때문에 아이를 키우는 것이 어렵고 학대나 방치 끝에 아동보호시설에 보내지는 아동이 많다.			

문형	~あまり・あまりの	접속	普+あまり (NAだな+あまり) (Nだの+あまり) あまりの+N+に
意	~한 나머지・너무~해서			
解	전항 사항이 정도가 큰 것이 이유로 뒤의 결과가 되었다는 것을 나타낸다.			
例	悔しさの**あまり**、声をあげて泣いた。 억울한 나머지 목소리 높여 울었다. 美しさの**あまり**、僕は彼女を目で追ってしまっていた。 너무 아름다워서 나는 그녀를 눈으로 좇고 있었다. 会議中、怒りの**あまり**、取引相手に暴言を吐いてしまった。 회의중에 화가난 나머지 거래처 상대에게 폭언을 내뱉고 말았다. 芸術を用いて何かを訴えかけることは大切だが、奇を衒いすぎた**あまり**に誰からも理解されない作品になることは避けたい。 예술을 이용하여 무언가를 호소하는 것은 중요하지만 너무 기이해서 누구에게도 이해되지 않는 작품이 되는 것은 피하고 싶다.			

문형	~では(じゃ)あるまいし	접속	V辞・Vた+の・ん+では(じゃ)あるまいし N+では(じゃ)あるまいし
意	~가 아니므로, ~가 아닌데, ~가 아니기에			
解	앞의 부정사항이 이유로 뒤의 행동을 하는 것은 당연하다는 것을 나타낸다. 전항을 근거로 해서 그것을 바탕으로 화자의 판단을 나타낼 때 자주 사용된다.			
例	小学生**ではあるまいし**、漢字も読めないのはどうなのよ。 초등학생이 아닌데 한자도 못 읽으면 어떡하니? 子供**じゃあるまいし**、学校ぐらい自分で行きなさい。 어린이가 아닌데 학교 정도는 스스로 가라. パソコン**じゃあるまいし**、人生はコマンドキーでやりなおしたり簡単に思い出を上書き保存できたりするものではない。　컴퓨터가 아니기에 인생은 커맨드키로 다시 시작하거나 간단히 추억을 덮어쓰고 저장할 수 있는 것이 아니다. 総理大臣だって神様**じゃあるまいし**、ミスすることもあれば日本中の人間を幸せにすることもできないのに、そんなことも理解せず批判してばかりいては何も前には進まないだろう。 총리대신이라도 신이 아니므로 실수하는 경우도 있는가 하면 일본의 모든 사람을 행복하게 할 수도 없는데 그런 것도 이해하지 않고 비판만 하고 있어서는 아무것도 앞으로는 나아가지 않을 것이다.			
比	17 전문・추측	~ではあるまいか		▶ 394페이지

<24> 조건

232	~さえ~ば	~ 만 ~ 하면
233	~としたら・とすれば・とすると	~ 라고 하면 ・~ 라면

234	～ないことには	~ 하지 않으면, ~ 하지 않고서는
235	～ものなら	(만약)~ 할 수 있다면
236	～（よ）うものなら	(만약)~ 하기라도 하면
237	～をぬきにしては	~ 를 제외하고서는, ~ 없이는
238	～となると・となれば・となったら	~ 하게 된다면, ~ 한다면
239	～ない限り	~ 하지 않는 한
240	～たら最後・たが最後	(만약)~ 한다면, ~ 하면
241	～なくして（は）	~ 가 없다면, ~ 없이

문형	～さえ～ば	접속	V_{ます}＋さえ～ば A_いく＋さえ～ば NA＋で＋さえ～ば N(助詞)＋さえ～ば
意	~만~하면 （~가 실현될 수 있다면 다른 것은 문제없다）		
解	어떤 하나의 조건이 충족된다면 그 외에는 문제가 되지 않는다는 의미를 나타낸다.		
例	あなたがいてくれ**さえ**すれ**ば**幸せだ。　당신이 있어주기만 하면 행복하다. こつ**さえ**つかめ**ば**、すぐに上手になります。　요령만 파악하면 금방 능숙해집니다. あとはユーモアのセンス**さえ**磨け**ば**、彼女の才能はいずれ芽吹くに違いない。 다음은 유머 센스만 다듬으면 그녀의 재능은 머지않아 싹틀 것이 틀림없다. 国立大学で**さえ**あれ**ば**どこの学部でもいいという意識のまま、大学で何をやりたいかを明確にせずに受験すると入学してから苦労することになる。 국립대학이기만 하면 어느 학부라도 좋다는 의식인 채로 대학에서 무엇을 하고 싶은지를 명확히 하지 않고 수험하면 입학하고 나서 고생하게 된다.		

문형	～としたら・とすれば・とすると	접속	普＋としたら・とすれば・とすると
意	~라고 하면・~라면 （~라고 가정하면）		
解	무언가를 전제로서 가정할 때 사용된다. 「もし～と考えたら」 라는 의미를 나타낸다.		
例	その証言が本当だ**としたら**、彼が犯人ということになるね。 그 증언이 진짜라면 그가 범인이라는 것이 되네. 望むことがある**とすれば**、両親が健康にいてくれることですかな。 바라는 것이 있다면 부모님이 건강하게 있어주는 것일까. 雇用者が労働者に違約金を請求した**とすれば**、労働基準法に違反しているとして、罰せられる可能性がある。 고용자가 노동자에게 위약금을 청구했다면 노동기준법을 위반하고 있다고 해서 처벌될 가능성이 있다. 平屋しかない住宅街に突然マンションを建築する**としたら**、工事の騒音や立ち退き、日照の妨害といったあらゆる問題に多くの住民が抗議を始める可能性がある。 단층집 밖에 없는 주택가에 갑자기 맨션을 건축한다고 하면 공사 소음이나 철거, 일조 방해 같은 모든 문제에 많은 주민이 항의를 시작할 가능성이 있다.		

문형	~ないことには	접속	V否＋ないことには Aい＋ないことには NA＋で＋ないことには N＋で＋ないことには
意	~하지 않으면, ~하지 않고서는			
解	앞의 동작을 하지 않으면 뒤의 내용이 실현되지 않는다는 것을 나타낸다. 뒤에 부정의 표현이 이어진다.			
例	許可を得**ないことには**撮影はできない。　　허가를 얻지 않으면 촬영은 할 수 없다. とにかく、彼と話さ**ないことには**誤解はとけない。 어쨌든 그와 이야기하지 않고서는 오해는 풀 수 없다. 伝統に縛られない目で見**ないことには**、現代アートの面白さはなかなか見出せない。 전통에 얽매이지 않는 눈으로 보지 않으면 현대 아트의 재미는 좀처럼 발견할 수 없다. 法学部に合格したとしても、司法試験を突破し**ないことには**、法曹になるためのスタート地点にも立つことができない。 법학부에 합격다고 해도 사법시험을 돌파하지 않고서는 법조인이 되기 위한 출발 지점에도 설 수 없다.			

문형	~ものなら	접속	動詞可能形＋ものなら
意	(만약)~할 수 있다면, ~할 수 있는 것이라면			
解	「もし~できるなら、…したい」라는 의미를 나타낸다. 불가능 또는 실현이 어려운 사태에 접속하는 경우가 많다.			
例	億万長者になれる**ものなら**なりたい。　　억만장자가 될 수 있다면 되고 싶다. 何の努力も勉強もせずに有名になれる**ものなら**なりたいが、実際には、楽しんでいるように見える多くの芸能人は、影で努力している。 아무 노력도 공부도 하지 않고 유명해질 수 있다면 되고 싶지만 실제로는 즐기고 있는 것처럼 보이는 많은 연예인은 뒤에서 노력하고 있다. ミュージシャンの大半は、いつか武道館や東京ドームでコンサートができる**ものなら**やりたいという夢を持っている。 뮤지션의 대부분은 언젠가 무도관이나 도쿄돔에서 콘서트를 할 수 있다면 하고 싶다는 꿈을 갖고 있다.			

문형	~(よ)うものなら	접속	V意＋(よ)うものなら
意	(만약)~하기라도 하면			
解	만약, 앞서 말한 동작을 하면 큰일난다는 것을 나타낸다.			
例	僕が少しでもデートに遅れ**ようものなら**、彼女は怒って帰ってしまう。 내가 조금이라도 데이트에 늦기라도 하면 그녀는 화를 내고 돌아가 버린다. 祖父に酒を飲ませ**ようものなら**、一晩中歌い出すので近所迷惑になる。 할아버지에게 술을 마시게라도 하면 밤새도록 노래를 부르기 때문에 이웃에 민폐가 된다.			

体の弱い小さな子供を真夏の車の中に置き去りにし**ようものなら**、短時間であっても、熱中症などで取り返しのつかない事態になる可能性を、大人は常に留意せねばならない。
몸이 약한 어린 아이를 한 여름에 차 안에 방치하면 짧은 시간이라도 열사병 등으로 돌이킬 수 없는 사태가 될 가능성을 어른은 항상 유의해야 한다.

大臣が問題発言をし**ようものなら**、マスコミが一斉に報道するだろう。
장관이 문제발언을 하기라도 하면 매스컴이 일제히 보도할 것이다.

문형	~をぬきにしては	접속	N＋をぬきにしては
意	~를 제외하고서는, 빼놓고서는, ~없이는		
解	앞서 말한 것을 제외한 경우 뒤의 실현이 불가능하게 된다는 것을 나타낸다. 어떤 인물·일의 필요성을 말할 때 자주 사용된다.		

例

彼**をぬきにしては**、会議が始められない。　　그를 빼놓고서는 회의를 시작할 수 없다.

練習**をぬきにしては**、試合に勝つことなどできない。
연습 없이는 시합에 이길 수 없다.

大仏**をぬきにしては**奈良県のＰＲはできない。
대불을 제외하고서는 나라현 PR은 할 수 없다.

株式会社は、株主からの資金調達**をぬきにしては**、会社の経営を維持することが難しい。 주식회사는 주주로부터의 자금조달 없이는 회사의 경영을 유지하기 어렵다.

문형	~となると・となれば・となったら	접속	普＋となると・となれば・となったら （NAだ＋となると・となれば・となったら） （Nだ＋となると・となれば・となったら）
意	~하게 된다면・~한다면　（~라는 상황이 된 경우）		
解	「~という状況になった場合」라는 의미를 나타낸다. 즉 현실적으로 일어날 가능성이 있는 상황에 대해 해야할 행동이나 판단을 말한다.		

例

彼は決断まで時間がかかるが、やる**となると**実行するのは早い。
그는 결단까지 시간이 걸리지만 하게 된다면 실행하는 것은 빠르다.

さんざん迷ったが、やる**となったら**最後までやろうと決心した。
많이 망설였지만 하게 된다면 끝까지 하려고 결심했다.

かつて海を泳いでいた動物が陸上に上ったことは確かなのだが、どのグループから哺乳類が進化したのか**となると**、それはまだ明確ではない。
옛날에 바다를 헤엄치고 있던 동물이 육지로 올라온 것은 확실한 것이지만 어느 그룹으로부터 포유류가 진화한 것인가 하면 그것은 아직 명확하지 않다.

田舎や離島は、高齢者が多く医師が不足しているので、新しく病院が開業する**となれば**、住民からは大歓迎されることだろう。
시골이나 외딴섬은 고령자가 많고 의사가 부족하기 때문에 새로운 병원이 개업하게 된다면 주민들로부터는 대환영을 받을 것이다.

문형	~ない限り			접속	Vぁ＋ない限り
意	~하지 않는 한 (~하지 않는다면 반드시 ~하다)				
解	전항의 동작을 하지 않는다면 후항의 동작도 실행될 수 없다는 의미를 나타낸다.				
例	たくさん練習し**ない限り**、上達はしない。　　많이 연습하지 않는 한 능숙해지지는 않는다. どんな人間であっても、公共の福祉に反し**ない限り**、居住、移転及び職業選択の自由を有する。　　어떤 사람이라도 공공의 복지에 반하지 않는 한 거주, 이전 및 직업 선택의 자유를 가진다. 無知であること自体は悪いことではないが、無知であることに甘え、何も知ろうとし**ない限り**は、人として成長することはできない。　무지함 자체는 나쁜 것은 아니지만 무지함에 기대어 아무것도 알려고 하지 않는 한 인간으로서 성장할 수 없다.				
比	7 기점·종점·한계·범위		「限る」シリーズ		▶ 333페이지

문형	~たら最後・たが最後			접속	Vた＋たら最後・たが最後
意	(만약) ~한다면・~하면				
解	앞의 동작을 하면 그 후 다른 선택지가 없어지고 뒤의 내용을 할 수 밖에 없다는 의미를 나타낸다.				
例	彼が寝**たら最後**、周りがどんなに騒いでも目を覚さない。 그가 잠들면 주위가 아무리 시끄러워도 잠에서 깨지 않는다. あの人にお金を貸し**たら最後**、返ってくることはない。 저 사람에게 돈을 빌려주면 돌려주는 법이 없다. 歳をとってから、一度忘れ**たら最後**、何を話そうとしていたか全く思い出せないといった状態が、とんと増えたように感じる。　나이를 먹고부터 한 번 잊어버리면 무엇을 말하려고 했는지 전혀 생각해내지 못하는 등의 상황이 부쩍 늘어난 것처럼 느낀다. 農家は、害虫の侵入を許してしまっ**たが最後**、全部の農作物が売り物にならなくなるというリスクを抱えている。　농가는 해충의 침입을 허용해버리면 전체 농작물이 상품이 안된다고 하는 리스크를 안고 있다.				

문형	~なくして(は)			접속	N＋なくして(は)
意	~가 없다면, ~없이(는)				
解	앞의 내용이 없다면 뒤의 사항이 실현될 수 없다는 것을 나타낸다.				
例	彼の協力**なくして**、成功できません。　　그의 협력없이 성공할 수 없습니다. 挨拶**なくして**良好な人間関係は築けないだろう。 인사 없이 양호한 인간관계는 만들 수 없을 것이다. 配偶者であれ友人であれ家族であれ、他人からの支え**なくしては**、人は自分の力で生きていくことなどできない。 배우자든 친구든 가족이든 타인으로부터의 지원없이는 사람은 자신의 힘으로 살아갈 수 없다.				

	大航海時代の話**なくして**、中世から近世にかけてのヨーロッパの歴史を語り合うことなどできない。 대항해 시대의 이야기 없이 중세부터 근세에 걸친 유럽의 역사를 서로 이야기할 수 없다.

<25> 심리・감정

242	~てしかたがない・てしょうがない	매우 ~ 하다・너무나 ~ 하다
243	~てたまらない	~ 해서 견딜 수 없다, 너무나 ~ 하다
244	~てならない	너무나 ~ 하다, ~ 하기 짝이 없다
245	~てやまない	진심으로 ~ 하기 바란다
246	~ないではいられない・ずにはいられない	~ 하지 않을 수 없다, ~ 하기 짝이 없다
247	~ないではすまない・ずにはすまない	~ 하지 않으면 안된다
248	~ないではおかない・ずにはおかない	~ 하지 않을 수 없다
249	~ざるを得ない	~ 하지 않을 수 없다, ~ 해야 한다
250	~を余儀なくされる・を余儀なくさせる	~ 할 수 밖에 없다・~ 할 수 밖에 없게 만들다

문형	~てしかたがない・てしょうがない	접속	Vて＋しかたがない・しょうがない Aい＜＋てしかたがない・てしょうがない NA＋でしかたがない・でしょうがない
意	매우~하다・너무나~하다		
解	앞에 감정・감각을 나타내는 말에 붙어 화자의 감정의 강도를 나타낸다.		
例	大学受験の結果が気になっ**てしかたがない**。　대학수험 결과가 매우 신경쓰인다. 徹夜で勉強していたので眠く**てしょうがない**。　철야로 공부했기 때문에 매우 졸린다. 故郷で待つ母に早く会いたく**てしかたがない**。　고향에서 기다리는 어머니를 너무나 빨리 만나고 싶다. 数学の勉強は苦痛**でしかたがない**。　수학 공부는 너무나 힘들다. 上司のやり方に腹が立っ**てしょうがない**。　상사의 방식에 화가 나서 못견디겠다. 早稲田大学の文学部に受かったからには、子供の頃から憧れていた小説家の先生の授業を早く受けたく**てしかたがない**。 와세다 대학 문학부에 합격했으니까 어린시절부터 동경하고 있던 소설가 선생님의 수업을 너무나 빨리 듣고 싶다.		

문형	~てたまらない	접속	Vて＋たまらない Aい＜＋てたまらない NA＋でたまらない
意	~해서 견딜 수 없다, 너무나~하다　(참을 수 없을 정도로~하다)		
解	강한 감정이나 감각이 솟아나 그 감정을 억제할 수 없을 때 사용된다.		
例	薬を飲んだせいか、今は眠く**てたまらない**。　약을 먹은 탓인지 지금은 졸려서 견딜 수 없다. 朝ごはんを食べていないのでお腹がすい**てたまらない**。아침을 먹지 않아서 배가 너무나 고프다.		

研究を投げ出したく**てたまらない**ときもあったが、諦めずに研究を続けたことが今回のノーベル賞受賞につながった。 연구를 포기하고 싶어 견딜 수 없을 때도 있었지만 포기하지 않고 연구를 계속한 것이 이번의 노벨상 수상으로 이어졌다.

煙草をやめてから最初の何週間かは吸いたく**てたまらなかった**が、それを乗り越えたからこそ、完全に禁煙に成功することができた。 담배를 끊고나서 처음 몇 주 정도는 피우고 싶어 견딜 수 없었지만 그것을 이겨냈기 때문에 완전히 금연에 성공할 수 있었다.

문형	～てならない	접속	Vて＋ならない Aい＋てならない NA＋でならない
意	너무나~하다, ~하기 짝이 없다 (감정이 억제되지 않을 정도로~하다)			
解	자연스럽게 어떤 감정이 일어나고 그것을 억제할 수 없다고 말하고 싶을 때 사용된다. 소극적인 사태에 자주 사용된다.			
例	昨日の番組を見逃したのが悔しく**てならない**。　어제 프로그램을 놓친 것이 너무 아쉽다. 志望校に合格したことがわかり、体が震え**てならない**。 지망학교에 합격한 것을 알고 몸이 너무나 떨린다. 何年もその日のために努力を続けていた選手たちが大会の延期に直面した悔しさを思うと、私も虚しく**てならない**。 몇 년이나 그 날을 위해 노력을 이어온 선수들이 대회 연기에 직면한 아쉬움을 생각하면 나도 너무나 허탈하다. 我々医師の技術不足のために患者の命を救うことができなかった。自分の不甲斐なさが遺憾**でならない**。 우리 의사의 기술 부족 때문에 환자의 생명을 구할 수 없었다. 자신의 무력함이 유감스럽기 짝이 없다.			

POINT 「～てしかたがない」「～てたまらない」「～てならない」의 차이

「～てしかたがない」는 감정을 억제할 수 없고 참을 수 없다는 것을 강하게 나타낸다. 대화적인 표현.

例

彼は彼女ができて、うれしく**てしかたがない**ようだ。
그는 여자친구가 생겨서 너무나 기쁜 것 같다.

「～てたまらない」는 화자가 어떤 감정・감각・요구를 억제할 수 없을 때 사용되고 감정의 고조됨을 나타낸다. 구어체로서 사용된다.

例

国へ帰りたく**てたまらない**。　모국에 돌아가고 싶어 견딜 수 없다.

「～てならない」는 자연스럽게 그렇게 생각하거나 느낀 것을 금할 수 없다는 것을 나타낸다. 문어체로서 이용되는 경우가 많다.

例

ひとりぼっちで、毎日寂しく**てならない**。　달랑 혼자라서 매일 외롭기 짝이 없다.

문형	～てやまない	接続	Vて＋やまない
意	진심으로~하기 바란다, ~해 마지 않는다　（진심으로 계속~하고 있다）		
解	기대나 소망 등의 감정적인 단어를 붙여 그 감정이 계속 이어지고 있음을 나타낼 때 사용된다. 부정적인 감정에도 긍정적인 감정에도 사용된다.		
例	我が子の幸せを願って**てやまない**。　우리 아이의 행복을 진심으로 바란다. 彼の成功を願って**てやまない**。　그의 성공을 바라마지 않는다. 君たちが輝かしい未来を作っていくことを願って**てやまない**。 너희가 빛나는 미래를 만들어 가기를 진심으로 바란다. 皆さんの今後のご活躍を期待し**てやみません**。 여러분의 앞으로의 활약을 기대해마지 않습니다. 両国の更なる発展を願っ**てやみません**。 양국의 더한층 발전을 진심으로 바랍니다.		

문형	～ないではいられない・ずにはいられない	接続	Vる＋ないではいられない Vる＋ずにはいられない （する➡せ＋ずにはいられない）
意	~하지 않을 수 없다　（어떻게 해도~하고 만다）		
解	화자의 의지와는 관계없이 자연히 일어나는 동작을 나타낼 때 사용된다.		
例	彼の困った顔がおかしくて、笑わ**ずにはいられなかった**。 그의 난처해 하는 얼굴이 이상해서 웃지 않을 수 없었다. 美しい人とすれ違って、思わず振り返ら**ずにはいられなかった**。 아름다운 사람과 스쳐지나서 무심코 뒤돌아 보지 않을 수 없었다. 上野動物園でパンダの子供が生まれたというニュースに、国民の多くが癒され**ないではいられなかった**。 우에노 공원에서 판다 새끼가 태어났다는 뉴스로 많은 국민이 위안을 얻지 않을 수 없었다. 自分の作品が他人に侮辱されたり軽んじられたりしたとき、憤慨せ**ずにはいられない**のは、芸術家として当然のことだ。 자신의 작품이 남에게 모욕당하거나 경시당했을 때 분개하지 않을 수 없는 것은 예술가로서 당연한 일이다.		

문형	～ないではすまない・ずにはすまない	接続	Vる＋ないではすまない Vる＋ずにはすまない （する➡せ＋ずにはすまない）
意	~하지 않으면 안된다　（반드시 ~해야 한다）		
解	일반상식・회사규범 등을 고려하여 반드시 해야 한다는 것을 나타낸다.		
例	不祥事を起こしてしまったので、責任を取ら**ずにはすまない**だろう。 불상사를 일으켰기에 책임을 지지 않으면 안될 것이다. 学者の研究内容に異議ありと言うのなら、十分な理由を示さ**ないではすまない**。 학자의 연구 내용에 이의가 있다고 말하려면 충분한 이유를 제시하지 않으면 안된다.		

君の失敗で計画が台無しになったのだから、みんなに謝ら**ずにはすまない**よ。
너의 실패로 계획이 엉망이 되었으니 모두에게 사과하지 않으면 안될거야.

自分では間違っていることを言ったつもりはなかったが、多くの人を不快にさせ、傷つけてしまったので、失言を撤回し**ないではすまなかった**。스스로는 틀린 말을 했다는 생각은 없었으나 많은 사람들을 불쾌하게 하고 상처를 주었기에 실언을 철회하지 않을 수 없었다.

문형	〜ないではおかない・ずにはおかない	접속	V否＋ないではおかない V否＋ずにはおかない （する➡せ＋ずにはおかない）
意	～하지 않을 수 없다 （반드시 ~ 해주다）		
解	①자연스럽게 감정이나 행동이 일어나는 것을 나타낸다. 감정・심리를 나타내는 동사에 붙을 때 사역형이 되는 경우가 많다. ②주로 화자의 입장에서 어떤 동작을 실행하는 결심이나 의지를 나타낸다.		
	①親子の愛を描くこの物語は人を感動させ**ずにはおかない**だろう。 부모와 자식의 사랑을 그리는 이 이야기는 사람들을 감동시키지 않을 수 없을 것이다. ②財布を拾ってしまい、警察に届け**ないではおかなかった**。 지갑을 주웠기에 경찰에게 신고하지 않을 수 없었다.		
例	①モダンデザインの父とも呼ばれるウィリアムモリスが建築した「赤い家」は、訪れた人を魅了させ**ずにはおかない**、美しくも素朴で親しみやすい建物だ。 모던 디자인의 아버지로도 불리우는 윌리엄 모리스가 건축한 「빨간 집」은 방문한 사람들을 매료시키지 않을 수 없는 아름답고도 소박하며 친숙해지기 쉬운 건물이다. ②ダムの建設のために住民に立ち退きを要請するとなれば、その地域に永住するつもりでいる高齢者の反感を買わ**ずにはおかない**だろう。 댐 건설을 위해 주민에게 퇴거를 요청하게 된다면 그 지역에 영주할 생각으로 있는 고령자의 반감을 사지 않을 수 없을 것이다.		

POINT 「〜ないでは・ずにはいられない」「〜ないでは・ずにはすまない」「〜ないでは・ずにはおかない」의 차이

「〜ないでは・ずにはいられない」는 동작을 하는 감정을 억제할 수 없고 참을 수 없다는 것을 나타낸다. 자연히 그렇게 되는 일에 자주 사용된다.

読み始めたら、終わりまで読ま**ないではいられない**。
읽기 시작하면 끝까지 읽지 않을 수 없다.

「〜ないでは・ずにはすまない」는 사회 규범과 일반상식을 고려하여 동작을 해야 한다는 것을 나타낸다.

> **예**
>
> 検査の結果によっては、手術せ**ずにはすまない**だろう。
> 검사 결과에 따라서는 수술을 하지 않을 수 없을 것이다.

「～ないでは・ずにはおかない」는 주로 화자의 입장에서 어떤 동작을 실행하는 결심이나 의지를 나타낸다. 또는 감정이나 심리를 나타내는 동사와 함께 사용되고 감정이나 동작이 자연스럽게 도출되는 것을 나타낸다.

> **예**
>
> こんなひどいことをされたのだから、絶対に謝らせ**ないではおかない**。
> 이런 심한 일을 당했으니 반드시 사과하게 해야 한다.
>
> 彼女の天使のような歌声は、聴く人を感動させ**ないではおかない**。
> 그녀의 천사 같은 노랫소리는 듣는 사람을 감동시키지 않을 수 없다.

문형	～ざるを得ない	접속	Vあ＋ざるを得ない （する➡せ＋ざるを得ない）
意	～하지 않을 수 없다, ~해야 한다		
解	하고 싶지 않지만 피할 수 없는 상황으로 어떻게든 할 필요가 있다는 것을 나타낼 때 사용된다.		
例	台風が迫っているので、コンサートを中止にせ**ざるを得ない**。 태풍이 다가오고 있으므로 콘서트를 중지하지 않을 수 없다. 理不尽なことでも、我慢せ**ざるを得ない**こともある。 불합리한 일이라도 참아야 하는 경우도 있다. 自分を褒めてくれるものを追い出すわけがない。そのアーティストは嫌々ながらも、ファンの言葉に耳を傾け**ざるを得なかった**。자신을 칭찬해 주는 사람을 내쫓을 리가 없다. 그 아티스트는 싫어하면서도 팬들의 말에 귀를 기울이지 않을 수 없었다. 近年は、保育所が不足しているために、親が仕事への復帰を諦め**ざるを得ない**ような深刻な状況が続いている。요즘은 어린이집이 부족해서 부모가 직장에 복귀를 포기해야 하는 심각한 상황이 이어지고 있다.		

문형	～を余儀なくされる・を余儀なくさせる	접속	N＋を余儀なくされる・を余儀なくさせる
意	～할 수 밖에 없다・~할 수 밖에 없게 만들다		
解	사실은 하고 싶지 않지만 다른 방법이 없어 할 수 밖에 없다는 것을 나타낼 때 사용된다.		
例	大雨が旅行の延期**を余儀なくさせた**。　큰 비가 여행을 연기할 수 밖에 없게 만들었다. その芸術祭に対し、インターネット上で巻き起こった多くの批判が、一部の作品の展示を中止すること**を余儀なくさせた**。그 예술제에 대해 인터넷 상에서 일어난 많은 비판이 일부 작품의 전시를 중지할 수 밖에 없게 만들었다.		

新しい国道の建設に伴い、その地域に住んでいた人々は自治体によって、立ち退き**を余儀なくされた**。
새로운 국도 건설에 따라 그 지역에 살고 있던 사람들은 자치체에 의해 퇴거할 수 밖에 없었다.

POINT 「～余儀なくされる」「～余儀なくさせる」의 차이

「～余儀なくされる」는 수동형이므로 사람이나 집단이 문장의 주어가 된다. 그에 반해 「～余儀なくさせる」는 사역형이므로 원인이 되는 사건이 문장의 주어가 된다.

例

不景気が続き、多くの人々は職場を離れること**を余儀なくされた**。
불경기가 이어져 많은 사람들은 직장을 떠날 수 밖에 없었다.

両国関係の悪化がプロジェクトの中止**を余儀なくさせた**。
양국 관계의 악화가 프로젝트를 중지 할 수 밖에 없게 만들었다.

<26> 권유・주의・금지

251	～（よ）うではないか	~ 해야 하지 않겠는가, ~ 하자
252	～てもさしつかえない	~ 해도 된다, ~ 해도 괜찮다
253	～ものではない	~ 하는 것이 아니다
254	～ことはない	~ 할 것은 없다
255	～ことだ	~ 하는 것이다
256	～べき・べきだ・べきではない	~ 해야 한다・해서는 안 된다
257	～べからず・べからざる	~ 하지 말 것

문형	～（よ）うではないか	접속	V意 ＋（よ）うではないか
意	~ 해야 하지 않겠는가, ~ 하자		
解	발표나 연설의 자리에서 화자가 자신의 의지를 전달하거나 찬성하도록 호소할 때 사용된다.		
例	困った時はお互いに助け合ってい**こうではありませんか**。 어려울 때는 서로 도와가야 하지 않겠습니까? 久々に皆が集ったのだから、今夜は大いに語り合**おうではないか**。 오랜만에 모두가 모였으니 오늘밤은 많은 이야기를 나누자. 我々は入社一年目であるにもかかわらず、次に行うプロジェクトのメンバーに抜擢されたのだから、誠心誠意を込めて頑張ろ**うではないか**。 우리는 입사 1년차임에도 불구하고 다음에 실시하는 프로젝트 멤버로 발탁되었으니 성심성의껏 열심히 하자. グローバル化が進む世界にあって、母国を背負って立つ人材になろ**うではないか**。 글로벌화가 진행되는 세계에서 모국을 짊어지고 일어설 인재가 되어야 하지 않겠는가?		

문형	～てもさしつかえない	접속	Vて＋てもさしつかえない Aい く＋てもさしつかえない NA＋でもさしつかえない N＋でもさしつかえない

意	~해도 된다, ~해도 괜찮다
解	소극적인 허가를 나타내는 조금 딱딱한 표현이며 격식을 차린 상황에서 사용되는 경우가 많다.
例	ひとりかふたりのお客様なら、人数を変更なさっ**てもさしつかえません**。 한 두 명의 손님이라면 인원수를 변경하셔도 괜찮습니다. 夜9時以降は食事は禁止ですが、水かお茶だけなら飲ん**でもさしつかえありません**。 저녁 9시 이후는 식사는 금지입니다만 물이나 차 정도라면 마셔도 괜찮습니다. 面接は基本的に対面で行うつもりですが、地方に住んでいて来社が難しいという方は、ビデオ通話による面接を申し込んでいただい**てもさしつかえありません**。 면접은 기본적으로 대면으로 실시할 생각입니다만 지방에 살고 있어 내사가 어려운 분은 비디오 통화에 의한 면접을 신청해주셔도 됩니다.

문형	～ものではない	접속	V辞＋ものではない

意	~하는 것이 아니다 (~하지 않는 편이 좋다, 하면 안된다)
解	사람의 행위에 대해 그렇게 하는 것이 좋다, 그렇게 하지 않는 것이 좋다고 충고나 조언을 한다는 것을 나타낸다.
例	人のことに首を突っ込む**ものではない**。　　남의 일에 참견하는 것이 아니다. いつまでも悲しみを引きずる**ものではない**。　　언제까지나 슬픔을 끌어안고 있는 것이 아니다. 間違っていることをしているからといって、全く関係のない外部の人間が無責任に誹謗中傷をする**ものではない**。 잘못된 일을 했다고 해서 전혀 관계없는 외부 사람이 무책임하게 중상비방을 하는 것이 아니다. 自分の好みには合わないからといって、他人の好きなものや趣味を否定したり価値観を押し付けたりする**ものではない**。 자신의 취향에 맞지 않는다고 해서 남이 좋아하는 것이나 취미를 부정하거나 가치관을 강요하는 것이 아니다.

문형	～ことはない	접속	V辞＋ことはない

意	~할 것은 없다 (~할 필요가 없다)
解	남에게 「その必要はない」라고 조언이나 충고를 할 때 사용되는 표현이다.
例	遠慮する**ことはありません**。気軽になんでもおっしゃってください。 사양할 것 없습니다. 부담 없이 뭐든지 말씀해 주세요. 賛同してくれる人が少ないからといって、自分の主張を曲げる**ことはない**ですよ。 찬동해 주는 사람이 적다고 해서 자신의 주장을 굽힐 것은 없어요.

大学受験に失敗したとしても若者はこれから多くの選択肢や好機に恵まれるのだから、人生が終わったかのように落胆する**ことはない**。
대학 수험에 실패했다 해도 젊은 사람들은 앞으로 많은 선택지나 좋은 기회가 있을 테니까 인생이 끝난 것처럼 낙담할 필요는 없다.

比	2 2 부정·부분부정	~ないことはない	▶ 427페이지

문형	~ことだ	접속	V辞＋ことだ V否＋ない＋ことだ

意	~하는 것이다 (~해라)
解	「その状況ではそうした方がいい」라고 말해 간접적으로 충고나 명령을 나타낸다.

例	風邪をひいた時は、暖かくしてよく寝る**ことだ**。 감기에 걸렸을 때는 따뜻하게 하고 잘 자야 한다. 他人のことには口をださない**ことだ**。　남의 일에는 참견하지 않는 것이다. 教養を深めたいのなら、毎日できるだけ多くの本やニュースに触れ、そこから自分なりに感じたことを客観的に整理して、考えを深めていく**ことだ**。 교양을 쌓고 싶으면 매일 가급적 많은 책과 뉴스를 접하고 거기에서 자기 나름대로 느낀 것을 객관적으로 정리하여 생각을 깊게 해 가는 것이다. 徹夜で勉強するという人も多いが、試験で実力を出し切るためには試験前日はしっかり寝る**ことだ**。 철야로 공부한다는 사람도 많지만 시험에서 실력을 다하기 위해서는 시험 전날은 푹 자는 것이 좋다.

比	1 0 감동·소망	~ことだ	▶ 350페이지

문형	~べき・べきだ・べきではない	접속	V辞＋べき・べきだ・べきではない

意	~해야한다·해서는 안 된다 (~하는 것이 당연하다)
解	어떤 상식이나 규범으로부터의 당연·적당·의무를 나타낸다. 화자 자신에게 사용할 수 없다.

例	ネットが発達し、実店舗のみの企業は淘汰される**べき**運命にある。（당연） 인터넷이 발달해서 실점포만 있는 기업은 도태되어야 할 운명에 있다. 他人のプライベートに干渉する**べきではない**。（적당） 타인의 사생활에 간섭해서는 안된다. 法治国家においては、国民は法を遵守する**べきだ**。（의무） 법치국가에서 국민은 법을 준수해야 한다. もしも、子どもが大人に対して迷惑を掛けてしまっても、大人はある程度寛容である**べきだ**。 만약에 아이가 어른에게 폐를 끼치더라도 어른은 어느 정도는 관용을 베풀어야 한다. 何か対人トラブルがあったときは、安易に他人を批判する**べきではなく**、まず自分を省みる**べきだ**。 무언가 대인 트러블이 있을 때는 안이하게 타인을 비판해서는 안되고 우선 자신을 반성해야 한다.

문형	~べからず・べからざる	접속	V辞 ＋ べからず・べからざる

意	~하지 말 것 (~해서는 안된다)

解	금지를 나타낼 때 사용되며 「べきではない」 보다 딱딱한 표현이다. 「~べからず」: 금지를 호소할 때 간판 등에 자주 사용된다. 「~べからざる」: 명사를 수식하는 형태. 「許すべからざる」「欠くべからざる」 2 가지의 표현만 있다.

例	落書(らくが)きする**べからず**。　　낙서하지 말 것. ここにゴミを捨てる**べからず**。　　이 곳에 쓰레기를 버리지 말 것. 試験中は私語(しご)をする**べからず**。　　시험중은 사담을 하지 말 것. 憐(あわ)れみの心や思いやりの心というのは、 人間にとって欠く**べからざる**ものである。 연민의 마음이나 배려심이라는 것은 인간에게 없어서는 안되는 것이다.

실전문법항목

　事実は存在している。しかし、人間は一生を費やしてそれを探ろうとしても、事実の全体を把握することができない。
　我々人間は、常に実際に見た、あるいは経験したことを事実とし、日常生活の中で事実そのものの存在を確かめながら生きている。が、我々が事実だと確信しているのは、真実の一角に過ぎない不完全な真相である。それは、人が五感で物事を認識し始めるときから、実在することだと判断するまで、段階ごとに無意識に選定した角度からだけ観察を行っているからである。
　では、より全般的な結論を得るために、観察する角度を増やしてみるとしたらどうだろう。しかしそれでも、多角形の角をいくら増やしても円に近い多角形にしかならないように、どれほど多角的な視点を通じても、真実に無限に近いが完全なる真実ではない結論に辿り着くことしかできない。ここで人と事実を隔てるのは私たち自身の限界である。
　我々は三次元に生息しているが、二次元の視点でこの世界を見る傾向がある。万物が立体的に見えるのも、物体の表面の比較的に暗い部分を影として認識しているからに他ならない。例えば、ある平面に１つの点が動いているとしよう。この点自身から見れば、世界は一本の線であり、自分はただそれに沿って動いている。だが、私達の視線から見ると、点の世界の全貌は平面で、点の運動速度、方向、その世界の何もかもは明瞭である。つまり、１つの世界をそれと同じ次元の五感で観察すれば明々白々である。けれど世界に生きている生き物はその世界の次元より１次元低い視覚しか有していない。実際のところ、視覚のみならず、五感から思想まで、様々な感覚において、このような次元の障壁がある。簡単にいえば、生き物はみな生まれながらにして世界の真実に届かないということが定められている。こういった悲しい現実の下に生まれてきたのである。
　能力の制限に加え、現実社会にある他のものも絶えず私たちの事実の認識過程を左右している。中でも顕著に人々に影響を及ぼすのは、メディアである。社会は巡り巡って、今日に至って情報の時代に入ったとされている。様々な領域を渡っての技術革新により、生産が加速し、生活の速さも上げられた。したがって、情報を時間をかけて丁寧に扱い、熟慮するよりも、情報収集の時間パフォーマンスが重視されるようになった。質よりも量、質よりも速さ。このような社会的価値観のもとで、メディアはいかなる時代よりも強い影響力を持っている。現に一社の記事だけを読む、もしくはタイトルを見るだけで済ませる人も少なくない。元々視野が限られている上、更に自ら多角性を切り捨てる。人間は非常に煽られやすい、導かれやすい種となっていき、事実の本体から遠ざけられる一方にあると私は思う。
　このように、事実の本体は常に人間の届かない場所に位置しているのである。そうではあるものの、事実を探索するという行動にある意味と価値は否定されるべきではない。真相は永遠に得られないからというだけで、悲観的に身を引くべきではない。真実の正体はいかなる時でも不透明であることを念頭におき、自分が現在理解していることのすべてはまだ不完全だと知ったうえで、この認識を動力に転換させ、絶えず多角的に物事を見極め、真実を求める。こういった姿勢こそ、我々人間が幾多の限界と障碍に直面しながらも、今日まで発展してこられ、そして明日へ進んでいける、人間なりの戦い方である。これこそが正しい事実の求め方であると私は考える。

　　　　　　　　　　　　　「事実」について、あなたの考えを述べなさい。
　　　　　　　　　　　――東京大学留学生入試2014年小論文A・名校志向塾卒業学生練習

CHAPTER 11 — PART4 경어

경어

경어란 화자나 청자 및 화제의 인물에 대한 경의를 나타내는 표현형식이다. 경어를 사용함에 따라 주체(작자, 화자 등)와 그 상대방(독자, 청자) 및 그 화제 속의 인물에 대한 사회적 관계(친소, 권력의 대소), 사회집단 속에서의 입장 차이(선배와 후배, 혜택이나 이익을 주는 쪽과 받는 쪽 등)를 나타내고 대인관계를 원활하게 만들 수 있다. 경어는 언어지식이나 청해 부분에서 출제되는 경우가 많다. 또한 면접 시에도 경어를 올바르게 사용함으로써 일본어 능력을 어필할 수 있다. 이 책에서는 경어를 「존경어」「겸양어」「정중어」라는 3가지 부분으로 나눠 각각에 대해 설명한다.

どうぞ、ご一緒しましょうか

CHAPTER 11 경어

1 경어의 의의

경어란 **화자** 또는 **작자**가 **상대방**이나 **화제의 인물**에 대해 **경의를 나타내는** 언어표현이다. 다양한 **상호관계**를 바탕으로 경어를 구별해 사용함으로써 그 **인간관계**를 명확하게 할 수 있다. 경어는 신분 등에 기반한 이전부터의 고정적인 것이 아니라 사람과 사람과의 **상호존중**의 감정을 기반으로 해야 하는 것이다. 경어를 사용함으로써 사회집단 속에서의 입장 차이 (선배와 후배, 혜택이나 이익을 주는 쪽과 받는 쪽 등) 를 나타내고 대인관계를 원활하게 만들 수 있다.

女子学生：先輩は、どんな仕事をして**いらっしゃる**んですか。
「先輩」를 높게 취급하여 청자에게 경의를 나타내고 상하관계를 나타낸다
여학생：선배는 어떤 일을 하고 계십니까？

大学職員：財布を届けてくれた清掃員の**方**が**いらっしゃる**日にちを確認します。
「清掃員」를 높게 취급하고 화제 속의 인물에게 경의를 나타낸다
대학직원：지갑을 신고해 준 청소원 분이 오시는 날을 확인하겠습니다.

2 경어의 종류

화자의 경의적 배려를 나타내는 대상이나 **경의를 나타내는 방법**에 따라 경어를 분류할 수 있다. 경어의 분류에 대해서는 일본 국어교육에서의 통설이나 연구자의 분류안 등 다양한 분류안이 제안되고 있지만 이 책에서는 통설인 삼분법 (**존경어, 겸양어, 정중어**) 을 설명한다.

<1> 존경어

존경어란 화자가 화제로 하고 있는 인물 중 그 동작을 하는 사람을 높게 대우하는 표현이다. **경의를 나타내는 대상**은 청자여도 화제로 삼고 있는 제3자여도 된다.

(1) 존경의 의미를 포함하는 체언

체언 중에는 아래 표와 같이 원래 경의가 포함되는 표현이 있다.

지시사	あなた、どなた
	方：この方　その方　女の方　座っている方
	こちら　そちら　あちら　どちら
호칭	先生　教授　社長　殿下

(2) 존경의 의미를 나타내는 접두어・접미어에 붙은 단어

① 체언, 형용사, 형용동사에 붙는 접두어「御（お）」「御（ご）」「御（おん）」「貴」

お一人様ですか。　　　　　　　　　　　한 분 입니까?
お＋一人「一人」인 청자를 높게 취급한다

お仕事がありますか。　　　　　　　　　일이 있습니까?
お＋仕事「仕事」의 동작을 하는 청자를 높게 취급한다

お忙しいところすみません。　　　　　　바쁘신 중에 죄송합니다.
お＋忙しい「忙しい」상태인 청자를 높게 취급한다

ご連絡ありがとうございます。　　　　　연락 주셔서 감사합니다.
ご＋連絡「連絡」의 동작을 하는 청자를 높게 취급한다

ご清聴ありがとうございました。　　　　경청해 주셔서 감사합니다.
ご＋清聴「清聴」의 동작을 하는 청자를 높게 취급한다

厚く**御礼**申し上げます。　　　　　　　　깊이 감사드립니다.
　おん＋礼

早く**御社**に貢献できるように努めます。　빨리 귀사에 공헌할 수 있도록 노력하겠습니다.
　おん＋社

貴学の教育内容にとても魅力を感じました。귀교의 교육내용에 매우 매력을 느꼈습니다.
貴＋学

COLUMN

「お」와「ご」

① 「お」또는「ご」를 붙여서 경어로 만드는 경우는「お＋일본어」「ご＋한자어」가 원칙이다.

お湯　お皿　お箸　お見事　お花見
ご住所　ご返事　ご来店　ご意見　ご希望

② 생활에서 자주 사용되는 한자어와 일본 한자어에 관해 「ご」가 아니라 「お」를 붙이는 경우가 있다.

> お誕生日　お時間　お料理
> お電話　お洋服

③ 외래어, 자연현상, 조직명 같은 명사 앞에 「お」와 「ご」가 붙을 수 없다.

> おファックス　ごファックス
> お早稲田大学　ご早稲田大学

2 체언에 붙는 접미어 「さん」「様」「氏」「殿」

성·명·이름	さん	鈴木さん　三郎さん　鈴木三郎さん
	様	鈴木様　　三郎様　　鈴木三郎様
	殿	鈴木殿（公用文）　　社長殿
	氏	鈴木氏（姓のみ）
직업	さん	歯医者さん
대명사	さん	どちらさん
	様	どちら様
친족 호칭	さん	お父さん
	様	お父様
기관·단체	さん	サクラ商事さん
동식물	さん	象さん

(3) 존경의 의미를 포함하는 동사

1 「お (ご) V になる」의 형태

「お(ご)＋Vます＋になる」라는 형태. (일반적으로 동사가 일본어인 경우는 「お」가 붙는다. 동사가 サ변동사(명사＋する)인 경우는 「ご＋サ변동사어간(명사)＋になる」라는 형태가 된다.)

お出かけになりますか。　　외출하십니까?

お＋出かけ(出かける・연용형)＋になる

お正月の時実家に帰れば、ご両親はきっと **お喜びになる**でしょう。

お＋喜び(喜ぶ・연용형)＋になる
설날 때 친가에 돌아가면 부모님은 필시 기뻐하실 겁니다.

名古屋を**ご訪問になる**と聞きました。

ご＋訪問(サ변동사어간)＋になる
나고야를 방문하신다고 들었습니다.

> 学部長は本日の会議に**ご欠席になります**。
> ご＋欠席（サ変動사어간）＋になる
> 학장님은 오늘 회의에 불참하십니다.

2 존경의 의미를 나타내는 조동사「れる」「られる」를 붙인 형태

조동사「れる」「られる」를 사용하여 동작의 주체에 대해 경의를 나타내고 청자나 화제 속의 인물을 높게 대우한다.

> 鈴木先生が来年大学を**辞められる**と聞いた。　　스즈키 선생님이 내년에 대학을 그만두신다고 들었다.
> 　　　　화제의 인물「鈴木先生」에 경의를 나타낸다
>
> 先生が先日**言われた**本はこれですね。　　선생님이 전에 말씀하신 책은 이것이네요.
> 　청자「先生」에 경의를 나타낸다
>
> 今日は天気がいいので、たくさんのお客様が**来られて**いますね。
> 오늘은 날씨가 좋아서 많은 손님이 오셨군요.　화제의 인물「お客様」에 경의를 나타낸다

3 특정한 어형 (존경동사)

존경어 독자의 동사를 사용하는 것이 존경어 형식의 하나다. 이 존경동사들은 활용할 수 있다. 다음과 같은 것들이 있다.

사전형	존경어	
	보통형	정중형
行く	いらっしゃる おいでになる	いらっしゃいます おいでになります
来る	いらっしゃる おいでになる お越しになる	いらっしゃいます おいでになります お越しになります
いる	いらっしゃる おいでになる	いらっしゃいます おいでになります
食べる・飲む	召し上がる	召し上がります
寝る	お休みになる	お休みになります
見る	ご覧になる	ご覧になります
言う	おっしゃる	おっしゃいます
着る	お召しになる	お召しになります
する	なさる	なさいます
知っている	御存じだ	御存じです
くれる	くださる	くださいます
座る	お掛けになる	お掛けになります

ADVANCED (EJU etc.)

司会者：作曲をするときに気をつけて**いらっしゃる**ことはどんなことですか。

「気をつけている」 ➡ 「気をつけていらっしゃる」 : 청자 (작곡을 하는 사람) 을 높게 대우하는 표현이 된다

사회자 : 작곡을 할 때 신경쓰고 계시는 것은 어떤 점입니까?

女子学生：インタビューを受けた方が高齢者の方で、大変だと**おっしゃいました**。

「言った」 ➡ 「おっしゃいました」 : 화제의 인물인 「インタビューを受けた方」 를 높게 대우하는 표현이 된다

여학생 : 인터뷰에 응한 분이 고령자 분으로 힘들다고 말씀하셨습니다.

先生：私の授業でアンケートを実施することを、演習の先生は**ご存じ**ですか。

「知っている」 ➡ 「ご存じ」 : 「演習の先生」 를 높게 대우하여 경의를 나타내고 있다.

선생 : 제 수업에서 설문조사를 실시하는 것을 교생 선생님은 알고 계십니까?

<2> 겸양어

　겸양어란 화자가 자신이나 자신 쪽의 동작을 낮춤으로써 동작을 받는 사람에게 경의를 나타내는 표현이다. 또한 겸양어에는 화자가 청자에 대해 경의를 나타내는 것도 있다. 겸양어는 겸양어Ⅰ(「伺う・申し上げる」 형) 과 겸양어Ⅱ(정중어 「参る・申す」 형) 로 나뉜다.

● 겸양어Ⅰ : 자신 쪽에서 상대 쪽 또는 제3자에게 향하는 행위・사안에 대해 <u>그 향하는 쪽의 인물을 높여 말하는</u> 것.

先生のところに**伺います**。

「行く」 대신 「伺う」 를 사용함으로써 「先生」 라는 향하는 쪽을 높여 「先生」 에게 경의를 나타낸다

선생님에게 찾아뵙겠습니다.

● **겸양어 Ⅱ** : 자신 쪽의 행위・사안 등을 <mark>대화나 문장의 상대에 대해</mark> 정중하게 말하는 것이다.

弟のところに**参ります**。
「行く」대신「参る」를 사용함으로써「弟」를 높게 대우하는 것이 아니라 청자에게 경의를 나타낸다.
동생에게 가겠습니다.

(1) 겸양어 Ⅰ(「伺う・申し上げる」형)
　겸양어 Ⅰ은 상대에게 향하는 자신이나 자신 쪽의 동작 등을 낮게 표현함으로써 상대 쪽을 높이는 경어표현이다.

1 동사의 겸양어 Ⅰ
① 「お（ご）Ｖする」형
　「お（ご）＋Ｖ<s>ます</s>＋する」라는 형태. (일반적으로 동사가 일본어인 경우는「お」에 붙는다. 동사가 サ변동사인 경우는「ご＋サ변동사어간＋する」라는 형태가 된다)

くわしい内容は、のちほど**ご連絡します**。　지세한 내용은 잠시 후에 연락드리겠습니다.

「ご＋連絡＋する」: 연락 대상인 향하는 쪽을 높여서, 연락하는 동작을 받는 쪽을 높게 대우하여 경의를 나타낸다.

皆様のご来店を**お待ちします**。　　여러분의 내점을 기다리겠습니다.

「お＋待つ＋する」: 기다리는 대상인 향하는 쪽 (고객)을 높여서「待つ」라는 동작을 받는 쪽을 높게 대우하여 경의를 나타낸다.

② 특정한 어형

사전형	겸양어	
	보통형	정중형
尋ねる・訪ねる	伺う	伺います
聞く	伺う 拝聴する	伺います 拝聴します
言う	申し上げる	申し上げます
知る	存じ上げる	存じ上げます
する	致す	致します

あげる	差し上げる	差し上げます
もらう	いただく 頂戴する	いただきます 頂戴します
会う	お目にかかる	お目にかかります
見せる	お目にかける	お目にかけます
見る	拝見する	拝見します
借りる	拝借する	拝借します
読む	拝読する	拝読します

害虫の天敵を使用して害虫を殺すという新しい方法について、農家の方にお話を**伺います**。
해충의 천적을 사용하여 해충을 죽인다는 새로운 방법에 대해 농가 분들에게 이야기를 듣겠습니다.

返却期限になった本はいったん返却して**いただきます**。
반납기한이 된 책은 일단 반납을 받겠습니다.

今回のディベートについて、皆さんの感想文を**拝見しました**。
이번 토론에 대해서 여러분의 감상문을 보았습니다.

2 체언의 겸양어 Ⅰ

「お・ご＋명사」라는 형태로 「先生へのお手紙」와 같이 명사에 붙어도 「先生」라는 「向かう先」를 높이는 겸양어 Ⅰ이 있다.

これが2020年定休日の**お知らせ**です。　　　이것이 2020년 정기휴일의 공지입니다.

「知らせ」의 「대상」이라는 「向かう先」를 높이고, 받는 쪽을 높게 대우하여 경의를 나타낸다.

結婚式で演奏をしてくれた友人への**お礼**はどうする。

「お礼」와 받는 대상이라는 「向かう先」를 대우하여 경의를 나타낸다.
결혼식에서 연주를 해 준 친구에게 사례는 어떻게 하지?

COLUMN

친구에 대한 경의를 나타낼 필요

結婚式で演奏をしてくれた友人への**お礼**はどうする。

「友人」에 대해 「敬意を表す必要ないのでは」라고 생각하는 사람이 있을지도 모르지만 사실은 그렇지도 않다. 처음의 「敬語とは」부분에서 설명한 대로 경어는 신분 등에 기반한 이전부터의 고정적인 것이 아니라 사람과 사람과의 상호존중의 감정을 기반으로 해야 하는 것이다.

경어를 사용함으로써 사회집단 속에서의 입장의 차이, 이 예문의 경우는 「演奏してくれた」라는 혜택을 주는 쪽인 친구와 「演奏のある結婚式を上げた」라는 혜택을 받는 쪽인 화자의 차이를 나타낸다.

(2) 겸양어Ⅱ (정중어 「参る・申す」형)

겸양어Ⅱ는 자신 쪽의 행위·사안 등을 대화나 문장의 상대에 대해 정중하게 말하는 것이다. 전형적인 예는 「参る、申す、いたす、おる、小社」 등이 있다.

1 동사의 겸양어Ⅱ

鈴木三郎と**申します**。　스즈키 사부로라고 합니다.
　　　　　言います

이 동작의 받는 쪽 즉 「向かう先」라는 사람이 없으므로 단지 자신의 행위를 대화나 문장의 상대에 대해 격식을 차린 표현으로 말하는 것이 된다.

バスが**参りました**。　버스가 왔습니다.
　　　　来ました

청자에게 격식을 차린 표현으로 말함으로써 정중함을 더하게 된다.

2 체언의 겸양어Ⅱ

「わたくし」「家内(かない)」와 같이 원래 겸양의 의미가 포함되어 있는 체언이 있다.

겸양어	의미
わたくし	わたし
せがれ	自分の息子
家内	自分の妻
手前(てまえ)	わたし

또한 겸양의 의미를 나타내는 접두어·접미어에 붙어 겸양의 의미를 나타내는 체언이 있다.

① 접두어 : 「小」「愚」「弊」「拙」「粗」 등

겸양어	의미
小社 しょうしゃ	自分の会社
小生 しょうせい	わたし
愚息 ぐそく	自分の息子
愚妻 ぐさい	自分の妻
弊社 へいしゃ	自分の会社
弊店 へいてん	自分の店
粗品 そしな	他人に贈呈する品物の謙遜した言い方 ぞうてい　　　　　　　けんそん

② 접미어 : 「ども」「め」 등

겸양어	의미
娘ども	自分の娘たち
わたくしども	わたしたち
わたしめ	わたし

<3> 정중어

정중어란 화자가 정중하게 말해서 청자를 높게 대우하는 마음을 나타내는 표현이다.

(1) 정중의 의미를 포함하는 동사

「〜ございます」 등이 있다. (「ございます」 를 형용사에 붙이는 경우도 있으며 음편이 발생한다 (▶「형용사・형용동사」 131페이지)

一部ご利用いただけない店舗・サービスが**ございます**。
일부 이용하실 수 없는 점포・서비스가 있습니다.　　**ある**

返品の際、店舗スタッフより確認させていただくことが**ございます**。
반품 시 점포 스태프가 확인하는 경우가 있습니다.　　　　　　**ある**

---

(2) 정중의 의미를 나타내는 조동사 「です」「ます」 가 붙은 단어

정중한 의미를 나타내는 「ます」 와 정중한 단정을 나타내는 「です」 를 사용하여 **청자를 높게 대우**하는 마음을 나타내고 **말투를 정중하게 만든다**. 조동사 「ます」 와 「です」 는 활용하는 경우도 있다. (▶「조동사」 177페이지)

(3) 정중의 의미를 나타내는 접두어 「お」「ご」 가 붙은 단어 (미화어)

미화어는 대부분의 **명사** 또는 **サ변동사**「명사+する」형태의 **동사**다. 더욱 좋은 인간관계를 만들기 위한 존경어, 겸양어와 달리 **접두어「お」「ご」가 붙은 미화어는 화제 속의 일을 미화하여**

말할 때 사용된다. 상대에 대한 정중함이라기 보다 **자기자신의 말씨를 품격있게** 하려는 목적으로 미화어를 사용하는 경우가 많다. **말씨를 정중**하게 하는 것에 더해 **상대의 물건, 사안을 존중하는 경우**(「先生のお考え」), **일상적으로 관용화되어 있는 경우** 등도 있다.

お土産　　お茶　　お湯　　お菓子　　お汁粉
お団子　　お椀　　ご近所　　ご祝儀

3 경어를 사용할 때의 주의점

<1> 「이중경어」에 주의

하나의 단어에 대해 **같은 종류의 경어를 이중으로 사용**한 것을 「**이중경어**」라고 한다. 예를 들면 「お持ちになられる」라는 표현은 「持つ」를 「お持ちになる」라는 「お＋동사（ます）형＋になる」의 존경어로 한 뒤에 존경을 나타내는 조동사 「られる」를 더한 것으로 이중경어다. 일반적으로 적절하지 않다고 여겨진다.

<2> 「お」와 「ご」의 사용법에 주의

「お」또는 「ご」를 붙여 경어로 만드는 경우는 「**お＋일본어**」「**ご＋한자어**」가 원칙이다. 단 미화어의 경우는 「**お＋한자어**」라는 형태도 있다.

<3> 경어의 과잉에 주의

경어를 많이 사용하면 할수록 정중한 말씨가 된다고 생각하는 사람이 많을지 모르지만 **경어를 사용하지 말아야 할 상황**에 **과잉**으로 경어를 사용하거나 **너무 정중한 언사**를 하면 역으로 **비난**이나 **빈정거림**으로 받아들여 **불쾌**하게 느끼게 하는 경우도 있다. 경어를 사용할 때 상대방에 대한 배려 의식이 없다면 아무리 경어를 사용하고 있어도 실례로 느껴지게 되는 것이다.

POINT 경어의 정리

분류		형식	예
존경어		존경의 의미를 포함하는 체언	あなた この方 こちら 先生
		존경의 접두어・접미어가 붙은 단어	お仕事　貴学　御社 鈴木さん　歯医者さん　お父さん
		お（ご）＋Vます＋になる	お出かけになる
		조동사 「れる」「られる」를 붙인다	辞められる　思われる
		특정어형	いらっしゃる　召し上がる
겸양어	겸양어Ⅰ	존경의 의미를 포함하는 체언	お知らせ　お礼
		お（ご）＋Vます＋する	ご連絡する
		특정어형	伺う　お目にかかる
	겸양어Ⅱ	겸양의 접두어・접미어가 붙은 단어	弊社　粗品 娘ども　わたしめ
		특정어형	申す　参る
정중어		정중의 의미를 포함하는 동사	ございます
		조동사「です」「ます」가 붙은 단어	学生です 話します
		정중의 접두어가 붙은 단어 (미화어)	お土産　お茶　お汁粉 ご近所　ご祝儀

실전문법항목

男子学生が図書館の人と電話で話しています。この男子学生は借りている本をどうすることにしましたか。

女性　　：はい、中央図書館です。

男子学生：あ、あの、今借りている本の返却日があさってなんですが、もう少し借りたいんです。

女性　　：貸し出し延長ですね。お名前と図書番号をお願いします。

男子学生：木村一郎です。図書番号は03-0524です。

女性　　：少々、お待ちください。申し訳ございませんが、その本は予約が入っているので、いったんご返却願います。もう少しお読みになりたいのでしたら、ご返却のあとで予約なされば、2週間後にまたお貸しできますが。

男子学生：ああ、じゃ、いったんお返しして、予約することにします。でも、明日はそちらお休みですよね。今日もあさってもそちらに行く時間がないんですが。

女性　　：休館日でも、入り口の前の返却ポストに入れていただければ結構です。予約は、いったんお返しいただいた後で、電話でも承ります。

男子学生：そうですか。じゃ、明日、返却ポストに返しておきます。

独立行政法人日本学生支援機構『平成28年度日本留学試験（第1回）試験問題』凡人社

CHAPTER 12 구어

PART5 구어

구어, 구어체라고도 한다. 문어체의 반대로 일상 회화에서 자주 사용되는 문체이며 JLPT-N2·N1의 청해와 EJU의 청해 등에서 많이 사용되고 있다. 표현의 올바름이 요구되는 약간 격식을 차린 문어체에 비해 구어체는 일상생활에서 사용하기 때문에 격식을 차리지 않은 표현이 많다. 구어체에는 음의 변화만이 아니라 어순의 변화나 단어의 생략도 종종 보인다. 그 외에 지역의 차, 성별의 차, 신분관계의 차에 따른 표현의 차이도 보인다.

CHAPTER 12 구어

1 구어의 성질

구어란 일상생활에서 구두로 사용되는 구어체다. 일반적으로 문자를 쓸 때는 사용되지 않지만 인터넷 상에서는 **문어**（문어체）와 **구어**（구어체）가 병용되고 있다. 이 책에서는 주로 수도권에서 사용되는 공통어를 기반으로 해설한다.

> [문어]
> 突然雨が降ってきてしまいました。私は傘を持っていません。
> 갑자기 비가 내렸습니다. 나는 우산을 가지고 있지 않습니다.
>
> [구어]
> 雨が降ってきちゃいましたね、突然。（私は）傘持ってません。
> 비가 오네요 갑자기. （나는） 우산이 없어요.

◆ 문어체와 구어체

문어체	구어체
ておく・でおく	とく・どく
ている・ていく	てる・てく
ては・では	ちゃ・じゃ
てしまう・でしまう	ちゃう・じゃう
けば	きゃ
ければ	けりゃ・きゃ
れば	りゃ
と・という	って
という	っちゅう・っつう
というような	てな
といえば	てば
といったら	ったら
ても・でも	たって・だって
なぜか・なんだか	なんか
など	なんか・なんて
ことは・ことだ	こった・こっちゃ

王　：よかった。授業に間に合ったよ。遅刻しちゃうんじゃないかと思って駅から
　　　　　　　　　　　　　　　　　　してしまうのでは
　　　走って来たんだ。

佐藤：いつもそう言ってるよね。遅刻したくなけりゃ、
　　　　　　　　言っている　　　　　　なければ
　　　もっと早く起きりゃいいのに。
　　　　　　　　起きれば

王　：そうなんだけど、なんか、つい夜更かししちゃうだよね。
　　　　　　　　　　　なぜか
　　　で、朝起きれない。昨日の夜は映画見てたんだ。
　　　　　起きられない　　　　　　　　　　見ていたの

佐藤：そんなことじゃダメでしょ。早く寝て早く
　　　　　　　　　では
　　　起きなきゃダメだよ。
　　　起きなければ

王　：そんなこと言ったって、面白い映画だったから
　　　　　　　　言っても
　　　途中でやめられなくてさ。

佐藤：録画しときゃいいのに。
　　　　　しておけば

先生：こらこら、遅刻スレスレで来たっちゅうのに、
　　　　　　　　　　　　　　　来たという
　　　無駄話ばっかりしてちゃだめだぞ。はい、これ、
　　　　　　ばかりしていては
　　　今日授業で提出してもらうプリント。一枚ずつ取って、まず名前を書いとく
　　　　　　　　　　　　　　　　　　　　　　　　　　　　　　　　　　　書いておく
　　　ように。

왕　　：다행이다. 수업에 안늦었다. 지각하는 줄 알고 역에서부터 뛰어왔어.

사　토：항상 그렇게 말하네. 지각하고 싶지 않으면 더 일찍 일어나면 되는데.

왕　　：그렇긴 한데 무슨일인지 항상 밤을 새워버려.
　　　　그래서 아침에 못 일어나. 어젯밤은 영화 봤어.

사　토：그런 건 안되잖아. 일찍 자고 일찍 일어나야지.

왕　　：그렇지만 재미있는 영화니까 중간에 안볼 수 없어서.

사　토：녹화해 두면 되잖아.

선생님：이봐, 지각하기 일보 직전에 왔으면서 쓸데 없는 이야기만 하면 안되지.
　　　　자, 이거 오늘 수업에서 제출할 프린트. 한 장씩 받아서 우선 이름 쓰도록.

2 구어의 특징

　구어의 특징 : 문어에서는 볼 수 없는 음의 변화, 어순의 변화, 생략을 종종 볼 수 있다. 또한 문어와 달리 억양에 따라 문장의 의미가 변화하는 경우도 있다.

　문장의 길이는 비교적 짧고 이해하기 쉬운 어휘가 많이 사용된다. 주로 남성이 사용하는 남성어, 여성이 사용하는 여성어 등의 차이와 방언도 나타나기 쉽다. 구어에 많이 사용하는 격식을 차리지 않은 표현은 첫 대면이나 윗사람과 대화할 때 사용하면 실례가 되는 경우도 있다.

음의 변화	:速く注ぐと水が<u>こぼれちゃう</u>よ。　빨리 따르면 물이 넘쳐요.
어순의 변화	:好きだよ、<u>君</u>が。　좋아해, 너를.
생략	:イメチェン　　이미지 변신(이미지 체인지)
억양	:これ食べない？↑　（疑問を表す）　이거 먹지 않을래?
남성어와 여성어	:（男）<u>俺</u>、新しく<u>すげえ</u>いいコート買ったん<u>だぜ</u>。 　　　（남）나 새로 엄청 좋은 코트 샀어. 　　　（女）<u>私</u>、新しく<u>すごく</u>いいコート買った<u>のよ</u>。 　　　（여）나 새로 엄청 좋은 코트를 샀어.

<1> 음의 변화

例

~てしまう ➡ ~ちゃう
速く注ぐと水が**こぼれちゃう**よ。　빨리 따르면 물이 넘쳐요.

~いるのでは ➡ いるんじゃ
この傘、お父さんが持っていき**忘れているんじゃ**ないかな。　이 우산 아버지가 가지고 가는 것을 잊은 것은 아닐까.

(1) 단음적 변형

단음적 변형이란 옆의 소리에 영향을 미치지 않고 소리가 변화하는 것이다.
소리의 일부가 발음하기 쉽도록 변화하는 음편화, 통상 길게 발음을 해야 하는 모음을 짧게 발음하는 장모음의 단음화 등이 일어난다.

1 **음편화**
음편이란 음의 일부가 발음하기 쉽도록 변화하는 것이다.

①촉음편화
일본어에서는 작은 「っ」로 표현되는 막힘 소리를 「촉음」이라고 부른다. 원래 다른 음이 「っ」 소리로 변화하는 것을 촉음편이라고 한다.

例

いいか ➡ いっか
宿題終わってないけど、まあ**いっか**。　숙제가 끝나지 않았지만 뭐 괜찮겠지.

あたたかい ➡ あったかい
あったかいものが飲みたい。　따뜻한 것을 마시고 싶다.

どこか ➡ どっか
週末は**どっか**いこう。　주말에는 어딘가 가자.

② 발음편화

　일본어에서는 「ん」이라고 표기되는 음을 「撥音(발음)」이라 부른다. 원래 다른 소리가 「ん」 소리로 변화하는 것을 발음편이라고 한다.

例

わからない ➡ わかんない
この問題、よく**わかんない**。　　　이 문제 잘 모르겠어.

つまらない ➡ つまんない
してるの ➡ してんの
どうしてそんなに**つまんない**って顔**してんの**。
어째서 그렇게 시큰둥한 얼굴을 하고 있어?

あなた ➡ あんた
あんたが掃除しといてよね。　　　네가 청소해 둬.

なにも ➡ なんも
この部分が**なんも**わからない。　　이 부분을 전혀 모르겠어.

やらない ➡ やんない
本気で**やんない**とまずい。　　　　진심으로 하지 않으면 안돼.

そのときに ➡ そんときに
そんときに買ったのがこの靴だよ。　그때 샀던 것이 이 신발이야.

2 장모음의 단음화

　장모음이란 모음을 길게 발음하는 것이다.

空気（ku u ki）
お母さん（o ka a sa n）

「空気（くうき）」「お母さん（おかあさん）」 등 통상의 장모음은 구어에서도 그대로 발음된다. 하지만 아래에 드는 예와 같이 장모음이 짧게 발음되는 경우가 있다.

例

さようなら ➡ さよなら
さよなら、元気でね。　　　안녕, 건강해.

だいじょう（お）ぶ ➡ だいじょぶ
疲れてそうだけど、**だいじょぶ**？　피곤한 것 같은데 괜찮아?

ありがとう ➡ ありがと
本当に**ありがと**。　　　정말 고마워.

でしょう ➡ でしょ
どうせすぐ飽きる**でしょ**。　어차피 금방 질릴거야.

3 모음동화와 탈락

①모음동화

동사＋접속조사「て」(て형)의 뒤에「お」로 시작하는 보조동사가 이어질 때 **접속조사「て」는 보조동사의 선두의 소리로 동화합니다.**

ておる ➡ とる
ておく ➡ とく

例

ておく ➡ とく
言っ**とく**けど、この料理まずいよ。   말해두는데 이 요리 맛없어.

ておらん ➡ とらん
近頃の若者はなっ**とらん**。   요즘 젊은이들은 돼먹지 않아.

②모음탈락

동사＋접속조사「て」(て형)의 뒤에「い」로 시작하는 보조동사가 이어질 때는 보조동사의 **선두의「い」가 종종 탈락한다.**

ている ➡ てる
ていく ➡ てく

例

ている ➡ てる
愛し**てる**。   사랑해.

ていく ➡ てく
私は歩い**てく**よ。   나는 걸어갈거야.

ています ➡ てます
この人の名前、覚え**てます**か？   이 사람 이름 기억하고 있습니까？

ていた ➡ てた
頼まれた牛乳を買うの忘れ**てた**。   부탁받은 우유를 사는 것을 잊었다.

いらっしゃい ➡ らっしゃい
楽しんで**らっしゃい**。   즐거운 시간 보내세요.

4 ら행 음의 탈락

「ら抜き言葉」는 젊은이들이 사용하는 잘못된 일본어로서 문제가 되고 있다. 최근에는 일반적으로 상당히 침투되어 있고 가능과 수동의 구별로서 일정한 역할을 하고 있다는 의견도 있다. 실제로는「ら」의 음만이 아니라 일반적으로 ら행의 다른 소리도 생략되기 쉽다.

● 동사의 가능형에서 「ら抜き」

　동사＋조동사 「〜られる (가능)」 의 「ら」 가 없어지는 경우가 있다. 조동사 「〜られる」 에는 수동, 존경, 자발, 가능의 의미가 있다. 그 중에서도 **가능의 의미로 사용할 때만 ら抜き가 일어난다.**

例

来られるの ➡ 来れるの

高橋君、今度の飲み会に**来れるの**？　다카하시 군 이번 회식에 올 수 있어？

食べられない ➡ 食べれない

そんなにたくさん**食べれない**よ。　그렇게 많이 먹을 수 없어.

💬 母　：優香、朝だよ。

　優香：え、もうこんな時間！？

　母　：おはよう。鍋の中に朝ごはんあっためてあるから食べて行きなさいね。
　　　　　　　　　　　　　　　　あたためてある

　優香：ありがと！でも急いでるから今日は食べれないかも。
　　　　ありがとう　　　急いでいる　　　　　食べられない

　母　：だめよ、朝ごはん食べないでばっかいると、体によくないのよ。すぐにお皿
　　　　　　　　　　　　　　　ばかり
　　　　に盛ったげるから、少し待ってて。
　　　　　盛ってあげる　　　　待っていて

　優香：ほんとに大丈夫。八時の電車に乗んないと、学校に間に合わなくなる。
　　　　ほんとうに　　　　　　　　　乗らない

　母　：じゃあお弁当だけでも詰めてあげるから、それだけは持ってきなさい。
　　　　　　　　　　　　　　　　　　　　　　　　　　　持っていきなさい

　優香：だから今すぐ出ないとだめなんだって言ってんのに〜〜！！
　　　　　　　　　　　　　　だめなのだ　　言っている

어머니：유카, 아침이야.

유 카：아, 벌써 이런 시간!?

어머니：안녕. 냄비 안에 아침 데워놓았으니까 먹고 가.

유 카：고마워! 그런데 급하니까 오늘은 못먹을지도.

어머니：안돼, 아침을 먹지 않으면 몸에 좋지 않아. 바로 그릇에 담아줄테니까 조금만 기다려.

유 카：정말로 괜찮아. 8시 전철 타지 않으면 학교에 늦어.

어머니：그럼 도시락이라도 싸줄테니까 그것만은 가지고 가.

유 카：하지만 지금 바로 나가지 않으면 안 된다고 했잖아〜〜!!

💬 田中：ゼミ発表のスライド作ったんだけど、どう思う？
　　　　　　　　　　　　　　作ったの

　劉　：ええっと、この部分がよくわかんないな。もうちょい説明いるんじゃない？
　　　　　　　　　　　　　　　わからない　　　　ちょっと=少し　　いるのではないか

　田中：他はだいじょぶかな？　あ、先生、ちょうどよかった。
　　　　　　　だいじょうぶ
　　　　ちょっと見てください。どっか直したほうがいいとこありますか？
　　　　　　　　　　　　　　　どこか　　　　　　　　ところ

12
구
어

```
先生：どれどれ。うーん、内容は、まあ、いっかって感じだけど、写真が小さすぎて
                                      いいかという
     教室の後ろのほうからは見れないんじゃないかな。
                    みられないのではない
劉　：そっか、確かに写真が小っちゃいね。
     そうか        小さい
田中：わかりました！もっと大きくしといたほうが
                        しておいた
     いいですね。
```

다나카 : 세미나 발표 슬라이드 만들었는데 어떻게 생각해?
류　 : 음…이 부분을 잘 모르겠어. 조금 더 설명이 필요하지 않을까?
다나카 : 그 외에는 괜찮을까? 아 선생님, 마침 잘됐다. 조금 봐 주세요. 어딘가 고치는게 좋은 곳 있
         을까요?
선생님 : 어디어디. 음…내용은 뭐 좋은 느낌인데 사진이 너무 작아서 교실 뒤에서는 보이지 않
         을지도.
류　 : 그렇구나, 확실히 사진이 작네.
다나카 : 알겠습니다！좀 더 크게 해두는 게 좋겠네요.

(2) 연음적 변형

연음적 변형이란 주위의 음도 흡수하여 음이 변화하는 것이다.

1 연모음의 변형

「知らない(nai)」, 「青(ao)」와 같이 2가지 다른 모음이 연속되는 것을 **「연모음」**이라고 부른다. 단어의 어미의 연모음은 종종 장모음이 되는 경우가 있다.

例

さい（sai） ➡ せえ（see）
うる**せえ**。　　　　　　　　　시끄러워.

ない（nai） ➡ ねえ（nee）
このくらいの傷、全然痛く**ねえ**よ。　이 정도 상처, 전혀 아프지 않아.

まえ（mae） ➡ めえ（mee）
おめえの話なんて聞かねえよ。　　네 이야기따위 듣지 않아.

2 계조사 「は」의 변형

계조사 「は」는 앞 단어의 어미와 연동하여 소리가 변하는 경우가 있다.

例

たちは ➡ たちゃ
俺**たちゃ**、仕事なんてないよ。　　우리들은 일 같은 거 없어.

ありは ➡ ありゃ
ここには食べ物なんて**ありゃ**しないよ。　여기에는 음식 같은 건 없어.

3 종조사「わ」의 변형

종조사「わ」는 앞 단어의 어미와 연동하여 소리가 변하는 경우가 있다. 주로 남성이 사용하고 조금 고풍스런 표현이 된다.

例

知ってるわ ➡ 知ってらあ

そんなこと知って**らあ**。　　　그런 거 알고 있어.

そうですわ ➡ そうでさあ

そりゃそうで**さあ**。　　　그건 그래.

4 계조사「しか」의 변형

계조사「しか」는「っきゃ」로 변하는 경우가 있지만 촉음「っ」은 생략되는 경우도 있다.

例

やるしか ➡ やるっきゃ

気合い入れて**やるっきゃ**ないね。　　정신을 집중해서 할 수 밖에.

働くしか ➡ 働くきゃ

食うには**働くきゃ**ねえ。　　　먹고 살려면 일할 수 밖에.

5「ては」의 변형

「ては」가「ちゃあ」,「ちゃ」로 변하는 경우가 있다.「くては」는「〜くちゃ」「〜きゃ」로 변한다.「くては」의 부정인「なくては」는「〜なくちゃ」「〜なきゃ」로 변한다.

例

来ては ➡ 来ちゃ

子どもはこんなところに**来ちゃ**いけない。　　아이들은 이런 곳에 오면 안돼.

聞いては ➡ 聞いちゃ

夜に怖い話を**聞いちゃ**だめだよ。　　밤에 무서운 이야기를 들으면 안돼.

高くては ➡ 高くちゃ

そんなに**高くちゃ**買えないよ。　　그렇게 비싸면 못 사.

悪くては ➡ 悪きゃ

味が良くても盛り付けセンスが**悪きゃ**売れないものだ。
맛이 좋아도 그릇에 담는 센스가 나쁘면 팔리지 않는 법이다.

やらなくては（ならない）➡ やらなくちゃ

勉強したくなくても**やらなくちゃ**。　　공부하기 싫어도 해야 해.

食べなくては ➡ 食べなきゃ

ちゃんと**食べなきゃ**身体に悪いよ。　잘 먹지 않으면 몸에 안 좋아.

6 「では」의 변형

「では」가 「じゃあ」, 「じゃ」로 변하는 경우가 있다.

例

`そんなものでは ➡ そんなんじゃ`
そんなんじゃ謝ったことにならないよ。　　그래서는 사과한 게 아니야.

`では ➡ じゃあ`
じゃあ、明日また来るね。　　그럼 내일 다시 올게.

7 「てしまう」의 변형

접속조사「て」+ 보조동사「しまう」의 「てしまう」가 「ちゃう」, 「ちまう」로 변하는 경우가 있다. 「ちまう」는 조금 고풍스런 표현.

例

`言ってしまった ➡ 言っちゃった`
言っちゃったことは取り消せない。　　말해버린 것은 취소할 수 없다.

`放り出してしまいたい ➡ 放り出しちまいたい`
何もかも**放り出しちまいたい**。　　모든 것을 내팽개치고 싶다.

8 「でしまう」의 변형

접속조사「で」+ 보조동사「しまう」의 「でしまう」가 「じゃう」, 「じまう」로 변하는 경우가 있다. 「じまう」는 조금 고풍스런 표현.

例

`転んでしまった ➡ 転んじゃった`
水たまりで**転んじゃった**。　　물웅덩이에서 넘어졌다.

`死んでしまう ➡ 死んじまう`
暑すぎて**死んじまう**。　　너무 더워서 죽을 것 같다.

9 「ことだ」의 변형

「ことだ」는 「こった」와 「こっちゃ」로 변한다.

例

`ことだ ➡ こった`
偉そうな**こった**。　　잘난 체 하는군.

`ことではない ➡ こっちゃねえ`
知った**こっちゃねえ**。　　모르겠어.

10 「ば」 조건의 변형 : 동사의 경우

「書けば」, 「来れば」 등의 조건을 나타내는 「동사+ば(접속조사)」의 단어는 음이 변하기 쉽다.

例

| 言えば ➡ 言やあ |
最初から素直に**言やあ**いいんだ。　　　　처음부터 솔직하게 말하면 된다．

| そういえば ➡ そういや |
そういやお父さん帰って来たよ。　　　　그러고 보니 아버지 돌아오셨어．

| 書けば ➡ 書きゃあ |
もっと綺麗に**書きゃあ**いいのに。　　　　더 예쁘게 쓰면 좋은데．

| 返せば ➡ 返しゃ |
借りたものは早く**返しゃ**信用できる。　　　빌린 것은 빨리 돌려주면 신용이 생겨．

| 勝てば ➡ 勝ちゃ |
勝負は最後に**勝ちゃ**いい。　　　　　　　승부는 마지막에 이기면 된다．

| 死ねば ➡ 死にゃ |
どんなに偉くても**死にゃ**おしまいだ。　　아무리 잘나도 죽으면 끝이다．

| 喜べば ➡ 喜びゃあ |
他の人が**喜びゃあ**、自分はどうなってもいい。　다른 사람이 기뻐하면 나는 어떻게 되어도 좋다．

| 飲めば ➡ 飲みゃあ |
薬**のみゃあ**治るよ。　　　　　　　　　　약을 먹으면 나을거야．

| どうすれば ➡ どうすりゃ |
どうすりゃいいんだ。　　　　　　　　　어떻게 해야 좋을지．

11 「ば」 조건의 변형 : 형용사의 경우

「동사+ば」 외에 「良ければ」, 「なければ」 등의 「형용사+ば(접속조사)」의 단어도 다시 음이 변한다. 「ければ」는 「〜けりゃ」「〜きゃ」로 변한다.

例

| そうしたければ ➡ そうしたきゃ |
そうしたきゃそうすればいい。　　　　　그렇게 하고 싶으면 그렇게 하면 된다．

| まずければ ➡ まずけりゃ |
私の料理が**まずけりゃ**別れることだね。　　내 요리가 맛없다면 헤어지는 거다．

| なければ ➡ なきゃ |
お金が**なきゃ**何もできない。　　　　　　돈이 없으면 아무것도 할 수 없다．

12 「これは」「それは」의 변형

「これは」「それは」, 또는 「おれは」 등의 주어는 「れは」의 부분이 「りゃ(あ)」로 변하는 경우가 있다.

例

これは ➡ こりゃ

こりゃあもしかして、クロシジミの標本じゃないか。 이건 혹시 가막조개(재첩) 표본이 아닌가?

それは ➡ そりゃ

最近息子が冷たいって？**そりゃ**、反抗期ってやつだろ。 요즘 아들이 쌀쌀맞다고? 그건 반항기라는 거야.

💬 母　：太郎、勉強はやったの？

太郎：やってない。
　　　やっていない

母　：そんなんじゃ、落第しちゃうよ。
　　　そんなことでは、落第してしまうよ

太郎：言われなくても分かってるよ。俺は勉強なんてしたくねえし、学校にだって
　　　　　　　　　　　分かっている　　　　　　　　　　　　　　ない　　　　　　　でも
　　　行きたくねえんだ。
　　　　　　　ないの

母　：学校に行かなきゃ、将来ちゃんとした職につけないわよ。
　　　　　　　行かなければ

太郎：やなこった。学校も勉強もめんどくせえ。
　　　いやなことだ

母　：私はあなたのためを思って言ってるのに。

太郎：うるせえな、俺の気持ちなんかわかっちゃいないくせに。
　　　うるさいな　　　　　　　　　　　わかっては

母　：どうすりゃあなたの気持ちがわかるって言うのよ。
　　　どうすれば

어머니 : 타로야 공부는 했니?

타　로 : 안 했어.

어머니 : 그러면 낙제하잖아.

타　로 : 말하지 않아도 알고 있어. 나는 공부같은 거 하고
　　　　 싶지 않고 학교에도 가고 싶지 않아.

어머니 : 학교에 가지 않으면 장래에 제대로 된 일을 하지 못해.

타　로 : 다 싫어. 학교도 공부도 귀찮아.

어머니 : 나는 너를 위해 말하고 있는데

타　로 : 시끄러워, 내 기분은 알지도 못하면서.

어머니 : 어떻게 하면 너의 기분을 알 수 있다는 거야.

(3) 그 외의 변형

1 「と/という」의 변형

격조사「～と」, 격조사+동사의「～という」, 또는 격조사+계조사「とは」는 모두「～って」로 변형한다.

例

と ➡ って
お父さんにいつ帰ってくるの**って**聞いといて。　　아버지께 언제 돌아오는지 물어봐.

いざという ➡ いざって
いざってときに備えておいたほうがいい。　　여차할 때를 대비해 두는 것이 좋다.

したという ➡ したって
サイン**したって**ことは、契約成立ですね。　　사인했다는 것은 계약 성립이네요.

私（というの）は ➡ 私って
私ってほんとう面倒くさがり。　　나는 정말로 귀찮아 하는 인간이야.

愛とは ➡ 愛って
愛って何？　　사랑이란게 뭐야?

恋人とは ➡ 恋人って
噂の**恋人って**お前か！？　　소문의 애인이 너야?

또한「というような」는「～ってな」로 변형한다. 그 사이 촉음편「っ」가 생략되는 경우가 많다.

例

というような ➡ てな
後ろの人が、並んでたのに買えないのか、**てな**調子で暴れだしちゃって。
뒷 사람이 줄을 섰는데 살 수 없다는 말이냐 라는 듯이 난동을 부리기 시작해서 …

というような ➡ てな
てな具合で、お母さんは妹に怒ってたの。　　그런 식으로 어머니는 여동생에게 화를 냈어.

2 「といえば/といっている」의 변형

「って」의 파생형.「といえば/といっている」는 모두「ってば」로 변형한다.

例

といえば ➡ ってば
お父さん**ってば**、本当プリン大好きだね。　　아버지는 정말로 푸딩을 좋아하시네.

やるといっている ➡ やるってば
宿題ならゲーム終わったら**やるってば**！　　숙제는 게임이 끝나고 한다니까!

3 「といったら/といっている」의 변형

「って」의 파생형.「といったら/といっている」는 모두「ったら」로 변형한다.「ってば」와 바꿔 말할 수 있는 표현도 많다.

例

といったら ➡ ったら

だめ**ったら**だめって言ってるでしょ！　　안되는 건 안된다고 말하고 있잖아！

といったら ➡ ったら

うるせえ**ったら**ありゃしねえ。　　시끄럽기 짝이 없군.

4 「だとしたら」의 변형

　순접의 가정조건을 나타내는「だとしたら」는「だったら」로 변형한다. 변형 후가「ったら」와 비슷하지만 의미가 다르다.

例

私だとしたら ➡ 私だったら

私だったらちゃんと返信するのになあ。　　나라면 제대로 답장할텐데.

だめだとしたら ➡ だめだったら

工夫しても**だめだったら**教えて。　　궁리해도 안된다면 알려줘.

5 「ても・でも」의 변형

　「ても」는「たって」로 변형하고「でも」는「だって」로 변형한다.

例

しなくても ➡ しなくたって

そんな怖い言い方**しなくたって**いいのに。　　그런 무서운 말투는 하지 않아도 되는데.

それにしても ➡ それにしたって

それにしたって、最近景気が悪い。　　그렇다 해도 요즘 경기가 나쁘다.

飲んでも ➡ 飲んだって

薬**飲んだって**良くならないよ。　　약을 먹어봤자 좋아지지 않아.

でも ➡ だって

だって彼が好きなんだもん。　　하지만 그를 좋아하는 걸.

6 「という」의 변형

　「という」는「っちゅう」「っつう」로 변형한다.「って」와 의미는 같지만 보다 격식을 차리지 않은 인상을 준다.

例

という ➡ っちゅう

嘘をつく**っちゅう**のは、人からの信頼を失う**っちゅう**ことだ。　　거짓말을 한다는 것은 남으로부터 신뢰를 잃는다는 것이다.

という ➡ っつう

そういうことされると、嬉しい**っつう**より、むしろ腹立つんだけど。
그런 일을 당하면 기쁘다기 보다 오히려 화가 나는데.

7 「なぜか・なんだか・なにか」의 변형

「なぜか・なんだか・なにか」는 「なんか」로 변형한다.

例

なぜか ➡ なんか

あの人に伝えてないのに、**なんか**知ってたんだよね。
그 사람에게 전하지 않았는데 어쩐지 알고 있었어.

なんだか ➡ なんか

なんか最近この辺に不審者が多いみたいなのよ。
왠지 최근 이 주변에 수상한 사람이 많은 것 같아.

8 「など」의 변형

「など」는 「なんて」로 변형한다. 경멸적인 감정을 띠고 부정을 나타낸다.

例

など ➡ なんて

あんた**なんて**大嫌い。　너 같은 건 정말 싫어

9 「こと」의 변형

「こと」「〜すること」는 「っこ」로 변형하고 명사나 동사의 연용형에 붙을 수 있다. 실제 사용되는 경우는 적다.

例

まねごと ➡ まねっこ

娘は三歳ごろから、私の**真似っこ**をするようになりました。
딸은 세 살 때부터 내 흉내를 내기 시작했습니다.

勝てることはない ➡ 勝てっこない

どれほど努力したって、彼には**勝てっこない**。　아무리 노력해도 그를 이길 수 없다.

食べられることはない ➡ 食べられっこない

今日は、一人では**食べられっこない**量の魚を釣ってきました。
오늘은 혼자서 먹을 수 없는 양의 물고기를 낚아 왔습니다.

優香：太郎ったら、またゲームなんかしてるの。

太郎：ほっといてくれよ、俺のことなんて。
　　　　　　　　　　俺 の こ と な ど

優香：どうして勉強したくないの？

太郎：だって、いくら勉強したって、姉ちゃんみたいに賢くなんてなりっこない
　　　　　　　勉 強 し て も　　　　　　　　　　　　　な ど な る こ と は な い
　　　んだもん。

優香：分かるなぁ。私も太郎くらいの年齢のときは、勉強なんてしたくない
　　　って言って、部屋にこもっていたな。
　　　と 言 っ て　　　　　こ も っ て い た も の だ

太郎：姉ちゃんにそんな時期があった なんて 、知らなかった。
　　　　　　　　　　　　　　　など(ということは)

優香：私だって、ずっと親の言うことばかり聞いてたわけじゃないのよ。太郎も、
　　　　私 でも
　　　たまには息抜きしてもいいんじゃないかな。

太郎：ありがとう、姉ちゃん。

優香：てな こと言っちゃったけど、本当は勉強しなきゃダメだと思ってるよ。
　　　というような

유 카 : 타로는 또 게임 하고 있니？
타 로 : 내버려둬 나 같은 건
유 카 : 왜 공부하기 싫으니？
타 로 : 그게 아무리 공부해도 누나처럼 똑똑해지지 못하는걸．
유 카 : 알아．나도 타로 정도 나이 때는 공부 하기 싫다고 방에 박혀있었지．
타 로 : 누나도 그런 때가 있었다니 몰랐어．
유 카 : 나도 계속 부모님이 말하는 것만 들은 건 아니야．타로도 가끔은 기분전환해도 좋지 않을까？
타 로 : 고마워 누나
유 카 : 그런 말 했지만 사실은 공부해야 한다고 생각해．

加藤：あれ？またジムのサイト見てんの？
　　　　　　　　　　　　　　見ている

王　：うん、日本に来てから勉強ばっかで、運動不足だからね。水泳と 筋トレ に
　　　　　　　　　　　　　　　ばかり　　　　　　　　　　　　　　筋肉トレーニング
　　　行こうと思って。

加藤：王くんってば、そういや前もそんなこと言ってジムに通ってたけど、すぐや
　　　　　　といえば　そういえば　　　　　　　　　　　　　通っていた
　　　めたよね？どうせ続きっこないのに、また入会するの？
　　　　　　　　　　続けることはない

王　：そんな言い方しなくたって…。
　　　　　　　　　しなくても

先生：ははは。加藤さん、そんなこと言っちゃ王くんがかわいそうだよ。
　　　　　　　　　　　　　　　　　言っては
　　　王くんって、ほんとは努力家なんだよ。ジム通いも頑張るよね？王くん。
　　　王くん(というの)は　ほんとう　　　　　なのだ

加藤：先生って、王くんに甘いんだから！
　　　先生(というの)は

王　：先生に期待されちゃってるし、こりゃ今度こそやるっきゃない！僕は
　　　　　　期待されているし　これは　　　　　　　やるしかない
　　　やるったらやる男なんだよ。
　　　やるといったら

先生：君っつう奴は！お調子者だな。（倒置文）ジム通いが続くか楽しみにしとくよ。
　　　君 という　　　　　　　　　　　　　　　　　　　　　　　　　　　　　　しておく

카 토 : 응？ 또 헬스장 홈페이지 보고 있어？
왕　　: 응, 일본에 와서 공부만해서 운동부족이니까．수영과 헬스하러 가려고．
카 토 : 왕 군은 그러고보니 전에도 그렇게 말하고 헬스장 다녔지만 금방 그만뒀지？ 어차피
　　　　계속하지 못하는데 또 하려고？
왕　　: 그런 식으로 말 하지 않아도…

> 선생님 : 하하하. 카토 씨 그렇게 말하면 왕 군이 불쌍하잖아.
> 왕 군은 사실은 노력가인걸. 헬스장 다니는 것도
> 열심히 할거지? 왕 군!
> 카　토 : 선생님은 왕 군에게 관대하시네요!
> 왕　　 : 선생님이 기대하시니 이것은 이번에야말로 해야지!
> 나는 한다면 하는 남자야.
> 선생님 : 너란 녀석은! 기분파구나.
> 헬스장 오래 다니길 기대할게.

<2> 어순

구어에서는 문어에서 올바르다고 여겨지는 어순이 반드시 지켜지는 것은 아니다.

例

お箸持ってきて、あの机の上の。	젓가락 가져와, 저기 책상 위에 있는거.
何て言ったらいいのかな、あれは。	뭐라 말해야 될까, 저것은.
もう終わったの？ 宿題は。	이미 끝났어? 숙제는.
思い出せない、彼の名前が。	생각나지 않아, 그의 이름이.
大事だよ、バランスのよい食事って。	중요하지, 균형있는 식사라는 건.
昨日のことのように感じるよ、初めて日本に来た日のことを。	어제 일같이 느껴, 처음 일본에 온 날을.
置いておいてください、この本を、僕の机の上に。	놓아 두세요, 이 책을, 내 책상 위에.

<3> 생략

구어체에서는 주어를 비롯하여 화자끼리 서로 양해하고 있는 것 등은 생략되기 쉽다. 이전부터 사용되고 있는 생략어 외에 외래어나 알파벳화의 생략 등 최근 생겨난 표현도 많이 있다.

(1) 첫머리 생략

단어의 첫 음이 생략되는 경우가 있다.

例

いやだ ➡ やだ

この野菜**やだ**！　　이 채소 싫어.

それなら ➡ なら

なら、なんでもっと早く家を出なかったの？　　그러면 왜 진작 집을 나가지 않았어?

（2）어미 생략

　　단어의 어미도 생략되기 쉽다.

例

かもしれない ➡ かも

もしかしたら遅刻しちゃう**かも**。
어쩌면 지각할지도.

のではないか ➡ のでは

もっと表現を簡単にすればいい**のでは**？
더 표현을 간단하게 하면 좋지 않을까？

（3）고유명사의 간략화

　　지명, 이벤트명 기관명 등의 고유명사는 문어체에서도 간략화된 이름이 사용되는 경우가 있지만 구어에서는 그것이 현저하다.

例

秋葉原　　　　➡　アキバ
首都高速道路　➡　首都高
国際連合　　　➡　国連
万国博覧会　　➡　万博
独占禁止法　　➡　独禁法

（4）간략화에 의해 생겨난 단어

例

デパートの地下売り場　　　　　　➡　デパ地下
朝にシャンプーをすること　　　　➡　朝シャン
サラリーマンを辞めて、独立して事業を起こすこと　➡　脱サラ

（5）외래어의 간략화

例

ファミリーレストラン　➡　ファミレス
スマートフォン　➡　スマホ
アルバイト　　　➡　バイト

（6）이니셜화

例

パソコン　➡　PC
インフォメーションテクノロジー革命　➡　IT革命

<4> 억양

구어에서는 억양에 따라 의미가 종종 바뀐다.

例

もうお昼ごはん**食べた**。	이미 점심을 먹었다.
もうお昼ごはん**食べた**↗? （먹었는지 묻는 의문）	벌써 점심 먹었어?
このアイス、**おいしくない**。	이 아이스크림 맛없어.
このアイス、**おいしくない**↗? （맛있다는 동의를 구하는 의문）	이 아이스크림 맛있지 않아?
君のお父さんって、**いい人じゃない**。	너희 아버지는 좋은 사람이 아니다.
君のお父さんって、**いい人じゃない**↗? （좋은 사람이라는 동의를 구하는 의문）	너희 아버지는 좋은 사람이지 않아?
そうなん**ですか**。（상대가 말하고 있는 것에 납득）	그렇군요.
そうなん**ですか**↗? （상대가 말하고 있는 것에 의문）	그런가요?
そう**でしょう**。（강한 추측）	그렇겠죠.
そう**でしょう**↗? （동의를 구하는 의문）	그렇죠?
そう**だよね**。（동의）	그래.
そう**だよね**↗? （동의를 구하는 의문）	그렇지?

<5> 남성어와 여성어

일본어의 구어에는 주로 남성이 사용한다고 여겨지는 남성어와 주로 여성이 사용한다고 여겨지는 여성어가 존재한다. 엄밀히 구별되는 것은 아니다. 최근에는 남성이 여성어를 사용하거나 여성이 남성어를 사용하는 상황과 더불어 어디에도 속하지 않는 단어를 사용하는 경우가 늘고 있지만 원칙은 문말표현과 1인칭은 남녀에 따라 다르다.

(1) 1인칭 대명사

1인칭 대명사 즉 자신을 나타내는 단어는 젊은층 사이에서도 남성어/여성어의 의식이 뿌리 깊게 남아 있다.

1 私（わたし/わたくし）

주로 여성이 사용한다. 남성은 문어체나 발표, 업무 등 공적인 자리에서 사용하는 경우가 많다. 「わたくし」는 「わたし」보다 더욱 딱딱한 표현이다.

2 あたし
주로 여성이 사용한다.「わたし」보다 친근한 표현. 일반적으로 공적인 자리에서는 사용되지 않는다.

3 僕
주로 남성이 사용한다.「私」보다 친근한 표현. 일상대화에서 사용되는 경우가 많다.

4 俺
주로 남성이 사용한다.「私／僕」보다 더욱 친근한 표현. 일상대화에서 사용되는 경우가 많다.

(2) 문말표현 (종조사)
문말표현에도 남성어/여성어로 여겨지는 표현이 두드러지게 나타나는 경우가 있다. 모두 경어는 아니므로 기본적으로 첫 대면이거나 윗사람과 이야기할 때에는 사용하지 않는 것이 좋다.

남성어의 예	여성어의 예
ぜ (강조)	よ (강조)
ぞ (강조)	(な) の (단정・의문)
(ん) だ (단정)	(な) のよ (단정)
(ん) だぜ (단정)	わ (단정)
(ん) だよ (단정)	わよ (단정)
(ん) だな (확인)	ね (확인)
(ん) だよな (확인)	のね (확인)
(ん) だろ (확인)	(ん) でしょ (확인)
(ん) だろうな (확인)	(ん) でしょう (확인)
よな (확인)	(ん) でしょうね (확인)
な (금지・확인)	わ (단정)
だい (의문)	かしら (의문)
かい (의문)	
のか (의문)	

母：最近、子どもたちがあんまり言うことを聞いてくれなくなったのよ。
父：反抗期に突入したんじゃないのか？もう大きくなったんだしな。
母：反抗期だなんて、私、どうしたらいいのか分からないのよ。あなたからもなんとか言ってやってもらえないかしら。
父：そんなこと言ったって、俺の言うことだって聞いてくれないだろ。断る。
母：はぁ。あなたはいいわよね、そうやって無責任な立場からものが言えるんだから。
（はぁ、そうやって無責任な立場からものが言えるんだから、あなたはいいわよね（倒置））
父：じゃあ俺に相談しようとするなよ。
母：そうね、あなたに相談したのが間違ってたわ。
父：ごめん、言い過ぎたな。とりあえず、今は子供たちの話を聞いて寄り添ってあげたらいいんじゃないのか？
母：そうしてみるわ。こちらこそ、ごめんなさいね。

어머니 : 요즘, 아이들이 말을 잘 안들어요.
아버지 : 반항기에 접어든 것 아냐? 이제 다 컸고 하니까.
어머니 : 반항기라고요, 나 어떻게 해야 좋을지 모르겠어요. 당신이 뭐라고 말해보면 안될까.
아버지 : 그렇지만 내가 말한다해도 들어주지 않을거야. 사양할게.
어머니 : 하~ 당신은 좋겠어요, 그렇게 무책임한 입장에서 말할 수 있으니.
아버지 : 그럼 나한테 상담하려고 하지마.
어머니 : 그래요, 당신한테 상담한게 잘못이에요.
아버지 : 미안, 말이 심했어. 일단 지금은 아이들 이야기를 듣고 다가서 주면 되지 않을까?
어머니 : 그래볼게요. 나야말로 미안했어요.

先生：張君、最近日本語の勉強はどうだい（疑問）？順調に進んでるのかい（疑問）？たしか、来月試験があるんだよな（確認）？
張　：先生、それがうまくいってなくて。だって、日本語の敬語って難しいんだもん。どうやったら覚えられるの…？
先生：そう弱気になるな（禁止）よ。大丈夫だよ（強調）。敬語を使って会話の練習をしてみるといいぞ（強調）。
佐藤：そうよ（強調）、実際に使っているうちに覚えられるわよ（強調）。言葉ってそういうもん（もの）なの（断定）。よし、私が練習相手になるわ（断定）。
張　：でも敬語はほんとに自信ないんだよ（断定）。
先生：たしかに難しいだろうな（確認）。だけど私も佐藤さんも応援してるから、頑張ろうぜ（強調）、張君。
佐藤：じゃあ、「善は急げ」って言う（と言う）でしょ（確認）、今日から始めていいよね？
張　：うん。ありがとう！頑張るよ（強調）。

선생님	:	장 군, 요즘 일본어 공부는 어때? 순조롭게 진행되고 있어? 그러고보니 다음 달 시험이 있지?
장	:	선생님 그게 잘 되지 않아서. 그러니까, 일본어의 경어가 어려워요. 어떻게하면 외울 수 있을까요?
선생님	:	그렇게 기죽지 마. 괜찮아. 경어를 사용해서 대화 연습을 해보면 되잖아.
사　토	:	그래요, 실제로 사용하다보면 외워져요. 언어라는 건 그런거니까. 좋아, 내가 연습상대가 될게요.
장	:	그래도 경어는 정말로 자신없어요.
선생님	:	확실히 어렵긴 하지. 그래도 나도 사토 씨도 응원하고 있으니까 힘내보자고, 장 군.
사　토	:	그럼「쇠뿔은 단김에 빼라」고 하니까 오늘부터 시작해도 되겠지요?
장	:	응! 고마워, 힘낼게요.

◆ 구어의 정보

음의 변화	단음적 변형	음편화		
		장모음의 단음화		
		모음동화와 탈락		
		ら행 음의 탈락		
	연음적 변형 · 그 외의 변형	이중모음의 변형	「これは」「それは」의 변형	
		「は」의 변형	「と/という」의 변형	
		「わ」의 변형	「といえば/といっている」의 변형	
		「しか」의 변형	「といったら/といっている」의 변형	
		「ては」의 변형	「だとしたら」의 변형	
		「では」의 변형	「ても・でも」의 변형	
		「てしまう」의 변형	「という」의 변형	
		「でしまう」의 변형	「なぜか・なんだか」의 변형	
		「ことだ」의 변형	「など」의 변형	
		「～ば」조건의 변형	「こと」의 변형	
어순				
생략	첫머리 생략			
	어미 생략			
	고유명사의 간략화			
	간략화에 의해 생겨난 단어			
	외래어의 간략화			
	이니셜화			
억양				
남성어와 여성어	1인칭 대명사			
	문말표현 (종조사)			

실전문법항목

男子学生と女子学生が、新しく開発された、船に塗る塗料について話しています。この男子学生は、船に使用される新しい塗料にはどのような機能があると言っていますか。

男子学生：今日の授業で、船の外側に塗る塗料の話を聞いたんだ。
女子学生：へえ。塗ると、船がさびにくくなるとか？
男子学生：ああ、確かにそういう塗料もあるけど、今日のは別の目的で塗るものなんだって。
女子学生：別の目的？
男子学生：うん。あのね、船の底に貝なんかの生物が大量につくと、船が重くなったり、水との摩擦が増えたりするから、燃料を余計に使ったり、速度が遅くなってしまったりするらしいんだ。
女子学生：うん。
男子学生：だから、以前は、貝にとって毒となる成分が含まれた塗料が使われて、それが少しずつ海中に溶け出すことで、貝を船に寄せ付けないようにしていたんだって。
女子学生：へえ。でも、それじゃ、海が汚れてしまいそうね。
男子学生：うん。それで、そういう成分を使うんじゃなくて、貝がくっつきにくい性質の新しい塗料が開発されたんだ。
女子学生：つまり、貝を殺すんじゃなくて。船に貼りつきにくくするってことね。
男子学生：そう。だから、環境にも優しいんだよ。

独立行政法人日本学生支援機構『平成30年度日本留学試験（第1回）試験問題』凡人社

실전문법항목

女子学生と男子学生が話しています。この男子学生は、どのようなテーマでレポートを書こうとしていますか。

女子学生：今度のレポートのテーマ、決めた？

男子学生：うん、だいたい…。あのね、新聞で読んだんだけど、人の行動って、メディアで報道されている情報に左右されやすいんだって。

女子学生：へえ。どういうこと？

男子学生：たとえば、景気がよかった時代には、景気がいいっていう報道に影響されて、あまりお金を持ってない人も、財布のひもを緩めてたくさんお金を使ったらしいんだ。でも、その後不景気になって、リストラのニュースが多く流れるようになったら、貯金も十分あって、安定した職を持つ人まで不安になって、物を買わなくなったんだって。

女子学生：へえ。そういえば、ある町では犯罪はあまり起きていないのに、防犯グッズの売り上げがかなり伸びてるって話、聞いたな。そういうのも、新聞やテレビで、いろんなところで起きた犯罪のニュースが報道されているせいかな。

男子学生：うん、そうそう。そういうことについて考えてみようと思ってるんだ。

独立行政法人日本学生支援機構『平成30年度日本留学試験（第1回）試験問題』凡人社

▶ 부록

국문법과 일본어 문법의 대조표 ▶ 48페이지 「동사의 활용형」

注 : 일본어 문법의 「수동형・사역형・부정형・의향형・ます형・て형・た형・가정형」은 뒤에 접속하는 것을 포함한다.

국문법	일본어 문법	1류 동사 5단	2류 동사		3류 동사		접속하는 것
			상1단	하1단	サ변	カ변	
형태	형태	動く	起きる	捨てる	する	来る	
미연	수동/사역	動か	起き	捨て	さ	こ	(ら)れる
	부정(ない)				し(せ)		ない(ず)
	의향	動こ					(よ)う
연용	ます	動き	起き	捨て	し	き	ます
	て・た	動い					て・た
종지	사전	動く	起きる	捨てる	する	くる	。
연체	사전	動く	起きる	捨てる	する	くる	체언/とき/こと
가정	가정(ば)	動け	起きれ	捨てれ	すれ	くれ	ば
명령	명령	動け	起きろ 起きよ	捨てろ 捨てよ	せよ	こい	。

동사활용형 일람 보통형・정중(ます)형 포함 ▶ 48페이지 「동사의 활용형」

	5단				1단		カ변	サ변
동사	書く	読む	合う	話す	見る	受ける	来る	する
사전형	書く	読む	合う	話す	見る	受ける	来る	する
연용형	書きます 書いて	読みます 読んで	合います 合って	話します 話して	見ます 見て	受けます 受けて	きます きて	します して
연체형	書く	読む	合う	話す	見る	受ける	来る	する
미연형[否]	書かない	読まない	合わない	話さない	見ない	受けない	こない	しない、 せぬ/せず される
미연형[意]	書こう	読もう	合おう	話そう	見よう	受けよう	こよう	しよう
가정형	書けば	読めば	合えば	話せば	見れば	受ければ	くれば	すれば
명령형	書け	読め	合え	話せ	見よ 見ろ	受けよ 受けろ	こい	せよ しろ
ます형 5단: 어미「う」단 ➡「い」단+「ます」	書きます	読みます	合います	話します	見ます	受けます	きます	します
て형/た형 5단: イ음편・ 발음편・촉음편	①어미「く・ぐ」 ➡「い」	②어미「ふ、む、ぬ」➡「ん」	③어미「う、つ、る」➡「っ」	④어미「す」 ➡「し」	見て 見た	受けて 受けた	きて きた	して した
	書いて 書いた	読んで 読んだ	合って 合った	話して 話した				
ば형 5단: 어미「う」단 ➡「え」단+「ば」	書けば	読めば	合えば	話せば	見れば	受ければ	くれば	すれば
부정형 5단: 어미「う」단 ➡「あ」단+「ない」	書かない	読まない	合わない	話さない	見ない	受けない	こない	しない
의향형 5단: 어미「う」단 ➡「お」단+「う」	書こう	読もう	合おう	話そう	見よう	受けよう	こよう	しよう
가능형 5단: 어미「う」단 ➡「え」단+「る」	書ける (書かれる)	読める (読まれる)	合える (合われる)	話せる (話される)	見られる	受けられる	こられる	できる
수동형 5단: 어미「う」단 ➡「あ」단+「れる」	書かれる	読まれる	合われる	話される	見られる	受けられる	こられる	される
사역형 5단: 어미「う」단 ➡「あ」단+「せる」	書かせる	読ませる	合わせる	話させる	見させる	受けさせる	こさせる	させる
보통형	긍정・비과거	書く	読む	合う	話す	見る	受ける	くる	する
	긍정・과거	書いた	読んだ	合った	話した	見た	受けた	きた	した
	부정・비과거	書かない	読まない	合わない	話さない	見ない	受けない	こない	しない
	부정・과거	書かなかった	読まなかった	合わなかった	話さなかった	見なかった	受けなかった	こなかった	しなかった
정중형	긍정・비과거	書きます	読みます	合います	話します	見ます	受けます	きます	します
	긍정・과거	書きました	読みました	合いました	話しました	見ました	受けました	きました	しました
	부정・비과거	書きません	読みません	合いません	話しません	見ません	受けません	きません	しません
	부정・과거	書きませんでした	読みませんでした	合いませんでした	話しませんでした	見ませんでした	受けませんでした	きませんでした	しませんでした

형용사・형용동사의 보통형・정중형 ▶73페이지 「시제」

형용사（イ형용사） 例 長い 例 よい（いい） ※

형용사	과거		비과거 (현재・미래)	
	보통형	정중형	보통형	정중형

긍정	Aい＋かった
	例 長かった
	例 よかった
		Aい＋かったです
		例 長かったです
		例 よかったです
			A
			例 長い
			例 よい
			   いい
				A＋です
				例 長いです
				例 よいです
				   いいです

부정	Aい➡く＋なかった
	例 長くなかった
	例 よくなかった
		Aい➡く＋なかったです
		Aい➡く＋ありませんでした
		例 長くなかったです
		   長くありませんでした
		例 よくなかったです
		   よくありませんでした
			Aい➡く＋ない
			例 長くない
			例 よくない
				Aい➡く＋ないです
				Aい➡く＋ありません
				例 長くないです
				   長くありません
				例 よくないです
				   よくありません

※ 「いい」 의 부정형과 과거형을 나타내는 경우에는 「いい」 가 아니라 「よい」 라는 특수한 형태를 사용한다.

형용동사（ナ형용사） 例 静かだ

형용동사	과거		비과거 (현재・미래)	
	보통형	정중형	보통형	정중형

긍정	NA＋だった
	NA＋であった
	例 静かだった
	   静かであった
		NA＋でした
		例 静かでした
			NA＋だ
			NA＋である
			例 静かだ
			   静かである
				NA＋です
				例 静かです

부정	NA＋ではなかった
	例 静かではなかった
		NA＋ではありませんでした
		NA＋ではなかったです
		例 静かではありませんでした
		   静かではなかったです
			NA＋ではない
			例 静かではない
				NA＋ではありません
				NA＋ではないです
				例 静かではありません
				   静かではないです

상용조수사 ▶27페이지 「수사」

	1	2	3	4	5	6	7	8	9	10	?
개수 (작은 물건)	ひとつ 一つ いっこ 一個	ふたつ 二つ にこ 二個	みっつ 三つ さんこ 三個	よっつ 四つ よんこ 四個	いつつ 五つ ごこ 五個	むっつ 六つ ろっこ 六個	ななつ 七つ ななこ 七個	やっつ 八つ はっこ 八個	ここのつ 九つ きゅうこ 九個	とお 十 じゅっこ 十個	いくつ 幾つ なんこ 何個
일수	いちにち 一日	ふつか 二日	みっか 三日	よっか 四日	いつか 五日	むいか 六日	なのか 七日	ようか 八日	ここのか 九日	とおか 十日	なんにち 何日
인수	ひとり 一人	ふたり 二人	さんにん 三人	よにん 四人	ごにん 五人	ろくにん 六人	しちにん 七人	はちにん 八人	きゅうにん 九人	じゅうにん 十人	なんにん 何人
개수 (가늘고 긴 물건)	いっぽん 一本	にほん 二本	さんぼん 三本	よんほん 四本	ごほん 五本	ろっぽん 六本	ななほん 七本	はっぽん 八本	きゅうほん 九本	じゅっぽん 十本	なんぼん 何本
컵이나 그릇 등 용기에 넣는 것	いっぱい 一杯	にはい 二杯	さんばい 三杯	よんはい 四杯	ごはい 五杯	ろっぱい 六杯	ななはい 七杯	はっぱい 八杯	きゅうはい 九杯	じゅっぱい 十杯	なんばい 何杯
동물, 곤충 등	いっぴき 一匹	にひき 二匹	さんびき 三匹	よんひき 四匹	ごひき 五匹	ろっぴき 六匹	ななひき 七匹	はっぴき 八匹	きゅうひき 九匹	じゅっぴき 十匹	なんびき 何匹
탈 것・ 전자제품 등	いちだい 一台	にだい 二台	さんだい 三台	よんだい 四台	ごだい 五台	ろくだい 六台	ななだい 七台	はちだい 八台	きゅうだい 九台	じゅうだい 十台	なんだい 何台

▶ 색인

あ

〜あいだ(に)	292
〜合う	106
〜あげく	369
あげる	71
アスペクト(애스팩트)	78
あたかも	156
〜あっての	431
〜後(で)	113
〜あと(に/で)	296
あの	160
あまり	152, 155
〜あまり・あまりの	436
〜あまり(に)	289
あらゆる	158
ある	158
あるいは	167, 170
いい	140
イ音便	51
いかが	153
いかなる	158
いかにも〜らしい	217
いくら	154
イ形容詞	124
意向形(의향형)	48, 60
意志動詞(의지동사)	45
〜以上(は)	286, 433
いただく	71
一段活用動詞(1단활용동사)	49, 53
一番	151
Ⅰ類動詞(Ⅰ류동사)	49
〜一方・一方で・一方では	386
〜一方だ	93, 364
〜一方(で)	281
いろんな	159
いわゆる	158
〜上で	363
〜上に	380
〜上(は)	286
〜上は	433
ヴォイス(보이스)	84
ウ音便	131
受け身(수동)	84
受身形(수동형)	48, 61
うち	36
〜うち(に)	291
〜うちに・ないうちに	358
う・よう	206
〜得る	100, 339
〜得ない	101
得ない	339
遠称(원칭)	15
御(お)	453
大きな	159
〜おかげで	285
〜おかげで・おかげか・おかげだ	428
おかしな	159
お(ご)Vする	457
お(ご)Vになる	454
お・ご+名詞	458
恐らく	154
〜恐れがある	101, 395
男ことば	481
同じだ	142
および	167
〜折(に)	291
折(に)	354
〜終わる/終える	81, 98
御(おん)	453
女ことば	481

か

〜か	269
か	248, 250
〜が	275
が	225, 236, 241
書き言葉(문어체)	464
力行変格活用動詞	49, 55
〜限り・限りの	337
〜かぎりだ	144
〜限り(は)	375
格助詞(격조사)	223, 225
確定条件(확정조건)	269
〜かける	98
〜かける/かけだ/かけの	98
かしら	252
〜がする	55
〜がたい	103, 340
〜かたがた	301
〜かたわら	300, 407
〜がち	344
〜がちだ	103, 104
活用(활용)	13
活用語尾(활용어미)	13
仮定形(가정형)	48, 62
仮定条件(가정조건)	269
〜がてら	300
〜かどうか	269
〜(か)と思いきや	422
〜(か)と思うと・(か)と思ったら	359
〜(か)と思ったら	279
〜か〜ないかのうちに	295, 359
〜かねない	100, 394
〜かねる	101, 340
可能形(가능형)	48, 61, 69
可能動詞(가능동사)	69
〜が早いか	293, 360
〜かもしれない	101
〜(が)ゆえ・ゆえに・ゆえの	435
〜から	285
から	230, 237, 238
〜からいうと・からいえば・からいって	319
〜からこそ	286, 433
〜からして	337
〜からすると・からすれば・からして	319
〜からといって	284, 417
〜から〜にかけて	334
〜から(に)は	286
〜からには	432
〜から〜まで	335
〜からみると・からみれば・からみて	319
かりに	154
〜かわりに	388
感情形容(動)詞(감정형용(동)사)	127
間接受身文(간접수동문)	85
感動詞(감동사)	171
貴	453
擬音語(의성어)	149
擬態語(의태어)	149
来たる	158
きっと	154
気味	345
〜気味だ	104
〜きらいがある	345
きり	246
〜きり・きりだ	368
〜きる	82, 368
〜極まる/極まりない	144
極めて	152
近称(근칭)	15
〜くせに	276
〜くせに・くせして	419
くださる	71
くらい(ぐらい)	245
〜ぐらい・ぐらいの・ぐらいだ	383
くれる	71
ー ー げ	136
敬語(경어)	452
形式名詞(형식명사)	29, 38, 264
形容詞(형용사)	124
形容動詞(형용동사)	124
決して	155
〜けど	275
〜けれど	275
けれど(けれども)	236
〜けれども	275
けれども	166
謙譲語(겸양어)	452, 456
謙譲語Ⅰ(겸양어Ⅰ)	456
謙譲語Ⅱ(겸양어Ⅱ)	456
現場指示(현장지시)	15
御(ご)	453
口語(구어)	464
語幹(어간)	13
ごく	151
〜ございます	460
こそ	244
こそあど(ことば)	15

五段活用動詞(5단활용동사) 49	自動詞(자동사) 63	それから 166, 170
こと 29, 264	~始末だ 371	それで 165, 169
~ことがある 30, 91, 115	修飾語(수식어) 6	それとも 168
~ことができる 91	就職部(수식부) 8	それに 167
~ことがない 115	終助詞(종조사) 223, 249	それほど 152
~ことから 31, 434	従属節(종속절) 261	それゆえ 165
~ことだ 30, 350, 448	重複文(중복문) 267	尊敬語(존경어) 452
~ことだし 31, 434	重文(중문) 11	尊敬動詞(존경동사) 455
「ことだ」의 변형 472	主語(주어) 5, 10	
~こととなっている・ことになっている...373	主従関係の複文(주종관계의 복문)..263	た
~ことなく 424	授受動詞(수수동사) 71	だ 177
~ことなしに 31	主節(주절) 261	~たい 97, 353
~ことにする 30, 92	述語(술어) 5, 10	たい 203
~ことになる 30, 92	述部(술부) 8, 10	体言(체언) 14
~ことに(は) 31, 351	主部(주부) 8, 10	大した 161
「こと」의 변형 477	状況語(상황어) 260	大して 152
~ことはない 30, 92, 447	状態動詞(상태동사) 45, 74	だいたい 153
この 160	状態の副詞(상태의 부사) 149	大変 152
~込む 105	省略(생략) 10	代名詞(대명사) 28
固有名詞(고유명사) 27	助詞(조사) 222	~た上で 297
「これは」「それは」의 변형 474	助動詞(조동사) 176	だが 166, 170
こんなだ 142	自立語(자립어) 12	~た(か)と思うと 293
	~ず 118	だから 165
さ	数詞(수사) 27	~たがる 97
――さ 136, 137	~末(に) 370	たがる 203
さ 252	~すぎだ 107	だけ 245
~最中・最中に・最中だ 358	~すぎる 107	~だけあって 288
~最中(に) 291	~ずくめ 347	~だけあって・だけのことがある 324
~際(に) 290, 354	少しも 155	た形 48, 58
~際には 274	ずつ 247	~だけ・だけの 336
さえ 244	ずっと 151	~だけでなく 301
~さえ~ば 437	すなわち 168	だけど 166
サ行変格活用動詞 49, 55	~ず(に) 118, 299	~だけに 288, 430
さしあげる 71	すると 165	~出す 79, 98
さぞ 154	~せいで 285	た(だ) 196
さて 169	~せいで・せいか・せいだ 429	ただし 168
様 454	~(せ)ざるをえない 117	ただ~のみ 376
さらに 151	接続語(접속어) 6, 164	だ・である体 20
~ざるを得ない 445	接続詞(접속사) 164	他動詞(타동사) 63
さん 454	接続助詞(접속조사) 223, 232	たとえ~ても 413
Ⅲ類動詞(Ⅲ류동사) 49	接続節(접속절) 261	~たところ 369
し 238	接続部(접속부) 8	~たところで 282, 414
氏 454	絶対テンス(절대시제) 76	「だとしたら」의 변형 476
使役(사역) 87	接頭語(접두어) 19, 460	~たとたん 359
使役受身(사역수동) 89	接尾語(접미어) 19, 460	~たとたん(に) 295
使役形(사역형) 48, 62	ぜひ 157	~だの~だの 247
しか 244	せる・させる 202	~たびに 406
しかし 166, 170	ぞ 251	たぶん 154
~しかない 92, 397	~そうだ 390	ため 34
「しか」의 변형 471	そうだ 210, 215	~ため(に) 286
しかも 167	相対テンス(상대시제) 76	~ために(は) 289
指示語(지시어) 15	そうです 210	~たら 270
指示代名詞(지시대명사) 28	~そうではない 212	~だらけ 346
事実条件(사실조건) 269	~そうにもない 212	~たら最後・たが最後 440
指示の副詞(지시의 부사) 150	促音便(촉음편) 52	たり(だり) 238
辞書形(사전형) 48, 56	属性形容(動)詞(속성형용(동)사) 127	~たり(~たり)する 116
~次第 294, 360	そこで 165, 169	~だろう 193
~次第だ 371	そして 167, 170	だろう 179, 189
~次第で(は)・次第だ 405	その 160	単語(단어) 4
したがって 165	そのうえ 167	単文(단문) 11, 261
実質名詞(실질명사) 38	~そばから 295, 407	段落(단락) 2

小さな	159	
中止法 (중지법)	57, 133	
中称 (중칭)	15	
ちょうど	156	
直接受身文 (직접수동문)	85	
陳述の副詞 (진술의 부사)	153	
～ついでに	300	
～つくす	82	
～っこない	101, 192, 343	
～つつ	299	
つつ	239	
～つつある	80, 364	
～続ける/続く	80	
～つつ・つつも	419	
～つつ (も)	280	
～っていうのは	309	
～っぱなしだ	107, 370	
～っぽい	104, 344	
つまり	168	
つもり	35	
～つもりだ	93	
～づらい	103, 341	
～て	285, 298	
で	229, 255	
～ (て) あげる	72	
～てある	80	
である	179	
～であれ (～であれ)	284	
～であれ～であれ	331	
～であろう	193	
～であろうと～であろうと	331	
～ていく	108	
～ていた	80, 81	
～ (て) いただく	72	
程度の副詞 (정도의 부사)	150	
丁寧形 (정중형)	22, 184	
丁寧語 (정중어)	452, 460	
丁寧体 (정중체)	19	
～て以来	297, 362	
～ている	79	
～ているだろう	81	
～ているところだ	80	
～ておく	79, 109	
～てから	113, 296, 361	
～てからでないと	296	
～てからでなければ	296	
～てからというもの	297, 363	
一一的	143	
～ (て) くださる	72	
～てくる	108	
～ (て) くれる	72	
て形	48, 58	
～ (て) さしあげる	72	
～てしかた (が) ない	144	
～てしかたがない・てしょうがない	441	
～てしまう	81	
「てしまう」の変形	472	
「でしまう」の変形	472	
～でしょう	193	
～てしようがない	144	
です	177, 460	

です形	184	
です・ます体	20	
～てたまらない	144, 441	
て (で)	235	
～てならない	144, 442	
～ては	273	
では	169	
～ではあるまいか	394	
～てばかり (いる)	112	
～てはじめて	297	
～てはじめて・てこそ	361	
～では (じゃ) あるまいし	436	
「ては」の変形	471	
「では」の変形	472	
～てほしい	111, 141, 352	
～てみせる	111	
～てみる	110	
～てみると	274	
～ても	282	
でも	166, 248	
～て (も) いい	140	
～てもさしつかえない	447	
～でもしたら	273	
ても (でも)	236	
「ても・でも」の変形	476	
～ (て) もらう	72	
～てやまない	443	
～ (て) やる	72	
テンス	73	
転成名詞 (전성명사)	38	
～と	269, 270	
と	229, 235	
～とあって	288, 432	
～というか～というか	330	
～ということだ	372	
～ということだ・とのことだ	391	
～というと	312	
～というところだ・といったところだ	384	
～というのは	309	
「という」の変形	476	
～というものだ	397	
～というものではない	427	
～というものは・ということは	310	
～というより	387	
～といえども	277, 420	
～といえば	311	
～といえば・というと・といったら	311	
「といえば/といっている」の変形	475	
～といった	329	
～といったら	312	
「といったら/といっている」の変形	475	
～といったらない	313	
～といっても	418	
どうか	157	
動詞 (동사)	44	
動詞過去形 (동사과거형)	74	
どうして	153	
どうしても	155	
動詞比過去形 (동사비과거형)	74	
動態動詞 (동태동사)	45, 74	
倒置 (도치)	10	

どうやら (どうも) ～ようだ	214	
どうやら/どうも～らしい	217	
～と思いきや	279	
～と思う	194	
～と思われる	194	
～とおりに・とおりだ・とおりの	400	
～どおりに・どおりだ・どおりの	400	
～とか	391	
～とか～とか	247, 330	
～と考えられる	194	
～と考える	194	
とき	35	
～ときたら	314	
～とき (に)	290	
ときに	169	
～時には	274	
独立語 (독립어)	6	
独立部 (독립부)	8	
ところ	36	
ところが	166, 170	
～どころか	381	
～ところだ	79, 81, 94, 113	
ところで	169, 239	
～どころではない	424	
～ところに・ところへ・ところを・ところで	356	
～ところによると	327	
～ところ (を)	416	
～としたら	272	
～としたら・とすれば・とすると	437	
～として	321	
～としても	414	
～とすると	272	
～とすれば	272	
とても	152	
「と/という」の変形	474	
～と同時に	292	
～とともに	292, 303, 366	
～となると・となれば・となったら	439	
殿	454	
どの	160	
～とは	310	
～とはいえ	278, 420	
～とは限らない	426	
～とばかりに	348	
とも	250	
～ともすると	325	
～ともなく・ともなしに	349	
～ともなると・ともなれば	324	
とんだ	161	

な

～な	107	
な	250	
ない	131, 139, 204	
～ない限り	440	
～ないことには	31, 273, 438	
～ないことはない・ないこともない	30, 427	
～ないで	118, 299	
～ないではいられない・ずにはいられない	443	
～ないではおかない・ずにはおかない	444	
～ないではすまない・ずにはすまない	443	

491

~ないまでも ...384	~にしたって ...283	**は**
~ないものだろうか ...32	~にしたところで・としたところで...320	は ...240
なお ...166	~にしたら・にすれば ...320	~ば ...270
~なおす ...106	~にしては ...279, 323	ば ...234
なかなか ...152, 155	~にしても ...283	~場合には ...274
~ながら ...299	~にしても~にしても ...328	~はおろか ...381
ながら ...238	~にしても・にしろ・にせよ ...414	ばかり ...244
~ながら・ながらも ...418	~にしろ ...283	~ばかりか ...302, 379
~ながら(も) ...277	~にすぎない ...399	~ばかりだ ...81, 94, 113, 365
~なくして(は) ...440	~にせよ ...283	~ばかりでなく ...301, 378
~なくて ...118, 299	~に相違ない ...192	~ばかりに ...286, 430
~なくてはいけない ...119	~に即して・に即した ...403	ば形 ...48, 62
~なくてはならない ...119	~に沿って・に沿う・に沿った ...402	~ばこそ ...120
~なくてもいい ...119	~に対して ...322	~はさておき ...410
~なくてもかまわない ...119	~に対して・に対する ...316	~始める ...79, 98
ナ形容詞 ...124	~に堪える・に堪えない ...342	はず ...35
~なければいけない ...116	~に違いない ...192	~はずがない ...191, 192, 422
~なければならない ...116	~に違いない・に相違ない ...396	~はずだ ...191, 192
~なさい ...107	~について ...314	派生語(파생어) ...19
~なさそうだ ...212	~につれて ...303	撥音便(발음편) ...51
~なしに・ことなしに ...425	~につれて・につれ ...365	~ば~で ...121
なぜ ...153	~にとって ...321	~はともかく(として) ...410
「なぜか・なんだか・なにか」의 변형...477	~にとどまらず ...302, 378	話し言葉(구어체) ...464
なぜなら ...168	~に伴って ...303	「は」의 변형 ...470
など ...246	~に伴って・に伴い・に伴う ...366	「ば」의 변형 ...473
「など」의 변형 ...477	~に反して ...280	~ば~ほど ...121, 245, 302, 367
な(なあ) ...250	~に反して・に反する・に反した ...387	~はもちろん・はもとより ...381
なのに ...166	~にひきかえ ...280, 389	反事実条件(반사실조건) ...269
~なら ...270	~にほかならない ...397	~反面 ...281
~ならでは(の) ...376	~にもかかわらず ...276, 417	~反面・半面 ...387
~なら(ば) ...196	~に基づいて・に基づく・に基づいた ...401	美化語(미화어) ...460
なら(ば) ...189	~によって・により・による ...325	非常に ...152
ならびに ...167	~によって・による ...405, 428	否定形(부정형) ...48, 60
~なり ...294	~によると~そうだ ...212	品詞(품사) ...13
なり ...246	~によると・によれば ...326	複合形容詞(복합형용사) ...138
~なり~なり ...330	Ⅱ類動詞(Ⅱ류동사) ...49	複合語(복합어) ...19
~なりに・なりの ...321	~にわたって・にわたる ...336	副詞(부사) ...148
~なんて ...352	人称代名詞(인칭대명사) ...28	副助詞(부조사) ...223, 239
に ...226, 255	~ぬく ...106	複文(복문) ...12, 76, 261
~にあたって・にあたり ...355	ぬ(ん) ...204	付属語(부속어) ...12
~にあって ...356	ね(ねえ) ...252	普通形(보통형) ...22, 188
~に至る・に至って ...371	の ...34, 225, 251, 264	普通体(보통체) ...19
~において ...377	~のことだから ...31, 435	普通名詞(보통명사) ...27
~に応じて・に応じた ...403	~のこととなると ...313	不定称(부정칭) ...15
~にかかわらず・にかかわりなく ...408	~のだから ...287	ふとした ...161
~に関わる ...315	~のだったら ...272	文(문장) ...2
~に限って ...374	~のだ(なのだ) ...189	文語(문어) ...464
~に限らず ...375	~ので ...285	文章(글) ...2
~に限り ...374	ので ...237, 238	文節(문절) ...3
~にかけては ...310	~のである ...189	文体(문체) ...19
~にかたくない ...341	~のです ...189	文脈指示(문맥지시) ...15
~にかわって ...389	~(の)ではあるまいか ...195	へ ...228
~に関して・に関する ...315	~(の)ではないか ...195	並列関係の複文(병렬관계의 복문)..262
~に決まっている ...192, 396	~(の)ではないだろうか ...195	並列節(병렬절) ...261
~にくい ...103, 341	~(の)ではなかろうか ...195	~べからず ...92
~に比べ・に比べて ...384	~のに ...276	~べからず・べからざる ...449
~に加え・加えて ...380	のに ...237	~べきだ ...117
~に越したことはない ...385	~(の)に対して ...281, 386	~べき・べきだ・べきではない ...448
~に際し(て) ...354	~のみならず ...302, 377	~べく ...289
~に先立って・に先立つ ...356	~のもとで・のもとに ...404	~べくもない ...92
~にしたがって ...303, 365		ほう ...36

～ほうがいい 115	～ものの・とはいうものの............415	**わ**
ほしい 141, 353	～ものを 33, 277, 415	わ 251
補助形容詞(보조형용사)................139	～も～ば(なら)～も......................379	わが 160
補助動詞(보조동사)........................70	もらう 71	わけ 34
補足語(보충어)...............................260		～わけがない 191, 192, 423
ほど 245	**や**	～わけだ 191, 192, 372
ほど～ない 245	や 230	～わけではない 426
～ほど・ほどの・ほどだ 382	～や(否や) 293	～わけにいかない 93
ほとんど 153	～やすい 103	～わけにはいかない 338
	～やむ 81	「わ」의 변형 471
ま	～止む 98	～わりに(は) 322
～まい 195, 393	やら 247	～わりには 279
まい 208	～やら～やら 247, 329	を 226
～前(に) 298	やる 71	～をおいて 377
まさか 156	ゆえに 165	～を限りに・限りで......................333
ました 183	よ 251	～を皮切りに(して)・を皮切りとして......332
ましょう 183	よい 140	～をきっかけに(して)・をきっかけとして......406
～ましょう/ましょうか/ませんか......94	～ようがない 101	～を契機に(して)・を契機として 406
ます 177, 460	～ようがない・ようもない............339	～を中心に・を中心として・を中心とした......317
ます形 48, 57, 184	～(よ)うが(～まいが)...................283	～を通じて・を通して 327, 335
～ます/ません/ました 94	～(よ)うが～まいが............120, 412	～を問わず 408
ません 183	～(よ)うが～(よ)うが 120	～をぬきにしては 439
ませんでした 183	～(よ)うが/(よ)うと 119	～をはじめ(として)・をはじめとする......332
また 167	用言(용언) 14	～を踏まえて・を踏まえた 403
または 168, 170	～ようだ 391	～をめぐって・をめぐる 316
まで 248	ようだ 213, 215	～をもって 327, 334
～までだ・までのことだ 383, 398	～ようだ・ように・ような............400	～をもとに(して)・をもとにした 401
までに 249	～(よ)うではないか 446	～をものともせずに 411
～までもない 93, 425	～(よ)うとする 79	～を余儀なくされる・を余儀なくさせる...445
～まみれ 346	～(よ)うと～まいと 120, 412	～をよそに 411
まるで 156	～(よ)うとも 120	～んばかりに 348
まるで～のようだ 214	～(よ)うと～(よ)うと 120	
ーー み 136, 137	～ように 269, 289	
未然形[意](미연형[意]) 48, 60	～ようにする 93, 214	
未然形[否](미연형[否]) 48, 60	～ようになる 93, 214	
～みたいだ 105, 392	～(よ)うにも～ない 120, 339	
みたいだ 213	～(よ)うものなら 33, 120, 438	
無意識動詞(무의지동사)..................45	よって 165	
～向きだ・向きに・向きの 317	よほど 151	
～向けだ・向けに・向けの 318	よもや 156	
名詞(명사) 26	より 231	
命令形(명령형)................. 48, 63, 107	～(より)ほかない 92	
も 244	～(より)ほか(は)ない 398	
～もかまわず 278, 409	よろしい 140	
目的語(목적어) 260		
もし 154	**ら**	
もしくは 168, 170	～らしい 105, 393	
もっと 151	らしい 215	
もっとも 168	ら抜き言葉 468	
最も 151	領域共有型(영역공유형)..................15	
もの 31	領域対立型(영역대립형)..................16	
～ものか 32, 425	れる・られる 198, 455	
～ものがある 33, 352	連体形(연체형) 48, 59	
～ものだ 32, 350	連体詞(연체사) 157	
～ものだから 287	連体修飾語(연체수식어)....................7	
～ものだから・ものですから.........33	連体就職節(연체수식절) 263	
～ものではない 32, 93, 447	連文節(연문절) 3, 8	
～もので・ものだから・もの 429	連用形(연용형) 48, 57	
～ものなら 33, 272, 438	連用修飾語(연용수식어)....................7	
～ものの 33, 278	連用修飾節(연용수식절).........263, 266	
ものの 239		

合格者体験記・入試情報・受験対策など

名校志向塾の最新情報をお届けいたします　>>>>>>>>>>>>>>>>

WECHAT 公式アカウント ID
名校志向塾 Insights

最新の受験動向、大学募集傾向を定性・定性的に分析し、留学・進学に関して最も踏み込んだ情報と見解を届ける。

学部文系
コース 東京大学面接と小論文クラス
合格大学 東京大学

劉さん

難関小論文を突破し東大文科三類合格

日本の刀剣文化が好きで来日しました。大学では、社会科学を勉強したいと思っています。東大の小論文は話題が広く、アカデミックな内容はとても難しかったのですが、名校志向塾の面接対策と、小論文クラスのおかげで、無事に試験を突破し、合格を勝ち取りました。

学部文系
コース 関西校周年スペシャルコース
合格大学 東京大学　東北大学　一橋大学　早稲田大学

許さん

日本留学試験得点全国1位東京大学文科三類合格

私は初めの頃は面接が非常に苦手でした。初めの頃は模擬面接でさえ、緊張してしまい、失敗ばかりしていました。しかし、名校志向塾の先生方は私の問題点を一つ一つ整理して、改善の手助けをしてくれたため、本番では非常に高い完成度で面接に臨むことができました。また、留学試験でも全国1位の成績を獲得したことで、確かな自信に繋がりました。

学部文系
コース 文系保証コース
合格大学 早稲田大学

張さん

早稲田大学2学部ダブル合格

受験勉強の一年間は、様々な不安定な要素がありました。そこで、合理的な受験方法・対策を身につけることが非常に大事です。名校志向塾の先生たちは、親身になって、書類選考、筆記試験そして面接試験の準備を手伝ってくれまして、理想な大学と学部に合格することができました。

大学院藝術
コース VIPコース
合格大学 東京藝術大学

朱さん

海を渡って夢をかなえた

先生たちは、面接や、小論文対策などにおいて、隅から隅まで教えてくれます。個人個人に、しっかりと付き添ってくれるので、安心して受験に望めました。先生たちのおかげで、あまり孤独感を感じることなく、しっかりと勉強ができました。

学部文系
コース 日本語語彙・EJU日本語対策課程
合格大学 早稲田大学

刘さん

半年でEJU日本語358点早稲田大学教育学部

効率よく成果を出すには、正しい勉強法が必要不可欠です。とにかく問題を解きまくるという勉強法は個人的に結構向いていますが、実際要領よく練習を繰り返すことも容易ではありません。名校志向塾の先生がいつも丁寧に方向性の問題を指摘してくれたおかげで、私は最終的に正しい道を見つけました。

大学院文系
コース 大学院経済学コース
合格大学 一橋大学　横浜国立大学

朱さん

きめ細かな指導で確実に実力UP

名校の先生の授業はわかりやすいだけでなく、一人一人を丁寧に指導してくれます。講義における詳細なまとめは、復習の際に、とても役立ちました。難しい問題でも、詳細な解説をしてくれるので、確かな実力をつけることができました。

学部理系
コース 理系通年クラス＆東京大学面接と小論文クラス
合格大学 東京大学　東京工業大学　東京理科大学　慶応義塾大学

董さん

脳科学を志望し4つの一流大学に合格

最初は科学の勉強に関して、不明な点がたくさんあったので、短時間で本当に効果的な学習方法を身に着けられるか不安でした。しかし、名校志向塾の先生たちは、皆真面目な方ばかりで、教え方も効果的だったので、科学の専門知識、小論文や面接の要旨を把握でき、夢を叶えることができました。

大学院文系
コース 大学院文系コース・VIPコース
合格大学 東京大学

房さん

0基礎・専攻チェンジ半年で東大・経済学研究科

0から経営学の勉強をスタートした私が東大に合格できたとは、夢にも思わなかったことです。名校志向塾の先生たちのおかげで、「コツさえ掴めば、なんでもやれる」ということを再認識できました。先生たちの指導と励みのもとで、準備期間が短いにもかかわらず、私は数々の難関大学の過去問を効率よくクリアし、面接のスキルを全て身に付け、最終的にたった半年間で東大に合格することができました。

学部文系
コース 東京大学面接と小論文クラス
合格大学 東京大学　北海道大学　慶応義塾大学　上智大学

宋さん

一歩一歩を着実に輝く未来を掴むため

自分の力を最大限に発揮したいと思い、最難関校である東大を志望しました。名校志向塾の東大特訓クラスを通して、専門科目の知識のみならず、面接の対策も行ったことで、スムーズに合格することができました。中国人、日本人、両方の先生方の懇切丁寧な指導にも、とても安心できました。

JLPT 필승합격의 길이 여기에!

필승합격 일본어능력시험 단어장 시리즈 (N1~N5)

전국 주요 서점에서 판매중! 4X6배판, 정가 16,000~14,000원 (레벨별 상이)

■ 필승합격 일본어능력시험 단어장 시리즈 특징! ■

1. 주제별, 상황별 단어 학습
JLPT에 자주 출제되고 일상생활에도 도움이 되는 단어의 주제별 정리!
각 상황에 맞는 이미지로 학습 가능!

2. 모의시험으로 실력 확인
PC나 모바일에서 온라인 모의시험으로 실시간 점수 확인 가능!
PDF 파일로도 제공하여 모의시험 출력 가능!

3. 음성의 활용
단어장의 모든 단어와 예문 음성 파일을 무료 다운로드로 제공!
단어 암기의 효율성을 높이고 듣기 훈련에도 도움!

4. 암기용 셀로판지 활용
암기용 셀로판지로 표제 단어와 예문을 가리고
학습하여 암기효과 상승!

출판사 홈페이지

JLPT 필승합격의 길이 여기에!

필승합격 일본어능력시험 모의고사 시리즈(N1~N5)

전국 주요 서점에서 판매중! B5판, 정가 16,000원

■필승합격 일본어능력시험 모의고사 시리즈 특징■

1. 모의고사 문제 3회분 수록
　일본어 전문가에 의한 실전문제 3회분이 수록되어
　수시로 또는 실제 시험 직전에 자신의 실력을 체크할 수 있습니다.

2. 출제 경향과 대책 수록
　문제 유형별/분야별 출제 경향과 공략법 및 공부법이 제시되어 있습니다.
　고득점으로 가는 지름길을 제시합니다.

3. 충실한 해답·해설
　각 문제별로 정답과 오답에 대한 해설이 있습니다.
　해설은 유사한 일본어 표현을 많이 접할 수 있도록
　쉬운 일본어와 한국어를 병용하여 설명하고 있습니다.

4. 자동 채점되는 엑셀 시트 제공
　자신의 해답을 입력하면 자동으로 채점이 되는
　엑셀 시트를 홈페이지에서 제공합니다.
　간편한 채점 및 분석이 가능합니다.

출판사 홈페이지

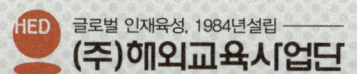

「일본유학시험(EJU) 일본어단어·어휘10000어」

온라인 테스트 10,000문제 제공!

일본 유명 진학 학원 메코시코주쿠 편저

국내 유일의 EJU 단어집

12년분 EJU 출제 단어 빈도순 수록

▶ 일본어 학습자를 위한 궁극의 단어집!

▶ EJU 중요 키워드 수록!

▶ 음성 녹음 파일로 생생한 일본어 학습 가능!

▶ 본시험에 가까운 예문 수록!

▶ 단어 암기용 셀로판지 포함!

출판사 홈페이지

(주)해외교육사업단 발행 | 536페이지 | 정가 20,000원

메코시코주쿠 일본유학시험(EJU) 실전문제집 시리즈

일본어 기술·독해

일본어 청독해·청해

종합과목

수학 코스1

수학 코스2

㈜해외교육사업단 발행 도서

대형 서점 일본유학시험(EJU) 부문 연간 베스트 셀러 다수!

일본유학시험(EJU)
2020년 2회 기출문제

일본유학시험(EJU)
대비 개념서 하이레벨
종합과목 개정 제2판

일본유학시험(EJU)
대비 개념서 하이레벨
이과 물리·화학·생물 개정판

일본유학시험(EJU)
대비 개념서 하이레벨
수학 코스1

일본유학시험(EJU)
모의시험 10회분
일본어 기술·독해

일본유학시험(EJU)
모의시험 10회분
일본어 청독해·청해

일본유학시험(EJU)
모의시험 10회분
종합과목

일본유학시험(EJU)
모의시험 10회분
수학 코스1

일본유학정보도서
일본대학 학과도감

일본유학정보도서
일본 고등학교 유학가기

일본유학정보도서
일본 유학으로 성공하기

일본유학정보도서
일본 유학 수속 가이드

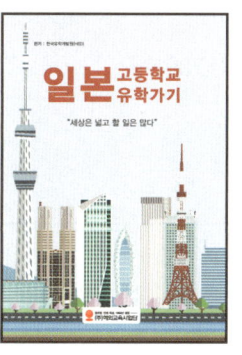

▶ 판매처 : 교보문고, 영풍문고, 예스24, 알라딘, 인터파크 (각 서점 및 사이트에서 구입 가능)

▶ 해외교육사업단 : 전화 02-552-1010/ 팩스 02-552-1062/ 이메일 hedc@hed.co.kr

▶ 도서 발행 정보 : www.hedgroup.co.kr

메코시코주쿠

일본 도쿄, 교토, 오사카에서 유학생을 위한 입시학원을 운영하는 교육 그룹.
주로 중국인 학생을 대상으로 하며 난관 국공립 대학을 비롯하여 초일류 사립 대학 등에 매년 다수의 합격생을 배출하는 실적을 쌓고 있다.

일본유학시험(EJU) 일본어 문법과 표현

발행일	2021년 05월 01일 초판 제1쇄 발행
	2021년 08월 10일 초판 제2쇄 발행
편저	메코시코주쿠
발행인	송부영
발행처	(주)해외교육사업단
출판등록	제16-1456호
주소	서울특별시 서초구 강남대로 381,(두산 709호)
전화	02-736-1010
이메일	song@hed.co.kr
홈페이지	www.hedgroup.co.kr

*본사에서는 소중한 원고, 새로운 기획의 제안을 기다리고 있습니다.
*이 책은 저작권법에 의해 보호를 받는 저작물이므로 무단 전재와 복제를 금합니다.
*잘못된 책은 구입하신 서점이나 본사에서 교환해드립니다.

© 2021 MEKO EDUCATION GROUP Co., Ltd.
Originally Published in Japan by MEKO EDUCATION GROUP Co., Ltd., Tokyo